핵심 계량경제학

Damodar N. Gujarati 지음
정기호, 김보민, 유정근, 장성연 옮김

ESSENTIALS OF ECONOMETRICS

5th Edition

핵심 계량경제학

Damodar N. Gujarati 지음

정기호, 김보민, 유정근, 장성연 옮김

ESSENTIALS OF ECONOMETRICS

한빛아카데미 Hanbit Academy, Inc.

핵심 계량경제학 5판

초판발행 2024년 3월 15일

지은이 Damodar N. Gujarati / **옮긴이** 정기호, 김보민, 유정근, 장성연 / **펴낸이** 전태호
펴낸곳 한빛아카데미(주) / **주소** 서울시 서대문구 연희로2길 62 한빛아카데미(주) 2층
전화 02-336-7112 / **팩스** 02-336-7199
등록 2013년 1월 14일 제2017-000063호 / **ISBN** 979-11-5664-028-8 93320

총괄 김현용 / **기획 · 편집** 이호선 / **교정** 길정섭
디자인 표지 이아란, 내지 박정우 / **전산편집** 송여경 / **제작** 박성우, 김정우
영업 김태진, 김성삼, 이정훈, 임현기, 이성훈, 김주성 / **마케팅** 길진철, 김호철, 심지연

이 책에 대한 의견이나 오탈자 및 잘못된 내용에 대한 수정 정보는 아래 이메일로 알려주십시오.
잘못된 책은 구입하신 서점에서 교환해 드립니다. 책값은 뒤표지에 표시되어 있습니다.

홈페이지 www.hanbit.co.kr / 이메일 question@hanbit.co.kr

옮긴이 소개

정기호

위스콘신주립대학교 매디슨캠퍼스(University of Wisconsin-Madison) 경제학 박사
고려대학교 경제학과 석사
고려대학교 경제학과 학사
전 에너지경제연구원 연구위원
현 경북대학교 경제통상학부 교수

김보민

서던캘리포니아대학교(University of Southern California) 경제학 박사
서던캘리포니아대학교 석사
서울대학교 경제학부 학사
전 대외경제정책연구원 통일국제협력팀장/부연구위원
고려대학교 교육문제연구소 HRD 연구교수
현 경북대학교 경제통상학부 부교수

유정근

와세다대학교(Waseda University) 국제경제학 · 발전경제학 박사
(일본 정부 문부과학성 전액 장학생 자격)
한양대학교 대학원 경제금융학과 석사
한양대학교 경제금융학부 학사
전 국제통상전략연구원 선임연구위원
서울연구원 부연구위원
산업연구원 연구원
현 한국무역학회 부회장

장성연

보스턴대학교(Boston University) 경제학 박사
뉴욕주립대학교 올버니캠퍼스(State University of New York-Albany) 경제학 석사
서울대학교 경제학부 경제학사 · 통계학과 이학사(복수전공)
전 하문대학교(Wang Yanan Institute for Studies in Economics) 조교수
현 숭실대학교 경제통상대학 경제학과 교수

옮긴이 머리말

전 세계적으로 수많은 독자를 가진 계량경제학 교재의 저자 Damodar Gujarati 교수가 초급 입문서 수준으로 저술한 *Essentials of Econometrics*의 5판이 새로 나왔다. 1판부터 이어지는 이 책의 기본 목표는 불필요한 통계학과 수학을 덜어내고 계량경제학의 핵심 개념과 구조에 집중하면서 또 한편으로 방대한 경제 사례 분석과 상세한 설명을 제공함으로써 독자가 계량경제학 방법의 개념적 이해와 실제 경험적 분석 능력을 동시에 습득할 수 있게 하는 것이다.

한편 부록에서는 이 책에서 다루는 계량경제학을 이해하는 데 필요한 기초 통계학 이론을 다룬다. 통계학이 약하다고 느끼는 독자들은 본격적으로 계량경제학의 세계를 탐구하기 전에 기초 개념을 다질 수 있다. 10년 만에 새롭게 개정된 5판은 너무 오래되어 잘 사용하지 않는 계량경제학 분석 방법 및 사례는 덜어내고, 최근 새롭게 연구되고 실제 분석에서 활발하게 사용 중인 다양한 분석 방법과 흥미로운 분석 사례를 추가하였다.

계량경제학은 소비, 생산, 가격, 소득, 화폐, 이자율, 환율 등 경제 데이터에 숨은 경제 현상의 패턴, 규칙 등을 통계학적으로 분석하는 방법에 관한 경제학 각론 분야이다. 처음으로 대학교에 통계학과를 창설한 한국과 미국의 학자들이 모두 농업경제학자들이고 농업경제학의 맥이 현대 경제학으로 이어지는 전통을 생각하면, 사회과학의 모든 학문을 통틀어서 계량경제학이 가장 높은 수준의 데이터분석 능력을 갖는 것은 당연하다.

사회 각 분야에서 과거의 주먹구구식 의사결정은 사라지고 대신 데이터 기반 수량적 의사결정이 피할 수 없는 대세로 자리 잡으면서, 복잡한 경제 현상을 논리적으로 명쾌하게 분석하는 경제학 전공 학생들이 데이터 심층 분석 능력을 갖는 것은 호랑이 등에 날개를 다는 격이며 또한 사회에서도 경제학 전공 학생들에게 기대하는 자질이다.

그러나 계량경제학은 통계학과 수학, 경제학 이론이 섞여 있어 경제학 전공 학생들 사이에서도 골치 아픈, 그래서 가능하면 수강하고 싶지 않은 대표적인 과목이다. 역자 중의 한 명도 학부생일 때 가장 싫어했던 과목 중 하나였다. 그러나 미국으로 유학을 간 첫 학기에 통계학 입문을, 두 번째 학기에 계량경제학 입문을 배우면서 재미를 붙여 결국 처음 계획했던 무역학에서 계량경제학으로 전공을 바꾸었다. 아마도 한국에서는 계량경제학 방법을 백화점식으로 나열하였다면, 미국에서는 탑-다운 수업, 즉 수업 시간에는 원리 중심으로 숲에 집중하고, 과제를 하면서 세세하게 나무를 살펴보는 방식에서 재미를 붙였던 것 같다.

이 책은 독자들이 계량경제학이라는 정글에서 헤매지 않고 전체 숲을 조망하면서 탐험하다가 관심 있는 영역은 문제를 풀면서 심화학습할 수 있는 계량경제학의 좋은 가이드북이 되리라고 기대한다.

전공 외서를 번역하는 일은 단순한 기계적 과정이 아니다. 저자가 압축하거나 미국 상황에 맞추어 표현한 내용을 역자가 기진 전문 지식에 비추어서 씹고 소화해서 적절한 표현으로 바꾸는 과정이 번역 내내 요구된다. 마치 단단히 뭉쳐있는 누에고치에서 실을 끊지 않고 풀어내어야 하는 과정이라 할까.

원서의 4판은 오랜 기간 계량경제학 교재로 사용된 유명한 책이지만 많은 내용이 개정되었기 때문인지 5판에서는 많은 오타와 내용 오류가 발견되었다. 원래 원서의 오류는 저자가 수정해야 하지만, 이번 번역에서는 역자들이 원서의 오류를 직접 바로잡았다. 심지어는 계량경제학 방법이 잘못 적용된 부분을 역자가 통계 프로그램을 돌려 수정한 경우도 있다. 또한 용어는 가급적 통일하였지만, 계량경제학 분야 특성상 다양하게 번역되는 표현들을 익혀둘 필요성도 있기에 이를 다음 페이지에 일러두기로 제시하였다.

이 번역에는 각 대학에서 계량경제학을 강의하고 연구하는 네 명의 학자가 함께했다. 각자가 오랫동안 계량경제학을 강의하고 세부 경제학 전공 분야에서 다양한 경제 현상을 수량적으로 분석하고 또한 계량경제학 방법 자체를 만들었던 경험을 번역 과정에 녹이려고 노력하였다. 그럼에도 남아 있는 미진함은 역자들의 책임이다.

이 책의 번역을 제안한 ㈜한빛아카데미 김재우 이사님 그리고 편집 과정 내내 교정에 수고한 이호선 선생에게 심심한 감사를 전한다.

2024년 1월

역자 4인

일러두기

<table>
<tr><td rowspan="2">partial</td><td>편</td></tr>
<tr><td>부분</td></tr>
<tr><td rowspan="2">biased</td><td>편향</td></tr>
<tr><td>편의</td></tr>
<tr><td rowspan="2">unbiased</td><td>불편(적)</td></tr>
<tr><td>비편향적</td></tr>
<tr><td rowspan="2">homoscedasticity,
equal variance</td><td>등분산</td></tr>
<tr><td>동분산</td></tr>
<tr><td>bivariate, two variables</td><td>bivariate는 이변량, two variables는 이변수인데, 저자는 책 전체에서 혼용해서 쓰고 있으며, 이는 일반적이다.</td></tr>
<tr><td rowspan="3">BLUE(best linear unbiased estimator)</td><td>최량선형불편추정량</td></tr>
<tr><td>최선선형불편추정량</td></tr>
<tr><td>최우수선형불편추정량</td></tr>
</table>

지은이 소개

Damodar N. Gujarati 뉴욕 웨스트포인트 미국 육군사관학교 경제학 명예 교수이다. 이 전에는 미국의 뉴욕시립대학교에서 25년간 강의했다. 봄베이(현재는 뭄바이)대학교에서 상학석사(M.Comm) 학위를 받았고, 시카고대학교에서 M.B.A 및 Ph.D. 학위를 받았다. SAGE에서 *Government and Business*(McGraw-Hill, 1984), 베스트셀러 교과서인 *Basic Econometrics*(5판, 2009, Dawn Porter와 공저), *Essentials of Econometrics*(5판, 2021) 및 *Linear Regression: A Mathematical Introduction*(2018)을 발간했다 또한 *Econometrics by Example*(2판, Palgrave - Macmillan, 2014) 및 *Pensions and New York City Fiscal Crisis*(American Enterprise Institute, 1978)의 저자이기도 하다. 계량경제학에 관한 그의 책은 여러 언어로 번역되었으며, *Review of Economics and Statistics, Economic Journal, Journal of Financial and Quantitative Analysis, Journal of Business*와 같은 저명한 저널에 수많은 논문을 발표했다.

셰필드대학교, 싱가포르국립대학교, 뉴사우스웨일스대학교에서 방문 교수를 역임했다. 또한 풀브라이트 방문 학자로 인도에 있었다. 그는 호주, 중국, 방글라데시, 독일, 인도, 이스라엘, 모리셔스, 한국에서 미시 및 거시경제학 주제로 강의했다.

제5판의 목적

제4판에서와 마찬가지로 제5판의 주요 목적은 다양한 독자에게 계량경제학 이론과 실습에 대한 사용자 친화적인 입문서 역할을 하는 것이다. 주된 독자는 경제학 전공 학부생, 경영학 전공 학부생, MBA 학생 및 선형회귀분석을 중심으로 계량경제학 기법을 사용하는 사회과학 및 행동과학 분야의 학생들이다.

회귀분석은 종속변수 또는 반응변수라 부르는 관심변수와, 설명변수 또는 예측변수 간의 관계를 연구하는 모든 분야에서 필수적인 분석법이 되었다고 해도 과언이 아니다. 프랜시스 골턴 경(Sir Francis Galton, 1822~1911)은 회귀분석을 유전 연구에 적용하였다. 특히 부모의 키와 성장한 자녀의 키를 연구하는 데 사용했다. 이를 위해 그는 최소제곱법을 선형회귀분석의 핵심 일꾼으로 사용했다. 이후로 회귀분석 방법론은 여러 면에서 개선되고 발전되었다. 회귀분석은 가장 널리 사용되는 사회과학 연구 도구이다.

이 책은 초보 학생들이 광범위한 예제, 세심한 설명 및 다양한 문제 자료를 통해 계량경제학 기법을 이해할 수 있도록 설계되었다. 개정판을 거듭해 나가면서 입문 수준 이상의 행렬 대수학, 미적분학 또는 통계학에 의존하지 않고 직관적이고 유용한 방식으로 계량경제학 분야의 주요 발전을 설명하려고 노력했다. 이번 제5판도 이러한 전통을 이어간다. 더 높은 수학적 수준의 계량경제학을 공부하고 싶은 학생들은 내 책인 *Linear Regression: A Mathematical Introduction*(Sage, 2018)을 참조하길 바란다.

이 책의 대상

앞서 말했듯이 계량경제학의 핵심 도구는 선형회귀분석이다. 이 분야에서 출판된 책들은 다양한 제목을 가지고 있다: 계량경제학 입문, 입문 계량경제학, 선형회귀의 첫 수업, 사회과학을 위한 회귀분석, 사회과학 통계학 방법론, 계량경제학의 이해, 계량경제학 모형 및 경제예측, 응용회귀모형, 회귀 돌리기, 금융 자료의 경제적 분석, 통계학의 선형모형, 계량경제학 원리. 다양한 제목에도 불구하고 언급된 책들은 모두 다양한 수준의 수학적 정교성에서 선형회귀분석을 다룬다. 제5판은 기본적으로 초보 학생을 위한 선형분석의 기초를 제공한다. 인터넷에서 검색하면 내 책의 다양한 판본이 전 세계 대학에서 사용되었거나 현재도 사용 중임을 알 수 있다. 또한 계량경제학 과목은 다양한 대학에서 온라인 과정으로 제공 중이며, 이러한 추세는 증가 중이다. 이 책은 온라인 강의뿐 아니라 민간기업, 정부기관 및 비정부기관, 연구기관에서 참고서적으로 사용된다.

이 책의 주요 특징과 장점

선형회귀의 기초는 고전적 선형회귀모형(classical linear regression model, CLRM)이다. CLRM은 다른 많은 분야와 마찬가지로 몇 가지 단순화된 가정을 바탕으로 한다. 나는 이러한 가정을 하나씩 논의하고 가정의 근거를 제시한다. CLRM에 대해 자세히 논의한 후 각 가정을 비판적으로 검토하고 그 가정이 얼마나 현실적인지 살펴본다. 또한 구체적인 상황에서 가정이 충족되지 않으면 어떤 결과가 발생하는지 알아본다. 마지막으로 가정이 충족되지 않을 때 해결책은 무엇인지 살펴본다. CLRM의 견고성을 설명하기 위해 몇 가지 실제 자료에 기반한 예제를 제공한다. Eviews 및 Stata와 같은 통계 패키지를 사용한 여러 예제의 회귀 결과가 각 장에 포함되어 있다. 회귀분석 결과는 독자에게 다양한 사례의 바탕이 되는 데이터의 주요 특징을 한눈에 알려 준다. 아마도 학생들과 교수들이 내 책을 매력적으로 느끼기 때문에 이 책의 수명이 긴 것이라 본다.

선형회귀에 대한 지식을 쌓으면 독자는 회귀모형과 관련된 프로젝트를 수행할 수 있다. 또한 관심 분야의 실증적/경험적 연구를 이해할 수 있을 뿐만 아니라 해당 분야의 전문 저널에 실린 논문을 읽을 수 있다.

제1장의 부록에는 쉽게 접근할 수 있는 다양한 정부 및 비정부 자료의 출처가 나열되어 있다. 세인트루이스 연방준비은행(Federal Reserve Bank of St. Louis)은 Excel 또는 기타 형식으로 쉽게 다운로드할 수 있는 자료를 제공하고 이는 여러 통계 패키지와 함께 사용할 수 있다. 게다가 다양한 주제에 대한 광범위한 데이터 세트를 보유한다. 그리고 이것은 모두 무료이다!

특별한 교육 보조도구와 부록

각 장에는 논의된 요점에 대한 요약과 주요 용어집이 있다. 각 장에는 질문과 연습문제가 있으며 분석적 문제와 함께 실제 자료를 사용하는 실증적/경험적 문제도 제공한다. 연습문제는 본문에서 배운 다양한 기법을 사용하여 문제를 해결할 수 있도록 실제 자료 세트가 제공된다.

본문에 논의된 다양한 예제와 연습문제는 다양한 분야에서 회귀분석이 어떻게 사용되는지 보여줄 것이다. 연습문제는 약 54개의 완전한 예제, 약 82개의 분석 질문, 약 56개의 자료 세트로 구성된다. 교수자는 수업 프로젝트 과제로 이 자료 세트를 활용할 수 있다. 나는 행동에 의한 학습(learning by doing)을 굳게 믿는다!

이 책의 중요한 특징은 4개의 통계 부록에서 확률 및 통계학 지식이 약간 희미해졌거나 오래 전에 공부한 학생을 위해 4개 장의 부록에서 통계학 기초를 제공한다는 것이다. 일부 교수자는 본문을 다루기 전에 이 부록을 먼저 다루고 싶을 수도 있다.

제5판의 변경 사항

기존 제4판이 받은 유용한 피드백에 대한 응답으로 이 판에는 내용을 수정 및 추가하였다. 제11장 시계열 계량경제학과 제12장과 패널자료 계량경제학이다. 이 장에 있는 내용 중 일부는 수준이 다소 높지만, 초보 학생들이 이해할 수 있는 방식으로 설명하려고 노력했다.

시계열 데이터는 일반적으로 순차적으로 수집되기 때문에 인접한 관측치에 상관관계가 존재할 가능성이 있다. 즉 자기상관 문제가 발생할 수 있다. 이 주제는 제10장에서 자세히 설명한다. 그러나 시계열의 더 근본적인 문제는 정상적(stationary)이지 않을 수 있다는 점이다. 이 장에서는 정상 시계열의 개념이 좀 더 직관적으로 논의되며, 다른 비정상 시계열을 비정상 시계열에 회귀시키면 소위 가짜(spurious) 또는 말도 안 되는 회귀분석 결과로 이어질 수 있다고 경고한다. 또한 시계열이 정상적인지 아닌지를 확인하는 방법을 논의한다. 이 장에서 논의되는 또 다른 주제는 "닭과 달걀의 문제"로 알려진 인과관계(causality)이다: 닭이 먼저인가? 아니면 달걀이 먼저인가? 통화공급이 국내총생산(GDP)을 유발하는가? 아니면 그 반대인가? 소위 그랜저 인과관계 검정(Granger causality test)은 비록 이 검정에 대한 논란이 있지만 인과관계 질문에 답하기 위해 자주 사용된다.

패널자료모형은 시계열 차원과 횡단면 차원이 모두 존재하는 데이터를 분석할 수 있다. 따라서 예를 들면, 10년 동안 50개 회사, 즉 총 500개의 관측치에 달하는 이익 및 매출 데이터를 갖게 된다. 매출과 이익 사이의 관계를 알아낼 때 이러한 자료를 어떻게 처리해야 하는가? 각 회사별 10년간 쌓인 자료로 50개 회사 각각에 대한 매출을 회귀분석하여 50개의 시계열회귀를 얻을 수 있다. 또한 50개 회사에 대한 연간 매출 수익을 회귀분석하여 10개의 횡단면 회귀를 얻을 수 있다. 이러한 회귀를 어떻게 조화시킬 수 있을지를 제12장에서 논의하고 다양한 대안을 제시한다.

더미 또는 질적 설명변수를 다루는 제6장에서 더미 설명변수가 선형회귀모형을 다채롭게 하는 방법을 설명한다. 더미 종속변수도 함께 논의하는데, 예를 들어, "흡연/비흡연 결정을 어떻게 모형화할 수 있는가?"와 같은 문제이다. 흡연/비흡연은 담배를 피우거나 피우지 않는 이항변수이다. 반면 전통적인 회귀모형에서는 종속변수가 일반적으로 양적변수이다. 더미 종속변수를 포함하는 회귀모형을 최소제곱법으로 추정하는 데 수반되는 문제를 논의하고 로짓 모형과 같은 대안을 제시한다.

이 책의 디지털 자료

한빛아카데미 홈페이지에서 '교수회원'으로 가입 및 인증 후 교수용 강의 보조 자료를 제공받을 수 있다. 한빛아카데미 홈페이지 상단의 [교수전용공간] 메뉴를 클릭하라.

http://www.hanbit.co.kr/academy

본문의 표 데이터 일부는 책에 실었으며, 일부는 학생용 자료로 이 책의 자료실(http://www.hanbit.co.kr/src/40028)에서 다운로드 할 수 있다. 다운로드 가능한 표 데이터는 ⬇표 2-7과 같이 표기하였다.

감사의 글

제5판을 모두 읽고 피드백을 준 Loyola Marymount University의 경제학 부교수인 Inas R. Kelly와 뉴욕 시립대학교의 경제학 석좌교수인 Michael Grossman에게 감사의 뜻을 전한다. 또한 묵묵하게 많은 도움을 주고 열렬한 격려를 아끼지 않은 SAGE의 Helen Salmon에게도 깊이 감사드린다.

SAGE와 저자는 좋은 피드백을 줌으로써 제5판의 질을 향상하는 데 이바지한 다음 심사위원들에게 감사를 드린다.

Prasad V. Bidarkota, Florida International University
Chinyere Emmanuel Egbe, Medgar Evers College, City University of New York
Kyungkook Kang, University of Central Florida
C. Burc Kayahan, Acadia University
Tom Means, San Jose State University
Elias Shukralla, Siena College
Robert Sonora, University of Montana
Patricia Kay Smith, University of Michigan–Dearborn
Della Lee Sue, Marist College
W. Scott Trees, Siena College

요약 차례

차례

3 Chapter 2변수모형: 가설검정

4 Chapter 다중회귀모형: 추정과 가설검정

5 Chapter 회귀모형의 다양한 함수 형태

6 Chapter 더미변수 회귀모형

PART 2 회귀분석의 실제

7 Chapter 모형 선택: 기준 및 검정

8 Chapter 다중공선성: 설명변수 사이에 상관관계가 발생하면 어떤 상황이 발생하는가?

9 Chapter 이분산: 오차분산이 일정하지 않으면 어떻게 되는가?

10 Chapter 자기상관: 만약 오차항이 상관되어 있으면 어떻게 되는가?

PART 3 계량경제학의 고급 기법

11 Chapter 시계열 계량경제학의 구성 요소

12 Chapter 패널자료 회귀모형

부록 확률과 통계의 기초

부록 A 통계학 복습: 확률과 확률분포

부록 B 확률분포의 특성

부록 C 주요 확률분포의 특징

부록 D 통계적 추론: 추정과 가설검정

부록 E 통계표

1 Chapter

계량경제학의 본질과 범위

계량경제학은 통계적 추론의 적절한 방법론 및 관찰 방법의 동시적인 발전에 바탕을 둔 실제 경제 현상의 정량적 분석으로 정의할 수 있다.

–폴 사무엘슨

계량경제학은 경제 이론, 수학, 통계적 추론의 도구가 경제 현상을 분석하는 데 적용되는 사회과학으로 정의할 수 있다.

–아서 S. 골드버거

경제, 재정, 경영, 마케팅을 비롯한 관련 분야 연구는 점점 양적 분석에 집중하고 있다. 이러한 분야의 초심자들은 하나 또는 두 과목의 계량경제학 수업을 듣기를 추천받고 있다. 이 장은 계량경제학을 처음 접하는 학생들에게 계량경제학이 무엇인지에 관하여 모두 개괄한다.

1.1 계량경제학이란?

간단히 말하면, **계량경제학**(econometrics)은 경제 측정을 의미한다.[1] 비록 국내총생산(GDP), 실업, 인플레이션, 수입과 수출 등 경제 개념을 양적으로 측정하는 것이 중요하지만 다음에서 보듯이 계량경제학의 범위는 좀 더 넓다.

계량경제학은 경제 이론, 수학, 통계적 추론의 도구가 경제 현상을 분석하는 데 적용되

1 계량경제학은 경제 법칙을 경험적으로 결정하는 학문이다. –역사 주

는 사회과학으로 정의할 수 있다.[2]

> 경제학의 역할에 대한 특정 전망의 결과인 계량경제학은 수리경제학에 의해 구축된 모델에 경험적 또는 실증적 지원을 제공하고 수치적 결과를 얻기 위해 경제 자료에 수리통계학을 적용하는 것으로 구성된다.[3]

1.2 왜 계량경제학을 공부해야 하는가?

앞에서 제시한 것처럼 계량경제학은 경제 이론, 수리경제학, 경제통계학, 수리통계학이 합쳐진 학문이다. 그렇지만 다음과 같은 이유로 인해 독립된 학문으로 연구를 수행할 가치가 있다.

경제 이론은 본질적으로 대부분 질적인 주장이나 가설을 설정한다. 예를 들면, 미시경제학에서 다른 조건이 동일한 경우(경제학의 유명한 *ceteris paribus* 조항) 하나의 재화의 가격이 상승하면 그 재화의 수요량은 감소할 것이라고 설명한다. 따라서 한 재화의 가격과 수량 간에는 음의 관계 또는 역의 관계에 있다고 한다. 이는 유명한 **수요의 법칙**이다. 그러나 경제 이론은 가격과 수요량 사이의 관계가 얼마나 큰지 수치로 측정한 값을 제시하지는 않는다. 즉, 재화의 가격에 일정한 변화가 생기면 수요량이 얼마나 증가 또는 감소할지를 제시해 주지는 않는다. 이러한 수치적 추정을 제공하는 것이 계량경제학자의 임무이다. 다시 말하면 대부분의 경제 이론에 경험적이고 실증적인(즉, 관찰이나 실험에 기초한) 내용을 제공하는 것이 계량경제학이다. 연구나 실험에서 한 단위의 가격이 1달러 증가할 때 수요량이 가령 100개만큼 감소한다는 사실을 발견하면 우리는 수요의 법칙을 확인할 뿐만 아니라 그 과정에서 또한 가격과 수량이라는 두 변수 사이의 관계에 대한 수치적 추정치를 제공한다.

수리경제학(mathematical economic)은 이론의 측정 가능성 또는 경험적 증명과 관계없이 경제 이론을 수학적 방정식으로 표현하는 것이다. 앞에서 제시한 것처럼 계량경제학은 주로 경제 이론을 실증적으로 입증하는 데 관심이 있다. 계량경제학자는 수리경제학자가 제시한 수학 모형을 이용하지만 이를 경험적으로 혹은 실증적으로 검정할 수 있도록 식을 변형한다.

경제통계학은 주로 자료를 수집하고 처리하여 차트나 도표의 형태로 제시하는 일을 한다. 이러한 일이 경제통계학자들의 임무이다. 예를 들면, 경제통계학자는 GDP, 고용, 실업, 물가 등의 자료를 수집할 의무를 가진다. 수집된 자료는 계량경제학 분석의 원자료로 이용된다. 그

2 Arthur S. Goldberger, *Econometric Theory*, Wiley, New York, 1964, p. 1.

3 P. A. Samuelson, T. C. Koopmans, and J. R. N. Stone, "Report of the Evaluative Committee for *Econometrica*," *Econometrica*, vol. 22, no. 2, April 1954, pp. 141-146.

러나 경제통계학자의 임무는 여기서 끝나고 수집된 자료를 이용하여 경제 이론을 검정하지는 않는다.

수리통계학은 경제 거래 분석에 필요한 많은 도구를 제공하지만, 대부분의 경제 자료의 고유한 성격, 즉 자료가 통제된 실험의 결과가 아니기 때문에, 계량경제학자는 특별한 방법이 필요한 경우가 많다. 계량경제학자는 기상학자처럼 직접적으로 통제할 수 없는 자료에 의존한다. 공공기관과 민간기관이 수집하는 소비, 소득, 투자, 저축, 물가 등에 관한 자료는 본질적으로 비실험적이다. 계량경제학자는 이러한 데이터를 주어진 것, 즉 통제할 수 없는 것으로 간주한다. 이로 인해 수리통계학에서는 일반적으로 다루지 않는 특별한 문제가 발생한다. 더욱이, 경제 자료에는 누락 등의 측정 오류가 포함될 가능성이 크며, 계량경제학자는 이러한 측정 오류를 처리하기 위한 특별한 분석 방법을 개발해야 한다.

경제학과 경영학을 전공하는 학생이 계량경제학을 공부하는 실용적인 이유가 있다. 경제, 경영 전공자는 졸업 후 취업 시 매출, 이자율, 화폐 공급을 예측하거나 제품의 수요 및 공급 기능이나 가격탄력성을 추정해야 할 수도 있다. 경제학자는 고객이나 일반 대중을 대신하여 정부규제기관에 전문가로서 증인으로 출석하는 경우가 많다. 따라서 가스 및 전기 가격을 통제하는 규제 위원회에 출석하는 경제학자는 위원회가 가격 인상을 승인하기 전에 제안된 가격 인상이 전기 수요량에 미치는 영향을 평가해야 할 수도 있다. 이와 같은 상황에서 경제학자는 이러한 목적을 위해 전기에 대한 수요함수를 개발해야 할 수도 있다. 이러한 수요함수를 통해 경제학자는 수요의 가격탄력성, 즉 가격의 백분율 변화에 대한 수요량의 백분율 변화를 추정할 수 있다. 이러한 수요함수를 추정할 때 계량경제학 지식은 매우 유용하다.

계량경제학은 경제학 및 경영학 교육 과정에서 필수적인 부분이 되었다.

추가적으로 계량경제학에서 개발된 방법론은 사회과학의 여러 부분, 즉 정치학 및 국제관계학뿐 아니라 농업과학 및 예방의학의 다른 여러 분야에서도 사용된다.

1.3 계량경제학의 방법론

계량경제학 연구는 실제로 어떻게 해야 하는가? 대체로 계량경제학 분석은 다음에 제시된 과정에 따라 단계별로 이루어진다.

1. 연구 목적: 이론의 서술
2. 자료 수집

3. 이론의 수리모형 설정

4. 이론의 통계적 또는 계량경제학적 모델 설정

5. 선택한 계량경제학 모형의 모수 추정

6. 모형 적합도: 모형 설정 검정

7. 가설검정

8. 예측

방법론을 설명하기 위해 다음의 질문을 읽어 보자: "경제 상황이 사람들의 일할 의사에 영향을 미치는가?" 경제 상황을 측정하기 위해 실업률(unemployment rate, UNR)을 이용하고, 노동 참여를 측정하기 위해 노동시장 참가율(labor force participation rate, LFPR)을 이용하기로 하자. UNR과 LFPR 자료는 정부가 정기적으로 공표한다. 앞의 질문에 답하기 위해 다음과 같은 절차를 시행한다.

1. 연구 목적: 이론의 서술

우선 연구하고자 하는 주제에 대해서 경제 이론이 주장하는 바가 무엇인지를 찾아보아야 한다. 노동경제학 이론에 따르면 경제 상황이 사람들의 일할 의사에 미치는 효과에 대한 두 가지 가설이 있다. 실망노동자 가설(효과)[discouraged-worker hypothesis(effect)]은 경제 상황이 악화되어 높은 실업률이 발생할 때, 실업자 중에서 많은 사람이 구직을 포기하고 노동시장에서 떨어져 나갈 것이라고 주장한다. 반면에 부가노동자 가설(효과)[added-worker hypothesis(effect)]은 경제 상황이 악화되고 부양을 책임지는 근로자들이 실직하게 된다면 현재 노동시장에 참여하고 있지 않은 예비 노동자들(예를 들면, 육아 중인 주부들)이 노동시장에 참여하게 될 것이라는 주장이다. 부가노동자 가설에 의하면 부양근로자가 실직하게 되어 발생하는 소득의 손실을 메우기 위해서 부가노동자들이 비록 임금 수준이 낮더라도 일을 하게 된다는 것이다.

부가노동자 효과와 실망노동자 효과 중에서 어느 쪽이 더 강력하냐에 따라서 경기 하락 중에 노동시장 참가율은 증가하기도 하고 감소하기도 한다. 만약 부가노동 효과가 더 우세하면 노동시장 참가율은 증가할 것이다. 반대로 실망노동자 효과가 더 우세하면 노동시장 참가율은 하락할 것이다.

이러한 사실을 어떻게 알아낼 수 있을까? 바로 이 질문이 우리의 경험적 혹은 실증적인 질문이 될 것이다.

2. 자료 수집

실증분석을 위해 변수에 대한 양적인 정보가 필요하다. 일반적으로 실증분석에 필요한 자료는 다음과 같다.

1. 시계열 자료

2. 횡단면 자료

3. 통합 자료(시계열 자료와 횡단면 자료의 결합)

시계열 자료(times-series data)는 GDP, 고용, 실업, 화폐공급, 정부의 재정적자 등과 같이 장기간에 걸쳐 수집된 자료이다. 이러한 자료는 매일(예: 주가), 매주(예: 화폐 공급), 매월(예: 실업률), 분기별(예: GDP), 연간(예: 정부예산)과 같이 정기적으로 수집된다. 소위 **고주파 데이터**(high-frequency data)는 매초, 매분 등 극히 짧은 시간 동안 수집된다. 주식 및 외환시장의 **플래시 거래**(flash trading)에서는 이제 고주파 데이터가 일반화되었다. 이들 자료는 **양적 자료**(quantitative data, 화폐공급, 가격, 소득 등)와 **질적 자료**(qualitative data, 남녀, 실업과 고용, 기혼과 미혼, 인종 등)로 구분된다. **더미변수** 또는 **범주변수**라고 하는 질적 변수는 양적 변수와 함께 앞으로의 분석에서 중요한 역할을 한다.

시계열 자료에서는 관측이 순차적으로 이루어지는데, 이로 인하여 자료 간에 상관관계가 있을 수 있다. 앞 시간에서 관측된 자료가 다음 시간에 관측된 자료에 영향을 끼칠 수 있다는 뜻이다. 이에 따라 시계열 자료 회귀분석에서 발생하는 특별한 문제인 **자기상관관계**(autocorrelation)를 고려해야 한다. 이는 제10장에서 자세히 논의한다.

시계열 자료는 또 다른 문제를 가지고 있다. 시계열 자료는 **안정적**(stationary)이지 않을 수 있다. 안정성의 정의는 다음과 같다: **시계열의 평균과 분산이 시간이 지나도 체계적으로 변하지 않으면 시계열은 안정되어 있다고** 할 수 있다. 시계열 계량경제학을 다루는 제11장에서는 정상 시계열과 비정상(nonstationary) 시계열의 본질을 살펴보고 후자에 의해 발생하는 특별한 통계적 문제를 보일 것이다. 시계열 데이터를 다루는 경우 관찰 하첨자를 t(예: Y_t, X_t)로 표시한다.

횡단면 자료(cross-sectional data)는 특정 시점에 수집된 하나 이상의 변수 자료이다. 10년마다 이루어지는 한국과 미국의 인구조사, 미시간대학의 소비지출조사, 통계청에서 조사하는 경제활동인구조사, 갤럽 등에서 실시하는 여론조사 등을 예로 들 수 있다. 시계열 자료와 마찬가지로 횡단면 자료도 문제가 있다. 먼저 **이질성**(heterogeneity) 문제를 보자. 예를 들어, 동일한 시점에 특정 업계의 임원 급여를 수집하자. 이는 횡단면 자료이다. 이 자료에는 고유한 경영 스타일과 정책을 가진 기업이 있을 것이고 중소기업과 대기업이 모두 있을 것이다. 즉, 이질성이 발생했다고 할 수 있다. 제5장에서는 이질적인 기업의 **규모효과**(size or scale effect)를 어떻게 고려할 수 있는지 살펴본다.

통합 자료(pooled data)는 시계열과 횡단면 자료의 특성을 모두 가지고 있다. 예를 들면, 20년 동안 10개 국가의 실업률을 수집할 경우, 이 자료는 20년 동안 각 국가의 실업률을 나타내는 통합 자료라고 할 수 있다. 즉, 20년 동안 각 국가의 실업률은 시계열 자료를 형성할 것이고 10개 국가의 특정 연도의 실업률은 횡단면 자료라고 할 수 있다. 이러한 통합 자료는 10개 국가의 20년간 관측치인 200개의 자료를 수집할 수 있다는 것을 의미한다.

패널 자료(panel data)는 통합 자료의 특별한 유형이다. 패널 자료는 **종단 자료**(longitudinal data) 또는 **미시패널 자료**(micropanel data)라고 불린다. 동일한 횡단단위(예를 들면, 여러 가구 또는 여러 기업)에 대한 장기간의 조사를 통하여 패널 자료가 얻어진다. 예를 들면, 미국 상무부에서는 정기적으로 가구에 대하여 주택인구조사를 실시하고 있다. 정기적으로 동일한 가구를 대상으로 인터뷰를 실시하고 가구의 주거 및 재정 상황의 변화 등을 관측할 수 있다. 동일한 가구로부터 얻는 패널 자료는 가구 경제의 동학(dynamics)에 대한 매우 유용한 정보를 제공한다.

패널 자료는 이중 하첨자 it로 표시한다. 따라서 Y_{it}는 시간 t에서 i번째 단위에 대한 (횡단면) 관측치를 나타낸다.

자료의 품질 연구자는 데이터를 수집하는 기관의 평판을 주의 깊게 확인해야 한다. 부실한 기관의 자료에는 측정 오류, 누락 오류, 반복적인 반올림 오류 등이 포함되는 경우가 매우 많기 때문이다. 공개 여론조사나 마케팅 설문조사에서 수집된 데이터는 참가자의 무응답이나 불완전한 응답으로 인해 편향될 수 있다. 국가에서 제공하는 일부 자료는 집계 형태 또는 거시적 수준에서만 제공되며, 이는 집계에 포함된 개인에 대해서는 정보를 제공하지 못할 수 있다. 연구 결과는 딱 자료의 품질만큼만 좋다라는 점을 항상 명심해야 한다.

개별 연구자는 스스로 자료를 수집할 수 있는 여유와 돈이 없기에 기관에서 제공하는 이차 자료에 의존해야 하는 경우가 많다. 그러나 실증분석에 사용되는 자료의 품질을 확인하기 위해 모든 노력을 기울여야 한다.

자료의 수정 GDP, 소비자물가지수(CPI)와 같은 거시변수 자료는 초기에 발표된 데이터가 잠정적일 수 있기에 상향 또는 하향 수정되는 경우가 많다. 수정 자료를 추적하는 것은 연구자의 의무이다.

뿐만 아니라 2008년 및 이후의 대불황(great recession)과 같은 이례적인 사건들로 인해 거시경제와 미시경제 데이터가 '요동'을 치는 경우가 많다. 이는 몇 년간 부동산 중개업자와 은행들의 부실 대출로 생긴 주택시장의 거품 붕괴로 발생한 것이다. 이 붕괴는 주식시장으로 파급되었고, 미국에서 시작된 심각한 경기침체는 매우 빠르게 전 세계로 확산되었기에 경제 자료를 분석할 때 이와 같은 이례적인 사건들을 고려해야 한다.

또 다른 놀라운 예는 2019년 3월 한 국가에서 발생하여 타국으로 빠르게 확산되어 세계 경제에 파괴적인 영향을 미친 코로나 바이러스(COVID-19)를 들 수 있다. 미국에서는 2021년 3월 29일 기준 COVID-19 누적 확진자가 30,085,827명이고 사망자는 546,704명이다. COVID-19의 장기적인 결과는 아직 추정되지 않았다. 따라서 이와 같은 상황에서 계량경제학 분석을 수행하는 것은 아무리 말해도 매우 어렵고 도전적이다.

자료의 출처 자료 출처의 중요성에 대해서도 짚고 넘어갈 필요가 있다. 계량경제학 분석의 성공 여부는 자료의 질은 물론 양에도 달려 있다. 다행히 인터넷으로 검색하면 풍부한 자료를 얻을 수 있다. 부록 1A에 모든 종류의 미시경제 자료와 거시경제 자료를 보유한 웹사이트를 소개한다. 이러한 자료는 계속해서 업데이트되고 있어서 독자들은 최신 자료를 구할 수 있다.

통계 패키지의 자료 EViews, Stata, Minitab 및 SAS와 같은 통계 패키지에는 교육용 데이터 세트가 있다. 세인트루이스 연방준비은행(The Federal Reserve Bank of St. Louis)은 Excel 형식으로 여러 거시경제변수에 대한 광범위한 자료를 보유하고 있다. 이는 Eviews로도 쉽게 가져올 수 있다(https://research.stlouisfed.org/fred-addin). FRED 경제 데이터는 실증적 연구에 매우 유용하다. Stata도 *findit Freduse* 명령을 실행하여 Stata 형식의 FRED 데이터를 가져올 수 있다.

앞으로의 분석을 위해 시계열 자료인 표 1-1을 사용한다(: 한빛아카데미 홈페이지에서 다운로드 가능). 이 표는 1980~2007년까지 미국의 민간 노동시장 참가율(civilian labor force participation rate, *CLFPR*)과 민간 실업률(civilian unemployment rate, *CUNR*)에 대한 데이터를 제공한다.[4] 민간 실업률은 민간 노동시장 참가자 대비 실업자의 비율로 정의된다. 이 기간 이후의 데이터는 표 1-2를 참조하라.

대부분의 경제 자료(예: GDP, 화폐 공급, 다우존스 지수, 자동차 판매)는 자료 수집 기관(예: 정부)이 자료를 직접 통제할 수 없다는 점에서 자연과학처럼 실험적일 수 없다. 따라서 노동시장 참가와 실업에 관한 자료는 노동시장 참가자가 정부에 제공한 정보를 기반으로 한다. 어떤 의미에서 정부는 이러한 데이터의 수동적 수집자이므로 부가근로자 또는 실망근로자 가

---

4 여기에서는 *CLFPR*과 *CUNR*의 집계 변수만 고려하지만 데이터는 연령, 성별, 인종 구성별로 제공된다.

표 1-1 ● 미국 민간 노동시장 참가율(CLFPR), 민간 실업률(CUNR) 및 시간당 실질평균소득(AHE82)*

연도	CLFPR (%)	CUNR (%)	AHE82 ($)
1980	63.8	7.1	8.00
1981	63.9	7.6	7.89
1982	64.0	9.7	7.87
1983	64.0	9.6	7.96
1984	64.4	7.5	7.96
1985	64.8	7.2	7.92
1986	65.3	7.0	7.97
1987	65.6	6.2	7.87
1988	65.9	5.5	7.82
1989	66.5	5.3	7.75
1990	66.5	5.6	7.66
1991	66.2	6.8	7.59
1992	66.4	7.5	7.55
1993	66.3	6.9	7.54
1994	66.6	6.1	7.54
1995	66.6	5.6	7.54
1996	66.8	5.4	7.57
1997	67.1	4.9	7.69
1998	67.1	4.5	7.89
1999	67.1	4.2	8.01
2000	67.1	4.0	8.04
2001	66.8	4.7	8.12
2002	66.6	5.8	8.25
2003	66.2	6.0	8.28
2004	66.0	5.5	8.24
2005	66.0	5.1	8.18
2006	66.2	4.6	8.24
2007	66.0	4.6	8.32

* AHE82는 1982년 기준으로 시간당 실질평균소득을 나타낸다.

출처: *Economic Report of the President*, 2008.

설 등을 인식하지 못할 수도 있다. 따라서 수집된 자료는 개인의 노동시장 참가 결정에 영향을 끼치는 여러 요인의 결과일 수도 있다. 즉, 동일한 자료가 1개 이상의 이론과 양립할 수 있다.

3. 수리적 노동시장 참가모형의 설정

*CUNR*이 *CLFPR*과 어떻게 움직이는지를 확인하기 위해 우선적으로 해야 할 것은 그림 1-1처럼 산점도(scatter diagram or scattergram)를 그리는 것이다.

산점도는 *CLFPR*과 *CUNR*이 역의 관계에 있다는 것을 보여준다. 이는 실망노동자의 효과가 부가노동자 효과보다 더 강하다는 것을 암시하고 있다.[5] 첫 번째 근사치로서, 우리는 산포점을 뚫는 직선을 그리고 다음과 같은 간단한 수리모형으로 *CLFPR*과 *CUNR* 사이의 관계를 나타낼 수 있다.

$$CLFPR = B_1 + B_2\, CUNR \qquad (1.1)$$

식 (1.1)에서는 *CLFPR*과 *CUNR*이 선형관계에 있다는 것을 보여준다. B_1과 B_2는 선형함수에서 모수(parameter)를 의미한다.[6] B_1은 절편(intercept)이며, 이는 *CUNR*이 0일 때 *CLFPR*의

그림 1-1 ● 민간 노동시장 참가율과 민간 실업률

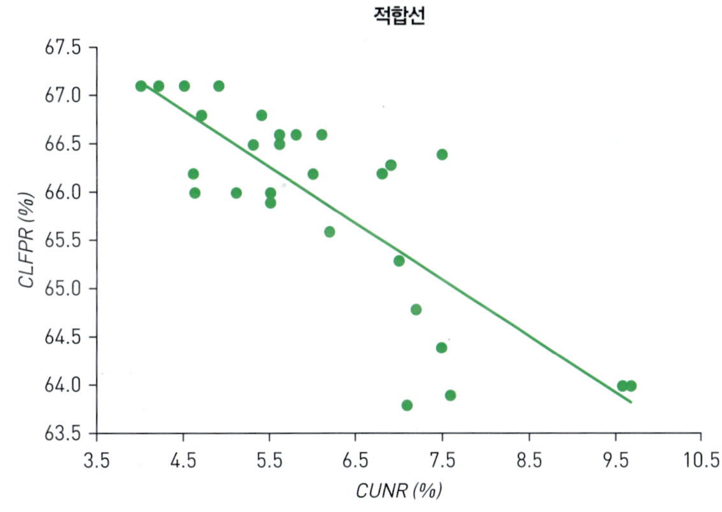

5 자세한 논의는 다음의 논문을 참조하라. Shelly Lundberg, "The Added Worker Effect," *Journal of Labor Economics*, vol. 3, January 1985, pp. 11-37.

6 넓게 말하면 모수는 특정 집합 위에서 달라지는 미지의 값이다. 통계학에서 확률변수의 확률분포함수(PDF)는 평균, 분산과 같은 모수로 특징지어지는 경우가 많다. 이 주제는 부록 A와 B에서 더 자세히 논의된다.

값을 의미한다.[7] B_2는 **기울기**(slope)로 *CUNR*이 한 단위 변화할 때 *CLFPR*의 변화율을 측정한다. 기울기는 오른쪽 변수의 단위 변화에 대한 왼쪽 변수의 변화율을 의미한다. 기울기계수 B_2는 양이 될 수 있고(부가근로자 효과가 실망근로자 효과를 압도하는 경우) 또는 음의 값이 될 수 있다(실망근로자 효과가 부가근로자 효과를 압도하는 경우). 그림 1-1을 보면 지금 사례에서는 음이라는 것을 알 수 있다.

4. 통계적 또는 계량경제학적 노동시장 참가모형의 설정

식 (1.1)은 *CLFPR*과 *CUNR* 사이의 관계를 나타내는 수리모형으로 두 변수 사이의 **정확한** 관계 또는 **결정적인** 관계를 나타내는 모형이다. 이 모형에서는 변수 *CUNR*의 값이 정해지면 *CLFPR* 값이 하나로 결정된다. 현실적으로 이러한 관계가 성립하는 경우는 매우 드물다. 대부분 두 변수의 관계는 **부정확한** 관계이거나 **확률적** 관계이다.

이러한 사실은 그림 1-1의 산점도를 보면 쉽게 알 수 있다. 비록 두 변수 간에는 음의 관계에 있더라도 정확히 선형관계에 있는 것은 아니다. 만약 28개 자료점을 직선으로 그린다면 정확하게 직선으로 표현되지 않을 것이다. 직선으로 표현하자면 2개의 점만이 필요하다.[8] 28개의 자료점이 수학적 모형인 식 (1.1)에 의해 지정된 직선 위에 정확히 놓이지 않는 이유는 무엇일까? 노동력과 실업에 대한 우리의 자료는 비실험적으로 수집된 것임을 기억하라. 그러므로 앞에서 실망노동자와 부가노동자 가설에서처럼 노동참가에 영향을 미치는 다른 변수들이 존재한다. 결과적으로 *CLFPR*과 *CUNR* 사이의 관찰된 관계는 부정확할 가능성이 높다.

*CLFPR*에 영향을 미치는 다른 모든 변수를 모아서 이를 u로 놓고 식을 다시 쓰면 식 (1.2)와 같다.

$$CLFPR = B_1 + B_2 CUNR + u \tag{1.2}$$

여기서 u는 **무작위 오차항**(random error term) 또는 **오차항**(error term)[9]이라고 한다. u는 *CUNR* 이외에 종속변수 *CLFPR*에 영향을 미치지만 명시적으로 표현되지 않은 다른 요인들을 모두 모은 것이라고 할 수 있다. 오차항의 의미는 제2부에서 자세히 공부할 것이다.

식 (1.2)는 **통계적, 경험적 또는 실증적, 또는 계량경제학적** 모형의 하나의 예이다. 더 정확히 말하자면 **선형회귀모형**(linear regression model)으로 알려진 하나의 예이다. 이 모형의 좌측을 **종속변수**(dependent variable)라 하고 우측은 **독립변수**(independent variable) 또는 **설명변수**(explanatory variable)라고 한다. 선형회귀분석에서 주요 목표는 1개 이상의 다른 변수(설

7 제2장에서 회귀분석의 맥락에서 절편에 대한 보다 정확한 해석을 제공한다.

8 그림 1-1의 산점도에 포물선을 적합하려고 시도할 수 있으나 결과는 직선을 적합하는 것과 크게 다르지 않다.

9 통계 용어에서 무작위(random) 오차항은 확률적(stochastic) 오차항으로 알려져 있다.

명변수)의 행동과 관련하여 1개의 주요 관심 변수(종속변수)의 행동을 설명하는 것이며, 이때 그들 사이의 관계가 부정확하다는 사실을 허용한다.

계량경제학 모형인 식 (1.2)는 수리경제학 모형인 식 (1.1)에서 파생되었으며, 이는 수리경제학과 계량경제학이 상호보완적임을 보여준다. 이는 처음에 제시된 계량경제학의 정의에 명확하게 반영되어 있다.

더 진행하기 전에 **인과관계**(causation)에 대해 주의해야 할 사항이 있다. 회귀모형 식 (1.2)에서 *CLFPR*이 종속변수이고 *CUNR*이 독립변수 또는 설명변수라고 명시했다. 이는 두 변수가 **인과적으로** 관련되어 있음을 의미하는가? 즉, *CUNR*이 원인이고 *CLFPR*이 결과인가? 다시 말해서 회귀가 인과관계를 의미하는가? 반드시 그런 것은 아니다. Kendall과 Stuart가 언급했듯이, "통계적 관계가 아무리 강하고 제안적일지라도 결코 인과관계를 설정할 수 없다. 인과관계에 대한 우리의 생각은 궁극적으로 통계학 외부에 있는 다른 이론에서 비롯되어야 한다."[10] 종속변수(*CLFPR*)와 설명변수(*CUNR*) 사이 인과관계가 존재한다면 이는 결국 경제이론(예를 들어, 실망노동자 가설)에 달려 있다는 것이다. 인과성을 확립할 수 없다면, 식 (1.2)를 **예측관계**라고 부르는 것이 나을 것이다: *CUNR*이 주어지면, 우리는 *CLFPR*을 예측할 수 있을까?

5. 선택한 계량경제학 모형의 모수 추정

표 1-1의 *CLFPR*과 *CUNR* 변수 자료가 있다면 식 (1.2)의 모수인 B_1과 B_2를 어떻게 추정할 수 있는가? 즉, 이러한 **모수**(parameter)의 수치[예: **추정치**(estimates)]를 어떻게 찾을 수 있는가? 이 질문에 대한 답이 제2부의 주요 주제가 될 것이며, 추정치를 구하는 적절한 계산 방법, 특히 **최소제곱법**(ordinary least squares, OLS)을 도출할 것이다. OLS와 표 1-1을 이용하여 다음과 같은 결과를 얻었다.

$$\widehat{CLFPR} = 69.4620 - 0.5814CUNR \tag{1.3}$$

위의 식 (1.3)에서 *CLFPR* 위에 ∧가 씌어져 있음을 주의하라['CLFPR 햇(hat)'이라 읽는다]. 이는 식 (1.3)이 식 (1.2)의 **추정치**임을 의미한다. 추정된 회귀선은 그림 1-1에서 실제 자료와 함께 보여준다.

식 (1.3)에서 보듯이 B_1의 추정된 값은 약 69.5이고 B_2의 추정된 값은 약 −0.58이다. 이 추정된 값은 개략적인 값으로 정확한 값을 의미하지는 않는다. 만약 실업률이 1단위(1%p) 증가하면 다른 조건이 동일할 때 *CLFPR*은 **평균적으로** 약 58%p 감소한다고 할 수 있다. 즉, 경제 상

---

10 M. G. Kendall and A. Stuart, *The Advanced Theory of Statistics*, Charles Griffin, New York, 1961, vol. 2, Chap. 26, p. 279.

황이 나빠지면 평균적으로 노동시장 참가율이 58%p 감소한다는 것을 의미한다. 앞에서 언급한 것처럼 오차항 u로 인하여 두 변수가 다소 부정확한 관계가 되기 때문에 여기서 '평균적으로'라는 말을 쓰게 된 것이다. 이는 그림 1-1에서 시각적으로 알 수 있듯이 실제 자료인 각 점들은 추정 회귀선 위에 정확하게 있지 않다. 추정 회귀선과 실제 점의 수직 거리를 "추정된 u"라 할 수 있다. 제2장에서 볼 수 있지만 추정된 u를 **잔차**(residual)라고 부른다. 간단히 말해 식 (1.3)의 추정된 회귀식은 *CLFPR*과 *CUNR*의 평균적 관계를 말한다. 즉, *CUNR* 한 단위의 변화에 대한 *CLFPR*의 평균 반응을 의미한다. 만약 *CUNR*이 0이라면 *CLFPR*은 약 69.5%가 된다. 즉, 실업률이 0이라면 혹은 완전고용이 이루어진다면 생산연령 민간 인구의 약 69.5%가 노동에 참여할 것이다.[11]

6. 모형 적합도: 모형 설정 검정

식 (1.3)의 모형이 얼마나 적합한지 알아보자. 사람들이 노동시장에 참여할 때 노동시장 상황(예를 들면, 실업률로 측정됨)을 감안한다. 예를 들면, 불황인 1982년도에 실업률은 약 9.7%였다. 이에 비해 2001년도 실업률은 단지 4.7%였다. 실업률이 5%였을 때 비해 실업률이 9%일 때 사람들은 노동시장에 참여할 의사가 더 감소한다. 그러나 노동시장 참가 의사에 영향을 끼치는 다른 요소들이 있다. 예를 들면, 노동시장에 널리 퍼져 있는 시간당 임금 또는 소득 등이 중요한 의사결정 변수일 것이다. 다른 조건이 동일하다면 임금이 높을수록 노동시장에 더 많은 노동자가 참가할 것이다. 표 1-1에 시간당 실질평균소득(*AHE82*)에 대한 자료가 있다. 여기서 실질소득은 1982년 달러로 측정되었다. *AHE82*의 영향을 회귀모형에 반영하면 다음과 같은 모형이 설정된다.

$$CLFPR = B_1 + B_2 CUNR + B_3 AHE82 + u \tag{1.4}$$

식 (1.4)는 **다중선형회귀모형**(multiple linear regression model)의 한 예이고, 식 (1.2)는 **단순선형회귀모형**(simple linear regression model)의 한 예이다. **2변수모형** 또는 단순선형회귀모형에서는 설명변수가 1개이고 다중회귀모형에서는 설명변수가 여러 개이다. 식 (1.4)의 다중회귀모형에서도 오차항 u가 포함되어 있다. 설명변수가 여러 개가 있다고 할지라도 이 설명변수들이 종속변수를 충분히 설명할 수 없기 때문이다. 연구자는 주어진 상황을 참작하여 몇 개의 설명변수를 포함하여 모형을 설정할 것인가를 결정하게 된다. 물론 기본 경제 이론이 종종 어떤 설명변수들이 필요한지 알려줄 수 있다. 그렇지만 회귀가 인과관계를 의미하는 것이 아니라는 앞서 주어진 경고를 기억해야 한다. 결국 바탕이 되는 경제학 이론이 어떠한 설명변수가 필요한지 그리고 이 변수들이 종속변수와 관련이 있는지를 결정하게 된다.

---

11 이러한 해석은 절편에 대한 기계적인 해석이라고 할 수 있다. 제2장에서 절편을 주어진 맥락에서 어떻게 해석하는지 살펴볼 것이다.

식 (1.4) 다중선형회귀모형의 모수를 어떻게 추정할까? 이 주제는 제2장과 제3장에서 단순선형회귀모형을 논의한 후 제4장에서 다룬다. 제4장에서 살펴보겠지만, 다중선형회귀모형은 여러 면에서 단순선형회귀모형을 직접적으로 확장한 것이기 때문이다.

식 (1.4)를 실증적으로 추정한 결과는 다음과 같다. 이 결과는 OLS를 기반으로 나왔다.

$$\widehat{CLFPR} = 81.2267 - 0.6384CUNR - 1.4449AHE82 \qquad (1.5)$$

2개의 기울기계수가 모두 음이라는 추정 결과가 흥미롭다. *CUNR* 계수가 음이라는 것은 다른 조건이 일정할 때(즉, *AHE82* 영향이 일정하게 유지할 때) 실업률이 1%p 증가하면 *CLFPR*은 평균적으로 0.64%p 감소한다는 것을 의미한다. 이러한 사실로 인해 아마도 실망 노동자 가설이 지지받을 수 있을 것이다. 반면에 *CUNR*의 영향이 일정할 때 시간당 실질평균임금이 1달러 증가하면 *CLFPR*은 평균적으로 약 1.4%p 감소한다.[12] *AHE82*의 계수가 음이라는 것이 경제학적으로 이해가 되는가? 보통은 *AHE82*의 계수가 양으로 생각되지 않는가? 즉, 시간당 임금이 높으면 노동시장 참가율이 높을 것이라고 기대하지 않는가? 그러나 소득효과와 대체효과를 감안하면 *AHE82*의 계수가 음이 되는 것도 경제학 이론으로 이해할 수 있다.[13]

식 (1.3)과 식 (1.5) 중에서 우리는 어떤 모형을 선택해야 하는가? 식 (1.5)는 식 (1.3)을 포괄하고, 분석을 위하여 추가적인 자원(즉, 소득)을 포함하므로 식 (1.5)를 선택할 가능성도 있다. 식 (1.2)는 실업률 이외의 변수들이 일정하다는 가정에 암묵적으로 기초를 두고 있다. 어느 변수까지 포함해서 모형을 설정해야 할까? 노동시장 참가율(*CLFPR*)은 실업률(*CUNR*) 이외에도 시간당 실질평균임금, 가족 재산, 6세 미만 자녀의 수(이는 노동시장에 참여하려는 기혼 여성에게 특히 중요함), 어린 자녀를 위한 보육시설의 가용성, 종교적 신념, 복지 혜택 가용성, 실업보험 등에 따라 달라질 수 있다. 이러한 변수에 대한 자료를 모두 사용할 수 있다 할지라도 우리는 이 모든 변수를 포함해서 계량경제학 모형을 설정하지는 않는다. 계량경제학 모형을 설정하는 목적은 모든 실제 현실을 포착하는 것이 아니라 관심 있는 현저한 특성을 포착하는 것이기 때문이다. 만약 모든 변수를 다 포함해서 모형을 설정한다면 그 모형은 유용성이 적으며 또한 너무 다루기 힘든 모형이 될 것이다. 궁극적으로 현실을 합리적으로 잘 반영하는 모형을 선택해야 할 것이다. 궁극적으로 선택된 모형은 기본 현실을 합리적으로 훌륭하게 복제해야 하지만 **절약의 법칙**(principle of parsimony) 또는 **오컴의 면도날**(Ockham's razor)을 염두에 두어야 한다. 영국의 철학자 윌리엄 오컴(William Ockham, 1285~1349)은 복잡

12 *CUNR*과 *AHE82*의 계수는 편회귀계수(또는 부분회귀계수, partial regression coefficient)이다. 제4장에서 편회귀계수의 정확한 의미가 논의될 것이다.

13 미시경제학에 관한 표준 교과서를 참조하라. 이 결과에 대한 직관적인 근거 중 하나는 다음과 같다. 부부가 모두 노동시장에 종사하고 있고 한 배우자의 소득이 상당히 증가했다고 가정해 보자. 이때 다른 배우자가 가구소득에 실질적인 영향을 주지 않고 노동시장에서 나갈 수도 있다.

한 설명을 정당한 이유 없이 받아들여서는 안 된다고 주장했다. 그는 "적은 자원으로 할 수 있는 일을 더 많이 하는 것은 헛된 일이다"라고 말했다. 제7장에서 우리는 이러한 문제에 대해서 더 자세히 논의하고 모형 개발을 어떻게 진행할 수 있는지 알아볼 것이다.

7. 가설검정

모형 설정을 확정한 후에 우리는 가설검정(hypothesis testing)을 시행한다. 즉, 우리는 추정된 모형이 경제적 의미를 가지는지, 추정 결과가 경제 이론과 일치하는지를 알아보아야 한다. 예를 들어, 실망노동자 가설은 노동시장 참가율과 실업률 사이에 음의 관계가 있다고 주장한다. 추정 결과는 이러한 가설을 지지하는 *CUNR*의 계수가 음으로 추정되었기 때문에 이 추정 결과는 실망노동자 가설에 부합한 것으로 보인다.

그러나 가설검정은 복잡할 수 있다. 어느 연구자가 이전 연구에서 *CUNR*의 계수가 약 −1인 것을 발견했다고 하자. 우리의 결과도 이와 일치하는가? 모형을 식 (1.3)으로 설정하는 경우와 식 (1.5)로 설정하는 경우 그 답은 다르게 나온다. 이러한 문제를 어떻게 해결할 것인가? 이러한 질문에 대해 답변할 수 있는 방법을 개발하였다 하더라도 특정 가설에 대한 답은 우리가 최종적으로 선택한 모형에 따라 달라질 수 있다는 점을 명심하자.

회귀분석에서 모형의 모수를 추정하는 것만이 중요하지는 않다. 경제 이론과 선험적 경험이 제시하는 특정한 가설을 검정한다는 것도 중요할 수 있다는 점을 머릿속에 간직해야 할 것이다.

가설검정의 기본 원칙은 기초통계학 과정에서 다루지만 여러분의 복습 차원에서 이 주제를 부록 D에서 좀 더 자세히 설명한다.

8. 예측

이러한 여러 단계의 절차를 거치고 나면 다음과 같은 질문을 정당하게 할 수 있다. 식 (1.5)와 같이 추정된 모형으로 우리는 무엇을 할 수 있는가? 당연히 예측(prediction/forecasting)에 이용하고 싶을 것이다. 예를 들어, *CUNR*과 *AHE82*에 대한 2008년 자료를 갖고 있다고 가정하자. 이 값들이 각각 6.0과 10이라고 하자. 이 값을 식 (1.5)에 대입하면 2008년도 *CLFPR*의 예측치 62.9473%를 얻게 된다. 즉, 2008년도 실업률이 6.0%이고 시간당 실질임금이 10달러라면 2008년도 노동시장 참가율은 약 63%가 될 것이다. 물론 2008년도 *CLFPR*에 대한 자료가 가용하면 우리는 예측치를 실젯값과 비교할 수 있다(연습문제 1.10 참조). 둘 사이의 불일치는 **예측오차**(prediction error)를 나타낸다. 당연히 우리는 예측오차를 가능한 한 작게 유지하고 싶다.

표 1-3 ● 계량경제학의 분석 단계 요약

단계	예
1. 이론	부가/실망-노동자 가설
2. 자료 수집	표 1-1
3. 이론의 수리모형	$CLFP_R = B_1 + B_2 CUNR$
4. 이론의 계량경제학 모형	$CLFPR = B_1 + B_2 CUNR + u$
5. 모수 추정	$\widehat{CLFPR} = 69.462 - 0.5814 CUNR$
6. 모형 적합도	$\widehat{CLFPR} = 81.3 - 0.638 CUNR - 1.445 AHE82$
7. 가설검정	$B_2 < 0$ 또는 $B_2 > 0$
8. 예측	*CUNR*과 *AHE82*가 주어질 때 *CLFPR*은 얼마인가?

비록 우리가 노동경제학의 예를 사용하여 계량경제학 방법론을 탐구했지만, 우리는 모든 분야에서도 변수 사이의 양적 관계를 분석하기 위해 유사한 절차가 사용될 수 있다는 것을 지적할 수 있다. 사실 회귀분석은 정치학, 국제관계학, 심리학, 사회학, 기상학 및 기타 여러 분야에서 사용되고 있다(연습문제 1.9 참조).

계량경제학의 분석 단계를 요약하면 표 1-3과 같다.

1.4 이 책의 구성

지금까지 계량경제학의 성격과 범위에 대해서 알아보았다. 앞으로 어떻게 계량경제학을 학습할 것인지 안내한다. 이 책은 네 부분으로 구성된다.

제1부는 계량경제학의 기본적인 분석 도구인 "고전적 선형회귀모형(classical linear regression model, CLRM)"을 소개하고 있다. 경제학과 경영학 분야에 대한 실증연구를 수행하려면 CLRM에 대한 철저한 이해가 필수적이다.

제2부는 회귀분석의 실전적인 측면을 다루고 있으며 CLRM의 가정 중 하나 이상의 가정이 유지되지 않을 때 실무 연구자가 해결해야 하는 다양한 문제에 대해 논의한다.

제3부는 두 가지 고급 주제인 시계열모형과 패널자료모형을 다룬다.

제4부는 부록 A, B, C, D로 구성되어 있으며 통계학을 오래전에 배운 독자들에게 도움을 주려는 목적으로 확률과 통계의 기초를 복습한다. 독자는 기초 통계학에 대한 사전 배경지식을 가지고 있어야 한다.

이 책은 계량경제학 입문자를 염두에 두고 집필하였다. 이 책에서 다루는 주제 대부분은 수학적 증명이나 유도 없이 이루어지고 있다.[14] 즉, 초보자는 엄밀한 수학이나 통계학의 수렁에 빠져들지 않고도 다루기 어려운 계량경제학 과목을 쉽게 배울 수 있을 것이다. 학생들은 기초 계량경제학 과목이 이미 이수한 기초 통계학과 흡사하다는 것을 명심해야 한다. 통계학과 마찬가지로 계량경제학은 주로 추정과 가설검정 문제를 다루고 있다. 그러나 통계학과 다른 점도 있다. 훨씬 더 흥미롭고 유용한 점은 추정하거나 검정하는 모수가 단지 평균과 분산이 아니라 변수들 사이 관계라는 점이다.

저자의 마지막 한마디: 비교적 저렴한 컴퓨터 소프트웨어 패키지가 출시되면서 이제 초보자도 계량경제학에 쉽게 접근할 수 있게 되었습니다. 이 책에서는 크게 EViews, Excel, STATA, MINITAB의 네 가지 소프트웨어 패키지를 사용합니다. 이러한 패키지는 쉽게 구할 수 있고 널리 쓰입니다. 일단 이러한 패키지에 익숙해지면 여러분은 곧 계량경제학이 정말 재미있는 학문임을 깨닫게 될 것이며, 경제학의 "암울한" 과학, 심하게 비방당해 왔던 계량경제학을 더 잘 이해하게 될 것입니다.

14 일부 증명과 도출과정은 다음 책을 참조하라. Damodar N. Gujarati and Dawn C. Porter, *Basic Econometrics*, 5th ed., McGraw-Hill, New York, 2009. 엄밀한 수학적 논의를 이해하려면 다음 책을 참조하라. Damodar N. Gujarati, *Linear Regression: A Mathmatical Introduction*, SAGE, Los Angeles, 2018.

주요 용어 및 개념

계량경제학(econometrics)

수리경제학(mathematical economics)

실망노동자 가설/효과(discouraged-worker hypothesis/effect)

부가노동자 가설/효과(added-worker hypothesis/effect)

시계열 자료(time-series data): 양적(quantitative) 및 질적(qualitative) 자료

고주파 자료(high-frequency data)

플래시 거래(flash trading)

자기상관(autocorrelation)

안정적(stationary)

횡단면 자료(cross-sectional data)

이질성(heterogeneity)

규모효과(size or scale effect)

통합 자료(pooled data)

패널(종단) 자료(panel or longitudinal data)

산점도(scatter diagram/scattergram)

모수(parameter): 절편(intercept)과 기울기(slope)

무작위 오차항(random error term)

선형회귀모형(linear regression model):

종속변수(dependent variable)

독립변수 또는 설명변수(independent/explanatory variable)

인과관계(causation)

모수 추정(parameter estimates)

오컴의 면도날/절약의 법칙(Ockham's razor/principle of parsimony)

가설검정(hypothesis testing)

예측(prediction/forecasting)

질문

1.1 지방정부가 관할 주거용 부동산 세율 인상을 결정하였다. 주거용 부동산 가격에 어떤 영향을 미칠지 계량경제학 분석 8단계 절차에 따라 분석하라.

1.2 기업과 정부의 의사결정에 있어 당신은 계량경제학의 역할을 인식하는가?

1.3 만약 당신이 연방준비제도이사회(연준) 의장의 경제고문인데 의장이 경제를 활성화하기 위해 통화 공급을 늘리는 것이 바람직한지에 대하여 문의한다고 하자. 조언한다면 어떤 요소를 고려할 것인가? 조언을 위해 계량경제학을 어떻게 이용할 것인가?

1.4 외국 석유 공급 의존도를 줄이기 위해 정부는 유류세를 인상할 예정이다. 현대자동차는 세금 인상이 자동차 수요에 미치는 영향을 평가하기 위해 당신을 고용하였다. 회사에 어떻게 자문하겠는가?

1.5 조 바이든 대통령이 미국 의회에 인프라 투자계획(고속도로, 교량, 터널 등)을 제안할 예정이다. 비용은 약 2조 달러 규모이다. 이를 충당하기 위해 그는 고소득자와 민간기업에 대한 세율도 인상할 계획이지만 아직 구체적인 내용을 정하지 않았다. 당신은 위 제안의 단기 및 장기적 효과를 평가하기 위해 계량경제학 연구를 어떻게 설계할 것인가?

연습문제

1.6 ⤓표 1-4는 다우존스 산업평균지수와 스탠더드앤드푸어스(S&P) 500대 주식시장 지수의 종가에 대한 월별 자료를 제공한다. 이 자료는 야후 파이낸스의 주식가격 역사적 데이터베이스에서 가져온 것이다.

a. 가로축에 시간을 표시하고 세로축에 두 변수를 표시하라. 원한다면 각 변수에 대해 별도의 그림을 사용할 수 있다.

b. 두 지수 사이에 어떤 관계가 있을 것으로 예상하는가? 그 이유는 무엇인가?

c. 각 변수에 대해 산점도에서 회귀선을 눈으로 짐작하여 대충 그려라.

d. 2012년 1월부터 2020년 12월 동안 두 변수의 월별 자료를 직접 구하라(야후 파이낸스 참고). 문항 a, b, c를 반복하여 결과에 변화가 있는지 알아보자. 그렇다면 이 변화를 설명할 수 있는 것은 무엇일까?

1.7 표 1-5는 1985~2007년 동안의 미국과 영국의 소비자물가지수(CPI)뿐만 아니라 영국 파운드와 미국 달러 사이의 환율(미국 달러당 영국 파운드)에 대한 데이터를 제공한다.

a. 연도별로 측정된 시간에 대한 환율(exchange rate, ER)과 두 소비자물가지수를 표시하라.

b. 미국 CPI를 영국 CPI로 나누고 상대가격비율(relative price ratio, RPR)이라 하자. RPR에 대해 ER을 표시하라. 즉, 산점도를 그려라.

c. 산점도 위에 회귀선을 시각적으로 그려라.

d. 표 1-5의 데이터를 2020년으로 업데이트하라. 문항 a, b, c를 반복하여 결과에 변화가 있는지 확인하라. 결과 변화는 무엇을 설명할 수 있는가?

1.8 표 1-6[15]은 2008년 1,247대의 자동차에 대한 자료이다. 자동차의 MPG(갤런당 마일)와 실린더 수 사이에 관계가 있는지 알아보기 위해 다음과 같은 작업을 하라.

a. 실린더 수를 기준으로 차량에 대한 결합된 MPG의 산점도를 만들어라.

b. 자료에 적합한 것처럼 보이는 선을 그려라.

c. 자료의 점(plot)은 어떤 형태의 관계를 나타내는가?

1.9 표 1-7은 부패인식지수와 근로자 1인당 GDP 자료를 제공한다.

a. 근로자 1인당 GDP 대비 부패인식지수를 산점도로 그려라.

b. 선험적으로 두 변수 사이에 어떤 관계가 있을 것으로 예상하는가?

c. 산점도는 두 변수 사이의 관계가 선형(즉, 직선)임을 시사하는가? 그렇다면 회귀선을 대략 그려라.

1.10 표 1-2는 표 1-1을 2001~2016년으로 업데이트한 것이다. 2001~2007년의 CLFPR 및 CUNR 수치는 표 1-1에 제시된 수치와 동일하다. 그러나 AHE82 수치는 두 기간에서 다르다. 본문에서 지적한 바와 같이, 이러한 차이는 대개 자료 수정에 기인한다.

a. 그림 1-1과 같이 CLFPR과 CUNR을 도시하라. 두 산점도에서 어떤 차이가 있는가?

b. 변수 사이 관계는 그림 1-1과 같이 선형인가? 그렇다면 산점도를 통해 회귀선을 시각적으로 그려라.

c. 특정 날짜 이후에 두 변수 사이의 관계가 바뀐다는 의미에서 데이터에 "단절"이 있는가? 그 단절점을 표시할 수 있는가?

d. 표 1-2의 데이터를 이용하여 식 (1.3)에 해당하는 회귀분석 결과는 다음과 같다.

$$\widehat{CLFPR} = 66.5245 - 0.2465CUNR$$

이 회귀분석이 식 (1.3)에 나와 있는 것과 어떤 면에서 다른가? 그 차이의 이유는 무엇인가?

e. 표 1-2의 데이터를 이용하여 식 (1.5)에 해당하는 회귀분석 결과는 다음과 같다.

$$\widehat{CLFPR} = 1121761 + 0.0150CUNR - 5.4385AHE82$$

이 회귀분석이 식 (1.5)에 나와 있는 것과 어떤 면에서 다른가? 두 회귀분석 결과의 차이점을 설명할 수

15 미국 에너지부에서 나온 자료이다.

있는 것은 무엇인가?

참고: 앞의 두 회귀분석의 전체 결과는 회귀분석이론을 논의한 후 제3장에서 논의할 것이다.

1.11 표 1-8은 2014~2019년의 실질개인소비지출(RPCE)과 실질개인가처분소득(RPDI)에 대한 분기별 데이터를 제공한다.

a. 같은 그래프에 RPCE와 RPDI를 찍어 보라. 두 시계열에 대한 느낌은 어떤가?

b. RPCE에 대하여 RPDI를 그래프로 표시하라. 산점도는 무엇을 나타내는가?

c. 산점을 통해 회귀선을 시각적으로 그려라. 무엇을 보여주는가?

d. 다음 장에서 추가 분석을 위해 데이터를 저장하라.

1.12 Kellstedt와 Whitten은 1947~2002년까지의 자료를 이용하여 다음과 같은 회귀식을 추정하였다.[16]

$$M_t = 74.00 - 2.71GDP_t$$

M = 가구 중 기혼가구 비율
GDP = 국내총생산

a. 이 결과가 상식적인가?

b. 회귀분석 결과를 어떻게 해석하겠는가?

c. 두 변수 사이에 인과관계가 있는가?

d. 위에 제시된 회귀 결과는 허구적(spurious) 또는 터무니없는 회귀라고 불리는 것의 한 예이다. 우리는 나중에 이러한 회귀 결과에 대하여 논의할 것이다.

1.13 표 1-9는 1994년 인적개발보고서(Human Development Report)에서 얻은 99개 국가에 대한 다음의 변수 데이터를 제공한다.

LifeExp = 1992년 출생 시 기대수명
TV = 100명당 텔레비전 수
PopDoc = 1990년 당시 의사 1인당 인구
GDP = PPP(구매력평가)로 조정된 1인당 실질 GDP

a. 각 다른 변수에 대하여 기대수명(LifeExp)을 각각의 그래프에서 그려라.

b. 선험적으로 기대수명과 다른 변수들 사이의 관계는 무엇이라고 예상하는가? 양의 관계, 음의 관계 또는 관계없음 중에서 생각하라.

16 Paul M. Kellstedt and Guy D. Whitten, *The Fundamentals of Political Science Research*, Cambridge University Press, 2nd ed., New York, 2013, p. 262.

더 읽을거리

"The Usefulness of Applied Econometrics to the Policy Maker," Address by R. Frances, President, Federal Bank of St. Louis, at the National Association of Business Economist Seminar, Chicago, Illinois, April 4, 1973, Federal Bank of St. Louis, May 1973.

"What Is Econometrics?" International Monetary Fund, Finance and Development, December 2011, vol. 48, no. 4 (https://www.imf.org/external/pubs/ft/fandd/2011/12/basics.htm).

부패에 관해서는 다음의 웹사이트를 참조하라. https://ourworldindata.org/corruption.

부록 1A: 미국 경제 자료[17]

주요 자료

백악관 경제자문위원회(Council of Economic Advisers, CEA) 미국 대통령 경제보고서(Economic Report to the President)와 취합된 경제지표 자료는 총생산, 소득, 고용, 기업 활동, 물가 및 화폐, 신용 및 증권 시장, 무역 등 각종 경제통계자료의 보고이다.
https://www.whitehouse.gov/cea

연방준비제도(Federal Reserve System)의 베이지북(Beige Book) 미국 연방준비구역(Federal Reserve District)의 현재 경제 상황을 요약하여 제공한다. 연방준비구역은 총 12개이다.
https://www.federalreserve.gov/monetarypolicy/publications/beige-book-default.htm

미국 국립경제조사국(National Bureau of Economic Research, NBER) 저명한 이 민간 경제연구소는 자산 가격, 노동, 생산성, 통화 공급, 경기 순환 지표 등에 대한 광범위한 자료를 보유하고 있다. 이 외에도 연구논문 및 온라인 강의 등이 제공되고 있다.
https://www.nber.org

미시간대학교 소득동학 패널조사(Panel Study of Income Dynamics, PSID) 패널조사의 시초이며 미국 개인 및 가구의 대표 표본을 추적조사하여 패널 자료를 제공한다. 자료는 1968년부터 매년 수집되었다.
https://psidonline.isr.umich.edu

뉴욕증권거래소(The New York Stock Exchange, NYSE) 2008년 미국증권거래소(AMEX)를 인수합병 후 미국에서 제일 큰 거래소이다. 약 2,000개의 미국 회사와 500개의 외국 회사가 상장되어 있으며 이들 회사에 관한 각종 재무 정보가 있다.
https://www.nyse.com

미국 경제분석국(Bureau of Economic Analysis, BEA) 미국 상무부의 유관기관이며 사업체 조사를 발간하고 있으며 모든 종류의 경제활동에 관하여 훌륭한 자료를 제공한다.
https://www.bea.gov

미국 에너지 정보청(Energy Information Administration, EIA) 미국 에너지부 산하 유관기관이며 모든 종류의 연료 정보와 자료를 제공한다.

---

17 이 목록은 결코 완전한 것이 아니라는 점에 유의해야 한다. 여기에 나열된 소스는 지속적으로 업데이트된다.

https://www.eia.gov

FRED 데이터베이스 세인트루이스 연방준비은행에서 관리하는 데이터베이스이며 금리, 통화 및 경기 지표, 환율 등을 포함한 역사적/거시적인 경제 및 사회 데이터가 있다. 한국을 포함하여 많은 국가에 대한 자료를 갖고 있다.

https://fred.stlouisfed.org

미국 국제무역관리청(International Trade Administration, ITA)의 무역 자료 및 분석(Trade Data and Analysis) 무역통계 및 국가 간 프로그램 등에 관한 많은 정보를 제공한다.

https://www.trade.gov/trade-data-analysis

미국 노동통계국(Bureau of Labor Statistics, BLS) 취업, 실업, 소득 등 다양한 고용과 관련된 자료가 수록되어 있으며, 다른 통계 홈페이지의 링크도 제공한다.

https://www.bls.gov

https://stats.bls.gov

미국 인구조사국(U.S. Census Bureau) 소득, 고용, 소득분배, 빈곤에 관한 사회적, 인구통계적, 경제적 자료를 수집하고 있으며 이를 공개적으로 제공한다.

https://www.census.gov

미국 일반사회조사(General Social Survey) 1972년에 시작된 미국 가구에 대한 연간 개인 인터뷰 조사 데이터가 있다. 35,000명 이상이 약 2,500개의 다양한 설문에 응답한 자료이다.

https://gss.norc.org

위스콘신대학교 빈곤연구소(Institute for Research on Poverty, IRP) 빈곤 및 사회적 불평등과 관련된 자료를 제공하며 당파성이 없는 비영리적인 대학 연구소이다.

https://www.irp.wisc.edu

미국 사회보장국(Social Security Administration, SSA) 미국의 각종 사회보험에 대한 정보를 제공한다.

https://www.ssa.gov/

기타 자료

Federal Deposit Insurance Corporation, Bank Data and Statistics

https://www.fdic.gov/bank/statistical/

Federal Reserve Board, Economic Research and Data

https://www.federalreserve.gov/econres.htm

The Federal Web Locator

https://www.lib.auburn.edu/madd/fedloc.php

U.S. Department of Health and Human Services, National Center for Health Statistics

https://www.cdc.gov/nchs/

U.S. Department of Housing and Urban Development, Data Sets

https://www.huduser.gov/portal/pdrdatas_landing.html

U.S. Department of Transportation, TranStats

https://www.transtats.bts.gov

U.S. Department of Defense, Data
https://data.defense.gov/

U.S. Department of the Treasury, Internal Revenue Service, Tax Statistics
https://www.irs.gov/statistics

Rockefeller Institute of Government, State and Local Fiscal Data
https://www.rockinst.org/issue-areas/state-local-government/

American Economic Association, Resources for Economists
https://www.aeaweb.org/resources

American Statistical Association, Statistics in Sports
https://community.amstat.org/sis/home

European Central Bank, Statistics
https://www.ecb.europa.eu/stats/

World Bank, Data and Statistics
https://data.worldbank.org

International Monetary Fund, Statistical Topics
https://www.imf.org/en/Data

Penn World Tables
https://www.rug.nl/ggdc/productivity/pwt/

Current Population Survey
https://www.census.gov/programs-surveys/cps.html

Consumer Expenditure Survey
https://www.bls.gov/cex/

National Longitudinal Surveys
https://www.bls.gov/nls/

National Association of Home Builders, Housing Economics
https://www.nahb.org/news-and-economics/housing-economics

National Science Foundation, Division of Science Resources Statistics
https://ncses.nsf.gov

Moody's Analytics Economic Indicators
https://www.economy.com/indicators/

The Economist Market Indicators
https://www.economist.com/economic-and-financial-indicators

World Economic Indicators
https://data.worldbank.org/indicator

United Nations Population Division's Annual Estimates and Projections
https://unstats.un.org/UNSDWebsite/

United Nations Statistics Division, UNdata
https://data.un.org

World Bank Data
https://databank.worldbank.org

CIA The World Fact Book
https://www.cia.gov/the-world-factbook/

부록 1B: 한국 경제 자료

주요 자료

통계청 인구 및 총생산을 비롯한 한국의 통계자료가 대부분 있다. 주제별, 시기별로 쉽게 검색할 수 있고 각 통계 조사별로도 이용할 수 있다.
https://kostat.go.kr/

통계청 마이크로데이터 통합서비스(MDIS) 통계청 자료를 집계하지 않고 조사대상 개인단위로 자료를 제공한다. 이를 마이크로데이터라고 하며 특히 광공업조사와 경제활동인구조사 그리고 가계금융복지조사, 원자료는 경제학에서 많이 사용된다. 다만 이를 이용하려면 회원가입을 해야 한다. 일부 자료는 사용이 제약되어 있어서 사용하려면 전국 각 지부로 직접 방문해야 한다.
https://mdis.kostat.go.kr/index.do

한국은행 통계시스템(ECOS) 통계청과 쌍벽을 이루는 종합 통계자료시스템이다. 국가계정을 집계하는 기관으로서 특히 국가총생산, 지역별 총생산, 금리, 화폐공급, 무역수지에 관한 자료에 쉽게 접근할 수 있도록 잘 설계되어 있다.
https://ecos.bok.or.kr/

대한민국 나라통계 정부에서 운영하는 통계 설명 사이트이다. 현재 전체 통계 조사에 대해서 메타데이터를 구할 수 있다.
https://www.narastat.kr

대한민국 정부 정보공개 포털 정부에서 수집하고 있으나 공개되지 않은 자료를 요청할 수 있는 포털이다.
https://www.open.go.kr/com/main/mainView.do

대한민국 정부 공공데이터 포털 통계청에 없는 사소한 자료를 제공하고 있으며 제공시간별로 정렬되어 있다.
https://www.data.go.kr

고용노동부 고용노동통계 고용노동부에서 운영하는 고용노동통계 사이트이다. 특히 기업별 고용행태나 기업의 노동수요 등에 관한 자료를 쉽게 구할 수 있다. 사업체노동력조사와 고용형태별 근로실태조사가 많이 사용된다. 다만 마이크로데이터는 고용노동부에 직접 요청해야 받을 수 있으며 신청서가 사이트에 구비되어 있다.
http://laborstat.moel.go.kr

국세청 TASIS 국세통계포털 국세청에서 직접 운영하는 통계 사이트이며 세금에 관한 모든 자료가 제공되고 있다. 그동안 자료를 아예 공개하지 않고 통계청에서도 확인할 수 없었던 많은 자료가 있다.

https://tasis.nts.go.kr/

재정정보원 열린재정 정부의 재정에 관한 모든 자료를 제공한다.

https://www.openfiscaldata.go.kr/

산업

산업연구원 ISTANS 광공업조사를 토대로 한국의 산업 전반에 대해 세밀한 자료를 제공한다.

https://www.istans.or.kr

금융

네이버 파이낸스 민간기업인 네이버에서 금융 및 기업재무, 외환 자료를 매우 쉽게 이용할 수 있도록 제공한다.

https://finance.naver.com

금융감독원 금융통계정보시스템

https://fisis.fss.or.kr/fss/fsiview/indexw_ng.html

은행협회 은행통계정보시스템

http://bss.kfb.or.kr

금융투자협회 종합통계 포털

https://freesis.kofia.or.kr

기업

금융감독원 전자공시시스템 상장/비상장 회사의 모든 재무제표를 제공하고 있으며 기업에 관한 질적 자료도 매우 많다.

https://dart.fss.or.kr

한국거래소 기업공시채널 상장기업 중심으로 재무제표를 제공하고 있으며 질적 자료인 공시 자료를 실시간으로 제공한다.

https://kind.krx.co.kr/main.do?method=loadInitPage&scrnmode=1

한국거래소 정보데이터시스템

http://data.krx.co.kr/contents/MDC/MAIN/main/index.cmd

FnGuide CompanyGuide

https://comp.fnguide.com

기업 상용 자료

다음 자료는 모두 상용 자료이며 자료 제공 회사에서 구입해야 한다. 다만 대학교나 연구기관 등은 기관 구독을 하고 있을 가능성이 높고 이 경우 구성원은 무료로 사용할 수 있다.

FnGuide DataGuide

https://dataguide.fnguide.com

상장회사협의회 TS2000

https://www.kocoinfo.com/sub/service/ts2000.asp

VALUE Search

https://www.nicevse.com/vse/main.html

부동산

한국부동산원 부동산통계정보시스템

https://www.reb.or.kr/r-one/main.do

국민은행 KB부동산 데이터허브

https://data.kbland.kr

한국주택금융공사 HOUSTAT 주택금융통계

https://houstat.hf.go.kr/

패널 자료

통계청/한국은행 가계금융복지조사 총 20,000가구를 추적 조사하는 우리나라 최대의 가구패널조사이며 근로, 자산, 소비 등 거의 모든 경제행위를 망라하는 조사이다. 특히 금융자산 및 소비 등 다른 패널조사에서 정확하게 추적하기 힘든 부분을 포착하고 있어서 한국의 거시경제를 포착하는 데 중요한 역할을 한다. 다른 패널과는 달리 홈페이지를 운영하지 않으며 대략적인 집계 결과는 통계청에서 확인이 가능하고 원 패널조사 자료는 통계청 마이크로데이터 서비스에서 구할 수 있다.

한국노동연구원 한국노동패널(KLIPS) 미국 PSID와 비슷하게 가구패널조사이며 가장 오랫동안 유지되고 있다.

https://www.kli.re.kr/klips

한국노동연구원 사업체패널(WPS) 기업을 추적조사하여 노동수요 입장에서 한국의 고용자료를 제공한다.

https://www.kli.re.kr/wps

한국직업능력연구원 한국교육고용패널(KEEP) 미국의 NLSY와 마찬가지로 학생 시절부터 개인단위로 추적하고 있는 조사이다. 다만 학생의 학업성취도에 관한 많은 자료를 수집하고 있다.

https://www.krivet.re.kr/ku/ha/kuCAADs.jsp

한국직업능력연구원 인적자본기업패널(HCCP) 한국노동연구원의 WPS와 비슷하나 추가적으로 기업 내 근로자도 같이 조사한다.

https://www.krivet.re.kr/ku/ha/kuCCADs.jsp

한국고용정보원 청년패널(YP) 미국 NLSY처럼 청년층의 노동시장 이행 행태를 추적조사한다. 2001년부터 추적조사하는 YP2001, 2007년부터 추적하는 YP2007, 2021년부터 추적하는 YP2021의 세 가지 종단조사가 있다.

https://survey.keis.or.kr/yp/yp01/yp0101.jsp

한국고용정보원 대졸자 직업이동 경로조사(GOMS) 대졸자의 노동시장 이행행태를 알기 위하여 조사하고 있으며 다만 이는 매해 새롭게 조사하며 추적기간은 매우 짧다.

https://survey.keis.or.kr/goms/goms01.jsp

한국고용정보원 고령화패널조사(KLoSA 및 KLoEE) 고령근로자와 퇴직자를 추적조사하고 있다. KLoSA는 2006년 기준 중고령 근로자를 대상으로 시작했으며 KLoEE는 2차 베이비붐 세대(1964~1976년생)를 2021년부터 조사하고 있다.
https://survey.keis.or.kr/klosa/klosa04.jsp

한국조세재정연구원 재정패널조사(NaSTaB) KLIPS와 마찬가지로 가구조사이며 특히 세금과 보조금 수혜, 기부 부분을 국세청의 협력을 받아서 조사하는 독보적인 패널조사이다.
https://www.kipf.re.kr/panel/

한국보건사회연구원 한국복지패널(KoWePS) 빈곤층, 근로빈곤층, 차상위층 등의 경제행태를 조사하기 위한 사회보장프로그램을 중심으로 실시하는 가구조사 패널이다.
https://www.koweps.re.kr

한국보건사회연구원 한국의료패널(KHPS) 가구 및 개인의 의료이용 행태와 의료비 지출 규모뿐만 아니라 의료이용 및 의료비 지출에 영향을 미치는 요인을 추적조사하고 있다.
https://www.khp.re.kr

한국교육개발원 한국교육종단연구(KELS) 전국적 단위에서 학생의 학업 성취 등을 추적조사하고 있다. 1차 종단조사는 2005년에 시작해 2020년에 종료되었고 현재는 2차 종단조사를 2023년부터 다시 시작했다. 다만 타 패널조사와는 다르게 신청 후 받을 수 있다. 부연하자면 서울, 경기, 대구 등에서도 각 지역별로 같은 교육패널조사를 하고 있다.
https://www.kedi.re.kr/khome/main/research/listSurveyDBNtcForm.do

PART 1

선형회귀모형

5개의 장으로 구성된 제1부의 목적은 독자들에게 계량경제학의 '기본' 도구, 즉 선형회귀모형을 소개하는 것이다.

제2장에서는 가장 간단한 선형회귀모형, 특히 2변수(two-variable)모형의 관점에서 선형회귀의 기본 개념에 대해 논의한다. 모집단회귀모형과 표본회귀모형의 구분을 중요하게 다루고 후자로부터 전자를 추정한다. 이 추정은 널리 사용되는 추정방법 중 하나인 최소제곱법을 사용하여 수행된다.[1]

제3장에서는 가설검정을 다룬다. 통계학의 모든 가설검정과 마찬가지로 회귀모형의 모수 추정치가 가설로 설정한 모숫값과 양립할 수 있는지 확인하려고 한다. 이 가설검정은 고전적 선형회귀모형(CLRM)의 맥락에서 수행된다. CLRM을 사용하는 이유에 대해 논의하고 CLRM이 유용한 출발점이라는 점을 알려준다. 제2부에서는 CLRM의 가정을 재검토하여 하나 이상의 가정이 충족되지 않을 경우 CLRM에 어떤 일이 발생하는지 살펴볼 것이다.

제4장에서는 이전 두 장에서 전개된 2변수 선형회귀모형의 개념을 다중회귀모형, 즉 2개 이상의 설명변수를 포함하는 모형으로 확장한다. 다중회귀모형은 여러 면에서 2변수모형의 연장선에 있지만, 모형의 계수를 해석하고 가설을 검정하는 절차는 차이가 있다.

선형회귀모형은 2변수이든 다변수이든 상관없이 모형의 모수들이 선형이어야 하며, 모형에 입력되는 변수 자체가 선형일 필요는 없다.

제5장에서는 모수는 선형적이지만(또는 그렇게 만들 수 있지만) 변수가 선형적일 필요는 없는 다양한 모형을 고려한다. 몇 가지 예시를 통해 이러한 모형을 어떻게 그리고 어디에 사용할 수 있는지 설명한다.

회귀모형에 들어가는 설명변수는 성별, 인종, 종교와 같이 본질적으로 정성적인(qualitative) 경우가 많다. **제6장**에서는 정성변수를 측정하는 방법을 알려주고, 정량화할 수 없는 변수의 영향을 고려함으로써 정성변수가 선형회귀모형을 어떻게 개선할 수 있는지 설명한다. 이 장에서는 종속변수가 더미변수이거나 정성변수인 경우도 간략하게 살펴본다.

제1부에서는 실습과 이론을 '결합'하기 위해 노력했다. 사용자 친화적인 회귀분석 패키지를 사용하면 이론을 잘 몰라도 회귀모형을 추정할 수 있지만, "선부른 지식은 위험하다"는 격언을 기억하자. 따라서 이론은 지루할 수 있지만 회귀분석 결과를 이해하고 해석하는 데 절대적으로 필요하다. 모든 수학적 도출을 생략함으로써 이론을 '덜 지루하게' 만들었음을 참고 바란다.

---

1 대안으로 최대우도추정법(ML)이 있지만, 수학적으로 다소 복잡하기 때문에 이 책에서는 다루지 않는다. ML에 대한 소개는 Damodar Gujarati, *Econometrics by Example*, 2nd ed., Palgrave-Macmillan, London, 2015, pp. 25-26을 참조하라.

2

Chapter

선형회귀모형의 기본 개념

2변수모형

제1장에서 계량경제학자들은 경제 현상(예: 수요의 법칙)에 대한 모형을 개발할 때 회귀분석이라는 통계적 기법을 많이 사용한다고 언급했다. 이 장과 제3장의 목적은 가장 간단한 선형회귀모형, 즉 2변수모형의 관점에서 회귀분석의 기본 개념을 소개하는 것이다. 이후 장에서는 2변수모형의 다양한 수정 및 확장을 고려할 것이다.

2.1 회귀의 의미

제1장에서 언급했듯이 **회귀분석**(regression analysis)은 **피설명변수**(explained variable) 또는 **종속변수**(dependent variable)라고 하는 한 변수와 **독립변수**(independent variable) 또는 **설명변수**(explanatory variable)라고 하는 1개 이상의 다른 변수 간의 관계를 연구한다.

따라서 우리는 특정 상품의 가격, 소비자의 소득, 해당 상품과 경쟁하는 다른 상품의 가격 측면에서 특정 상품에 대한 수요량과의 관계를 연구하는 데 관심이 있을 수 있다. 또는 어떤 제품(예: 자동차)의 판매량이 해당 제품에 대한 광고 지출과 연관되어 있는지 알아보고 싶을 수도 있다. 또는 국내총생산(GDP)과 관련하여 국방비 지출이 어떻게 변화하는지 알아보고 싶을 수도 있다. 이 모든 예에서 한 변수가 1개 이상의 다른 변수에 종속되거나 관련될 것으로 예상하는 이유를 명시하는 몇 가지 기본 이론이 있을 수 있다. 첫 번째 예에서 수요의 법칙은 특정 제품에 대한 수요가 자체 가격 및 앞서 언급된 여러 다른 변수에 의존하는 근거를 제공한다.

표기상의 통일성을 위해 여기서는 Y를 종속변수로, X를 독립변수 또는 설명변수로 표기하겠다. 설명변수가 2개 이상인 경우 다양한 X를 적절한 하첨자(X_1, X_2, X_3 등)를 사용하여 표시한다.

회귀분석은 종속변수와 1개 이상의 독립변수 사이의 관계를 다루지만 **반드시 인과관계를 의미하는 것은 아니며**, 제1장에서 경고한 바와 같이 설명변수가 원인이고 종속변수가 결과임을 반드시 의미하지는 않는다는 점을 명심하는 것이 매우 중요하다. 둘 사이에 인과관계가 존재한다면, 그것은 어떤 (경제) 이론에 근거하여 정당화되어야 한다. 앞서 언급했듯이 수요의 법칙에 따르면 다른 모든 변수를 일정하게 유지하면 특정 상품에 대한 수요량은 해당 상품의 가격에 (반비례하여) 의존한다. 여기서 미시경제학 이론은 가격이 원인이고 수요량이 결과임을 제안한다. **회귀가 반드시 인과관계를 의미하는 것은 아니라는 점을 항상 명심하자. 인과관계는 실증적으로 검증되는 현상의 기저를 이루는 이론으로부터 정당화되거나 추론되어야 한다.**

회귀분석에는 다음과 같은 목적이 있다.

1. 설명변수의 값이 주어졌을 때 종속변수의 **평균**(mean) 또는 **평균값**(average)을 추정한다.
2. 기본 경제 이론에서 제시하는 의존성의 본질에 대한 가설을 검정한다. 예를 들어, 앞서 언급한 수요함수에서 수요의 가격탄력성이 −1.0이라는 가설, 즉 수요곡선이 일률적인 가격탄력성을 갖는다는 가설을 검정하고자 한다. 상품 가격이 1% 상승하면, 수요에 영향을 미치는 다른 모든 요인이 일정하다고 가정할 때 수요량은 평균적으로 1% 감소한다.
3. 표본 범위를 벗어난 설명변수의 값이 주어졌을 때 종속변수의 평균값을 예측 또는 예상할 수 있다. 따라서 다음 절에서 논의할 SAT 사례에서는 연간 가구소득을 알고 있는 학생 그룹의 SAT 수학 평균 점수를 예측하려고 한다(표 2-1 참조).
4. 앞서 언급된 목표 중 하나 이상을 결합할 수 있다.

2.2 모집단회귀함수: 가구소득과 SAT 수학 점수

이 모든 것이 무엇을 의미하는지 설명하기 위해 가상의 예를 구체적으로 들어보겠다. 고등학교 마지막 2년 동안 대부분의 미국 청소년은 SAT 대학 입학 시험을 치른다. 이 시험은 세 가지 부문으로 구성된다: 비판적 추론(이전에는 언어 영역이라고 함), 수학, 에세이. 각 영역은 0~800점 척도로 채점한다. 에세이 영역은 채점하기가 더 어렵기 때문에 주로 수학 영역

표 2-2 ● 연간 가구소득에 따른 SAT 수학 점수

SAT 수학 점수

	가구소득									
학생	$5,000	$15,000	$25,000	$35,000	$45,000	$55,000	$65,000	$75,000	$90,000	$150,000
1	460	480	460	520	500	450	560	530	560	570
2	470	510	450	510	470	540	480	540	500	560
3	460	450	530	440	450	460	530	540	470	540
4	420	420	430	540	530	480	520	500	570	550
5	440	430	520	490	550	530	510	480	580	560
6	500	450	490	460	510	480	550	580	480	510
7	420	510	440	460	530	510	480	560	530	520
8	410	500	480	520	440	540	500	490	520	520
9	450	480	510	490	510	510	520	560	540	590
10	490	520	470	450	470	550	470	500	550	600
평균	452	475	478	488	496	505	512	528	530	552

에 초점을 맞출 것이다. 학생의 가구소득이 SAT 수학 점수와 관련이 있는지 알아본다고 가정하자. *Y*는 SAT 수학 점수를 나타내고 *X*는 연간 가구소득을 나타낸다. 소득변수는 10개 계급으로 구분되어 있다: (<$10,000), ($10,000 – $20,000), ($20,000 – $30,000), ..., ($80,000 – $100,000) 및 (>$100,000). 간단하게 설명하기 위해 각 계급의 중간값을 사용하였고 마지막 계급의 중간값을 $150,000로 추정하여 분석한다. 100명의 고등학생에 대한 가상의 모집단은 표 2-2에 나와 있다.

표 2-2는 다음과 같이 해석할 수 있다: 연간 가구소득이 $5,000인 경우, 한 학생은 SAT 수학 영역에서 460점을 받았고, 다른 9명의 학생은 비슷한 가구소득을 가지고 있으며, 첫 번째 학생을 포함한 그들의 평균 점수는 452점이다. 가구소득이 $15,000인 경우, 한 학생은 이 영역에서 480점을 받았고, 해당 소득 구간에 속한 10명의 학생 평균 점수는 475점이다. 나머지 열도 비슷한 방식으로 해석할 수 있다.

그림 2-1은 이 자료의 **산점도**(scattergram)이다. 이 그래프에서 가로축은 연간 가구소득, 세로축은 학생의 SAT 수학 점수를 나타낸다. 각 소득 수준마다 다양한 SAT 점수가 존재하며, 실제로 이 사례에는 각 소득 수준마다 10개의 점수가 기록되어 있다.[2] 직선과 연결된 점들은

2 논의를 단순화하기 위해 각 소득 수준에 대해 10개의 점수가 있다고 가정했다. 실제로는 각 *X*(소득)값에 대해 수많은 점수가 존재할 수 있으며, 각 소득 수준에서 동일한 개수의 관측값이 존재해야 할 필요는 없다.

그림 2-1 ● 연간 가구소득($)과 SAT 수학 점수

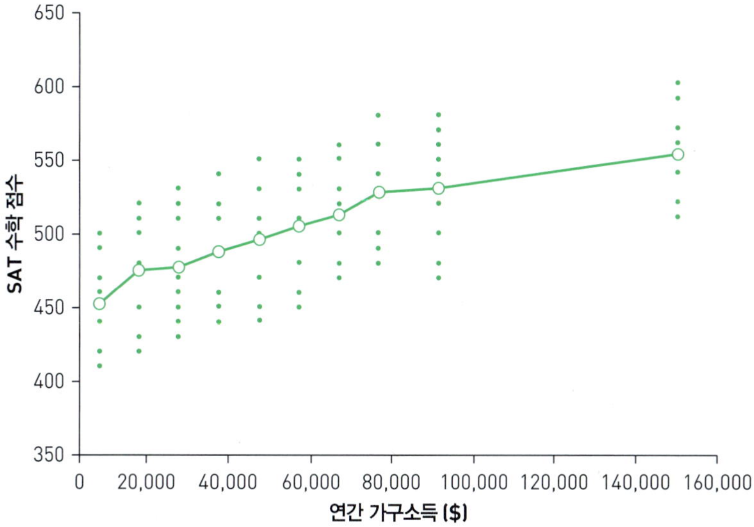

각 소득 수준의 평균값이다. 수학 점수가 전반적으로 우상향하는 추세가 있는 것처럼 보인다. 즉 소득 수준이 높을수록 수학 점수도 높은 경향이 있다. 이러한 경향은 소득 수준당 평균 점수를 나타내는 빈 원들에서 특히 명확하다. 빈 원들은 공식적으로 **조건부 평균**(conditional mean) 또는 **조건부 기댓값**(conditional expected value)이라고 한다(자세한 내용은 부록 B를 참조). 데이터가 시험 점수의 모집단을 나타낸다고 가정했기 때문에 조건부 기댓값을 연결한 직선은 **모집단회귀선**(population regression line, PRL)이라고 한다. **PRL은 전체 모집단에서 설명변수(여기서는 연간 가구소득)의 각 값에 대응하는 종속변수(여기서는 SAT 수학 점수)의 평균 또는 평균값을 제공한다.** 따라서 연소득이 $25,000인 경우 **평균** SAT 수학 점수는 478점이고, 연소득이 $45,000인 경우 **평균** SAT 수학 점수는 496점이다. 요컨대, PRL은 전체 모집단에서 *Y*(또는 종속변수)의 평균 또는 평균값이 *X*(또는 설명변수)의 각 값과 어떻게 관련되어 있는지를 알려준다.

그림 2-1의 PRL은 거의 선형적이기 때문에 수학적으로 다음과 같은 함수식으로 표현할 수 있다.

$$E(Y|X_i) = B_1 + B_2X_i \tag{2.1}$$

이는 직선의 방정식이다. 식 (2.1)에서 $E(Y|X_i)$는 주어진 *X*의 값에 대응하는 *Y*의 **조건부** 평균 또는 기댓값을 의미하며, 첨자 *i*는 *i*번째 하위 모집단을 나타낸다. 따라서 표 2-2에서 $E(Y|X_i = 5{,}000)$는 452이며, 이는 첫 번째 하위 모집단(즉, $X = \$5{,}000$에 해당)에서 *Y*의 평균 또는 기댓값이다.

표 2-2의 마지막 행은 Y의 조건부 평균값을 제공한다. 여기서 $E(Y \mid X_i)$는 X_i의 함수(여기서는 선형)라는 점에 유의하는 것이 매우 중요하다. 즉, X에 대한 Y의 의존성(엄밀히 말하면 X에 대한 Y의 회귀라고 함)은 표 2-2에서와 같이 주어진 X에 대한 Y값 분포의 평균으로 간단히 정의할 수 있다. 다시 말해, 모집단회귀선(PRL)은 Y의 조건부 평균을 지나는 직선이다. 식 (2.1)과 같이 수학적 형태로 표현된 PRL은 모집단 전체의 회귀선을 나타내기 때문에 **모집단회귀함수**(population regression function, PRF)라고 부른다. 이 사례에서 PRF는 선형이다. (선형성의 보다 기술적인 의미는 2.6절에서 설명한다.)

식 (2.1)에서 B_1 및 B_2를 **모수**(parameter)라고 하며 **회귀계수**(regression coefficients)라고도 한다. B_1은 **절편**(intercept)(계수), B_2는 **기울기**(slope)(계수)라고도 한다. 기울기계수는 X의 단위 변화당 Y의 (조건부) 평균값의 변화율을 측정한다. 예를 들어, 기울기계수(B_2)가 0.001이면 연간 가구소득이 1달러 증가하면 Y의 (조건부) 평균값이 0.001점 증가한다는 것을 의미한다. 변수의 규모 때문에 연간 가구소득이 1,000달러 증가할 경우의 결과를 해석하기가 더 쉽다. 즉 연간 가구소득이 1,000달러 증가할 때마다 SAT 수학 점수의 (조건부) 평균값이 1점 증가할 것으로 예상할 수 있다. B_1은 X가 0인 경우 Y의 (조건부) 평균값으로, 연간 가구소득이 0인 경우 SAT 수학 점수의 평균값을 제공한다. 이 장의 뒷부분에서 절편에 대한 이러한 해석에 대해 더 설명한다.

절편과 기울기계수의 추정치 또는 수치는 어떻게 구할 수 있을까? 이에 대해서는 2.8절에서 살펴본다.

계속 진행하기 전에 용어에 대한 정리가 필요하다. 제1장에서 언급했듯이 회귀분석에서는 주어진 설명변수의 값에 대한 조건부로 종속변수의 움직임을 조사하는 데 관심이 있기 때문에 회귀분석에 대한 접근 방식은 사실 **조건부 회귀분석**(conditional regression analysis)이라고 볼 수 있다.[3] 결과적으로 '조건부'라는 형용사를 계속 사용할 필요는 없다. 따라서 앞으로는 $E(Y)$가 실제로는 $E(Y \mid X_i)$를 의미한다는 점을 꼭 이해하기 바라며, $E(Y \mid X_i)$는 단순하게 $E(Y)$로 표기할 것이다. 물론 혼동의 소지가 있는 경우에는 보다 확장된 표기법을 사용할 것이다.

3 우리의 분석이 X에 대한 조건부라는 사실이 X가 Y를 유발한다는 것을 의미하지는 않는다. 분석가가 관심을 갖는 X 변수와 관련하여 Y의 움직임을 보고 싶다는 의미일 뿐이다. 예를 들어, 연방준비은행(연준)은 연방기금 금리를 변경할 때 경제가 어떻게 반응하는지 파악하는 데 관심이 있다. 2008년 미국 경제 위기 당시 연준은 침체된 경기를 살리기 위해 연방기금 금리를 여러 차례 인하했다. 주택 수요의 주요 결정 요인 중 하나는 대출 이자율이다. 따라서 예비 주택 소유자는 대출 이자율을 추적하는 데 많은 관심이 있다. 연준이 연방기금 금리를 인하하면 다른 모든 금리도 이를 따른다.

2.3 모집단회귀함수의 통계적 또는 확률적 특성

방금 설명한 것처럼 PRF는 설명변수의 각 값에 해당하는 종속변수의 평균값을 제공한다. 표 2-2를 다시 살펴보자. 예를 들어, X = \$75,000에 해당하는 평균 Y는 528점이라는 것을 알고 있다. 그러나 이 소득에 해당하는 학생 10명 중에서 무작위로 한 학생을 뽑는다면, 그 학생의 SAT 수학 점수가 반드시 평균값인 528점과 같지는 않다는 것을 알 수 있다. 구체적으로 이 그룹의 마지막 학생을 예로 들어 보자. 이 학생의 SAT 수학 점수는 500점으로 평균값보다 낮다. 마찬가지로, 해당 그룹의 첫 번째 학생의 점수는 530점으로 평균값보다 높다.

개별 학생의 점수를 소득과 관련하여 어떻게 설명할 수 있는가? 우리가 할 수 있는 최선은 개인의 SAT 수학 점수가 해당 그룹의 평균에서 일정 금액을 더하거나 뺀 값과 같다고 말하는 것이다. 이를 수학적으로 다음과 같이 표현해 보자.

$$Y_i = B_1 + B_2X_i + u_i \tag{2.2}$$

여기서 u는 **확률적**(stochastic) 또는 **무작위**(random) **오차항** 또는 간단히 **오차항**(error term)이라고도 한다.[4] 이 용어는 제1장에서 이미 다루었다. 오차항은 그 값을 선험적으로 통제하거나 알 수 없기 때문에 **확률변수**(random variable, r.v.)라고 한다. 부록 A에서 알 수 있듯이, 확률변수는 일반적으로 확률분포(예: 정규분포 또는 t분포)로 특징지어진다.

식 (2.2)를 어떻게 해석할까? 특정 가구소득에 해당하는 학생의 SAT 수학 점수(예: i번째 학생)는 두 가지 구성 요소의 합으로 표현할 수 있다고 말할 수 있다. 첫 번째 구성 요소는 (B_1 + B_2 X_i)로, 간단히 말해 i번째 하위집단의 평균 수학 점수이며, 즉 해당 가구소득에 대응되는 PRL상의 점이다. 이 구성 요소는 **체계적**(systematic) 또는 **결정론적**(deterministic) 구성 요소이다. 두 번째 구성 요소는 **비체계적**(non-systematic) 또는 무작위적 구성 요소(즉, 소득 이외의 요인에 의해 결정됨)라고 할 수 있는 u_i이다. 그리고 오차항 u_i는 **잡음 성분**(noise component)이라고도 한다.

표 2-2의 데이터를 기반으로 한 그림 2-2를 통해 이를 명확하게 확인할 수 있다.

이 그림에서 볼 수 있듯이 연간 가구소득이 \$5,000인 경우 한 학생은 시험에서 470점을 받은 반면, 이 소득 수준의 평균 수학 점수는 452점이다. 따라서 이 학생의 점수는 체계적 구성 요소(즉, 그룹 평균)를 18점 초과한다. 따라서 이 학생의 u 구성 요소는 +18단위이다. 반면에 소득이 \$75,000인 경우 두 번째로 선택된 학생은 수학 시험에서 500점을 받았지만 이 그룹

4 *Stochastic*이라는 단어는 '과녁'을 의미하는 그리스어 *stokhos*에서 유래했다. 다트판에 다트를 던지는 결과는 확률적 과정, 즉 실수로 가득 찬 과정이다. 통계학에서 이 단어는 확률변수(random variable), 즉 우연한 실험에 의해 결과가 결정되는 변수의 존재를 의미한다.

그림 2-2 ● 가구소득에 따른 SAT 수학 점수

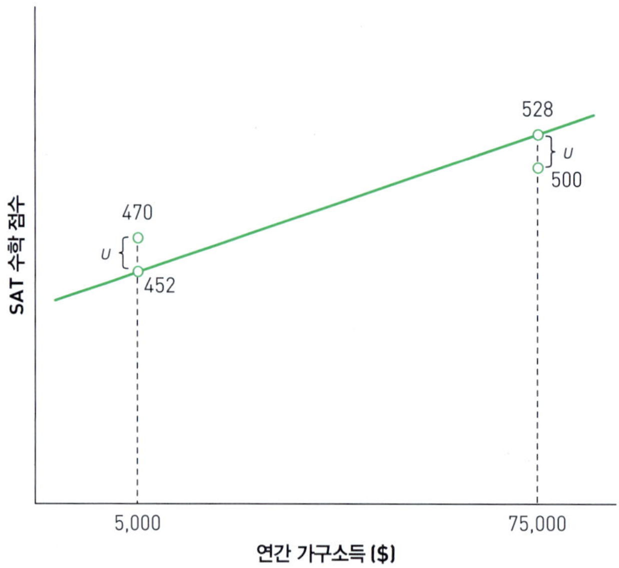

의 평균 점수는 528점이다. 이 학생의 수학 점수는 체계적 구성 요소보다 28점 낮으므로, 이 학생의 u 구성 요소는 -28단위이다.

식 (2.2)를 **확률적(또는 통계적) PRF**[stochastic (or statistical) PRF]라고 하는 반면, 식 (2.1)을 **결정론적 또는 비확률적 PRF**[deterministic or nonstochastic PRF]라고 한다. 후자는 특정 소득 수준에 해당하는 다양한 Y값의 평균을 나타내는 반면, 전자는 확률적 오차항인 u의 존재로 인해 개별 SAT 수학 점수가 평균값을 중심으로 어떻게 달라지는지를 알려준다.

그렇다면 오차항 u의 본질은 무엇인가?

2.4 확률적 오차항의 본질

1. 오차항은 모형에 명시적으로 포함되지 않은 변수의 영향을 나타낼 수 있다. 예를 들어, SAT 수학 점수 사례에서 오차항은 학생의 재산, 거주지, 고등학교 성적 평균(GPA) 또는 학교에서 수강한 수학 과목과 같은 영향력을 나타낸다.

2. 수학 점수를 결정하는 모든 관련 변수를 포함하더라도 수학 점수에는 아무리 노력해도 설명할 수 없는 내재적 무작위성이 존재할 수밖에 없다. 결국 인간의 행동은 완전히 예측 가능하거나 합리적이지 않다. 따라서 u는 인간 행동에 내재된 이러한 무작위

성을 반영할 수 있다.

3. u는 측정 오류를 나타낼 수도 있다. 예를 들어, 연간 가구소득 데이터가 반올림되었을 수 있고, 일부 커뮤니티에서는 대학 진학 계획을 가진 학생이 거의 없고 이에 따라 대학 입학 시험에도 응시하지 않기 때문에 수집된 수학 점수 데이터가 미심쩍을 수 있다.

4. 부적절하다는 점이 증명될 때까지 설명은 가능한 한 단순하게 유지해야 한다는 **오컴의 면도날 원칙**에 따라 회귀모형을 최대한 단순하게 유지한다. 따라서 다른 변수가 Y에 어떤 영향을 미칠 수 있는지 알고 있더라도 Y에 미치는 영향이 매우 작고 비체계적이라면 무작위 부분인 u에 포함시킬 수 있다. 모형은 현실을 단순화한 것임을 기억하자. 현실을 엄밀한 모형으로 구축하고자 한다면 너무 복잡해서 실용적이지 못할 수도 있다. 따라서 모형을 구축할 때 현실을 어느 정도 추상화하는 것은 불가피하다. 여담이지만, 영국의 철학자 윌리엄 오컴(William Ockham, 1285~1349)은 정당한 이유 없이 복잡한 설명을 받아들여서는 안 된다고 주장했고 "더 적은 것으로 할 수 있는 일을 더 많이 하는 것은 헛된 일이다(*Frustra fit per plura, quod fieri potest per pauciora*)"라고 말했다.

개별 학생의 SAT 수학 점수가 그룹 평균(즉, 체계적 요소)에서 벗어나는 것은 이러한 이유 중 하나 또는 그 이상 때문이다. 그리고 곧 알게 되겠지만, 이 오차항은 회귀분석에서 매우 중요한 역할을 한다.

2.5 표본회귀함수(SRF)

식 (2.1)의 PRF를 어떻게 추정할 수 있을까? 즉, B_1과 B_2의 값을 어떻게 구할 수 있을까? 전체 모집단인 표 2-2의 데이터를 가지고 있다면 이는 비교적 간단한 작업이다. 각 X에 대응하는 Y의 조건부 평균을 찾은 다음, 이 조건부 평균들을 연결해 주면 된다. 안타깝게도 실제로 전체 모집단을 우리가 원하는 대로 사용할 수 있는 경우는 거의 없다. 통상적으로 모집단으로부터 추출된 **표본**만을 가지고 있다(모집단과 표본에 대한 논의는 제1장과 부록 A에서 확인할 수 있다).

이제 우리의 임무는 표본 정보를 가지고 PRF를 추정하는 것이다. 어떻게 이 일을 해낼 수 있을까?

표 2-2를 본 적이 없고, 오직 표 2-2에 표시된 X값에 대응하는 Y값의 무작위 표본(random

표 2-3 ● 표 2-2에서 추출된 무작위 표본

Y	*X*
410	5,000
420	15,000
440	25,000
490	35,000
530	45,000
530	55,000
550	65,000
540	75,000
570	90,000
590	150,000

sample)을 보여주는 표 2-3의 데이터만 있다고 생각해 보자.

표 2-2와 달리 이제 각 X에 대응하는 Y값이 1개씩만 있다. 이제 우리가 직면한 중요한 질문은 다음과 같다: 표 2-3의 표본 자료로부터 각 X에 대응하는 모집단 전체의 평균 SAT 수학 점수를 추정할 수 있는가? 다시 말해, 표본 자료로부터 PRF를 추정할 수 있는가? 쉽게 짐작할 수 있듯이, 부록 D에서 설명하는 주제인 **표집변동**(sampling fluctuation) 또는 **표집오차**(sampling error)로 인해 PRF를 정확하게 추정하지 못할 수 있다.

이를 명확하게 확인하기 위해 표 2-4에 표시된 또 다른 무작위 표본을 표 2-2의 모집단에서 추출한다고 가정해 보자. 표 2-3과 표 2-4의 데이터를 그래프로 그려보면 그림 2-3에 표시된 산점도를 얻을 수 있다.

분산점을 관통하는 직선 2개를 그렸다. 이 선을 **표본회귀선**(sample regression line, SRL)이라고 부른다. 두 SRL 중 어느 것이 실제(true) PRL을 나타내는가? 우리가 PRL을 나타내는 그림 2-1을 보려는 유혹을 피한다면, 그림 2-3에 표시된 SRL 중 어느 것이 실제 PRL을 나타내는지 확신할 수 있는 방법이 없다. 다른 표본이 또 있다면 세 번째 SRL을 얻을 수 있기 때문이다. 아마도 각 SRL이 PRL을 나타내고 있기는 하지만, 표집 변화(sampling variation)로 인해 각 SRL은 기껏해야 실제 PRL의 근사치일 뿐이다. 일반적으로 K개의 서로 다른 표본에 대해 K개의 서로 다른 SRL을 얻게 되며, 이러한 모든 SRL은 동일하지 않을 가능성이 크다.

이제 PRL의 기반이 되는 PRF와 유사하게, SRL을 표현하기 위한 **표본회귀함수**(sample regression function, SRF)의 개념을 발전시킬 수 있다. 식 (2.1)의 표본 대응(sample

표 2-4 ● 표 2-2에서 추출된 또 다른 무작위 표본

Y	X
420	5,000
520	15,000
470	25,000
450	35,000
470	45,000
550	55,000
470	65,000
500	75,000
550	90,000
600	150,000

그림 2-3 ● 2개의 독립적인 무작위 표본에 기반한 표본회귀선

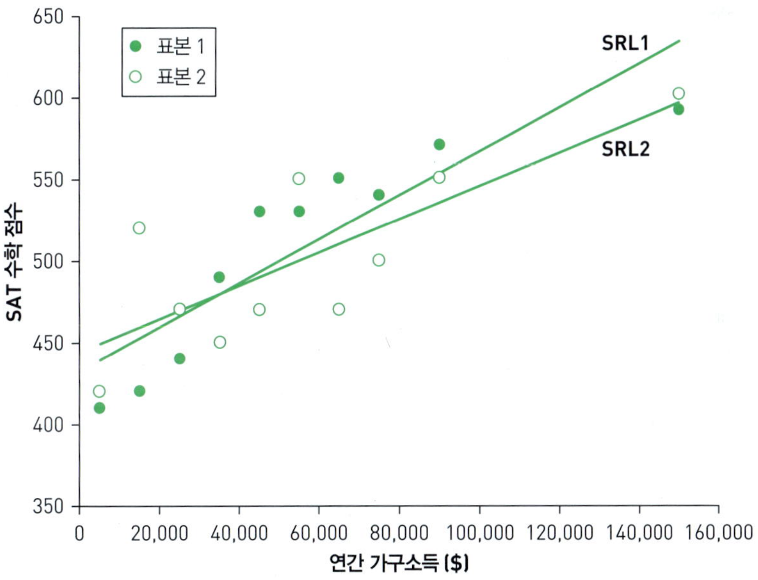

counterpart)은 다음과 같다.

$$\hat{Y}_i = b_1 + b_2 X_i \tag{2.3}$$

여기서 ^는 '햇(hat)' 또는 '캡(cap)'으로 읽는다; $\hat{Y}_i = E(Y \mid X_i)$의 추정량, 모집단 조건부 평균의 추정량; $b_1 = B_1$의 추정량, $b_2 = B_2$의 추정량이다.

부록 D에서 언급했듯이 추정량(estimator) 또는 표본 통계량(sample statistic)은 모집단 모수를 용이하게 추정할 수 있는 방법을 제시하는 규칙 또는 공식이다. 우리가 알고 있듯이 특정 사례에서 추정량을 이용해 얻은 특정 수치는 추정치(estimate)이다(점 및 구간 추정량에 대한 논의는 부록 D를 참조하라).

그림 2-3의 산점도를 보면 모든 표본 자료가 각 표본회귀선에 정확히 놓여 있지 않음을 알 수 있다. 따라서 식 (2.2)에 나타난 확률적 PRF와 마찬가지로 식 (2.3)의 확률적 표현을 전개할 필요가 있으며, 이를 다음과 같이 나타낸다.

$$Y_i = b_1 + b_2 X_i + e_i \tag{2.4}$$

여기서 $e_i = u_i$의 추정량이다.

우리는 e_i를 잔차항(residual term) 또는 간단히 잔차(residual)라고 부른다. 개념적으로는 u_i와 유사하며 u_i의 추정량으로 간주할 수 있다. PRF에서 u_i가 도입된 것과 같은 이유로 SRF에서 e_i가 도입되었다. 간단히 말해, e_i는 실제 Y값과 표본회귀에서 추정된 Y값 사이의 차이를 나타낸다. 즉,

$$e_i = Y_i - \hat{Y}_i \tag{2.5}$$

요약하자면, 우리의 분석은 모집단에서 추출된 단일 표본을 기반으로 하고 있는 경우가 많기 때문에, 회귀분석의 중요 목표는 (확률론적) PRF

$$Y_i = B_1 + B_2 X_i + u_i$$

를 SRF

$$Y_i = b_1 + b_2 X_i + e_i$$

에 기반하여 추정하는 것이다. 그러나 표본의 변화로 인해 SRF를 기반으로 한 PRF 추정치는 근사치일 뿐이다. 이 근사치는 그림 2-4에 나와 있다. 실제로는 B_1, B_2, u를 관측할 수 없음을 명심하자. 일단 특정한 표본을 확보하게 되면 우리가 관측하는 것은 이들의 대리변수(proxy)인 b_1, b_2, e이다.

이 그림에 표시된 바와 같이 주어진 X_i에 대해 1개의 (표본) 관측치인 Y_i가 있다. SRF의 관점에서 관측된 Y_i는 다음과 같이 표현할 수 있다.

$$Y_i = \hat{Y}_i + e_i \tag{2.6}$$

그리고 PRF의 관점에서 이것은 다음과 같이 표현할 수 있다.

$$Y_i = E(Y \mid X_i) + u_i \tag{2.7}$$

그림 2-4 ● 모집단회귀선과 표본회귀선

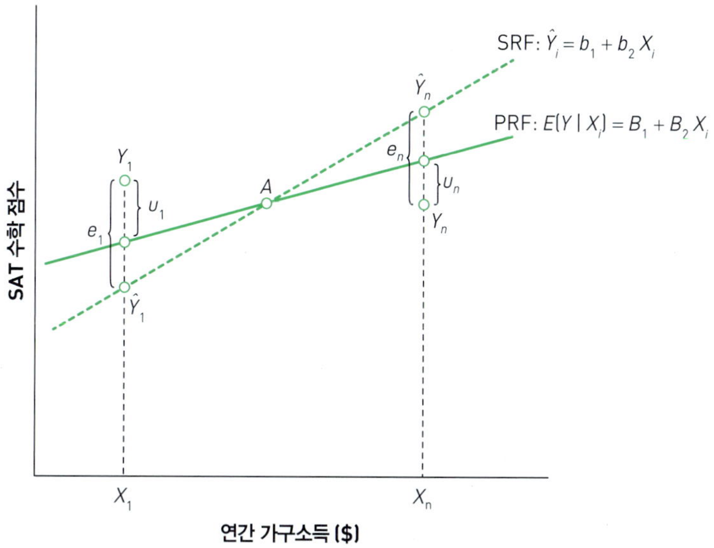

분명히 그림 2-4에서 $\hat{Y}_1$은 그림에서 표시된 X_1에 대한 실제 조건부 평균값 $E(Y| X_1)$를 과소평가한다. 마찬가지로 그림 2-4에서 점 A의 오른쪽에 있는 Y(예를 들어, $\hat{Y}_n$)에 대해 SRF는 실제 PRF를 과대평가한다. 그러나 이러한 과대 혹은 과소평가는 표집변동 때문에 불가피함을 쉽게 알 수 있다.

이제 중요한 질문은 다음과 같다: SRF가 PRF의 근사치일지라도 이 근사치를 최대한 가깝게 만드는 방법이나 절차를 찾을 수 있을까? 다시 말해, 일반적으로 전체 모집단을 마음대로 사용할 수 없기 때문에 b_1이 B_1에 최대한 가깝고 b_2가 B_2에 최대한 가까워지도록 SRF를 만들려면 어떻게 해야 하는가? 2.8절에서 살펴보겠지만, 실제로 PRF를 최대한 충실하게 반영하는 '가장 적합한' SRF를 찾을 수 있다. PRF 자체를 실제로 결정하지 않더라도 이 작업을 수행할 수 있다는 점은 매우 흥미롭다.

2.6 선형회귀라는 용어의 특별한 의미

이 책에서 식 (2.1)과 같은 '선형' 모형을 주로 다루기 때문에 두 가지 다른 의미로 해석될 수 있는 선형이라는 용어가 실제로 무엇을 의미하는지 아는 것이 필수적이다.

변수의 선형성

선형성의 첫 번째 그리고 어쩌면 보다 '자연스러운' 해석은 식 (2.1), 식 (2.2) 또는 표본 대응인 식 (2.3), 식 (2.4)처럼 종속변수의 조건부 평균값은 독립변수(들)의 선형함수라는 것이다.[5] 이 해석에 따르면 다음의 두 함수들은 선형이 아니다.

$$E(Y) = B_1 + B_2 X_i^2 \tag{2.8}$$

$$E(Y) = B_1 + B_2 \frac{1}{X_i} \tag{2.9}$$

식 (2.8)에서 X의 제곱이 나타나며, 식 (2.9)에서 X는 역수의 형태로 나타나기 때문이다. 설명변수가 선형인 회귀모형의 경우 설명변수의 한 단위 변화에 대한 종속변수의 변화율은 일정하게 유지된다. 즉, 기울기가 일정하게 유지된다. 그러나 설명변수가 비선형인 회귀모형의 경우 기울기가 일정하게 유지되지 않는다. 이는 그림 2-5에서 더 명확하게 확인할 수 있다.

그림 2-5에서 볼 수 있듯이 회귀식 (2.1)의 경우 기울기 — Y의 평균인 $E(Y)$의 변화율 — 는 X의 어떤 값에서 변화를 측정하든 B_2로 동일하게 유지된다. 그러나 식 (2.8)과 같은 회귀식의 경우 Y의 평균값의 변화율은 회귀선의 지점마다 달라진다; 사실 이 회귀선은 곡선이다.[6]

그림 2-5 ● 선형 수요곡선과 비선형 수요곡선

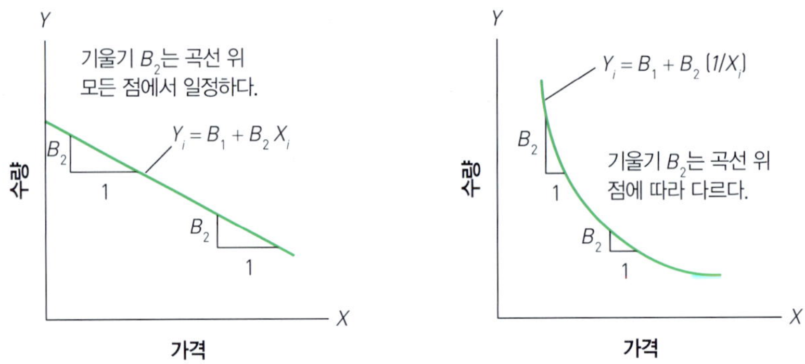

(a) **선형 수요곡선** *(b)* **비선형 수요곡선**

5 (1) X가 1차식의 형태로만 나타나는 경우, 즉 X^2이나 $\sqrt{X}$와 같은 항이 포함되지 않은 경우, (2) X가 다른 변수에 의해 곱해지거나 나누어지지 않는 경우(예: $X \cdot Z$ 및 X/Z, 여기서 Z는 또 다른 변수이다)라면 함수 $Y = f(X)$가 X에 대해 선형이라고 한다.

6 미적분을 아는 사람이라면 선형모형에서 기울기, 즉 Y의 X에 대한 도함수는 일정하며 B_2와 같다는 점을 알 수 있다. 그러나 비선형모형인 식 (2.9)에서 Y의 X에 대한 도함수는 $-B_2\left(1/X_i^2\right)$이며 이는 기울기가 측정되는 X의 값에 따라 달라지므로 일정하지 않다.

모수의 선형성

선형성의 두 번째 해석은 종속변수의 조건부 평균이 모수인 B들의 선형함수라는 것이다. 이 함수는 변수에 대해서는 선형일 수도 있고 아닐 수도 있다. 변수 내 선형함수와 유사하게, B_2가 1의 거듭제곱으로만 나타나는 경우 모수 B_2에 대한 선형함수라고 한다. 이 정의에 따르면 B_1과 B_2가 선형적으로 들어가 있는 식 (2.8)과 (2.9)는 모두 선형모형이다. 변수 X가 두 모형에서 비선형적으로 나타나는 것은 중요하지 않다.

$$E(Y) = B_1 + B_2^2 X_i \tag{2.10}$$

은 B_2가 2의 거듭제곱으로 나타나기 때문에 비선형모수모형이다.

이 책에서 우리는 주로 선형모수모형을 다룬다. 따라서 이제부터 **선형회귀**(linear regression)라는 용어는 모수들 B(즉, 1의 거듭제곱까지만 차수가 증가하는 모수들)에 대해 선형인 회귀를 의미하게 된다; 이 선형회귀는 설명변수에 대해서는 선형일 수도 있고 아닐 수도 있다.[7]

2.7 2변수와 다변수 선형회귀의 비교

이 장에서는 지금까지 종속변수가 단 1개의 설명변수의 함수인 **2변수**(two-variable) 또는 **단순회귀**(simple regression) 모형만 고려했다. 이는 회귀분석의 기본 개념을 소개하기 위한 것이었다. 그러나 회귀의 개념은 종속변수가 2개 이상의 설명변수의 함수인 경우로 쉽게 확장할 수 있다. 예를 들어, SAT 수학 점수가 소득(X_2), 수학 수업 수강 횟수(X_3), 그리고 학생의 나이(X_4)에 대한 함수인 경우, 확장된 SAT 수학 함수는 다음과 같이 쓸 수 있다.

$$\begin{gathered} E(Y) = B_1 + B_2 X_{2i} + B_3 X_{3i} + B_4 X_{4i} \\ [\text{참고: } E(Y) = E(Y \mid X_{2i}, X_{3i}, X_{4i}).] \end{gathered} \tag{2.11}$$

식 (2.11)은 1개 이상의 독립 또는 설명 변수가 종속변수의 움직임을 설명하기 위해 사용되는 **다변수(다중)선형회귀**(multiple linear regression)의 예이다. 식 (2.11)은 SAT 수학 점수의 (조건부) 평균값이 소득, 수강한 수학 수업 수 및 학생의 나이의 선형함수임을 말해 주고 있다. 학생의 점수 함수(즉, 확률적 PRF)는 다음과 같이 표현할 수 있다.

$$\begin{aligned} Y_i &= B_1 + B_2 X_{2i} + B_3 X_{3i} + B_4 X_{4i} + u_i \\ &= E(Y) + u_i \end{aligned} \tag{2.12}$$

이 식은 개별 SAT 수학 점수가 집단 평균으로부터 확률적 오차항인 u만큼 달라질 수 있음을

7 이것은 식 (2.10)과 같은 (모수 내) 비선형모형을 추정할 수 없거나 실제로 사용되지 않는다는 것을 의미하는 것이 아니다. 사실 고급 계량경제학 과정에서는 이러한 모형을 심도 있게 다룬다.

보여준다. 앞서 언급했듯이 다변수회귀에서도 종속변수에 영향을 미칠 수 있는 모든 요인을 고려할 수 없기 때문에 오차항을 도입한다.

식 (2.11)과 식 (2.12) 모두 모수에 대해 선형이기 때문에 **선형회귀모형**이다. 이 사례에서는 설명변수들이 선형으로 모형에 들어가 있지만, 설명변수 자체가 모형에 선형적으로 들어갈 필요는 없다.

2.8 모수의 추정: 보통최소제곱법

2.5절에서 언급했듯이 실제로는 주어진 모집단에서 1개 (또는 2개) 표본만을 확보할 수 있기 때문에 표본회귀함수(SRF)를 기반으로 모집단회귀함수(PRF)를 추정한다. 그렇다면 PRF는 어떻게 추정하는가? 그리고 추정된 PRF(즉, SRF)가 실제 PRF에 대한 '좋은' 추정치인지를 어떻게 알 수 있을까? 이 장에서는 첫 번째 질문에 답하고, 제3장에서 두 번째 질문인 추정된 PRF의 '적합도(goodness)'에 대해 다룰 것이다.

PRF 추정의 기본 개념을 소개하기 위해 가능한 가장 간단한 선형회귀모형, 즉 종속변수 *Y*와 1개의 설명변수 *X*의 관계를 연구하는 2변수선형회귀를 고려한다. 제4장에서는 분석을 다변수 회귀로 확장하여 종속변수 *Y*와 2개 이상의 설명변수 간의 관계를 연구할 것이다.

보통최소제곱법

실제 PRF의 추정량으로서 SRF를 구하는 여러 가지 방법이 있지만, 회귀분석에서 가장 자주 사용되는 방법은 **최소제곱법**(least squares, LS)이며, **보통최소제곱법**(method of ordinary least squares, OLS)으로 더 널리 알려져 있다.[8] 여기서는 **최소제곱법**(LS)과 **보통최소제곱법**(OLS)을 혼용하여 사용한다. 이 추정법을 설명하기 위해 먼저 **최소제곱원칙**(least squared principle)에 대해 설명한다.

최소제곱원칙 2변수 PRF인 식 (2.2)를 기억해 보자:

$$Y_i = B_1 + B_2 X_i + u_i$$

이 PRF를 직접 관찰할 수는 없기 때문에(왜 그럴까?) SRF로부터 이를 추정한다.

$$Y_i = b_1 + b_2 X_i + e_i$$

8 그 이름에도 불구하고, 이 추정법에는 평범한 것이 없다. 앞으로 설명하겠지만 이 추정법은 몇 가지 바람직한 통계적 특성이 있다. 일반화된 최소제곱법(generalized least squares, GLS)이라는 또 다른 추정 방법의 특수한 경우이므로 이를 OLS라고 부른다.

이 식을 다음과 같이 쓸 수 있고

$$\begin{aligned} e_i &= \text{실제 } Y_i - \text{추정된 } Y_i \\ &= Y_i - \hat{Y}_i \\ &= Y_i - b_1 - b_2 X_i \end{aligned}$$

이는 잔차가 실제 Y값과 식 (2.3)의 SRF로부터 추정된 Y값의 차이임을 보여준다. 그림 2-4에서 이 점을 더 분명하게 확인할 수 있다.

이제 PRF를 추정하는 가장 좋은 방법은 잔차 e_i가 가능한 한 작아지도록 B_1 및 B_2의 추정량인 b_1 및 b_2를 선택하는 것이다. 보통최소제곱법(OLS)에 따르면 **잔차 제곱합**(residual sum of squares, RSS)인 $\sum e_i^2$가 가장 작아질 수 있도록 b_1과 b_2를 선택해야 한다.[9] 대수학적으로 최소제곱원칙은

$$\begin{aligned} Minimum \sum e_i^2 &= \sum (Y_i - \hat{Y})^2 \\ &= \sum (Y_i - b_1 - b_2 X_i)^2 \end{aligned} \tag{2.13}$$

을 말한다.

식 (2.13)에서 볼 수 있듯이, Y와 X의 표본값이 주어지면 RSS는 추정량인 b_1과 b_2의 함수이다. b_1과 b_2의 다른 값을 선택하면 다른 잔차들이 산출되고, 따라서 다른 RSS 값을 얻게 된다. 이를 확인하려면 그림 2-4에 표시된 SRF를 원하는 방식으로 회전해 보면 된다. 회전할 때마다 다른 절편(즉, b_1)과 다른 기울기(즉, b_2)를 얻을 수 있다. 우리는 가능한 가장 작은 RSS를 제공하는 추정량의 값을 선택하고자 한다.

실제로 이러한 값을 어떻게 결정하는가? 이것은 이제 순전히 연산의 문제이며 미적분학의 기법이 필요하다. 자세히 설명하지 않더라도, 식 (2.13)에 주어진 RSS를 실질적으로 최소화하는 b_1과 b_2의 값은 다음의 연립방정식을 풀면 구할 수 있다. (자세한 내용은 이 장의 마지막에 있는 부록 2A에 나와 있다.)

$$\sum Y_i = nb_1 + b_2 \sum X_i \tag{2.14}$$

$$\sum X_i Y_i = b_1 \sum X_i + b_2 \sum X_i^2 \tag{2.15}$$

여기서 n은 표본의 크기이다. 이 연립방정식은 (최소제곱) **정규방정식**(normal equations)으로 알려져 있다.

9 잔차 e_i가 작아질수록 잔차 제곱합 또한 작아질 것이라는 점에 주목해야 한다. 잔차 e_i가 아닌 잔차 제곱을 고려하는 것은 잔차의 부호(sign)로 인해 발생할 수 있는 문제를 피할 수 있기 때문이다. 잔차 e_i는 양수 또는 음수일 수 있다는 점을 유의해야 한다.

식 (2.14)와 식 (2.15)에서 b들은 미지수(unknowns)이며 변수 Y와 X의 단순합, 제곱합, 교차곱의 합과 관련된 수량은 알고 있는 값(knowns)이다. 이제 (여러분이 알고 있는 고등학교 대수학 기법을 사용하여) 이 연립방정식을 풀면 b_1과 b_2에 대해 다음과 같은 해를 구할 수 있다.

$$b_1 = \bar{Y} - b_2\bar{X} \tag{2.16}$$

이 식은 모집단 절편 B_1에 대한 추정량이다. 따라서 표본 절편은 Y의 표본평균으로부터 추정된 기울기와 X의 평균의 곱을 뺀 값이다.

$$\begin{aligned} b_2 &= \frac{\sum x_i y_i}{\sum x_i^2} \\ &= \frac{\sum(X_i - \bar{X})(Y_i - \bar{Y})}{\sum(X_i - \bar{X})^2} \\ &= \frac{\sum X_i Y_i - n\bar{X}\bar{Y}}{X_i^2 - n\bar{X}^2} \end{aligned} \tag{2.17}$$

이 식은 모집단 기울기계수인 B_2의 추정량이다.

$$x_i = (X_i - \bar{X}) \quad \text{and} \quad y_i = (Y_i - \bar{Y})$$

로 표기함을 주의하자. 즉 소문자는 표본평균값과의 편차(deviation)를 나타내며 이 책에서 통용되는 표기법이다.

b_2에 대한 공식에서 볼 수 있듯이 편차 형식을 사용하여 추정량을 나타내는 것이 더 간단하다. 각 확률변숫값에서 동일한 상수를 빼기 때문에 평균값으로부터의 변숫값으로 나타내도 원래 순위는 변경되지 않는다. b_1과 b_2는 현재 가지고 있는 표본에서 쉽게 계산할 수 있는 수량으로만 표현된다는 점에 유의하자. 물론 요즘에는 컴퓨터가 모든 계산을 대신해줄 것이다.

식 (2.16)과 식 (2.17)에서 주어진 추정량은 OLS 추정법으로 도출되었기 때문에 **OLS 추정량**(OLS estimator)이라고 한다.

더 진행하기 전에 식 (2.16)과 식 (2.17)에 주어진 OLS 추정량의 몇 가지 흥미로운 특징에 주목해야 한다.

1. OLS 추정법으로 얻은 SRF는 식 (2.16)에서 알 수 있듯이 X와 Y의 표본평균값을 통과하고, 따라서 다음과 같이 쓸 수 있다

$$\bar{Y} = b_1 + b_2\bar{X} \tag{2.18}$$

2. 잔차의 평균값인 $\bar{e}(=\sum e_i/n)$는 항상 0이므로 계산의 산술적 정확도를 확인할 수 있다 (표 2-5 참조).

3. 잔차 e와 설명변수 X의 값의 곱에 대한 총합은 0이다. 즉, 이 두 변수는 상관관계가 없다(상관관계의 정의에 대해서는 부록 B 참조). 상징적으로,

$$\sum e_i X_i = 0 \tag{2.19}$$

4. 잔차 e_i와 추정된 $Y_i(=\hat{Y}_i)$의 곱에 대한 총합은 0이다; 즉, $\sum e_i \hat{Y}_i$는 0이다(연습문제 2.27 참조).

2.9 모든 것을 통합하기

표 2-3에 주어진 표본 데이터를 사용하여 b_1과 b_2의 값을 계산해 보자. 식 (2.16) 및 (2.17)을 구현하는 데 필요한 계산은 표 2-5에 정리되어 있다. 표 2-3에 주어진 데이터는 표 2-2에 주어진 모집단으로부터 무작위로 추출된 표본이라는 점에 유의하자.

표 2-5에 주어진 계산을 통해 다음과 같은 표본 SAT 수학 점수 회귀모형을 얻을 수 있다.

$$\hat{Y}_i = 432.4138 + 0.0013X_i \tag{2.20}$$

여기서 Y는 SAT 수학 점수를 나타내고 X는 연간 가구소득을 나타낸다. Y에 캡(cap) 표시를 두어 주어진 X 수준에 해당하는 실제 모집단 평균의 추정량임을 상기시켰다[식 (2.3)을 기억해 보자]. 추정 회귀선은 그림 2-6에 나와 있다.

추정된 SAT 수학 점수 함수의 의미

추정된 SAT 수학 점수 함수에 대한 해석은 다음과 같다: 기울기계수 0.0013은 다른 모든 것이 그대로 있을 때, 연간 가구소득이 1달러 증가하면 **평균** SAT 수학 점수가 0.0013점 상승한다는 것을 의미한다. 432.4138의 절편값은 연간 가구소득이 0이면 평균 수학 점수가 약 432.4138이 된다는 것을 의미한다. 이러한 해석은 경제적 의미가 없는 경우가 많다. 예를 들어, 연간 가구소득이 0인 데이터는 없다. 책 전체에서 볼 수 있듯이 종종 절편은 특별한 경제적 의미를 갖지 않는다. 일반적으로 X값(이 예에서는 연간 가구소득)의 표본 범위에 0이 관찰값 중 하나로 포함되지 않는 경우가 많기 때문에 절편의 의미를 이해하기 위해서는 상식을 활용해야 한다. 회귀모형에서 생략된 모든 변수의 Y에 대한 평균 효과로 절편 항을 해석하는 것이 최선일 것이다.

표 2-5 ● SAT 수학 점수에 대한 원자료(표 2-3에서)

Y_i	X_i	$\sum Y_i X_i$	X_i^2	x_i	y_i	x_i^2	y_i^2	$\sum y_i x_i$	$\hat{Y}_i$	e_i	e_i^2	$\sum e_i x_i$
410	5000	2050000	25000000	−51000	−97	2601000000	9409	4947000	439.073	−29.0733	845.255	1482737.069
420	15000	6300000	225000000	−41000	−87	1681000000	7569	3567000	452.392	−32.3922	1049.257	1328081.897
440	25000	11000000	625000000	−31000	−67	961000000	4489	2077000	465.711	−25.7112	661.066	797047.4138
490	35000	17150000	1225000000	−21000	−17	441000000	289	357000	479.030	10.9698	120.337	−230366.3793
530	45000	23850000	2025000000	−11000	23	121000000	529	−253000	492.349	37.6509	1417.587	−414159.4828
530	55000	29150000	3025000000	−1000	23	1000000	529	−23000	505.668	24.3319	592.0412	−24331.89655
550	65000	35750000	4225000000	9000	43	81000000	1849	387000	518.987	31.0129	961.8019	279116.3793
540	75000	40500000	5625000000	19000	33	361000000	1089	627000	532.306	7.69397	59.1971	146185.3448
570	90000	51300000	8100000000	34000	63	1156000000	3969	2142000	552.284	17.7155	313.8396	602327.5862
590	150000	88500000	22500000000	94000	83	8836000000	6889	7802000	632.198	−42.1982	1780.694	−3966637.931
5070	560000	305550000	47600000000	0	0	16240000000	36610	21630000	5070	0	7801.0776	0

주: $x_i = (X_i - \bar{X})$; $Y_i = (y_i - \bar{Y})$; $\bar{X} = 56000$; $\bar{Y} = 507$.

그림 2-6 ● 표 2-3의 데이터를 기반으로 한 회귀선

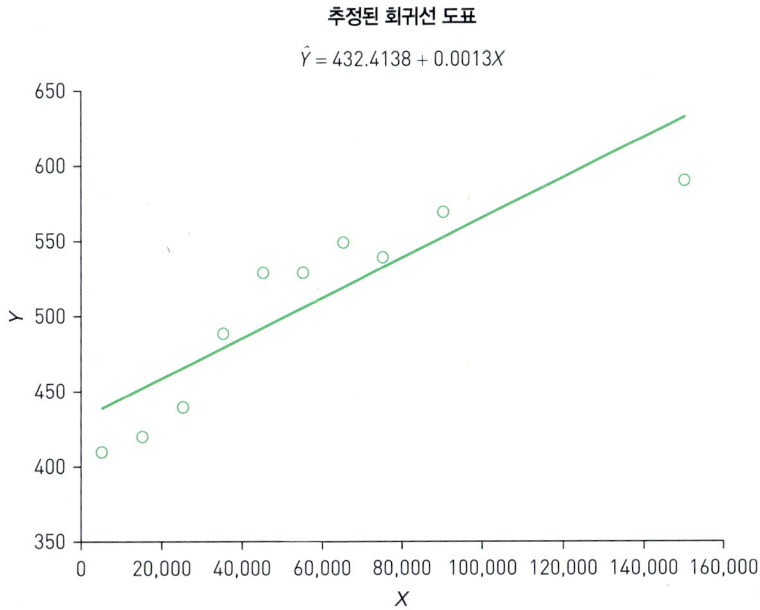

2.10 적용 사례

OLS 추정법에 대해 논의하고 PRF를 추정하는 방법을 배웠으므로 회귀분석의 구체적인 적용 사례를 살펴보자.

사례 2.1 학교 교육 기간과 평균 시급

528개의 관측값으로 구성된 표본을 기반으로 한 표 2-6은 평균 시급 Y(\$)와 학교 교육 기간 (X)에 대한 데이터를 제공한다.

Y가 X에 대하여 어떻게 움직이는지 알고 싶다고 가정해 보자. 노동경제학의 인적자본이론에 따르면 평균 임금은 학교 교육 연수에 따라 증가할 것으로 예상할 수 있다. 즉, 두 변수 간에 양의 관계가 있을 것으로 예상하며, 그렇지 않다면 나쁜 소식일 것이다.

표 2-6의 데이터에 기반한 회귀분석 결과는 다음과 같다.

$$\hat{Y}_i = -0.0144 + 0.7241X_i \tag{2.21}$$

결과가 보여주는 것처럼 교육과 소득 사이에는 양의 상관관계가 있으며, 이는 앞에서의 예상

표 2-6 ● 교육에 따른 평균 시급

학교 교육 기간	평균 시급 ($)	인원수
6	4.4567	3
7	5.7700	5
8	5.9787	15
9	7.3317	12
10	7.3182	17
11	6.5844	27
12	7.8182	218
13	7.8351	37
14	11.0223	56
15	10.6738	13
16	10.8361	70
17	13.6150	24
18	13.5310	31

출처: Arthur S. Goldberger, *Introductory Econometrics*, Harvard University Press, Cambridge, MA, 1998, Table 1.1, p. 5. 원본 데이터는 미국 노동통계국에서 가져온 것이다.

과 일치한다. 학교 교육을 1년 더 받을 때마다 평균 임금은 시간당 약 72센트씩 상승한다.[10] 이 사례에서 음숫값을 갖는 절편은 특별한 경제적 의미를 갖지 않는다.

사례 2.2 오쿤의 법칙

전 대통령 경제자문위원회 의장이며 브루킹스 연구소의 고(故) 아서 오쿤(Arthur Okun)은 1947~1960년까지의 미국 데이터를 바탕으로 '오쿤의 법칙(Okun's law)'으로 알려진 다음과 같은 회귀식을 얻었다.

$$Y_t = -0.4(X_i - 2.5) \tag{2.22}$$

여기서 Y_t = 실업률의 변화(%p); X_t = 실질 GDP로 측정되는 실질 산출량의 퍼센트 성장률; 2.5 = 미국에서 역사적으로 관측된 산출량의 장기 또는 추세 성장률이다.

이 회귀에서 절편은 0이고 기울기계수는 −0.4이다. 오쿤의 법칙에 따르면 2.5%를 초과하는 실질 GDP 성장률의 매 %p에 대해 실업률은 0.4%p씩 감소한다.

10 표 2-6의 데이터는 다양한 범주(category)의 평균 임금을 나타내므로 여기서의 기울기계수는 평균 시급의 평균 증가로 엄밀하게 해석되어야 한다.

오쿤의 법칙은 실업률을 일정 비율 %p 낮추기 위해 필요한 실질 GDP 성장률을 예측하는 데 사용되었다. 따라서 실질 GDP 성장률이 5%이면 실업률이 1%p 감소하고, 실업률을 2%p 감소시키려면 7.5%의 성장률이 필요하다. 비교적 최근의 데이터를 제공하는 연습문제 2.17에서는 오쿤의 법칙이 여전히 유효한지 알아내야 한다.

이 예는 단순(즉, 2변수)회귀모형이 정책 목적으로 종종 어떻게 사용되는지를 보여준다.

사례 2.3 주식 가격과 이자율

주가와 금리는 주요 경제 지표이다. 개인이든 기관이든 주식시장의 투자자는 금리의 움직임을 매우 주의 깊게 관찰한다. 금리는 돈을 빌리는 데 드는 비용을 나타내므로 투자에 막대한 영향을 미치고 따라서 기업의 수익성에도 영향을 미친다. 거시경제이론에 따르면 주가와 금리는 반비례 관계에 있다고 한다.

주가의 척도로 S&P 500 종합지수(1941－1943＝10)를 사용하고 이자율의 척도로는 3개월 만기 국채 금리(%)를 사용하자. 표 2-7은 1980~2007년 동안의 이들 변수에 대한 데이터를 제공한다.

이러한 데이터를 그래프로 그려보면 그림 2-7과 같은 산점도를 얻을 수 있다. 산점도는 이론에 따라 두 변수 간에 역관계가 있음을 명확하게 보여준다. 그러나 두 변수 간의 관계는 선형(즉, 직선)이 아니라 그림 2-5b와 더 유사하다. 따라서 실제 관계는 다음과 같다고 가정해 보자.

$$Y_t = B_1 + B_2(1/X_i) + u_i \tag{2.23}$$

식 (2.23)은 모형의 모수가 선형이므로 선형회귀모형이라는 점에 유의하자. 그러나 변수 X에 대해서는 비선형이다. $Z = 1/X$로 설정하면 이 모형은 변수 Y와 Z뿐만 아니라 모수에 대해서도 선형이다.

EViews 통계 패키지를 사용하여 식 (2.23)을 OLS로 추정하면 다음과 같은 결과를 얻을 수 있다.

$$\hat{Y}_t = 404.4067 + 996.866(1/X_t) \tag{2.24}$$

이 결과를 어떻게 해석해야 할까? 절편값은 현실적인 경제적 의미가 없다. $(1/X)$의 계수에 대한 해석은 다소 까다롭다. 말 그대로 해석하면 3개월 만기 국채 금리의 역수가 한 단위 상승하면 S&P 500 종합지수의 평균값이 약 997단위 상승한다는 뜻이다. 그러나 이것이 매우 명확한 해석은 아니다. X에 대한 (평균) Y의 변화율(즉, X에 대한 Y의 도함수)을 측정하려면 각

그림 2-7 ● S&P 500 종합지수와 3개월 만기 국채 금리

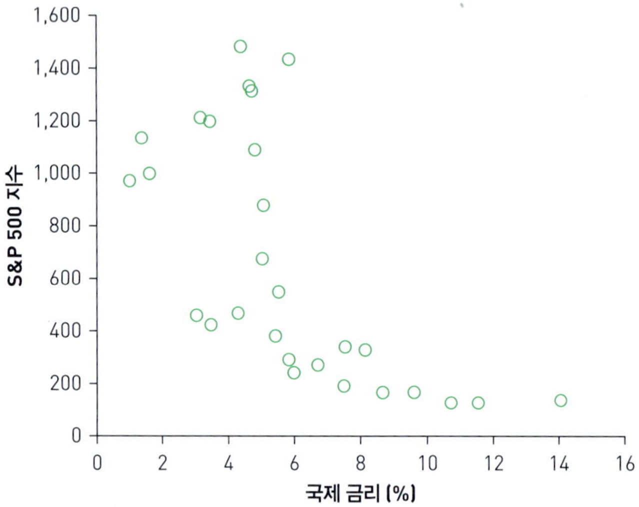

주 5에서 설명한 바와 같이 이 변화율은 $-B_2(1/X_i^2)$이며 X값에 따라 결정된다. $X=2$라고 가정해 보자. 추정된 B_2는 996.866임을 알고 있기 때문에 주어진 X값에 대한 Y의 변화율은 약 −249.22이다. 즉, 국채 금리가 약 2%일 때, 1%p 상승한다면 평균적으로 S&P 500 종합지수가 약 249단위 하락할 것이다. 물론 국채 금리가 2%에서 3%로 상승하는 것은 상당한 변화이다.

흥미롭게도 그림 2-5를 무시하고 표 2-7의 데이터에 직선 회귀선를 추정했다면 다음과 같은 회귀식을 얻을 수 있다.

$$\hat{Y}_t = 1229.3414 - 99.4014X_t \tag{2.25}$$

여기서 절편 항은 국채 금리가 0이라면 S&P 500 종합지수의 평균값은 약 1,229가 될 것임을 의미한다. 다시 말하지만, 이는 어떠한 구체적인 경제적 의미도 갖지 않을 수 있다. 기울기계수는 국채 금리가 1단위, 예를 들어 1%p 상승하면 S&P 500 종합지수의 평균값이 약 99단위 하락한다는 것을 나타낸다.

회귀식 (2.24)와 (2.25)는 실증분석에 적합한 모형을 선택하는 데 있어 현실적인 문제를 보여준다. 어느 것이 더 나은 모형인가? 어떻게 알 수 있을까? 두 모형 중 하나를 선택하기 위해 어떤 테스트를 사용해야 할까? 이 책을 통해 이러한 질문에 대한 답을 제공할 것이다(제5장 참조). **깊이 생각해 볼 질문**: 기울기계수의 부호는 식 (2.24)에서는 양수인 반면, 식 (2.25)에서는 음수이다. 이 두 결과가 상충하는 것인가? (힌트: 음수 곱하기 음수는 양수가 된다.) 제5장

을 참조하라.

사례 2.4 주택 가격과 이자율

지난 몇 년 동안 미국 전역의 주택 가격이 급등했다. 이러한 급등은 주택담보대출 이자율이 급격히 하락했기 때문인 것으로 추정된다. 주택담보대출 이자율이 주택 가격에 미치는 영향을 확인하기 위해 ⤓표 2-8은 1980~2007년 동안 미국의 중위(median) 주택 가격(단위: 1,000달러) 및 30년 고정금리 주택담보대출 이자율(%)에 대한 데이터를 제공한다.

이 데이터는 그림 2-8에 그래프로 표시되어 있다.

첫 번째 근사치로서 직선 회귀모형을 추정해 보면 다음과 같은 결과를 얻을 수 있다. 여기서 Y = 중위 주택 가격($1,000), X = 30년 고정금리 주택담보대출 금리(%)이다.

$$\hat{Y}_t = 329.0041 - 17.3694X_t \tag{2.26}$$

이 결과는 주택담보대출 이자율이 1%p 상승할 경우 평균적으로 중위 주택 가격은 약 17.4단위 또는 약 17,400달러 하락한다는 것을 보여준다(참고: Y는 1,000달러 단위로 측정된다).[11] 문자 그대로 해석하면 약 329의 절편값은 주택담보대출 이자율이 0일 때 평균적인 중위 주택 가격은 약 329,000달러임을 의미하는데 이는 믿기 어려운 해석이다.

그림 2-8 ● 중위 주택 가격과 이자율

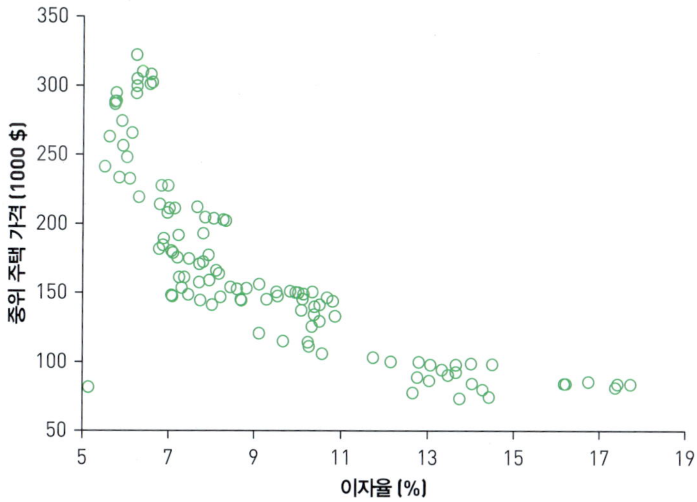

11 1%p 인상과 1% 인상에는 차이가 있다는 점에 유의하자. 예를 들어, 현재 이자율이 6%인데 7%로 인상되면 1%p가 인상되는 것이다; 그러나 퍼센트로는 $\left(\frac{7-6}{6}\right)\times 100 = 16.6\%$ 인상이다.

금리 하락은 주택 가격에 상당한 영향을 미치는 것으로 보인다. 질문: 중위 가구소득을 고려했다면 이 결론이 여전히 유효할까?

사례 2.5 골동품 시계와 가격

독일 쇼나흐바흐의 트리베르크 시계 회사에서는 매년 골동품 시계 경매를 개최한다. 약 32개의 시계에 대한 데이터, 즉 시계의 연식(AGE), 입찰자 수(BIDDERS), 낙찰가격(PRICE, 마르크화 기준은 표 2-9에 나와 있다. 이 경매는 약 25년 전에 진행되었다는 점에 유의하자.

낙찰 가격이 시계의 연식에 따라 달라진다고 믿는다면, 즉 다른 모든 조건이 동일할 때 시계가 오래될수록 가격이 높아진다고 믿는다면, 이 둘 사이에는 양의 관계가 있을 것으로 예상할 수 있다. 마찬가지로, 특정 시계에 입찰자가 많을수록 수많은 입찰자들이 시계의 가치를 보다 높게 평가할 것이기 때문에 경매 가격이 더 올라가게 되고, 따라서 경매 가격과 입찰자 수라는 두 변수 간에는 양의 관계가 있을 것으로 예상할 수 있다.

표 2-9에 제시된 데이터를 사용하여 다음과 같은 OLS 회귀식을 얻었다.

$$\text{PRICE} = -191.6662 + 10.4856\ \text{AGE} \tag{2.27}$$

$$\text{PRICE} = 807.9501 + 54.5724\ \text{BIDDERS} \tag{2.28}$$

이 결과에서 알 수 있듯이 경매 가격은 시계의 연식과 경매에 참여한 입찰자 수와 양의 상관관계가 있다.

제4장 다변수회귀에서는 앞의 두 회귀에서와 같이 경매 가격을 연식과 입찰자 수에 각각 개별적으로 회귀시키지 않고 함께 회귀시켰을 때 어떤 결과가 나타나는지 살펴본다.

사례 2.6 민간 총투자(GPI)와 민간 총저축(GPS)

표 2-10에 제시된 데이터를 기반으로 다음과 같은 회귀 결과를 얻었다.

$$\text{GPI}_t = -78.7210 + 1.1073\text{GPS}_t \tag{2.29}$$

이 회귀식의 기울기계수는 한계투자성향(marginal propensity to investment, MPI)을 나타낸다. 즉, 민간 총저축이 1달러 증가할 때마다 민간 총투자가 증가하는 정도를 나타낸다. 이 경우 MPI는 약 1.10으로, 민간 총저축(gross private savings, GPS)이 1달러 증가하면 평균 민간 총투자(gross private investment, GPI)도 약 1.10달러 증가한다는 의미이다.

사례 2.7 자본자산가격결정모형(CAPM)[12]

포트폴리오 이론으로 유명한 자본자산가격결정모형(capital asset pricing model, CAPM)은 가장 간단한 형태로 다음과 같이 설명한다.

$$(ER_{it} - R_{ft}) = \beta_i (ER_m - R_{ft}) \tag{2.30}$$

여기서 ER_t = t시점의 유가증권 i에 대한 기대수익률; ER_m = t시점의 S&P 500 종합주가지수 또는 영국 FTSE 100 지수로 표시되는 시장 포트폴리오에 대한 기대수익률; R_f = 무위험 수익률, 예를 들어 90일물 미국 국채 수익률; β_i = 유가증권 i의 베타계수이며 이 i는 포트폴리오 다각화를 통해 제거할 수 없는 체계적 위험(systematic risk)을 측정하는 지표이다.

즉, 베타계수는 위험조정(risk-adjusted)된 유가증권 i의 수익률이 위험조정된 시장 수익률에 따라 움직이는 정도를 측정한다. CAPM의 기본 이론은 시장에 어느 정도 영향을 미치는 경제적 요인들(economic forces)이 개별 증권 또는 주식에도 영향을 미친다는 것이다. 일반적으로 베타계수가 1보다 큰 유가증권은 공격적인(aggressive) 유가증권으로, 베타계수가 1보다 작은 유가증권은 방어적인(defensive) 유가증권으로 불리며 베타계수가 1이면 유가증권이 시장과 함께 움직인다는 의미이다.

표 2-11은 1980~1999년 동안의 경기소비재 부문의 104개 주식에 대한 지수의 초과수익률 Y_t(%)와 주식시장 전체에 대한 지수의 초과수익률 X_t(%)에 대한 데이터를 제공하며, 총 240개의 관측치가 있다. 초과수익률은 무위험 자산의 수익률을 초과하는 수익률이다.[13]

표 2-11의 데이터를 기반으로 다음과 같은 회귀식을 얻었다.

$$Y_t = 1.1711 X_t \tag{2.31}$$

104개 종목의 지수 수익률이 전체 시장지수 수익률보다 더 공격적인 것으로 보이는데, 이는 그다지 놀라운 일이 아닐 것이다.

앞의 예에서 제시된 회귀 결과는 식 (2.16)과 식 (2.17)의 OLS 공식을 다양한 표에 제시된 데이터에 적용하면 쉽게 얻을 수 있다. 물론 이 작업을 수동으로 수행하려면 매우 지루하고 많은 시간이 소요된다. 다행히도 여러 통계 소프트웨어 패키지를 이용해 회귀모형을 거의 즉시 추정할 수 있다. 이 책에서는 포괄적이고 사용하기 쉬우며 쉽게 구할 수 있는 EViews, MINITAB 및 STATA 소프트웨어 패키지를 사용하여 여러 회귀모형을 추정할 것이다.

---

12 Markowitz Harry, *Portfolio Selection: Efficient Diversification of Investment*, John Wiley, New York, 1959를 참조하라. 1990년 마코위츠는 스탠퍼드대학의 윌리엄 샤프와 노벨경제학상을 공동 수상했다.

13 데이터는 원래 Datastream 데이터뱅크에서 가져온 것이며, 허가를 받아 C. Heij, P. de Boer, P. H. Franses, H. K. Dijk, *Econometric Methods With Applications in Business and Econometrics*, Oxford University Press, Oxford, UK, 2004, p. 751에서 재생산한 것이다. 데이터에 대한 자세한 내용은 이 책에서 확인할 수 있다.

(Excel에서도 단순회귀 및 다중회귀를 수행할 수 있다.) 이 책 전체에서 이러한 통계 패키지에서 얻은 결과물을 재현할 것이다. 그러나 다른 소프트웨어 패키지로도 모든 종류의 회귀모형을 추정할 수 있다는 점을 명심하자. 이러한 패키지에는 LIMDEP, MICROFIT, PC-GIVE, RATS, SAS, SHAZAM, SPSS, 그리고 무료로 제공되는 R 통계 패키지 등이 있다.

사례 2.8 1인당 실질 GDP에 따른 기대수명

표 1-9에 제시된 기대수명(LIFE EXPECTANCY)에 대한 데이터를 기반으로 다음과 같은 회귀식을 구했다.

$$LifeExp_i = 56.2403 + 0.0013 GDP_i \tag{2.32}$$

1인당 실질 GDP가 증가함에 따라 사람들이 더 나은 음식, 더 양질의 의료 서비스, 더 좋은 교육을 받을 수 있기 때문에 기대수명과 1인당 실질 GDP 사이의 관계는 양(+)의 값을 가질 것으로 예상된다. 문자 그대로 해석하면, 기울기계수는 1인당 실질 GDP가 1달러 증가할 때마다 평균 기대수명이 0.0013년 증가한다는 것을 의미한다. 물론 소득을 제외한 다른 모든 요인은 일정하게 유지된다는 점을 이해해야 한다.

요약

이 장에서는 몇 가지 기본적인 회귀분석의 개념들을 소개했다. 먼저 모집단회귀함수(PRF)의 핵심 개념에서 시작하여 선형 PRF 개념을 명확히 정립하였다. 이 책은 주로 선형 PRF를 다루고 있는데, 회귀모형이 변수들에 대해 선형인지 여부에 상관없이 모수들(parameters)에 대해 선형인 회귀모형을 의미한다. 이후에 확률적 PRF의 개념과 확률적 오차항 u의 본질과 역할에 대해 자세히 살펴보았다. 현실에서 우리는 모집단으로부터 추출된 표본만을 가지고 있기 때문에 PRF는 물론 이론적이거나 이상적인 구성물이다. 이에 표본회귀함수(SRF)에 대한 논의가 필요했다.

우리는 어떻게 SRF를 구할 수 있는가에 대한 질문에 대해 살펴보았다. 여기서 우리는 유명한 최소제곱법에 대해 논의하였고 PRF의 모수들을 추정하기에 적합한 공식들을 제시했다.

우리는 완전하게 유도된 수치 예제와 여러 사례를 통하여 OLS 추정법을 설명했다. 우리의 다음 목표는 OLS를 이용해 얻은 SRF가 실제 PRF의 추정량으로서 얼마나 좋은지를 알아보는 것이다. 제3장에서 이 중요한 목표를 수행한다.

주요 용어 및 개념

회귀분석(regression analysis)
- (a) 피설명변수(explained variable) 또는 종속변수(dependent variable)
- (b) 독립변수(independent variable) 또는 설명변수(explanatory variable)

산점도(scattergram)
- (a) 조건부 평균(conditional mean) 또는 조건부 기댓값(conditional expected values)

모집단회귀선(population regression line, PRL)

모집단회귀함수(population regression function, PRF)

회귀계수(regression coefficients); 모수(parameters)
- (a) 절편(intercept)
- (b) 기울기(slope)

조건부 회귀분석(conditional regression analysis)

확률적 오차항(stochastic error term) 또는 무작위 오차항(random error term); 오차항(error term)
- (a) 잡음 성분(noise component)
- (b) 확률적 PRF(stochastic PRF) 또는 통계적 PRF(statistical PRF)
- (c) 결정적 PRF(deterministic PRF) 또는 비확률적 PRF(nonstochastic PRF)

표본회귀선(sample regression line, SRL)

표본회귀함수(sample regression function, SRF)

추정량(estimator); 표본 통계량(sample statistic)

추정치(estimate)

잔차항 *e*(residual term *e*); 잔차(residual)

선형회귀(linear regression)

2변수(단순)회귀(two-variable or simple regression) vs. 다변수(다중)선형회귀(multiple linear regression)

모수의 추정(estimation of parameters)
- (a) 보통최소제곱법(the method of ordinary least squares, OLS)
- (b) 최소제곱원칙(least squares principle)
- (c) 잔차 제곱합(residual sum of squares, RSS)
- (d) 정규방정식(normal equations)
- (e) OLS 추정량(OLS estimators)

질문

2.1 다음 용어의 의미를 주의 깊게 설명하라.

a. 모집단회귀함수(PRF)

b. 표본회귀함수(SRF)

c. 확률적 PRF

d. 선형회귀모형

e. 확률적 오차항(u_i)

f. 잔차항(e_i)

g. 조건부 기댓값

h. (무조건부) 기댓값

i. 회귀계수 또는 모수

j. 회귀계수의 추정량

2.2 확률적 모집단회귀함수(PRF)와 확률적 표본회귀함수(SRF)의 차이점은 무엇인가?

2.3 우리는 PRF를 관측하지 않는데 왜 굳이 연구해야 할까? 이 진술에 대해 평가하라.

2.4 다음 진술이 참, 거짓, 혹은 불확실한지 서술하라. 정확하게 그 이유를 제시하라.

a. 확률적 오차항 u_i와 잔차항 e_i는 같은 의미이다.

b. PRF는 설명변수의 각 값에 대응하는 종속변수의 값을 제공한다.

c. 선형회귀모형이란 변수들에 대해 선형인 모형을 의미한다.

d. 선형회귀모형에서 설명변수는 원인이고 종속변수는 그 결과이다.

e. 확률변수의 조건부 및 비조건부 평균은 같다.

f. 식 (2.2)에서 회귀계수 B는 확률변수이지만 식 (2.4)의 회귀계수 b는 모수이다.

g. 식 (2.1)에서 기울기계수 B_2는 X의 한 단위 변화에 대한 Y의 기울기를 측정한다.

h. 종속변수의 움직임이 단 1개의 설명변수로는 결코 설명될 수 없으므로 2변수회귀모형은 현실적으로 쓸모가 없다.

i. 확률변수와 평균값 간의 편차에 대한 총합은 항상 0이다.

2.5 다음의 관계는 무엇인가?

a. B_1과 b_1

b. B_2와 b_2

c. u_i와 e_i

이들 중 관측 가능한 것은 무엇이고 어떻게 관측하는가?

2.6 X를 Y에 대한 함수로 표현하기 위해 식 (2.22)를 다시 쓸 수 있는가? 변화된 식을 어떻게 해석할 수 있는가?

2.7 다음 표는 종속변수와 독립변수의 쌍을 제시한다. 각 경우에 두 변수 사이의 관계가 양수인지, 음수인지, 또는 불확실한지 서술하라. 다시 말해, 기울기계수가 양수인지, 음수인지, 아니면 둘 다 아닌지 말하라. 각각의 경우에 대해 간단한 근거를 제시하라.

종속변수	독립변수
(a) 국내총생산 (GDP)	이자율
(b) 개인 저축	이자율
(c) 작물 수확량	강우량
(d) 미국의 국방비	러시아의 국방비
(e) 유명 야구선수의 홈런 개수	연봉
(f) 대통령 지지도	재임 기간
(g) 학생의 1학년 학점 평점	SAT 점수
(h) 학생의 계량경제학 학점	통계학 학점
(i) 일본 자동차의 수입량	미국인 1인당 소득

연습문제

2.8 다음 모형이 선형회귀모형인지를 설명하라.

a. $Y_i = B_1 + B_2 (1/X_i)$

b. $Y_i = B_1 + B_2 \ln X_i + u_i$

c. $\ln Y_i = B_1 + B_2 X_i + u_i$

d. $\ln Y_i = B_1 + B_2 \ln X_i + u_i$

e. $Y_i = B_1 + B_2 B_3 X_i + u_i$

f. $Y_i = B_1 + B_2^3 X_i + u_i$

참고: ln은 밑이 자연상수 e인 자연로그를 의미한다(자세한 내용은 제4장에 있다).

2.9 표 2-12는 주간 가족 소비 지출 (Y)(단위: 달러)와 주간 가구소득 (X)(단위: 달러)에 대한 데이터를 제공한다.

표 2-12 ● 주간 소비 지출 및 주간 소득에 대한 가상 데이터

주간 소득($) (X)	주간 소비 지출($) (Y)
80	55, 60, 65, 70, 75
100	65, 70, 74, 80, 85, 88
120	79, 84, 90, 94, 98
140	80, 93, 95, 103, 108, 113, 115
160	102, 107, 110, 116, 118, 125
180	110, 115, 120, 130, 135, 140
200	120, 136, 140, 144, 145
220	135, 137, 140, 152, 157, 160, 162
240	137, 145, 155, 165, 175, 189
260	150, 152, 175, 178, 180, 185, 191

a. 각 소득 수준에서의 평균 소비 지출 $E(Y \mid X_i)$, 즉 조건부 기댓값을 구하라.

b. 가로축에 소득을, 세로축에 소비 지출을 나타내는 산점도를 그려라.

c. (b)에서 만들어진 산점도 위에 (a)에서 도출된 조건부 평균을 그려라.

d. Y와 X, 그리고 평균 Y와 X의 관계에 대해 무엇을 말할 수 있는가?

e. 이 예제에 대한 PRF와 SRF를 적어라.

f. PRF는 선형인가 아니면 비선형인가?

2.10 이전 문제에서 주어진 데이터로부터 각 X에 대한 Y의 무작위 표본이 추출되었다. 그 결과는 다음과 같다.

Y	70	65	90	95	110	115	120	140	155	150
X	80	100	120	140	160	180	200	220	240	260

a. Y를 세로축, X를 가로축으로 하는 산점도를 그려라.

b. Y와 X의 관계에 대해 말하라.

c. 이 예제에서 SRF는 무엇인가? 표 2-5의 방식으로 모든 계산 과정을 보여라.

d. 산점도 위에 SRF와 PRF를 표시하라.

e. PRF와 SRF가 일치하는가? 그 이유를 설명하라.

2.11 누군가 당신을 위해 다음과 같은 회귀분석 결과를 제시했다고 가정해 보자.

$$\hat{Y}_t = 2.6911 - 0.4795X_t$$

여기서 Y = 미국의 커피 소비량(한 사람이 하루에 마신 컵의 수), X = 커피의 소매가격(파운드당 달러), 그리고 t = 기간이다.

a. 이것은 시계열 회귀모형인가 아니면 횡단면 회귀모형인가?

b. 회귀선을 스케치하라.

c. 이 예제에서 절편의 의미는 무엇인가? 어떤 경제적 의미를 가지는가?

d. 기울기계수를 어떻게 해석할 것인가?

e. 이 예제에서 실제 PRF는 무엇인지 말할 수 있는가?

f. 수요의 가격탄력성은 가격의 퍼센트 변화에 대한 수요량의 퍼센트 변화로 정의된다. 수학적으로는 다음과 같이 표현할 수 있다.

$$\text{Elasticity} = \text{Slope}\left(\frac{X}{Y}\right)$$

다시 말해, 탄력성은 기울기와 Y에 대한 X의 비율이며, 여기서 X = 가격, Y = 수량이다. 앞에서 제시된 회귀분석의 결과로부터 커피에 대한 수요의 가격탄력성이 무엇인지 말할 수 있는가? 말할 수 없다면 가격탄력성을 계산하기 위해서 추가적으로 필요한 정보는 무엇인가?

2.12 ⤓표 2-13은 1978~1989년까지 모든 물품에 대한 소비자물가지수(consumer price index, CPI) (1982−1984=10)와 S&P 500 종합주가지수(1941−1943=10)에 대한 데이터를 제공한다.

a. S&P 500 지수를 세로축, CPI를 가로축으로 하는 산점도를 그려라.

b. 두 지수 간의 관계에 대해 무엇을 말할 수 있는가? 경제학 이론은 이 관계에 대해 무엇을 말해야 하는가?

c. 다음과 같은 회귀모형을 고려하라:

$$(S\&P)_t = B_1 + B_2 CPI_t + u_t$$

앞의 데이터로부터 이 회귀식을 추정하기 위해서 최소제곱법을 사용하고 결과를 해석하라.

d. (c)에서 얻어진 결과가 경제적인 의미를 가지는가?

e. S&P 500 지수는 왜 1988년도에 하락했는가?

2.13 표 2-14는 9개 국가의 1988년 명목이자율(*Y*)과 물가상승률(*X*)에 대한 데이터이다.

표 2-14 ● 9개 산업 국가의 명목이자율(*Y*) 및 물가상승률(*X*)

국가	*Y*(%)	*X*(%)
호주	11.9	7.7
캐나다	9.4	4.0
프랑스	7.5	3.1
독일	4.0	1.6
이탈리아	11.3	4.8
멕시코	66.3	51.7
스위스	2.2	2.0
영국	10.3	6.8
미국	7.6	4.4

출처: Rudiger Dornbusch and Stanley Fisher, *Macreconomics*, 5th ed., McGraw-Hill, New York, 1990, p. 652. 원본 데이터는 국제통화기금(IMF)에서 발행하는 국제금융통계(*International Financial Statistics*)의 여러 호에서 가져온 것이다.

a. 이자율을 세로축, 물가상승률을 가로축으로 하여 산점도를 그려라. 산점도는 무엇을 알려주는가?

b. *Y*를 *X*에 대해 OLS 회귀를 시행하라. 모든 계산과정을 제시하라.

c. 실질이자율이 일정하게 유지된다면 명목이자율과 물가상승률 간의 관계는 어떠해야 하는가? 다시 말해, *Y*의 *X*에 대한 회귀모형에서 기울기계숫값과 절편값은 얼마이어야만 하는가? 도출된 결과는 여기에 부합하는가? 명목이자율, 물가상승률, 그리고 실질이자율 간의 관계에 대한 이론적인 논의에 관해서는 거시경제학 교과서에서 유명한 미국의 경제학자 어빙 피셔(Irving Fisher)의 이름을 따서 만든 피셔 방정식(Fisher equation)을 찾아보라.

2.14 실질환율(RE)은 명목환율(NE)에 해외 물가에 대한 국내 물가의 비율을 곱한 값으로 정의된다. 따라서 영국에 대한 미국의 RE는 다음과 같다.

$$RE_{US} = NE_{US}(US_{CPI}/UK_{CPI})$$

a. 문제 1.7의 표 1-5에 주어진 데이터로부터 미국의 실질환율 RE_{US}를 계산하라.

b. 익숙한 통계 패키지를 활용하여 다음 회귀모형을 추정하라:

$$NE_{US} = B_1 + B_2 RE_{US} + u \qquad (1)$$

c. 선험적으로 명목환율과 실질환율 간의 관계를 어떻게 예상하는가? 국제무역론이나 거시경제학 교과서에

서 구매력평가지수(purchasing power parity, PPP)에 대해 많이 읽어보면 도움이 된다.

d. 회귀분석 결과는 이러한 선험적 결과를 뒷받침하는가? 그렇지 않다면 그 이유는 무엇인가?

e. 회귀식 (1)을 다음과 같은 대안 형태로 실행해 보자.

$$\ln NE_{US} = A_1 + A_2 \ln RE_{US} + u \tag{2}$$

여기서 ln은 밑이 자연상수 e인 자연로그이다. 이 회귀식의 결과를 해석하라. 회귀식 (1)과 (2)의 결과가 질적으로(qualitatively) 같은가?

2.15 문제 2.12를 참조하라. 표 2-15는 1990~2007년까지의 CPI와 S&P 500 종합지수에 대한 데이터를 제공한다.

a. 문제 2.12의 (a)부터 (e)까지의 질문을 반복하라.

b. 추정된 회귀식에서 어떤 차이점을 찾을 수 있는가?

c. 이제 두 데이터를 합치고 S&P 500 종합지수의 CPI에 대한 회귀식을 추정하라.

d. 회귀식에서 눈에 띄는 차이점이 있는가?

2.16 표 2-16은 2007~2008년 미국의 47개 유명 경영대학원에 대하여 평균 초봉(ASP), 학점(GPA)(1~4점 척도), GMAT 점수, 연간 등록금, 졸업 시에 취업한 졸업생의 비율(%), 채용담당자의 평가 점수(최고점 5점), 그리고 경영대학원 입학 허가를 받은 지원자의 비율(%) 데이터를 제공한다. 참고: 노스웨스턴대학교는 MIT 및 시카고대학교와 동률로 4위를 차지했지만, 합격자 비율에 대한 정보가 없어 데이터 세트에서 제외되었다.

a. 이변량회귀모형을 사용하여 GPA가 ASP에 어떠한 영향을 미치는지 확인하라.

b. 적절한 회귀모형을 사용하여 GMAT 점수와 ASP가 어떤 관계를 갖는지 확인하라.

c. 연간 등록금은 ASP와 어떤 관계가 있는가? 어떻게 알 수 있는가? 그 둘 사이에 양(+)의 관계가 있다면 연간 등록금이 가장 비싼 경영대학원에 진학하는 것이 이득이 되는 일인가? 높은 등록금을 받는 경영대학원이 더 양질의 MBA 과정을 의미한다고 주장할 수 있는가? 왜 그런가 또는 왜 그렇지 않은가?

d. 채용담당자의 인식이 ASP에 어떠한 영향을 주는가?

2.17 표 2-17은 1960~2006년 동안 미국의 실질 GDP(Y)와 민간 실업률(X)에 대한 데이터를 제공한다.

a. 식 (2.22) 형태의 오쿤의 법칙을 추정하라. 회귀분석의 결과가 식 (2.22)에 나타난 결과와 비슷한가? 이는 오쿤의 법칙이 보편적으로 타당하다는 점을 시사하는가?

b. 이제 실질 GDP 변화율을 민간 실업률의 변화율에 대해 회귀시키고 회귀분석 결과를 해석하라.

c. 실업률이 변화 없이 유지된다면 실질 GDP의 기대성장률(%)은 얼마인가? [(b)의 회귀분석 결과를 사용하라.] 이 성장률을 어떻게 해석해야 할까?

2.18 데이터가 표 2-7에 제시되어 있는 사례 2.3을 참조하라.

a. 통계 패키지를 선택하여 식 (2.24)와 식 (2.25)에 주어진 회귀분석 결과를 확인하라.

b. 2개의 회귀식에서 Y의 추정값(즉, $\hat{Y}_i$)을 구하고 표본의 실제 Y값과 비교하라. 또한 잔차값 e_i를 구하라. 이로부터 식 (2.24)와 식 (2.25) 중에 어떤 것이 더 나은 모형인지 알 수 있는가?

2.19 골동품 시계 가격에 대한 사례 2.5를 참조하라. 표 2-9는 기본적인 데이터를 제공한다.

시계의 연식에 대한 그리고 입찰자 수에 대한 시계 가격의 산점도를 그려라. 이 산점도는 식 (2.27)과 식 (2.28)에 나타난 선형회귀모형이 적합할 수 있음을 시사하는가?

2.20 본문에서 다루었던 SAT 수학 점수에 대한 사례를 참조하라. 표 2-5는 OLS 추정량을 구하는 데 필요한 계

산들을 그대로 보여준다. Y열(실제 Y)과 $\hat{Y}$(추정된 Y)열을 살펴보자. 두 변수에 대한 산점도를 그려라. 이 산점도를 통해 무엇을 알 수 있는가? 식 (2.20)에서 추정된 회귀식이 '좋은' 모형이라고 생각한다면 산점도의 모양은 어떠해야 할까? 다음 장에서 '좋은' 모형의 의미에 대해 살펴볼 것이다.

2.21 표 2-18은 1972~2007년 동안의 남성과 여성의 언어 및 SAT 수학 점수를 제공한다.

a. 남성의 언어 점수(X)를 기반으로 남성의 수학 점수(Y)를 예측하고 싶다. 적합한 선형회귀모형을 전개하고 모형의 모수들을 추정하라.

b. 회귀분석 결과를 해석하라.

c. Y와 X의 역할을 바꾸어서 수학 점수에 대해 언어 점수를 회귀시켜라. 이 회귀모형을 해석하라.

d. a_2는 언어 점수에 대한 수학 점수의 회귀모형의 기울기계수이고 b_2는 수학 점수에 대한 언어 점수의 회귀모형의 기울기계수이다. 이 두 값을 곱하라. 이 값을 언어 점수에 대한 수학 점수의 회귀식에서 구한 r^2과 비교하거나 수학 점수에 대한 언어 점수의 회귀식에서 구한 r^2과 비교하라. 이 문제를 통해 어떤 결론을 얻을 수 있는가?

2.22 표 2-19는 여러 국가에 대한 GDP의 비율(%)로 측정된 투자율(IPERGDP)과 저축률(SPERGDP)에 대한 데이터를 제공한다. 이 비율은 1960~1974년 기간의 평균이다.[14]

a. 투자율을 가로축, 저축률을 세로축으로 하여 산점도를 그려라.

b. (a)의 산점도에서 적절한 곡선을 찾아보라.

c. 이제 다음의 모형을 추정하라.

$$\text{IPERGDP}_i = B_1 + B_2\ \text{SPERGDP}_i + u_i$$

d. 추정된 회귀계수를 해석하라.

e. 분석으로부터 어떤 일반적인 결론을 도출할 수 있는가?

주: 다음 장의 추가 분석을 위해 분석 결과를 저장하라.

2.23 표 2-20은 193개국의 2000년도의 출산율(가임기 여성 1,000명당 출생아 수)과 2001년 PPGDP(1인당 국민총생산) 데이터를 제공한다.

a. PPGDP에 대한 출산율의 산점도를 그려라.

b. 선험적으로 두 변수 간의 관계를 어떻게 예상하고 있는가?

c. 통상적인 결과를 제시하기 위해 PPGDP에 대해 출산율을 회귀시켜라. 그리고 선험적 예측이 부합하는지를 살펴보라.

2.24 표 2-21은 155개국의 임산부 사망률(matheral mortality), 1인당 국내총생산, 출생률, 인간개발지수(Human Development Index), 그리고 1인당 탄소 배출량 데이터를 제공한다.

a. 임산부 사망률과 다른 각각의 변수들 간에는 어떤 관계가 있을 것으로 예상하는가? 그 이유는 무엇인가?

b. 임산부 사망률을 다른 4개의 변수들에 대해 회귀시키면 어떤 결과를 예상할 수 있는가? 필요한 회귀분석 결과를 보여라.

c. 변수들 간의 다중공선성(multicollinearity)을 예상할 수 있는가? 그 이유는 무엇인가?

---

14 자료 출처: Martin Feldstein and Charles Horioka, "Domestic Savings and International Capital Flows," *Economic Journal*, vol. 90, June 1980, pp. 314-329.

선택 질문

2.25 $\Sigma e_i = 0$임을 증명하고 $\bar{e} = 0$임을 보여라.

2.26 $\Sigma e_i x_i = 0$임을 증명하라. 여기서 $x_i = (X_i - \bar{X})$이다.

2.27 $\Sigma e_i \hat{Y}_i = 0$, 즉 잔차 e_i와 추정된 Y_i의 곱을 모두 합하면 항상 0임을 증명하라.

2.28 $\bar{Y} = \hat{\bar{Y}}$, 즉 실제 Y값의 평균과 추정된 Y값의 평균이 같음을 증명하라.

2.29 $\Sigma x_i y_i = \sum_{i=1}^{n} x_i Y_i = \sum_{i=1}^{n} X_i y_i$임을 증명하라. 여기서 $x_i = (X_i - \bar{X})$이고 $y_i = (Y_i - \hat{Y})$이다.

2.30 $\Sigma x_i = \Sigma y_i = 0$임을 증명하라. 여기서 x_i와 y_i는 문제 2.29에서 정의된 바와 같다.

부록 2A: 최소제곱추정량의 도출

식 (2.13)에서 시작한다.

$$\sum e_i^2 = \sum (Y_i - b_1 - b_2 X_1)^2 \tag{2A.1}$$

미적분학의 편미분 기법을 사용하면 다음과 같은 식들을 얻을 수 있다.

$$\partial \sum e_i^2 / \partial b_1 = 2 \sum (Y_i - b_1 - b_2 X_i)(-1) \tag{2A.2}$$

$$\partial \sum e_i^2 / \partial b_2 = 2 \sum (Y_i - b_1 - b_2 X_i)(-X_i) \tag{2A.3}$$

최적화 문제의 1계 조건에 따라 도출된 2개의 도함수를 0으로 놓고 단순화시키면 다음 결과를 얻게 된다.

$$\sum Y_i = n b_1 + b_2 \sum X_i \tag{2A.4}$$

$$\sum Y_i X_i = b_1 \sum X_i + b_2 \sum X_i^2 \tag{2A.5}$$

이들은 각각 본문에 있는 식 (2.14)와 식 (2.15)이다.

이 2개의 방정식을 연립해서 풀면 식 (2.16)과 식 (2.17)에 주어진 공식을 구할 수 있다.

3 Chapter

2변수모형

가설검정

제2장에서 최소제곱법에 대해 설명하였다. 표 2-3에 주어진 수학 SAT 데이터에 최소제곱법을 적용하여 다음과 같은 수학 SAT 함수를 얻었다.

$$\hat{Y}_i = 432.4138 + 0.0013X_i \tag{2.20}$$

여기서 Y는 SAT 수학 점수를 나타내고 X는 달러로 표시된 연간 가구소득을 나타낸다.

이 사례는 통계적 추론의 추정 단계를 설명한다. 이제 통계적 추론의 다른 단계인 가설검정으로 관심을 돌려보자. 제기되는 중요한 질문은 식 (2.20)의 추정된 회귀선이 얼마나 "좋은가"이다. 즉, "이 회귀선이 실제 모집단회귀함수(population regression function, PRF)의 정말 좋은 추정량인지를 어떻게 알 수 있는가?"라는 질문이다. 표 2-3에 주어진 단일 표본을 기반으로 추정된 회귀함수, 즉 표본회귀함수(sample regression function, SRF)가 실제 PRF의 좋은 근사치라는 것을 어떻게 확신할 수 있을까?

식 (2.2)의 PRF에 대해 좀 더 구체적으로 알지 못하면 이 질문에 대해 정확하게 대답할 수 없다. 식 (2.2)에서 볼 수 있듯이 Y_i는 X_i와 u_i에 의존한다. 이제부터 X_i의 값을 알고 있다 또는 주어져 있다고 가정하자. 제2장에서 우리의 분석은 주어진 X값들을 조건으로 하는 조건부 회귀분석임을 기억하자. 즉, 우리는 X값들을 **비확률변수**(nonstochastic)로 취급한다. (관측되지 않는) 오차항 u는 물론 확률변수(random or stochastic)이다(왜 그런가?). 확률변수(u)를 비확률변수(X)에 더하여 Y를 생성시켰기 때문에 Y 역시 확률변수다. 이는 확률변수 u가 어떻게 생성되는지를 가정할 때 비로소 SRF가 실제 PRF의 얼마나 좋은 추정치인지 말할 수 있음을 의미한다.

지금까지 보통최소제곱(ordinary least squares, OLS) 추정량을 도출할 때, 오차항에 대한 (확률적) 가정에 의존하지 않았기 때문에 오차항 u_i가 어떻게 생성되는지 언급하지 않았다. 그러나 SRF에 기반하여 통계적 가설을 검정할 때, 곧 살펴보겠지만 u_i가 어떻게 생성되는지에 대해 어떤 특정한 가정을 하지 않는다면 더 이상 논의를 진전시킬 수 없다. 이것이 바로 앞으로 우리가 다루게 될 **고전적 선형회귀모형**(classical linear regression model, CLRM)이 하는 일이다. 다시 말해 제2장에서 소개한 2변수회귀모형은 중요한 개념을 설명하기 위해 살펴보았다.

3.1 고전적 선형회귀모형

고전적 선형회귀모형(CLRM)은 다음과 같은 가정을 한다.

가정 3.1: 선형모형

회귀모형은 **모수에 대해 선형**이다. 변수에 대해서는 선형일 수도 아닐 수도 있다. 즉, 회귀모형은 다음과 같은 형태이다.

$$Y_i = B_1 + B_2 X_i + u_i \tag{2.2}$$

제4장에서 논의되겠지만 이 모형은 여러 개의 설명변수를 포함할 수 있도록 확장될 수 있다.

가정 3.2: 고정된 회귀변수 $X_1, X_2, \cdots, X_n$

설명변수(들) X는 교란항(disturbance term) u와 상관관계를 갖지 않는다. 하지만 X가 **비확률적**(즉, 그 값이 고정된 숫자)이라면 이 가정은 자동적으로 성립한다. X가 확률변수일지라도 표본의 크기가 충분히 크다면 이 가정은 분석에 큰 영향을 미치지 않으면서 완화될 수 있다.[1]

제2장에서 우리의 회귀분석은 주어진 X값을 조건으로 하는 **조건부 회귀분석**이라고 이미 설명한 바 있기 때문에 가정 3.2는 새로운 가정이 아니다. 본질적으로 X는 비확률변수로 가정하고 있다.

가정 3.3: 주어진 X_i에 대해 오차항의 평균값은 0이다

X_i의 값이 주어졌을 때 교란항 u의 기댓값 또는 평균값은 0이다. 즉,

$$E(u \mid X_i) = 0 \tag{3.1}$$

제2장에서 논의했던 무작위 항 u_i의 특성을 기억해 보자. 이것은 모형에 구체적으로 도입되지

1 자세한 내용은 Damodar N. Gujarati and Dawn C. Porter, *Basic Econometrics*, 5th ed., McGraw-Hill, New York, 2009를 참조하라.

그림 3-1 ● 교란항 u_i의 조건부 분포

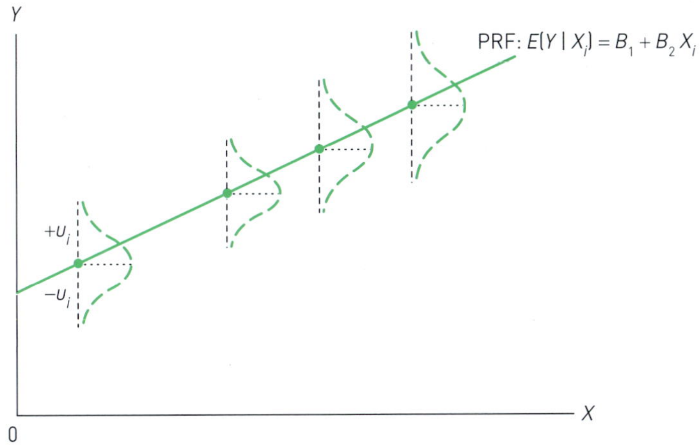

않은 모든 요인들을 나타낸다.

가정 3.3은 그러한 요인들 또는 영향력이 X_i(모형에 명시적으로 도입된 변수)와 관련이 없다는 점을 말하고 있으며, 따라서 X_i값이 주어졌을 때 무작위 항의 평균값은 0이다.[2] 이는 그림 3-1에 나타나 있다.

가정 3.4: 동분산성

각 u_i의 분산은 일정(constant)하거나 또는 동분산적(homoscedastic, *homo*는 같음을 의미하고 *scedastic*은 분산을 의미한다)이다. 즉,

$$\mathrm{Var}(u_i) = \sigma^2 \tag{3.2}$$

그림 3-2a는 이 가정을 기하학적으로 보여준다. 가정 3.4는 주어진 X값에 대응하는 각 Y의 모집단의 조건부 분포가 동일한 분산을 갖는다는 점을 의미할 뿐이다. 즉, 개별 확률변수 Y는 동일한 분산을 가지고 평균값 주변으로 퍼져 있다.[3] 만약 그렇지 않다면 그림 3-2b에서처럼 이분산성(heteroscedasticity) 또는 부등 분산(unequal variance)을 갖게 된다.[4] 이 그림에서

2 가정 3.2는 단지 X와 u가 상관관계를 갖지 않는다는 점을 명시하고 있다는 점에 유의해야 한다. 가정 3.3은 X와 u가 상관관계를 갖지 않을 뿐만 아니라 주어진 X값에 대해 u(수많은 요인들을 나타내는)의 평균이 0임을 추가했다.

3 X값이 주어졌거나 또는 비확률적이라고 가정했기 때문에 Y의 유일한 변동요인은 u로부터 나온다. 따라서 주어진 X_i에 대한 Y_i의 분산은 u_i의 분산과 같다. 즉, u_i의 조건부 분산과 Y_i의 조건부 분산은 σ^2으로 같다. 그러나 부록 B에서 보듯이 Y_i의 비조건부 분산은 $E[Y_i - E(Y_i)]^2$이다. 앞으로 보겠지만 확률변수 X가 Y에 영향을 미친다면 Y의 조건부 분산은 Y의 비조건부 분산보다 작을 것이다. 추가적으로 Y의 비조건부 분산의 표본 대응은 $\Sigma(Y_i - \bar{Y})^2/(n-1)$이다.

4 연구문헌에서 동분산성과 이분산성에 대한 영어 단어를 homoscedasticity와 heteroscedasticity로 사용할지 또는 homoskedasticity와 heteroskedasticity로 사용할지에 대한 논쟁이 있다. 모두 수용 가능한 표현으로 보인다.

그림 3-2 ● 동분산성과 이분산성

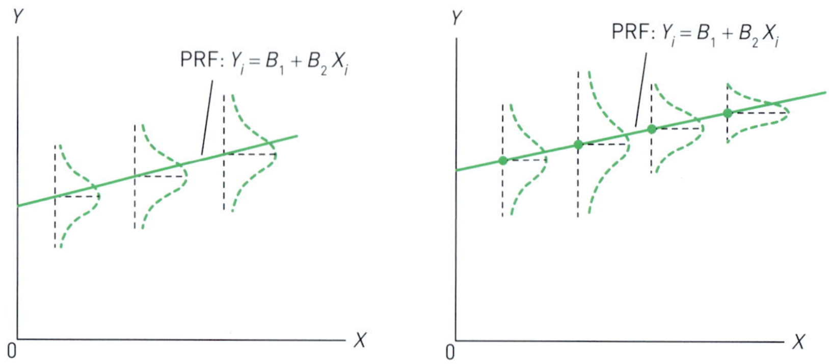

(a) **동분산성(동일 분산)** (b) **이분산성(부등 분산)**

보듯이 각 Y 모집단의 분산은 다르며 이는 각 Y 모집단이 동일한 분산을 갖는 그림 3-2a와는 대조적이다. CLRM은 오차항 u의 분산이 그림 3-2a처럼 동분산성을 갖는다고 가정한다.

가정 3.5: 자기상관성이 없다

두 오차항 사이에 상관관계가 존재하지 않는다. 이것이 바로 **자기상관성이 없다**(no autocorrelation)는 가정이다.

수학적으로 이 가정은 다음과 같이 쓸 수 있다.

$$\mathrm{Cov}(u_i, u_j) = 0 \quad i \neq j \tag{3.3}$$

그림 3-3은 식 (3.3)을 기하학적으로 보여준다.

여기서 Cov는 공분산을 의미하고(부록 B를 참조하라) 그리고 i와 j는 임의의 두 오차항이다. [참고: 만약 $i = j$라면, 식 (3.3)은 오차항 u의 분산을 제공할 것이고, 식 (3.2)에 의해 이 분산은 상수이다.]

가정 3.5는 두 오차항 간에는 체계적 관계가 존재하지 않는다는 것을 의미한다. 어떤 오차항 u가 평균값보다 크다면 또 다른 오차항 u도 평균값보다 클 것이라거나(양의 상관관계) 또는 어떤 오차항이 평균값보다 작다면 또 다른 오차항이 평균값보다 크다 또는 그 반대의 경우(음의 상관관계)를 의미하지 않는다.

임의의 두 오차항이 상관관계를 갖지 않는다고 가정했기 때문에 임의의 두 Y값 또한 상관관계를 갖지 않을 것이다. 즉 $\mathrm{Cov}(Y_i, Y_j) = 0$이다. 이는 $Y_i = B_1 + B_2X_i + u_i$이고 B들이 고정된 값이고 X 또한 고정되어 있다고 가정했기 때문에 Y는 u를 따라 변할 것이다. 따라서 오차항 u가

그림 3-3 ● 자기상관관계의 패턴: 비자기상관관계, 양의 자기상관관계, 음의 자기상관관계

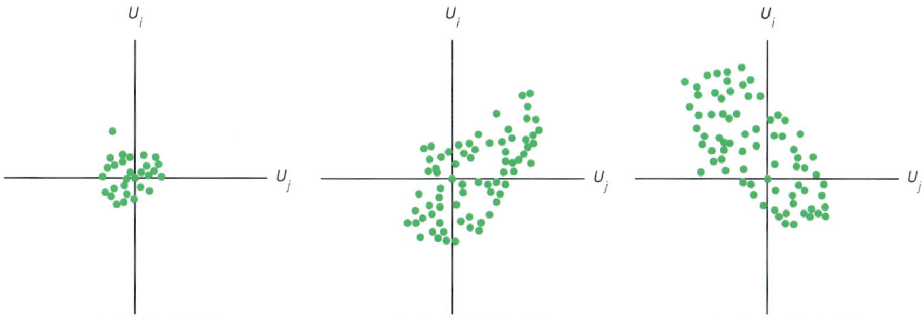

(a) **비자기상관관계** (b) **양의 자기상관관계** (c) **음의 자기상관관계**

상관관계를 갖지 않는다면 Y 또한 상관관계를 갖지 않는다.

가정 3.6: 모형 설정의 오류가 없다

회귀모형은 올바르게 설정되었다. 다른 말로, 실증분석에 사용된 모형에 **설정 편향**(specification bias) 또는 **설정 오류**(specification error)가 없다.

이 가정은 특정 현상에 영향을 주는 모든 변수가 모형에 포함되어 있음을 의미한다. 따라서 우리가 자동차의 수요에 대한 연구를 진행할 때 오직 자동차 가격과 소비자의 소득만을 고려하고 광고비, 대출비용, 휘발유 가격 등을 고려하지 않는다면 모형 설정 오류(model specification error)를 범하게 될 것이다. 물론 어떤 경우에라도 '올바른' 모형을 결정하는 일은 쉽지 않지만 제7장에서 몇 가지 지침을 제공할 것이다.

이 모든 가정들에 대해 궁금한 점이 생길 것이다. 왜 이런 가정들이 필요한가? 이 가정들은 얼마나 현실적인가? 가정이 사실이 아니라면 무슨 일이 일어날까? 어떤 특정한 회귀모형이 이 모든 가정들을 정말로 만족하는지 어떻게 알 수 있을까? 이런 질문들은 적절하지만 현재 수준에서 모든 질문에 대해 만족할 만한 답변을 제공할 수는 없다. 그러나 이 책을 통해 공부하면서 우리는 이 가정들의 유용성을 살펴볼 것이다. 사실 제2부의 모든 내용은 CLRM의 가정 중에서 하나 또는 그 이상이 성립하지 않을 때 무슨 일이 발생하는지를 탐색하는 데 할애하고 있다.

과학적 연구에서 가정을 도입하는 이유는 가정이 연구 주제의 점진적 발전을 용이하게 해주기 때문이지 가정이 반드시 현실적이기 때문은 아니다. 한 예시가 여기서 도움이 될 것이다. 경제학과 학생들은 일반적으로 불완전경쟁모형을 공부하기 전에 완전경쟁모형을 접하게 된다. 이는 주식시장이나 외환시장과 같이 상당히 완전경쟁적인 시장도 있지만, 완전경쟁모형

으로부터 도출된 함의가 불완전경쟁모형을 잘 이해할 수 있도록 도와주기 때문이지 완전경쟁 모형이 합리적으로 현실적이기 때문은 아니다.

3.2 보통최소제곱 추정량의 분산과 표준오차

방금 소개된 가정들을 통해 즉각적으로 얻을 수 있는 한 가지 결과는 식 (2.16) 및 식 (2.17)에 주어진 최소제곱 추정량의 분산과 표준오차를 추정할 수 있다는 점이다. 부록 D에서 (점) 추정량의 개념, 표본분포, 추정량의 분산 및 표준오차의 개념 등 추정 이론의 기초에 대해 논의한다. 이러한 개념에 대한 지식을 바탕으로 식 (2.16)과 식 (2.17)에 주어진 OLS 추정량은 표본에 따라 값이 변하기 때문에 **확률변수**(random variables)임을 알 수 있다. 당연히 이러한 추정량의 표본변동성, 즉 추정량이 표본에 따라 어떻게 달라지는지에 대해 알고 싶다. 이러한 표본변동성은 현재 우리가 알고 있듯이 이러한 추정량의 분산 또는 분산의 제곱근인 **표준오차**(standard error, SE)로 측정된다. 식 (2.16)과 식 (2.17)에 주어진 OLS 추정량의 분산과 표준오차는 다음과 같다.[5]

$$\operatorname{Var}(b_1) = \sigma_{b_1}^2 = \frac{\sum X_i^2}{n\sum x_i^2}.\sigma^2 \tag{3.4}$$

(**참고**: 이 공식은 소문자 x와 대문자 X를 포함한다.)

$$\operatorname{se}(b_1) = \sqrt{\operatorname{var}(b_1)} \tag{3.5}$$

$$\operatorname{Var}(b_2) = \sigma_{b_2}^2 = \frac{\sigma^2}{\sum x_i^2} \tag{3.6}$$

$$\operatorname{se}(b_2) = \sqrt{\operatorname{var}(b_2)} \tag{3.7}$$

여기서 Var = 분산, se = 표준오차, 그리고 σ^2은 교란항 u의 분산이며 동분산성 가정에 따라 모든 u에 대해 동일한 것으로 가정한다.

일단 σ^2을 알면 위의 식들의 우변에 위치하는 모든 항들을 쉽게 계산할 수 있고, 따라서 OLS 추정량의 분산과 표준오차의 값을 알 수 있다. 동분산적인 σ^2은 다음 공식으로부터 추정된다.

$$\hat{\sigma}^2 = \frac{\sum e_i^2}{n-2} \tag{3.8}$$

5 증명은 Damodar N. Gujarati and Dawn C. Porter, *Basic Econometrics*, 6th ed., McGraw-Hill, New York, 2009, pp. 93-94를 참조하라. 또한 선형대수학에 관심이 있으면 Damodar N. Gujarati, *Linear Regression: A Mathematical Introduction*, Palgrave-Macmillan, London, 2015를 참조하라.

여기서 $\hat{\sigma}^2$은 σ^2의 추정량[추정량을 나타내기 위해 ^(hat) 표시를 사용하고 있음을 기억하자]이고 $\sum e_i^2$은 **잔차 제곱합**(residual sum of squares, RSS), 즉 $\sum(Y_i - \hat{Y}_i)^2$인 실제 Y와 추정된 Y 간의 차이의 제곱합이다(표 2-5의 오른쪽 끝에서 두 번째 e_i^2 열을 확인하라).

$(n-2)$는 **자유도**(degrees of freedom, df)라고 하며, 부록 C에서 설명했듯이 독립적인 관측치들의 개수이다.[6]

잔차 e_i가 구해지면 표 2-5에서 보인 것처럼 $\sum e_i^2$은 쉽게 구할 수 있다. 참고로 지나가면서 다음에 주의하자.

$$\hat{\sigma} = \sqrt{\hat{\sigma}^2} \tag{3.9}$$

회귀의 표준오차(standard error of the regression, SER)라고 하며 추정된 회귀선에 대한 Y값의 표준편차를 의미한다.[7] 회귀의 표준오차는 3.6절에서 다루는 주제인 추정된 회귀선의 적합도(goodness of fit)에 대한 요약 척도로 종종 사용된다. 예상하는 바와 같이 $\hat{\sigma}$의 값이 작을수록 실제 Y값은 회귀모형으로부터 추정된 값에 더욱 가까워질 것이다(그림 2-6을 확인하라).

수학 SAT 사례의 분산과 표준오차

앞의 공식을 이용하여 계산한 수학 SAT 사례의 분산과 표준오차는 표 3-1에 제시되어 있다. 이 계산 작업은 Eviews, Stata, Excel, SAS와 같은 적절한 통계 패키지를 사용하여 매우 빠르고 효율적으로 진행될 수 있기 때문에 표 3-1에 있는 내용들을 직접 손으로 계산할 일은 거의 없다. 이 책에서는 Eviews나 Stata 통계 패키지를 주로 사용할 것이다. 이 통계 패키지를 이용해 구한 결과물은 대개 비슷하지만 추가적인 세부 사항들은 다를 수 있다.

표 2-5의 원자료를 가지고 표 3-1의 계산 결과를 반드시 확인해야 한다.

참고: 표 3-1의 수동 계산은 교육적인 목적이 있다. 현실적으로 대규모 데이터를 다룰 때 반드시 필요한 것은 아니지만 Eviews, Stata, Minitab, SAS와 같은 적절한 통계 패키지를 사용할 것을 권한다. 무료로 제공되는 R 통계 패키지는 기본 기능만 배우면 사용할 수 있다. 이 책에서는 쉽게 구할 수 있고 학생용 패키지의 가격이 합리적인 EViews와 Stata를 주로 사용한다.

표 3-1의 계산 결과를 사용하여 SAT 수학 점수 함수를 식 (3.10)으로 나타낸다.

---

6 $\hat{Y}_i$을 계산할 때에만 잔차 e_i를 구할 수 있다는 점에 유의하자. 그러나 예측값 $\hat{Y}_i$을 계산하려면 먼저 b_1과 b_2를 구해야 한다. 이 두 미지수를 추정할 때 우리는 2 자유도를 잃게 된다. 따라서 관측값이 원래 n개이지만 자유도는 $(n-2)$이다.

7 회귀의 표준오차 $\hat{\sigma}$과 Y의 표준편차 간의 다른 점에 주의해야 한다. Y의 표준편차는 통상 $S_y = \sqrt{\frac{\sum(Y_i - \bar{Y})^2}{n-1}}$와 같이 평균값으로부터 측정되는 반면에 회귀의 표준오차는 추정된 값으로부터 측정된다(즉, 표본회귀로부터 얻은 $\hat{Y}_i$). 각주 3을 참소하라.

표 3-1 ● SAT 수학 점수 사례에 대한 계산 결과		
추정량	답	식
b_1	432.4138	(2.16)
b_2	0.0013319	(2.17)
var (b_1)	285.8153	(3.4)
se (b_1)	16.9061	(3.5)
var (b_2)	(0.000245)^2	(3.6)
se (b_2)	0.000245	(3.7)
$\hat{\sigma}^2$	975.1347	(3.8)
$\hat{\sigma}$	31.2271	(3.9)

주: 계산을 위한 원자료는 표 2-5에 있다. 추정량의 분산을 계산할 때, σ^2은 추정량인 $\hat{\sigma}^2$으로 대체되었다.

SAT 수학 점수 함수의 요약

$$\begin{aligned} MATHSAT_i &= 432.4138 + 0.0013 INCOME_i \\ se &= (16.9061) \quad (0.000245) \end{aligned} \tag{3.10}$$

여기서 괄호 속의 숫자는 추정된 표준오차이다.

회귀분석 결과는 때때로 이러한 형태로 제시된다(자세한 내용은 3.8절에서 설명한다). 이러한 제공 방식은 추정된 모수와 표준오차를 바로 나타내준다. 예를 들어, SAT 수학 점수 함수의 추정된 기울기계수, 즉 연간 가구소득의 계수가 0.0013이고 추정된 표준오차가 0.000245임을 말해 준다. 이것은 표본에 따라 달라지는 b_2의 변동성에 대한 척도이다. 기울기계수 0.0013은 가구소득이 1달러 증가한다면 SAT **평균** 점수는 약 0.0013점 상승한다는 의미이다.

절편값은 가구소득이 0일지라도 SAT 평균 수학 점수가 약 432점임을 말해 준다. 절편에 대한 이런 기계적인 해석은 의미 없는 경우가 태반인데, 이 사례의 표본에서도 가구소득이 0인 경우는 단 한 건도 없다. 따라서 표본의 범위를 넘어서는 값들을 추론해서는(extrapolate) 안 된다. 물론 절편값이 경제적인 중요성을 갖는 경우도 있는데, 이에 대해서는 나중에 다루겠다.

회귀식 (3.10)을 어떤 용도로 사용할 수 있을까? 표본, 즉 표본 SRF에 기반하는 이 회귀식은 모집단에서 SAT 수학 점수와 소득 간의 관계, 즉 PRF에 대해 무엇을 말할 수 있을까? b_1은 실제 (모집단값) B_1에 얼마나 가까운가 또는 b_2는 B_2에 얼마나 가까운가? 예를 들어, b_2가 실제 B_2로부터 2 또는 3 표준편차(즉, 표준오차) 이내에 위치한다고 말할 수 있는가? 그렇게 할 수 있다면 식 (3.10)과 같은 추정된 SRF가 실제 PRF의 얼마나 좋은 추정량인지를 어느 정도의 확신, 즉 확률을 가지고 말할 수 있다. 물론 이것은 우리가 앞으로 다루게 될 가설검정의 주제이다. 독자들은 가설검정에 대한 지식을 되살리기 위해 부록 D를 반드시 읽어야 한다.

가설검정에 대해 살펴보기 전에 약간의 이론이 필요하다. 특히 b_1과 b_2는 확률변수(r.v.)이기 때문에 **표본분포**(sampling distribution) 또는 **확률분포**(probability distribution)를 찾아야만 한다. 확률변수는 관련된 확률분포를 갖는다는 것을 부록 C와 D에서 확인할 수 있다. 일단 두 추정량의 표본분포를 결정하면 가설검정 작업은 간단해진다.

그러나 가설검정 작업을 시작하기 전에 OLS가 실제로 널리 사용되는 이유를 아는 것이 중요하다.

3.3 왜 OLS인가? OLS 추정량의 특성

OLS 추정법은 사용하기 쉬울 뿐만 아니라 유명한 **가우스-마코프 정리**(Gauss-Markov theorem)로 요약된 몇 가지 중요한 이론적 특성 때문에 널리 사용되고 있다.

가우스-마코프 정리

고전적 선형회귀모형의 가정을 고려할 때, OLS 추정량은 모든 선형추정량 중에서 최소분산을 가지는, 즉 최선선형불편추정량(best linear unbiased estimator, BLUE; 또는 최량선형불편추정량, 최우수선형불편추정량)이다.

부록 D에서 **BLUE 속성**(BLUE property)에 대한 개요를 제공한다. 간단히 말해, OLS 추정량은 다음과 같은 특성을 갖는다.[8]

1. b_1과 b_2는 선형추정량이다. 즉, 이들은 확률변수 Y의 선형함수이며 식 (2.16)과 식 (2.17)로부터 확실히 알 수 있다.
2. b_1과 b_2는 비편향적(unbiased)이다. 즉, $E(b_1) = B_1$이고 $E(b_2) = B_2$이다. 따라서 반복 적용 시 평균적으로 b_1과 b_2는 각각 실젯값인 B_1과 B_2와 일치하게 될 것이다.
3. $E(\hat{\sigma}^2) = \sigma^2$, 즉 오차분산의 OLS 추정량은 비편향적이다. 반복 적용 시 평균적으로 오차분산의 추정값은 실젯값에 근접할 것이다.
4. b_1과 b_2는 효율적인(efficient) 추정량이다. 즉, var(b_1)은 B_1의 임의의 다른 선형불편추

8 증명은 Damodar N. Gujarati and Dawn C. Porter, *Basic Econometrics*, 5th ed., McGraw-Hill, New York, 2009, pp. 95-96을 참조하라. 좀 더 자세한 내용은 Damodar N. Gujarati, *Linear Regression: A Mathematical Introduction*, Palgrave-Macmillan, London, 2015를 참조하라.

정량의 분산보다 작고, var(b_2)는 B_2의 임의의 다른 선형불편추정량의 분산보다 작다. 따라서 실제 모수에 대한 선형불편추정량을 제공하는 다른 추정 방법보다 OLS를 사용한다면 실제 B_1과 B_2를 보다 정확하게 추정할 수 있을 것이다.

5. 직관적으로 매우 매력적이다.

3.4 OLS 추정량의 표본분포 또는 확률분포

OLS 추정량과 표준오차를 어떻게 구하는지 살펴보았고 OLS 추정량의 특성도 알게 되었기 때문에 이제 이 추정량에 대한 표본분포를 찾아야 한다. 표본분포를 알지 못하면 가설검정을 수행할 수 없게 된다. 추정량의 표본분포에 대한 일반적인 개념은 부록 C(C.2절 참조)에서 논의하였다. 간단히 말하면 모든 가능한 표본 결과로부터 도출된 b_2와 같은 추정량의 확률분포를 의미한다.

b_1과 b_2라는 OLS 추정량의 표본분포를 도출할 때 CLRM의 기본 가정에 한 가지 가정을 추가할 필요가 있다. 그 가정은 다음과 같다.

가정 3.7: 오차항 u_i는 정규분포를 따른다

PRF $Y_i = B_1 + B_2X_i + u_i$에서 오차항 u_i는 평균이 0이고 분산이 σ^2인 **정규분포**를 따른다. 즉,

$$u_i \sim N(0, \sigma^2) \tag{3.11}$$

이 가정의 근거는 무엇인가? 부록 C(C.1절 참조)에서 논의한 통계학의 유명한 정리인 중심극한정리(central limit theorem, CLT)는 다음과 같이 설명한다.

중심극한정리

독립적이고 동일하게 분포된 확률변수들이 충분히 많다면, 몇 가지 예외도 있지만[9] 변수의 개수가 무한히 증가함에 따라 확률변수의 합은 정규분포가 되는 경향이 있다.

제2장에서 오차항의 성질에 대해 논의한 것을 상기해 보자. 2.4절에서 살펴본 바와 같이, 오차항은 Y에 영향을 미치는 모든 힘의 영향을 나타내지만, 그 수가 너무 많고 그러한 힘(즉, 변수)이 Y에 미치는 개별적인 영향이 너무 미미할 수 있으므로 회귀모형에 구체적으로 포함되지 않았다. 이러한 모든 힘이 무작위적이고 u가 이 모든 힘의 합을 나타낸다면 CLT를 적용하여

9 한 가지 예외는 평균과 분산을 갖지 않는 코시(Cauchy) 분포이다.

오차항 u가 정규분포를 따른다고 가정할 수 있다. 우리는 이미 u_i의 평균값이 0이고 동분산 가정에 따라 분산이 상수 σ^2이라고 가정했다. 따라서 식 (3.11)을 도출할 수 있다.

하지만 u가 정규분포를 따른다는 가정이 b_1과 b_2의 확률분포를 구하는 데 어떻게 도움이 될까? 여기서는 부록 C에서 설명한 정규분포의 또 다른 속성, 즉 **정규분포 변수의 선형함수는 그 자체로 정규분포라는 점을 활용한다.** 즉, b_1과 b_2가 정규분포를 따르는 확률변수 u_i의 선형함수라는 것을 증명하면 b_1, b_2도 정규분포를 따른다는 것을 의미할까? 맞다! 실제로 이 두 OLS 추정량이 실제로 정규분포를 따르는 u_i의 선형함수임을 증명할 수 있다(증명은 연습문제 3.24를 참조하라[10]). 이는 둘 이상의 설명변수가 있는 다중회귀의 경우에도 마찬가지이다.

이제 부록 C에서 정규분포를 따르는 확률변수는 평균과 분산이라는 2개의 모수를 갖는다는 것을 배웠다. 정규분포를 따르는 추정량 b_1과 b_2의 모수는 무엇인가?

$$b_1 \sim N\left(B_1, \sigma_{b_1}^2\right) \tag{3.12}$$

$$b_2 \sim N\left(B_2, \sigma_{b_2}^2\right) \tag{3.13}$$

여기서 b_1과 b_2의 분산은 식 (3.4)와 식 (3.6)에 주어져 있다.

요약하면, b_1과 b_2는 각각 정규분포를 따르는데, 평균은 실젯값인 B_1, B_2와 같고 분산은 앞서 도출한 식 (3.4)와 식 (3.6)에 주어져 있다. 이 추정량들의 분포는 그림 3-4에 기하학적으로 나타냈다.

3.5 가설검정

추정과 가설검정은 통계적 추론의 두 가지 주요 분야라는 것을 기억하자. 제2장에서는 선형회귀모형의 모수를 추정하는 데 OLS가 어떻게 도움을 주는지 살펴보았다. 오차항 u_i가 정규분포를 따른다는 추가적인 가정하에서 식 (3.12)와 식 (3.13)에 표시된 바와 같이 OLS 추정량도 정규분포를 따른다고 설명하였다. 이제 회귀분석의 맥락에서 가설검정이라는 주제를 다룰 수 있는 지식을 갖추게 되었다.

수학 SAT 사례로 돌아가 보자. 추정된 SAT 수학 점수 함수는 식 (3.10)에 나와 있다. 누군가가 연간 가구소득이 학생의 SAT 수학 점수와 관계가 없다는 주장을 제시했다고 가정해 보자.

$$H_0: B_2 = 0$$

10 $Y_i = B_1 + B_2X_i + u_i$이기 때문에 만약 $u_i \sim N(0, \sigma^2)$이라면 u_i의 선형결합인 $Y_i \sim N(B_1 + B_2X_i, \sigma^2)$이다.

그림 3-4 ● b_1과 b_2의 (정규) 표본분포

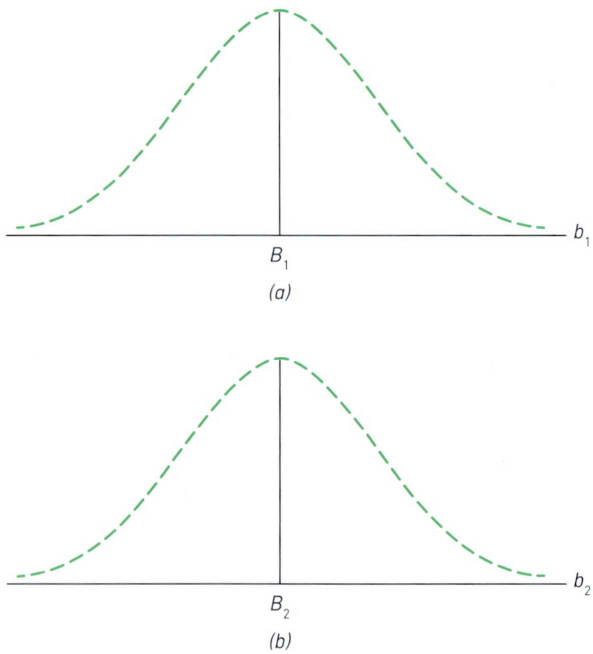

응용회귀분석에서는 Y가 X와 조금이라도 관련이 있는지를 살펴보기 위해 의도적으로 **영 귀무가설**('zero' null hypothesis), 소위 **허수아비 가설**(strawman hypothesis)을 선택한다. 애초에 Y와 X 사이에 아무런 관계가 없다면, $B_2 = -2$ 또는 다른 값이라는 가설을 검정하는 것은 의미가 없다. 물론 영 귀무가설이 지속가능하다면, X를 모형에 포함시킬 필요가 전혀 없다. 따라서 X가 실제로 모형에 속한다면, 영 귀무가설 H_0를 기각하고 **대립가설** H_1을 채택하게 될 것을 충분히 기대할 수 있고, 이는 예를 들어 $B_2 \neq 0$, 즉 기울기계수가 0과 다르다는 것을 말해 준다. 이 값은 양수일 수도 음수일 수도 있다.

수치 결과는 $b_2 = 0.0013$이다. 따라서 이 경우 영 귀무가설은 성립하지 않는다고 예상할 수 있다. 그러나 표본의 변동으로 인해 표본마다 수치가 달라질 수 있다는 것을 알기 때문에 수치 결과만 고려할 수는 없다. 당연히 귀무가설을 기각하거나 기각하지 않으려면 공식적인 검정 절차가 필요하다. 어떻게 진행해야 할까?

식 (3.13)에서 b_2가 평균 $E(b_2) = B_2$, 분산 $\mathrm{Var}(b_2) = \sigma^2/\sum x_i^2$인 **정규분포**를 따른다는 것을 알고 있기 때문에 이제 어려운 문제는 없다. 그러면 부록 D(D.5절)의 가설검정에 대한 설명에 따라 B_1과 B_2에 대한 임의의 가설을 검정하기 위해 다음 두 가지 방법 중 하나를 사용할 수 있다.

1. 신뢰구간 방법

2. 유의성(significance) 검정 방법

b_2가 식 (3.13)과 같은 평균과 분산을 갖는 정규분포를 따르기 때문에

$$
\begin{aligned}
Z &= \frac{b_2 - B_2}{\text{se}(b_2)} \\
&= \frac{b_2 - B_2}{\sigma \Big/ \sqrt{\sum x_i^2}} \sim N(0,1)
\end{aligned}
\tag{3.14}
$$

Z는 **표준정규분포**(standard normal distribution)를 따른다. 부록 C에서 표준정규분포의 특성, 특히 정규분포 면적의 ≈95%가 평균값의 2 표준편차 단위 내에 있다는 특성(여기서 ≈는 '대략'을 의미)을 알 수 있다. 따라서 귀무가설이 $B_2 = 0$이고 계산된 $b_2 = 0.0013$이라면 Z 또는 표준정규분포에서 이러한 값을 얻을 확률을 구할 수 있다(부록 E, 표 E-1). 이 확률이 매우 작으면 귀무가설을 기각할 수 있지만, 10% 이상으로 크면 귀무가설을 기각하지 않을 수 있다. 이 모든 내용은 부록 C와 D에서 다루었기 때문에 익숙할 것이다.

하지만 한 가지 문제가 있다! 식 (3.14)를 사용하려면 실제 σ^2을 알아야 한다. 이 값을 모른다면 식 (3.8)에 주어진 $\hat{\sigma}^2$을 사용하여 추정할 수 있다. 그러나 식 (3.14)의 σ를 추정치 $\hat{\sigma}$으로 대체하면 부록 C, 식 (C.8)에서 볼 수 있듯이 식 (3.14)의 우변은 표준정규분포가 아닌 $(n-2)$ df를 갖는 t**분포**를 따른다. 즉,

$$
\frac{b_2 - B_2}{\hat{\sigma} \Big/ \sqrt{\sum x_i^2}} \sim t_{n-2}
\tag{3.15}
$$

또는 보다 일반적으로

$$
\frac{b_2 - B_2}{se(b_2)} \sim t_{n-2}
\tag{3.16}
$$

앞서 설명한대로 $\hat{\sigma}^2$을 구하면서 2 df를 잃게 되었음에 주의하자.

따라서 이 사례에서 귀무가설을 검정하려면 (표준)정규분포 대신 t분포를 사용해야 한다. 하지만 가설검정 절차는 부록 D에 설명된 대로 그대로 유지된다.

H_0: $B_2 = 0$ 대 H_1: $B_2 \neq 0$: 신뢰구간 방법

수학 SAT 사례에서는 10개의 관측값이 있으므로 df는 $(10-2) = 8$이다. 유의수준(level of significance) 또는 제1종의 오류(Type I error)를 범할 확률인 α가 5%로 고정되어 있다고 가

정한다. 대립가설은 양측 가설이므로 부록 E, 표 E-2에 제시된 t분포표에서 df가 8일 때

$$P(-2.306 \le t \le 2.306) = 0.95 \tag{3.17}$$

즉, t값(8 df의 경우)이 구간(−2.306, 2.306) 사이에 있을 확률은 0.95 또는 95%이며, 주지하다시피 이 값들이 임계(critical) t값이다. 이제 식 (3.15)에서 t를 앞의 식에 대입하면 다음을 구할 수 있다.

$$P\left(-2.306 \le \frac{b_2 - B_2}{\hat{\sigma}\Big/\sqrt{\sum x_i^2}} \le 2.306\right) = 0.95 \tag{3.18}$$

식 (3.18)의 부등식을 적절히 정리하면 다음 식을 도출할 수 있다.

$$P\left(b_2 - 2.306\frac{\sigma}{\sqrt{\sum x_i^2}} \le B_2 \le b_2 + 2.306\frac{\hat{\sigma}}{\sqrt{\sum x_i^2}}\right) = 0.95 \tag{3.19}$$

또는 보다 일반적으로

$$P[b_2 - 2.306\,\mathrm{se}(b_2) \le B_2 \le b_2 + 2.306\,se(b_2)] = 0.95 \tag{3.20}$$

이는 B_2에 대한 95% **신뢰구간**을 제공한다. 반복 적용 시 이러한 구간 100개 중 95개에는 실제 B_2가 포함된다. 앞서 언급했듯이 가설검정에서 사용되는 용어에서 이러한 신뢰구간을 (H_0의) **채택 영역**(acceptance region)이라고 하고 신뢰구간의 바깥쪽을 (H_0의) **기각 영역**(rejection region)이라고 한다.

그림 3-5a는 95% 신뢰구간을 기하학적으로 보여준다.

이제 부록 D의 논의에 따라, 이 신뢰구간(즉, 채택 영역)이 귀무가설에서 참이라고 주장하는 B_2값을 포함하면 귀무가설을 기각하지 않는다. 그러나 이 값이 신뢰구간의 바깥쪽에 위치하면(즉, 기각 영역에 있는 경우), 어떤 결정을 하든지 특정 비율(예: 5%)의 확률로 틀릴 가능성을 염두에 두고 귀무가설을 기각한다.

SAT 수학 점수 사례에서 남은 작업은 이 신뢰구간의 수치를 구하는 것이다. 식 (3.10)에 표시된 것처럼 이미 se(b_2) = 0.000245를 알고 있기 때문에 이제 쉽게 구할 수 있다. 이 값을 식 (3.20)에 대입하면 그림 3-5b와 같은 95% 신뢰구간을 구할 수 있다.

$$0.0013 - 2.306(0.000245) \le B_2 \le 0.0013 + 2.306(0.000245)$$

즉,

$$0.00076 \le B_2 \le 0.00189 \tag{3.21}$$

이 구간에는 귀무가설에서 참이라고 주장하는 값인 0이 포함되어 있지 않기 때문에 연간 가

그림 3-5 ● B_2(8 *df*)에 대한 95% 신뢰구간과 SAT 수학 점수 사례의 기울기계수에 대한 95% 신뢰구간

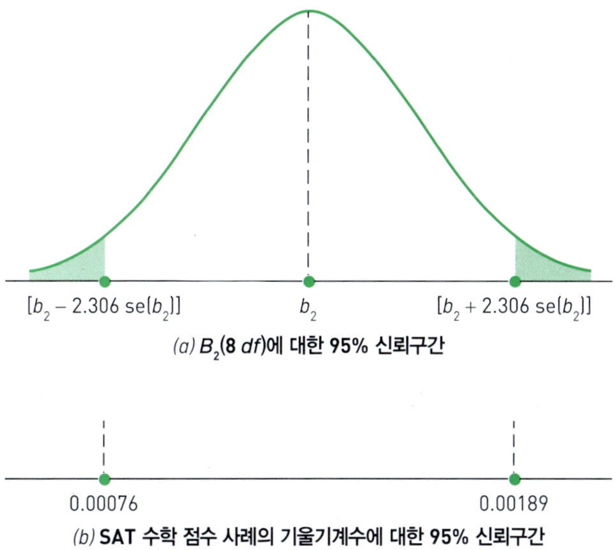

구소득이 SAT 수학 점수와 관련이 없다는 귀무가설을 기각할 수 있다. 긍정적으로 말하자면, 소득은 SAT 수학 점수와 (양의) 관계가 있다.

주의사항: 부록 D에서 언급했듯이, 비록 식 (3.20)의 진술이 참일지라도 식 (3.21)의 특정 간격에 실제 B_2가 포함될 확률이 95%라고 말할 수는 없다. 식 (3.20)과 달리 식 (3.21)은 무작위 간격(random interval)이 아니라 고정된 구간이기 때문이다. 따라서 식 (3.21)의 구간에 B_2가 포함될 확률은 1 또는 0이다. 식 (3.21)의 구간과 같은 100개의 구간을 만든다면 100개 중 95개의 구간이 실제 B_2를 포함하게 된다는 것이지, 이 특정 구간이 반드시 B_2를 포함한다고 보장할 수는 없다.

유사한 절차에 따라 절편항 B_1에 대한 95% 신뢰구간이 다음과 같은지 반드시 확인해야 한다.

$$393.4283 \leq B_1 \leq 471.3993 \tag{3.22}$$

예를 들어, $H_0 : B_1 = 0$과 $H_1 : B_1 \neq 0$이라면, 위의 95% 신뢰구간은 0을 포함하지 않기 때문에 이 귀무가설도 당연히 기각된다. 반면에 귀무가설이 실제 절편항이 400이라는 주장인 경우, 95% 신뢰구간이 이 값을 포함하므로 이 귀무가설을 기각하지 않는다.

가설검정에 대한 유의성 검정

가설검정에 대한 이 접근방식의 핵심 아이디어는 검정통계량(부록 D 참조)과 귀무가설 H_0하

에서 검정통계량의 **표본분포**이다. 표본 데이터에서 얻은 검정통계량의 값에 기반하여 귀무가설 H_0을 채택할지 또는 기각할지를 결정한다.

이 접근법을 설명하기 위해 다음을 기억해 보자.

$$t = \frac{b_2 - B_2}{\text{se}(b_2)} \tag{3.23}$$

검정통계량 t는 자유도 $(n-2)$를 갖는 t분포를 따른다. 이제 귀무가설을 다음과 같이 정의하자.

$$H_0\colon B_0 = B_2^*$$

여기서 B_2^*는 B_2의 **특정한 수치**를 나타낸다(예를 들어, $B_2^* = 0$). 그러면

$$\begin{aligned} t &= \frac{b_2 - B_2^*}{\text{se}(b_2)} \\ &= \frac{\text{추정량} - (\text{귀무가설에서})\ \text{가정된 값}}{\text{추정량의 표준오차}} \end{aligned} \tag{3.24}$$

이고 이는 표본 데이터를 이용해 쉽게 계산할 수 있다. 이제 식 (3.24)의 모든 수량을 알기 때문에 식 (3.23)으로부터 계산된 t값을 검정통계량으로 사용할 수 있고, 이는 자유도가 $(n-2)$인 t분포를 따른다. 대안적으로, 이 검정 절차는 ***t*검정**(*t* test)이라고 한다.[11]

구체적인 사례에서 t검정을 적용하려면 다음 세 가지 요소에 대한 이해가 필요하다.

1. 2변수모형의 경우 자유도 df는 항상 $(n-2)$이다.

2. 유의수준인 α는 개인 선택의 문제이지만, 일반적으로 1%, 5% 또는 10% 수준이 실증분석에 주로 사용된다. α값을 임의로 선택하는 대신 p값(부록 D에서 설명된 정확한 유의수준)을 구하고 계산된 p값이 충분이 작으면 귀무가설을 기각할 수 있다.

3. 단측(one-tailed) 또는 양측(two-tailed) 검정의 사용 여부(표 D-2와 그림 D-7을 참조)

수학 SAT 사례(계속)

1. **양측 *t*검정**(two-tailed t test). $H_0: B_2 = 0$과 $H_1: B_2 \neq 0$이라고 가정하자. 식 (3.24)를 이용하면 다음을 구할 수 있다.

---

11 신뢰구간과 유의성 검정법의 차이점은 전자의 경우 실제 B_2값을 모르기 때문에 $(1-\alpha)$ 신뢰구간을 설정하여 그 값을 추측해 보려고 한다는 것이다. 반면에 유의성 검정 접근법에서는 B_2의 참값($= B_2^*$)이 무엇인지 가설을 세우고 표본값 b_2가 (가설적인) B_2^*에 충분히 가까운지를 알아보려고 한다.

그림 3-6 ● 자유도 8인 *t*분포

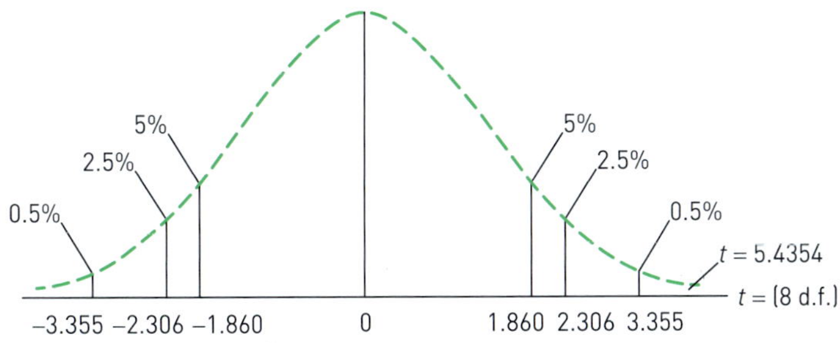

$$t = \frac{0.0013}{0.000245} = 5.4354 \tag{3.25}$$

이제 부록 E의 표 E-2에 제시된 *t*분포표에서 8 *df*의 경우 다음과 같은 임계 *t*값(양측)이 있음을 알 수 있다(그림 3-6 참조).

유의성 수준	임계 *t*값
0.01	3.355
0.05	2.306
0.10	1.860

부록 D의 표 D-2에 따르면, 양측 *t*검정에서 계산된 *t*의 절댓값 $|t|$가 선택된 유의수준의 임계 *t*값(critical t value)을 초과하면 귀무가설을 기각할 수 있다고 명시되어 있다. 이 사례에서는 계산된 $|t|$값이 5.4354로, 1% 유의수준에서도 임계 *t*값을 크게 상회하므로, 실제 B_2(즉, 소득계수)가 0이라는 귀무가설은 기각된다. 식 (3.21)에서 도출된 신뢰구간을 통해서도 동일한 결론을 얻을 수 있으며, 신뢰구간과 가설의 유의성 검정이 동전의 양면처럼 서로 연관되어 있기 때문에 놀라운 일은 아니다.

참고로, 이 예시에서 *t*-통계량이 5.4354일 때의 *p*값(즉, 확률값)은 약 0.0006이다. 낮은 *p*값은 추정된 *t*값 또는 이와 유사한 통계량(예: *F* 및 카이제곱)이 통계적으로 매우 유의미하다는 것을 의미하며, 따라서 유지되고 있는 가설이 참일 가능성이 극히 낮다고 해석할 수 있다. 이 값은 일반적으로 사용되는 1% 유의수준보다도 훨씬 작다.

2. 단측 *t*검정(one-tailed t test). SAT 수학 점수와 소득의 관계를 나타내는 함수에서 소득계수는 양수일 것으로 예상된다. 따라서 현실적으로 설정할 수 있는 가설은 귀무가설 $H_0 : B_2 \leq 0$과 대립가설 $H_1 : B_2 > 0$으로, 이 경우 대립가설은 일방향(단측)이다.

t검정 절차는 기본적으로 이전과 동일하게 진행된다. 다만, 부록 D의 표 D-2에서 언급한 것처럼, 제1종의 오류를 범할 확률이 t분포의 양쪽 꼬리에 균등하게 분포되지 않고 한쪽 꼬리에만 집중된다는 점이 예외이다. 특히, 현재 상황에서는 오른쪽 꼬리에 해당한다. (왜 그런가?) 자유도 8을 가진 t분포의 경우, 부록 E의 표 E-2에서 확인할 수 있는 임계 t값(오른쪽 꼬리)은 다음과 같다.

유의성 수준	임계 t값
0.01	2.896
0.05	1.860
0.10	1.397

수학 SAT 사례에서는 먼저 귀무가설 $B_2 = 0$을 가정하고 t값을 계산한다. 이미 확인한 바와 같이 이 t값은

$$t = 5.4354 \tag{3.26}$$

앞서 제시된 표에 나타난 어떠한 임곗값보다도 이 t값이 더 크므로, 부록 D의 표 D-2에 명시된 규칙에 따라 연간 가구소득과 SAT 수학 점수 사이에 관계가 없다는 가설을 기각할 수 있다. 실제로 그 관계는 긍정적인 영향을 미친다(즉, $B_2 > 0$)(그림 3-7 참조).

그림 3-7 ● 단측 t검정: 오른쪽 단측과 왼쪽 단측

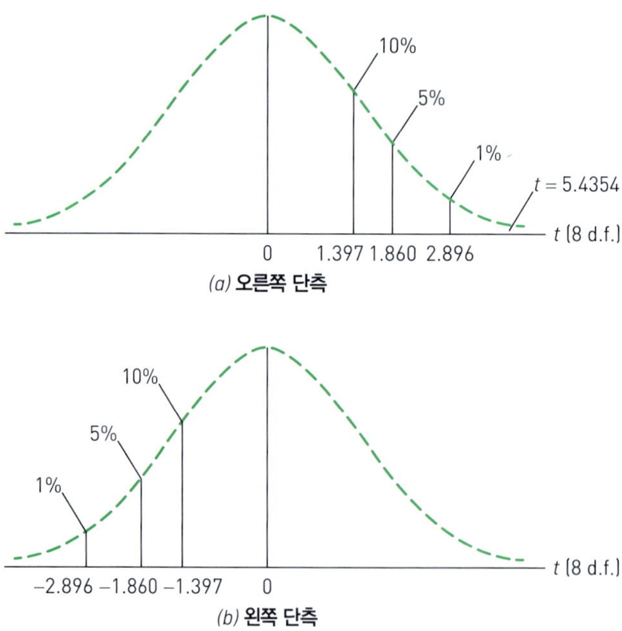

3.6 가설검정: 현실적 측면

1. **가설을 '채택'하거나 또는 '기각'하는 의미**: 한 저자의 표현을 빌리면, "법정이 '무죄(innocent)'라고 하지 않고 '죄가 없다(not guilty)'라고 판결하는 것처럼 통계적 검정의 결론도 '채택하다'가 아니라 '기각하지 않는다'이다."[12]

2. **"0" 귀무가설과 "2-t" 경험적 규칙**: 이전에 언급했듯이, "0" 귀무가설은 종속변수가 독립변수(들)과 관련이 있는지 여부를 초기에 파악할 목적으로 도입된 일종의 허수아비이다. 이러한 귀무가설은 신뢰도 또는 t검정을 통해 검증할 수 있다. 그러나 대부분의 경우, "2-t" 유의성 규칙을 통해 공식적인 검정을 생략할 수 있다. 이 규칙에 따르면, 자유도가 20 이상이고 유의수준이 5%인 경우, 계산된 t값의 절댓값이 2를 초과하면 "0" 귀무가설을 기각할 수 있다.

3. **귀무가설과 대립가설 설정**: 엄격한 규칙은 없지만, 대체로 연구하는 현상의 근간이 되는 기초 이론이나 이전의 경험적 연구, 또는 두 가지 모두에 의해 선택이 이루어진다.[13] 그러나 가설이 어떻게 형성되든, 연구자는 경험적 조사를 수행하기 전에 이러한 가설을 확립하는 것이 매우 중요하다. 그렇지 않으면, 원형 논리(circular reasoning)나 자기성취 예언(self-fulfilling prophesies)의 위험에 빠질 수 있다. 즉, 경험적 결과를 검토한 후에 가설을 설정한다면, 자신의 결과를 정당화하는 가설을 세우고자 하는 유혹이 있을 수 있다.

4. **유의수준**: 전통적으로 제1종의 오류를 범할 확률인 수준(level) α는 1%, 5%, 또는 10%로 선택된다. 그러나 고도화된 소프트웨어 패키지를 이용하여 추정된 검정통계량의 p값, 즉 정확한 유의수준을 사용하는 것이 더 바람직하다. 이렇게 하면 통상적으로 선택되던 α값에서 발생할 수 있는 임의성을 피할 수 있다.

3.7 적합된 회귀선의 적합도는 얼마나 좋은가?: 결정계수, r^2

이전 절에서 t검정을 기반으로 추정된 절편과 기울기계수가 각각 통계적으로 유의미하다(즉, 0과 유의하게 다르다)는 결론은 그림 2-6에 나타난 SRF, 즉 식 (3.10)이 데이터를 상당히 잘

12 Jan Kmenta, *Elements of Econometrics*, Macmillan, New York, 1971, p. 114.

13 이에 대해서는 J. Bradford De Long and Kevin Lang, "Are All Economic Hypotheses False?" *Journal of Political Economy*, vol. 100, no. 6, 1992, pp. 1257-1272를 참조하라.

'적합'시키고 있음을 암시한다. 물론 실제 Y값이 모두 추정된 PRF 위에 위치하는 것은 아니다. 즉, 모든 $e_i = (Y_i - \hat{Y}_i)$가 0은 아니다. 표 2-5에서 볼 수 있듯이, 일부 e값은 양수이고 일부는 음수이다. 추정된 회귀선인 식 (3.10)이 실제 Y값을 얼마나 잘 적합시키는지를 알려주는 '적합도(goodness of fit)'의 종합적인 척도를 개발할 수 있을까? 실제로 그러한 척도가 개발되어 있으며, 이를 **결정계수**(coefficient of determination)라 하고, 기호로는 r^2('r 제곱'으로 읽음)으로 표시된다. r^2이 어떻게 계산되는지 알아보기 위해 다음과 같이 진행한다.

$$Y_i = \hat{Y}_i + e_i \tag{2.6}$$

을 기억하자. 이 식을 약간 다르지만 동등한 형태인 다음과 같이 표현해 보자(그림 3-8 참조):

$(Y_i - \bar{Y})$	=	$(\hat{Y}_i - \bar{Y})$	+	$(Y_i - \hat{Y}_i)$(즉 e_i)
평균값으로부터 Y_i의 변동		평균값으로부터 추정된 Y의 변동 (참고: $\bar{Y} = \bar{\hat{Y}}$)		설명되지 않는 또는 잔차 변동

이제 소문자가 평균값으로부터의 편차를 나타나게 하여, 앞서 제시한 식을 다음과 같이 쓸 수 있다.

$$y_i = \hat{y}_i + e_i \tag{3.27}$$

[참고: $y_i = (Y_i - \bar{Y})$ 등] 또한 $\bar{Y} = \bar{\hat{Y}}$, 즉 실제 Y의 평균값과 추정된 Y의 평균값이 같기 때문에 $\bar{e} = 0$임을 주목하자. 또는 $\hat{y}_i = b_2 x_i$이기 때문에

$$y_i = b_2 x_i + e_i \tag{3.28}$$

그림 3-8 ● Y_i의 총변동에 대한 분해

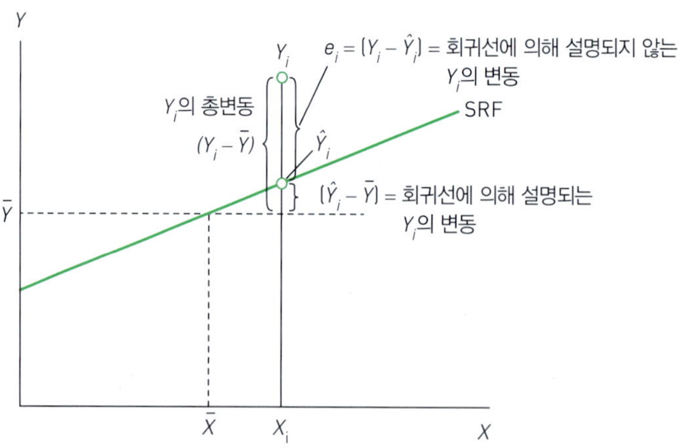

이제 식 (3.27)의 양변을 제곱한 후, 표본 전체에 대해 합산하면, 간단한 대수적 조작을 거쳐 다음을 얻을 수 있다.

$$\sum y_i^2 = \sum \hat{y}_i^2 + \sum e_i^2 \tag{3.29}$$

또는 동등하게

$$\sum y_i^2 = b_2^2 \sum x_i^2 + \sum e_i^2 \tag{3.30}$$

앞으로 살펴보겠지만 이 식은 중요한 관계이다.

식 (3.30)에 등장하는 여러 제곱합들은 다음과 같이 정의할 수 있다.

$\sum y_i^2$: 이는 표본평균 $\overline{Y}$ 주변에서 실제 Y값의 총변동(total variation)을 나타내며, 이를 **총제곱합**(total sum of squares, TSS)이라고 부른다.[14]

$\sum \hat{y}_i^2$: 이는 추정된 Y값들의 평균값 주변에서의 총변동을 나타내는데, 이를 회귀모형(즉, 설명변수나 변수들)에 의한 제곱합이라고 적절히 명명할 수 있으며, 더 간단히는 **설명된 제곱합**(explained sum of squares, ESS)이라고 한다.

$\sum e_i^2$: 이전과 같이, 잔차 제곱합(residual sum of squares, RSS)이나 회귀선을 기준으로 한 Y값의 잔차 또는 설명되지 않는 변동을 의미한다.

간단히 말해 식 (3.30)은

$$\text{TSS} = \text{ESS} + \text{RSS} \tag{3.31}$$

이고 관측된 Y값들의 평균값 주변에서의 총변동이 두 부분으로 나뉠 수 있음을 보여준다. 하나는 회귀선에 기인한 것이고, 다른 하나는 무작위적인 요인에 의한 것이다. 왜냐하면 실제 Y 관측치가 모두 적합된 선 위에 있는 것은 아니기 때문이다. 이 모든 것은 그림 3-8에서 명확하게 확인할 수 있으며(그림 2-6도 참조), 이러한 관계를 이용해 나중에 이 장에서 분산분석(analysis of variance, AOV)에 대해 논의할 것이다(표 3-3 참조).

선택된 SRF가 데이터를 상당히 잘 적합시킨다면, ESS는 RSS보다 훨씬 커야 한다. 모든 실제 Y값이 적합된 SRF 위에 있다면, ESS는 TSS와 같을 것이고, RSS는 0이 될 것이다. 반면에, SRF가 데이터에 잘 맞지 않는다면, RSS는 ESS보다 훨씬 클 것이다. 극단적으로, X가 Y의 변동을 전혀 설명하지 못한다면, ESS는 0이고 RSS는 TSS와 같을 것이다. 그러나 이러한 경우들은 극단적인 예시이다. 일반적으로 ESS나 RSS가 0이 되는 경우는 없다. ESS가 RSS보다

---

14 변동(variation)과 분산(variance)은 다르다. 변동은 확률변수의 평균값으로부터의 편차 제곱합이다. 분산은 이 제곱합을 적절한 자유도 df로 나눈 값이다. 즉, 분산 = 변동/자유도.

상대적으로 크다면, SRF는 Y의 변동 중 상당 부분을 설명할 것이다. RSS가 ESS보다 상대적으로 크다면, SRF는 Y의 변동 중 일부만을 설명할 것이다. 이러한 정성적인 설명은 직관적으로 이해하기 쉽고 또한 손쉽게 정량화할 수 있다. 식 (3.31)을 양쪽에서 TSS로 나누면, 다음을 얻을 수 있다.

$$1 = \frac{\text{ESS}}{\text{TSS}} + \frac{\text{RSS}}{\text{TSS}} \tag{3.32}$$

이제 다음과 같이 정의하자.

$$r^2 = \frac{\text{ESS}}{\text{TSS}} \tag{3.33}$$

이렇게 정의된 r^2은 (표본) 결정계수라고 알려져 있으며, 회귀선의 적합도를 측정하는 데 가장 일반적으로 사용되는 지표이다. 말로 표현하면, r^2은 Y의 총변동 중 회귀모형에 의해 설명되는 비율(proportion) 또는 백분율(percantage)을 측정한다.

r^2의 두 가지 특성에 주목하자:

1. r^2은 음이 아닌(nonnegative) 수량이다. (왜 그런가?)
2. 부분(ESS)이 전체(TSS)보다 더 클 수는 없기 때문에 r^2의 범위는 $0 \le r^2 \le 1$이다. r^2이 1이라는 것은 '완벽한 적합'을 의미하며, Y의 총변동이 회귀모형에 의해 완전히 설명된다. 반면에 r^2이 0이라는 것은 Y와 X 사이에 어떠한 관계도 존재하지 않음을 의미한다.

r^2을 계산하기 위한 공식

식 (3.33)을 이용하면 식 (3.32)를 다음과 같이 쓸 수 있다.

$$\begin{aligned} 1 &= r^2 + \frac{\text{RSS}}{\text{TSS}} \\ &= r^2 + \frac{\sum e_i^2}{\sum y_i^2} \end{aligned} \tag{3.34}$$

따라서

$$r^2 = 1 - \frac{\sum e_i^2}{\sum y_i^2} \tag{3.35}$$

r^2을 계산하기 위한 몇 가지 동등한 공식이 있으며, 이는 질문 3.5에 제시되어 있다.

수학 SAT 점수 사례에 대한 r^2

표 2-5에 제시된 데이터와 식 (3.35)를 사용하여, SAT 수학 점수 사례에서 다음과 같은 r^2 값을 얻을 수 있다.

$$r^2 = 1 - \frac{7801.0776}{36610} = 0.7869 \tag{3.36}$$

r^2의 최댓값은 1이므로, 계산된 r^2은 상당히 높은 편이다. 수학 SAT 사례에서는, 소득변수인 X가 SAT 수학 점수의 변동 중 약 79%를 설명한다. 이 경우에는 표본회귀식 (3.10)이 좋은 적합도를 보인다고 말할 수 있다.

$(1 - r^2)$, 즉 Y의 변동 중 X에 의해 설명되지 않는 비율은, 아마도 **이질성계수**(coefficient of alienation)라고 부르는 것이 적절할 것이다.

상관계수, r

부록 B에서는 두 변수 Y와 X 사이의 선형관계의 강도를 측정하는 지표로서 표본 **상관계수**(coefficient of correlation) r을 소개하고, 이 r은 식 (B.46)을 통해 계산할 수 있다고 설명한다. 식 (B.46)은 또한 다음과 같이 표현할 수 있다.

$$r^2 = \frac{\Sigma(X_i - \bar{X})(Y_i - \bar{Y})}{\sqrt{(X_i - \bar{X})^2 (Y_i - \bar{Y})^2}} \tag{3.37}$$

$$= \frac{\sum x_i y_i}{\sqrt{\sum x_i^2 \sum y_i^2}} \tag{3.38}$$

그러나 이 상관계수는 결정계수인 r^2을 통해서 다음과 같이 계산할 수 있다.

$$r = \pm\sqrt{r^2} \tag{3.39}$$

대부분의 회귀분석 컴퓨터 패키지가 통상적으로 r^2을 계산해 주기 때문에, r을 쉽게 구할 수 있다. 이제 유일한 질문은 r의 부호이다. 그러나 이는 문제의 본질로부터 쉽게 판단할 수 있다. 수학 SAT 점수 사례에서는 SAT 수학 점수와 연간 가구소득이 양(+)의 관계를 가질 것으로 예상되기 때문에 r값은 양수가 될 것이다. 일반적으로, r은 기울기계수와 동일한 부호를 가지며, 이는 식 (2.17)과 (3.38)에서 명확하게 알 수 있다.

따라서 수학 SAT 점수 사례에 대해

$$r = \sqrt{0.7869} = 0.8871 \tag{3.40}$$

사례에서는 SAT 수학 점수와 연간 가구소득이 강한 양(+)의 상관관계를 가지고 있기 때문에,

이는 놀랍지 않은 결과이다.

부수적으로, 주어진 모형으로부터 추정된 Y_i값$(= \hat{Y}_i)$과 표본 내의 실제 Y값 사이의 r을 계산하기 위해 식 (3.38)을 사용하고 이 r값을 제곱하면, 제곱된 r은 식 (3.38)에서 얻은 r^2값과 정확히 일치한다. 증명은 질문 3.5에서 확인할 수 있고, 표 2-5에 제시된 데이터로 이를 검증할 수 있다. 예상대로, 추정된 Y값이 표본 내의 실제 Y값에 더 가까울수록 r^2값은 더 높을 것이다.

3.8 회귀분석 결과 보고하기

통계 패키지의 쉬운 접근성 덕분에 회귀분석의 결과를 훨씬 더 깔끔하고 간결하게 보고할 수 있다. 표 3-2에서 SAT 수학 점수 사례를 EViews로 분석한 결과를 확인할 수 있다.

EViews 결과는 세 부분으로 나누어진다.

제1부는 종속변수 또는 반응변수의 이름, 분석에 사용된 관측치의 수, 그리고 현재 경우에는 OLS인 추정 방법을 제시한다.

제2부는 변수의 이름, 추정된 회귀계수, 그 표준오차, 그리고 모집단계수의 값이 0이라는 귀무가설하에서의 t-통계량, 그리고 추정된 t값의 p값을 제시한다. 보다시피, 매우 작은 p값은 귀무가설을 기각할 것을 제안한다. 이전에 언급했듯이, 영(0) 귀무가설은 논의

표 3-2 ● EViews를 이용한 SAT 수학 점수와 소득의 회귀분석 결과

종속변수: MATHSAT
추정법: 최소제곱법
표본: 1~10
관측 개수: 10

변수	계수	표준오차	t-통계량	p값
C	432.4138	16.90607	25.57742	0.0000
INCOME	0.001332	0.000245	5.435396	0.0006
R-squared	0.786914	Mean dependent var		507.0000
Adjusted R-squared	0.760278	S.D. dependent var		63.77913
S.E. of regression	31.22715	Akaike info criterion		9.897309
Sum squared resid	7801.078	Schwarz criterion		9.957826
Log likelihood	−47.48655	Hannan-Quinn criter.		9.830922
F-statistic	29.54353	Durbin-Watson stat		0.842054
Prob(F-statistic)	0.000619			

표 3-3 ● Stata를 이용한 SAT 수학 점수와 소득의 회귀분석 결과

```
. regress sat income

      Source |       SS           df       MS      Number of obs   =        10
-------------+----------------------------------   F(1, 8)         =     29.54
       Model |  28808.9224         1  28808.9224   Prob > F        =    0.0006
    Residual |  7801.07759         8  975.134698   R-squared       =    0.7869
-------------+----------------------------------   Adj R-squared   =    0.7603
       Total |       36610         9  4067.77778   Root MSE        =    31.227

------------------------------------------------------------------------------
         sat |      Coef.   Std. Err.      t    P>|t|     [95% Conf. Interval]
-------------+----------------------------------------------------------------
      income |   .0013319    .000245     5.44   0.001     .0007668     .001897
       _cons |   432.4138   16.90607    25.58   0.000     393.4283    471.3993
```

를 위한 가짜 목표(strawman)이다.

제3부는 익숙한 r^2과 회귀식의 표준오차(즉, $\hat{\sigma}$)를 포함한 요약통계를 제공한다. 이 표에 나타난 다른 통계량들은 다중회귀분석을 다룰 때 매우 유용하므로, 본문을 진행하며 순차적으로 설명해 나갈 것이다.

비교를 위해 SAT 사례에 대한 Stata 15의 분석 결과를 표 3-3에 제시했다.

Stata와 EViews의 회귀계수, 그들의 표준오차, t값, 그리고 p값의 출력은 동일하다. 그러나 Stata의 한 가지 장점은 회귀계수에 대한 95% 신뢰구간을 제공하여, 가설검정을 쉽게 할 수 있다는 것이다. Stata의 상단 부분은 분산분석(analysis of variance, ANOVA) 표를 제공하는데, 이는 단순히 총제곱합을 그 구성 요소인 설명된 제곱합(explained sum of squares, ESS)과 잔차 제곱합(residual sum of squares, RSS)으로 분해한 것이다. ANOVA의 사용법은 다음 장에서 더 자세히 설명할 예정이다.

회귀분석의 기본에 대해 탄탄한 기초를 가질 수 있도록 단순(즉, 2변수)회귀분석의 기본을 상당히 자세히 다루었다. 후속 장들에서 추가적인 세부 논의를 통해, 여러 변수를 포함하는 회귀모형뿐만 아니라 더 복잡한 회귀모형을 다룰 수 있게 될 것이다. 이 장을 몇 가지 구체적인 사례로 마무리한다.

3.9 적용 사례

사례 3.1 임금과 생산성 사이의 관계

노동경제학으로부터 우리는 임금과 노동자 생산성 사이에 양(+)의 관계가 존재한다고 예상할

그림 3-9 ● 임금과 생산성 간의 관계

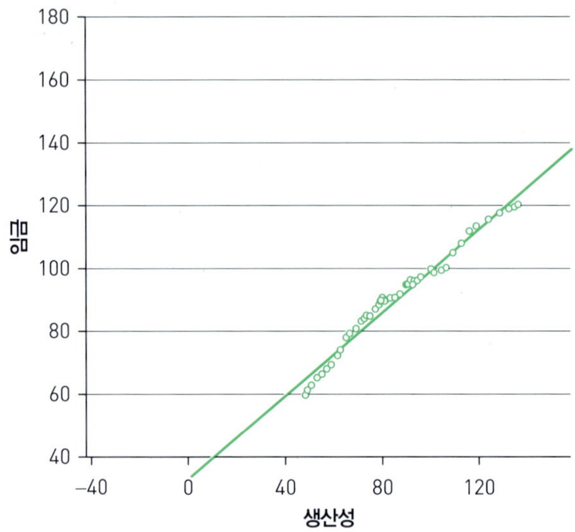

수 있다. 표 3-4는 1959~2006년까지 미국 경제의 사업 부문에서, 모든 사람들의 시간당 산출(output)을 측정한 노동생산성 지수와, 물가 조정된 명목임금을 측정한 실질임금지수에 대한 데이터를 제공한다. 이 지수의 기준은 1992년이다.

그림 3-9는 데이터의 산점도를 보여준다.

이 그래프가 보여주듯이, 실질임금(COMPENSATION)과 생산성(PRODUCTIVITY) 사이의 관계는 거의 선형적이며, 이는 그림에 그려진 (회귀)선에서 명확하게 확인할 수 있다.

EViews 10을 이용한 OLS 결과는 표 3-5에 제시되어 있다.

예상대로, 임금과 생산성 사이의 관계는 양(+)이며 통계적으로도 매우 유의하다. 이는 매우 낮은 p값이 추정된 기울기계수가 통계적으로 상당히 유의함을 제시하기 때문이다. 생산성 지수가 한 단위 상승하면, 실질임금의 평균 지수는 대략 0.7단위로 상승한다. 절편값은 양수(+)이며 통계적으로 매우 유의하다. 이 사례에서는 생산성 수준에 관계없이 지급되는 기본적인 (또는 생계를 위한?) 보상을 나타낸다. R^2값은 매우 크기 때문에 두 변수가 강하게 상관되어 있음을 나타내며, 이는 놀랍지 않은 결과이다.

사례 3.2 교육비와 소득

표 3-6은 2000년 미국 50개 주의 초등 및 중등 교육에 대한 학생당 지출(EDSPEND)과 1인당 가처분소득(INCOME)에 대한 데이터를 제공한다. 그림 3-10의 이 데이터에 대한 그

표 3-5 ● EViews를 이용한 임금과 생산성의 회귀분석 결과

종속변수: COMPENSATION
추정법: 최소제곱법
표본: 1959~2006
관측 개수: 48

변수	계수	표준오차	t-통계량	p값
C	33.63603	1.400085	24.02428	0.0000
PRODUCTIVITY	0.661444	0.015640	42.29178	0.0000
R-squared	0.974926	Mean dependent var		90.72910
Adjusted R-squared	0.974381	S.D. dependent var		16.06763
S.E. of regression	2.571761	Akaike info criterion		4.767833
Sum squared resid	304.2420	Schwarz criterion		4.845800
Log likelihood	−112.4280	Hannan-Quinn criter.		4.797297
F-statistic	1788.595	Durbin-Watson stat		0.146315
Prob(F-statistic)	0.000000			

그림 3-10 ● 교육비와 소득 간의 관계

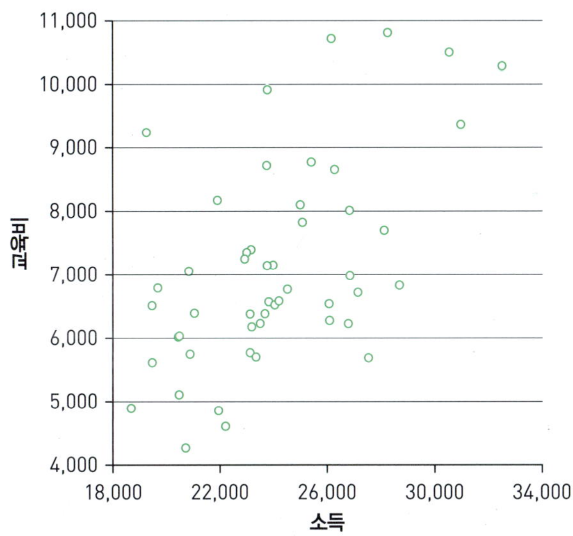

래프는 두 변수 사이의 다음과 같은 관계를 보여준다. 가능한 경우, 특히 단순 또는 2변수회귀모형에서 변수 간의 관계에 대한 '감각'을 얻기 위해 원시 데이터를 그래프로 나타내는 것은 언제나 좋은 생각이다.

표 3-7 ● 교육비와 소득의 회귀분석 결과

종속변수: EDSPEND
추정법: 최소제곱법
표본: 1~50
관측 개수: 50

변수	계수	표준오차	t-통계량	p값
C	319.1947	1444.913	0.220909	0.8261
INCOME	0.282112	0.059505	4.740982	0.0000
R-squared	0.318926	Mean dependent var		7111.480
Adjusted R-squared	0.304737	S.D. dependent var		1591.422
S.E. of regression	1326.967	Akaike info criterion		17.25836
Sum squared resid	84520336	Schwarz criterion		17.33484
Log likelihood	−429.4589	Hannan-Quinn criter.		17.28748
F-statistic	22.47691	Durbin-Watson stat		1.882961
Prob(F-statistic)	0.000019			

소득에 대한 교육비를 회귀분석하였을 때, 표 3-7에서 EViews를 통해 다음과 같은 결과를 얻었다.

보다시피, 교육비와 소득 사이에는 예상대로 양(+)의 관계가 있다. 그러나 '깔때기' 형태의 산점도는 상당한 변동성을 보이는데, 이는 각 주가 자체의 교육 정책을 가지고 있는 횡단면 자료에서는 흔히 볼 수 있는 현상이다. 미국의 지방 교육비는 주 정부의 책임이기 때문에, 일부 주는 다른 주에 비해 더 진보적인 교육 정책을 가지고 있다. 또한 일부 주는 농촌 지역이고, 다른 주는 고도로 산업화되어 있다. 이 그림은 또한 이분산성(heteroscedasticity)에 대한 실마리를 제공하는데, 이 주제는 이분산성을 다룬 제9장에서 깊이 있게 다룬다.

사례 3.3 CEO 연봉과 기업 이익

표 3-8은 1999년 447개의 포춘 500 기업의 여러 재무 분야 데이터를 담고 있다. 우선은 이 기업들의 CEO 연봉(SALARY, 보너스 포함)과 그 해의 총이익(PROFITS)을 1,000달러 단위로 살펴본다. 다양한 이유로 인해 나머지 53개 기업의 데이터는 제공되지 않았거나 보고되지 않았다. 1999년 회사 이익에 따른 CEO 연봉에 대한 단순(즉, 이변량)회귀분석 결과는 표 3-9에 요약되어 있다.

예상대로, CEO의 연봉은 기업 이익과 양(+)이며 통계적으로 유의한 관계를 보인다. 다른 변수들이 동일한 상황에서 이익이 1달러 증가할 때마다 평균 CEO 연봉은 약 41센트 상승하는

표 3-9 ● CEO 연봉과 기업 이익에 대한 회귀분석 결과

종속변수: SALARY
추정법: 최소제곱법
표본: 1~447
관측 개수: 447

변수	계수	표준오차	*t*-통계량	*p*값
C	1737.852	83.22906	20.88035	0.0000
PROFITS	0.413534	0.049174	8.409685	0.0000
R-squared	0.137133	Mean dependent var		2027.517
Adjusted R-squared	0.135194	S.D. dependent var		1722.566
S.E. of regression	1601.899	Akaike info criterion		17.60023
Sum squared resid	1.14E+09	Schwarz criterion		17.61859
Log likelihood	−3931.652	Hannan-Quinn criter.		17.60747
F-statistic	70.72280	Durbin-Watson stat		1.876498
Prob(F-statistic)	0.000000			

것으로 나타났다.

사례 3.4 광고비와 광고 기억

1984년 3월 1일자 월스트리트 저널은 21개 기업의 광고비(ADEXP, 단위: 100만 달러)와 이러한 기업의 광고를 시청하는 사람들의 광고 기억(IMPRESSIONS, 단위: 편)에 대한 데이터를 게재하였다. 이 데이터는 성인 4,000명을 대상으로 지난주에 해당 제품 카테고리에 대한 광고를 본 적이 있는지를 묻는 설문조사를 기반으로 하며, 표 3-10에 나와 있다.

광고비에 대한 광고 기억을 회귀분석하였고, 그 결과는 표 3-11에 나와 있다.

예상대로, 광고비와 광고 기억 사이의 관계는 양(+)이며 통계적으로 유의하다. 광고비가 1달러 증가할 때마다 평균적으로 광고 기억은 약 0.4편씩 증가한다. 이 두 변수의 산점도는 그림 3-11에 나타나 있다.

두 변수 사이의 관계는 대체로 양(+)이지만 선형적이지는 않다. 광고비가 증가함에 따라 광고 기억도 증가하지만 그 증가율은 점점 줄어든다. 이 데이터에는 상당한 변동성이 있음을 명심해야 한다. 표본에 포함된 회사들은 키블스앤비츠, 맥도날드, 펩시, 포드 자동차 등 다양하다. 1983년 달러로 맥도날드의 광고 예산은 약 1억 8,600만 달러였으며, 오스카 마이어는 920만 달러, 펩시는 7,400만 달러였다.

표 3-11 ● 광고비와 광고 기억의 회귀분석 결과

종속변수: IMPRESSIONS
추정법: 최소제곱법
표본: 1~21
관측 개수: 21

변수	계수	표준오차	t-통계량	p값
C	22.16269	7.089479	3.126139	0.0056
ADEXP	0.363174	0.097120	3.739425	0.0014
R-squared	0.423951	Mean dependent var		40.46667
Adjusted R-squared	0.393633	S.D. dependent var		30.18061
S.E. of regression	23.50152	Akaike info criterion		9.242400
Sum squared resid	10494.11	Schwarz criterion		9.341878
Log likelihood	−95.04520	Hannan-Quinn criter.		9.263989
F-statistic	13.98330	Durbin-Watson stat		2.371839
Prob(F-statistic)	0.001389			

그림 3-11 ● 광고비와 광고 기억 간의 관계

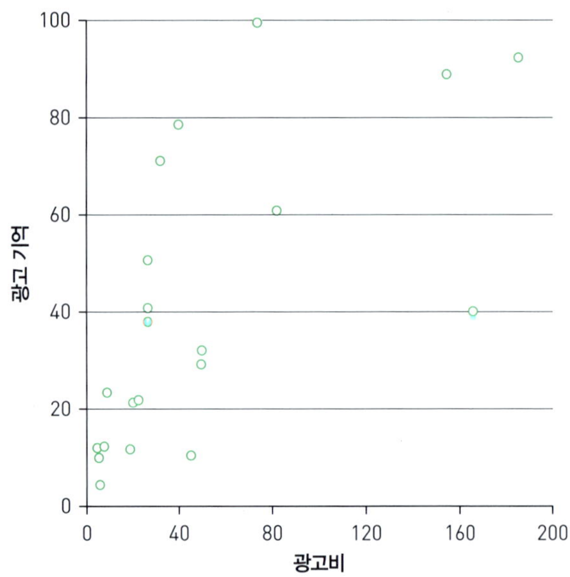

3.10 적용 사례에 대한 한마디

우리가 논의한 사례들은 단순회귀모형으로, 1개의 종속변수와 1개의 설명변수를 포함하고 있다. 물론 이러한 사례를 제시한 목적은 간단한 산점도를 통해 쉽게 표현할 수 있는 선형회귀의 기본 개념을 설명하기 위한 교수법적인 데 있다. 또한 이러한 사례를 논의할 때에는 '*ceteris paribus*—다른 모든 것이 동일하다'라는 구절에서 나타나는 주의사항을 염두에 둬야 한다.

실제 생활에서는 다른 모든 조건이 항상 동일하지 않다. 이것은 어떠한 (회귀)모형에서도 마찬가지이다. 어떠한 응용 분야에서든, 우리의 모형이 올바르게 지정되었는지, 자기상관이나 이분산성이 없는지 어떻게 알 수 있을까? 성별, 종교, 민족성 등과 같이 정량화할 수 없는 변수들을 어떻게 다루어야 할까? 이 책의 나머지 부분에서 우리는 실증분석에서 마주칠 수 있는 여러 문제를 논의하고 그에 대한 해결책을 찾아볼 것이다.

3.11 예측

우리는 제2장에서 회귀분석의 목적 중 하나는 설명변수(들)의 값이 주어졌을 때 종속변수의 평균값을 예측하는 것이라고 언급했다. 좀 더 구체적으로 살펴보기 위해, SAT 수학 점수 사례로 돌아가 보자. 회귀식 (3.10)은 표 2-2의 점수 데이터를 기반으로 SAT 수학 영역의 결과를 제시했다. 만약 주어진 연간 가구소득 수준을 가진 사람의 평균 SAT 수학 점수를 알아보고 싶다고 가정해 보자. 이 연간 가구소득 수준에서 예상되는 SAT 수학 점수는 얼마일까?

이러한 개념을 명확히 하기 위해, X(소득)가 X_0라는 값을 가진다고 가정해 보자. 여기서 X_0는 X의 **특정 수치**이며, 예를 들어 X_0 = \$78,000라고 하자. 이제 우리가 $E(Y \mid X_0 = 78{,}000)$을 추정하고 싶다고 가정해 보자. 즉, 연간 가구소득이 \$78,000인 경우에 대응하는 실제 평균 SAT 수학 점수를 추정하고 싶은 것이다. 이제 다음과 같이 정의하자.

$$\hat{Y}_0 = E(Y \mid X_0)\text{의 추정량} \tag{3.41}$$

이 추정치를 어떻게 얻을 수 있을까? 고전적 선형회귀모형(CLRM)의 가정하에, 식 (3.41)은 주어진 X_0값을 식 (3.10)에 대입함으로써 쉽게 구할 수 있음을 증명할 수 있고, 다음 결과를 제공한다.

$$\begin{aligned}\hat{Y}_{X=78,000} &= 432.4138 + 0.0013(7,800) \\ &= 533.8128\end{aligned} \tag{3.42}$$

즉, 연간 가구소득이 78,000달러인 사람의 예측되는 평균 SAT 수학 점수는 약 534점이다.

비록 계량경제학 이론이 CLRM 가정하에서 $\hat{Y}_{\bar{X}=78,000}$ 또는 보다 일반적으로 $\hat{Y}_0$은 실제 평균값(즉, 모집단회귀선 위의 한 점)의 비편향추정량(또는 불편추정량)임을 증명했지만, 임의의 주어진 표본에서 이 추정량이 실제 평균값과 같을 가능성은 없다. (왜 그런가?) 그들 간의 차이를 **예측오차**(forecasting or prediction error)라고 한다. 이 오차를 평가하기 위해서 $\hat{Y}_0$의 표본분포를 찾아야 한다.[15] CLRM 가정하에서 $\hat{Y}_0$는 정규분포를 따르고 다음의 평균과 분산을 갖는다.

$$\text{Mean} = E(Y \mid X_0) = B_1 + B_2X_0$$
$$\text{var} = \sigma^2\left[\frac{1}{n} + \frac{(X_0 - \bar{X}_2)^2}{\sum x_i^2}\right] \tag{3.43}$$

여기서 $\bar{X}$ = 역사적 회귀식(historical regression)[16] (3.10)에서 사용된 X값들의 표본평균

$\sum x_i^2$ = $\bar{X}$로부터의 편차 제곱합

σ^2 = u_i의 분산

n = 표본의 크기

식 (3.43)의 양의 제곱근은 $\hat{Y}_0$의 표준오차 se($\hat{Y}_0$)를 제공한다.

현실적으로 σ^2이 미지수이기 때문에 비편향추정량인 $\hat{\sigma}^2$으로 대체하면 $\hat{Y}_0$은 자유도가 $(n-2)$인 t분포를 따른다. (왜 그런가?) 따라서 우리는 t분포를 사용하여 다음과 같은 일반적인 방식으로 X_0에 대응하는 Y의 실제 (즉, 모집단) 평균값에 대한 $100(1-\alpha)$% 신뢰구간을 설정할 수 있다.

$$P[b_1 + b_2X_0 - t_{\alpha/2}\,\text{se}(\hat{Y}_0) \le B_1 + B_2X_0 \le b_1 + b_2X_0 + t_{\alpha/2}\,\text{se}(\hat{Y}_0)] = (1-\alpha) \tag{3.44}$$

수학 SAT 사례를 계속 살펴보자. 먼저 식 (3.43)으로부터 $\hat{Y}_{X=78000}$의 분산을 구해 보면 다음과 같다.

$$\text{var}\left(\hat{Y}_{X=78000}\right) = 975.1347\left[\frac{1}{10} + \frac{(78{,}000 - 56{,}000)^2}{16{,}240{,}000{,}000}\right] = 126.5754 \tag{3.45}$$

따라서

$$\text{se}\left(\hat{Y}_{X=78{,}000}\right) = \sqrt{126.5754} = 11.2506 \tag{3.46}$$

15 $\hat{Y}_0$은 추정량이고 따라서 표본분포를 갖는다는 점에 주의하자.

16 역사적 회귀식(historical regression)은 추정된 회귀식을 예측 목적으로 사용하는 점을 강조한 표현이다. 회귀모형 추정에 사용된 값이 이미 실현된 과거의 값이라는 의미를 담고 있다. – 역자 주

을 구할 수 있다.

참고: 이 사례에서 $\bar{X}$ = 56,000, $\sum x_i^2$ = 16,240,000,000, 그리고 $\hat{\sigma}^2$ = 975.1347이다(표 2-4 참조).

앞의 결과는 추정된 연간 가구소득이 78,000달러인 경우, 식 (3.42)에 표시된 평균 예측 SAT 수학 점수가 533.8138점임을 나타내며, 이 예측값의 표준오차는 11.2506(점)이다.

만약 연간 가구소득이 78,000달러에 해당하는 모집단 평균 SAT 수학 점수에 대한 95% 신뢰구간을 설정하고 싶다면, 식 (3.44)를 이용하면 된다.

$$533.8138 - 2.306(11.2506) \le E(Y \mid X = 78{,}000) \le 533.8138 + 2.306\,(11.2506)$$

즉,

$$507.8699 \le E(Y \mid X = 78{,}000) \le 559.7577 \tag{3.47}$$

참고: 자유도가 8일 때, 5% 양측검정의 임계 t값은 2.306이다.

연간 가구소득이 78,000달러로 주어진 경우, 식 (3.42)에 따르면 SAT 수학 점수의 평균에 대한 가장 좋은(또는 점) 추정치는 533.8138점이다. 그러나 수학 SAT 평균 점수는 95% 신뢰수준에서 507.8699점에서 559.7577점 사이에 위치할 것으로 예상된다. 즉, 약 508점에서 560점 사이에 위치한다. 따라서 95% 신뢰수준에서 예측오차는 −25.9439점(507.8699 − 533.8138)에서 25.9439점(559.7577 − 533.8138) 사이에 있을 것이다.

만약 표 2-2에 표시된 각 X값에 대해 식 (3.47)과 같은 95% 신뢰구간을 구한다면, 연간 가구소득의 각 수준 또는 전체 모집단회귀선(PRL)에 대한 실제 평균 SAT 수학 점수에 대한 **신뢰구간**(confidence interval) 또는 **신뢰대역**(confidence band)을 얻게 된다. 이는 EViews에서 얻은 그림 3-12에서 명확하게 볼 수 있다.

그림 3-12의 흥미로운 측면에 주목해 보자. 신뢰대역의 폭은 $X_0 = \bar{X}$에서 가장 좁은데 이는 식 (3.43)에서 주어진 분산 공식에서 명확하게 드러난다. 그러나 X_0가 $\bar{X}$에서 멀어질수록 신뢰대역의 폭이 급격하게 넓어지고(즉, 예측오차가 증가함) 있다. 이것은 식 (3.10)과 같은 역사적 회귀의 예측 능력이 X_0(예측이 이루어지는 X값)가 $\bar{X}$로부터 점점 멀어짐에 따라 현저하게 떨어진다는 점을 시사한다. 여기서 주는 메시지는 명확하다: **우리는 X의 표본평균으로부터 상당히 멀리 떨어진 어떤 X와 관련된 Y의 평균값을 예측하기 위해 역사적 회귀선을 "외삽"할 때 큰 주의를 기울여야 한다. 더 구체적으로 말하면, 우리는 역사적 회귀선이 기반하고 있는 표본 범위를 크게 벗어난 소득에 대한 평균 수학 점수를 예측하기 위해서 SAT 수학 점수 회귀식 (3.10)을 사용해서는 안 된다.**

그림 3-12 ● 실제 SAT 수학 점수 함수에 대한 95% 신뢰대역

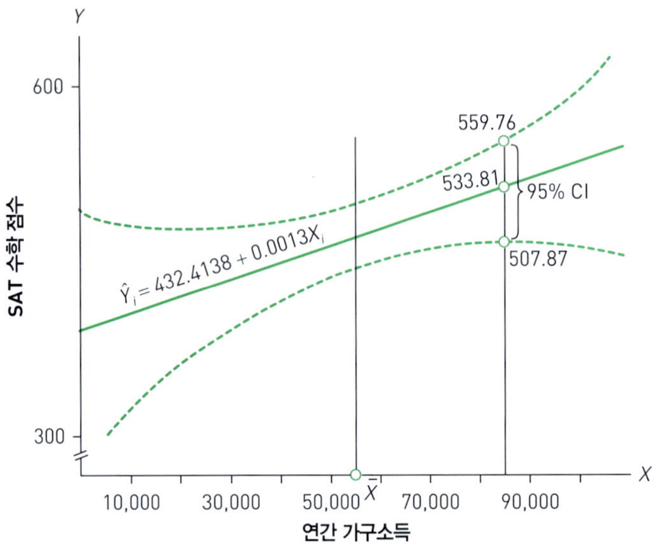

실제로는 (3.43)과 같은 식을 거의 사용하지 않는다. 예측치나 표준오차를 계산하는 데 필요한 수동 작업은 EViews나 Stata와 같은 패키지를 사용하면 없앨 수 있다. 예측과 예측오차의 기초적인 유도 과정을 이해하는 것은 교육적 측면에서 매우 중요하다.

3.12 정규성 검정

통계적 검정 절차는 오차항 u_i가 정규분포를 따른다는 가정에 기반하고 있음을 기억하자. 그러나 실제 오차항 u_i를 직접 관찰할 수 없기 때문에 사례에서 오차항이 정규분포를 따르는지 어떻게 알 수 있을까? 대신 우리는 u_i의 대리변수인 잔차 e_i를 가지고 있다. 그러므로 u_i의 정규성(normality)에 대해 알아보기 위해 e_i를 사용해야 한다. 정규성을 검증하는 여러 가지 검정법이 있지만, 여기서는 비교적 간단한 두 가지 검정법을 고려한다.[17]

잔차의 히스토그램

잔차의 히스토그램은 무작위 변수의 확률밀도함수(probability density function, PDF)의 형태에 대해 알아보기 위해 사용되는 간단한 시각적 도구이다. 가로축에는 관심변수의 값(예:

17 다양한 정규성 검정에 대한 자세한 논의는 G. Barrie Wetherhill, *Regression Analysis With Applications*, Chapman and Hall, London, 1986, chap. 8을 참조하라.

OLS 잔차)을 적절한 간격으로 나누고, 각 구간에서 그 구간 내의 관측치 수(즉, 빈도)와 높이가 같은 직사각형을 세운다.

만약 이 히스토그램에 종 모양의 정규분포 곡선을 머릿속에 떠올리면, 관심변수의 확률분포에 대한 감이 올 것이다.

어떤 회귀분석에서든 잔차의 히스토그램을 그려서 기본 확률분포의 가능한 형태에 대한 대략적인 개념을 얻는 것은 항상 좋은 연습이 된다. EViews와 Stata는 간단한 명령에 따라 쉽게 히스토그램을 생성할 수 있다.

자크-베라 검정

이제는 매우 인기 있는 정규성 검정이 된 자크-베라 검정[Jarque-Bera(JB) test]은 여러 통계 패키지에 포함되어 있다.[18] 이는 **점근적**(asymptotically) 또는 대표본(large-sample) 검정이며 OLS 잔차를 기반으로 한다. 이 검정은 먼저 무작위 변수(예: OLS 잔차)의 **왜도**(skewness)를 나타내는 S(PDF의 비대칭성을 측정하는 값) 및 **첨도**(kurtosis)를 나타내는 K(PDF가 정규분포와 비교하여 얼마나 높거나 평평한지를 측정하는 값) 계수를 계산한다(자세한 내용은 부록 B 참조). 정규분포를 따르는 확률변수의 경우 왜도는 0이며 첨도는 3이다(부록 B의 그림 B-4 참조).

자크와 바라는 다음의 검정통계량을 개발했다.

$$\mathrm{JB} = \frac{n}{6}\left[S^2 + \frac{(K-3)^2}{4}\right] \tag{3.48}$$

여기서 n은 표본 크기, S는 왜도, 그리고 K는 첨도를 나타낸다. 정규성 가정하에서 식 (3.48)의 JB 통계량은 **점근적으로 자유도가 2인 카이제곱분포**(chi-square distribution)를 따른다.

상징적으로 다음과 같이 쓸 수 있다.

$$\mathrm{JB}_{\mathrm{asy}} \sim X^2_{(2)} \tag{3.49}$$

여기서 *asy*는 점근적이라는 의미이다. 자유도가 2인 이유는 어떤 확률변수가 정규분포를 따른다고 가정할 때 $S = 0$과 $K = 3$이라는 2개의 제약이 있기 때문이다.

식 (3.48)에서 볼 수 있듯이, 확률변수가 정규분포를 따르는 경우 S는 0이며 $(K-3)$도 0이므로 JB 통계량의 값 또한 0이 된다. 그러나 정규분포를 따르지 않는 확률변수의 경우 JB 통계

---

18 C. M. Jarque and A. K. Bera, "A Test for Normality of Observations and Regression Residuals," *International Statistical Review*, vol. 55, 1987, pp. 163-172를 참조하라.

그림 3-13 ● 임금과 생산성의 회귀모형의 잔차에 대한 히스토그램

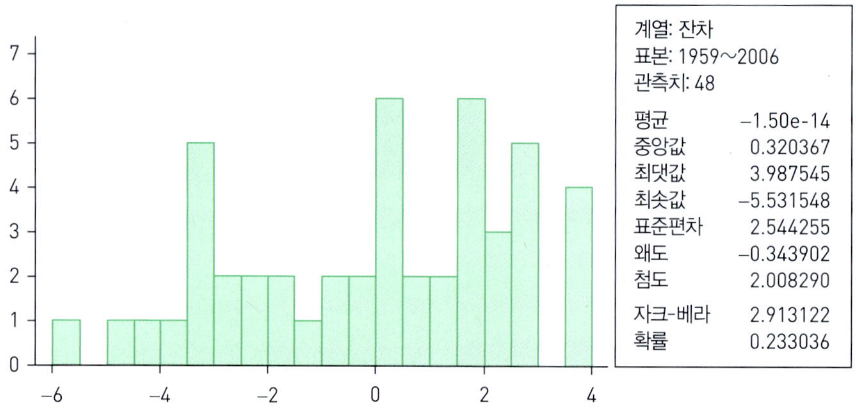

량은 점점 큰 값을 가지게 된다. JB 통계량의 크거나 작은 값은 카이제곱 표(부록 E, 표 E-4)에서 쉽게 알 수 있다. 식 (3.48)에서 계산된 카이제곱값이 선택한 유의수준에서 2 *df*의 임계 카이제곱값을 초과하면 정규분포의 귀무가설을 기각하게 되지만, 이 임계 카이제곱값을 초과하지 않으면 귀무가설을 기각하지 않는다. 물론 계산된 카이제곱값의 p값이 있다면 그 값이 나올 정확한 확률을 알 수 있을 것이다.

임금과 생산성에 대한 사례 3.1에서 계산된 잔차의 히스토그램을 그림 3-13에 나타냈다.

잔차의 분포가 정확하게 정규분포처럼 보이지는 않지만, JB 통계량을 보면 임금-생산성 회귀모형의 실제 오차항이 정규분포를 따른다는 가설을 기각할 이유가 없음을 보여준다. 그러나 48개 관측치로 이루어진 표본이 상대적으로 작을 수 있음을 명심하자.

요약

제2장에서는 2변수 선형회귀모형의 모수를 어떻게 추정하는지 살펴보았다. 이번 장에서는 추정된 모형을 실제 모집단회귀모형에 대한 추론을 끌어낼 목적으로 어떻게 사용할 수 있는지 알아보았다. 비록 2변수모형은 고려할 수 있는 가장 간단한 선형회귀모형이지만, 이 두 장에서 소개된 개념들은 이후의 장에서 다룰 보다 복잡한 다중회귀모형의 초석이 된다. 앞으로 살펴보겠지만, 다중회귀모형은 여러 측면에서 2변수모형의 직접적인 확장이다.

주요 용어 및 개념

고전적 선형회귀모형(classical linear regression model, CLRM)

동분산성(동일) 분산[homoscedastic(equal) variance]

이분산성(부등) 분산[heteroscedasticity(unequal) variance]

자기상관성(autocorrelation)과 비자기상관성(no autocorrelation)

잔차 제곱합(residual sum of squares, RSS)

회귀의 표준오차(standard error of the regression, SER)

OLS 추정량의 표본분포(sampling distribution) 또는 확률분포(probability distribution)

가우스-마코프 정리(Gauss-Markov theorem)

BLUE 속성(BLUE property)

중심극한정리(central limit theorem, CLT)

영 귀무가설('zero' null hypothesis); 허수아비 가설(strawman hypothesis)

유의성 t검정(t test of significance)

(a) 양측 t검정(two-tailed t test)

(b) 단측 t검정(one-tailed t test)

결정계수(coefficient of determination), r^2

총제곱합(total sum of squares, TSS)

설명된 제곱합(explained sum of squares, ESS)

이질성계수(coefficient of alienation)

상관계수(coefficient of correlation), r

예측오차(forecasting or prediction error)

신뢰구간(confidence interval); 신뢰대역(confidence band)

정규성에 대한 자크-베라 검정(JB of normality test)

질문

3.1 다음 용어의 의미를 간략히 설명하라.

a. 최소제곱법

b. OLS 추정량

c. 추정량의 분산

d. 추정량의 표준오차

e. 동분산성

f. 이분산성

g. 자기상관성

h. 총제곱합

i. 설명된 제곱합

j. 잔차 제곱합

k. r^2

l. 추정치의 표준오차

m. BLUE

n. 유의성 검정

o. t검정

p. 단측검정

q. 양측검정

r. 통계적 유의성

3.2 다음 진술이 참인지, 거짓인지, 아니면 불확실한지 간단한 이유와 함께 명시하라.

a. OLS는 오차 제곱합 $\sum u_i^2$을 최소화하는 추정 절차이다.

b. 고전적 선형회귀모형(CLRM)이 만든 가정들은 OLS 추정량을 계산하는 데 필요하지 않다.

c. OLS의 이론적 근거는 가우스-마코프 정리가 제공한다.

d. 2변수 PRF에서 u_i가 정규분포를 따른다면, b_2가 B_2의 더 정확한 추정치가 될 가능성이 높다.

e. OLS 추정량인 b_1과 b_2는 각각 u_i가 정규분포를 따를 때만 정규분포를 따른다.

f. r^2은 TSS/ESS의 비율이다.

g. 주어진 유의수준(α)과 자유도(df)에 대해 계산된 $|t|$가 임계 t값을 초과하면 귀무가설을 받아들여야 한다.

h. 상관계수 r은 기울기계수 b_2와 동일한 부호를 가진다.

i. p값과 유의수준인 α는 동일한 의미를 가진다.

3.3 다음 문장의 빈칸을 적절하게 채워라.

a. $B_2 = 0$이면 $b_2/\text{se}(b_2) = \ldots$

b. $B_2 = 0$이면 $t = b_2/\ldots$

c. r^2은 ...와 ... 사이에 위치한다.

d. r은 ...와 ... 사이에 위치한다.

e. TSS = RSS + ...

f. (TSS)의 자유도 = (...)의 자유도 + (RSS)의 자유도

g. $\hat{\sigma}$은 ...라고 불린다.

h. $\sum y_i^2 = \sum (Y_i - \ldots)^2$

i. $\sum y_i^2 = b_2(\ldots)$

3.4 다음 회귀식을 살펴보자.

$$\begin{aligned} \hat{Y}_i &= -66.1058 + 0.0650X_i \quad r^2 = 0.9460 \\ \text{se} &= (10.7509) \quad (\quad) \quad n = 20 \\ t &= (\quad) \quad (18.73) \end{aligned}$$

빠진 숫자를 채워라. 유의수준 $\alpha = 5\%$에서 실제 B_2가 0이라는 귀무가설을 기각할 것인가? 단측검정을 사용할 것인지 또는 양측검정을 사용할 것인지 정하고 그 이유를 설명하라.

3.5 r^2을 계산하기 위한 다음의 공식들이 모두 같음을 보여라.

$$r^2 = 1 - \frac{\sum e_i^2}{\sum y_i^2}$$
$$= \frac{\sum \hat{y}_i^2}{\sum y_i^2}$$
$$= \frac{b_2^2 \sum x_i^2}{\sum y_i^2}$$
$$= \frac{\left(\sum y_i \hat{y}_i\right)^2}{\left(\sum y_i^2\right)\left(\sum \hat{y}_i^2\right)}$$

3.6 다음을 증명하라.

$$\sum e_i = n\bar{Y} - nb_1 - nb_2\bar{X} = 0$$

3.7 OLS 추정량인 b_1과 b_2가 선형추정량임을 증명하라. 또한 이러한 추정량이 오차항(u_i)의 선형함수임을 증명하라.

$$b_2 = \sum x_i y_i / \sum x_i^2 = \sum w_i y_i$$

여기서 $w_i = x_i / \sum x_i^2$ 이다. X는 비확률적임을 유의하라.

3.8 식 (3.35)를 증명하라. 힌트: 식 (3.33)을 제곱하고 OLS 추정량의 특성을 활용하라.

연습문제

3.9 Dale Bails와 Larry Peppers는 1962~1977년까지의 미국 데이터를 바탕으로 다음과 같은 자동차 수요함수를 도출했다.[19]

$$\hat{Y}_t = 5807 + 3.24X_t \qquad r^2 = 0.22$$
$$se = (1.634)$$

여기서 Y = 승용차 소매 판매량(단위: 천 대), X = 실질가처분소득(단위: 1972년 기준 10억 달러)이다.

참고: b_1의 se는 제공되지 않는다.

a. B_2에 대한 95% 신뢰구간을 설정하라.

b. 이 신뢰구간이 $B_2 = 0$이 포함한다는 가설을 검정하라. 이 구간이 $B_2 = 0$을 포함하지 않는다면 이 귀무가설을 채택할 것인가?

19 Dale G. Bails and Larry C. Peppers, *Business Fluctuations: Forecasting Techniques and Applications*, Prentice-Hall, Englewood Cliffs, NJ, 1982, p. 147을 참조하라.

c. 귀무가설 H_0: $B_2 = 0$하에서 t값을 계산하라. 5% 수준에서 통계적으로 유의한가? 단측 또는 양측 검정 중 어떤 t검정을 사용하며 그 이유는 무엇인가?

3.10 현대 투자 분석의 (증권) 특성선은 다음의 회귀분석을 수반한다.

$$r_1 = B_1 + B_2 r_{mt} + u_t$$

여기서 r = 주식 수익률, r_m = S&P 500 종합지수로 대표되는 시장 포트폴리오 수익률, 그리고 t = 시간이다. 투자 분석에서 B_2는 해당 주식의 베타계수로 알려져 있으며 시장 위험의 측정 도구로 사용된다. 즉, 시장의 변동이 회사의 운명에 어떻게 영향을 미치는지를 나타낸다.

1956~1976년까지의 240개월 수익률을 기반으로, Fogler와 Ganapathy는 IBM 주식에 대해 다음 결과를 얻었다. 그들이 사용한 시장 지수는 시카고대학교에서 개발한 시장 포트폴리오 지수이다.[20]

$$r_t = 0.7264 + 1.0598 r_{mt}$$
$$se = (0.3001)(0.0728) \quad r^2 = 0.4710$$

a. 추정된 절편항(intercept)과 기울기의 의미를 해석하라.

b. r^2을 어떻게 해석해야 하는가?

c. 베타계수가 1보다 큰 유가증권은 변동성 있는 또는 공격적인 유가증권이라고 한다. 적절한 귀무가설과 대립가설을 세우고 t 검정을 이용하여 가설을 검정하라. 주의: $\alpha = 5\%$를 사용하라.

3.11 Y와 X에 대한 10개의 순서 쌍(pairs)을 기반으로 아래의 데이터가 주어져 있다.

$$\sum y_i = 1{,}110 \quad \sum X_i = 1{,}680 \quad \sum X_i Y_i = 204{,}200$$
$$\sum X_i^2 = 315{,}400 \quad \sum Y_i^2 = 133{,}300$$

CLRM의 모든 가정이 성립한다고 가정하고 다음을 구하라.

a. b_1과 b_2

b. (a)에서 구한 추정량의 표준오차

c. r^2

d. B_1과 B_2에 대한 95% 신뢰구간을 설정하라.

e. (d)에서 구한 신뢰구간을 바탕으로 $B_2 = 0$이라는 귀무가설을 채택할 수 있는가?

3.12 미국의 1965~2006년까지의 데이터를 기반으로(⤓표 3-12에서 찾을 수 있음), 다음과 같은 회귀 결과를 얻었다.

$$\text{GNP}_t = -995.5183 + 8.7503 M_{1t} \quad r^2 = 0.9488$$
$$se = (\quad) \qquad (0.3214)$$
$$t = (-3.8258) \qquad (\quad)$$

여기서 GNP는 국내총생산(10억 달러)이고, M_1은 화폐 공급(10억 달러)이다.

참고: M_1에는 통화, 요구불예금(demand deposit), 여행자 수표 및 기타 수표 예금이 포함된다.

a. 빈 괄호를 채워라.

b. 통화주의자들은 화폐 공급이 GNP에 상당한 양(+)의 영향을 미친다고 주장한다. 이 가설을 어떻게 검정할 수 있을까?

---

20 H. Russell Fogler and Sundaram Ganapathy, *Financial Econometrics*, Prentice-Hall, Englewood-Cliffs, NJ, 1982, p. 13을 참조하라.

c. 음(−)의 절편항이 갖는 의미는 무엇인가?

d. 2007년의 M_1이 7,500억 달러라고 가정하라. 해당 연도의 GNP 평균 예측값은 얼마인가?

3.13 *정치적 경기순환:* 경제 사건이 대통령 선거에 영향을 주는가? 이 주제에 대한 광범위한 논의가 있다.[21] 이 이론을 검정하기 위해 표 3-13에 제시된 데이터를 수집했다. 미국의 대통령 선거는 4년마다 11월에 열린다. 데이터는 4년을 주기로 1948년, 1952년 … 2016년까지를 대상으로 한다. 표의 변수는 다음과 같다:

대통령 지지율: 갤럽 여론조사의 현직 대통령에 대한 평균 지지율(%)
실업률: 민간 실업률(%), 미국 연방준비은행 출처
인플레이션율: 연방준비은행 출처
소비자 신뢰도: 소비자심리지수(1964년 12월 = 100), 미시간대학교 설문조사 결과
고통지수(Misery Index, Mindex) = 실업률과 물가상승률의 합계

참고: 모든 데이터는 11월 선거 전인 2월 데이터이다.

a. 정치적 경기순환 이론에서 대통령 지지율과 위에 나열된 다른 변수들 사이의 관계는 어떠할 것이라고 예상하는가? 긍정적, 부정적, 관계없음

b. 실업률, 물가상승률, 소비자신뢰지수, 고통지수 변수에 대해 대통령 지지율을 개별적으로 회귀시켜 일반적인 회귀 통계량을 구하라. 회귀 결과가 정치적 경기순환 이론을 지지하는가? 다른 세 가지 변수에 대한 지지율을 각각 그래프로 나타내라.

참고: 고통지수는 원래 경제학자 아서 오쿤이 제안한 개념이다. 실업률과 인플레이션은 모두 경제적 '악재'이다. 높은 실업률과 높은 인플레이션은 모두 보통의 임금 근로자에게 중요한 요인이기 때문에 고통지수는 경제의 건전성을 측정하는 간단한 척도이다.

a. 선험적으로 각 회귀에서 기울기계수의 예상 부호는 무엇인가?

b. 분석 결과가 정치 경제 주기 이론을 지지하는가? 적설한 계산을 통해 주장을 뒷받침하라.

c. 1984년과 1988년의 대통령 선거 결과가 정치 경제 주기 이론을 지지하는가?

d. b_1과 b_2의 표준오차를 어떻게 계산하는가?

e. 대통령 지지도를 설명하기 위해 위에 나열된 모든 설명변수를 회귀분석에 포함시킬 수 있는가? 이유를 설명하라.

3.14 미국의 제조업 설비 가동률과 인플레이션 간의 관계를 연구하기 위해 표 3-14와 같은 데이터를 수집했다. 이 표에서 Y = GDP 디플레이터의 백분율 변화로 측정된 물가상승률이고, X = 1960~2007년의 생산능력(capacity) 대비 생산량으로 측정된 제조업의 설비 가동률(%)이다.

a. 선험적으로 물가상승률과 설비 가동률 사이의 관계는 무엇이라고 예상하는가? 이러한 예상에 대한 경제적 근거는 무엇인가?

b. Y를 X에 대해 회귀시키고 그 결과를 식 (3.10)의 형식으로 나타내라.

c. 추정된 기울기계수가 통계적으로 유의한가?

d. 추정된 기울기계수는 통계적으로 1과 다른가?

e. 자연 설비 가동률은 Y가 0일 때의 설비 가동률로 정의된다. 이 연구에서 고려하는 기간 동안의 자연 설비 가동률은 얼마인가?

---

21 Gary Smith, *Statistical Reasoning*, Allyn and Bacon, Boston, MA, 1985, and Ray C. Fair, "The Effect of Economic Events on Votes for President," *Review of Economics and Statistics*, May 1978, pp. 159-173을 참조하라.

3.15 *역회귀식*[22]: 문제 3.14를 계속 진행하되 이제는 X를 Y에 대해 회귀시킨다고 가정하자.

a. 이 회귀분석의 결과를 제시하고 설명하라.

b. 두 회귀분석의 기울기계수를 곱하면 어떤 결과를 얻을 수 있는가? 이 결과는 놀라운 것인가?

c. 문제 3.14의 회귀식은 직접 회귀식(direct regression)이라고 할 수 있다. 언제 역회귀식이 적합할 수 있는가?

d. X와 Y의 r^2이 1이라고 가정하자. Y를 X에 대해 회귀시키는 경우와 X를 Y에 대해 회귀시키는 경우의 차이점이 있는가?

3.16 표 3.15는 119개국의 기대수명(단위: 연도)과 1인당 국내총생산(PGDP) 데이터를 제공한다.

a. PGDP에 대한 기대수명의 그래프를 그려라. 무엇을 관측할 수 있는가? 어떤 경제적 의미를 갖는가?

b. 기대수명을 PGDP에 대해 회귀시키고 일반적인 회귀 통계량을 구하라.

c. PGDP가 기대수명에 영향을 주지 않는다는 귀무가설을 검정하라. 귀무가설을 기각할 것인가?

3.17 표 2-1에 주어진 SAT 자료를 참조하라. 아래의 회귀식을 추정함으로써 여성의 수학 점수를 기반으로 하여 남성의 수학 점수를 예측하고자 한다고 가정하라:

$$Y_t = B_1 + B_2X_t + u_t$$

여기서 Y와 X는 각각 남성과 여성의 수학 점수를 나타낸다.

a. 위의 회귀식을 추정하고 일반적인 요약 통계량을 구하라.

b. Y와 X 간에는 아무런 관계가 없다는 귀무가설을 검정하라.

c. 2008년 여성의 수학 점수가 490점으로 예상된다고 가정하자. 예측되는 남성의 (평균) 점수는 얼마인가?

d. (c)에서 예측되는 값의 95% 신뢰구간을 구하라.

3.18 문제 3.17을 반복해서 풀어보라. 단, Y와 X가 각각 남성과 여성의 비판적 읽기 점수라고 하자. 2008년 한 여성의 비판적 읽기 점수가 505점이라고 가정하자.

3.19 다음의 회귀분석 결과를 고려하라:[23]

$$\hat{Y}_t = -0.17 + 5.26X_t \quad \bar{R}^2 = 0.10, \ \text{Durbin-Watson} = 2.01$$
$$t = (-1.73)(2.71)$$

여기서 Y = 당해 연도 1월부터 다음 연도 1월까지 주가지수의 실질 수익, X = 직전 연도의 총배당금을 직전 연도 7월의 주가지수로 나눈 값, 그리고 t = 시간이다.

참고: 더빈-왓슨 통계량에 대해서는 제10장을 참조하라.

이 연구에서 다루는 시기는 1926~1982년이다.

참고: $\bar{R}^2$은 조정된 결정계수를 의미한다. 더빈-왓슨 값은 자기상관의 척도이다. 두 척도는 다음 장에서 설명한다.

a. 위의 회귀식을 어떻게 해석할 수 있는가?

b. 위의 결과가 납득할 만하다면 배당/주가 비율이 높을 때 주식 시장에 투자하는 것이 최고의 투자 전략이라는 의미인가?

---

22 G. S. Maddala, *Introduction to Econometrics*, 3rd ed., Wiley, New York, 2001, pp. 71-75를 참조하라.

23 Robert J. Shiller, *Market Volatility*, MIT Press, Cambridge, MA, 1989, pp. 32-36을 참조하라.

c. (b)에 대한 답을 알고 싶다면 Shiller의 분석을 읽어 보라.

3.20 학교 교육 기간과 평균 시간당 수입에 관한 사례 2.1을 참조하라. 이 사례의 데이터는 표 2-6에 제공되며, 회귀 결과는 식 (2.21)에 제시되어 있다. 이 회귀분석을 위해

a. 절편항과 기울기계수의 표준오차, 그리고 r^2을 구하라.

b. 학교 교육이 평균 시간당 수입에 영향을 주지 않는다는 가설을 검정하라. 어떤 검정 방법을 사용할 것이고 그 이유는 무엇인가?

c. (b)에서 귀무가설을 기각한다면, 식 (2.21)의 기울기계수가 1과 다르지 않다는 가설 또한 기각할 수 있는가? 필요한 계산 결과를 보여라.

3.21 사례 2.2는 식 (2.22)가 제시하는 오쿤의 법칙을 다루고 있다. 이 식은 또한 $X_t = B_1 + B_2Y_t$로 쓸 수 있는데 여기서 X = GDP로 측정된 실질생산성장률(%)이고, Y = %p로 측정된 실업률이다. 표 2-13에 주어진 데이터를 사용하라.

a. 위의 회귀식을 추정하고 일반적인 결과를 구하라.

b. 실업률의 변화가 실질 GDP의 성장률에 대한 중요한 결정요인인가? 어떻게 알 수 있는가?

c. 이 회귀식의 절편항을 어떻게 해석할 수 있는가? 이것이 어떤 경제적 의미를 갖는가?

3.22 주식가격과 이자율을 연관 짓는 사례 2.3에 대해, 식 (2.24)의 회귀분석 결과는 통계적으로 유의한가? 필요한 계산 결과를 나타내라.

3.23 골동품 시계와 그 가격에 대한 사례 2.5를 참조하라. 표 2-14에 근거하여 식 (2.27)과 식 (2.28)에 주어진 회귀분석 결과를 얻었다. 각 회귀식에 대해 표준오차, t비율(t ratios), r^2값을 구하라. 두 회귀식에서 추정된 계수의 통계적 유의성을 검정하라.

3.24 표 3-16은 1959~2006년까지 수입재에 대한 미국의 지출(Y)과 개인가처분소득(X)에 대한 데이터를 제공한다.

이 표에 주어진 데이터를 기반으로 수입지출함수를 추정하고 일반적인 회귀 통계량을 구하라. 그리고 수입재에 대한 지출이 개인가처분소득과 관련이 없다는 가설을 검정하라.

3.25 CLRM의 가정하에서 OLS 추정량은 비편향적이라고 주장했다. 하지만 이를 어떻게 입증할 수 있을까? 몬테카를로 시뮬레이션이라는 실험을 진행하고 다음과 같은 정보가 주어진다고 가정해 보자.

$$\begin{aligned} Y_i &= B_1 + B_2X_i + u_i \\ &= 1.5 + 2.0X_i + u_i \end{aligned}$$

여기서 $u_i \sim N(0,4)$이다.

즉, 절편항과 기울기계수의 실젯값이 각각 1.5와 2.0이고 오차항은 평균이 0이고 분산이 4인 정규분포를 따른다는 사실을 알고 있다. 이제 10개의 X값이 1,2,3,4,5,6,7,8,9,10으로 주어졌다고 가정하자.

이 정보를 기반으로 다음과 같이 진행할 수 있다. 통계 패키지를 사용하여 평균이 0이고 분산이 4인 정규분포에서 10개의 u_i값을 생성한다. B_1, B_2, 10개의 X값, 그리고 정규분포에서 생성된 10개의 u_i를 고려하여, 위의 식에서 10개의 Y값을 얻을 수 있다. 이것을 '1번 실험' 또는 '1번 표본'이라고 부른다. 정규분포표로 이동하여 다른 10개의 u_i값을 수집하고 10개의 다른 Y값을 생성하여 2번 표본이라고 부른다. 이러한 방식으로 21개의 표본을 구한다.

a. 각 표본에 대해 b_1과 b_2의 값을 구하라.

b. 21개 b_1과 21개 b_2의 평균값을 구하라.

c. 각 표본에 대해 $\hat{\sigma}^2$의 값을 구하라.

d. 21개 b_1의 평균값이 1.5와 같거나 또는 근접한가?

e. 21개 b_2의 평균값이 2.0인가?

f. 21개 $\hat{\sigma}^2$의 평균값은 4인가?

g. 21개가 아닌 100개의 표본을 가지고 있다고 가정하자. d, e, f에 대한 대답은 무엇인가?

h. 이 연습문제를 통해 어떤 결론을 도출할 수 있는가?

3.26 사례 2.3을 참조하라. 다음과 같은 회귀모형을 추정한다고 가정하자:

$$Index_t = B_1 + B_2 TB_t + u_t$$

여기서 Index는 S&P 500 종합지수이고 TB는 3개월 만기 국채 금리이다.

a. OLS를 이용해서 위의 회귀식을 추정하고 일반적인 결과를 구하라.

b. 추정된 계수들이 각각 통계적으로 유의한가? 어떤 검정 방법을 사용했는가?

c. 이 모형에서 추정된 잔차 e_t를 구하라.

d. 그림 2-7을 보면 이 문제에서 추정된 선형회귀식이 적절하다고 생각하는가? 어떤 대안을 제시하겠는가?

4

Chapter

다중회귀모형

추정과 가설검정

지금까지 살펴본 2변수선형회귀모형에는 1개의 독립(또는 설명)변수만 있었다. 이 장에서는 종속변수에 영향을 미칠 수 있는 2개 이상의 설명변수의 가능성을 고려함으로써 2변수모형을 확장한다. 2개 이상의 설명변수를 포함하는 회귀모형을 **다중(또는 다변수)회귀모형**(multiple regression model)이라고 한다. 여러 요인(즉, 변수들)이 종속변수에 영향을 줄 수 있기 때문에 '다중(multiple)'이라는 명칭이 붙었다.

파산(bankruptcy)이라는 종속변수를 설명하기 위한 회귀모형을 개발하고자 한다. 파산과 같은 경제 현상은 단 1개의 설명변수로 설명하기에는 너무나 복잡하다. 즉 설명을 위해 총자산 대비 기본 자본 비율, 총자산 대비 90일 이상 연체 대출 비율, 총자산 대비 비수익성 대출 비율, 총자산 대비 조정 대출 비율, 총자산 대비 순이익 비율 등 여러 변수가 필요하다.[1] 파산에 영향을 줄 수 있는 여러 요인을 회귀모형에 허용하기 위해 이 모든 변수를 포함하려면 다중회귀모형을 고려해야만 한다.

물론, 여러 다중회귀모형의 수백 가지 예시를 인용할 수 있다. 사실 대부분의 회귀모형은 다중회귀모형이다. 2변수모형과 같이 오직 1개의 설명변수로만 설명할 수 있는 경제 현상은 사실 거의 없기 때문이다.

이 장에서는 다음 질문에 대한 답을 찾아가면서 다중회귀모형에 대해 논의한다.

1. 다중회귀모형을 어떻게 추정하는가? 추정 절차는 2변수회귀모형과 어떤 차이점이 있는가?

1 실제로 미국 연방준비제도이사회가 파산한 은행에 대한 내부 연구에서 고려한 변수들 중 일부이다.

2. 가설검정 절차는 2변수회귀모형과 어떤 차이점이 있는가?

3. 2변수회귀모형에서는 접할 수 없었던 다중회귀모형만의 고유한 특성이 있는가?

4. 다중회귀모형은 설명변수를 얼마든지 포함할 수 있기 때문에, 주어진 상황에서 몇 개의 설명변수를 모형에 포함할지를 어떻게 결정하는가?

관련된 다른 질문들과 함께 이에 대답하기 위해, 우선 가장 간단한 다중회귀모형을 고려한다. 즉, 종속변수 Y의 움직임이 2개의 설명변수 X_2와 X_3에 의해 설명되는 3변수모형이다. 일단 3변수모형을 명확하게 이해하면 4변수, 5변수 또는 그 이상의 변수모형으로의 확장은 산술적으로는 조금 지루할 수 있지만 꽤 간단하다(그러나 이제 고성능 컴퓨터 시대이므로 이는 문제가 되지 않을 것이다). 이어지는 논의에서 드러나겠지만 3변수모형 자체가 여러 면에서 2변수모형의 명백한 확장이라는 점은 흥미롭다.

4.1 3변수 선형회귀모형

2변수 모집단회귀함수(population regression function, PRF)를 일반화하면, 비확률적 형태의 3변수 PRF를 다음과 같이 쓸 수 있다.

$$E(Y_t) = B_1 + B_2X_{2t} + B_3X_{3t} \tag{4.1}$$ [2]

그리고 확률적 형태는

$$Y_t = B_1 + B_2X_{2t} + B_3X_{3t} + u_t \tag{4.2}$$

$$= E(Y_t) + u_t \tag{4.3}$$

여기서 Y = 종속변수, X_2와 X_3 = 설명변수, u = 확률적 교란항(disturbance term), 그리고 t = t번째 관측치이다.

횡단면 데이터의 경우, 하첨자 i는 i번째 관측치를 나타낼 것이다. 3변수모형 또는 보다 일반적으로 다변수모형에서 오차항 u를 소개하는 이유는 2변수 경우에 소개된 것과 같은 이유이다.

B_1은 절편항이고 X_2와 X_3가 모두 0일 때 Y의 평균값을 나타낸다. 회귀계수 B_2와 B_3를 **부분(편)회귀계수**(partial regression coefficients) 또는 **부분(편)기울기계수**(partial slope coefficient)라고 부르며, 그 의미는 곧 설명할 것이다.

---

2 식 (4.1)은 각 관측치에 대해 X_{1t} = 1이라는 점을 이해하면 $E(Y_t) = B_1X_{1t} + B_2X_{2t} + B_3X_{3t}$로 작성할 수 있다. 식 (4.1)의 표현은 모수 또는 그 추정량의 첨자가 연결된 변수의 첨자와 일치하도록 한 표기상 편의를 위한 것이다.

제2장의 논의를 따르면, 식 (4.1)은 변수 X_2와 X_3의 값이 주어지거나 고정된 값이라는 조건하에서 Y의 **조건부 평균**(conditional mean) 값을 제공한다. 따라서 2변수의 경우와 마찬가지로 다변수회귀모형 또한 설명변수의 값이 주어지거나 고정된 값이라는 조건하에서의 **조건부 회귀**(conditional regression) 분석이고, 고정된 X값에 대한 Y의 평균값을 얻게 된다. PRF는 설명변수 X_2와 X_3의 주어진(또는 고정된) 수준에 대응하는 Y 모집단의 (조건부) 평균을 제공한다는 점을 기억하자.[3]

확률적 형태인 식 (4.2)는 모든 개별 Y값을 두 구성 요소의 합으로 표현할 수 있음을 나타낸다.

1. 체계적 또는 **결정론적**(deterministic) 구성 요소($B_1 + B_2X_{2t} + B_3X_{3t}$)로, 이것은 단순히 종속변수의 평균값 $E(Y_t)$[즉, 모집단회귀선(PRL)상의 점]이다.[4]

2. u_t는 **비체계적**(nonsystematic) 또는 **무작위**(random) 구성 요소로, X_2 및 X_3 이외의 요인에 의해 결정된다.

이 모든 것은 2변수모형의 경우로부터 익숙한 부분이다. 한 가지 주목할 점은 이제 1개의 설명변수가 아닌 2개의 설명변수가 있다는 점이다.

식 (4.1) 또는 확률적 대응 식 (4.2)는 **선형회귀모형**(linear regression model), 즉 모수인 B에 대해 선형인 모형이라는 점에 유의하자. 제2장에서 언급했듯이, 이 책에서 다루는 것은 **모수에 대해 선형인** 회귀모형이다. 이러한 모형은 변수에 대해서는 선형일 수도 있고 아닐 수도 있다(이에 대해서는 제5장에서 자세히 설명한다).

부분회귀계수의 의미

앞서 언급했듯이, 회귀계수 B_2와 B_3는 부분회귀 또는 부분기울기계수로 알려져 있다. 부분회귀계수의 의미는 다음과 같다: B_2는 X_3의 값이 일정하게 유지될 때 X_2의 한 단위 변화에 대한 Y의 평균값 $E(Y)$의 **변화**를 측정한다. 비슷하게 B_3는 X_2의 값이 일정하게 유지될 때 X_3의 한 단위 변화에 대한 Y의 평균값 $E(Y)$의 변화를 측정한다. 이는 다중회귀의 독특한 특징이다. 2변수의 경우에는 단 1개의 설명변수만 있었으므로 모형 내 다른 설명변수의 존재에 대해 걱정할 필요가 없었다. 다중회귀모형에서는 Y의 평균값의 변화 중 어떤 부분이 X_2에 직접적으로 기인하는지 그리고 어떤 부분이 X_3에 직접적으로 기인하는지 알아내려고 한다. 이 점은 다중회귀의 논리를 이해하는 데 매우 중요하기 때문에 간단한 사례로 설명한다. 다음과 같은 PRF가 있다.

---

3 2변수인 경우와 달리 3변수 Y, X_2, X_3를 표현하려면 2차원 형태로는 시각화하기 어려워 3차원 도표를 사용해야 하므로 이를 도표로 나타내어 보여줄 수는 없다. 하지만 상상력을 발휘하면 그림 2-6과 유사한 도표를 시각화할 수 있다.

4 기하학적으로 이 경우의 PRL은 평면으로 알려져 있다.

$$E(Y_t) = 15 - 1.2X_{2t} + 0.8X_{3t} \tag{4.4}$$

X_3의 값을 10으로 일정하게 유지한다. 이 값을 식 (4.4)에 대입하면 다음과 같은 식을 얻는다.

$$\begin{aligned} E(Y_t) &= 15 - 1.2X_{2t} + 0.8(10) \\ &= (15+8) - 1.2X_{2t} \\ &= 23 - 1.2X_{2t} \end{aligned} \tag{4.5}$$

여기서 기울기계수 $B_2 = -1.2$는 X_3가 일정하게 유지될 때 Y의 평균값은 X_2가 한 단위 증가할 때마다 1.2씩 감소함을 나타낸다(이 예에서는 다른 값도 가능하지만 $X_3 = 10$으로 일정하게 유지됨).[5] 이 기울기계수를 **부분회귀계수**라고 한다.[6] 마찬가지로 X_2를 5로 일정하게 유지하면 다음과 같이 구할 수 있다.

$$\begin{aligned} E(Y_t) &= 15 - 1.2(5) + 0.8X_{3t} \\ &= 9 + 0.8X_{3t} \end{aligned} \tag{4.6}$$

기울기계수 $B_3 = 0.8$은 X_2가 일정하게 유지될 때 Y의 평균값은 X_3가 한 단위 증가할 때마다 0.8씩 증가함을 나타낸다(이 예에서는 다른 값도 가능하지만 $X_2 = 5$로 일정하게 유지됨). 이 기울기계수 역시 부분회귀계수이다.

즉, 부분회귀계수는 모형에 포함된 다른 설명변수의 값이 일정할 때 한 설명변수가 종속변수의 평균값에 미치는 (부분적인) 영향을 반영한다. 다중회귀분석의 이러한 고유한 기능을 통해 모형에 둘 이상의 설명변수를 포함할 수 있을 뿐만 아니라 모형에 포함된 다른 X변수로부터 각 X변수가 Y에 미치는 영향을 '분리(isolate)' 또는 '해체(disentangle)'할 수 있다.

구체적인 예는 4.5절에서 살펴본다.

4.2 다중선형회귀모형의 가정

2변수의 경우와 마찬가지로, 가장 먼저 해야 할 일은 다중회귀모형의 (부분)회귀계수를 추정하는 것이다. 이를 위해 제3장에서 처음 소개한 고전적 선형회귀모형(CLRM)의 틀 안에서 분석을 계속 진행하고, 회귀계수를 추정하기 위해 보통최소제곱법(OLS)을 사용한다.

구체적으로, 모형 (4.2)에 대해 다음과 같이 가정한다(3.1절 참조):

---

5 식 (4.5)의 대수학적 계산에서 보듯이, X_3가 어떤 값으로 고정되었는지는 중요하지 않다. 왜냐하면 그 고정된 값은 해당 계수와 곱해져 상수가 되며, 이 값은 단순히 절편에 더해질 것이다.

6 수학에 관심이 있는 독자라면 B_2가 X_2에 대한 $E(Y)$의 편미분이고, B_3는 X_3에 대한 $E(Y)$의 편미분이라는 것을 단번에 알아차릴 수 있다.

가정 4.1

회귀모형은 식 (4.1)처럼 모수(parameters)에 대해 선형이며 올바르게 명시되었다.

가정 4.2

X_2와 X_3는 교란항 u와 상관관계가 없다. X_2와 X_3가 비확률적(즉, 고정된 수를 반복 추출한 경우)이라면 이 가정은 자동으로 충족된다.

그러나 X변수가 무작위 또는 확률적이라면 오차항 u에 대해 독립적으로 분포해야 한다. 그렇지 않다면 회귀계수의 불편추정값(unbiased estimates)을 얻을 수 없다.

가정 4.3

오차항 u의 평균값은 0이다.

$$E(u_i) = 0 \tag{4.7}$$

가정 4.4

동분산성, 즉 u의 분산은 일정하다.

$$\text{Var}(u_i) = \sigma^2 \tag{4.8}$$

가정 4.5

오차항 u_i와 u_j 간에는 자기상관성이 존재하지 않는다.

$$\text{Cov}(u_i, u_j) = 0, \quad i \neq j \tag{4.9}$$

가정 4.6

X_2와 X_3 간에는 정확한 공선성(exact collinearity)이 존재하지 않는다. 즉, 2개(또는 그 이상)의 설명변수 간에 정확한 선형관계가 존재하지는 않는다. 가정 4.6은 새로운 가정이며 이후에 다시 설명한다.

가정 4.7

가설검정을 위해, 오차항 u는 평균이 0이고 (동분산적인) 분산이 σ^2인 정규분포를 따른다.

$$u_i \sim N(0, \sigma^2) \tag{4.10}$$

가정 4.6을 제외한 다른 가정들에 대한 근거는 2변수 선형회귀모형에서 논의된 바와 같다. 제

3장에서 지적한 바와 같이 이 가정들은 주제의 전개를 용이하게 하기 위해 도입하였다. 제2부에서 이 가정들을 재검토할 것이고, 실제 사례를 통해 이 가정들 중 하나 또는 그 이상이 성립하지 않을 때 무슨 일이 발생하는지 살펴볼 것이다.

가정 4.6에 따르면, 설명변수 X_2와 X_3 사이에는 정확한 선형관계가 없다. 이는 '공선성 없음(no collinearity)' 혹은 여러 정확한 선형관계가 관련되어 있는 경우 '**다중공선성**(multicollinearity) 없음' 가정으로 알려져 있다. 이 개념은 새로운 것이고 추가적인 설명이 필요하다.

편하게 말하면 완벽한 공선성이 존재하지 않는다는 것은 확률변수 X_2가 다른 확률변수 X_3의 정확한 선형함수로 표현될 수 없음을 의미한다. 즉,

$$X_{2t} = 3 + 2X_{3t}$$

또는

$$X_{2t} = 4X_{3t}$$

위의 식처럼 나타낼 수 있다면 두 변수 간에는 **정확한 선형관계**(exact linear relationship)가 있기 때문에 두 변수는 **공선적**(collinear)이다. 가정 4.6은 이런 일은 있을 수 없다고 한다. 여기 논리는 단순하다. 만약에 예를 들어 $X_2 = 4X_3$이라면 식 (4.1)에 대입하여

$$\begin{aligned} E(Y_t) &= B_1 + B_2(4X_{3t}) + B_3X_{3t} \\ &= B_1 + (4B_2 + B_3)X_{3t} \\ &= B_1 + AX_{3t} \end{aligned} \tag{4.11}$$

을 구할 수 있다. 여기서

$$A = 4B_2 + B_3 \tag{4.12}$$

식 (4.11)은 사실 2변수모형이지 3변수모형은 아니다. 이제 식 (4.11)을 추정할 수 있고 A의 추정값을 구할 수 있더라도 추정된 A로부터 B_2와 B_3의 개별 추정값을 도출할 수는 없다. 식 (4.12)가 2개의 미지수를 포함한 방정식이기 때문에 B_2와 B_3의 고유한 해를 구하기 위해서는 2개의 (독립적인) 방정식이 필요하다.

이 논의의 결론은 완벽한 공선성이 있는 경우에 개별 부분회귀계수 B_2와 B_3를 추정할 수 없다는 것이다. 즉, X_2와 X_3가 Y에 미치는 개별 효과를 평가할 수 없다. 하지만 실제로는 모형에 2개의 독립변수를 포함하고 있지는 않기 때문에 이는 놀라운 일이 아니다.

현실에서 완벽한 공선성을 갖는 경우는 드물지만, **높은**(high) 또는 **거의 완벽한 공선성**(near-perfect collinearity)을 갖는 경우는 많다. 제8장에서 이 경우에 대해 더 자세히 살펴본다. 지금은 2개 이상의 설명변수들 간에 정확한 선형관계가 없어야 한다는 것만 요구한다.

4.3 다중회귀모형의 모수 추정

식 (4.2)의 모수들을 추정하기 위해 제2장과 제3장에서 주요한 특징에 대해 설명한 보통최소제곱법(OLS)을 사용한다.

보통최소제곱추정량

OLS 추정량을 찾기 위해 먼저 식 (4.2)의 PRF에 대응되는 표본회귀함수(sample regression function, SRF)를 다음과 같이 쓸 수 있다.

$$Y_t = b_1 + b_2 X_{2t} + b_3 X_{3t} + e_t \tag{4.13}$$

여기서 제2장에서 소개된 관례를 따르면, e는 **잔차항**(residual term) 또는 간단히 **잔차**(residual)이고(모집단 u의 표본 대응), b는 모집단계수인 B의 **추정량**이다. 보다 구체적으로

$b_1 = B_1$의 추정량

$b_2 = B_2$의 추정량

$b_3 = B_3$의 추정량

식 (4.1)의 표본 대응은

$$\hat{Y}_t = b_1 + b_2 X_{2t} + b_3 X_{3t} \tag{4.14}$$

이는 **추정된**(estimated) 모집단회귀선(polulation regression line, PRL)이다(실제로는 평면임).

제2장에서 설명한 것처럼 OLS 원리는 잔차 제곱합(residual sum of squares, RSS)인 $\sum e_t^2$이 가장 작아지도록 만드는 미지의 모숫값을 선택한다. 이를 위해 먼저 식 (4.13)을 다음과 같이 쓸 수 있다.

$$e_t = Y_t - b_1 - b_2 X_{2t} - b_3 X_{3t} \tag{4.15}$$

양변을 제곱하고 모든 표본 관측값에 대해 더하면, 다음을 구할 수 있다.

$$\text{RSS}: \sum e_t^2 = \sum (Y_t - b_1 - b_2 X_{2t} - b_3 X_{3t})^2 \tag{4.16}$$

그리고 OLS에서는 이 RSS(실제 Y_t와 추정된 Y_t 간의 차이 제곱합)를 최소화한다. Y, X_2, 그리고 X_3의 값을 알고 있다고 가정했기 때문에 RSS를 가장 작게 만들어 주는 b_1, b_2, 그리고 b_3를 찾아야 한다.

식 (4.16)의 최소화 문제는 미분이라는 미적분학 기법을 포함한다. 자세히 들어갈 필요 없이

미분 과정은 미지수[7]를 추정하는 데 도움을 주는 정규방정식(normal equations)으로 알려진 다음과 같은 방정식을 제공한다[2변수모형의 정규방정식인 식 (2.14), 식 (2.15)와 비교해 보자].

$$\bar{Y} = b_1 + b_2\bar{X}_2 + b_3\bar{X}_3 \tag{4.17}$$

$$\sum YX_{2t} = b_1\sum X_{2t} + b_2\sum X_{2t}^2 + b_3\sum X_{2t}X_{3t} \tag{4.18}$$

$$\sum Y_t X_{3t} = b_1\sum X_{3t} + b_2\sum X_{2t}X_{3t} + b_3\sum X_{3t}^2 \tag{4.19}$$

여기서 합은 표본 범위 1에서 n까지 이루어진다. 3개의 방정식과 3개의 미지수가 있다. 변수 Y와 X들은 알려져 있으며 미지수는 b들이다. 미지수가 3개인 3차 연립방정식은 풀 수 있어야 한다. 위 방정식들을 적당히 대수적으로 조작하면 3개의 OLS 추정량을 구할 수 있다.

$$b_1 = \bar{Y} - b_2\bar{X}_2 - b_3\bar{X}_3 \tag{4.20}$$

$$b_2 = \frac{\left(\sum y_t x_{2t}\right)\left(\sum x_{3t}^2\right) - \left(\sum y_t x_{3t}\right)\left(\sum x_{2t}x_{3t}\right)}{\left(\sum x_{3t}^2\right)\left(\sum x_{3t}^2\right) - \left(\sum x_{2t}x_{3t}\right)^2} \tag{4.21}$$

$$b_3 = \frac{\left(\sum y_t x_{3t}\right)\left(\sum x_{2t}^2\right) - \left(\sum y_t x_{2t}\right)\left(\sum x_{2t}x_{3t}\right)}{\left(\sum x_{2t}^2\right)\left(\sum x_{3t}^2\right) - \left(\sum x_{2t}x_{3t}\right)^2} \tag{4.22}$$

여기서 통상적으로 소문자는 표본평균값으로부터의 이탈값을 나타낸다(즉, $y_t = Y_t - \bar{Y}$).

이 식들과 2변수모형에서 도출된 식 (2.16), (2.17) 간에 유사성이 있음을 알 수 있다. 또한 다음 특성을 알 수 있다: (1) 식 (4.21)과 식 (4.22)는 x_2와 x_3의 역할을 서로 바꿔서 도출할 수 있는 대칭성을 갖는다, (2) 두 식의 분모는 동일하다.

OLS 추정량의 분산과 표준오차

절편 및 부분회귀계수의 OLS 추정량을 구했으면 2변수모형에서와 같은 방식으로 추정량의 분산과 표준오차를 도출할 수 있다. 이러한 분산 또는 표준오차를 통해 표본 간 추정량의 변동성에 대해 어느 정도 파악할 수 있다. 2변수의 경우와 마찬가지로 표준오차는 (1) 실제 모숫값에 대한 신뢰구간을 설정하고 (2) 통계적 가설을 검정하는 두 가지 주요 목적을 위해 필요하다. 증명 없이 제시된 관련 공식은 다음과 같다.

$$\mathrm{Var}(b_1) = \left[\frac{1}{n} + \frac{\bar{X}_2^2\sum x_{3t}^2 + \bar{X}_3^2\sum x_{2t}^2 + 2\bar{X}_2\bar{X}_3\sum x_{2t}x_{3t}}{\sum x_{2t}^2\sum x_{3t}^2 - \left(\sum x_{2t}x_{3t}\right)^2}\right].\sigma^2 \tag{4.23}$$

$$\mathrm{se}(b_1) = \sqrt{\mathrm{Var}(b_1)} \tag{4.24}$$

7 수학적 세부사항은 부록 4A.1에서 확인할 수 있다.

$$\text{Var}(b_2) = \frac{\sum x_{3t}^2}{\left(\sum x_{2t}^2\right)\left(\sum x_{3t}^2\right) - \left(\sum x_{2t} x_{3t}\right)^2} . \sigma^2 \tag{4.25}$$

$$\text{se}(b_2) = \sqrt{\text{Var}(b_2)} \tag{4.26}$$

$$\text{Var}(b_3) = \frac{\sum x_{2t}^2}{\left(\sum x_{2t}^2\right)\left(\sum x_{3t}^2\right) - \left(\sum x_{2t} x_{3t}\right)^2} . \sigma^2 \tag{4.27}$$

$$\text{se}(b_3) = \sqrt{\text{Var}(b_3)} \tag{4.28}$$

이 모든 식에서 σ^2은 모집단 오차항 u_t의 (동분산적) 분산이다. 미지의 분산 σ^2의 OLS 추정량은 다음과 같다.

$$\hat{\sigma}^2 = \frac{\sum e_t^2}{n-3} \tag{4.29}$$

이 공식은 식 (3.8)에 주어진 2변수 경우로부터의 간단한 확장인데 자유도(*df*)가 $(n - 3)$이라는 점만 예외적이다. RSS, 즉 $\sum e_t^2$을 추정할 때 먼저 b_1, b_2, 그리고 b_3를 구해야 하는데 이 과정에서 3 *df*를 소비한다. 이 주장은 상당히 일반적이다. 4변수의 경우에는 *df*가 $(n - 4)$가 되고, 5변수의 경우 *df*는 $(n - 5)$가 되는 식이다.

또한 $\hat{\sigma}^2$의 (양의) 제곱근은

$$\hat{\sigma} = \sqrt{\hat{\sigma}^2} \tag{4.30}$$

추정값의 표준오차(standard error of the estimate) 또는 **회귀식의 표준오차**(standard error of the regression)이고, 제3장에서 지적했듯이 추정된 회귀선으로부터 *Y*값의 표준편차(standard deviation)이다.

$\sum e_t^2$의 계산에 대한 제언. $\Sigma e_t^2 = \Sigma(Y_t - \hat{Y}_t)^2$이므로 이 식을 계산하려면 먼저 $\hat{Y}_t$를 계산해야 하는데, 컴퓨터는 이를 매우 쉽게 수행한다. 하지만 RSS를 계산하는 지름길이 있다(부록 4A.2 참조).

$$\sum e_t^2 = \sum y_t^2 - b_2 \sum y_t x_{2t} - b_3 \sum y_t x_{3t} \tag{4.31}$$

일단 부분기울기(partial slopes) b_2와 b_3가 추정되면 이 식은 쉽게 계산할 수 있다.

참고: 앞의 공식은 어렵게 느껴질 수 있지만 실제로는 적절한 소프트웨어를 사용하여 계산을 수행한다. 여기에 이러한 공식을 제시한 이유는 추정량과 그 분산 및 표준오차를 계산하기 위한 기본 공식을 보여주기 위해서이다. 여러 회귀변수가 있는 다중회귀분석의 경우 이러한 방정식은 훨씬 더 복잡해진다. 행렬 대수학에 대한 지식이 있는 학생은 이러한 공식을 훨씬 더 간결하게 표현할 수 있다.

다중회귀모형 OLS 추정량의 특성

2변수인 경우, CLRM을 가정할 때 OLS 추정량이 최선선형불편추정량(BLUE)임을 확인했다. 이 특성은 다중회귀에서도 계속 유지된다. 따라서 OLS로 추정된 각 회귀계수는 선형적이고 비편향적이며 평균적으로 실젯값과 일치한다. 이러한 모든 선형불편추정량 중에서 OLS 추정량은 가능한 최소분산을 가지므로 경쟁하는 선형불편추정량보다 실제 모수를 더 정확하게 추정할 수 있다. 요컨대, OLS 추정량은 효율적(efficient)이다(가우스-마코프 정리를 떠올려 보자).

앞서 설명한 것처럼 3변수모형은 추정 공식이 약간 복잡하지만 여러 면에서 2변수모형의 연장선상에 있다. 3변수모형을 넘어가면 이러한 공식은 훨씬 더 복잡하고 번거로워진다. 그 경우에는 다양한 추정 공식을 보다 간결하게 표현하는 행렬 대수(matrix algebra)를 사용해야 한다. 물론 이 책에서는 행렬 대수를 사용하지 않는다. 더욱이 요즘 직접 손으로 추정치를 계산하는 경우는 거의 없으며, 대신 컴퓨터가 알아서 계산하도록 맡긴다.

4.4 추정된 다중회귀모형의 적합도: 다중결정계수, R^2

2변수회귀모형의 경우, 식 (3.38)에 정의된 r^2은 적합된 표본회귀선(SRL)의 적합도(goodness of fit)를 측정한다. 즉, 단일 설명변수 X에 의해 설명되는 종속변수 Y의 총변동 비율을 나타낸다. 이 r^2 개념은 여러 설명변수를 포함하는 회귀모형으로 확장할 수 있다. 따라서 3변수모형의 경우에 $Y(=\sum y_t^2)$의 총변동량 중 X_2와 X_3가 공동으로 설명하는 비율을 알고 싶은 것이다. 이 정보를 제공하는 수량(quantity)을 다중결정계수(multiple coefficient of determination)라고 하며, R^2이라는 기호로 표시된다(개념적으로 r^2과 같다).

2변수모형과 마찬가지로 다음과 같은 항등식이 성립한다(식 3.31 참조).

$$\text{TSS} = \text{ESS} + \text{RSS} \tag{4.32}$$

여기서 TSS = 종속변수 $Y(=\sum y_t^2)$의 총제곱합, ESS = 설명된 제곱합(즉, 모든 X변수에 의해 설명되는), 그리고 RSS = 잔차 제곱합이다.

또한 2변수모형의 경우와 같이 R^2은 다음과 같이 정의된다.

$$R^2 = \frac{\text{ESS}}{\text{TSS}} \tag{4.33}$$

즉, 총제곱합에 대한 설명된 제곱합의 비율이다. 유일한 변동 사항은 이제는 ESS가 2개의 설명변수 때문에 발생한다는 점이다.

이제 다음과 같이 나타낼 수 있다.[8]

$$\text{ESS} = b_2 \sum y_t x_{2t} + b_3 \sum y_t x_{3t} \tag{4.34}$$

그리고 이전에 보였듯이

$$\text{RSS} = \sum y_t^2 - b_2 \sum y_t x_{2t} - b_3 \sum y_t x_{3t} \tag{4.35}$$

따라서 R^2은 다음과 같이 계산할 수 있다.

$$R^2 = \frac{b_2 \sum y_t x_{2t} + b_3 \sum y_t x_{3t}}{\sum y_t^2} \tag{4.36}$$ [9]

참고로, R^2의 양의 제곱근인 $\boldsymbol{R}$은 **다중상관계수**(coefficient of multiple correlation)라고 알려져 있으며, 이는 2변수모형의 r과 유사한 개념이다. r이 Y와 X 사이의 선형 연관성을 측정하는 것처럼, R은 Y와 모든 X변수들이 함께 가지는 선형 연관성의 정도로 해석할 수 있다. 비록 r은 양수나 음수가 될 수 있지만, R은 항상 양숫값을 갖는다. 그러나 실제로는 R이 별로 중요하지는 않다.

4.5 골동품 시계 경매가격 재검토

제2장에서 살펴본 골동품 시계 경매가격의 예를 통해 앞서 설명한 모든 이론을 설명해 본다(표 2-9 참조). Y = 경매가격, X_2 = 시계의 연식, X_3 = 입찰자 수라고 가정한다. 선험적으로 Y와 두 설명변수 사이에는 양(+)의 관계가 있을 것으로 예상할 수 있다. 두 설명변수에 대해 Y를 회귀한 결과는 표 4-1에 나와 있다.

회귀분석 결과의 해석

예상대로 골동품 시계 경매가격은 시계의 연식과 입찰자 수 모두와 양의 관계가 있다. 약 12.74인 기울기계수는 다른 변수를 일정하게 유지했을 때 시계의 연식이 1년 증가하면 시계의 평균 가격이 약 12.74마르크 상승한다는 것을 의미한다. 마찬가지로 다른 변수를 일정하게 유지한 상태에서 입찰자 수가 1명이 증가하면 시계의 평균 가격은 약 86마르크 상승한다.

---

8 부록 4A.2를 참조하라.

9 R^2은 또한 다음과 같이 구할 수도 있다. $1 - \frac{RSS}{TSS} = 1 - \frac{\Sigma e_t^2}{\Sigma y_t^2}$.

표 4-1 ● 골동품 시계 경매가격 회귀모형: Stata 결과 출력

```
regress price age nbidders

      Source |       SS           df       MS      Number of obs   =        32
-------------+----------------------------------   F(2, 29)        =    118.06
       Model |  4278294.57         2  2139147.28   Prob > F        =    0.0000
    Residual |  525462.151        29  18119.3845   R-squared       =    0.8906
-------------+----------------------------------   Adj R-squared   =    0.8831
       Total |  4803756.72        31  154959.894   Root MSE        =    134.61

------------------------------------------------------------------------------
       price |      Coef.   Std. Err.      t    P>|t|     [95% Conf. Interval]
-------------+----------------------------------------------------------------
         age |   12.74138   .9123559    13.97   0.000     10.87541    14.60736
    nbidders |   85.76407   8.801995     9.74   0.000     67.76197    103.7662
       _cons |  -1336.049   175.2725    -7.62   0.000    -1694.522   -977.5768
------------------------------------------------------------------------------
```

주: "regress"는 회귀모형을 추정하기 위한 Stata 명령어이다.

절편값이 음수인 것은 경제적 의미가 없다. R^2값이 약 0.89라는 것은 두 설명변수가 경매 낙찰가 변화의 약 89%를 설명한다는 의미이며, 이는 상당히 높은 값이다. 조정된 R^2(adjusted R^2)은 이론에 따르면 약간 더 낮다(4.10절 참조). F값과 이 표의 다른 항목은 아래에 설명되어 있다.

표 4-1의 다른 항목은 계속 진행하면서 설명한다.

4.6 다중회귀모형의 가설검정: 일반적인 논의

R^2은 추정된 회귀모형의 적합도에 대한 전반적인 척도를 제공하지만, 그 자체만으로는 추정된 부분회귀계수가 통계적으로 유의미한지, 즉 0과 통계적으로 다른지 여부를 알려주지는 않는다. 일부는 통계적으로 유의할 수 있고 일부는 그렇지 않을 수 있다. 이를 어떻게 알 수 있을까?

구체적으로, 골동품 시계의 연식이 가격에 영향을 미치지 않는다는 가설을 검증하고자 한다고 가정해 보자. 즉, 다음과 같은 귀무가설을 검정하고 싶다: H_0: $B_2 = 0$. 어떻게 해야 할까? 제3장에서 2변수모형에 대한 가설검증에 대해 논의한 내용을 바탕으로 이 질문에 답하기 위해서는 B_2의 추정량인 b_2의 표본분포를 찾아야 한다. b_2의 표본분포는 무엇인가? 그리고 b_1과 b_3의 표본분포는 무엇인가?

2변수모형의 경우, 오차항 u가 정규분포를 따른다고 가정할 경우 OLS 추정량인 b_1과 b_2가 정규분포임을 확인했다. 가정 4.7에서 다중회귀의 경우에도 u가 평균이 0이고 고정된 분산 σ^2

을 갖는 정규분포를 따른다고 계속 가정할 것이라고 말해 왔다. 이 가정과 4.2절에 나열된 다른 가정이 주어지면, b_1, b_2, b_3가 각각 평균이 B_1, B_2, B_3이고 식 (4.23), (4.25), (4.27)에 의해 주어진 분산을 가지는 정규분포를 따른다는 것을 증명할 수 있다.

그러나 2변수의 경우와 마찬가지로 실젯값이지만 관찰할 수 없는 σ^2을 식 (4.29)에 주어진 비편향추정량 $\hat{\sigma}^2$으로 대체하면 OLS 추정량은 정규분포가 아닌 $(n-3)$ df를 갖는 t분포를 따른다. 즉,

$$t = \frac{b_1 - B_1}{se(b_1)} \sim t_{n-3} \tag{4.37}$$

$$t = \frac{b_2 - B_2}{se(b_2)} \sim t_{n-3} \tag{4.38}$$

$$t = \frac{b_3 - B_3}{se(b_2)} \sim t_{n-3} \tag{4.39}$$

이제 자유도(df)가 $(n-3)$이 되었는데, 이는 RSS, 즉 $\sum e_t^2$, 그리고 $\hat{\sigma}^2$을 계산할 때, 절편항과 2개의 부분기울기계수를 먼저 추정할 필요가 있어서 3 df를 상실하였기 때문이다.

σ^2을 $\hat{\sigma}^2$으로 대체하면 OLS 추정량은 t분포를 따른다. 이제 이 정보를 사용하여 신뢰구간을 설정하고 실제 부분회귀계수에 대한 통계적 가설을 검정할 수 있다. 실제 메커니즘은 여러 가지 면에서 2변수의 경우와 유사하며, 이제 사례를 통해 살펴보자.

4.7 개별 부분회귀계수에 대한 가설검정

골동품 시계의 경매가격 사례에서 다음과 같은 가설을 세웠다고 가정하자.

$$H_0 : B_2 = 0 \qquad\qquad H_1 : B_2 \neq 0$$

귀무가설하에서 골동품 시계의 연식은 경매가격에 아무런 영향을 미치지 않는다. 반면에 대립가설하에서는 시계의 연식이 경매가격에 양(+) 또는 음(−)의 영향을 어느 정도는 미친다고 주장한다. 따라서 대립가설은 양면적(two-sided)이다. 여기서는 시계의 연식이 입찰가격에 양(+)의 영향을 미친다는 보다 현실적인 가설을 고려할 것이다.

앞의 귀무가설이 주어졌을 때,

$$
\begin{aligned}
t &= \frac{b_2 - B_2}{se(b_2)} \\
&= \frac{b_2}{se(b_2)} \text{ (귀무가설 하에서 } B_2 = 0\text{이다.)}
\end{aligned} \tag{4.40}
$$

t는 표본의 크기 $n = 32$이기 때문에 자유도 $(n - 3) = 29$를 갖는 t분포를 따른다. 표 4-1에 주어진 회귀분석 결과에 따라,

$$
t = \frac{12.7414}{0.9124} \approx 13.97 \tag{4.41}
$$

이는 자유도 29인 t분포를 따른다. 이 정보는 표 4-1에서 쉽게 찾을 수 있기 때문에 t값을 직접 손으로 계산할 필요는 없다.

계산된 t값을 기준으로, 골동품 시계의 연식이 경매가격에 영향을 미치지 않는다는 귀무가설을 기각할 수 있을까? 이 질문에 답하기 위해 2변수회귀에서 했던 것처럼 **유의성 검정 접근법** 또는 **신뢰구간 접근법**을 사용할 수 있다.

유의성 검정 접근법

가설을 검정하기 위한 유의성 검정 접근법에서는 검정통계량을 개발하고, 표본분포를 찾고, 유의수준 α를 선택하고, 선택한 유의수준에서 검정통계량의 임곗값(critical value)을 결정한다. 그런 다음 현재 표본에서 얻은 검정통계량의 값을 임곗값과 비교하고 계산된 검정통계량의 값이 임곗값을 초과하면 귀무가설을 기각한다.[10] 또는 검정통계량의 p값을 구하고 p값이 선택한 α값보다 작으면 귀무가설을 기각할 수 있다. 2변수의 경우에 따랐던 접근 방식은 다중회귀에도 적용된다.

사례로 돌아가서, 문제의 검정통계량이 자유도 $(n - 3)$ df를 갖는 t분포를 따른다는 것을 알고 있다. 따라서 t **유의성 검정**을 사용한다. 실제 작동 원리는 간단하다. $\alpha = 0.05$ 또는 5%를 선택한다고 가정하자. 대립가설이 양면적이기 때문에 자유도 $(n - 3)$, 이 예에서는 29에 대해 $\alpha/2 = 2.5\%$(왜?)에서 임계 t값을 찾아야 한다. 그런 다음 t분포표에서 29 df에 대해 살펴보면

$$
P(-2.045 \le t \le 2.045) = 0.95 \tag{4.42}
$$

즉, t값이 양쪽 끝이 -2.045와 2.045(즉, 임계 t값)인 구간에 위치할 확률은 95%이다.

식 (4.41)로부터 귀무가설 H_0: $B_2 = 0$하에서 계산된 t값은 약 14이며, 이는 임계 t값인 2.045를 명백하게 초과하는 것을 알 수 있다. 따라서 귀무가설을 기각하고 골동품 시계의 연식은

10 검정통계량이 음(−)의 값을 갖는다면 절댓값을 고려할 수 있다. 검정통계량의 절댓값이 임곗값을 초과하면 귀무가설을 기각한다고 말한다.

분명히 입찰가격에 영향을 미친다는 결론을 내린다. 표 4-1에 제시된 p값이 거의 0에 가깝다는 점도 이 결론을 뒷받침한다. 즉, $B_2 = 0$이라는 귀무가설이 참이라면 약 14 이상의 t값을 얻을 확률은 사실상 0이다. 따라서 일반적으로 1% 또는 5%의 값을 선택하는 것보다 p값을 기준으로 귀무가설을 더 확실하게 기각할 수 있다.

단측검정 또는 양측검정? 선험적으로 (시계의 연식) 변수의 계수가 양수일 것으로 예상되기 때문에 여기에서는 실제로 단측 t검정을 사용해야 한다. 이제 자유도 29 df에 대한 단측검정에서 5% 임계 t값은 1.699이다. 계산된 t값이 약 14로 여전히 1.699보다 훨씬 크므로 귀무가설을 기각하고 이제 골동품 시계의 연식이 경매가격에 양(+)의 영향을 미친다는 결론을 내린다. 반면에 양측검정에서는 단순히 골동품 시계의 연식이 경매 입찰가격에 양(+) 또는 음(−)의 영향을 미칠 수 있다는 사실을 알려주었다. 따라서 귀무가설과 대립가설을 어떻게 구성할 것인지 신중하게 생각해야 한다. 가설을 선택할 때는 이론을 기준으로 삼아야 한다. 역사적으로 골동품 시계는 더 높은 가격을 받아야 한다고 여겨져 왔다.

가설검정에 대한 신뢰구간 접근법

가설검정에 대한 신뢰구간 접근법의 기본 사항은 이미 제3장에서 설명했다. 여기서는 수치 예시를 통해 간단히 설명한다. 이전에 살펴보았듯이

$$P(-2.045 \le t \le 2.045) = 0.95$$

또한 식 (4.39)로부터 다음을 알 수 있다.

$$t = \frac{b_2 - B_2}{se(b_2)}$$

이 t값을 위의 식에 대입하면 다음 결과를 얻을 수 있고

$$P\left(-2.045 \le \frac{b_2 - B_2}{se(b_2)} \le 2.045\right) = 0.95$$

적당히 항들을 재배치하면 다음과 같이 쓸 수 있다.

$$P[b_2 - 2.045\, se(b_2) \le B_2 \le b_2 + 2.045\, se(b_2)] = 0.95 \tag{4.43}$$

이는 B_2에 대한 95% 신뢰구간이다. 신뢰구간 접근법에서는 **수용 영역**(acceptance region)이라고 부르는 신뢰구간에 귀무가설에서 주장하는 값이 포함되어 있으면 귀무가설을 기각하지 않는다는 점을 기억하자. 반면에 귀무가설에서 주장하는 값이 신뢰구간 밖에 있는 경우, 즉 **기각 영역**(region of rejection)에 있는 경우 귀무가설을 기각할 수 있다. 그러나 어떤 결정을 내리든지 항상 α%(예: 5%)의 확률로 틀릴 수 있다는 점을 염두에 두어야 한다.

사례에서 식 (4.43)은 다음과 같이 쓸 수 있다.

$$12.7414 - 2.045(0.9124) \leq B_2 \leq 12.7414 + 2.045(0.9124)$$

즉,

$$10.8754 \leq B_2 \leq 14.6071 \quad (4.44)$$

이는 실제 B_2에 대한 95% 신뢰구간이다. 이 신뢰구간이 귀무가설에서 참이라고 주장하는 값을 포함하지 않기 때문에 우리는 귀무가설을 기각한다. 식 (4.44)와 같은 신뢰구간을 구성하면 100개 중 95개의 신뢰구간이 실제 B_2를 포함할 것이다. 제3장에서 언급했던 것처럼 식 (4.44)의 특정 구간이 실제 B_2를 포함하거나 포함하지 않을 확률이 95%라고 말할 수는 없다. 다시 말하지만, 기본 원리를 처음 학습할 때 직접 자기 손으로 해 보는 것은 좋은 생각이지만 표 4-1에서 필요한 모든 정보를 사용할 수 있으므로 굳이 이 모든 작업을 수동으로 할 필요는 없다.

말할 필요도 없이, 두 가지 가설검정 접근법을 사용하여 사례의 회귀 결과에 나타난 다른 계수에 대한 가설 또한 검정할 수 있다. 회귀 결과에서 볼 수 있듯이, 약 9로 추정된 t값이 거의 0에 가까운 p값을 가지므로 입찰자 수라는 변수 역시 통계적으로 유의하다(즉, 0과 유의하게 다름). p값이 낮을수록 귀무가설에 반하는 증거는 커진다는 점을 기억하자.

4.8 결합 가설 $B_2 = B_3 = 0$ 또는 $R^2 = 0$에 대한 검정

사례에서는 부분기울기계수 b_2 및 b_3가 통계적으로 유의하다는 것, 즉 개별적으로 각 부분기울기계수가 0과 유의하게 다르다는 점을 확인했다. 하지만 이제 다음과 같은 귀무가설을 고려해 보자.

$$H_0 : B_2 = B_3 = 0 \quad (4.45)$$

이 귀무가설은 B_2와 B_3가 공동으로(jointly) 또는 동시에(simultaneously)(개별적으로 또는 단독으로가 아니라) 0과 같다는 **결합 가설**(joint hypothesis)이다. 이 가설은 두 설명변수가 함께 종속변수 Y에 영향을 미치지 않는다는 것을 나타낸다. 이는 다음 식에서 말하는 바와 같다.

$$H_0 : R^2 = 0 \quad (4.46)$$

즉, 2개의 설명변수가 종속변수의 변동에 대해 0% 설명하고 있다(R^2의 정의를 기억하자). 따라서 두 가설 (4.45)와 (4.46)은 동등하며, 하나는 다른 하나를 의미한다. 두 가설에 대한 검정을 **추정된 다중회귀모형의 전체적인 유의성 검정**(test of the overall significance of the estimated multiple regression)이라고 한다. 즉, Y가 X_2 및 X_3와 선형적으로 관련되어 있는지 여부를 검정한다.

예를 들어 식 (4.46)에 주어진 가설을 어떻게 검정할 수 있을까? 여기서 드는 유혹은 이 사례에서 b_2와 b_3는 각각 통계적으로 0과 다르기 때문에 공동으로 또는 집합적으로도 0과 통계적으로 다르다고 하고 싶은 점이다. 즉, 식 (4.45)에 주어진 H_0을 기각하는 것이다. 다시 말하면, 골동품 시계의 연식과 경매 입찰자 수는 각각 경매가격에 유의미한 영향을 미치고 있기 때문에, 이 둘이 함께 경매가격에 유의미한 영향을 미쳐야 한다. 하지만 다중공선성(multicollinearity)에 대해 제8장에서 자세히 설명하듯이 여기서 주의해야 할 점은 실제로 다중회귀모형에서 1개 이상의 변수가 개별적으로는 종속변수에 영향을 미치지 않지만, 종합적으로 종속변수에 유의미한 영향을 미칠 수 있다는 점이다. 앞서 설명한 t검정 절차는 개별 회귀계수의 통계적 유의성을 검정하는 데는 유효하지만 결합 가설을 검정하는 데는 유효하지 않다.

그렇다면 식 (4.45)와 같은 가설을 어떻게 검정할 수 있을까? **분산분석**(analysis of variance, ANOVA)이라는 기법을 사용하면 된다. 이 기법이 어떻게 사용되는지 알아보기 위해 다음과 같은 항등식을 기억해 보자:

$$\text{TSS} = \text{ESS} + \text{RSS} \tag{4.32}$$

즉,

$$\sum y_t^2 = b_2 \sum y_t x_{2t} + b_3 \sum y_t x_{3t} + \sum e_t^2 \tag{4.47}$$ [11]

식 (4.47)은 TSS를 두 가지 구성 요소로 분해하는데, 하나는 (선택된) 회귀모형으로 설명되는 요소(ESS)이고 다른 하나는 모형으로 설명되지 않는 구성 요소(RSS)이다. 이러한 TSS의 구성 요소에 대한 연구를 회귀분석 관점에서의 ANOVA라고 한다.

부록 C에서 언급했듯이, 모든 제곱합에는 자유도(df), 즉 제곱합을 계산하는 기준이 되는 독립적인 관측값의 개수가 연관되어 있다.

이제 앞의 각 제곱합은 다음과 같은 자유도 df를 갖는다.

제곱합	자유도 df
총제곱합 (TSS)	$n-1$ (항상; 왜?)
잔차 제곱합 (RSS)	$n-3$ (3변수모형)
설명된 제곱합 (ESS)	2 (3변수모형)[a]

[a] ESS에 대한 자유도를 쉽게 찾는 방법은 TSS의 자유도에서 RSS의 자유도를 빼는 것이다.

11 이 식은 식 (4.35)를 다른 방식으로 쓴 것이다.

이 모든 제곱합들과 그것들과 관련된 자유도를 표 형태로 배열해 보자. 이를 ANOVA 표라고 한다(표 4-2).

이제 CLRM의 가정(및 가정 4.7)과 귀무가설인 H_0: $B_2 = B_3 = 0$이 주어졌을 때 다음을 증명할 수 있다.

$$
\begin{aligned}
F &= \frac{\text{ESS}/df}{\text{RSS}/df} \\
&= \frac{X_2,\ X_3\text{에 의해 설명된 분산}}{\text{설명되지 않는 분산}} \\
&= \frac{(b_2 \sum y_t x_{2t} + b_3 \sum y_t x_{3t})/2}{\sum e_t^2 / (n-3)}
\end{aligned}
\tag{4.48}
$$

F는 분자와 분모의 자유도가 각각 2와 $(n - 3)$인 F분포를 따른다(F분포에 대한 일반적인 설명은 부록 C를, 일부 응용에 대한 설명은 부록 D를 참조하라). **일반적으로 회귀모형에 절편 항을 포함하여 설명변수가 k개인 경우 F 비율은 분자에 $(k - 1)$ df, 분모에 $(n - k)$ df를 갖는다.**[12]

시계 가격 예에 대한 분산분석표는 표 4-1의 상단에 나와 있다. X_2와 X_3가 모두 Y에 영향을 미치지 않는다는 결합 가설을 검정하기 위해 식 (4.48)의 F 비율을 어떻게 사용할 수 있을까? 답은 식 (4.48)에 명확히 나와 있다. 식 (4.48)의 분자가 분모보다 크면, 즉 회귀에 의해 설명되는(즉, X_2 및 X_3에 의해) Y의 분산이 회귀에 의해 설명되지 않는 분산보다 크면 F값은 1보다 클 것이다. 따라서, X변수들에 의해 설명되는 분산이 설명되지 않는 분산에 비해 상대적으로 더 커질수록, F 비율도 점점 더 커지게 된다. **그러므로, 점점 더 커지는 F값은 2개(혹은 그 이상)의 설명변수가 Y에 아무런 효과가 없다는 귀무가설에 반하는(against) 증거가 될 것이다.**

물론 이러한 직관적인 추론은 가설검정의 일반적인 체계 내에서 공식화할 수 있다. 부록 C,

표 4-2 ● 3변수회귀모형의 ANOVA 표

변동 요인	제곱합(SS)	자유도(df)	MSS = SS/df
회귀모형(ESS)	$b_2\Sigma y_i x_{2i} + b_3\Sigma y_i x_{3i}$	2	$\frac{b_2\Sigma y_i x_{2i} + b_3\Sigma y_i x_{3i}}{2}$
잔차(RSS)	Σe_i^2	$n - 3$	$\frac{\Sigma e_i^2}{n-3}$
합계	Σy_i^2	$n - 1$	

주: MSS = 평균 제곱합(mean, or average, sum of squares)

12 이를 기억하는 간단한 방법은 F 비율의 분자 df는 모형의 부분기울기계수의 개수와 같고, 분모 df는 추정된 모수의 총 개수(즉, 부분기울기에 절편을 더한 값)를 n에서 뺀 값과 같다고 생각하면 된다.

C.4절에 나와 있는 것처럼 식 (4.48)에 주어진 대로 F를 계산하고 선택한 α 수준에서 2 및 $(n-3)$ df에 대한 임계 F값, 즉 제1종 오류를 범할 확률과 비교한다. 평소와 같이, 계산된 F값이 임계 F값을 초과하면 모든 설명변수의 영향이 동시에 0이라는 귀무가설을 기각한다. 임계 F값을 초과하지 않으면 설명변수가 종속변수에 어떠한 영향을 미치지 않는다는 귀무가설을 기각하지 않는다.

시계 가격 예의 경우 표 4-1의 상단에 필요한 모든 정보가 나와 있다. 이 표에서 추정된 F값은 118.06, 즉 약 119임을 알 수 있다. $B_2 = B_3 = 0$이라는 귀무가설하에서 고전적 선형회귀모형(CLRM) 가정을 도입하면, 계산된 F값은 분자와 분모의 자유도가 각각 2와 29인 F분포를 따르게 된다. 귀무가설이 참이라면 2와 29 df에 대해 118 이상의 F값을 얻을 확률은 얼마일까? 118 이상의 F값을 얻을 수 있는 p값은 0.000000으로 사실상 0이다. 따라서 연식과 입찰자 수가 함께 골동품 시계의 입찰가격에 아무런 영향을 미치지 않는다는 귀무가설을 기각할 수 있다.[13]

사례에서 우리는 B_2와 B_3가 개별적으로 통계적으로 유의하지 않다는 귀무가설을 기각할 뿐만 아니라, 집단적으로도 유의하지 않다는 가설도 기각할 수 있다. 하지만 이런 일이 항상 발생하는 것은 아니다. 모든 설명변수가 개별적으로 종속변수에 큰 영향을 미치지는 않지만(즉, 일부 t값은 통계적으로 유의하지 않을 수 있음), 모든 설명변수가 집단적으로 종속변수에 영향을 미치는 경우(즉, F검정에서 모든 부분기울기계수가 동시에 0이라는 귀무가설을 기각함)를 보게 될 것이다. 제8장에서 자세히 설명할 다중공선성(multicollinearity) 문제가 있는 경우 이러한 상황이 발생한다.

F와 R^2 간의 중요한 관계

결정계수 R^2과 ANOVA에 사용되는 F 비율 간에는 중요한 관계가 있다. 이들 간의 관계는 다음과 같다.

$$F = \frac{R^2 / (k-1)}{(1-R^2) / (n-k)} \tag{4.49}$$

여기서 n = 관측치 개수(또는 표본의 크기)이고 k = 절편을 포함한 설명변수의 개수이다.

식 (4.49)는 F와 R^2이 어떻게 관련되어 있는지 보여준다. 이 두 통계량은 직접적으로 변동한다. R^2이 0인 경우(즉, Y와 X변수 간에 아무런 관계가 없는 경우) F는 사실상 0이다. R^2이 클수록 F값도 더 커질 것이다. $R^2 = 1$인 극한에서 F값은 무한대이다.

13 α = 1%를 선택했다면 자유도 2와 30(29에 가까운)에 대한 임계 F값은 5.39가 된다. 그리고 F값 118은 이 임곗값보다 훨씬 크다.

표 4-3 ● R^2 관점의 분산분석표

변동 요인	제곱합(SS)	자유도(df)	$MSS = \frac{SS}{df}$
회귀모형(ESS)	$R^2(\Sigma y_t^2)$	2	$\frac{R^2(\Sigma y_t^2)}{2}$
잔차(RSS)	$(1 - R^2)(\Sigma y_t^2)$	$n - 3$	$\frac{(1 - R^2)(\Sigma y_t^2)}{(n - 3)}$
합계	(Σy_t^2)	$n - 1$	

주: F값을 계산할 때 식 (4.49)에서 보듯이 (Σy_t^2)은 약분될 수 있기 때문에 R^2과 $(1 - R^2)$에 (Σy_t^2)을 곱할 필요가 없다.

따라서 앞서 설명한 ***F*****검정**(F test, 추정 회귀선의 전체 유의성을 측정하는 검정)은 R^2의 유의성, 즉 R^2이 0과 다른지 여부를 검정하는 것이기도 하다. 즉, 귀무가설인 식 (4.45)를 검정하는 것은 식 (4.46)에서와 같이 (모집단) R^2이 0이라는 귀무가설을 검정하는 것과 동일하다.

R^2으로 표현되는 F검정의 장점은 계산이 쉽다는 점이다. R^2값만 알면 되는데, 이는 대부분의 회귀분석 통계 프로그램에서 통상적으로 계산되는 값이다. 따라서 식 (4.49)에서 주어진 전체 F 유의성 검정 결과를 식 (4.49)와 같이 R^2 관점으로 재구성될 수 있으며, ANOVA 표 4-1은 표 4-3으로 동등하게 표현될 수 있다.

k변수모형에서 df는 각각 $(k - 1)$과 $(n - k)$가 될 것이다.

우리 사례에서 $R^2 = 0.8906$이다. 따라서 식 (4.50)의 F 비율은

$$F = \frac{0.8906/2}{(1-0.8906)/29} \approx 118.12 \tag{4.50}$$

반올림 오차를 제외하고 표 4-2에 표시된 것과 거의 같은 F값이다.

이제 표 4-3과 같은 방식으로 사례에 대한 분산분석표를 작성하는 작업은 여러분에게 맡긴다.

4.9 다중회귀모형 맥락에서 2변수회귀모형: 모형 설정 편향

우리의 사례로 돌아가 보자. 사례 2.5에서 우리는 골동품 시계의 연식과 입찰자 수를 분리하여 경매가격에 대해 각각 회귀분석을 수행했으며, 이는 식 (2.27)과 식 (2.28)에 나타나 있다. 이 식들은 여기에 통상적인 회귀분석 결과와 함께 재생산되어 있다.

$$\hat{Y}_i = -183.0435 + 10.4486 Age_i$$
$$t = (-07248) \quad (5.8457) \quad r^2 = 0.5346; F = 34.4566 \tag{4.51}$$

$$\hat{Y}_i = 807.9501 + 54.5724\, nubid$$
$$t = (3.4962) \quad (2.3455) \quad r^2 = 0.1549; F = 5.5017 \tag{4.52}$$

이러한 회귀식들을 표 4-1에 제시된 다중회귀분석 결과와 비교하면 몇 가지 차이점을 확인할 수 있다.

1. 식 (4.51)과 식(4.52)의 기울기 값은 표 4-1의 기울기계수, 특히 입찰자 수에 대한 기울기계숫값과 다르다.
2. 세 회귀모형의 절편값도 다르다.
3. 다중회귀모형의 R^2값은 두 이변수회귀에서 주어진 R^2값과 상당히 다르다. 그러나 이변수회귀모형에서는 R^2과 r^2이 동일하다.

앞으로 살펴보겠지만, 이러한 차이점 중 일부는 통계적으로 유의한 차이이고, 일부는 그렇지 않을 수도 있다.

두 회귀 결과에서 차이가 나는 이유는 무엇일까? 표 4-1에서는 골동품 시계의 연식이 경매가격에 미치는 영향을 도출할 때 입찰자 수를 일정하게 유지한 반면, 식 (4.51)에서는 입찰자 수를 무시했음을 기억하자. 다르게 말하면, 다중회귀에서 시계의 연식이 경매가격에 미치는 영향은 입찰자 수의 효과, 즉 영향력을 상쇄하는 반면, 식 (4.51)에서는 입찰자 수의 영향이 상쇄되지 않았다. 따라서 식 (4.51)의 연식 변수의 계수는 **총효과**(연식의 **직접 효과**와 입찰자 수의 **간접 효과**)를 반영한다. 다중회귀 결과와 식 (4.51)의 차이는 '부분'회귀계수의 의미를 매우 잘 보여준다.

표 4-1에 제시된 다중회귀에 대한 논의에서 시계의 연식과 입찰자 수가 경매가격에 **개별적으로뿐만** 아니라 **집단적으로도** 중요한 영향을 미친다는 것을 확인했다. 따라서 회귀식 (4.51)에서 입찰자 수를 생략함으로써 **(모형) 설정 편향**[(model) specification bias)] 또는 **설정 오류**(specification error), 보다 구체적으로는 모형에서 관련 변수를 생략하는 설정 오류를 범했다. 마찬가지로 회귀식 (4.52)에서는 시계의 연식을 생략함으로써 모형 설정 오류를 범했다.

제7장에서 모형 설정 오류에 대한 주제를 살펴볼 것이지만, 여기서 주목해야 할 중요한 점은 실증적 목적으로 회귀모형을 개발할 때 매우 신중해야 한다는 점이다. 모형을 개발할 때 기초 이론 또는 이전의 경험적 연구로부터 가능한 모든 도움을 받아야 한다. 그리고 모형을 선택한 후에는 모형에서 변수를 임의로 삭제해서는 안 된다.

4.10 두 R^2값의 비교: 조정된 R^2

사례에서 2변수회귀[식 (4.52) 또는 식 (4.53)]와 3변수회귀의 R^2값을 살펴보면 전자의 R^2값 [식 (4.52)의 경우 0.5325 또는 식 (4.53)의 경우 0.1549]이 후자의 값(0.8906)보다 작다. 항상 이런 현상이 발생할까? 그렇다! R^2의 중요한 속성은 **모형에 설명변수가 많을수록 R^2이 높아진다**는 것이다. 그렇다면 종속변수의 변동을 상당 부분 설명하려면 설명변수를 더 추가하기만 하면 되는 것처럼 보일 수 있다!

하지만 이 '조언'을 너무 진지하게 받아들여서는 안 된다. R^2 = ESS/TSS 정의는 자유도(*df*)를 고려하지 않기 때문이다. 절편을 포함한 *k*변수모형에서, ESS의 자유도는 $(k-1)$이다. 따라서 절편을 포함한 5개의 설명변수를 가진 모형이 있다면 ESS와 관련된 자유도는 4가 될 것이고, 절편을 포함한 10개의 설명변수를 가진 모형이 있다면 ESS의 자유도는 9가 될 것이다. 그러나 전통적인 R^2 공식은 다양한 모형에서의 다른 자유도를 고려하지 않는다. TSS의 자유도는 항상 $(n-1)$이다. (왜 그럴까?) **따라서, 같은 종속변수를 가지지만 설명변수의 수가 다른 두 모형의 R^2값을 비교하는 것은 사실상 사과와 오렌지를 비교하는 것과 같다.**

따라서 우리에게 필요한 것은 모형 안의 설명변수의 수를 명시적으로 고려(즉, 조정)한 적합도의 척도이다. 이러한 척도가 개발되었으며 **조정된 R^2**(adjusted R^2)이라고 알려져 있고, $\bar{R}^2$으로 표시된다. 이 R^2은 기존의 R^2으로부터 유도될 수 있으며(부록 4A.3을 참조) 다음과 같다.

$$\bar{R}^2 = 1-(1-R^2)\frac{n-1}{n-k} \tag{4.53}$$

앞서 고려했던 R^2은 명백한 이유로 **미조정 R^2**이라고도 알려져 있다.

조정된 R^2의 특징은 다음과 같다.

1. $k>1$이면 $\bar{R}^2 \le R^2$이다; 즉, 모형 내의 설명변수의 수가 증가함에 따라 조정된 R^2은 미조정 R^2보다 점점 작아진다. 회귀모형에 더 많은 설명변수를 추가하는 것에는 '불이익(penalty)'이 있는 것으로 보인다.

2. 미조정 R^2은 항상 양수이지만, 조정된 R^2은 경우에 따라 음수가 될 수 있다. 예를 들어, $k=3$이고 $n=30$인 회귀모형에서 R^2이 0.06으로 나타났다면, $\bar{R}^2$은 음수가 될 수 있다(-0.0096).

현재 대부분의 컴퓨터 회귀분석 패키지는 조정된 R^2과 미조정 R^2값을 모두 계산한다. 이것은 좋은 방법이다. 왜냐하면 조정된 R^2은 동일한 종속변수를 가지고 있지만 설명변수의 수가 다른 두 회귀모형을 비교할 수 있게 해주기 때문이다.[14] 두 회귀모형을 비교하지 않을 때에도, 모형에 포함된 변수의 수를 명시적으로 고려하는 조정된 R^2값을 찾는 것이 좋은 방법이다.

우리의 설명 사례에서, 조정된 R^2값이 0.8830인 것을 확인해야 한다. 이는 예상대로 미조정 R^2값인 0.8906보다 작다. 회귀식 (4.52)와 (4.53)에 대한 조정된 R^2값은 각각 0.5169와 0.1268로, 해당하는 미조정 R^2값보다 약간 낮다.

4.11 모형에 설명변수를 추가해야 하는 시점

실제로 특정 현상을 설명하기 위해 우리는 종종 여러 경쟁 설명변수 중에서 선택해야 하는 문제에 직면한다. 일반적인 관행은 조정된 R^2이 증가하는 한 변수를 추가하는 것이다(조정된 R^2의 수치적 값이 미조정 R^2보다 작더라도). 그러나 조정된 R^2이 언제 증가하는가? **추가된 변수의 계수에 대한 $|t|$값(t의 절댓값)이 1보다 크면 $\bar{R}^2$이 증가하는 것을 증명할 수 있다. 여기서 t값은 해당 계수의 모집단 값이 0이라는 귀무가설하에서 계산된다.**[15]

이 모든 것을 명확히 이해하기 위해, 먼저 경매가격을 상수만으로 회귀분석한 다음, 상수와 시계의 연식으로, 그리고 상수, 시계의 연식, 그리고 입찰자 수로 회귀분석을 해보자. 결과는 표 4-4에 나와 있다.

이 연습에서 몇 가지 흥미로운 사실이 눈에 띈다.

1. 우리가 경매가격을 절편만으로 회귀분석할 때, R^2, 조정된 R^2, 그리고 F값은 모두 0이 된다. 이는 우리가 예상하는 바와 같다. 그러나 여기서 절편값이 나타내는 것은 무엇일까? 그것은 단지 경매가격의 (표본)평균값에 불과하다. 이를 확인하는 한 가지 방법은 식 (2.16)을 살펴보는 것이다. 만약 이 식에 X변수가 없다면, 절편은 종속변수의 평균값과 같다.

2. 우리가 경매가격을 상수와 골동품 시계의 연식으로 회귀분석을 할 때, 연령 변수의 t값이 1보다 크기만 한 것이 아니라 통계적으로 유의하다는 것을 볼 수 있다. 놀랍지 않게도 R^2값과 조정된 R^2값 모두 증가한다(비록 후자가 전자보다 다소 작긴 하지만). 하지만 흥미로운 사실을 주목하자. 만약 5.8457의 t값을 제곱하면, 우리는 $(5.8457)^2 = 34.1722$를 얻는데, 이는 표 4-4에 나타난 F값인 34.1723과 거의 같다. 이것이 놀라운가? 아니다. 부록 C의 식 (C.15)에서 다음과 같이 서술하였다.

---

14 제5장에서 살펴보겠지만, 두 회귀식의 종속변수가 서로 다른 경우, 조정된 R^2이든 미조정 R^2이든 직접 비교할 수 없다.

15 특정 t값이 유의한지 여부와 관계없이 추가된 변수의 계수의 $|t|$값이 1보다 크다면 조정된 R^2은 증가할 것이다.

표 4-4 ● 골동품 시계 경매가격에 대한 네 가지 모형의 비교

종속변수	절편	시계의 연식	입찰자 수	R^2	$\bar{R}^2$	F	
경매가격	1,328.094	–	–	0.00	0.00	0	(1)
	(19.0850)						
경매가격	−183.0435	10.4486	–	0.5346	0.5190	34.4566	(2)
	(−0.6988)	(5.8699)					
경매가격	807.9501	–	54.5724	0.1549	0.1268	5.5017	(3)
	(3.4962)		(2.3455)				
경매가격	−1,300.201	12.5944	84.6322	0.8847	0.8767	111.3082	(4)
	(−7.2982)	(13.5507)	(9.3866)				

주: 괄호 안의 숫자는 대응되는 회귀계수의 모숫값이 0이라는 귀무가설하에서 추정된 t값이다.

$$t_k^2 = F_{1,k} \qquad (4.54) = (C.15)$$

즉, k 자유도를 가진 t-통계량의 제곱은 분자에 1 자유도, 분모에 k 자유도를 가진 F-통계량과 같다. 우리 사례에서 k는 30이다[관측값 32개에서 모형 (2)에서 추정된 두 계수를 뺀 값]. 분자의 자유도는 1인데, 이 모형에는 오직 1개의 설명변수만 있기 때문이다.

3. 경매가격을 상수와 입찰자 수로 회귀를 분석할 때, 입찰자 수의 계수의 t값은 2.3455이다. 이 값을 제곱하면 $(2.3455)^2 = 5.5013$이 되는데, 이는 표 4-4에 나와 있는 F값과 거의 같으며, 이는 다시 식 (4.54)를 확인해 준다. t값이 1보다 크기 때문에, R^2과 조정된 R^2값 모두 증가했다. 계산된 t값은 통계적으로도 유의하여, 입찰자 수 변수는 모형 (1)에 추가되어야 한다는 것을 제안한다. 모형 (2)에 대해서도 비슷한 결론이 유효하다.

4. 모형 (1)에 연식과 입찰자 수를 모두 추가할 가치가 있는지를 어떻게 결정할 수 있을까? 이미 ANOVA 기법과 관련 F검정을 통해 이 질문에 대한 답을 얻었다. 표 4-2에서 $B_2 = B_3 = 0$이라는 가설, 즉 두 설명변수가 모두 경매 입찰가격에 영향을 미치지 않는다는 가설을 기각할 수 있다는 것을 보였다.[16]

16 4개의 설명변수가 있는 모형이 있다고 가정하자. 처음에는 이 중 두 가지 변수만 포함하지만 두 가지 설명변수를 더 추가할 가치가 있는지 알아보고자 한다. 이는 F검정의 확장으로 해결할 수 있다. 자세한 내용은 Damodar N. Gujarati and Dawn C. Porter, *Basic Econometrics*, 5th ed., McGraw-Hill, New York, 2009, pp. 243-246을 참조하라.

4.12 제약된 최소제곱법

표 4-4에 제시된 회귀분석 결과를 다시 한번 살펴보자. 거기서 우리는 회귀모형에서 관련 변수를 생략했을 때의 결과를 보았다. 따라서 이 표에서 나타난 회귀분석 (1)에서는 골동품 시계의 경매가격을 절편만으로 회귀분석하였고, 그 결과 R^2값은 0이 나왔는데, 이는 놀라운 일이 아니다. 그리고 회귀분석 (4)에서는 골동품 시계의 연식과 더불어 경매에 참석한 입찰자 수에 따라 경매가격을 회귀분석하였고, 그 결과 R^2값은 0.8847이 나왔다. F검정을 바탕으로, 우리는 설정 오류(specification error)가 있다고 결론지었고, 두 설명변수 모두 모형에 추가되어야 한다고 결론지었다.

회귀분석 (1)을 **제약모형**(restricted model)이라고 부른다. 그것은 시계의 연식과 입찰자 수의 계수가 0이라는 것을 내포하고 있으며, 즉 이 변수들이 모형에 속하지 않는다고 가정하기 때문이다(즉, $B_2 = B_3 = 0$). 회귀분석 (4)를 **비제약모형**(unrestricted model)이라고 부른다. 왜냐하면 그것은 모든 관련 변수를 포함하고 있기 때문이다. (1)이 제약모형이기 때문에 OLS로 추정할 때 이를 **제약된 최소제곱법**(restricted least squares, RLS)이라고 한다. (4)가 비제약적 모형이기 때문에 OLS로 추정할 때 이를 **비제약적 최소제곱법**(unrestricted least squares, URLS)이라고 한다. 지금까지 우리가 추정해온 모든 모형들은 본질적으로 URLS였다. 추정하고 있는 모형이 정확하게 설정되었으며 모형에 모든 관련 변수를 포함시켰다고 가정했기 때문이다. 제7장에서 우리는 이 가정을 위반했을 때의 결과를 살펴볼 것이다.

그렇다면 어떻게 RLS와 URLS 사이에서 결정을 내릴 것인가? 즉, 현재 사례의 (1)과 같이 모형에 부과된 제약이 유효한지 어떻게 알 수 있을까? 이 질문은 F검정으로 답할 수 있다. 이 목적을 위해, R_r^2이 제약모형에서 얻은 R^2값을 나타내고 R_{ur}^2이 비제약모형에서 얻은 R^2값을 나타내도록 하자. 이제 오차항 u_i가 정규분포를 따른다고 가정하면, 다음과 같이 증명할 수 있다.

$$F = \frac{\left(R_{ur}^2 - R_r^2\right)/m}{\left(1 - R_{ur}^2\right)/(n-k)} \sim F_{m,n-k} \tag{4.55}$$

이 F는 분자와 분모의 자유도가 각각 m, $(n-k)$인 F분포를 따른다. 여기서 R_r^2 = 제약모형에서 구한 R^2, R_{ur}^2 = 비제약모형에서 구한 R^2, m = 제약모형에서 부과된 제약의 수(우리 사례에서는 2이다), n = 표본의 관측치 개수, 그리고 k = 비제약모형에서 추정된 모수의 개수(절편 포함). 여기서 검정된 귀무가설은 제약모형에 부과된 제약이 유효하다는 것이다. 만약 식 (4.55)로부터 추정된 F값이 선택한 유의수준에서의 임계 F값보다 크면, 제약적 회귀모형을 기각한다. 즉, 이 상황에서 (제약적) 모형에 의해 부과된 제약은 유효하지 않다.

골동품 시계 경매가격 사례로 돌아가서 표 4-4로부터 적절한 값을 식 (4.55)에 입력하면 다음을 구할 수 있다.

$$F = \frac{(0.8847-0)/2}{(1-0.8847)/(32-3)} = \frac{0.4423}{0.00397} = 111.4105 \tag{4.56}$$

이러한 F값이 나올 확률은 극히 적다. 따라서 제약회귀모형을 기각한다. 더 긍정적으로, 골동품 시계의 연식과 경매 입찰자 수는 모두 경매가격에 통계적으로 유의한 영향을 미친다.

식 (4.55)는 일반적으로 적용된다. 이를 적용하는 데 있어 주의해야 할 점은 제약적 회귀모형과 비제약적 회귀모형을 비교할 때, 종속변수들이 같은 형태여야 한다는 것이다. 만약 그렇지 않다면, 우리는 제5장에서 논의된 방법(연습문제 5.16 참조)을 사용하여 비교 가능하게 만들거나, 연습문제 4.20에서 논의된 대안을 사용해야 한다.

4.13 적용 사례

이 장을 마무리하며, 우리는 다중회귀를 포함한 여러 사례를 살펴본다. 이 장의 목적은 다중회귀모형이 다양한 응용 분야에서 어떻게 적용되는지 보여주는 것이다.

사례 4.1 조세정책이 기업 자본 구조에 영향을 미치는가?

Pozdena는 최근 미국 제조업에서 자기자본 대신 부채자본의 사용이 증가하는 추세, 즉 부채/자기자본 비율(재무학에서는 레버리지라고 함)이 증가하는 추세에 조세정책이 어느 정도 영향을 미쳤는지 알아보기 위해 다음과 같은 회귀모형을 추정하였다.[17]

$$Y_t = B_1 + B_2X_{2t} + B_3X_{3t} + B_4X_{4t} + B_5X_{5t} + B_6X_{6t} + u_t \tag{4.57}$$

여기서 Y는 레버리지(= 부채/자본 비율)를 백분율로 나타낸 것이며, X_2는 법인세율, X_3는 개인세율, X_4는 양도소득세율, X_5는 비부채 세금 혜택, X_6는 인플레이션율을 의미한다.

경제 이론은 계수 B_2, B_4, B_6는 양(+)의 값을, B_3와 B_5는 음(−)의 값을 가질 것이라고 제안한다.[18] 1935년부터 1982년까지 미국 제조 기업의 데이터를 바탕으로 Pozdena는 OLS 결과를 표 형식(표 4-5)으로 제시했다(가독성을 위해 결과를 이러한 형식으로 제시하는 경우가 있다).

---

17 Randall Johnston Pozdena, "Tax Policy and Corporate Capital Structure," *Economic Review*, Federal Reserve Bank of San Francisco, Fall 1987, pp. 37-51을 참조하라.

18 다양한 계수의 예상 부호에 대한 이론적 논의는 Pozdena의 논문(각주 17)을 참조하라. 미국에서는 부채자본에 대해 지불된 이자가 세금 공제가 가능하지만, 배당금으로 지급된 소득은 그렇지 않다. 이것은 기업들이 부채자본을 자기자본보다 선호하는 이유이다.

표 4-5 ● 제조 기업의 레버리지

설명변수	계수 (t값)
법인세율	2.4 (10.5)
개인세율	−1.2 (−4.8)
양도소득세율	0.3 (1.3)
비부채 세금 혜택	−2.4 (−4.8)
인플레이션율	1.4 (3.0)
n = 48(관측치의 개수) $R^2 = 0.87$ $\bar{R}^2 = 0.85$	

출처: Randall Johnston Pozdena, "Tax Policy and Corporate Capital Structure," *Economic Review*, Federal Reserve Bank of San Francisco, Fall 1987, Table 1, p. 45 (adapted).

주: 추정된 절편값은 제시하지 않았다. 조정된 R^2은 식 (4.53)을 사용하여 계산한다. 여러 회귀계수의 표준오차는 계숫값을 t값으로 나누어 구할 수 있다(예: 2.4/10.5 = 0.2286은 법인세율 계수의 표준오차).

회귀분석 결과에 대한 논의

앞선 회귀 결과에서 주목해야 할 첫 번째 사실은 모든 계수가 사전 예상에 따른 부호를 가지고 있다는 것이다. 예를 들어, 법인세율은 레버리지에 양(+)의 영향을 미친다. 다른 조건이 동일하게 유지될 때 법인세율이 1%p 상승하면, 평균적으로 레버리지 비율(즉, 부채/자본 비율)은 2.4%p 상승한다. 마찬가지로 인플레이션율이 1%p 상승하면, 다른 조건이 동일할 때 평균적으로 레버리지는 1.4%p 상승한다. (질문: 레버리지와 인플레이션 사이에 왜 양(+)의 관계가 예상될까?) 다른 부분회귀계수들도 비슷한 방식으로 해석해야 한다.

각 부분회귀계수 옆에 제시된 t값은 각 모집단 부분회귀계수가 **개별적으로** 0과 같다는 귀무가설하에서 제시되었기 때문에, 이러한 귀무가설이 각 실제 모집단계수가 0과 다르다는 (양측) 대립가설에 대해 유효한지 쉽게 검정할 수 있다. 그러므로 우리는 양측 t검정을 사용한다. 이 사례에서의 자유도는 42로, 추정된 모수의 개수인 6을 $n(=48)$에서 빼서 구한다. (참고: 절편값도 추정되었지만 표 4-5에 표시되지는 않았다.) 유의수준 $\alpha = 0.05$ 또는 5%를 선택하면, 자유도가 40인 t분포에서 양측검정 임계 t값은 약 2.021이다. (참고: t분포표에서 자유도가 42인 경우에 대한 정확한 t값을 제공하지 않기 때문에 현재 목적에는 이 정도면 충분하다.) 유의수준 α가 0.01 또는 1% 수준으로 고정되면, 자유도가 40인 t분포에서 양측검정 임계 t값은 2.704이다. 표 4-5에 제시된 t값을 살펴보면, 양도소득세를 제외한 각 부분회귀계수는 1% 유의수준에서 0과 통계적으로 유의하게 다르다. 양도소득세의 계수는 1% 또는 5% 수준에서 유의하지 않다. 따라서 이 변수를 제외하고는, 각 부분회귀계수가 0이라는 **개별** 귀무가설을 기각할 수 있다. 다시 말해, 실명변수 중 1개를 제외한 모든 변수가 **개별적으로** 부채/자본 비율에 영향을 미친다. 부수적으로, 추정된 계수가 1% 수준에서 통계적으로 유의하다면, 이는 또한 5% 수준에서도 유의하지만, 그 역은 사실이 아님을 지적해 둔다.

추정된 회귀선의 전체적인 유의성은 어떤가? 즉, 모든 부분기울기가 동시에 0과 같다는 귀무가설을 기각할 수 있을까, 또는 동등하게, $R^2 = 0$일까? 이 가설은 식 (4.49)를 사용하여 쉽게 검정할 수 있고 현재의 사례에 대해서 다음과 같이 구할 수 있다.

$$\begin{aligned} F &= \frac{R^2/(k-1)}{(1-R^2)/(n-k)} \\ &= \frac{0.87/5}{0.13/42} \\ &= 56.22 \end{aligned} \tag{4.58}$$

이 F값은 5와 42의 자유도(df)를 가진 F분포를 따른다. α가 0.05로 설정되면, F분포표(부록 E, 표 E-3)는 5와 40 df(분모의 자유도가 42인 경우에 대한 정확한 값이 표에 없음)에 대한 임계 F값이 2.45라고 나타낸다. $\alpha = 0.01$에서 해당 값은 3.51이다. 계산된 F값은 대략 56이고 임계 F값들을 훨씬 초과한다. 따라서, 모든 부분기울기가 동시에 0과 같다는 귀무가설을 기각하거나, 대안적으로, $R^2 = 0$이라는 가설을 기각한다. **종합적으로** 모든 5개의 설명변수들이 종속변수에 영향을 미친다. 하지만 앞서 보았듯이 **개별적으로는** 오직 4개의 설명변수들만이 종속변수, 즉 부채/자본 비율에 영향을 미친다. 사례 4.1은 앞서 언급된 점을 다시 한번 강조하는데, 그것은 (개별) t검정과 (공동) F검정은 매우 다르다는 것이다.[19]

사례 4.2 영국의 주류 수요

영국의 주류에 대한 수요를 설명하기 위해 McGuinness는 20년간의 연간 데이터를 기반으로 다음과 같은 회귀식을 추정하였다.[20]

$$\begin{aligned} \hat{Y}_t &= -0.014 - 0.354X_{2t} + 0.0018X_{3t} + 0.657X_{4t} + 0.0059X_{5t} \\ se &= (0.012) \quad (0.2688) \quad (0.005) \quad (0.266) \quad (0.0034) \\ t &= (-1.16) \quad (1.32) \quad (3.39) \quad (2.47) \quad (1.73) \\ R^2 &= 0.689 \end{aligned} \tag{4.59}$$

여기서 Y = 성인 1인당 순수 알코올 소비량의 연간 변화량

X_2 = 주류 실질물가지수의 연간 변동률

X_3 = 1인당 실질가처분소득의 연간 변화율

19 앞서 살펴보았듯이 2변수 선형회귀모형에서 $t_k^2 = F_{1,k}$이다. 즉, 자유도 k인 t값의 제곱은 분자와 분모의 자유도가 각각 1과 k인 F값과 같다.

20 T. McGuinness, "An Econometric Analysis of Total Demand for Alcoholic Beverages in the United Kingdom," *Journal of Industrial Economics*, vol. 29, 1980, pp. 85-109. 표기법은 수정되었다.

X_4 = 허가된 업소의 연간 변동 수 / 성인 인구

X_5 = 성인 1인당 주류에 대한 실질 광고 지출의 연간 변화율

이론에 따르면 변수 X_2를 제외한 모든 변수는 Y와 양(+)의 관계가 있을 것으로 예상된다. 이는 결과에 의해 입증되었지만, 모든 계수가 개별적으로 통계적으로 유의하지는 않다. 15 df에 대해(왜 그런가?), 5% 유의수준에서의 단측 임계 t값은 1.753이고, 양측 임계 t값은 2.131이다. X_5 계수, 즉 광고 지출의 변화를 고려하면, 광고 지출과 주류에 대한 수요는 양(+)으로 예상된다(그렇지 않다면, 광고 산업에 나쁜 소식이다). 따라서 우리는 귀무가설 H_0: $B_5 = 0$ 대 대립가설 H_1: $B_5 > 0$을 설정하고 단측 t검정을 시행한다. 계산된 t값 1.73은 5% 유의수준에서 통계적으로 유의한 것에 매우 가깝다.

모든 부분기울기계수가 동시에 0이라는 귀무가설을 검정하기 위해 이 사례의 F값을 계산하는 것은 연습 과제로 남겨 둔다.

사례 4.3 경제활동참가율, 실업률, 시간당 임금 재검토

제1장에서는 결과의 통계적 유의성에 대한 논의 없이 회귀식 (1.5)를 제시했다. 이제 이를 수행하기 필요한 분석 도구가 있다. 전체 회귀 결과는 다음과 같다.

$$
\begin{aligned}
\widehat{CLFPR_t} &= 81.2267 - 0.6384 CUNR_t - 1.4449 AHE82_t, \\
se &= (3.4040) \qquad (0.0715) \qquad (0.4148) \\
t &= (23.88) \qquad (-8.94) \qquad (-3.50) \\
p\ value &= (0.000)^* \qquad (0.000)^* \qquad (0.002)^* \\
R^2 &= 0.767; \bar{R}^2 = 0.748; F = 41.09
\end{aligned}
\tag{4.60}
$$

이 결과들이 보여주듯이, 추정된 회귀계수 각각은 p값이 매우 작기 때문에 개별적으로 통계적으로 매우 유의하다. 즉, 각 계수는 0과 유의하게 다르다. 총합적으로, *CUNR*(민간 실업률)과 *AHE82*(시간당 실질평균소득)도 매우 통계적으로 유의하다. 왜냐하면 2와 25 자유도를 가진 계산된 F값(41.09)의 p값이 매우 작기 때문이다.

예상대로 실업률은 경제활동참여율과 음(−)의 관계를 가지며, 이는 아마도 실망실업자 효과(discouraged-worker effect)가 부가노동자 가설(added-worker hypothesis)을 지배하고 있음을 시사한다. 이에 대한 이론적 추론은 이미 제1장에서 설명했다. *AHE82*의 음의 값은 소득효과가 대체효과를 지배할 수 있음을 제시한다.

사례 4.4 38개 국가의 교육비 지출[21]

38개국의 표본 데이터(표 4-6 참조)를 기반으로 다음과 같은 회귀분석 결과를 도출했다.

$$\text{EDUC}_i = 414.4583 + 0.0523GDP_i - 50.0476\ \text{POP}$$

$$\begin{aligned} \text{se} &= (266.4583)\ \ (0.0018)\ \ (9.9581) \\ t &= (1.5538)\quad (28.2742)\ \ (-5.0257) \\ p \text{ value} &= (0.1292)\quad (0.0000)^*\quad (0.0000)^* \end{aligned}$$

$$R^2 = 0.9616;\ \bar{R}^2 = 0.9594;\ F = 439.22;\ p \text{ value of } F = 0.000$$

여기서 EDUC = 교육비(100만 달러), GDP = 국내총생산(100만 달러), POP = 인구(100만 명)이다. 데이터에서 볼 수 있듯이 이 표본에는 다양한 경제발전 단계에 있는 여러 국가들이 포함되어 있다.

인구에 대한 부호가 의아할 수 있지만 GDP와 POP 변수가 개별적으로 통계적으로 매우 유의함을 쉽게 평가할 수 있다. 추정된 F가 매우 유의하기 때문에 두 변수가 집단적으로 교육비 지출에 상당한 영향을 미친다. 앞서 언급했듯이 이 변수들은 개별적으로도 유의하다.

R^2과 조정된 R^2값은 매우 높은데 여러 국가들에 대한 횡단면 표본(cross-section sample)에서 흔한 일은 아니다.

이 데이터에 대해서는 후속 장에서 더 자세히 살펴볼 것이다.

사례 4.5 64개국의 아동 사망률과 관련 데이터[22]

표 4-7은 64개국에 대해 다음과 같은 데이터를 제공한다.

CM = 아동 사망률(child mortality), 출생아 1,000명당 5세 이하 아동 사망자 수

FLFP = 여성 문해력, 퍼센트

PGNP = 1980년 1인당 국민총생산

TFR = 총출산율, 여성 1명이 출산하는 평균 자녀 수, 1980~1985년

이 데이터를 사용하여 표 4.9와 같은 회귀분석 결과를 얻었다.

이 회귀분석을 통해 CM은 FLFP와는 음(−)의 관계가 있음을 볼 수 있다(왜 그럴까?). 또

21 사례에서 사용된 데이터는 Gary Koop, *Introduction to Econometrics*, John Wiley, England, 2008에서 가져온 것이며 다음 웹 사이트에서도 찾을 수 있다. www.wileyeurope.com/college/koop.

22 세계은행 데이터는 Chandan Mukherjee, Howard White, and Marc Whyte, *Econometrics and Data Analysis for Developing Countries*, Routledge, London, 1998, p. 456 데이터를 재구성한 것이다.

표 4-9 ● 아동 사망률에 대한 회귀분석 결과

종속변수: CM
추정법: 최소제곱법
일시: 2019년 7월 2일 10시 22분
표본: 1~64
관측 개수: 64

변수	계수	표준오차	t-통계량	p값
C	168.3067	32.89165	5.117003	0.0000
FLFP	−1.768029	0.248017	−7.128663	0.0000
PGNP	−0.005511	0.001878	−2.934275	0.0047
TFR	12.86864	4.190533	3.070883	0.0032
R-squared	0.747372	Mean dependent var		141.5000
Adjusted R-squared	0.734740	S.D. dependent var		75.97807
S.E. of regression	39.13127	Akaike info criterion		10.23218
Sum squared resid	91875.38	Schwarz criterion		10.36711
Log likelihood	−323.4298	Hannan-Quinn criter.		10.28534
F-statistic	59.16767	Durbin-Watson stat		2.170318
Prob(F-statistic)	0.000000			

한 PGNP와도 음(−)의 관계가 있지만(왜 그럴까?), TFR과는 양(+)의 관계가 있다(왜 그럴까?). 모든 추정된 회귀계수는 통계적으로 매우 유의하다. 매우 유의한 F값은 모든 설명변수가 집단적으로 아동 사망률에 중요한 영향을 미친다는 것을 나타낸다. 표본에 매우 다양한 국가들이 포함되어 있음을 고려할 때 R^2과 조정된 R^2값은 상당히 높다.

사례 4.6 위스콘신주의 복권 판매

미국의 45개 주(states)와 워싱턴 D.C., 푸에르토리코, 미국령 버진아일랜드에서 복권이 운영되고 있다. 위스콘신은 복권 판매를 시행하는 주이다. 표 4-8은 위스콘신주의 50개 우편번호 지역에서 수집한 복권 판매에 대한 무작위 표본을 제공한다.[23] 이 표는 복권 판매에 영향을 미칠 수 있는 여러 변수에 대한 데이터를 제공한다. 이 변수들은 표의 끝에 있는 주석에서 정의되어 있다. 복권은 소매점에서 주로 판매되며, 대체로 가격이 1달러로 책정되어 있으므로, 판매된 티켓 수는 총 복권 수익과 동일하다.

설명을 위해 우리는 단지 3개의 설명변수를 기반으로 한 회귀분석 결과를 제시한다. 연습문제

23 Edward W Frees, *Regression Modeling With Acturial and Financial Applications*, Cambridge University Press, New York, 2010을 참조하라.

표 4-10 ● 3개의 설명변수를 기반으로 한 복권 판매 회귀분석

종속변수: SALES
추정법: 최소제곱법
일시: 2020년 7월 10일 12시 39분
표본: 1~50
관측 개수: 50

변수	계수	표준오차	t-통계량	p값
C	22019.68	14998.78	1.468099	0.1489
MEDINC	126.5907	64.04176	1.976690	0.0541
MEDSCHYR	−2158.218	1268.036	−1.702017	0.0955
POP	0.661995	0.059608	11.10581	0.0000
R-squared	0.806568	Mean dependent var		6494.829
Adjusted R-squared	0.793952	S.D. dependent var		8103.013
S.E. of regression	3678.158	Akaike info criterion		19.33483
Sum squared resid	6.22E+08	Schwarz criterion		19.48779
Log likelihood	−479.3708	Hannan-Quinn criter.		19.39308
F-statistic	63.93636	Durbin-Watson stat		2.485122
Prob(F-statistic)	0.000000			

4.20은 표 4-8의 다른 변수들을 고려하여 3개 이상의 설명변수로 모형을 확장했을 때 표 4-10에 제시된 결과가 어떻게 변하는지에 관한 질문이다. 표 4-8에서 자유롭게 변수를 선택할 수 있다.

이 표에서 볼 수 있듯이, 다른 변수를 일정하게 유지한 상태에서 중위(median) 가구소득은 복권 판매량과 복권 수익에 양(+)의 영향을 미친다. 이는 예상 밖의 결과가 아니다. 마찬가지로, 지역의 인구도 복권 판매에 양(+)의 영향을 미친다. 이 또한 놀라운 결과는 아니다. 그러나 중위 교육 연수는 복권 판매에 부정적인 영향을 미친다. 이는 중위 교육 연수가 증가함에 따라 사람들이 복권 구매에 덜 관심을 가진다는 점을 시사한다. 표 4-9의 마지막 열에 제시된 p값들을 보면, 중위 가구소득 계수는 약 5%의 유의수준에서 유의하고, 중위 교육 연수의 계수는 약 10%의 유의수준에서 유의하다. 인구 계수는 매우 유의한데 놀라운 결과는 아니다.

표 4-8에서 주어진 설명변수들 중 몇 가지만 고려했기 때문에 표 4-7에 제시된 결과들은 잠정적이라는 점은 지적해야 한다.

요약

이 장에서는 가장 간단한 다중회귀모형 중 하나인 3변수 선형회귀모형을 고려했다. 즉, 1개의 종속변수와 2개의 설명변수가 있는 모형이다. 많은 면에서 2변수 선형회귀모형의 직관적인 확장이기는 하지만, 3변수모형은 부분회귀계수, 조정된 그리고 미조정된 다중결정계수, 그리고 다중공선성과 같은 여러 새로운 개념들을 도입했다.

다중회귀계수의 모수 추정과 관련해서, 우리는 여전히 고전적 선형회귀모형의 틀 안에서 작업하고 최소제곱법(OLS)을 사용했다. 다중회귀의 OLS 추정량은 2변수모형에서처럼 최선선형불편추정량(BLUE)이라는 가우스-마코프 특성으로 요약되는 여러 바람직한 통계적 성질을 가지고 있다.

교란항이 평균이 0이고 일정한 분산 σ^2을 갖는 정규분포를 따른다는 가정하에, 2변수의 경우와 마찬가지로 다중회귀에서 추정된 각 계수는 실제 모집단 값에 해당하는 평균을 가지고 본문에서 개발된 공식에 의해 주어진 분산을 따르는 정규분포를 따른다. 불행하게도, 실제로는 σ^2이 알려져 있지 않고 추정되어야 한다. 2변수의 경우처럼 σ^2을 $\hat{\sigma}^2$으로 대체한다면 다중회귀모형에서 추정된 계수는 정규분포가 아닌 t분포를 따르게 된다.

추정된 모수의 개수(절편 포함)가 k이기 때문에 각 다중회귀계수는 자유도 $(n-k)$인 t분포를 따른다는 사실은, 각 다중회귀계수에 대한 통계적 가설을 개별적으로 검정하기 위해 t분포를 사용할 수 있다는 것을 의미한다. 이것은 유의성에 대한 t검정이나 t분포에 기반한 신뢰 구간을 바탕으로 수행할 수 있다. 이 점에서 다중회귀모형은 2변수 모형과 크게 다르지 않지만, 이제 추정된 모수의 수에 따라 달라지는 자유도를 적절하게 조정해야 한다.

그러나 모든 부분기울기계수가 동시에 0과 같다는 가설을 검정할 때는, 앞서 언급한 개별 t검정은 도움이 되지 않는다. 여기서는 ANOVA 기법과 이에 따른 F검정을 사용해야 한다. 그런데 모든 부분기울기계수가 동시에 0인지를 검정하는 것은 다중결정계수 R^2이 0인지를 검정하는 것과 같다. 따라서 F검정은 R^2이 0과 같다는 동등한 가설을 검정하는 데에도 사용할 수 있다.

이 장에서는 t검정 또는 F검정을 사용하여 모형에 변수 또는 변수 그룹을 추가하는 시점에 대해서도 논의하였다. 이러한 맥락에서 제약된 최소제곱법에 대해서도 논의하였다. 이 장에서 도입된 모든 개념을 수치 예시와 구체적인 경제적 응용을 통해 설명하였다.

주요 용어 및 개념

다중회귀모형(multiple regression model)

부분회귀계수(partial regression coefficients); 부분기울기계수(partial slope coefficient)

다중공선성(multicollinearity)

공선성(collinearity); 정확한 선형관계(exact linear relationship)

  (a) 높은 또는 거의 완벽한 공선성(high or near-perfect collinearity)

다중상관계수(coefficient of multiple correlation), R

결합 가설검정(joint hypothesis testing) 또는 추정된 다중회귀모형의 전체적 유의성 검정(test of the overall significance of the estimated multiple regression)

  (a) 분산분석(analysis of variance, ANOVA)

  (b) F검정(F test)

(모형) 설정 편향[(model) specification bias] 또는 설정 오류(specification error)

조정된 $R^2(\bar{R}^2)$(adjusted R^2)

제약된 최소제곱법(restricted least squares, RLS)

비제약적 최소제곱법(unrestricted least squares, URLS)

질문

4.1 다음 용어의 의미를 자세히 설명하라.

a. 부분회귀계수

b. 다중결정계수, R^2

c. 완벽한 공선성

d. 완벽한 다중공선성

e. 개별 가설검정

f. 결합 가설검정

g. 조정된 R^2

4.2. 다음과 관련된 절차를 단계별로 설명하라.

a. 하나의 다중회귀계수의 통계적 유의성 검정

b. 모든 부분기울기계수의 통계적 유의성 검정

4.3. 다음 진술이 참(T), 거짓(F) 또는 불확실(U)인지 간단한 이유와 함께 서술하라.

a. 조정된 R^2과 조정되지 않은 R^2은 조정되지 않은 R^2이 1과 같을 때만 동일하다.

b. 설명변수 그룹이 종속변수에 유의한 영향을 미치는지 여부를 결정하는 방법은 임의의 설명변수가 유의한 t-통계량을 갖는지 확인하는 것이다. 그렇지 않다면 설명변수 그룹이 집단적으로는 통계적으로 유의하지 않다.

c. $R^2 = 1$일 때 $F = 0$이고, $R^2 = 0$일 때 $F =$ 무한대이다.

d. df가 120을 초과하면 5% 임계 t값(양측)과 5% 임계 Z(표준정규)값은 1.96으로 같다.

***e.** $Y_i = B_1 + B_2 X_{2i} + B_3 X_{3i} + u_i$ 모형에서 X_2와 X_3는 표본에서 음의 상관관계가 있고 $B_3 > 0$이므로 모형에서 X_3를 생략하면 b_{12}가 하향 편향된다[즉, $E(b_{12}) < B_2$). 여기서 b_{12}는 Y를 X_2에만 회귀시킨 모형의 기울기 계수이다].[24]

f. 추정된 회귀계수가 통계적으로 유의하다고 말할 때는 1과 통계적으로 다르다는 의미이다.

g. 임계 t값을 계산하기 위해서는 오직 자유도(df)만 알면 된다.

h. 다중회귀모형의 전체적 유의성은 모형에 포함된 임의의 한 설명변수가 통계적으로 유의함을 의미한다.

i. 추정 및 가설검정에 관한 한 단순회귀모형과 다중회귀모형 간에는 차이가 없다.

j. 총제곱합(TSS)의 자유도(df)는 모형에 포함된 설명변수의 개수와 상관없이 항상 $(n-1)$이다.

---

24 * 표시는 선택 사항이다.

4.4 다음 각 경우에 $\hat{\sigma}^2$값은 얼마인가?

a. $\sum e_i^2 = 880$, $n = 25$, $k = 4$(절편 포함)

b. $\sum e_i^2 = 1{,}220$, $n = 14$, $k = 3$(절편 미포함)

4.5 다음 상황에서 임계 t값을 구하라.

자유도(df)	유의수준(%)	귀무가설(H_0)
12	5	양측
20	1	오른쪽 단측
30	5	왼쪽 단측
200	5	양측

4.6 다음과 같은 조합에서 임계 F값을 구하라.

분자의 자유도	분모의 자유도	유의수준(%)
5	5	5
4	19	1
20	200	5

연습문제

4.7 다음과 같은 데이터가 주어졌다.

Y	X_2	X_3
1	1	2
3	2	1
8	3	−3

이 데이터를 기반으로 다음과 같은 회귀식을 추정한다(참고: 표준오차 추정문제는 걱정하지 말자).

a. $Y_i = A_1 + A_2 X_{2i} + u_i$

b. $Y_i = C_1 + C_3 X_{3i} + u_i$

c. $Y_i = B_1 + B_2 X_{2i} + B_3 X_{3i} + u_i$

d. $A_2 = B_2$인가? 그 이유는 무엇인가?

e. $C_3 = B_3$인가? 그 이유는 무엇인가?

f. 이 연습문제로부터 어떤 일반적인 결론을 도출할 수 있는가?

4.8 15개의 관측값을 기반으로 한 다음과 같은 데이터들이 주어졌다.

$$\bar{Y} = 367.693; \bar{Y}_2 = 402.760; \bar{Y}_3 = 8.0; \sum y_i^2 = 66{,}042.269$$
$$\sum x_{2i}^2 = 84{,}855.096; \sum x_{3i}^2 = 280.0; \sum y_i x_{2i} = 74{,}778.346$$
$$\sum y_i x_{3i} = 4{,}250.9; \sum x_{2i} x_{3i} = 4{,}796.0$$

여기서 관례대로 소문자들은 표본평균으로부터의 편차를 나타낸다.

a. 3변수다중회귀모형의 계수를 추정하라.

b. 회귀계수 추정량들의 표준오차를 추정하라.

c. R^2과 $\bar{R}^2$을 구하라.

d. B_2와 B_3에 대한 95% 신뢰구간을 추정하라.

e. 유의수준 $\alpha = 5\%$(양측)를 사용하여 추정된 각 회귀계수의 통계적 유의성을 검정하라.

f. 유의수준 $\alpha = 5\%$에서 모든 부분기울기계수가 0인지를 검정하라. ANOVA 표를 작성하라.

4.9 3변수회귀모형이 다음과 같은 분석 결과를 제시한다.

변동 요인	제곱합(SS)	자유도(df)	평균 제곱합(MSS)
회귀식(ESS)	65,965	–	–
잔차(RSS)	–	–	–
합계(TSS)	66,042	14	–

a. 표본의 크기는 얼마인가?

b. RSS 값은 얼마인가?

c. ESS와 RSS의 자유도(*df*)는 각각 얼마인가?

d. R^2은 얼마인가? $\bar{R}^2$은?

e. X_2와 X_3가 Y에 영향을 미치지 않는다는 가설을 검정하라. 어떤 검정 방법을 사용할 것이고 그 이유는 무엇인가?

f. 앞의 정보로부터 X_2와 X_3가 Y에 미치는 개별적인 영향을 결정할 수 있는가?

4.10 문제 4.9에 주어진 ANOVA 표를 R^2의 관점에서 재작성하라.

4.11 에어컨 가격 결정 요인을 설명하기 위해 B. T. Ratchford는 19개의 에어컨 표본에 기반한 다음과 같은 회귀분석 결과를 얻었다.[25]

$$\hat{Y}_i = 68.236 + 0.023X_{2i} + 19.729X_{3i} + 7.653X_{4i} \quad R^2 = 0.84$$
$$\text{se} = \qquad\qquad (0.005) \quad (8.992) \quad (3.082)$$

여기서 Y = 가격(달러), X_2 = 에어컨의 BTU 등급, X_3 = 에너지 효율 비용, X_4 = 설정의 개수, 그리고 se = 표준오차이다.

a. 회귀분석 결과를 해석하라.

25 B. T. Ratchford, "The Value of Information for Selected Appliances," *Journal of Marketing Research*, vol. 17, 1980, pp. 14-25. 표기법은 수정되었다.

b. 분석 결과는 경제적 의미를 갖는가?

c. 유의수준 α = 5%에서 BTU 등급은 에어컨 가격에 영향을 미치지 않는다는 귀무가설과 양(+)의 효과를 미친다는 대립가설에 대해 검정을 시행하라.

d. 세 가지 설명변수가 에어컨 가격의 상당한 변동을 설명한다는 귀무가설을 채택할 것인가? 모든 계산과정을 명확하게 보여라.

4.12 James Doti와 Esmael Adibi는 1965년 1분기부터 1983년 4분기까지의 미국 데이터(n = 76)를 기반으로 미국의 개인소비지출(PCE)을 설명하기 위한 다음과 같은 회귀분석 결과를 도출하였다.[26]

$$\hat{Y}_t = -10.96 + 0.93X_{2t} - 2.09X_{3t}$$
$$t = (-3.33)\ (249.06)\ (-3.09)\quad R^2 = 0.9996$$
$$F = 83{,}753.7$$

여기서 Y = PCE(10억 달러), X_2 = 가처분(즉, 세후)소득(10억 달러), X_3 = 은행 우대금리(%)

a. 한계소비성향(MPC)이란 무엇인가? 개인가처분소득에서 소비지출이 차지하는 비율은 얼마인가?

b. MPC가 통계적으로 1과 다른가? 적절한 검정 과정을 제시하라.

c. 모형에 은행 우대금리를 포함시킨 근거는 무엇인가? 선험적으로 이 변수에 음(−)의 부호가 있을 것으로 예상하는가?

d. b_3는 0과 유의하게 다른가?

e. R^2 = 0이라는 가설을 검정하라.

f. 각 회귀계수의 표준오차를 구하라.

4.13 본문에 제시된 사례 4.2를 사용하여 X_2와 X_3가 함께 Y에 영향을 미치지 않는다는 가설을 검정하라. 어떤 검정을 사용할 것인가? 그 검정에 기초한 가정은 무엇인가?

4.14 표 4-7은 64개국의 아동 사망률(CM), 여성 문해력(FLR), 1인당 국민총생산(PGNP), 총출산율(TFR)에 대한 데이터를 제공한다.

a. 선험적으로 CM과 다른 각 변수들 사이에 기대되는 관계는 무엇인가?

b. CM을 FLR에 대해 회귀시키고 통상적인 회귀분석 결과를 구하라.

c. CM을 FLR과 PGNP에 대해 회귀시키고 통상적인 회귀분석 결과를 구하라.

d. CM을 FLR, PGNP, TFR에 대해 회귀시키고 통상적인 회귀분석 결과를 구하라. 또한 ANOVA 표를 작성하라.

e. 다양한 분석 결과를 토대로 어떤 모형을 선택해야 하는가? 그 이유는 무엇인가?

f. (d)의 회귀모형이 올바른 모형이지만 모형 (a) 또는 모형 (c)를 추정한다면 그 결과는 무엇인가?

g. (b)에서와 같이 CM을 FLR에 대해 회귀시킨다고 가정하자. 모형에 PGNP와 TFR을 추가할 필요가 있는지를 어떻게 결정할 것인가? 어떤 검정 방법을 사용할 것인가? 필요한 계산과정을 보여라.

4.15 다음 질문에 답하기 위해 식 (4.53)을 사용하라.

---

26 James Doti and Esmael Adibi, *Econometric Analysis: An Applications Approach*, Prentice-Hall, Englewood Cliffs, NJ, 1988, p. 188. 표기법은 수정되었다.

R^2값	표본의 크기(n)	변수의 개수(k)	조정된 $R^2(\bar{R}^2)$
0.83	50	6	-
0.55	18	9	-
0.33	16	12	-
0.12	1,200	32	-

R^2과 $\bar{R}^2$ 간의 관계에 대해 어떤 결론을 도출할 수 있는가?

4.16 사례 4.3에 대해 계산된 F값은 통계적으로 유의한가? 어떻게 알 수 있는가?

4.17 사례 4.2에 대해 분산분석표를 작성하고 $R^2 = 0$이라는 가설을 검정하라. 유의수준 $\alpha = 1\%$를 사용하라.

4.18 표 2-16에 제공된 데이터를 참고하여 다음 질문에 답하라.

- **a.** MBA 졸업생의 평균 초임을 설명하기 위한 다중회귀모형을 개발하고, 일반적인 회귀 결과를 도출하라.
- **b.** 모형에 GPA와 GMAT 점수를 모두 포함할 경우, 사전에 어떤 문제가 발생할 수 있으며 그 이유는 무엇인가?
- **c.** 등록금 변수의 계수가 양(+)이고 통계적으로 유의하다면, 가장 비싼 경영대학원에 다니는 것이 보람이 있다는 것을 의미하는가? 등록금 변수는 무엇에 대한 대리변수가 될 수 있는가?
- **d.** 만약 GMAT 점수를 GAP에 대해 회귀시키고 두 변수 간에 통계적으로 유의한 양(+)의 관계를 발견한다면, 다중공선성 문제에 대해 무엇을 말할 수 있는가?
- **e.** (a)의 다중회귀를 위한 ANOVA 표를 작성하고, 모든 부분기울기계수가 0이라는 가설을 검정하라.
- **f.** R^2값을 이용하여 (e)의 ANOVA 과제를 수행하라.

4.19 그림 4-1은 사례 4.3에 대한 정규확률 도표(plot)이다.

그림 4-1 ● 사례 4.3에 대한 정규확률 도표. AD = Anderson-Darling 통계량이다

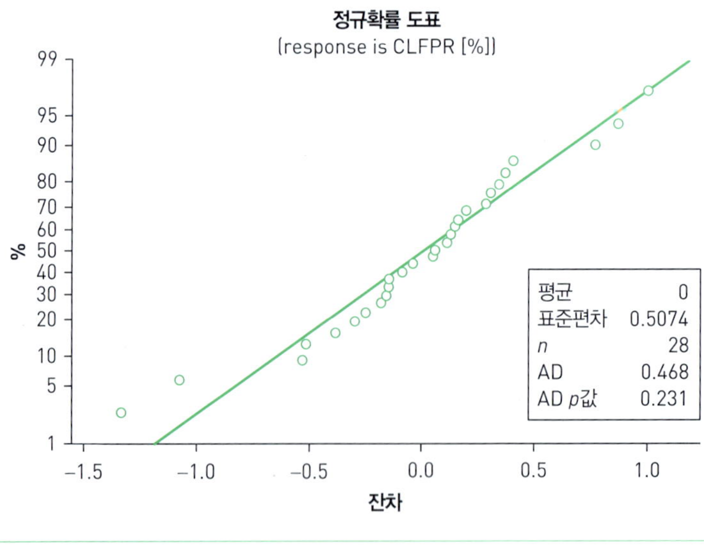

a. 이 그림에서 식 (4.60)의 오차항이 정규분포를 따른다고 말할 수 있는가? 왜 그런가?

b. 관측된 Anderson-Darling A^2값인 0.468이 통계적으로 유의한가? 만약 그렇다면, 그것은 무엇을 의미하는가? 만약 그렇지 않다면, 어떤 결론을 내릴 수 있는가?

c. 주어진 데이터에서 오차항의 평균과 분산을 식별할 수 있는가?

4.20 *제약된 최소제곱법(restricted least squares, RLS)*. 만약 제약된 회귀모형과 제약이 없는 회귀모형에서 종속변수가 같지 않다면, 다음과 같은 식 (4.55)에 제시된 F검정의 변형을 사용할 수 있다.

$$F = \frac{(RSS_r - RSS_{ur})/m}{RSS_{ur}/(n-k)} \sim F_{m,n-k}$$

여기서 RSS_r = 제약회귀모형의 잔차 제곱합, RSS_{ur} = 비제약회귀모형의 잔차 제곱합, m = 제약식의 개수, 그리고 $(n-k)$ = 비제약회귀모형의 자유도(df)이다.

이 공식에 익숙해지기 위해서, 표 4-3에 제시된 모형을 다시 작업해 보자.

4.21 사례 4.4를 참조하자.

a. 제약이 있는 최소제곱법을 사용하여 모형에 인구변수(Pop)를 추가하는 것이 가치가 있는지 알아보자.

b. Pop 변수로 Educ 변수와 GDP 변수를 나누어 1인당 Educ와 1인당 GDP를 구하자. 이제 1인당 GDP에 대해 1인당 Educ를 회귀시키고 그 결과를 사례 4.5의 결과와 비교하자. 이 연습에서 어떤 결론을 도출할 수 있는가?

4.22 미국의 소비함수: 표 4-11은 1947~2000년 동안의 다음 변수들에 대한 데이터를 제공한다.

C: 총소비지출
DPI: 실질가처분(즉, 세후)개인소득
W: 실질자산 (real wealth)
R: 실질이자율

다음과 같은 소비함수를 추정해 보자.

$$C_t = B_1 + B_2 DPI_t + B_3 W_t + B_4 R_t + u_t$$

a. 여러 회귀계수의 예상 부호(sign)는 무엇인가?

b. 분석 결과는 계수의 부호에 대한 사전적인 예상을 뒷받침하는가?

c. 개별 회귀계수는 5% 유의수준에서 통계적으로 유의한가? 추정된 회귀계수의 p값은 얼마인가?

d. 추정된 회귀식은 전체적인 유의성을 살펴보기 위해 F검정을 사용하라. 이 문제에 대한 ANOVA 표를 작성하라.

4.23 표 4-12는 2008년 미국 로스앤젤레스 자갯 레스토랑 안내서의 여러 변수들을 포함하고 있다. 이 변수들은 30점 만점의 점수를 나타내며, 30점이 최고 점수이다. 표는 목록에 있는 각 레스토랑에 대해 음식, 장식, 서비스, 그리고 그 장소에서의 단품 식사에 대한 평균 가격과 같은 네 가지 카테고리에 대한 데이터를 제공한다.

a. 3개의 변수(음식, 장식, 서비스)를 기반으로 음식가격을 예측하기 위한 최소제곱 회귀모형을 만들어라. 모든 설명변수는 통계적으로 유의한가?

b. 정규확률 도표는 어떤 문제점을 나타내고 있는가?

c. 모형의 잔차와 추정된 가격의 맞춤값(fitted values)을 사용하여 산점도를 그려라. 이 산점도는 잔차가 일정한 분산을 갖는지를 나타내는가? 이 도표는 뒤에서도 사용된다.

부록 4A.1: OLS 추정량의 도출

식 (4.20)~(4.22)에 주어진 추정량

식 (4.16)으로부터 시작하자. 이 식을 b_1, b_2, b_3에 대해 각각 편미분하고 미분한 결과를 0으로 두면 다음과 같은 결과를 얻는다.

$$\frac{\partial \sum e_i^2}{\partial \sum b_1} = 2\Sigma(Y_i - b_1 - b_2X_{2i} - b_3X_{3i})(-1) = 0$$

$$\frac{\partial \sum e_i^2}{\partial \sum b_2} = 2\Sigma(Y_i - b_1 - b_2X_{2i} - b_3X_{3i})(-X_{2i}) = 0$$

$$\frac{\partial \sum e_i^2}{\partial \sum b_3} = 2\Sigma(Y_i - b_1 - b_2X_{2i} - b_3X_{3i})(-X_{3i}) = 0$$

이 식들을 정리하면 식 (4.17), (4.18), (4.19)가 된다. 평균값으로부터의 편차를 나타내기 위해 소문자를 사용하면 (즉, $x_{2i} = X_{2i} - \bar{X}_2$) 식 (4.20), (4.21), (4.22)를 구하기 위해 앞의 식들을 풀 수 있다.

부록 4A.2: 식 (4.31)의 도출

3변수 표본회귀모형은 다음과 같음을 주목하자.

$$Y_i = b_1 + b_2X_{2i} + b_3X_{3i} + e_i \tag{4A.2.1}$$

이 3변수 표본회귀모형은 아래와 같이 편차 형태로(즉, 각 변수는 그 평균값으로부터의 편차로 나타낼 수 있고 $\bar{e} = 0$) 나타낼 수 있다.

$$y_i = b_2 + b_2x_{2i} + b_3x_{3i} + e_i \tag{4A.2.2}$$

따라서

$$e_i = y_i - b_2x_{2i} - b_3x_{3i} \tag{4A.2.3}$$

이는 다음과 같이 쓸 수 있다.

$$\begin{aligned}
\Sigma e_i^2 &= \Sigma\left(e_ie_i\right)\\
&= \Sigma e_i\left(y_i - b_2x_{2i} - b_3x_{3i}\right)\\
&= \Sigma e_iy_i - b_2\ \Sigma e_ix_{2i} - b_3\Sigma e_ix_{3i}\\
&= \Sigma e_iy_i \quad \text{마지막 두 항은 모두 0이다.(왜 그런가?)}\\
&= \Sigma\left(y_i - b_2x_{2i} - b_3x_{3i}\right)\left(y_i\right)\\
&= \Sigma y_i^2 - (b_2\Sigma y_ix_{2i} + b_3\Sigma y_ix_{3i}\\
&= \text{TSS} - \text{ESS}
\end{aligned}$$

부록 4A.3: 식 (4.49)의 도출

다음을 기억하자(각주 9를 참조).

$$R^2 = 1 - \frac{\text{RSS}}{\text{TSS}} \tag{4A.3.1}$$

이제 $\bar{R}^2$은 다음과 같이 정의된다.

$$\begin{aligned}\bar{R}^2 &= 1 - \frac{\text{RSS}/(n-k)}{\text{TSS}(n-1)} \\ &= 1 - \frac{\text{RSS}(n-1)}{\text{TSS}(n-k)}\end{aligned} \tag{4A.3.2}$$

자유도가 어떻게 고려되는지 주목하자. 이제 식 (4A.3.1)을 식 (4A.3.2)에 대입하자. 대수적 정리과정을 거치면 다음 결과를 도출할 수 있다.

$$\bar{R}^2 = 1 - (1 - R^2)\frac{n-1}{n-k}$$

RSS(= $n - k$), TSS(= $n - 1$)와 관련된 자유도를 고려하지 않는다면 분명히 $\bar{R}^2 = R^2$임에 주목하자.

5
Chapter

회귀모형의 다양한 함수 형태

제4장까지 변수(variable)뿐 아니라 모수(parameter)에 대해 선형인 모형들에 대해 설명하였다. 하지만 앞으로는 **모수들** 간에는 선형이지만, 변수 Y와 변수 X 간에는 반드시 선형일 필요가 없는 이유를 알아보고자 한다. 이에 이 장에서는 모수에 대해 선형(linear-in-parameters, LIP)이면서 변수에 대해 선형(linear-in-variables, LIV)인 회귀모형이 다양한 경제적 현상을 설명하고자 할 때 적합하지 않은 경우에 대해 설명하고자 한다.

예를 들면, 식 (2.20)에 주어진 선형(LIV)인 SAT 수학 점수 함수를 통해 SAT 수학 **점수의 탄력성**, 즉 연간 가구소득의 퍼센트 변화에 대한 SAT 수학 점수의 퍼센트 변화를 추정하기로 하자. 식 (2.20)으로는 이러한 탄력성을 직접적으로 추정할 수 없다. 이 모형에서 계수의 기울기는 단순히 한 단위(즉, 1달러)의 연간 가구소득이 변화함에 따라 (평균적인) SAT 수학 점수에서 절대적으로 얼마나 변화하는지를 의미할 뿐 탄력성을 의미하지는 않기 때문이다. 하지만 이러한 탄력성은 5.1절에서 논의하게 될 **로그-선형**(log-linear)모형을 통해 쉽게 추정할 수 있다. 앞으로 논의하게 될 로그-선형모형은 모수에 대해 선형이지만 변수에 대해 비선형임을 유의하도록 하자.

또 다른 예로, 국내총생산(GDP), 화폐공급량, 실업률 등과 같은 경제 변수의 **성장률**[1]을 구하는 경우를 고려하자. 이러한 성장률은 설명할 모수에 대해서는 선형이지만 변수에 대해서는 비선형인 이른바 **세미로그**(semilog)모형을 통해 측정할 수 있는데, 이 주제는 5.4절에서 논의하기로 한다.

---

1 Y_t와 Y_{t-1}은 t시점과 $(t-1)$시점에서의 GDP와 같은 변수의 값을 의미하는데, 2020년과 2019년 두 기간에서의 Y의 성장률은 $\frac{Y_t - Y_{t-1}}{T_t} \cdot 100$으로 측정할 수 있다. 5.4절에서 보다 긴 기간에 대한 성장률이 어떻게 세미로그모형을 통해 측정할 수 있게 되는지 살펴본다.

즉, 모수에 대해 선형인 회귀모형들로 한정하더라도 회귀모형을 다양한 함수의 형태로 나타낼 수 있음을 독자들은 유념하기 바라며, 이 장에서는 특히 실증연구에서 빈번히 사용되는 다음 유형의 회귀모형들을 논의한다.

1. 더블-로그 또는 불변탄력성 모형(5.1절)
2. 세미로그모형(5.4절 및 5.5절)
3. 역수모형(5.6절)
4. 다항회귀모형(5.7절)
5. 원점을 지나는 회귀모형 또는 절편이 0인 모형(5.8절)

앞에서 언급한 모든 모형의 중요한 특징은 (곧 단순한 대수적 처리에 의해) 모수에 대해서는 선형이지만, 변수에 대해서는 반드시 선형일 필요가 없다는 점이다. 제2장에서 우리는 변수와 모수 모두에서 선형성에 대한 의미를 논의하였다. 즉, 설명변수(들)에서 선형인 회귀모형에 대해 종속변수의 변화율(즉, 기울기)은 설명변수 1단위의 변화에 대해 일정하지만 설명변수(들)에서 비선형인 회귀모형에 대해서는 기울기가 일정하게 유지되지 않는다.

이러한 기본적인 개념들을 적용하고 그래프 설명을 활용하여, 우선 단순회귀모형을 통해 논의한 후 다중회귀모형에 대한 논의로 확장하여 살펴보기로 하자.

5.1 탄력성 측정: 더블-로그모형

제2장과 제3장에서 논의한 SAT 수학 점수 함수를 다시 고찰해 보자. 하지만 이제는 SAT 수학 점수 함수에 대해 다음의 모형으로 대체하여 고려하자(대수학적으로 쉽게 이해하기 위해, 오차항 u_i에 대해서는 추후 도입하기로 한다).

$$Y_i = AX_i^{B_2} \tag{5.1}$$

여기서 Y는 SAT 수학 점수이고 X는 연간 가구소득을 의미하게 되는데, 결국 (5.1) 모형은 변수 X에 대해 비선형적이다.[2] 하지만 식 (5.1)에 자연로그를 취하게 되면 식 (5.2)와 같은 함수

2 미분을 활용하여 다음 수식을 살펴보면,

$$\frac{dY}{dX} = AB_2X^{(B_2-1)}$$

X에 대한 Y의 변화율이 X에 대해 독립적이지 않아 불변이 아님을 알 수 있는데, 이는 정의상 모형 (5.1)은 변수 X에 대해 선형이 아님을 의미한다.

식 형태로 변하게 된다.

$$\ln Y_i = \ln A + B_2 \ln X_i \tag{5.2}$$

여기서 ln은 자연로그를 의미하는데 밑이 $e = 2.718$인 로그함수를 나타낸다.[3] 이제 수식을 다음과 같이 치환하게 되면,

$$B_1 = \ln A \tag{5.3}$$

식 (5.2)는 식 (5.4)와 같이 기술할 수 있게 된다.

$$\ln Y_i = B_1 + B_2 \ln X_i \tag{5.4}$$

마지막으로 식 (5.4)를 회귀모형으로 변환하면 다음과 같이 표현된다.

$$\ln Y_i = B_1 + B_2 \ln X_i + u_i \tag{5.5}$$

따라서 식 (5.5)는 모수 B_1과 B_2가 선형인 회귀모형이며,[4] 변수 Y와 변수 X의 로그함수 형태로 선형임을 알 수 있다. [참고: 초기 모형인 식 (5.1)은 변수 X에 대해 비선형모형임을 유의] 이러한 선형성 때문에, 식 (5.5)는 (변수 Y와 X 모두 로그 형태이기에) **더블-로그**(double-log) 모형 또는 (로그 Y와 로그 X의 선형성 때문에) **로그-선형**(log-linear)모형이라 한다.

여기에서는 로그변환을 활용하였지만, 명백히 비선형모형인 식 (5.1)에 대해 어떻게 적절한 **수식 변환**을 통해 (모수에서) 선형인 모형으로 변환할 수 있게 되는지 기억하자. 여기서 $Y_i^* = \ln Y_i$ 및 $X_i^* = \ln X_i$로 치환하게 되면, 모형 (5.5)를 식 (5.6)과 같이 기술할 수 있다.

$$Y_i^* = B_1 + B_2 X_i^* + u_i \tag{5.6}$$

식 (5.6)은 우리가 앞 장들에서 다룬 모형들의 형태와 유사한데, 모수들과 변수 Y^*와 X^*에 대해 모두 선형임을 알 수 있다.

만약 고전적 선형회귀모형(CLRM)의 가정들이 변환된 모형에 대해서도 충족된다면, (5.6)의 회귀식은 기존의 최소제곱법(OLS) 방식으로 쉽게 추정할 수 있고, 추정량들에 대해서도 최량선형불편추정량(best linear unbiased estimator, BLUE; 또는 최선선형불편추정량, 최우수선형불편추정량)의 속성을 갖게 된다.[5]

아울러 더블-로그 또는 로그-선형모형의 장점은 실증분석 작업 시 기울기계수인 B_2를 X의 변화에 대한 Y의 탄력성, 즉 X의 퍼센트 변화에 대한 Y의 퍼센트 변화를 구하는 데 유용하다는 점이다.

---

3 부록 5A에서는 로그함수와 그 속성들이 어떠한 유익을 주는지 논의하고 있으니 참조하기 바란다.

4 $B_1 = \ln A$이므로 수학적으로 비선형적 변환 방식으로 $A = \text{antilog}(B_1)$이지만, 실질적으로 기울기 A 자체는 특별한 의미를 갖지 않는다. antilog는 로그의 역함수–역자 주.

5 아울러 어떠한 통계 패키지 프로그램을 활용하더라도 양수에 대한 로그값들을 계산하기 때문에 별도의 추가적인 연산작업을 수행해야 하는 부담을 없앨 수 있다.

수학적 기호로 ΔY를 Y에 대한 미세 변화량, ΔX를 X에 대한 미세 변화량으로 나타내게 될 때, 탄력성계수 E에 대해 다음과 같이 정의할 수 있게 된다.

$$\begin{aligned} E &= \frac{Y\text{의 \% 변화}}{X\text{의 \% 변화}} \\ &= \frac{\Delta Y / Y \times 100}{\Delta X / X \times 100} \\ &= \frac{\Delta Y}{\Delta X} \times \frac{X}{Y} \\ &= \text{기울기}\left(\frac{X}{Y}\right) \end{aligned} \qquad (5.7)^{6}$$

따라서 Y가 상품의 수요량을 의미하고 X가 단위당 가격일 때, B_2값 추정 시 수요의 가격탄력성을 측정하게 된다.

이 모든 내용은 그래프로 나타낼 수 있다.

그림 5-1a는 식 (5.1)을 나타내고, 그림 5-1b는 식 (5.1)에 대해 로그변환한 결과를 보여준다. 그림 5-1b에서 직선 형태의 기울기는 가격탄력성 추정치인 $(-B_2)$를 나타낸다. 더블-로그모형에서의 중요한 특징은 그림 5-1b를 통해 분명히 알 수 있다. 즉, 회귀선이 (Y와 X에 대해 로그를 취한 결과) 직선으로 표시되어 기울기 $(-B_2)$는 항상 불변이라는 점이다. 기울기계수는 곧 이 모형에서 탄력성계수를 의미하게 되는데, 탄력성 역시 항상 불변이 되어 X에 대해 어떠한 값을 취하여도 탄력성을 구할 수 있게 된다.[7]

이러한 특성으로 인해, 더블-로그 또는 로그-선형모형은 **불변탄력성모형**(constant elasticity model)으로 알려져 있다. 따라서 우리는 이 용어들을 모두 같은 의미로 사용할 것이다.

---

6 미분 기호로 표기하게 되면,

$$E = \frac{dY}{dX} \times \frac{X}{Y}$$

여기서 dY/dX는 X에 대한 Y의 도함수, 즉 X에 대한 Y의 변화율을 의미하게 되어, $\Delta Y/\Delta X$는 dY/dX의 근사치를 의미한다. 참고: 모형 (5.6)에 대해 변환된 방식으로 기술하게 되면,

$$B_2 = \frac{\Delta Y^*}{\Delta X^*} = \frac{\Delta \ln Y}{\Delta \ln X} = \frac{\Delta Y / Y}{\Delta X / X} = \frac{\Delta Y}{\Delta X} \times \frac{X}{Y}$$

이며 식 (5.7)과 같이 X에 대한 Y의 탄력성을 의미하게 된다. 부록 5A를 참조하면, 로그값에 대한 변화는 상대적 또는 비율적 변화를 의미하게 되는데, $\Delta \ln Y = \frac{\Delta Y}{Y}$로 기술하게 된다.

7 하지만 일반적으로 탄력성과 기울기계수는 다른 개념임을 유의해야 한다. 식 (5.7)에서 탄력성은 기울기계수에 X/Y의 비율을 곱한 결과와 같다. 즉, 단지 더블-로그모형 또는 로그-선형모형에서만 이 두 계수가 같게 됨을 유의해야 한다.

그림 5-1 ● 불변탄력성모형

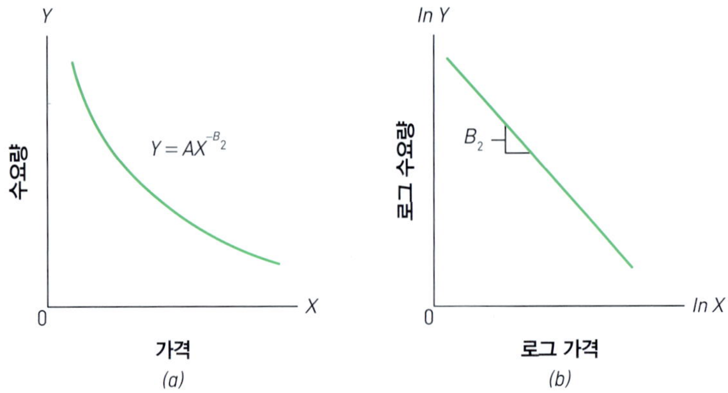

사례 5.1 SAT 수학 점수 함수에 대한 재고찰

표 3-2를 통해 우리는 SAT 수학 점수를 통한 사례에서 (변수에 대해) 선형인 함수를 보여줄 수 있었다. 하지만 SAT 수학 점수와 연 가구소득 간 산점도를 통해 모든 점에 대해 정확히 선형인 직선의 관계로 대응되지 않고 **근사적으로** 선형인 관계를 보여주고 있음에 유념할 필요가 있었다. 아울러 식 (3.16)의 가설검정 방식을 통해 계숫값이 통계적으로 유의한지 검정할 수 있었다. 이 절에서는 더블-로그모형이 표 2-2에 주어진 데이터에 잘 부합하는지 알아보기 위해 표 5-1을 통해 다시 고찰하고자 한다.

더블-로그모형에 기반한 OLS 추정 결과를 표 5-2에 요약하였다. 표 5-2 결과에서 (불변) 점

표 5-1 ● 연 가구소득(X)($)과 SAT 수학 점수(Y) 사이의 관계

Y	*X*
410	5,000
420	15,000
440	25,000
490	35,000
530	45,000
530	55,000
550	65,000
540	75,000
570	9,000
590	150,000

그림 5-2 ● 가구소득에 대한 SAT 수학 점수의 더블-로그모형

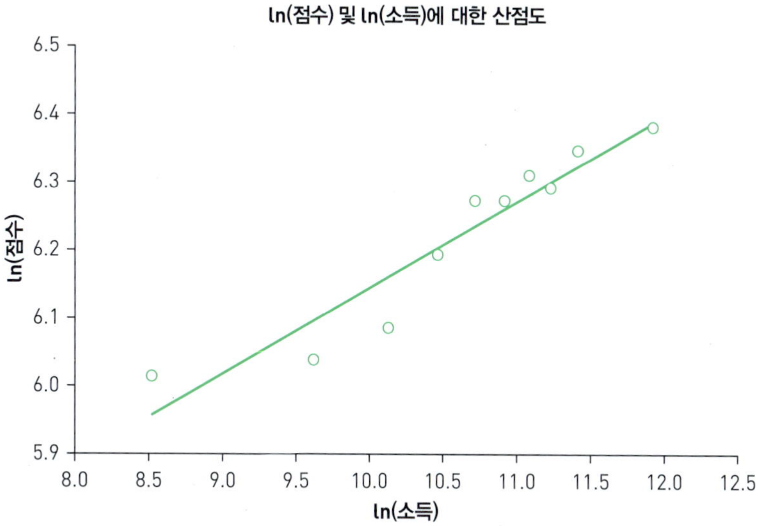

수탄력성은 대략 0.13으로, 연 가구소득 1% 증가 시 SAT 수학 점수는 **평균적으로** 0.13% 증가함을 보여주고 있다. 편의상 절댓값에서 1보다 작은 탄력성계수는 비탄력적인 반면, 1보다 크면 탄력적으로 판단할 수 있다. (절댓값에서) 탄력성계수가 1이면 **단위** 탄력적이라 한다. 따라서 이 사례에서 SAT 수학 점수는 비탄력적으로 SAT 수학 점수는 연 가구소득 증가보다 비율적으로 적게 증가함을 알 수 있다.

절편값은 ln$X$ 값이 0일 때 ln$Y$의 평균값을 의미하며 대략 4.89임을 알 수 있다. 다시 말하지만 절편값 자체에 대한 기계적인 해석에서는 구체적으로 경제학적인 의미를 찾을 수 없다.[8]

R^2 = 0.9005는 로그 X의 변화에 의해 설명되는 로그 Y의 변화가 대략 90%라는 의미이다.

그림 5-2에서의 추정 회귀선은 그림 2-1과 매우 유사함을 알 수 있다.

더블-로그모형들에 대한 가설검정

가설검정 시 선형모형과 더블-로그모형에서 방식상 차이는 없다. 오차항에서 평균이 0이고 분산이 상수로서 σ^2의 형태인 정규분포라는 가정하에서 추정된 회귀계수는 정규분포를 따르게 된다. 즉, 오차항의 분산 σ^2을 불편추정량 $\hat{\sigma}^2$으로 교체하게 되면, 각각의 추정량은 자유도(df)가 $(n-k)$인 t분포를 따르게 되는데, 여기서 k는 절편을 포함하여 추정해야 할 모수의 개

8 ln$X$가 0일 때 ln$Y$ = 4.8877이므로, antilog를 취하면 대략 132.94이다. 따라서 로그 연 가구소득이 0일 때 평균 SAT 수학 점수는 133점이다. 한편, 식 (3.10)의 회귀모형을 고려하면, 연 가구소득(로그 소득이 아님을 유의)이 0일 때 절편값은 432.41이다.

표 5-2 ● SAT 수학 점수 사례의 더블-로그모형

종속변수: LOG(MATHSAT)
추정법: 최소제곱법
일시: 2019년 2월 17일 14시 46분
표본: 1~10
관측 개수: 10

변수	계수	표준오차	t-통계량	p값
C	4.887713	0.157292	31.07405	0.0000
LOG(INCOME)	0.125805	0.014784	8.509534	0.0000
R-squared	0.900513	Mean dependent var		6.221059
Adjusted R-squared	0.888077	S.D. dependent var		0.130161
S.E. of regression	0.043545	Akaike info criterion		−3.253179
Sum squared resid	0.015169	Schwarz criterion		−3.192662
Log likelihood	18.26589	Hannan-Quinn criter.		−3.319566
F-statistic	72.41217	Durbin-Watson stat		1.573399
Prob(F-statistic)		0.000028		

수를 의미한다. 예를 들어, 2변수의 경우 k는 2이며, 3변수의 경우 k는 3이다.

표 5-2에서 주어진 추정 결과들부터 모든 회귀계수들은 통계적으로 매우 유의함을 알 수 있는데, 이는 우선 계숫값들이 0이 아니면서 해당하는 p값들이 거의 0에 가깝기 때문이다. F값은 약 72로 매우 유의한데, 이는 제4장에서 다루었던 내용인 $t_k^2 = F_{1,k}$의 결과로 $(8.509534)^2 \approx 72.412$이기 때문이다. 이전에 설명하였던 것처럼, 2변수회귀분석에서의 F값은 t값이 의미하는 이상의 추가적인 정보를 제공하지 않는다.

식 (3.36)에서 주어진 선형회귀모형에서는 R^2값이 대략 0.78이었는데, 표 5-2에서의 로그-선형회귀모형에서는 R^2값이 대략 0.90으로 도출되어 독자들 중에는 더블-로그모형이 선형회귀모형보다 좋을 것이라 생각할 수 있을 것이다. 하지만 이러한 판단은 잘못된 것으로 Y의 변화와 로그 Y의 변화는 개념적으로 다름을 유의해야 한다. 왜냐하면, 0보다 큰 어떤 수에 대한 로그값은 그 수에 대한 상대적 변화를 측정하고자 함이지만, 그 수 자체에서의 변화는 절대적 변화를 측정하고자 함이기 때문이다.

여기서 유의해야 할 점은 독립 또는 설명변수들은 어떠한 형태라도 (선형이든 아니든) 상관없는데, 종속변수의 경우 형태가 다르다면 회귀모형에서 R^2값들을 비교해서는 안 된다는 점이다.

5.2 다중로그-선형회귀모형에 대한 고찰

두 변수로 구성된 더블-로그모형은 1개 이상의 설명변수를 포함한 다중회귀모형으로 일반화하여 이해할 수 있다. 예를 들면, 3변수로 구성된 로그-회귀모형은 식 (5.8)과 같이 기술이 가능한데,

$$\ln Y_i = B_1 + B_2 \ln X_{2i} + B_3 \ln X_{3i} + u_i \tag{5.8}$$

위 모형에서 B_2와 B_3는 편기울기계수로 편탄력성계수를 의미한다.[9] 따라서 B_2는 X_3의 영향을 고정시킨 상태에서 X_2에 대한 Y의 탄력성으로 측정할 수 있다. 즉, 이는 X_3의 영향을 고정시킨 상태에서 X_2의 퍼센트 변화에 따른 Y의 퍼센트 변화를 의미하게 된다. 아울러 편탄력성이라 할 수 있는 이유는 X_3의 영향이 고정된 상황이기 때문이다. 이와 마찬가지로 B_3는 X_2의 영향을 고정시킨 상태에서 X_3에 대한 Y의 (부분 또는 편)탄력성으로 측정할 수 있다. 요약하면, **다중로그-선형모형에서, 각각의 부분적인 기울기계수는 다른 설명변수들의 값이 일정할 때 해당 설명변수에 대한 종속변수의 부분탄력성으로 측정할 수 있다.**

사례 5.2 콥-더글라스 생산함수

식 (5.8)의 예로 Y = 생산량, X_2 = 노동 투입, X_3 = 자본 투입으로 가정하자. 이때 모형 (5.8)은 노동과 자본 투입에 의한 생산함수로 나타낼 수 있는데, 사실 이 경우의 회귀모형 (5.8)은 콥-더글라스 생산함수[Cobb-Douglas(C-D) production function]로 칭할 수 있다. 논의의 전개를 위해, 표 5-3의 1955~1974년까지 멕시코 자료를 참조하라. Y는 생산량으로 국내총생산(GDP)(단위: 1960년 기준 백만 패소), X_2는 노동 투입량으로 총고용량(단위: 천 명), X_3는 자본 투입량으로 고정자본 스톡량(단위: 1960년 기준 백만 패소)로 측정한 것이다.

표 5-3 자료를 기반으로, 멕시코의 콥-더글라스 생산함수를 표 5-4와 같이 추정하였다.

표 5-4의 추정 결과를 해석하면 다음과 같다. 편기울기계수 추정치 0.3397은 노동 투입량에 대한 생산탄력성으로 해석할 수 있다. 특히 이 추정 계숫값은 자본 투입량이 고정인 상황을 감안하고 있는 결과인데, 노동 투입 1% 증가 시 평균적으로 생산량은 0.34% 증가함을 의미한다. 이와 같은 방식으로, 노동 투입량이 고정인 상황에서 자본 투입량을 1% 증가시킨다면, 생산량은 0.85% 증가하게 된다. 만약 우리가 탄력성계수들을 회귀모형에 추가하게 되면 경제학적으로 중요한 모수들을 추정할 수 있게 되는데, 투입량의 비율적 변화에 대한 산출물의 결

9 미분 계산에 친숙한 독자를 위해 수식을 기술하면, $\ln X_2$에 대한 $\ln Y$의 편미분 결과는 $B_2 = \frac{\partial \ln Y}{\partial \ln X_2} = \frac{\partial Y / Y}{\partial X_2 / X_2} = \frac{\partial Y}{\partial X_2} \cdot \frac{X_2}{Y}$와 같이 기술할 수 있는데, 이는 정의상 X_2에 대한 Y의 탄력성을 의미하게 된다. 이와 같은 맥락에서 B_3는 X_3에 대한 Y의 탄력성을 의미하게 된다.

표 5-4 ● 멕시코의 콥-더글라스 생산함수 추정 결과

종속변수: LOG(GDP)
추정법: 최소제곱법
일시: 2019년 2월 17일 17시 7분
표본: 1955~1974
관측 개수: 20

변수	계수	표준오차	*t*-통계량	*p*값
C	−1.652333	0.606185	−2.725789	0.0144
LOG (EMPLOYMENT)	0.339717	0.185687	1.829516	0.0849
LOG(FCAPITAL)	0.846002	0.093349	9.062816	0.0000
R-squared	0.995081	Mean dependent var		12.22605
Adjusted R-squared	0.994502	S.D. dependent var		0.381497
S.E. of regression	0.028288	Akaike info criterion		−4.155281
Sum squared resid	0.013604	Schwarz criterion		−4.005921
Log likelihood	44.55281	Hannan-Quinn criter.		−4.126124
F-statistic	1719.335	Durbin-Watson stat		0.425618
Prob(F-statistic)	0.000000			

과로써 규모에 대한 수확 모수(returns to scale parameter)가 그 예이다. 두 탄력성계수의 값들의 합이 1이면 규모에 대한 수확 불변(constant returns to scale)(즉, 노동과 자본 투입량을 동시에 배로 늘리면 생산량도 마찬가지로 배로 증가함) 함수를 나타내고, 두 탄력성계수의 합이 1보다 크면 규모에 대한 수확 체증(increasing returns to scale)(즉, 노동과 자본 투입량을 동시에 배로 늘리면 생산량은 배보다 크게 증가함), 두 탄력성의 계수의 합이 1보다 작으면 규모에 대한 수확 체감(decreasing returns to scale)(즉, 노동과 자본 투입량을 동시에 배로 늘리면 생산량은 배보다 적게 증가함) 함수를 구할 수 있게 된다.

해당 기간 멕시코의 경우 두 탄력성계수의 합이 1.857로, 당시 멕시코의 경제는 규모에 대한 수확 체증 상황임을 알 수 있다.

추정 결과, 자본 투입의 효과가 노동 투입의 효과보다 상대적으로 중요하더라도, 노동과 자본 투입 결과 모두 단측검정에 기반하여 각각 통계적으로 유의함을 알 수 있다. (참고: 노동 및 자본 투입 모두 생산량에 대해 양의 효과를 미칠 것을 예상할 수 있기에 단측검정을 활용하였음.)

추정된 F-통계량은 (해당하는 p값이 거의 0에 가깝기 때문에) 매우 유의함을 알 수 있는데, 이는 노동 및 자본 투입 모두 생산의 결과에 영향을 미치지 못한다는 귀무가설을 강하게 기각하게 됨을 의미한다.

R^2값은 0.995로 로그 생산량 변동의 99.5%가 로그 노동 및 로그 자본에 의해 설명할 수 있음을 알 수 있고, 이는 매우 높은 수준의 설명력을 보이는 것으로 모형 (5.8)이 자료의 특성을 잘 구현함을 알 수 있다.

사례 5.3 에너지에 대한 수요

표 5-5에서는 1960~1982년까지 7개 OECD 국가들에 대한 최종 에너지 총수요 지수(Y), 실질 GDP(X_2), 실질에너지가격(X_3)을 집계하였다.

표 5-5에 주어진 데이터를 기반으로 EViews 10을 활용하여 표 5-6의 추정 결과를 도출하였다.

추정 결과에서 알 수 있듯이, 에너지 수요는 (실질 GDP로 측정된) 소득에 대해 양(+)의 관계이고, 실질가격에 대해 음(−)의 관계임을 보여주고 있는데 경제 이론과 부합함을 알 수 있다. 추정된 소득탄력성은 약 0.99로 다른 제반의 조건들이 일정할 때 실질소득이 1% 증가할 경우 평균적인 에너지 수요량은 0.99% 혹은 1% 증가하게 된다. 마찬가지로 추정된 에너지가격탄력성은 약 −0.33으로 다른 요건들이 일정할 때 에너지가격이 1% 상승하게 되면 평균 에너지 수요량은 0.33% 감소하게 된다. 이렇게 계숫값이 절댓값 기준 1보다 작기 때문에 에너지 수

표 5-6 ● OECD 국가들의 에너지 수요 추정 결과

종속변수: LOG(FDEMAND)
추정법: 최소제곱법
표본: 1960~1982
관측 개수: 23

변수	계수	표준오차	t-통계량	p값
C	1.554555	0.089630	17.34419	0.0000
LOG(REALGDP)	0.997797	0.019008	52.49368	0.0000
LOG (RENERGYPRICE)	−0.333169	0.024179	−13.77902	0.0000
R-squared	0.994196	Mean dependent var		4.412381
Adjusted R-squared	0.993615	S.D. dependent var		0.224157
S.E. of regression	0.017911	Akaike info criterion		−5.085675
Sum squared resid	0.006416	Schwarz criterion		−4.937567
Log likelihood	61.48526	Hannan-Quinn criter.		−5.048426
F-statistic	1712.859	Durbin-Watson stat		0.805202
Prob(F-statistic)	0.000000			

요는 가격에 대해 비탄력적이라 할 수 있는데, 이는 에너지가 소비를 위한 필수재적인 성격이 강하기 때문이다.

(자유도에 대해) 조정되거나 조정되지 않은 경우 모두 R^2값들은 매우 높게 측정되었다. F값 역시 약 1,712로 매우 높게 측정되었는데, 이러한 F값에 대한 확률은 거의 0에 가깝기 때문에 $B_2 = B_3 = 0$일 것이라는 귀무가설을 기각하게 된다. 따라서 소득과 에너지가격 모두 에너지 수요에 매우 강하게 영향을 주고 있다고 판단할 수 있다.

5.3 성장률 측정: 세미(반)로그모형

이 장의 서론에서 소개했듯이, 경제학자나 기업인, 정부 당국 모두 특정 경제 변수의 성장률 예측에 관심을 갖고 있다. 예를 들면, 정부 재정 적자(또는 흑자)는 경제 활동에서 가장 중요한 변수인 GDP의 예측 성장률에 기반한다. 아울러 중앙은행에서는 통화 정책을 모니터링하기 위해 소비자의 신용(자동차 대출, 할부 대출 등)에 대한 성장률을 긴밀하게 주시한다.

이 절에서는 회귀분석을 통해 이러한 성장률들을 어떻게 측정할 수 있는지 논의하고자 한다.

사례 5.4 미국의 인구성장률

표 5-7에서는 1961~2017년까지 미국의 인구 자료(단위: 백만 명)를 제공하고 있다.

이 자료를 활용하여 해당 기간에 대한 미국의 인구(Y) 성장률을 측정하고자 한다. 이제 여러분들이 화폐금융 및 재무관리 수업에서 배운 내용들을 복합적으로 활용하여 다음과 같이 복리 이자율 계산식을 고려하도록 하자.

$$Y_t = Y_0(1 + r)^t \qquad (5.9)$$ [10]

Y_0 = 초기 또는 최초 Y

Y_t = t기에서의 Y의 환산 인구 수

r = Y의 성장률에 대한 (시간에 따른) 복리

식 (5.9)의 양변에 자연로그를 취하여 변환하게 되면 식 (5.10)과 같이 기술할 수 있다.

10 여러분이 은행에 연이율 6% 기준 저축예금 계좌를 개설하여 Y_0 = \$100를 저축하게 되었다고 가정하자. 이때 이자율은 r = 0.06 또는 r = 6%라 할 수 있다. 예치 후 1년이 되었을 때 저축 원리금은 $Y_1 = 100(1 + 0.06) = 106$(\$)이 될 것이고, 2년 후에는 $Y_2 = 106(1 + 0.06) = 100(1 + 0.06)^2 = 112.36$(\$)이 될 것을 예상할 수 있는데, 예치 후 2년이 지났을 때 이자수익에 대한 지급 방식은 최초 \$100에 해당하는 예치금뿐 아니라 1년 기간에 해당하는 이자를 포함하게 되기 때문이다. 따라서 3년 차가 되었을 때 저축 원리금은 $100(1 + 0.06)^3 = 119.1016$(\$)으로 증가하게 될 것을 예상할 수 있다.

$$\ln Y_t = \ln Y_0 + t\ln(1 + r) \tag{5.10}$$

이때, $\ln Y_0$와 $\ln(1 + r)$을 다음과 같이 치환하게 되면,

$$B_1 = \ln Y_0 \tag{5.11}$$

$$B_2 = \ln(1 + r) \tag{5.12}$$

식 (5.10)은 다음과 같이 기술할 수 있다.

$$\ln Y_t = B_1 + B_2 t \tag{5.13}$$

식 (5.13)에 오차항 u_t를 추가하게 되면, 회귀모형 (5.14)와 같이 기술할 수 있게 된다.[11]

$$\ln Y_t = B_1 + B_2 t + u_t \tag{5.14}$$

이 회귀모형은 모수로서 B_1과 B_2가 선형인 여타의 선형회귀모형과 같은 형식이다. 유일한 차이점이 있다면 종속변수가 Y에 대한 로그값이고 독립(또는 설명)변수가 1, 2, 3과 같은 표현 방식의 '시간'을 의미한다는 점이다.

회귀식 (5.14)와 같은 모형들에 대해서는 **세미로그모형**(semilog models)이라 지칭할 수 있는데, 1개의 변수에만 (이 경우 종속변수) 로그 형태를 취하였기 때문이다. 그렇다면 회귀식 (5.14)와 같은 세미로그모형은 어떻게 해석할 수 있을까? 세미로그모형의 해석 방식에 대해 논하기 전에, 최소제곱법(OLS)에서 제반의 고전적 가정들을 충족시킬 수 있다면 모형 (5.14)는 기존의 최소제곱법(OLS) 방식으로 추정이 가능하다는 점에 주목할 필요가 있다. 표 5-7의 자료를 이용하여 다음과 같이 회귀분석 결과를 도출하였다.

추정 회귀선은 그림 5-3과 같이 그릴 수 있다.

회귀 추정 결과는 다음과 같이 해석할 수 있다. 우선 기울기계수는 0.0103으로 연평균 미국의 로그 인구가 0.0103의 비율로 증가하여 왔다. 즉, 미국 인구에 대한 영문 표기로서 Y는 연간 1.031%의 비율로 증가하여 왔는데, **세미로그모형 추정 결과인 표 5-8에서 기울기계수는 설명변수(시간)의 절대적 변화에 대한 Y의 비율적 또는 상대적 변화로 해석할 수 있다.**[12] 이러한 상대적 변화에 100을 곱하게 되면, 퍼센트 변화 또는 **성장률**을 구할 수 있다(각주 1 참조). 따라서 이 사례의 상대적 변화는 0.0103이므로 성장률은 1.03%이다.

---

11 오차항이 모형에 추가될 수 있는 이유는 복리 공식이 표 5-7의 자료와 정확히 일치하지 않기 때문이다.

12 미분을 활용하면 다음과 같은 수식으로 기술할 수 있다.

$$B_2 = \frac{d\ln Y}{dt} = \left(\frac{1}{Y}\right)\left(\frac{dY}{dt}\right)$$

$$= \frac{\frac{dY}{Y}}{dt} = \frac{Y\text{에 대한 상대적 변화}}{t\text{에 대한 절대적 변화}}$$

그림 5-3 ● 세미로그모형(성장모형)

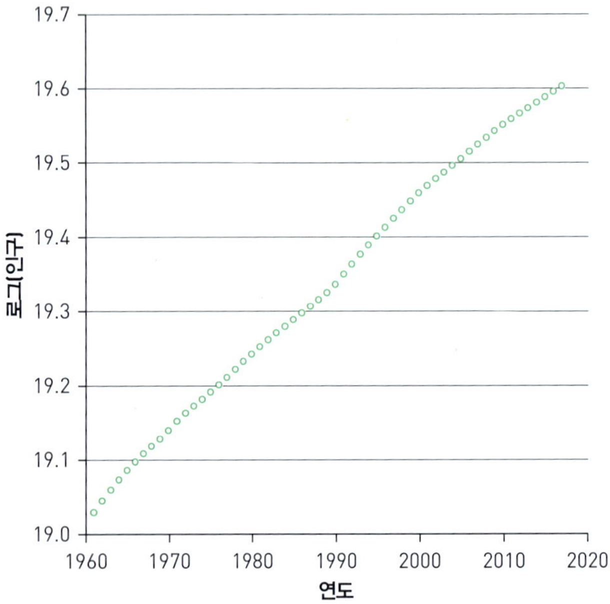

표 5-8 ● 세미로그 또는 성장모형

종속변수: LOG(TOTALPOP)
추정법: 최소제곱법
일시: 2019년 2월 18일 9시 59분
표본: 1961~2017
관측 개수: 57

변수	계수	표준오차	t-통계량	p값
C	−1.165927	0.115895	−10.06017	0.0000
YEAR	0.010306	5.83E-05	176.8776	0.0000
R-squared	0.998245	Mean dependent var		19.33266
Adjusted R-squared	0.998213	S.D. dependent var		0.171211
S.E. of regression	0.007237	Akaike info criterion		−6.984705
Sum squared resid	0.002881	Schwarz criterion		−6.913019
Log likelihood	201.0641	Hannan-Quinn criter.		−6.956845
F-statistic	31285.68	Durbin-Watson stat		0.071989
Prob(F-statistic)		0.000000		

이러한 이유로 표 5-8에서의 세미로그모형은 성장모형으로 알려져 있는데, 경제 변수를 비롯한 다양한 변수들의 성장률을 측정하기 위해 주로 사용된다. 표 5-8에서 절편값이 음수로 추정되었는데, 특별한 경제학적인 의미가 내포된 것은 아니다.

순간 성장률 vs. 복리 성장률

식 (5.12)의 성장모형에서 추정계수를 역대수(antilog) 변환하여 r을 구해 보자.

$$b_2 = B_2\text{에 대한 추정치} = \ln(1 + r)\text{이므로,}$$

$$\text{antilog}(b_2) = (1 + r)$$

$$\therefore r = \text{antilog}(b_2) - 1 \tag{5.15}$$

r은 복리 성장률을 나타내는데, 성장모형 추정을 통해 b_2를 구하게 되면 식 (5.15)을 활용하여 Y에 대한 복리 성장률을 쉽게 구할 수 있다. 사례에서의 복리 성장률은 다음과 같이 계산할 수 있다.

$$r = \text{antilog}(0.0103) - 1 = 1.0104 - 1 = 0.0104 \tag{5.16}$$

따라서 해당 기간 미국 인구의 복리 성장률은 매년 1.04%임을 알 수 있다.

앞서의 Y의 성장률은 1.03%이라 하였는데, 이제는 1.04%라 하고 있다. 과연 두 성장률에서의 차이는 무엇일까? 성장률 1.03%(즉, 성장모형 추정 이후 기울기계수에 대해 100을 곱한 결과)는 (일정 시점의) 순간 성장률(instantaneous growth rate)을 의미하지만 성장률 1.04%[즉, 식 (5.15)를 통해 계산한 결과]는 (일정 기간의) 복리 성장률(compound growth rate)을 의미한다. 사례에서 두 성장률의 차이는 크게 중요하지 않게 보일 수 있지만, 복리로 인한 결과의 위력을 명심해야 한다.

일상에서는 일반적으로 순간 성장률을 인용하지만 복리 성장률에 대해서는 위에 소개한 계산식을 이용하여 쉽게 구할 수 있다.

선형추세모형

종종 연구자들은 신속한 방식으로 다음의 모형을 추정하게 된다.

$$Y_t = B_1 + B_2 t + u_t \tag{5.17}$$

식 (5.17)은 Y를 시간 자체에 대해 회귀하는 모형인데, 시간은 해당 시간의 순서에 의해 측정된다. 이러한 모형을 선형추세모형(linear trend model)이라 하는데, 시간변수 t는 추세변수(trend variable)를 의미한다.[13] 만약 앞서의 모형에서 기울기계수가 양수이면 Y에 대해 상승 추세를 가지고 있다고 하고, 기울기계수가 음수이면 Y에 대해 하락 추세를 가지고 있다고

표 5-9 ● 인구 성장에 대한 선형추세모형

종속변수: TOTALPOP
추정법: 최소제곱법
표본: 1961~2017
관측 개수: 57

변수	계수	표준오차	t-통계량	p값
C	−4.88E+09	44861633	−108.7223	0.0000
YEAR	2579172.	22554.10	114.3549	0.0000
R-squared	0.995812	Mean dependent var		2.53E+08
Adjusted R-squared	0.995736	S.D. dependent var		42899519
S.E. of regression	2801433.	Akaike info criterion		32.56362
Sum squared resid	4.32E+14	Schwarz criterion		32.63530
Log likelihood	−926.0631	Hannan-Quinn criter.		32.59148
F-statistic	13077.05	Durbin-Watson stat		0.022943
Prob(F-statistic)	0.000000			

한다.

표 5-7 자료와 회귀식 (5.17)을 이용하여 표 5-9와 같이 추정 결과를 도출하였다.

표 5-9에서의 추정 결과를 통해, 표본 기간 동안 미국의 인구 수는 (상대적이 아닌) 절대적인 비율로 매년 257만 명 증가하여 왔다. 따라서 해당 기간 동안 미국의 인구에서는 상승 추세를 가지고 있었다. 절편값이 음수인 결과는 경제학적으로 실질적인 의미를 갖지는 않는다.

실제로, 선형추세모형 및 성장모형들은 연구자들에게 광범위하게 사용되어 왔다. 하지만 비교 분석을 위한다면 성장모형이 보다 유용하다. 일반적으로 사람들은 GDP나 통화 공급과 같은 경제적 조치에 대한 절대적 성과보다는 상대적 성과에 더욱 관심을 갖기 때문이다.

추가적으로, 사례의 결과에서 두 모형의 R^2값들에 대해 직접적으로 비교할 수 없는데, 두 모형의 종속변수들이 수학적으로 같은 함수 형태가 아니기 때문이다(연습문제 5.16 참조). 하지만 통계적 측면에서 t값에 대한 유의수준을 고려할 때, 두 모형 모두 상당히 좋은 결과를 제시하고 있다.

13 추세는 특정 변수가 시간의 변화에 따라 지속적으로 상승 또는 하락하는 양상을 의미한다.

5.4 선형-로그모형: 설명변수에 로그를 취한 경우의 모형

앞 절에서는 종속변수에 대해 로그를 취한 형태이지만 독립변수에 대해서는 선형인 형태의 성장모형을 고찰하였고, 이러한 형태의 모형에 대해 **로그-선형모형**(log-lin model) 또는 **성장모형**(growth model)이라 칭하였다. 이 절에서는 종속변수가 선형의 형태이지만 설명변수에서 로그 변환을 취한 형태인 모형을 다루고자 하는데, 이러한 모형을 **선형-로그모형**(lin-log model)이라 칭할 수 있다.

선형-로그모형에 대해 다음의 사례를 통해 고찰하기로 하자.

사례 5.5 총소비지출과 서비스지출의 관계

표 5-10에는 총소비지출과 관련하여 다양한 범주에서 소비지출에 관한 연도별 데이터(1970~2006년, 단위: 1992년 10억 달러 기준)를 제공하고 있다.

추정을 통해 총소비지출(X) 1% 증가 시 서비스에 대한 지출(Y)이 과연 얼마나 증가하게 될지 측정하고자 한다. 이러한 연구 목적을 달성하기 위해 다음과 같이 모형을 설정할 수 있다.

$$Y_t = B_1 + B_2 \ln X_{2t} + u_t \tag{5.18}$$

종속변수가 로그 형태였던 식 (5.14)에서의 로그-선형모형과는 달리, 이 사례에서는 독립변수가 로그 형태를 취하고 있다. 표 5-10에서의 자료를 활용하여, 선형-로그모형에 대한 OLS 추정 결과를 표 5-11과 같이 도출하였다.

결과를 해석하게 되면, 기울기계숫값인 약 1,844의 의미는 총소비 한 단위 증가하게 되면 서비스에 대한 지출의 절대적 변화가 약 1조 8,440억 달러가 될 것임을 의미한다. 앞서 논의한 맥락에 맞추어 본다면 이러한 결과는 과연 어떤 의미를 가질 수 있을까? 특정 숫자에 대한 로그 변화는 곧 상대적 변화로 이해할 수 있었음을 기억하자. 따라서 모형 (5.18)에서의 기울기계수는 다음과 같이 측정할 수 있다.[14]

$$\begin{aligned} B_2 &= \frac{Y\text{의 절대적 변화}}{X\text{의 상대적 변화}} \\ &= \frac{\Delta Y}{\Delta X / X} \end{aligned} \tag{5.19}$$

14 $Y = B_1 + B_2 \ln X$에 대해 미분식으로 변환한다면, $\frac{dY}{dX} = B_2\left(\frac{1}{X}\right)$과 같이 기술할 수 있다. 따라서 $B_2 = X\frac{dY}{dX} = \frac{dY}{dX / X}$ = 식 (5.19)와 같은 결과를 도출할 수 있다.

표 5-11 ● 선형-로그모형 추정 결과: 서비스에 대한 소비지출 효과

종속변수: SERVICES 추정법: 최소제곱법 표본: 1970~2006 관측 개수: 37				
변수	계수	표준오차	t-통계량	p값
C	−12564.82	916.3509	−13.71180	0.0000
LOG(PCE)	1844.222	114.3229	16.13170	0.0000
R-squared	0.881449	Mean dependent var		2146.459
Adjusted R-squared	0.878062	S.D. dependent var		1562.762
S.E. of regression	545.7109	Akaike info criterion		15.49459
Sum squared resid	10423012	Schwarz criterion		15.58167
Log likelihood	−284.6500	Hannan-Quinn criter.		15.52529
F-statistic	260.2316	Durbin-Watson stat		0.039887
Prob(F-statistic)		0.000000		

한편, ΔY와 ΔX는 각각 Y와 X의 미세 변화를 의미하게 되는데, 식 (5.19)는 식 (5.20)과 같이 표현할 수 있다.

$$\Delta Y = B_2\left(\frac{\Delta X}{X}\right) \tag{5.20}$$

식 (5.20)은 Y에서의 절대적 변화(즉, ΔY)는 B_2에 X의 상대적 변화를 곱한 결과를 의미한다. 우측 항(즉, X의 상대적 변화)에 100을 곱하게 되면, 식 (5.18)에서 X의 퍼센트 변화에 대한 Y의 절대적 변화를 측정할 수 있게 된다. 즉, $\Delta X/X$가 0.01단위(즉, 1%) 변하게 된다면, Y의 절대적 변화는 0.01로서 B_2에 대응할 수 있음을 의미하게 된다. 따라서 이러한 방식을 이 사례에 적용하게 된다면, B_2 = 674인 경우 Y의 절대적 변화는 (0.01)(674), 또는 6.74로 도출된다. 따라서 식 (5.18)을 최소제곱법(OLS)에 의해 추정한 후, 기울기계수 B_2에 0.01을 곱하거나 100으로 나누어 주게 되면 설명변수 1퍼센트 변화에 대한 종속변수의 절대적 변화를 구할 수 있다.

표 5-11에서 도출된 회귀 결과를 해석하면, 총소비지출이 1% 증가하게 되면, 평균적으로 서비스지출은 약 184억 4,000만 달러 증가함을 의미한다. (참고: 추정계수를 100으로 나눈 결과임.)

식 (5.18)과 같이 선형-로그모형들은 독립변수들의 퍼센트 변화에 대한 종속변수에서의 절대적 변화를 연구하는 상황에 적용할 수 있다. 그리고 당연하지만 회귀식 (5.18)과 같은 모형들은 로그 형태로 2개 이상의 X변수들을 취할 수 있다. 따라서 각각의 개별 기울기계수는 특정 X변수의 퍼센트 변화에 대한 종속변수의 절대적 변화를 의미하는데 다른 모든 X변수들이 고정된 상황에서 측정할 수 있게 된다.

5.5 역수모형

다음과 같은 형태의 모형은 역수모형(reciprocal models)으로 알려져 있다.

$$Y_i = B_1 + B_2\left(\frac{1}{X_i}\right) + u_i \tag{5.21}$$

이 모형은 X에 대해서는 **역수를 취한 형태로 비선형**이지만 모수에 대해서는 선형인 선형회귀모형이다.

이 모형의 가장 중요한 특징은 X가 무한대로 증가할 때 $(1/X_i)$항은 0으로 접근한다는 점이고 (왜일까?), Y는 극한값 또는 점근값(asymptotic value)으로써 B_1에 수렴하게 된다. 따라서 X변수의 값이 무한히 증가할 때 종속변수가 **점근값** 또는 **극한값**을 취하게 된다면 식 (5.21)과 같은 모형을 설정할 수 있다.

식 (5.21)에 대한 다양한 형태의 곡선을 그림 5-4와 같이 나타낼 수 있다.

그림 5-4a에서 Y는 평균 고정비용(AFC), 즉 총고정비용을 생산량(X)으로 나눈 값을 의미한다. 따라서 경제학 이론에서처럼 (고정비용은 상당수의 생산품 단위들에 분산되기 때문에) AFC는 생산량이 증가할수록 지속적으로 감소하게 되는데 종국적으로 B_1의 수준으로 수렴하게 된다.

그림 5-4b는 엥겔지출 곡선(Engel expenditure curve)[독일 통계학자인 Ernst Engel(1821~1896)]의 이름을 따서 생긴 명칭)에 적용할 수 있는데, 어떤 소비자의 소득 수준에 따른 특정 재화의 수요량과의 관계를 나타낼 수 있다. 만약 Y가 특정 재화의 소비를 의미하고 X가 총소득을 의미한다면, 특정 재화들에 대해 다음과 같은 특징들을 갖게 된다: (1) 소득 수준이 임계 또는 한계 수준 미만이어서 특정 상품의 구매가 이루어지지 않게 된다(예: 자동차). 그림 5-4b에서 소비의 임계수준은 $-(B_2/B_1)$ 수준에 해당한다. (2) 소비자 입장에서 소득이 아무리 높게 증가하게 되더라도 소비에 대해 특정 수준 이상으로 증가시키지 않는 포화점이 존재한다(심지어 아무리 갑부인 백만장자라 하더라도 자동차를 동시에 두 대 혹은 세 대 이상을 구매하지는 않는다). 이 경우는 그림 5-4b에서의 점근선으로써 B_1이 유일하게 존재한다. 따라서 이러한 특징의 상품들에 대해서는 역수모형을 표현하는 그래프가 가장 적절하다고 할

그림 5-4 ● 역수모형: $Y_i = B_1 + B_2 (1/X_i)$

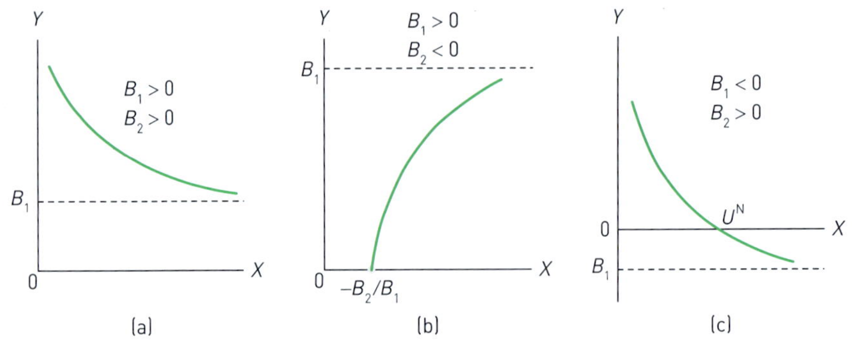

수 있다.

그림 5-4c를 적용할 수 있는 경제학 주제는 유명한 거시경제학에서의 필립스 곡선(Phillips curve)이다. Phillips는 영국의 자료를 이용하여 명목임금(Y)과 실업률(X)의 퍼센트 변화율의 관계에 대해 그림 5-4c와 유사한 형태의 곡선을 도출하였다.[15] 이 그래프에서 실업률 수준에 따른 임금 변화의 반응이 비대칭적임을 보여준다. 만약 실업률이 (**자연실업률**) U^N 미만인 경우 실업률 한 단위 변화에 대해 임금은 더 빠르게 증가하게 되지만, 실업률이 자연 수준 이상일 때 임금이 감소하는 변화는 앞서 임금 상승 시의 변화 속도에 못 미치게 되어 B_1에 점근적으로 수렴하게 된다(그림 5-5 참조). 이러한 필립스 곡선의 특징은 노동조합의 교섭력, 최저임금, 실업보험과 같은 제도적 요인에 기인한다고 할 수 있다.

사례 5.6 미국의 필립스 곡선

필립스 곡선에서 이러한 역수의 함수 관계가 시사하는 중요한 경제학적 의미를 반영한 실증분석을 실습해 보기 위해, 표 5-12에서는 1958~1969년 기간 미국의 시간당 임금지수 변화율(Y) 및 실업률(X)에 관한 자료를 제시하고 있다.[16]

모형 (5.21)을 표 5-12의 자료에 투영하였고, 그 결과를 다음과 같이 제시하였다.

$$\hat{Y}_t = -0.2594 + 20.5880\left(\frac{1}{X_t}\right) \tag{5.22}$$
$$t = (-0.2572) \quad (4.3996) \qquad R^2 = 0.6594$$

15 A. W. Phillips, "The Relationship between Unemployment and the Rate of Change of Money Wages in the United Kingdom, 1861-1957," *Economica*, November 1958, pp. 283-299.

16 분석기간을 1969년까지로 정한 이유는 분석 결과가 전통적인 필립스 곡선으로서 의미 있는 결과를 보여주었으나, 그 이후 시계열자료에서는 적합한 결과를 도출하기 위한 많은 시도에도 불구하고 필립스 곡선으로서 의미 있는 결과를 도출할 수 없었다.

그림 5-5 ● 미국의 필립스 곡선

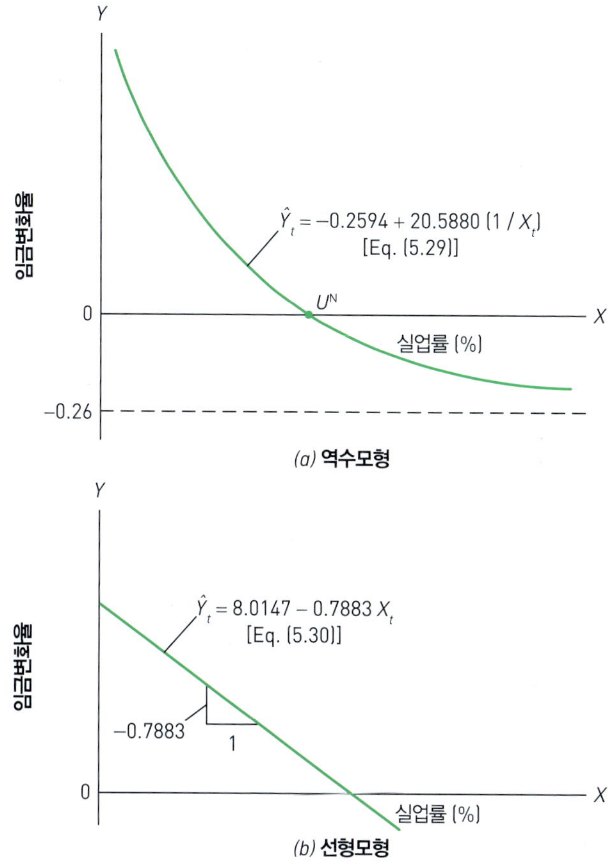

그림 5-5a는 추정 모형 (5.22)를 반영한 결과이다.

그림 5-5의 결과와 같이 임금변화율은 −0.26%를 제시하고 있지만, 통계적으로는 0과 다르지 않다. (그 이유는?) 따라서 실업률이 아무리 치솟게 되더라도 임금의 성장률은 기껏해야 0이 될 것이다.

한편, 같은 데이터를 가지고 실시한 다음의 선형회귀분석 결과를 비교해 보기로 하자(그림 5-5b 참조).

$$\begin{aligned}\hat{Y}_t &= 8.0147 - 0.7883X_t \\ t &= (6.4625) \quad (-3.2605) \quad R^2 = 0.5153\end{aligned} \tag{5.23}$$

앞의 두 모형을 살펴보면, 회귀모형 (5.23)에서 기울기계수는 음수인데, 실업률이 높아지게 되면 다른 모든 조건이 동일한 상황에서 임금성장률은 더 낮아지게 될 것임을 의미한다. 하지만 역수모형 (5.22)에서의 기울기계수는 양수인데, 그 이유는 X변수가 역수로 취해졌기 때문이다(2개의 음수를 통해 양수를 도출하게 된다). 즉, 역수모형에서 양(+)의 기울기는 선형모형에서 음(−)의 기울기와 유사하다.

선형모형에서는 실업률이 1%p 증가하게 되면 임금에서의 %p 변화는 평균적으로 상수로서 약 −0.79를 의미한다. 반면에, 역수모형에서는 임금의 %p 변화는 불변이지 않고 X(즉, 실업률)의 수준에 따라 변화 정도가 측정된다(표 5-22 참조).[17] 이 선형모형의 경우가 현실 경제의 측면에서 더욱 타당해 보인다. 하지만 두 모형의 종속변수가 같기 때문에 두 회귀 결과에서의 R^2값들을 비교할 수 있다. 역수모형에서의 R^2값이 선형모형일 때보다 크게 도출되었는데, 이를 통해 역수모형의 결과가 선형모형의 결과보다 주어진 자료를 잘 반영하는 것으로 판단할 수 있다.

이 사례를 통해 LIV/LIP 모형의 수준을 넘어서는 모수에 대해 선형이지만 변수에 대해 비선형일 수 있는 모형들을 고려하게 되면, 주어진 상황에서 적합한 모형을 선택하기 위해 매우 신중해야 함을 알 수 있다. 적합한 모형의 선택 시 관심 주제에 대한 현상의 바탕이 되는 이론이 가장 큰 도움을 주곤 한다. 모형 설정을 위해서는 다양한 이론, 약간의 성찰, 상당한 체험에 기반하게 되는데, 체험은 연습에서 비롯된다.

역수모형에 대한 논의를 마무리하기 전에, 또 다른 역수모형의 적용 사례를 고찰해 보기로 하자.

사례 5.7 뮤추얼펀드의 운용수수료

표 5-13의 자료는 미국 뮤추얼펀드에서 자산을 운용하기 위해 투자자문가들에게 지급하게 되는 운용수수료와 관련한 내용을 보여주고 있다. 이 수수료는 펀드의 순자산가치에 의존한다.

그림 5-6은 펀드의 순자산가치가 높아질수록 자문수수료는 낮아진다는 것을 의미한다. 따라서 다음의 형태로 모형을 세우는 것이 적절해 보인다.

$$\text{수수료} = B_1 + B_2\left(\frac{1}{\text{자산}}\right) + u_i \tag{5.24}$$

표 5-13과 EViews를 활용하여 회귀식 추정 결과를 표 5-14와 같이 도출하였다.

이러한 회귀분석 결과를 해석하기 위해 연습문제를 참조하라(연습문제 5.20).

---

17 역수모형에서 기울기는 $-B_2(1/X^2)$이다.

표 5-13 ● 뮤추얼펀드의 운용수수료 계획

수수료 (%) Y	순자산가치 (100만 달러) X
0.5200	0.5
0.5080	5.0
0.4840	10.0
0.4600	15.0
0.4398	20.0
0.4238	25.0
0.4115	30.0
0.4020	35.0
0.3944	40.0
0.3880	45.0
0.3825	55.0
0.3738	60.0

그림 5-6 ● 운용수수료 및 자산의 규모

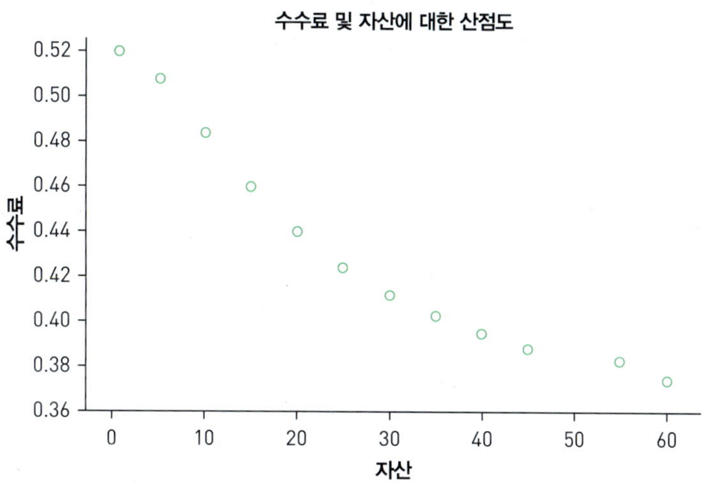

표 5-14 ● 자산 규모와 운용수수료 계획과 관련한 추정 결과

종속변수: Fees
추정법: 최소제곱법
표본: 1~12
관측 개수: 12

변수	계수	표준오차	t-통계량	p값
C	0.420412	0.012858	32.69715	0.0000
1/assets	0.054930	0.022099	2.485610	0.0322
R-squared	0.381886	Mean dependent var		0.432317
Adjusted R-squared	0.320075	S.D. dependent var		0.050129
S.E. of regression	0.041335			
Sum squared resid	0.017086			
		F-statistic		6.178255
		Prob (F-statistic)		0.032232

5.6 다항회귀모형

이 절에서는 응용 계량경제학에서 광범위하게 사용되는 생산과 비용 함수와 관련하여 고찰하고자 한다. 특히 그림 5-7을 살펴보고자 하는데, 이 그래프는 생산함수로서 총생산비용(TC) 곡선 및 이와 관련된 한계비용(MC)과 평균비용(AC) 곡선을 나타내고 있다.

이때 총생산비용(TC)을 Y로 치환하고 생산량을 X로 치환하게 되면, 총비용함수는 수학적으로 다음과 같이 기술할 수 있게 된다.

$$Y_i = B_1 + B_2X_i + B_3X_i^2 + B_4X_i^3 \tag{5.25}$$

식 (5.25)와 같은 함수를 **세제곱함수**(cubic function), 또는 일반적으로, X변수에 대한 **3차 다항식**(third-degree polynomial)이라 한다—X의 최고차항이 다항식 차수의 크기를 결정한다(이 사례에서는 3으로 결정됨).

이러한 다항함수의 유형에서는 우변항에는 단 1개의 설명변수가 있지만 다양한 차수로 존재하게 되어 다중회귀모형을 이룬다.[18] [참고: 우리는 모형 (5.25)를 회귀모형으로 만들기 위해 오차항 u_i를 추가하기로 한다.]

18 당연히 연구자가 필요하다면 다른 X변수들이나 차수들을 도입할 수 있다.

그림 5-7 ● 비용-생산량 관계

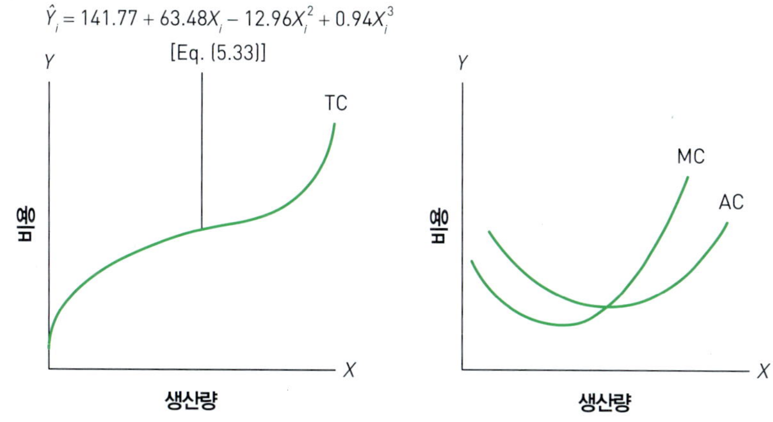

비록 모형 (5.25)가 변수 X에 대해 비선형이더라도 모수 B들에 대해서는 선형이므로 결과적으로 선형회귀모형이 된다. 따라서 회귀식 (5.25)와 같은 모형들에 대해서는 통상적인 OLS 방식으로 추정이 가능하다. 이 모형에서 유일하게 "우려되는 점"은 X의 다양한 거듭제곱항들이 함수적으로 연관되어 있기 때문에 공선성의 문제가 존재할 수 있다는 점이다. 하지만 X^2과 X^3은 X의 비선형함수이므로 완전공선성이 없다는 가정, 즉 엄밀히 말해 변수 간에 완전한 선형관계가 존재하지 않는다는 가정에 위배되지는 않기 때문에 이러한 우려를 해소할 수 있다. 즉, 다항회귀모형(polynomial regression models)은 기존의 방법대로 추정이 가능하고 추정 시 특별한 문제를 일으키지 않는다.

만약, 미시경제학 교과서의 가격이론에서 보여주는 것처럼 비용 곡선이 U자 모양의 평균비용과 한계비용 곡선과 같은 양상이라면, 모형 (5.25)를 추정한 계수들은 이러한 이론을 통한 예상과 부합하게 도출되어야 함을 시사한다.[19]

1. B_1, B_2와 B_4는 각각 0보다 크다.

2. $B_3 < 0$.

3. $3B_3^2 < 3B_2 B_4$.

이 등식이 성립하는지 확인하기 위해 표 5-8에서 주어진 가상의 총비용(TC) 및 생산량의 관계를 고려하기로 하자.

19 경제학적인 고찰을 위해, Alpha C. Chiang의 *Fundamental Methods of Mathematical Economics*, 3th ed, McGraw-Hill, New York, 1984, pp. 205-252를 참조하라. 이러한 제약에 대한 근거는 경제학적인 측면에서 총비용곡선은 상향의 기울기를 갖게 될 것이고(생산량이 커질수록 총비용이 커질 것이다), 생산량에 대한 한계비용은 반드시 양(+)이어야 한다는 점이다.

사례 5.8 가상적인 총비용함수

다항모형을 추정하기 위해, 표 5-15에서 주어진 가상적인 비용-생산물 자료를 활용하자.

표 5-15 ● 총비용 및 총생산에 대한 가상적 자료

총비용	193	226	240	244	257	260	274	297	350	420
생산량	1	2	3	4	5	6	7	8	9	10

표 5-15의 자료에 기반한 OLS 추정 결과는 표 5-16과 같다(그림 5-7 참조).

표 5-16 ● 총비용 및 총생산에 대한 OLS 추정 결과

종속변수: TC
추정법: 최소제곱법
일자: 2019년 2월 19일 13시 21분
표본: 1~10
관측 개수: 10

변수	계수	표준오차	t-통계량	p값
C	141.7667	6.375322	22.23678	0.0000
OUTPUT	63.47766	4.778607	13.28372	0.0000
OUTPUT^2	−12.96154	0.985665	−13.15005	0.0000
OUTPUT^3	0.939588	0.059106	15.89677	0.0000
R-squared	0.998339	Mean dependent var		276.1000
Adjusted R-squared	0.997509	S.D. dependent var		65.81363
S.E. of regression	3.284911	Akaike info criterion		5.505730
Sum squared resid	64.74382	Schwarz criterion		5.626764
Log likelihood	−23.52865	Hannan-Quinn criter.		5.372956
F-statistic	1202.220	Durbin-Watson stat		2.700212
Prob(F-statistic)	0.000000			

표 5-16에서의 회귀식 추정 결과는 각각의 추정계수들이 통계적으로 (t검정에 기반해서) 매우 높게 유의할 뿐 아니라 (F검정에 기반하여) 총체적으로도 유의하게 도출되었다. 하지만 흥미로운 점은 계숫값들의 부호가 선험적으로 기대했던 것과 일치한다는 것이다.

다항회귀모형에 관한 구체적인 적용을 위해, 다음의 사례 5.9를 고찰해 가기로 하자.

사례 5.9 흡연과 폐암의 관계

표 5-17에서는 1960년 미국 43개 주 및 워싱턴 D.C.에서의 흡연과 다양한 유형의 암과 관련하여 자료를 제공하고 있다.

이제 폐암과 흡연의 관계를 고찰해 보자. 흡연이 과연 폐암에 미치는 효과가 양(+)일지 음(−)일지 분석하기 위해, 다음의 모형을 고찰하기로 하자.

$$Y_i = B_1 + B_2 X_i + B_3 X_i^2 + u_i \tag{5.26}$$

이때, Y = 폐암으로 인한 사망자 수, X = 흡연량이라 한다면, EViews를 활용하여 도출된 회귀분석 결과는 표 5-18과 같다.

표 5-18의 결과에서 기울기계수는 양(+)이지만 흡연량을 제곱한 변수의 계수는 음(−)이다. 이러한 결과는 흡연이 폐암에 대해 유해효과를 갖고 있지만, 이러한 유해효과는 점차 감소하는 속도로 증가하게 됨을 의미한다.[20] 모든 기울기계수들은 단일(양측) t검정에 의해 통계적으

표 5-18 ● 흡연과 폐암과의 관계

종속변수: LUNG
추정법: 최소제곱법
일자: 2019년 2월 20일 16시 44분
표본: 1~44
관측 개수: 44

변수	계수	표준오차	t-통계량	p값
C	−6.909859	6.192748	−1.115799	0.2710
CIG	1.576494	0.455984	3.457342	0.0013
CIG^2	−0.019179	0.008168	−2.348026	0.0238
R-squared	0.564422	Mean dependent var		19.88045
Adjusted R-squared	0.543175	S.D. dependent var		4.079373
S.E. of regression	2.757201	Akaike info criterion		4.932055
Sum squared resid	311.6885	Schwarz criterion		5.053705
Log likelihood	−105.5052	Hannan-Quinn criter.		4.977169
F-statistic	26.56395	Durbin-Watson stat		2.210734
Prob(F-statistic)	0.000000			

20 오차항을 감안하지 않은 상황에서 식 (5.26)의 Y를 X에 대해 미분하게 되면, $\frac{\partial Y}{\partial X} = B_2 + 2B_3 X$의 결과를 도출할 수 있고 사례의 결과로서 $1.57 - 2(0.0192)X = 1.57 - 0.0384X$로 나타낼 수 있게 되는데, 이는 흡연에 대한 폐암의 변화율이 점차 감소함을 의미한다. 하지만 만약 X^2, 즉 CIG^2의 계수가 양(+)이라면, 폐암에 대한 흡연의 효과는 더욱 증가하는 속도로 증가하게 될 것을 의미하게 된다. 이때, Y = 폐암 발생률을 의미하고 X − 흡연한 담배의 수를 의미한다.

로 유의하다. F-통계량 역시 26.56으로 도출되었는데, 이를 추정한 p값은 실질적으로 0을 의미하게 되어, X와 X^2 두 변수 모두 모형에 포함되는 것이 적합함을 의미하게 된다. 하지만 사실 이 경우에서는 단측 t검정을 실시하는 것이 바람직하였는데, 의학 연구에서 흡연은 폐암 및 다른 유형의 암에 대해 유해효과를 갖고 있다고 간주하기 때문이다.

5.7 원점을 지나는 회귀모형

우리에게 다중회귀모형으로 일반화하는 것이 어렵지 않지만, 회귀모형을 다음과 같이 2변수모형의 형태로 설정해야 할 경우가 있다.

$$Y_i = B_2 X_i + u_i \tag{5.27}$$

이 모형에서는 절편이 없거나 0이 되어, **원점을 지나는 회귀모형**(regression through the origin)이라 한다. 우리는 이미 식 (2.22)에서 오쿤의 법칙의 예를 통해 이러한 형태의 회귀모형 사례를 접할 수 있었다. 회귀식 (5.27)에 대해서는 다음과 같이 표현이 가능하다.[21]

$$b_2 = \frac{\sum X_i Y_i}{\sum X_i^2} \tag{5.28}$$

$$\mathrm{Var}(b_2) = \frac{\sigma^2}{\sum X_i^2} \tag{5.29}$$

$$\hat{\sigma}^2 = \frac{\sum e_i^2}{n-1} \tag{5.30}$$

이러한 공식들을 2변수모형이지만 절편이 주어지는 경우와 비교하면, 식 (2.17), (3.6), (3.8)과 같이 여러 차이가 있다는 점에서 주목할 필요가 있다. 첫째, 절편이 없는 모형에서는 원자료에서의 제곱합과 외적(cross products)을 활용하게 되지만, 절편이 존재하는 모형에서는 평균으로 조정된 제곱합과 외적(cross products)을 활용하게 된다는 점이다. 둘째, $\hat{\sigma}^2$을 계산하기 위한 자유도 df는 $(n-2)$ 대신 $(n-1)$을 활용하게 되는데, 이는 식 (5.27)에서 알 수 있듯이 미지의 모수가 1개이기 때문이다. 셋째, 기존에 계산한 R^2 공식에서는 모형에서 절편항을 포함하고 있다는 것을 명백하게 가정하고 있는 상황이었다. 따라서 절편이 없는 경우 이 공식을 적용해서는 안 된다. R^2 공식을 적절치 않게 활용하게 될 경우 R^2값이 음수(−)로 비상식적인 추정 결과가 도출될 수도 있다. 마지막으로, 절편이 추가된 모형의 경우 추정된 잔차의 합 Σe_i는 항상 0이지만, 절편이 없는 모형의 경우 잔차의 합이 반드시 0일 필요는 없다. 이러한

21 이에 대한 증명은 Damodar N. Gujarati and Dawn C. Porter, *Basic Econometrics*, 5th ed., McGraw-Hill, New York, 2009, pp.182-183 참조.

이유들로 인해, 절편이 0인 모형에 대해서는 이론적 근거가 분명히 존재할 경우에만 활용할 필요가 있다.

포트폴리오 이론에서 잘 알려진 자본자산가격결정모형(CAPM)을 예로 들어 보자. 위험프리미엄에 관한 식에 대해 다음과 같이 표기할 수 있다.

$$(ER_{\mathrm{i}} - r_{\mathrm{f}}) = \beta_{\mathrm{i}}\,(ER_{\mathrm{m}} - r_{\mathrm{f}}) \tag{5.31}$$

이때, ER_i = 증권 i에 대한 기대수익을 의미하고, ER_m = S&P 500 종합주가지수로 대표되는 시장포트폴리오에 대한 기대수익을 의미하며, r_f = 무위험수익으로서 90일 미국 국채 수익을 의미하고, β_i = **베타계수**(beta coefficient)로서 포트폴리오의 다각화를 통해 제거할 수 없는 체계적인 리스크의 측정치를 의미한다. 베타계수는 i번째 증권의 위험조정수익률이 위험조정시장수익률과 함께 변화하는 정도를 측정하게 된다. 대부분의 금융 서비스에서는 여러 주식시장에 상장된 유가증권의 베타계수를 발표하고 있다.

1보다 큰 베타계수의 경우 예측하기 어려운 유가증권을 시사하고, 1보다 작은 베타계수의 경우 경기에 둔감한 유가증권을 시사한다. 베타계수가 1이면 유가증권의 위험조정수익률이 시장에서의 위험조정수익률과 일대일로 함께 움직이는 것을 의미하게 된다.

회귀분석을 위해 CAPM은 주로 다음과 같이 표현하게 된다.

$$R_i - r_{\mathrm{f}} = \beta_{\mathrm{i}}(R_{\mathrm{m}} - r_{\mathrm{f}}) + u_{\mathrm{i}} \tag{5.32}$$

이때, R_i와 R_m은 관측된 수익률이다. 식 (5.32)는 기존 문헌에 의하면 CAPM의 실증적 대응에 관한 **시장모델**(market model)로 알려져 있다. 편의상 다음과 같이 식을 구성하기로 하자.

$$Y_t = R_i - r_{\mathrm{f}} \quad \text{이고} \quad X_{\mathrm{t}} = R_{\mathrm{m}} - r_{\mathrm{f}}$$

사례 5.10 영국 주식시장에서의 CAPM

표 5-19에서는 1980~1999년 기간의 월별 데이터로 총 240개 관측치를 제공하고 있는데, Y_t(%)는 경기에 민감한 소비재 부문 104개 종목의 지수에 대한 초과수익률 자료를 의미하고 X_t(%)는 영국의 전체 주식시장 지수에 대한 초과수익률 자료를 의미한다. 이때 초과수익은 무위험자산(riskless asset)의 수익을 초과하는 수익이다.[22]

식 (5.32)에서 절편은 존재하지 않고, 이에 대한 회귀모형 추정 결과는 다음과 같다.

22 이 사례의 데이터는 *Datastream*에서의 데이터 뱅크와 다음의 계량경제 방법론 교과서(C. Heji, P. de Boerm, P. H. Franses, T. Kloek, and H. K. van Djil, *Econometric Methods with Applications in Business and Economics*, Oxford University Press, New York, 2004.)를 참조하였다.

$$Y_t = 1.1551X_t$$
$$t \;\; = (15.53) \quad R^2 = 0.5023 \tag{5.33}$$

추정 결과 베타계수는 통계적으로 매우 유의하고 1보다 큰 값으로 도출되었다. 이 결과를 비교하기 위해 절편을 포함하는 회귀모형 추정 결과를 제시하면 다음과 같다.

$$Y_t = -0.4474 + 1.1711X_t$$
$$t = (-1.23) \quad (15.54) \qquad R^2 = 0.5035 \tag{5.34}$$

절편의 추정치가 통계적으로 유의하지 않기 때문에 식 (5.33)에서 제시된 시장모델은 적절해 보이고, 따라서 CAPM을 지지할 수 있게 된다.

참고: 식 (5.33)에서의 R^2은 X에 의해 설명되는 원점 주변(즉, 0의 값 주변에서)의 Y에서의 변동비율을 의미하지만 식 (5.34)에서의 R^2은 X에 의해 설명되는 평균값 주변의 Y에서의 변동비율을 의미한다. 그리고 앞의 두 R^2은 같지 않게 되는데, 원점을 지나는 회귀모형에 대한 사례에서의 추정 결과 식 (5.33)의 R^2에 대해서는 일명 raw R^2으로 지칭하기도 한다(연습문제 5.23 참조).

5.8 측정 척도 및 측정 단위에 대한 참고사항

경제변수든 아니든 간에, 변수들은 다양한 측정 단위로 표현된다. 예를 들어, 기온에 대해서는 섭씨 혹은 화씨로 표현하고, GDP에 대해서는 100만 또는 10억 달러로 표현할 수 있다. 과연 회귀식의 추정 결과는 측정 단위에 의해 민감하게 달라질 것인가? 이를 분석하기 위해 표 5-20의 1997~2006년 연별 자료를 사용하기로 한다.

표 5-20에는 10억 달러 기준으로 측정된 민간국내총투자(GPDIB), 100만 달러 기준으로 측정된 민간국내총투자(GPDIM), 10억 달러 기준으로 측정된 국내총생산(GDPB), 100만 달러 기준으로 측정된 국내총생산(GDPM) 자료들이 제시되어 있다.

민간국내총투자(GPDI)가 국내총생산(GDP)에 의해 어떻게 작용하는지 알아보기로 하자. 회귀분석 결과 다음과 같이 회귀모형들을 추정하게 되었다.

$$\widehat{GPDIB}_t = 461.511 + 5.8046GDPB_t$$
$$\text{se} = (1331.451)(0.762)$$
$$t = (0.3466) \quad (7.6143) \qquad R^2 = 0.8787 \tag{5.35}$$

표 5-20 (요약) ● 미국 민간국내총투자 및 국내총생산

연도	GDPB	GDPM	GPDIB	GPDIM
1997	1,389.8	1,389,800	8,304.3	8,304,300
1998	1,509.1	1,509,100	8,747.0	8,747,000
1999	1,625.7	1,625,700	9,268.4	9,268,400
2000	1,735.5	1,735,500	9,817.0	9,817,000
2001	1,614.3	1,614,300	10,128.0	10,128,000
2002	1,582.1	1,582,100	10,469.6	10,469,600
2003	1,664.1	1,664,100	10,960.8	10,960,800
2004	1,888.6	1,888,600	11,685.9	11,685,900
2005	2,077.2	2,077,200	12,433.9	12,433,900
2006	2,209.2	2,209,200	13,194.7	13,194,700

주: GDPB: 국내총생산(10억 달러), GDPM: 국내총생산(100만 달러), GPDIB: 민간국내총투자(10억 달러), GPDIM: 민간국내총투자(100만 달러).

$$\begin{aligned} \widehat{GPDIM}_t &= 461511.076 + 5.8046 GDPM_t \\ \text{se} &= (1331451) \qquad (0.762) \\ t &= (0.3466) \qquad (7.6143) \qquad R^2 = 0.8787 \end{aligned} \tag{5.36}$$

$$\begin{aligned} \widehat{GPDIB}_T &= 461.511 + 0.0058 GDPM_t \\ \text{se} &= (1331.451)(0.00076) \\ t &= (0.3466) \quad (7.6143) \qquad R^2 = 0.8787 \end{aligned} \tag{5.37}$$

$$\begin{aligned} \widehat{GPDIM}_t &= 461511.076 + 5804.626 GDPB_t \\ \text{se} &= (1331451) \qquad (762.335) \\ t &= (0.3466) \qquad (7.6143) \qquad R^2 = 0.8787 \end{aligned} \tag{5.38}$$

위의 추정 결과들을 언뜻 보면 차이가 있어 보인다. 하지만 측정 단위에서 1십억이 1,000백만과 같다는 사실을 고려한다면 추정 결과에서 차이가 없음을 알 수 있다. 앞서 수행한 추정 결과들은 서로 다른 측정 단위를 가진 변수들에 의한 결과들을 표현한 것이다. 하지만 다음의 사항들에 유념할 필요가 있다. 첫째, R^2값들은 모든 추정 결과에서 동일하다는 점이다. 이는 사실 놀랄 만한 결과는 아닌데, R^2은 종속변수 (Y)와 독립변수 (X)에서 측정된 단위를 제외하게 된 무차원 수량으로서의 순수한 숫자(pure number)이기 때문이다. 둘째, 절편항은 항상 종속변수가 측정되는 단위이다. 절편은 독립변수가 0값을 취할 때 종속변수의 평균을 의미함을 상기하도록 하자. 셋째, Y와 X가 같은 측정 단위를 취하게 될 때, 기울기계수뿐 아니라 해당하는 표준오차 역시 같다는 점이다[식 (5.35) 및 식 (5.36) 비교]. 비록 절편값과 그에 해당하는 표준오차는 다를지라도, 결국 t값에서는 동일한 결과를 도출하게 된다. 넷째, Y와 X변수

들에 대해 상이한 측정 단위로 추정하게 되면 기울기계수들은 달라지지만 해석에서는 달라질 것이 없다. 따라서 식 (5.37)에서 만약 GDP가 1백만 달러 변화할 경우 GPDI에서는 0.0058 십억 달러 또는 5.8백만 달러로 증가하게 된다. 마찬가지로 식 (5.38)에서 GDP가 1백만 달러 증가하게 되면 GPDI는 5,804.6백만 달러 증가하게 된다. 이 모든 결과는 지극히 상식적이다.

5.9 표준화된 변수를 이용한 회귀분석

우리는 앞 절에서 종속변수(Y)와 독립변수들(the Xs)에서 측정된 단위가 추정된 회귀계수의 해석에 영향을 미치게 됨을 알 수 있었다. 하지만 모든 변수들을 **표준화된 변수**(standardized variables)로 표현한다면 이러한 문제는 발생하지 않게 된다. 표준화된 변수로 만들기 위해서는 변수의 개별 값에서 변수의 평균값을 뺀 후 그 차이를 해당 변수의 표준편차로 나누면 된다.

따라서 X에 대한 Y의 기존 회귀식에서 다음과 같이 변수들을 재정의하게 되면 표준화된 변수들로 구성된 회귀식을 재구성할 수 있다.

$$Y_i^* = \frac{Y_i - \bar{Y}}{S_Y} \tag{5.39}$$

$$X_i^* = \frac{X_i - \bar{X}}{S_X} \tag{5.40}$$

이때,

$\bar{Y}$ = Y에 대한 표본평균,
S_Y = Y에 대한 표본 표준편차,
$\bar{X}$ = X에 대한 표본평균,
S_X = X에 대한 표본 표준편차,
Y_i^*와 X_i^*는 표준화된 변수이다.

표준화된 변수에 대한 해석 시 주안점은 해당 평균값이 항상 0이고 표준편차는 항상 1이라는 점이다.[23]

이는 곧 Y와 X 변수들이 어떠한 단위로 측정되어도 상관없게 되어 일반적인 (2변수) 회귀식을 추정하는 대신,

23 이에 대한 증명은 다음 책의 내용을 참조하라. Damodar N. Gujarati and Dawn C. Porter, *Basic Econometrics*, 5th ed., McGraw-Hill, New York, 2009, pp. 183-184.

$$Y_i = B_1 + B_2X_i + u_i \tag{5.41}$$

표준화된 변수로 회귀식을 다음과 같이 추정할 수 있다

$$\begin{aligned} Y_i^* &= B_1^* + B_2^*X_i^* + u_i^* \\ &= B_2^*X_i^* + u_i^* \end{aligned} \tag{5.42}$$

한편, 표준화된 변수들을 포함한 회귀식에서 절편은 항상 0이고,[24] B^*로 표기된 표준화된 설명변수에 대한 회귀계수들은 베타계수임을 알 수 있다. 이때, 식 (5.42)가 원점을 지나는 회귀식임을 주목하자.

그렇다면 이러한 베타계수를 어떻게 해석하는 것이 좋을까? '(표준화된) 독립변수가 1표준편차 단위만큼 증가 시 (표준화된) 종속변수는 B_2^* 표준편차 단위 증가한다'라고 해석할 수 있다. 따라서 식 (5.41)의 일반 모형과 달리, 베타계수 모형에서는 Y와 X에서 측정된 원래의 단위에 기반한 것이 아닌 표준편차 단위에 기반에서 측정하게 된다.

아울러 X변수가 2개 이상일 때 각각의 변수에 대해 표준화된 형태로 변환할 수 있다. 이 과정을 이해하기 위해 표 5-3의 콥-더글라스 생산함수의 사례로 1955~1974년간 멕시코의 실질 GDP, 고용, 실질고정자본 자료들을 참조하도록 하자. 로그함수에 적용한 결과가 표 5-4에 제시되어 있다. 표준화된 고용과 표준화된 고정자본에 대한 표준화된 로그 GDP를 EViews로 추정한 결과는 표 5-21에 제시되어 있다.

회귀계수들에 대한 해석은 다음과 같다: 자본량이 고정일 때, 고용에서 1표준편차 증가 시 평균적으로 GDP는 0.17표준편차 단위로 증가한다. 마찬가지로, 고용이 고정일 때, 자본에서 1표준편차 증가 시 평균적으로 GDP는 약 0.83표준편차 단위로 증가하게 된다. (모든 변수가 로그를 취한 값임에 유의할 것) 상대적인 크기로 표현하면, 자본이 고용보다 GDP에 미치는 효과가 더욱 크다는 점이다. 여기에서 표준화 변수들을 사용할 때의 장점을 알 수 있게 되는데, 모든 표준화된 변수들은 평균이 0이고 분산이 1을 취하게 되기 때문에 표준화를 통해 모든 변수를 동등한 위치에 놓게 된다는 점이다.

참고로 우리는 회귀모형 추정 결과에 절편을 도입하지 않았지만(왜일까?), 만약 회귀모형에 절편항을 추가하여 추정하게 된다면 해당 계숫값은 거의 0으로 도출될 것이다.

---

24 식 (2.16)에서 절편 = Y의 평균값 − (X의 기울기) • (X의 평균값)을 의미함을 기억하자. 하지만 표준화된 값들에 대해서, 평균값은 항상 0이다. 이는 1개 이상의 X변수로 쉽게 일반화될 수 있다.

표 5-21 ● 표준화된 변수들을 활용한 멕시코의 콥-더글라스 생산함수

종속변수: SLGDP
추정법: 최소제곱법
표본: 1955~1974
관측 개수: 20

변수	계수	표준오차	t-통계량	p값
SLE	0.167964	0.089220	1.882590	0.0760
SLK	0.831995	0.089220	9.325223	0.0000
R-squared	0.995080	Mean dependent var		6.29E-06
Adjusted R-squared	0.994807	S.D. dependent var		0.999999
S.E. of regression	0.072063	Sum squared resid		0.093475

주: SLGDP: 표준화된 로그 국내총생산; SLE: 표준화된 로그 고용; SLK: 표준화된 로그 자본

요약

이 장에서는 비록 모수에서는 선형이지만, 변수에서는 반드시 선형일 필요가 없는 여러 회귀모형들에 대해 논의하였다. 우리는 모형 각각의 특징들과 모형을 적용할 수 있는 요건들을 학습하였다. 표 5-22에는 비록 더블-로그(double-log)모형에서는 기울기계수와 탄력성계수가 같게 되지만, 다양한 유형의 함수에서 기울기계수 및 탄력성계수와 관련하여 몇 가지 주요 특징들을 요약하고 있다.

표 5-22에서 변수에 대해 선형(LIV)인 모형의 경우 기울기계수는 고정이지만 탄력성계수는 변화하며, 반면 로그-로그 또는 로그-선형모형에서는 탄력성계수는 고정이지만 기울기계수가 변화한다. 표 5-22에서의 다른 모형들에서는 기울기와 탄력성계수 모두 변화한다.

표 5-22 ● 다양한 함수 형태에 대한 요약

모형	형태	기울기 = $\frac{dY}{dX}$	탄력성 = $\frac{dY}{dX} \cdot \frac{X}{Y}$
선형(Linear)	$Y = B_1 + B_2X$	B_2	$B_2\left(\frac{X}{Y}\right)^*$
더블-로그(Log-Log)	$\ln Y = B_1 + B_2 \ln X$	$B_2\left(\frac{Y}{X}\right)$	B_2
로그-선형(Log-lin)	$\ln Y = B_1 + B_2X$	$B_2(Y)$	$B_2(X)^*$
선형-로그(Lin-log)	$Y = B_1 + B_2 \ln X$	$B_2\left(\frac{1}{X}\right)$	$B_2\left(\frac{1}{X}\right)^*$
역수(Reciprocal)	$Y = B_1 = B_2\left(\frac{1}{X}\right)$	$-B_2\left(\frac{1}{X^2}\right)$	$-B_2\left(\frac{1}{XY}\right)^*$
로그-역(Log-inverse)	$\ln Y = B_1 - B_2\left(\frac{1}{X}\right)$	$B_2\left(\frac{Y}{X^2}\right)$	$B_2\left(\frac{1}{X}\right)$

주: *은 X 또는 Y 또는 둘 모두에 취해진 값에 의해서 탄력성계수가 변화함을 의미한다. X나 Y가 명시되지 않은 경우, 탄력성은 X나 Y의 평균으로 측정된다.

이 장에서는 모수에 대해 선형이거나 또는 변수에 대해 선형이 아니더라도 적절히 변환하는 방법들을 고찰하였다. 이러한 다양한 모형에는 각각의 특성에 맞는 적용 요건들이 있다. 변수에서는 비선형이지만 모수에 대해서는 선형인 모형들을 다음과 같이 5가지 유형으로 분류할 수 있다.

1. 더블-로그모형: 종속변수 및 설명변수 모두 로그를 취한 형태
2. 로그-선형 또는 성장모형: 종속변수에서는 로그를 취하였지만 독립변수는 선형인 경우
3. 선형-로그모형: 종속변수는 선형이지만 독립변수는 로그를 취한 경우
4. 역수모형: 종속변수는 선형이지만 독립변수는 역수 형태인 경우[25]
5. 다항모형: 독립변수에 다양한 거듭제곱을 도입하는 경우

당연히 위의 모형들의 각각의 특징들을 연계하여 또 다른 새로운 모형을 설정할 수 있다. 즉, 다중회귀모형을 설정하기 위해 종속변수에는 로그를 취하고 독립변수 일부에만 로그를 취하지만 나머지 독립변수에는 선형인 형태를 취할 수도 있다.

우리는 응용경제 연구에서 기울기계수 및 탄력성계수와 관련하여 여러 모형의 다양한 속성들을 학습하였다. 아울러 우리는 이러한 모형들을 적용할 수 있는 몇 가지 사례와 특징들을 살펴보았다. 앞으로 이와 관련하여 본 교재를 통해 더 많은 사례를 접하게 될 것이다.

이 장에서 우리는 원점을 지나는 회귀모형과 그 특성들을 논의하였다.

가장 중요한 점은 모형 선택 시 R^2과 같은 단순 요약통계치에만 의존할 것이 아니라 모형이 경제 현상에 얼마나 잘 부합하는지 확인하는 것을 우선적인 목표로 하여야 한다는 점이다. 모형 설정을 위해서는 적절한 이론의 균형, 적합한 자료의 용이성, 다양한 모형의 통계적 속성에 대한 충분한 이해, 현실적 판단 등을 요구한다. 현실을 완전하게 설명하는 이론은 존재하지 않기 때문에 완전한 모형 역시 존재하지 않는다. 따라서 위의 기준을 이용하여 합리적으로 좋은 모형을 선택하는 것이 바람직하다.

실제로 어떠한 모형을 선택하든지 간에, 회귀계수에 대한 해석은 측정 단위에 의해 달라질 수 있으므로 종속변수와 독립변수의 단위에 주의를 기울여야 한다.

25 연습문제 5.15와 같이 종속변수가 역수 형태이면서 독립변수가 선형일 수 있다. 연습문제 5.20 역시 참조하라.

주요 용어 및 개념

더블-로그모형(double-log model), 로그-선형모형(log-linear model) 또는 불변탄력성모형(constant elasticity model)

콥-더글라스 생산함수[Cobb-Douglas(C-D) production function]
- (a) 규모에 대한 수확 모수(returns to scale parameter)
- (b) 규모에 대한 수확 불변(constant returns to scale)
- (c) 규모에 대한 수확 체증 및 체감(increasing and decreasing returns to scale)

세미로그모형(semilog models)
- (a) 순간 성장률(instantaneous growth rate)
- (b) 복리 성장률(compound growth rate)

선형추세모형(linear trend model)

(a) 추세변수(trend variable)

로그-선형모형(log-lin model), 또는 성장모형(growth model)

선형-로그모형(lin-log model)

역수모형(reciprocal models)

(a) 점근값(asymptotic value)

(b) 엥겔지출 곡선(Engel expenditure curve)

(c) 필립스 곡선(Phillips curve)

다항회귀모형(polynomial regression models)

(a) 세제곱함수(cubic function) 또는 3차 다항식(third-degree polynomial)

원점을 지나는 회귀모형(regression through the origin)

표준화된 변수들을 이용한 회귀분석(regression on standardized variables)

(a) 베타계수(beta coefficient)

(b) 표준화된 변수(standardized variables)

질문

5.1 다음을 간략히 설명하라.

a. 로그-로그모형

b. 로그-선형(또는 성장)모형

c. 선형-로그모형

d. 탄력성계수

e. 평균값에서의 탄력성

5.2 기울기계수와 탄력성계수를 설명하고, 두 계수 사이에는 어떤 관계가 존재하는가?

5.3 다음 표에서 빈칸을 채워라.

회귀모형에서의 함수 형태

모형	적용 요건
$\ln Y_i = B_1 + B_2 \ln X_i$	—
$\ln Y_i = B_1 + B_2 X_i$	—
$Y_i = B_1 + B_2 \ln X_i$	—
$Y_i = B_1 + B_2\left(\frac{1}{X_i}\right)$	—

5.4 다음 문장을 완성하라.

a. 더블-로그모형에서 기울기계수를 측정하기 위한 방법은 …

b. 선형-로그모형에서 기울기계수를 측정하기 위한 방법은 …

c. 로그-선형모형에서 기울기계수를 측정하기 위한 방법은 …

d. X에 대한 Y의 탄력성을 정의하면 …

e. 가격탄력성을 정의하면 …

f. 가격탄력성의 절댓값이 … 하면 수요가 탄력적이지만, 가격탄력성의 절댓값이 … 하면 수요가 비탄력적이다.

5.5 다음 진술이 맞으면 T, 틀리면 F로 기입하고 그 이유를 기술하라.

a. 더블-로그모형에서 기울기계수와 탄력성계수는 동일하다.

b. 변수에 대해 선형인(LIV) 모형에서 기울기계수는 불변이지만 탄력성계수는 변화하며, 로그-로그모형에서 탄력성계수는 불변이지만 기울기계수는 변화한다.

c. 로그-로그모형의 R^2은 로그-선형모형의 R^2과 비교할 수 있지만, 선형-로그모형의 R^2과는 비교할 수 없다.

d. 선형-로그모형의 R^2은 (변수에서) 선형인 모형의 R^2과 비교할 수 있지만, 더블-로그 또는 로그-선형모형의 R^2과는 비교할 수 없다.

e. 모형 A: $\ln Y = -0.6 + 0.4X$; $R^2 = 0.85$

모형 B: $Y = 1.3 + 2.2X$; $R^2 = 0.73$

모형 A의 R^2이 높기 때문에 모형 A가 더 좋은 모형이다.

5.6 엥겔지출 곡선은 소득과 특정 상품에 대한 지출의 관계를 보여준다. Y = 특정 상품에 대한 소비자의 지출, X= 소비자의 소득인 경우 다음의 모형을 살펴보자.

a. $Y_i = B_1 + B_2X_i + u_i$

b. $Y_i = B_1 + B_2(1/X_i) + u_i$

c. $\ln Y_i = B_1 + B_2 \ln X_i + u_i$

d. $\ln Y_i = B_1 + B_2(1/X_i) + u_i$

e. $Y_i = B_1 + B_2 \ln X_i + u_i$

f. $\ln(Y_i) = B_1 - B_2\left(\frac{1}{X}\right)$. 이 모형은 로그-역(log-inverse)모형으로 알려져 있음.

엥겔 곡선을 추정하기 위해 어떤 모형을 선택하는 것이 바람직한가? 그 이유를 기술하라. (힌트: 추정된 기울기계수들을 해석하고, 소득에 대한 지출 탄력성을 위해 적합한 회귀식을 찾아라.)

5.7 미국 시계열자료들을 참조하여 식 (5.18)의 성장모형을 추정하여 다음 표와 같은 추정 결과를 도출하였다.

a. 각 변수들의 순간 성장률을 구하라.

b. 각 변수들의 복리 성장률을 구하라.

c. S&P 지수의 경우 두 기울기계수에서 차이가 나는 이유는 무엇인가? 두 기울기계숫값을 일치시키기 위한 방법은 무엇인가?

미국 경제 관련 시계열자료를 활용한 성장모형 추정 결과			
시계열 및 기간	B_1	B_2	R^2
실질 GNP (1954~1987)	7.2492	0.0302	0.9839
(1982 달러 기준)	t = (529.29)	(44.318)	
노동시장참가율	4.1056	0.053	0.9464
(1973~1987)	t = (1,290.8)	(15.149)	
S&P 500 지수	3.6960	0.0456	0.8633
(1954~1987)	t = (57.408)	(14.219)	
S&P 500 지수	3.7115	0.0114	0.8524
(1954~1987 분기별 데이터)	t = (114.615)	(27.819)	

연습문제

5.8 식 (5.25)의 세제곱 총비용(TC)함수를 참고하여 다음에 답하라.

a. 한계비용(MC)은 생산량 1단위 변화에 대한 총비용 변화이다; 즉, MC는 생산량에 대한 총비용의 변화율을 의미한다. (기술적으로 MC는 TC를 생산량 X에 대해 미분한 결과를 의미한다.) 회귀식 (5.25)를 이용하여 MC를 도출하라.

b. 평균가변비용(AVC)은 총가변비용(TVC)을 총생산량으로 나눈 것이다. 식 (5.25)를 이용하여 AVC 함수를 도출하라.

c. 생산량의 평균비용(AC)은 TC를 총생산량으로 나눈 것이다. 회귀식 (5.25)를 이용하여 AC 함수를 도출하라.

d. 위에서 도출한 곡선들의 그래프를 그리고, 경제학 교과서에서 설명하고 있는 비용곡선들의 형태와 일치하는지 확인하라.

5.9 다음의 모형들은 모수에 선형인가? 만약 비선형이면 다음 모형을 모수에 대해 선형(LIP)인 모형으로 만들 수 있는 방법을 기술하라.

a. $Y_i = \dfrac{1}{B_1 + B_2 X_i}$

b. $Y_i = \dfrac{X_i}{B_1 + B_2 X_i^2}$

5.10 11개의 연도별 자료를 이용하여 다음과 같은 회귀식 추정 결과를 얻게 되었다.

모형 A: $\hat{Y}_t = 2.6911 - 0.4795X_t$

$\text{se} = (0.1216)\ (0.1140)\quad R^2 = 0.6628$

모형 B: $\ln \hat{Y}_t = 0.7774 - 0.2530 \ln X_t$

$\text{se} = (0.0152)\ (0.0494)\quad R^2 = 0.7448$

이때, Y = 하루에 일인당 소비된 커피의 잔 수, X = 파운드로 환산된 달러의 커피가격

a. 두 모형에서의 기울기계수를 해석하라.

b. Y와 X의 평균이 각각 $\bar{Y} = 2.43$, $\bar{X} = 1.11$일 때, 모형 A에서의 가격탄력성을 구하라.

c. 모형 B에서의 가격탄력성은 얼마인가?

d. 추정된 탄력성을 통해 커피에 대한 수요가 가격 비탄력적이라 할 수 있는가?

e. 모형 B에서 절편을 해석하라. [힌트: 역대수(antilog) 변환을 수행하라.]

f. '모형 B의 R^2값이 모형 A의 R^2값보다 크기 때문에, 모형 B가 더욱 적합하다'라는 진술에 대해 논평하라.

5.11 사례 5.2(표 5-4 참조)에서 논의된 콥-더글라스 생산함수를 이용하여 다음 질문에 답하라.

a. 노동투입량 X_2의 계숫값을 해석하라. 계수가 통계적으로 유의하게 1과 다른가?

b. 자본투입량 X_3의 계숫값을 해석하라. 계수가 통계적으로 유의하게 0 또는 1과 다른가?

c. 절편값 −1.6524를 해석하라.

d. $B_2 = B_3 = 0$에 대해 가설검정하라.

5.12 Mohsen Bahami-Oskooee와 Margaret Malixi[26]는 28개의 저개발국가(LDC) 자료를 이용하여 외환 보유액(달러 혹은 IMF 인출권과 같은 외환준비통화)에 대한 수요 분석을 실시하여 다음과 같이 회귀모형 추정 결과를 도출하였다.

$$\ln(R/P) = 0.1223 + 0.4079\ln(Y/P) + 0.5040\ln\sigma_{BP} - 0.0918\ln\sigma_{EX}$$
$$t = \quad (2.5128)\ (17.6377) \qquad (15.2437) \qquad (-2.7449)$$
$$R^2 = 0.8268$$
$$F = 1{,}151$$
$$n = 1{,}120$$

이때, R = 미국 달러화 기준 명목 준비금
P = 미국 GNP 가격 디플레이터
Y = 미국 달러화 기준 명목 GNP
σ_{BP} = 국제수지 변동성
σ_{EX} = 환율 변동성

[참고: 괄호 안의 숫자는 t값임. 회귀분석을 위해 28개국 1976년부터 1985년까지 분기별 자료(40분기)를 이용하였고 총표본 수는 1,120개이다.]

a. 선험적으로 계수들에서 기대되는 부호는 어떠한가? 추정 결과가 선험적 예상과 일치하는가?

b. 추정된 편기울기계수들을 해석하라.

c. 추정된 각각의 편기울기계수의 통계적 유의성을 검정하라. (즉, 귀무가설은 개별 모수의 회귀계수가 0과 같다.)

d. 모든 편기울기계숫값들이 동시에 0이라는 가설을 어떻게 검정할 수 있겠는가?

5.13 1950년부터 1966년까지 영국의 연도별 임금 퍼센트 변화(Y)와 연간 퍼센트 실업률(X) 자료를 이용하여 다

26 다음의 논문을 참조하라: Mohsen Bahami-Oskooee and Margaret Malixi, "Exchange Rate Flexibility and the LDCs Demand for International Reserve," *Journal of Quantitative Economics*, vol. 4, no. 2, July 1988, pp. 317-328.

음과 같이 회귀모형 추정 결과를 도출하였다.

$$\hat{Y}_t = -1.4282 + 8.7234\left(\frac{1}{X_t}\right)$$
$$se = (2.0675)(2.8478) \quad R^2 = 0.3849$$
$$F(1,15) = 9.39$$

a. 8.7234를 해석하라.

b. 추정된 기울기계수가 0과 다르다는 가설을 검정하라. 이 경우 사용할 수 있는 검정 방법은 무엇인가?

c. (b)의 가설을 검정하기 위해 F검정을 어떻게 사용할 것인가?

d. $\bar{Y} = 4.8\%$이고 $\bar{X} = 1.5\%$일 때, 평균값에서 Y의 변화율은 얼마인가?

e. 평균값에서 X에 대한 Y의 탄력성은 얼마인가?

f. $R^2 = 0$이라는 가설을 어떻게 검정할 수 있는가?

5.14 다음의 표 5-23에서, 1971~1987년까지 독일의 소비자물가지수 Y(1980 = 100)와 통화량 X(10억 마르크)를 활용하자.

표 5-23 ● 소비자물가지수 및 통화량

연도	Y	X
1971	64.1	110.02
1972	67.7	125.02
1973	72.4	132.27
1974	77.5	137.17
1975	82.0	159.51
1976	85.6	176.16
1977	88.7	190.80
1978	91.1	216.20
1979	94.9	232.41
1980	100.0	237.97
1981	106.3	240.77
1982	111.9	249.25
1983	115.6	275.08
1984	118.4	283.89
1985	121.0	296.05
1986	120.7	325.73
1987	121.1	354.93

출처: *International Economic Conditions*, annual ed., June 1988, The Federal Reserve Bank of St. Louis, p. 24.

a. 다음의 회귀모형을 추정하라.

1. X에 대한 Y
2. $\ln X$에 대한 $\ln Y$
3. X에 대한 $\ln Y$
4. $\ln X$에 대한 Y

b. 위의 회귀모형들의 추정 결과를 해석하라.

c. 각각의 모형에서 X에 대한 Y의 변화율을 구하라.

d. 각각의 모형에서 X에 대한 Y의 탄력성을 구하라. 일부 모형의 경우 탄력성은 Y와 X의 평균값을 이용해 계산할 수 있다.

e. 위의 회귀모형 추정 결과를 통해 적절한 모형을 선택하고 그 이유를 기술하라.

5.15 다음의 자료를 활용하여 다음의 식을 추정하라.

$$\left(\frac{1}{Y_i}\right) = B_1 + B_2X_i + u_i$$

가상 자료										
Y	86	79	76	69	65	62	52	51	51	48
X	3	7	12	17	25	35	45	55	70	120

a. B_2를 해석하라.

b. X에 대한 Y의 변화율을 구하라.

c. X에 대한 Y의 탄력성을 구하라.

d. 동일한 자료를 이용하여 다음의 회귀식을 추정하라.

$$Y_i = B_1 + B_2\left(\frac{1}{X_i}\right) + u_i$$

e. 두 모형의 R^2을 비교할 수 있는가? 그 이유는?

f. 두 모형 중 보다 좋은 모형을 어떻게 선택하겠는가?

5.16 *종속변수가 다른 경우 두 모형의 R^2에 대한 비교.*[27] 표 5-8의 성장모형과 표 5-9의 선형추세모형의 R^2값을 비교하고자 할 때, 다음의 절차를 따르도록 하라.

a. 표 5-8에서 각각의 관측값에 로그를 취하여 추정하여 $\ln Y_t$를 구하라.

b. (a)에서 구한 값을 이용하여 antilog값을 구하라.

c. 질문 3.5에서 주어진 R^2의 정의를 사용하여 (b)에서 구한 값과 실질적인 Y값 사이의 R^2을 계산하라.

d. (c)에서 계산된 R^2과 선형추세모형 표 5-9에서의 R^2값을 비교하라.

표 5-8과 표 5-9의 R^2값들을 비교하기 위해 앞의 절차를 활용하라.

27 추가적인 자세한 내용과 수치 계산에 대해, Damodar N. Gujarati and Dawn C. Porter, *Basic Econometrics*, 5th ed., McGraw-Hill, New York, 2009, pp. 203-205 참조.

5.17 1965~2006년 미국의 GNP와 M2 통화량 자료를 통해 다음과 같이 추정 결과를 얻게 되었다(Y = GNP, X = $M2$):

모형	절편	기울기	R^2
더블-로그 (log-log)	0.7826 $t = 11.40$	0.8539 $t = 108.93$	0.997
로그-선형 (성장모형)	7.2392 $t = 80.85$	0.0001 $t = 14.07$	0.832
선형-로그	−24299 $t = -15.45$	3382.4 $t = 18.84$	0.899
선형모형 (LIV 모형)	703.28 $t = 8.04$	0.4718 $t = 65.58$	0.991

a. 각각의 모형에 대한 기울기계수를 해석하라.

b. 각각의 모형에서 통화량에 대한 GNP의 탄력성을 계산하고 해석하라.

c. R^2값들에 대해 직접적인 비교가 가능한가? 그 이유는?

d. 어떤 모형을 선택하겠는가? 그 기준은?

e. 통화론자에 의하면 통화량 변화율과 GNP 변화율에는 일대일 관계가 존재한다. 앞의 추정 결과가 이러한 견해를 지지하는가? 통화론자의 주장을 어떻게 검정할 수 있는가?

5.18 표 5-5에서 제시된 에너지 수요 자료를 이용하여, 더블-로그모형 대신 다음의 선형모형을 추정하라.

$$Y_t = B_1 + B_2X_{2t} + B_3X_{3t} + u_t$$

a. 회귀계수 및 표준오차, R^2 및 조정된 R^2을 구하라.

b. 추정된 회귀계수를 해석하라.

c. 추정된 편회귀계수들은 각각 통계적으로 유의한가? p값을 사용하여 답하라.

d. ANOVA 표를 만들고 $B_2 = B_3 = 0$의 귀무가설을 검정하라.

e. Y, X_2, X_3의 평균값에서 소득 및 가격 탄력성을 계산하라. 표 5-6에서 구한 추정치와 비교하라.

f. 문제 5.16에서의 절차에 의해 선형모형과 더블-로그모형에서의 R^2값을 비교하라.

g. 위의 변수에 대해 선형(linear-in-variables, LIV)인 회귀모형을 추정한 후 잔차에 대한 정규확률도(normal probability plot)를 그리고 해석하라.

h. 표 5-6의 더블-로그모형에서 구한 잔차에 대한 정규확률도를 그리고 잔차가 정규분포에 근사하는지 판별하라.

i. 만약 (g)와 (h)에서 결론이 상이하다면 어떤 모형을 선택할 것인가? 그 이유를 기술하라.

5.19 Bruce J. Summers는 대규모 상업은행의 기업대출에 대한 행태를 분석하기 위해 다음의 모형을 이용하였다.[28]

---

28 해당 논문으로 Summers, B., "A Time Series Analysis of Business Loans at Large Commercial Banks," *Economic Review*, Federal Reserve Bank of St. Louis, May/June, 1975, pp. 8-14를 참조하라.

$$Y_t = \frac{1}{A+Bt}$$

(A) Y는 100만 달러 단위로 표시된 상업용 및 산업용 대출금이며, t는 월별 시간을 의미한다. 자료는 1966~1967년의 2년간 월별로 취합하였고 자료 수는 총 24개이다.

추정을 위해 다음의 모형을 사용하였다.

$$\frac{1}{Y_t} = A+Bt$$

(B) 뉴욕시 안의 은행과 뉴욕시 외곽의 은행에 대한 회귀모형 추정 결과는 식 (1)과 (2)와 같다.

$$\frac{1}{Y_t} = 52.00 - 0.2t \qquad (1)$$
$$t = (96.13)\ (-24.52) \qquad \bar{R}^2 = 0.84$$

$$\widehat{\frac{1}{Y_t}} = 26.79 - 0.14t \qquad \text{DW} = 0.04^* \qquad (2)$$
$$t = (196.70)\ (-66.52) \qquad \bar{R}^2 = 0.97$$
$$DW = 0.03^*$$

* Durbin-Watson(DW) 통계량(제10장 참조).

a. 저자가 모형 (A) 대신 모형 (B)를 사용한 이유를 적시하라.

b. 두 모형의 특징을 기술하라.

c. 모형 (1)과 (2)의 기울기계수를 해석하라. 두 기울기계수는 통계적으로 유의한가?

d. 두 회귀모형에서의 절편과 기울기계수의 표준오차를 구하라.

e. 뉴욕시와 뉴욕시 외곽의 은행의 행태에서 다른 점이 있는가? 이를 통계적으로 어떻게 검정할 수 있는가?

5.20 회귀모형 (5.24)를 참조하라.

a. 기울기계수를 해석하라.

b. 표 5-22를 이용하여, 해당 모형의 탄력성을 구하라. 탄력성은 불변인가 가변인가?

5.21 표 5-10의 자료를 참조하라. 엥겔 곡선을 추정하고 통계적 결과를 설명하라.

5.22 *원점을 지나는 회귀모형에 대한 raw* R^2. 원점을 지나는 회귀모형에서는 통상적으로 R^2에는 중요한 의미를 부여하지 않는다. 이 모형은 일명 raw R^2으로 칭하기도 하는데, (2변수의 경우) 다음과 같이 정의할 수 있다.

$$\text{Raw } r^2 = \frac{\left(\sum X_i Y_i\right)^2}{\sum X_i^2 \sum Y_i^2}$$

이러한 raw R^2을 식 (3.43)에서 도출된 통상적인 R^2과 비교하면, raw R^2의 제곱합과 외적(cross-product)이 평균으로 보정되지 않음을 알 수 있다.

표 5-27은 Afuture 펀드의 연 수익률 Y(%)와 피셔 지수로 표시된 시장 포트폴리오의 수익률 X(%)에 관한 자료이다. 아래의 특성선(characteristic line)을 고려하자.

$$Y_t = B_1 + B_2 X_t + u_t \qquad (1)$$

선험적으로 B_1의 값에 대해 일치된 견해가 존재하지 않는다. 일부 연구에 의하면 양수(+)로 통계적으로 유의하며, 다른 연구는 통계적으로 유의하지 않음을 보여주고 있다. 후자의 경우 모형 (1)은 아래의 식과 같이 원점을 지나는 회귀식으로 표현된다.

$$Y_t = B_2X_t + u_t \qquad (2)$$

표 5-27의 자료를 이용하여 두 모형을 추정하고, 어떤 모형이 적합한지 판단하라.

표 5-27 ● Afuture 펀드 연 수익률(Y)과 연 수익률(X), 1971~1980년

연도	Y	X
1971	67.5	19.5
1972	19.2	8.5
1973	−35.2	−29.3
1974	−42.0	−26.5
1975	63.7	61.9
1976	19.3	45.5
1977	3.6	9.5
1978	20.0	14.0
1979	40.3	35.3
1980	37.5	31.0

출처: Haim Levy and Marshall Sarnat, *Portfolio and Investment Selection: Theory and Practice*, Prentice Hall International, Englewood, N.J., 1984, pp. 730, 738.

모형 (2)에서 raw R^2을 구하라. 모형 (1)에서 구한 R^2값을 비교하라. 어떤 결론을 도출할 수 있는가?

5.23 식 (5.33)에서 raw R^2을 구하고 식 (5.34)과 비교하라.

5.24 퀄컴사의 1995~2000년간 주별 주가를 분석하기로 하자. 자료는 표 5-24에서 확인할 수 있다.

a. 시간에 대해 주식 종가의 산점도를 그려라. 이 그래프의 특징을 기술하라.

b. 시간에 대해 주식 종가를 종속변수로 사용하여 선형모형을 추정하라. 이 모형은 자료를 잘 설명하는가?

c. 시간과 시간 제곱을 독립변수로 하여 모형을 추정하라. (b) 보다 자료를 잘 설명하게 되는가?

d. 다음의 3차 다항모형을 이용하여 추정하라.

$$Y_i = B_0 + B_1X_i + B_2X_i^2 + B_3X_i^3 + u_i$$

이때, Y = 주식가격, X = 시간을 나타낸다. 어떤 모형이 주식가격을 가장 잘 설명하게 되는가?

5.25 표 5-25는 잡지에 관한 자료이다. 포함된 자료는 잡지명, 비용, 발행부수(단위: 천 부), 남성 독자 비율, 독자들의 가계소득 중앙값 등이다. 이 자료를 분석하여 광고비용을 예측하고자 한다.

a. 비용 변수와 다른 세 변수 간의 산점도를 그려라. 변수의 관계는 어떠한가?

b. 선형회귀모형을 추정하고, 잔차와 추정된 종속변수의 값을 그래프로 표시하라. 그래프가 동분산 형태를 보이게 되는가?

c. 다음의 모형을 이용하여 추정하라.

$$\ln Y_i = B_0 + B_1 \ln Circ + B_2\, PercMale + B_3\, MedIncome + u_i$$

잔차를 표시하고 (b) 모형과 비교하라.

5.26 사례 4.4(표 4-6)의 38개국의 교육, GDP, 인구 자료를 이용하여 질문에 답하라.

a. 선형모형(LIV)을 추정하라. 추정 결과를 해석하고 F-통계량, t값, R^2을 구하라.

b. 더블-로그모형을 추정하라.

c. 더블-로그모형에서 GDP 및 인구의 계수는 어떤 의미를 갖는가?

d. 어떤 모형이 더 적합한가?

5.27 표 5-26에는 40개국의 평균 기대수명에 관한 자료를 제시하고 있다. 출처는 1993년 Pharaos Books에서 출간된 *World Almanac and Book of Facts*이다. 독립변수는 TV 한 대당 인구 비율 및 내과의사 한 명당 인구 비율이다.

a. 선형모형을 이용하여 추정하라.

b. 로그 평균 기대수명 및 로그 TV 한 대당 인구 비율, 로그 평균 기대수명 및 로그 내과의사 한 명당 인구 비율을 산점도로 그려라. 산점도는 선형인가?

c. 더블-로그모형을 추정하라. 모형이 자료를 잘 설명하는가?

d. 더블-로그모형에서 기울기계수를 구하라. 결과가 적합한가?

5.28 사례 5.6은 1958~1969년 시간당 임금의 퍼센트 변화와 실업률 자료를 제시하고 있다. 표 1-2에는 2001~2016년의 최신 자료로 업데이트 되었다.

a. 시간당 임금의 퍼센트 변화 Y와 실업률 X의 산점도를 그려라. 그래프는 선형인가?

b. Y와 $1/X$의 산점도를 그려라. (a)와 비교 시 어떤 모형이 우수한가?

c. 식 (5.22), 식 (5.23) 모형을 최근 자료를 이용하여 추정하라. 어떤 모형이 우수한가? 그 이유를 기술하라.

5.29 표 1-7에는 83개 국가의 1997년 근로자 1인당 GDP와 1998년 부패인식지수에 대한 자료를 제시하고 있다.

a. 근로자 1인당 GDP 대비 해당 지수를 산점도로 그려라.

b. 산점도에 기초하여 1인당 GDP와 해당 지수를 연관시킬 수 있는 적절한 모형을 도출하라.

c. 선택한 모형의 결과를 제시하고 토의하라.

d. 추정 결과가 타당한지 이유를 밝혀라.

부록 5A: 로그함수

숫자 5와 25에 대해 다음의 수식으로 표기할 수 있다.

$$25 = 5^2 \tag{5A.1}$$

이때 지수 2는 밑을 5로 가지는 25의 로그값으로 나타낸다. 로그함수 공식을 상술(詳述)하면, 밑을 특정한 수(가령, 5)로 하면서 어떤 수(가령, 25)에 로그를 취하면 주어진 수(25)를 얻기 위해 밑(5)에 취해야 하는 지수(2)로 도출되게 된다.

다음과 같은 함수가 있을 때,

$$Y = b^X \ (b > 0) \tag{5A.2}$$

식 (5A.2)는 다음과 같은 함수 형태로 변환할 수 있다.

$$\log_b Y = X \tag{5A.3}$$

식 (5A.2)의 함수를 지수함수라 하고 식 (5A.3)에서의 함수를 로그함수라 한다. 식 (5A.2)와 식 (5A.3)의 관계를 명확히 하면, 해당하는 지수함수와 로그함수는 서로 역함수 관계임을 알 수 있다.

로그함수에서 모든 양수(+)는 밑으로 사용될 수 있으나 숫자 10과 자연상수($e = 2.71828\cdots$)인 오일러의 수를 주로 사용하게 된다.

밑을 10으로 취하는 로그를 상용로그라 하며, 다음과 같은 결과를 도출할 수 있다.

$$\log_{10}100 = 2 \quad \log_{10}30 \approx 1.48$$

즉, 첫 번째 로그함수는 $100 = 10^2$의 지수함수 형태로, 두 번째 로그함수는 $30 \approx 10^{1.48}$의 지수함수 형태로 이해할 수 있다.

밑을 e로 취하는 로그를 자연로그라 하며, 다음과 같은 결과를 도출할 수 있다.

$$\log_e 100 \approx 4.6051 \text{ and } \log_e 30 \approx 3.4012$$

이 모든 계산과정은 통상의 계산기를 통해 쉽게 구할 수 있다.

관습적으로, 밑이 10인 로그에 대해서는 영문자 log로 기술하고, 밑이 e인 로그에 대해서는 ln으로 기술한다. 따라서 위의 예에 대해, log100 또는 log30이거나 ln100 또는 ln30으로 표기할 수 있다.

상용로그와 자연로그 간에는 다음과 같은 관계가 성립한다.

$$\ln X = 2.3026 \log X \tag{5A.4}$$

즉, 숫자 X의 자연로그는 2.3026에 밑이 10인 로그 X를 곱한 값과 같다. 이에 $\ln 30 = 2.3026 \cdot \log 30 = 2.3026(1.48) = 3.4012$(대략)와 같이 계산할 수 있다. 따라서 상용로그나 자연로그를 취사선택하는 것은 무방하지만 수학에서는 주로 로그함수의 밑을 e로 취하는 자연로그를 더욱 선호한다. 본서에서는 명시적으로 기술하지 않은 경우를 제외하고는 모든 로그함수에 대해 자연로그를 취하기로 한다. 식 (5A.4)를 활용하면 밑이 다른 로그값을 변환할 수 있다.

아울러 음수에 대한 로그는 정의되지 않음에 유의하도록 하자. 즉, $\log(-5)$나 $\ln(-5)$는 정의되지 않는다.

로그함수의 속성은 다음과 같이 정리할 수 있다. 즉, A와 B가 양수일 때 로그함수는 다음과 같은 속성을 보여준다.

1.

$$\ln (A \times B) = \ln A + \ln B \tag{5A.5}$$

두 양수 A와 B를 곱한 값에 로그를 취한 결과는 각각의 로그값에 대한 합과 같다.

2.

$$\ln(A/B) = \ln A - \ln B \tag{5A.6}$$

A와 B의 비율에 대한 값에 로그를 취한 결과는 A와 B에 대한 각각의 로그값에 대한 차와 같다.

3.

$$\ln (A \pm B) \neq \ln A \pm \ln B \tag{5A.7}$$

A와 B의 합이나 차에 로그를 취한 결과는 각각의 로그값의 합이나 차의 결과와 같지 않다.

4.

$$\ln (A^k) = k \ln A \tag{5A.8}$$

A의 k승에 로그를 취한 결과는 k에 $\ln A$를 곱한 결과와 같다.

5.

$$\ln e = 1 \tag{5A.9}$$

e를 밑으로 가지면서 e에 로그를 취한 결과는 1이다(10을 밑으로 가지면서 10에 로그를 취한 결과 역시 1이 도출된다).

6.

$$\ln 1 = 0 \tag{5A.10}$$

숫자 1에 대한 자연로그를 취하면 0이 도출된다(이러한 결과는 1에 상용로그를 취할 때도 마찬가지로 0이 도출된다).

7. 만약 $Y = \ln X$라 한다면,

$$\frac{dY}{dX} = \frac{1}{X} \tag{5A.11}$$

X에 대한 Y의 변화율(도함수)은 $1/X$과 같다.

그림 5A-1에는 지수함수와 (자연)로그함수의 그래프가 제시되어 있다.

비록 로그를 취할 수 있는 수는 항상 양수로 한정되지만, 그 수에 로그를 취한 결괏값은 양수와 음수 모두 도출될 수 있다.

$$0 < Y < 1\text{이면 } \ln Y < 0$$

$$Y = 1\text{이면 } \ln Y = 0$$

$$Y > 1\text{이면 } \ln Y > 0$$

그림 5A-1b에서의 로그 곡선은 양의 기울기로 숫자가 커질수록 로그값 역시 커지게 됨을 의미하지만 곡선은 감소하는 비율로 증가하고 있다(수학적으로 해당 함수의 이계도함수는 음수이다). 따라서 $\ln(10) = 2.3026$(대략)이고 $\ln(20) = 2.9957$(대략)의 결과를 취하게 되는데, 숫자가 두 배 커졌지만 해당하는 로그값은 두 배만큼 증가하지 않

그림 5A-1 ● 지수함수와 로그함수

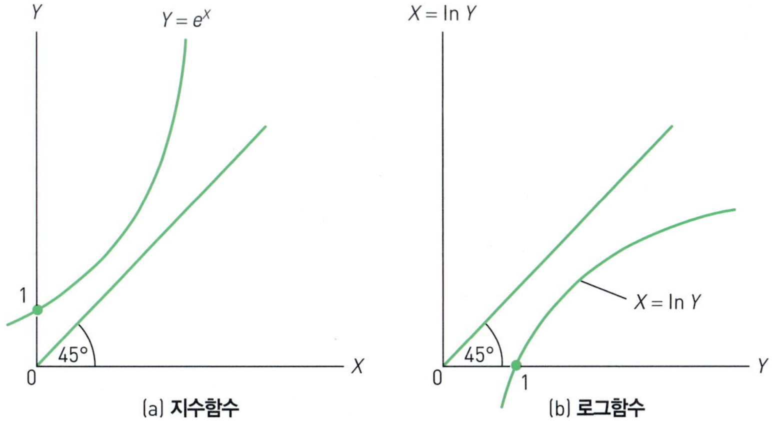

(a) **지수함수** (b) **로그함수**

게 된다.

이러한 이유로 로그 변환을 비선형 변환의 일종으로 이해할 수 있다. 식 (5A.11)에서처럼 $Y = \ln X$라 하면 $dY/dX = 1/X$로 변환할 수 있게 되는데, 이는 로그함수의 기울기는 X값에 따라 변하게 됨을 의미한다(변수의 선형성의 정의를 다시 생각해 보자).

로그와 퍼센티지: $\frac{d(\ln X)}{dX} = \frac{1}{X}$, 또는 $d(\ln X) = \frac{dX}{X}$ 이므로, X의 미세 변화 시 $\ln X$의 변화는 X에 대한 상대적 또는 비례적 변화와 같게 된다. 실제로 X가 미세하게 변할 때 $\ln X$의 변화로, X에서의 상대적 변화와 유사한 의미로 이해할 수 있다.

따라서 X의 미세 변화에 대해 다음과 같이 정리할 수 있다.

$$\left(\ln X_t - \ln X_{t-1}\right) \approx \frac{(X_t - X_{t-1})}{X_{t-1}} = X\text{의 상대적 변화}$$

6
Chapter

더미변수 회귀모형

지금까지 선형회귀모형에서 종속변수 Y와 독립변수 X는 수치적이거나 정량적이었는데 항상 그러할 필요는 없다. 특히 설명변수가 본질적으로 질적이거나 정성적인 경우가 있다. 종종 더미변수(dummy variable)로 표현되는 질적 변수(qualitative variable)는 **지표변수**(indicator variable), **이진변수**(binary variable), **범주형 변수**(categorical variable) 혹은 **이분형 변수**(dichotomous variable)와 같이 몇 가지 다른 이름으로 불리기도 한다. 이 장에서는 더미변수를 이용한 다양한 회귀모형의 사례들을 제시하면서 더미변수가 선형회귀모형을 어떻게 다채롭게 만드는지 보여줄 것이다. 이 장에서는 대부분의 경우 종속변수를 수치적으로 계속 가정한다. 그러나 6.7절과 6.8절에서는 종속변수가 더미변수 혹은 이진변수인 경우의 회귀모형에 대해서 논의할 것이다.

6.1 더미변수의 특성

회귀분석에서 종속변수는 잘 정의된 척도로 측정되는 정량 변수(예: 소득, 생산량, 비용, 가격, 무게, 온도)뿐만 아니라 본질적으로 질적인 정성 변수(예: 성별, 인종, 색, 종교, 국적, 파업, 정당 지지 성향, 결혼 여부)에 의해서도 영향을 받는다. 예를 들면, 다른 조건이 일정할 때 여교사가 남교사보다 봉급이 적다든지 혹은 여학생의 SAT 평균 수학 점수가 남학생보다 낮다는 연구 결과들이 있다(⊻표 2-1 참조). 이러한 차이의 원인이 무엇이든 이와 같은 문제를 다룰 때는 성별과 같은 질적 변수가 설명변수로 포함되어야 한다.

질적 변수는 "질(quality)" 또는 정성/속성(attribute)의 존재 또는 부재를 나타낼 수 있다. 예를 들어, 이러한 특성은 남성 또는 여성, 흑인 또는 백인, 가톨릭 또는 비가톨릭, 시민권자 또는 비시민권자와 같은 것이다. 이러한 속성을 "정량화(quantifying)"하는 한 가지 방법은 0 또는 1의 값을 갖는 인위적인 변수(artificial variable)를 생성하는 것이다. 예를 들어, 1은 여성이고 0은 남성을 의미할 수 있으며, 1은 대졸이고 0은 대졸이 아님을 의미할 수 있으며, 1은 민주당원이고 0은 공화당원임을 의미할 수 있다. 0과 1의 값을 갖는 변수를 **더미변수**(dummy variable) 또는 가변수라 한다. 질적 변수를 다루고 있음을 강조하기 위해 더미 설명변수의 경우 일반적인 기호 X 대신 기호 D로 표시한다.

더미변수는 양적 변수처럼 쉽게 회귀분석에 사용될 수 있다. 실제로 회귀모형에서 더미변수만이 설명변수로 포함될 수도 있다. 더미 설명변수만 포함하는 회귀모형을 **분산분석**(analysis of variance, ANOVA)**모형**이라고 한다. 다음과 같은 ANOVA 모형을 고려하자.

$$Y_i = B_1 + B_2 D_i + u_i \tag{6.1}$$

여기서 Y = 연간 식품 지출($), D_i는 여성인 경우 1, 남성인 경우 0이다.

정량 설명변수 X 대신 또는 질적 변수 또는 더미변수 D가 설명변수로 있다는 점을 제외하면 모형 (6.1)은 이전에 접했던 2변수회귀모형과 같다. 따로 다르게 설정하지 않는다면 이제부터 D를 더미변수로 표기한다.

모형 (6.1)의 교란항 u_i가 고전적 선형회귀모형(CLRM)의 일반적인 가정을 충족하면 모형 (6.1)은 다음과 같이 된다.[1]

남성의 평균 식품 지출:

$$\begin{aligned} E(Y_i \mid D_i = 0) &= B_1 + B_2(0) \\ &= B_1 \end{aligned} \tag{6.2}$$

여성의 평균 식품 지출:

$$\begin{aligned} E(Y_i \mid D_i = 1) &= B_1 + B_2(1) \\ &= B_1 + B_2 \end{aligned} \tag{6.3}$$

절편 B_1이 남성(즉, 더미변수가 0의 값을 얻는 범주)의 평균 식품 지출을 의미하고 "기울기" 계수 B_2가 여성의 평균 식품 지출이 남성의 평균 식품 지출보다 얼마만큼 큰지를 알려준다. $(B_1 + B_2)$는 여성의 평균 식품 지출이다. 더미변수는 0과 1의 값을 가지므로 관련된 연속 회귀선이 없다. 따라서 B_2를 기울기계수라고 칭하는 것은 타당하지 않다. 이를 **차이절편계수**

1 더미변수는 일반적으로 1 또는 0의 값을 가지므로 확률론적이지 않다. 즉, 해당 값은 고정되어 있다. 그리고 우리는 X변수가 반복 표본추출에서 고정되어 있다고 줄곧 가정해 왔기 때문에 모형 (6.1)의 추정에 관한 한 이러한 X변수 중 1개 이상이 더미라는 사실이 특별한 문제를 일으키지 않는다. 즉, 더미 설명변수는 새로운 추정 문제를 일으키지 않으며, 더미 설명변수를 포함하는 모형의 모수를 추정하기 위해 관례적인 OLS 방법을 사용할 수 있다.

(differential intercept coefficient)라고 부르는 것이 더 낫다. 두 범주 간 절편값의 차이를 알려주기 때문이다. 현재의 맥락에서 차이절편은 여성의 평균 식품 지출이 남성의 평균 식품 지출과 얼마나 다른지 알려준다.

남녀 간 평균 식품 지출에 차이가 없다는 귀무가설(즉, $B_2 = 0$)의 검정은 다음과 같이 쉽게 수행할 수 있다. 보통최소제곱(OLS) 방식으로 (6.1)을 회귀분석하고 계산된 b_2가 t검정에 근거하여 통계적으로 유의한지 아닌지 알아본다.

0의 값을 얻는 범주를 **기본, 참조, 기준,** 또는 **대조 범주**(base, reference, benchmark or comparison category)라고 부른다. 모든 비교는 기본 범주를 기준으로 이루어진다. 남성과 여성의 경우처럼 범주가 2개만 있는 경우 어떤 범주가 0의 값을 갖는지는 중요하지 않다. 그러나 범주가 2개 이상인 경우 어느 범주가 기본 범주인지 정해야 한다. 이제 ANOVA 모형의 구체적인 예를 살펴보자.

사례 6.1 노조 가입과 노동권법

미국의 일부 주에서는 고용 및 단체교섭의 전제로 노동조합의 무조건 가입을 금지하는 **노동권법**(right-to-work laws, RWL)을 통과시켰다. 따라서 노동권법이 없는 주에 비해 노동권법이 있는 주의 노동조합원 수가 더 적을 것으로 예상한다. 이것이 사실인지 확인하기 위해 표 6-1에 정리된 자료를 찾았다. 지금은 변수 PVT(2006년 민간 부문 노조가입률)와 RWL(주에 노동권법이 있는 경우 1의 값을 갖고, 없는 경우 0의 값을 갖는 더미변수)만 보겠다. 더미변수 함정(dummy variable trap)을 피하기 위해 노동권법이 있는 주와 없는 주를 구별하였고, 이를 위해 더미변수를 1개만 할당했다.

50개 주와 워싱턴 D.C.의 자료를 이용한 회귀분석 결과는 다음과 같다.

$$\begin{aligned}\widehat{PVT_i} &= 15.480 - 7.161 RWL_i \\ \text{se} &= (0.758) \quad (1.181) \\ t &= (20.421)^* \ (-6.062)^* \quad r^2 = 0.429\end{aligned} \tag{6.4}$$

* p값이 매우 작음을 의미.

참고: 노동권법을 보장하는 주에서는 RWL = 1.

이 모형에는 2개의 범주가 있는 1개의 질적 변수 RWL만이 있다.

노동권법이 없는 주에서는 평균 노조가입률이 약 15.5%이다. 노동권법이 있는 주에서는 평균 노조가입률이 (15.48 − 7.161) = 8.319%이다. 더미변수의 계수는 통계적으로 유의하기 때문에 노동권법이 있는 주와 그렇지 않은 주의 노조가입률에 실제로 차이가 있다고 볼 수 있다.

표 6-1 ● 민간 부문 노조가입률과 노동권법

PVT	RWL	PVT	RWL	PVT	RWL
10.6	1	11.1	0	7.6	1
24.7	0	6.5	1	15.4	0
9.7	0	13.8	0	8.5	1
6.5	1	14.5	0	15.4	0
17.8	0	14.0	0	16.6	0
9.2	0	20.6	0	15.8	0
16.6	0	17.0	0	5.9	1
12.8	0	8.9	1	7.7	1
13.6	0	11.9	0	6.4	1
7.3	1	15.6	0	5.7	0
5.4	1	9.7	1	6.8	1
24.2	0	17.7	1	12.2	0
6.4	1	11.2	0	4.8	1
15.2	0	20.6	0	21.4	0
12.9	1	11.4	0	14.7	0
13.1	1	26.3	0	15.4	0
8.7	1	3.9	1	9.4	1

출처: http://www.bls.gov/news.release/union2.t05.htm

주: PVT = 민간 부문 노조가입률; RWL = 노동법권이 있는 주에서는 1, 그렇지 않으면 0.

그림 6-1에 표시된 PVT 및 RWL의 산점도를 보는 것도 유익하다.

보다시피 관측치는 두 가지 극단적인 값 0(RWL 부재)과 1(RWL 존재)에 집중되어 있다. 비교를 위해 두 그룹의 평균 노조가입률(%)도 표시했다. 개별 관측치는 두 그룹의 평균 노조가입률 주위에 퍼져 있음을 알 수 있다.

6.2 ANCOVA 모형: 1개의 양적 변수와 1개의 질적 변수(2개의 범주를 갖는)로 이루어진 회귀모형

회귀모형 (6.4)와 같은 ANOVA 모형은 사회학, 심리학, 교육학, 마케팅 등의 분야에서 일반적이지만 경제학 및 관련 분야에서는 그다지 일반적이지 않다. 대부분의 경제학의 회귀모형

그림 6-1 ● 민간 부문 노조가입률(PVT) 대 노동권법(RWL) 존재 여부

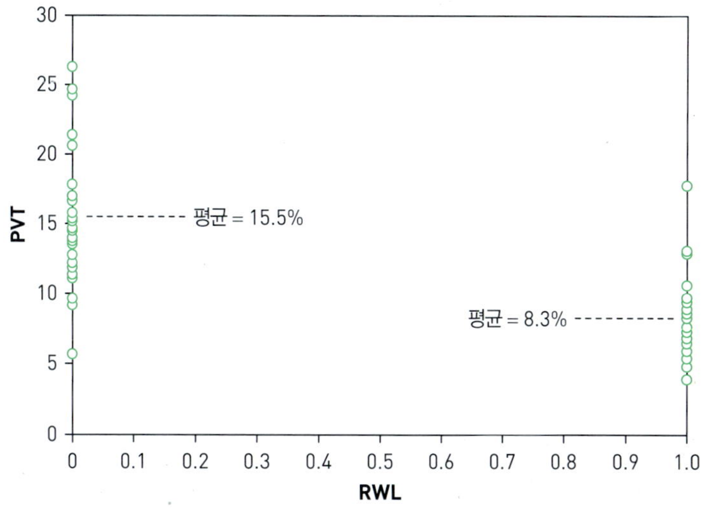

은 양적 설명변수와 질적 설명변수를 모두 포함하고 있다. 양적 및 질적 변수를 포함하는 회귀모형을 공분산분석(analysis of covariance, ANCOVA)모형이라 한다. 이 장의 나머지 부분에서는 주로 이 모형을 다룰 것이다. 양적 변수와 질적 변수 또는 더미 설명변수를 모두 포함하는 모형에서 공변량(covariate) 또는 통제변수(control variable)라고 불리는 양적 설명변수의 효과를 통계적으로 통제하는 방법을 제공한다는 점에서 ANCOVA 모형은 ANOVA 모형의 확장이다. 차후에 보겠지만 모형에 통제변수를 제외하면 회귀분석 결과에 모형 설정 오류가 발생할 수 있다.

먼저 이변량 ANCOVA 모형을 살펴보고 나중에 다중 ANCOVA 회귀모형을 살펴볼 것이다.

사례 6.2 체온과 심박수, 성별의 관계

표 6-2에는 130명의 체온(단위: 화씨 온도, ℉), 심박수(단위: 분당 심박수, bpm) 및 성별에 대한 자료가 있다. 우리는 질적 변수인 성별을 여성의 경우 0, 남성의 경우 1로 정의한다. 이 경우 여성이 기본 범주이다. 1개의 양적 변수(심박수)와 2개의 범주를 가지는 질적 변수(성별)가 설명변수로 있다.

체온(BODYTEMP)을 심박수와 성별에 회귀하면 표 6-3의 결과를 얻을 수 있다.

회귀분석 결과는 체온과 심박수 간 양의 관계가 있고 이는 통계적으로 유의함을 보여준다. 심박수가 1bpm 올라가면 평균 체온은 약 0.02℉ 올라간다. 약 96.52℉의 절편값은 성별 기본

표 6-3 ● 체온의 회귀분석 결과

종속변수: BODYTEMP
추정법: 최소제곱법
일시: 2019년 2월 26일 19시 42분
표본: 1~130
관측 개수: 130

변수	계수	표준오차	t-통계량	p값
C	96.52022	0.655530	147.2399	0.0000
HEARTRATE	0.025267	0.008762	2.883713	0.0046
GENDER	−0.269406	0.123277	−2.185368	0.0307
R-squared	0.098252	Mean dependent var		98.24923
Adjusted R-squared	0.084051	S.D. dependent var		0.733183
S.E. of regression	0.701695	Akaike info criterion		2.152169
Sum squared resid	62.53166f	Schwarz criterion		2.218343
Log likelihood	−136.8910	Hannan-Quinn criter.		2.179058
F-statistic	6.918772	Durbin-Watson stat		0.306342
Prob(F-statistic)	0.001406			

범주인 여성의 절편값이다. 약 −0.27°F의 차이절편(differential intercept) 값은 남성의 평균 체온이 그만큼 여성보다 낮다는 것을 의미한다. 실제 남성 체온은 (96.52022 − 0.269406) = 96.25°F이다. 기존 더미변수 대신에 남성은 0, 여성은 1이라는 값을 할당받는 성별의 더미변수를 모형에 넣는다면 어떤 일이 발생하는가? 실제로 회귀분석을 하지 않고도 추측할 수 있기 때문에 이는 여러분이 직접 해보기를 바란다.

주의: "더미변수 함정" 성별의 범주가 2개인데 더미변수를 1개만 도입한 이유는 무엇인가? 자연스럽게 나올 수 있는 질문은 다음과 같다. 왜 성별이라는 질적 변수에서 남성과 여성이라는 두 범주에 대해 2개의 더미변수를 도입하지 않는가? 이렇게 더미변수를 만드는 것이 권장되지 않는 이유를 확인하기 위해 다음 모형을 고려하자.

$$Y_i = B_1 + B_2 D_{2i} + B_3 D_{3i} + u_i \tag{6.5}$$

여기서 Y는 체온이고, D_2 = 여성은 1, 남성은 0, D_3 = 남성은 1, 여성은 0이다. 이 모형은 D_2와 D_3 사이의 완전공선성으로 인해 추정이 불가능하다. 이를 명확하게 보기 위해 두 명의 여성과 세 명의 남성으로 구성된 표본이 있다고 가정해 보자. 자료행렬(data matrix)은 다음과 같다.

	절편	D_2	D_3
남성 Y_1	1	0	1
남성 Y_2	1	0	1
여성 Y_3	1	1	0
남성 Y_4	1	0	1
여성 Y_5	1	1	0

자료행렬의 첫 번째 열은 공통 절편 B_1이다. $D_2 = (1 - D_3)$ 또는 $D_3 = (1 - D_2)$를 확인하는 것은 쉽다. 즉, 두 더미변수는 완전히 공선적이다. 또한 D_2열과 D_3열을 더하면 자료행렬의 첫 번째 열과 동일하다. 이는 완전공선적 상황이다. 제3장에서 언급한 바와 같이, 설명변수 사이에 완전공선성이 있는 경우에는 유일한 모수 추정치를 얻는 것이 불가능하다. 공선성에 대해서는 제8장에서 더 자세히 논의하겠다.

완전공선성 문제를 처리하는 방법에는 여러 가지가 있다. 모형에 (공통) 절편이 포함된 경우, 가장 간단한 방법은 모형 (6.1)에서 수행한 방식으로 더미변수를 만드는 것이다. 즉, 성별처럼 두 가지 범주가 있는 질적 변수의 경우 1개의 더미변수만 사용하는 것이다. 이 경우 D_2열 또는 D_3열 중에 하나를 위 자료행렬에서 삭제하면 된다. **일반적 규칙은 다음과 같다: 모형에 공통 절편 B_1이 있고 질적 변수에 m개의 범주가 있는 경우 $(m - 1)$개의 더미변수만 도입한다.** 이 예에서 성별은 두 가지 범주를 가진다. 따라서 우리는 1개의 더미변수만 도입했다. 이 규칙을 따르지 않는다면 **완전공선성**(perfect collinearity, 즉 완전한 선형관계) 또는 **다중공선성**(multicollinearity)의 상황, 즉 더미변수 함정에 빠지게 된다.[2]

6.3 양적 변수 1개와 질적 변수(3개 이상의 범주를 갖는) 1개로 이루어진 회귀모형

지금까지 2개의 범주(남성 또는 여성, 노동권법 있음 또는 노동권법 없음)를 갖는 질적 변수를 고려하였다. 2개보다 많은 범주를 갖는 질적 변수에 대해서도 더미변수를 이용할 수 있다.

사례 6.3 대학원 입학률의 지역별 차이

표 6-4는 *U.S. News*에서 발표한 미국 상위 65개 대학원 입학 허가율 또는 합격률(Accept)

2 완전공선성 문제를 해결하는 또 다른 방법은 범주 수만큼 동일한 수의 더미변수를 도입하되 공통 절편항 B_1을 모형에서 삭제하는 것이다. 즉, 원점을 지나가는 회귀분석을 실행하는 것이다. 그러나 원점을 지나는 회귀분석의 문제는 이미 제5장에서 논의했다.

에 관한 자료이다. 먼저 학교의 합격률만 살펴볼 것이다. 65개 대학원 합격률에 통계적으로 유의한 차이가 존재하는지를 알기 위해 학교를 세 그룹으로 나누었다: (1) 남부(22개 주) (2) 동북부 및 중북부(32개 주) (3) 서부(10개 주). 이 경우 질적 변수는 "지역"이며, 3개의 범주로 나누었다.

이제 다음의 모형을 고려하자.

$$Accept_i = B_1 + B_2 D_{2i} + B_3 D_{3i} + u_i \tag{6.6}$$

여기서 학교가 동북부 또는 중북부 지역에 있으면 D_2 = 1이고 그렇지 않으면(즉, 다른 2개 지역 중 1개의 지역에 있으면) 0이다. 학교가 서부 지역에 있으면 D_3 = 1이고 그렇지 않으면(즉, 다른 2개 지역 중 1개의 지역에 있으면) 0이다.

질적 변수가 3개의 범주를 가지고 있어 2개의 더미변수만 할당하였다. 여기서 우리는 남부를 기본 또는 참조(base or reference) 범주로 취급한다. 표 6-4는 이러한 더미변수를 포함하고 있다.

식 (6.6)으로부터 세 지역의 평균 합격률을 다음과 같이 구할 수 있다.

동북부 및 중북부 지역의 학교 합격률:

$$E(Accept_i \mid D_{2i} = 1, D_{3i} = 0) = B_1 + B_2 \tag{6.7}$$

서부 지역의 학교 합격률:

$$E(Accept_i \mid D_{2i} = 0, D_{3i} = 1) = B_1 + B_3 \tag{6.8}$$

남부 지역의 학교 합격률:

$$E(Accept_i \mid D_{2i} = 0, D_{3i} = 0) = B_1 \tag{6.9}$$

공통 절편 B_1은 두 더미 값이 (0, 0)인 경우 학교의 평균 합격률을 나타낸다. 차이절편 B_2와 B_3는 지역별 평균 합격률의 차이를 나타낸다. B_2는 동북부 및 중북부 지역 학교가 남부 지역 학교와 비교할 때 평균 합격률 차이를 나타낸다. B_3는 서부 지역 학교와 남부 지역 학교의 평균 합격률 차이를 나타낸다. 동북부 및 중북부 학교의 평균 합격률은 B_1과 B_2를 더해서 구하고, 서부 지역 학교들의 평균 합격률은 B_1과 B_3의 합으로 구한다.

남부가 기준 지역이므로 모든 합격률 비교는 남부와 관련이 있다는 점에 주의해야 한다. 대신 서쪽을 기준으로 선택했다면 이에 적절한, 그렇지만 기존과는 다른 더미변수를 사용하여 모형 (6.6)을 추정해야 한다. 단순한 이분법적 분류(여성 및 남성, 노조원 비노조원 등)를 넘어서면 모든 비교가 기본 범주와 연관되어 있으므로 기본 범주를 정하는 데 매우 조심해야 한다. 기본 범주를 변경하면 비교 수치는 변경되지만 회귀분석 결과의 전체 내용은 변경되지 않는다. 물론, 우리는 어떤 범주를 기본 범주로 하더라도 모형 (6.6)을 추정할 수 있다.

모형 (6.6)의 회귀분석 결과는 다음과 같다.

$$\begin{aligned} \widehat{Accept}_i &= 44.541 - 1.680D_{2i} - 12.501D_{3i} \\ t &= (14.38)\ \ (-2.67)\ \ (-2.26) \\ p &= (0.000)\ \ (0.010)\ \ (0.028) \\ R^2 &= 0.122 \end{aligned} \tag{6.10}$$

남부(참조 범주)의 평균 합격률이 약 45%이다. D_{2i}와 D_{3i}의 차이절편계수는 통계적으로 유의하다. 이는 동북부/중북부 학교와 남부 학교, 서부 학교와 남부 학교 사이의 평균 합격률에 통계적으로 유의한 차이가 있음을 시사한다.

차이점이 있는 경우 더미변수는 단순히 차이점을 보여줄 뿐 차이의 이유를 제시하지는 않는다. 남부의 합격률은 다양한 이유로 높을 수 있다.

모형 (6.6)과 이의 추정 결과 (6.10)은 ANOVA 모형이다. 연간 수업료 등의 정량적 설명변수인 공변량을 대입하여 ANCOVA 모형을 고려하면 어떻게 될까? 이 변수에 대한 데이터는 이미 표 6-4에 포함되어 있다. 기존 모형에 수업료 변수(Tuition)를 포함하여 회귀분석을 하면 다음과 같은 추정식을 얻는다. 이는 그림 6-2에 도시되어 있다.

$$\begin{aligned} \widehat{Accept}_i &= 79.033 - 5.670D_{2i} - 11.14D_{3i} - 0.0011Tuition \\ t &= (15.53)\ \ (-1.91)\ \ \ \ (-2.79)\ \ \ \ (-7.55) \\ p &= (0.000)^{*}\ (0.061)^{**}\ (0.007)^{*}\ (0.000)^{*} \\ R^2 &= 0.546 \end{aligned} \tag{6.11}$$

* 5% 유의수준에서 유의성 있음.

** 5% 유의수준에서 유의하지 않으나 10% 유의수준에서는 유의성 있음.

ANCOVA 추정 결과인 식 (6.11)과 ANOVA 추정 결과인 식 (6.10)을 비교하면 몇 가지 놀라운 사실이 드러난다. 수업료가 같다면 5% 유의수준에서 동북부/중북부와 남부 지역 학교 간 평균 합격률에 큰 차이가 없는 것으로 보인다(이유는 무엇일까?). 그러나 10% 유의수준처럼 높은 수준의 제1종 오류를 받아들이는 경우 동북부/중북부 및 남부 지역의 합격률에 차이가 있다고 할 수 있다. 반면에 이전에 살펴본 것처럼 수업료가 같다면 서부 학교와 남부 학교 간의 평균 합격률은 통계적으로 여전히 유의미한 차이가 있다. 실제로 수업료를 고려하면 서부 학교의 평균 합격률은 남부 학교에 비해 약 11%p 낮은 것으로 나타났다. 추정 결과 식 (6.11)과 (6.10) 사이에 차이가 있는데 이전 모형은 수업료를 포함하지 않아 설정 오류를 범

그림 6-2 ● 평균 합격률과 수업료

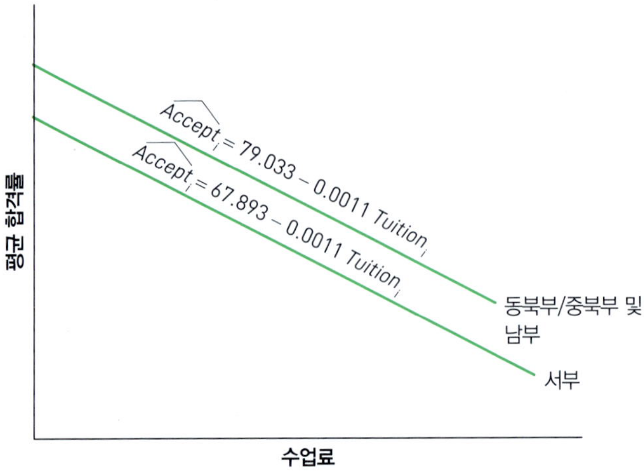

했을 가능성이 있다. 앞서 지적했듯이 공변량을 생략하면 모형 설정 오류가 발생할 수 있다.

추정된 기울기계수는 −0.0011로 수업료가 1달러 증가하면 학교 합격률이 평균적으로 대략 0.11%p 감소할 것으로 예상된다.

지역별로 수업료의 기울기계수가 다를 수 있을까? 이 질문에 대해서는 6.5절에서 살펴볼 것이다.

6.4 1개의 양적 변수와 2개 이상의 질적 변수로 이루어진 회귀모형

더미변수 기법은 1개 이상의 질적 변수를 처리하도록 쉽게 확장될 수 있다. 2개 이상의 질적 변수로 구성된 다음의 모형을 고려하자.

$$Y_i = B_1 + B_2 D_{2i} + B_3 D_{3i} + B_4 X_i + u_i \qquad (6.12)$$

여기서 Y = 시간당 임금(달러), X = 교육 연수, D_2 = 1(여성), 0(남성), D_3 = 1(비백인 및 비히스패닉), 0(백인 및 히스패닉)

위 모형에서 성별과 인종은 질적 설명변수이며 교육 연수는 양적 설명변수이다.[3]

3 교육 수준을 고졸 미만, 고졸 및 대학 이상으로 구분하는 경우 3개의 범주를 갖는 질적 변수가 될 것이다. 세 가지 범주를 나타내기 위하여 2개의 더미변수를 도입해야 한다는 것을 의미한다.

사례 6.4 교육 및 성별과 관련된 시간당 임금

위 모형을 추정하기 위해 표 6-5에 있는 528명의 개인에 대한 자료를 이용하였으며, 결과는 다음과 같다.[4]

$$
\begin{aligned}
\hat{Y}_i &= -0.2610 - 2.3606D_{2i} - 1.7324D_{3i} + 0.8028X_i \\
t &= (-0.2357)^{**}(-5.4873)^{*}(-2.1803)^{*}(9.9094)^{*} \\
R^2 &= 0.2032; n = 528
\end{aligned} \tag{6.13}
$$

*는 p값이 5%보다 적은 경우이며, **는 p값이 5%보다 큰 경우를 나타냄.

이 결과를 해석해 보자. 첫째, 2개의 질적 변수가 있으므로 여기서 기본 범주는 무엇인가? 백인/히스패닉 남성이다. 둘째, 교육과 인종이 동일할 때, 평균적으로 여성이 남성보다 대략 시간당 \$2.36 적게 번다. 교육과 성별이 동일할 때, 평균적으로 비백인/비히스패닉은 시간당 \$1.73 적게 번다. 셋째, 성별과 인종이 동일할 때, 1년 더 교육을 받으면 평균 시간당 임금은 80센트 증가한다.

상호작용/교차 효과

식 (6.13)의 추정식이 나름대로 의미가 있으나, 원 모형은 성별 더미 D_2의 차이 효과가 인종 간 동일하며, 인종 더미 D_3의 차이 효과도 성별 간 동일하다는 암묵적인 가정을 하고 있다. 즉, 남성 평균 시간당 임금이 여성보다 높다면 이는 인종에 상관없이 동일하다. 또한 비백인/비히스패닉의 임금이 낮은 경우에도 이는 성별과 상관없다는 것이다.

많은 경우 위의 가정은 현실성이 떨어진다. 실제로 미국 법원은 다양한 그룹에 대해 모든 종류의 차별을 기소한 사건으로 가득 차 있기 때문이다. 비백인/비히스패닉 여성의 임금은 비백인/비히스패닉 남성의 임금보다 적을 수 있다. 즉, 질적 변수 D_2와 D_3 사이에 **상호작용/교차**(interaction)가 존재할 수 있다. Y의 평균에 미치는 효과가 모형 (6.12)에서와 같이 **가산적/합**(additive)으로 나타날 수 있고 아래처럼 **승적/곱**(multiplicative)으로 표시될 수 있다.

$$
Y_i = B_1 + B_2D_{2i} + B_3D_{3i} + B_3(D_{2i}D_{3i}) + B_4X_i + u \tag{6.14}
$$

더미변수 $D_{2i}D_{3i}$는 **상호작용/교차 더미**(interaction dummy)라 부르며, 두 질적 변수의 상호작용, 즉 결합 또는 동시 효과를 제공하기 때문이다.

모형 (6.14)에서 다음의 관계가 도출된다.

---

4 이 자료는 원래 Ernst Berndt가 모은 것이며 Arthur S. Goldberger, *Introductory Econometrics*, Harvard University Press, Cambridge, MA, 1998, 표 1-1에 전재되었다. 이 데이터는 1985년 5월 실시된 인구조사에 기초한 것이다.

$$E(Y_i \mid D_{2i}=1, D_{3_i}=1, X_i) = (B_1+B_2+B_3+B_4)+B_5X_i \qquad (6.15)$$

이것은 비백인/비히스패닉 여성의 평균 시간당 임금 함수이다.

B_2 = 여성 효과

B_3 = 비백인/비히스패닉 효과

B_4 = 비백인/비히스패닉 여성 효과

여기서 비백인/비히스패닉 여성의 평균 임금이 전체 비백인/비히스패닉과 B_4만큼 차이가 존재하거나 전체 여성과 B_4만큼 차이가 존재함을 의미한다. 다양한 더미변수계수의 통계적 유의성에 따라 우리는 어느 특정 경우에 다다를 수 있다.

모형 (6.14)와 관련 자료를 이용해 다음과 같은 회귀분석 결과를 얻었다.

$$\begin{aligned} \hat{Y}_i &= -0.2610 - 2.3606D_{2i} - 1.7327D_{3i} + 2.1289D_{2i}D_{3i} + 0.8028X_i \\ t &= (-0.2357)^{**}(-5.4873)^{*}(-2.1803)^{*}(1.7420)^{!} \quad (9.9095)^{*} \qquad (6.16) \\ & R^2 = 0.2032, \quad n = 528 \end{aligned}$$

*는 p값이 5% 미만, !는 p값이 대략 8%이며, **는 p값이 5%보다 큰 경우임.

교육 수준이 일정할 때, 더미계수를 다 더하면 (−2.3606 − 1.7327 + 2.1289) = −1.964이다. 이는 비백인/비히스패닉 여성 근로자의 평균 시간당 임금이 약 $1.96만큼 낮다는 것을 의미한다. 이는 여성 근로자의 임금 격차(남성 근로자가 대조군)인 $2.3606과 비백인/비히스패닉 근로자의 임금 격차(백인/히스패닉이 대조군)인 $1.7327 사이에 있다.

그런데 유의수준을 5%로 선택하면 이 수준에서는 상호작용 더미가 통계적으로 유의하지 않게 되며, 따라서 두 더미의 상호작용 효과가 없는 모형/추정식 (6.13)으로 돌아오게 된다.

일반화

상상할 수 있듯이, 1개 이상의 양적 변수와 2개 이상의 질적 변수를 포함하도록 모형을 확장할 수 있다. 그러나 우리는 다음과 같은 점에 주의해야 한다: **질적 변수에 상응하는 더미변수 개수는 질적 범주보다 1개가 적어야 한다.**

사례 6.5 정당 선거 후원금

Wilhite와 Theilman은 1982년 하원 의원 선거에서 정당에서 교부하는 후원금을 분석하여 표 6-6의 결과를 얻었다. **종속변수는** PARTY$이며 후보자에게 주어진 정당 후원금이다. $GAP, VGAP 및 PU는 3개의 양적 변수이며, OPEN, DEMOCRAT 및 COMM은 2개의 범주를

표 6-6 ● 1982년 미국 선거 총후원금

설명변수	계수
$GAP	−8.189* (1.863)
VGAP	0.0321 (0.0223)
OPEN	3.582* (0.7293)
PU	18.189* (0.849)
DEMOCRAT	−9.986* (0.557)
COMM	1.734* (0.746)
R^2	0.70
F	188.4

출처: Al Wihite and John Theilmann, "Campaign Contributions by Political Parties: Ideology versus Winning," *Atlantic Economic Journal*, vol. XVII, June 1989, pp. 11-20, Table 2, p. 15.

주: *는 1% 유의수준에서 통계적으로 유의함. 표준오차는 괄호 안에 있다. $GAP = 정치자금 차이; VGAP = 이전 선거에서 득표율 차이의 크기; OPEN = 공개 경선의 경우 1, 그렇지 않은 경우 0; PU = 의회 분기별로 계산된 정당 충성 지수; DEMOCRAT = 민주당 의원의 경우 1, 그렇지 않은 경우 0; COMM = 민주당 의회 캠페인 위원회 또는 전국 공화당 의회 위원회의 구성원인 경우 1, 그렇지 않은 경우 0.

갖는 3개의 질적 변수이다.

결과를 해석하면 다음과 같다. $GAP(상대방 후보와 비교할 때 정치자금 차이)이 클수록 중앙에서 받은 후원금이 적었다. VGAP(이전 선거에서의 득표 차이)이 클수록 후원금이 적었다. 그러나 이는 회귀분석 결과에서 유의하지 않았다. 공개 경선인 경우 더 많은 후원금을 받았다. PU(정당에 대한 충성도)가 높을수록 많은 후원금을 받았다. 민주당이 공화당보다 적은 자금을 갖고 있기 때문에 민주당 더미변수는 음의 값이 기대되었으며, 민주당 절편 추정치가 상대방의 절편 추정치보다 적게 나타나 위의 사실을 확인할 수 있다. COMM(선거 캠페인 위원회 위원)은 양의 부호가 기대되었고 결과에서 확인된다. 이는 후보자가 위원회의 일원이면 선거자금을 자신에게 많이 배정하려는 의도를 반영한다.

6.5 회귀모형의 비교[5]

6.2절에서 절편뿐 아니라 기울기계수도 범주에 따라 다를 수 있다는 가능성을 제기했다. 식품 지출 사례에서 남성과 여성의 가처분소득에 따른 기울기는 과연 동일한가? 아니면 다를 수 있는가? 이러한 가능성을 탐색하려면 다음의 모형을 고려하자.

$$Y_i = B_1 + B_2 D_i + B_3 X_i + B_4 (D_i X_i) + u_i \tag{6.17}$$

위 모형은 모형 (6.1)을 수정한 것으로 새로운 변수 X_i와 $D_i\ X_i$를 추가하였다. 이때 X_i는 가처분소득이다.

남성 평균 식품 지출함수($D_i = 0$):

D와 X가 주어지면 식 (6.17)의 조건부 기댓값을 취하면 다음과 같다.

$$E(Y_i \mid D = 0, X_i) = B_1 + B_3 X_i \tag{6.18}$$

여성 평균 식품 지출함수($D_i = 1$):

다시, 식 (6.17)의 조건부 기댓값을 취하면 다음을 얻는다.

$$\begin{aligned} E(Y_i \mid D_i = 1, X_i) &= (B_1 + B_2 D_i) + (B_3 + B_4 D_i) X_i \\ &= (B_1 + B_2) + (B_3 + B_4) X_i, \quad D_i = 1 \text{이므로} \end{aligned} \tag{6.19}$$

B_2를 차이절편계수라고 부른 것처럼 B_4를 **차이기울기계수**(differential slope coefficient)라고 부른다. 이는 소득변수의 기울기계수가 두 성별 또는 두 범주 간에 얼마나 다른지 알려주기 때문이다. $(B_1 + B_2)$는 더미가 1인 범주에 대하여 X가 0일 때 Y의 평균을 의미하며, $(B_3 + B_4)$는 더미가 1인 범주에 대하여 소득변수의 기울기계수이다. 더미변수를 **합의 형태**(additive form)로 도입하면 두 그룹 간 절편의 차이가 생기며, 더미변수를 **곱 또는 상호작용의 형태**(multiplicative or interactive form), 즉 $D \cdot X$로 도입한 경우 두 그룹 사이의 기울기계수의 차이가 생긴다.[6]

이제 차이절편계수 B_2와 차이기울기계수 B_4의 통계적 유의성에 따라 여성과 남성의 식료품 지출함수가 절편이나 기울기, 또는 둘 다 다른지 알 수 있다. 그림 6-3과 같이 네 가지 가능성을 생각할 수 있다.

---

5 이 절에서 논의하는 더미변수 접근법과 유사한 결과를 제공하는 2개 이상의 회귀모형을 비교하는 대체 접근법이 있다. 이는 경제학자 Gregory Chow가 대중화한 차우 검정(Chow test)이다. 차우 검정은 제4장에서 논의한 제약된 최소제곱법의 응용이다. 자세한 내용은 Gujarati and Porter, *Basic Econometrics*, 5th ed., McGraw-Hill, New York, 2009, pp. 256-259를 참조하라.

6 식 (6.17)에서 우리는 상호작용 더미, 두 더미변수의 곱을 허용했다. 그러나 더미는 양적 변수와 상호작용할 수도 있다.

그림 6-3 ● 두 회귀모형의 비교

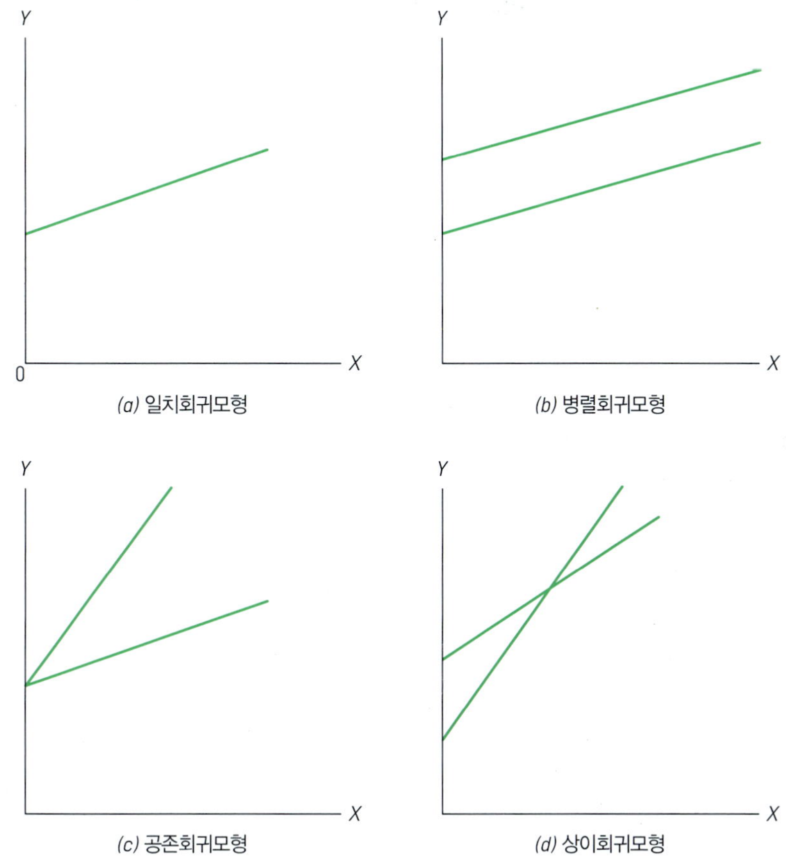

그림 6-3a는 식품 지출 회귀모형에서 절편과 기울기가 동일한 경우이며 **일치회귀모형**(coincident regression)이라 한다.

그림 6-3b는 기울기는 동일하며, 절편만 다른 **병렬회귀모형**(parallel regression)이다.

그림 6-3c는 동일한 절편과 상이한 기울기를 갖는 **공존회귀모형**(concurrent regression)이다.

그림 6-3d는 절편과 기울기가 모두 다른 회귀모형으로 **상이회귀모형**(dissimilar regression)이다.

사례 6.6 미국 저축과 소득의 관계

그림 6-3을 설명하기 위하여 다음 표 6-7의 자료를 고려하자. 1970~1995년까지 미국의

표 6-7 ● 개인저축 및 개인가처분소득

연도	개인저축	개인가처분소득(PDI)	더미변수	더미변수와 PDI의 곱
1970	61.0	727.1	0	0.0
1971	68.6	790.2	0	0.0
1972	63.6	855.3	0	0.0
1973	89.6	965.0	0	0.0
1974	97.6	1,054.2	0	0.0
1975	104.4	1,159.2	0	0.0
1976	96.4	1,273.0	0	0.0
1977	92.5	1,401.4	0	0.0
1978	112.6	1,580.1	0	0.0
1979	130.1	1,769.5	0	0.0
1980	161.8	1,973.3	0	0.0
1981	199.1	2,200.2	0	0.0
1982	205.5	2,347.3	1*	2,347.3
1983	167.0	2,522.4	1	2,522.4
1984	235.7	2,810.0	1	2,810.0
1985	206.2	3,002.0	1	3,002.0
1986	196.5	3,187.6	1	3,187.6
1987	168.4	3,363.1	1	3,363.1
1988	189.1	3,640.8	1	3,640.8
1989	187.8	3,894.5	1	3,894.5
1990	208.7	4,166.8	1	4,166.8
1991	246.4	4,343.7	1	4,343.7
1992	272.6	4,613.7	1	4,613.7
1993	214.4	4,790.2	1	4,790.2
1994	189.4	5,021.7	1	5,021.7
1995	249.3	5,320.8	1	5,320.8

출처: *Economic Report of the President*, 1997, p. 332, 〈Table B-28〉.

주: * 더미변수 = 1(1982년 이후) 또는 0(1982년 이전)이며, 양적 변수의 측정 단위는 10억 달러이다.

개인저축(Savings)과 개인가처분소득(personal disposable income, PDI)(Income)이 있다. 측정 단위는 10억 달러이다. 우리의 목표는 해당 기간 동안 저축과 가처분소득 사이에 존재하는 저축함수를 추정하는 것이다.

표 6-8 ● 저축-소득 관계의 회귀분석 결과

변수	계수	표준오차	t-통계량	p값
C	1.016117	20.16483	0.050391	0.9603
DUM	152.4786	33.08237	4.609058	0.0001
INCOME	0.080332	0.014497	5.541347	0.0000
DUM*INCOME	−0.065469	0.015982	−4.096340	0.0005
R-squared	0.881944	Mean dependent var		162.0885
Adjusted R-squared	0.865846	S.D. dependent var		63.20446
Standard error of regression	23.14996			

주: 종속변수는 저축이다. 표본은 1970~1995년이며, 관측 개수는 26이다.

저축함수를 추정하기 위해 전체 기간에 대해 저축을 소득에 회귀할 수 있다. 전체 기간 동안 저축과 가처분소득의 관계가 동일하다고 가정한 것이다. 그러나 1982년 미국이 평시 최악의 불황을 겪었다는 사실은 잘 알려져 있다. 그해 실업률은 1948년 이후 최고치인 9.7%에 달했다. 이런 불황이 발생하면 저축과 PDI 사이 관계가 구조적으로 변할 수 있다. 이러한 구조적 변화가 실제 발생했는지 확인하기 위해 표본 자료를 1982년 경기 침체 전후 기간인 1970~1981년과 1982~1995년의 두 기간으로 나눌 수 있다.

원칙적으로 두 기간에 대해 각 2개의 회귀모형을 추정할 수 있다. 그러나 대신에 1970~1981년 기간에 대해 0의 값을, 1982~1995년 기간에 대해 1의 값을 갖는 더미변수를 추가하여 1개의 회귀모형을 추정할 수 있다. 즉, 모형 (6.17)과 유사한 모형을 추정할 수 있다. 두 기간 서로 다른 기울기를 허용하기 위해 PDI와 더미 사이에 상호작용 항도 포함한다. 결과는 표 6-8에 제공되어 있다.

결과에서 알 수 있듯이 차이절편과 차이기울기계수는 모두 통계적으로 유의하여 두 기간 사이에 저축-소득의 관계가 변했음을 시사한다. 이 결과는 그림 6-3d와 유사하다. 표 6-8로부터 두 기간에 대해 다음과 같이 저축함수의 회귀식을 구할 수 있다.

저축-소득 회귀식(1970~1981):

$$\widehat{Savings_t} = 1.0161 + 0.0803\ Income_t \tag{6.20}$$

저축-소득 회귀식(1982~1995):

$$\begin{aligned}\widehat{Savings_t} &= (1.0161 + 152.4786) + (0.0803 - 0.0655)\ Income_t \\ &- 153.4947 + 0.0148\ Income_t\end{aligned} \tag{6.21}$$

1982년 경기 침체가 저축-소득 관계에 미치는 영향을 무시하고 1970~1995년까지 전체 기간에 대해 추정했다면 다음과 같은 회귀분석을 얻었을 것이다.

$$\widehat{Savings_t} = 62.4226 + 0.0376\ Income_t \qquad (6.22)$$
$$t = (4.8917)\ (8.8937) \qquad r^2 = 0.7672$$

이러한 회귀분석 결과들로부터 **한계저축성향**(marginal propensity to save, MPS)이 유의하게 달라졌음을 알 수 있다. MPS는 1970~1981년까지는 약 8%였고, 1982~1995년까지는 약 1%이다. 미국인들이 저축을 매우 적게 한다고 알려져 있는데 이 추측도 실증적으로 확인할 수 있다.

사례 6.6을 그림 6-3의 관점에서 보면 그림 6-3d와 같은 상황이라 하겠다.

6.6 계절성 분석에서 더미변수의 사용

월별 혹은 분기별 자료를 바탕으로 한 경제 시계열(time series)은 **계절적 패턴**(seasonal pattern)을 보여주고 있다. 계절적 패턴은 규칙적 진동 운동(regular oscillatory movements)이다. 크리스마스 시즌의 백화점의 매출, 휴가철 가계의 화폐수요(현금 잔고), 여름철 아이스크림과 청량음료 수요, 휴가철 여행 수요 등이 그 예이다. 추세(trend)와 같은 시계열의 다른 성분[7]에 집중할 수 있도록 시계열에서 계절 요인(factor)이나 성분(component)을 제거하는 것이 바람직하다. 추세는 장기간에 걸쳐 상당히 안정적인 증가 또는 감소를 의미한다.

시계열자료에서 계절 성분을 제거하는 과정을 **비계절화**(deseasonalization) 또는 **계절조정**(seasonal adjustment)이라 하며, 이를 통해 얻은 시계열을 **비계절화/계절조정 시계열**(deseasonalized/seasonal adjusted time series)이라 한다. 많은 정부는 중요한 시계열자료에 대해 계절조정된 주요 경제 시계열자료를 발표한다.

시계열 계절조정 방법에는 여러 가지가 있으나, 여기서는 **더미변수를 이용한 방법**에 대해 논의한다.[8]

사례 6.7 냉장고 판매량과 계절성

표 6-9 자료에 바탕을 두고 계절분석에 더미변수를 이용하는 방법을 살펴보자. 이 표는

7 계열에는 네 가지 구성 요소가 있다: 계절(seasonal) 성분, 순환(cyclical) 성분, 장기 구성 요소 또는 추세(trend), 그리고 엄격한 무작위(strictly random) 성분.

8 계절조정의 다른 방법에 대해서는 Paul Newbold, *Statistics for Business and Economics*, 7th ed., Prentice-Hall, Englewood Cliffs, NJ, 2009를 참조하라.

그림 6-4 ● 냉장고 판매량

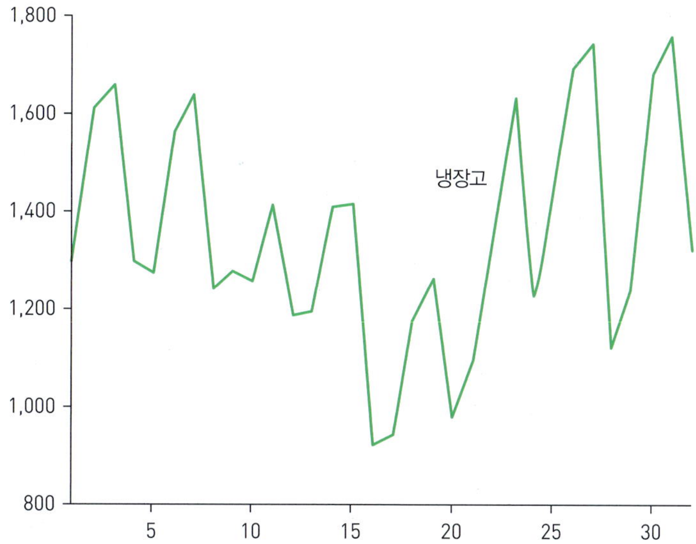

1978년 1분기부터 1985년 4분기까지 총 32개 분기에 걸친 냉장고 판매량(단위: 천 대)에 관한 자료이며, 이는 그림 6-4에 표시하였다. 냉장고는 수명이 길기 때문에 내구재로 분류된다는 점에 유의하자.

그림 6-4를 보면 냉장고 판매량에 계절적 패턴이 존재하는 것을 대충 알 수 있다. 이를 분석하기 위해 다음의 모형을 고려하자.

$$Y_t = B_1 + B_2 D_{2t} + B_3 D_{3t} + B_4 D_{4t} + u_t \tag{6.23}$$

여기서 Y = 냉장고 판매량(1,000대), D_2, D_3, D_4는 2, 3, 4분기에 대한 더미이며 해당 분기에는 1, 다른 분기에는 0의 값을 가진다. 어떤 분기라도 기준 분기가 될 수 있으나 여기서는 1분기를 기준 분기 또는 범주로 설정하였다. 총 4개의 분기(또는 계절)가 존재하므로 더미변수 함정을 피하기 위해 3개의 더미변수만 도입한다. 더미변수에 관한 정보도 표 6-9에 있다.

회귀분석 결과는 다음과 같다.

$$\begin{aligned} \hat{Y}_t &= 1222.1250 + 245.3750D_{2t} + 347.6250D_{3t} - 62.1250D_{4t} \\ t &= (20.3720)^{*} \quad (2.8922)^{*} \quad (4.0974)^{*} \quad (-0.7322)^{**} \\ &R^2 = 0.5318 \end{aligned} \tag{6.24}$$

*는 p값이 5%보다 적은 경우이며, **는 p값이 5%보다 큰 경우를 나타냄.

1분기를 기준으로 정했기 때문에 계절더미의 계수, 즉 치이절편계수는 1분기에 비해 Y의 평균값의 계절적 증가 혹은 계절적 감소를 의미한다. 따라서 D_2의 추정계수 245라는 값은 2분기 Y의 평균이 1분기 Y의 평균인 약 1,222보다 245만큼 크다는 것을 의미한다. 그러면 2분기 평균 판매량은 대략 1,000 × (1,222 + 245) = 1,000 × 1,467, 즉 1,467,000대이다.

추정식 (6.24)에서 알 수 있듯이 2분기 및 3분기 계절더미는 통계적으로 유의하나 4분기 계절더미는 유의하지 않다. 평균 냉장고 판매량은 1분기와 4분기에는 동일하지만 2분기와 3분기에는 1분기와 다르다. 2분기와 3분기에 계절적 효과가 존재하며 4분기에는 존재하지 않는 것으로 보인다. 아마도 봄과 여름에는 가을과 겨울보다 더 많이 냉장고를 구매하는 것 같다. 물론 모든 비교는 기준 범주 1분기를 기준으로 한 것임을 명심하기 바란다.

냉장고 판매량의 계절조정 시계열은 어떻게 구하는가? 이것은 쉽게 할 수 있다. 각 Y의 실젯값에서 식 (6.24)에서 추정된 Y, 즉 $\hat{Y}$을 뺀다. 즉, 잔차(residual)를 구한다. 이렇게 구한 각 잔차를 Y의 평균값에 더한다. 이렇게 구한 시계열이 계절조정 시계열이다. 이 시계열은 시계열의 다른 구성성분(순환, 추세 및 무작위)을 나타낼 수 있다.[9] 이 조정된 시계열은 모두 표 6-9에 있다.

사례 6.7은 분기별 자료를 이용한 것이다. 많은 경제 시계열자료는 월 단위로 제공되는데 계절 성분이 존재할 경우가 많다. 이를 식별하기 위해서는 12개월이 있다는 것을 알기 때문에 11개의 더미변수를 도입해야 한다. 일별 자료의 경우 1년의 일수보다 1개 적은 364개의 더미변수를 사용할 수 있다. 물론, 여러 개의 더미를 사용할 때는 어느 정도 판단을 내려야 한다. 왜냐하면 무분별하게 더미를 사용하면 자유도가 빨리 소모되기 때문이다. 추정된 각 더미계수에 대해 1의 자유도를 잃는다.

6.7 선형확률모형(LPM): 종속변수가 더미변수인 경우

이제까지 종속변수 Y는 양적 변수이고 설명변수는 양적 및 질적 변수인 경우이거나 이의 혼합인 모형을 고려하였다. 이 절에서는 종속변수가 더미변수, 이분형 변수 또는 이진변수인 경우를 분석한다.

성인 남자의 노동시장 참가 여부가 실업률, 평균 임금, 가계소득, 교육 수준 등의 함수인 경우에 대하여 연구하려 한다. 노동시장에 참가하느냐 않느냐의 두 경우가 존재하며 참가한 개인에게는 1을, 참가하지 않은 개인에게는 0을 부여한다. 다른 예로는 EU 회원국이거나 비회

9 물론 이는 더미변수 기법이 시계열(TS) 계절조정에 적합하다고 가정한 것이다. TS = $s + c + t + u$로 표시되며, s는 계절성, c는 순환성, t는 추세, u는 무작위 성분을 나타낸다. 계절조정의 다른 방법에 대해서는 Francis X. Diebold, *Elements of Forecasting*, 4th ed., South-Western Publishing, Cincinnati, Ohio, 2007을 참조하라.

원국인 경우, 육군사관학교 합격생과 불합격생인 경우, 메이저리그 야구선수로 선발되었거나 그렇지 않은 선수인 경우 등이 있다.

위의 예의 독특성은 종속변수가 예(yes) 또는 아니오(no)라는 두 응답을 이끌어낸다는 점이다. 즉, 본질적으로 종속변수가 이분적(dichotomous)이다.[10] 어떻게 이 모형을 추정할 수 있을까? 최소제곱법(OLS)을 적용할 수 있을까? OLS를 적용할 수는 있으나 몇 가지 문제점이 발생한다. 다음의 예를 고려하자.

사례 6.8 소득과 장기주택담보대출 승인

표 6-10은 40명의 장기주택담보대출 신청자와 이들의 가계 연소득에 관한 가상 자료이다. 자료에서 장기주택담보대출이 승인된 사람은 $Y = 1$, 그렇지 않은 사람은 $Y = 0$이다. X는 가계 연소득이다. 다음의 모형을 고려하자.

$$Y_i = B_1 + B_2 X_i + u_i \tag{6.25}$$

모형 (6.25)는 전형적인 선형회귀모형과 유사하나 다음과 같은 점에서 그렇지 않다. 기울기계수 B_2를 X의 한 단위 변화에 따른 Y의 변화율로 해석할 수 없다. 왜냐하면 Y는 0과 1의 두 값만 갖기 때문이다. 이 모형은 **선형확률모형**(linear probability model, LPM)이라 부른다. X_i가 주어질 때 Y_i의 조건부 기댓값 $E(Y_i \mid X_i)$는 주어진 X_i에 대해 사건이 발생할 **조건부 확률** $P(Y_i = 1 \mid X_i)$로 해석된다. 이 조건부 확률은 X에 대하여 **선형적으로** 변화한다. 따라서 $E(Y_i \mid X_i)$는 소득이 X_i, 예를 들면 $X_i = \$60,000$인 사람이 장기주택담보대출이 승인되는 확률이다.

결과적으로 기울기계수 B_2는 X의 한 단위 변화에 따른 $Y = 1$이 될 **확률의 변화**로 해석한다. 추정된 Y_i, 즉 $\hat{Y}_i$은 Y가 1일 예측확률이며 b_2는 B_2의 추정량이다.

Y가 이진적인 경우 식 (6.25)의 해석이 이렇게 바뀌면 식 (6.25)를 OLS로 추정할 수 있을까? 식 (6.25)의 OLS 추정과 관련된 몇 가지 문제점을 고려한다면 대답은 '예'이다. 이제 몇 가지 문제점을 지적하자.

첫째, Y가 0과 1의 두 값만 갖으나 추정된 Y가 0과 1 사이에 반드시 있지 않을 수 있다. 일부 $\hat{Y}_i$이 0보다 작거나 또는 1보다 큰 경우로 추정되는 경우가 발생한다.

둘째, Y가 이항이면 오차항도 이항이다.[11] 따라서 u_i가 정규분포를 따른다고 가정할 수 없음을

10 종속변수에 2개 이상의 범주가 있으면 어떻게 될까? 예를 들어, 어떤 사람은 민주당, 공화당, 독립당에 속할 수 있다. 여기서 정당 소속은 삼분형(trichotomous) 변수이다. 종속변수가 여러 범주인 모형을 다루는 방법이 있으나 이 주제는 이 책의 범위를 벗어난다.

11 이는 당연하다. 식 (6.25)로부터 $Y_i = 1$일 때 $u_i = 1 - B_1 - B_2X_i$이며, $Y_i = 0$이면 $u_i = -B_1 - B_2X_i$이다. 즉, u_i는 두 가지 값만 가질 수 있다.

의미한다. 오차항은 **이항확률분포**(binomial probability distribution)를 따른다.

셋째, 오차항을 이분산적이라고 보일 수 있다. 이제까지 오차항이 동분산적이라고 가정했다.

넷째, Y가 0과 1의 두 값만 갖기 때문에 통상적으로 계산된 R^2은 의미를 갖지 못한다(대체 계산 방법에 대해 연습문제 6.20을 참조하라).

물론 이러한 문제가 모두 해결 불가능한 것은 아니다. 예를 들어, 표본 크기가 상당히 크면 이항분포가 정규분포로 수렴한다는 것을 알고 있다. 제9장에서 보겠지만, 이분산성 문제를 해결할 수 있는 방법을 찾을 수 있다. 따라서 남은 문제는 추정된 Y값 중 일부는 음수가 될 수 있고 일부는 1을 초과할 수 있다는 점이다. 다만 음수와 1보다 큰 수의 경우가 많지 않으면 음수는 0으로, 1보다 큰 수는 1로 간주하는 것이 편리할 수 있다.

그러나 LPM의 가장 큰 문제점은 X값에 따라 확률이 선형적으로 변한다고(즉, X의 증분 효과는 전체적으로 일정하게 유지되는 상수라고) 가정한 것이다. 따라서 Y는 주택 소유 여부이고 X가 소득인 경우 LPM은 X가 증가함에 따라(X = 1,000 또는 X = 10,000에 상관없이) Y의 확률이 선형적으로 증가한다고 가정한 것이다. 실제로는 Y = 1일 확률은 X가 증가함에 따라 비선형적으로 증가할 것으로 예상된다. 가계소득이 낮으면 그 가구는 주택을 소유하지 못하며, 가계소득이 충분히 높으면 주택을 한 채 소유할 것이다. 소득의 일정 수준 이상에서는 소득 증가가 주택 소유 확률에 영향을 주지 않는다. 따라서 소득 분포의 양쪽 끝에서는 소득이 조금 증가할지라도 주택을 소유할 확률이 사실상 변하지 않는다.

LPM 대안으로 **로짓**(logit) 및 **프로빗**(probit) 모형이 있으나 여기서 논의하기에는 너무 어려워서 참고문헌만 소개한다.[12] 그렇지만 이 주제를 더 깊이 탐구하고자 하는 독자를 위해 로짓 모형에 대해 다음 절에서 가볍게 논의할 것이다.

LPM의 일부 단점은 표본 크기가 커지면 해결될 수 있다. LPM의 해결될 수 없는 여러 단점에도 불구하고, 단순성이라는 장점으로 인해 실제 응용 분야에 자주 사용된다. 때로는 로짓 및 프로빗과 같은 복잡한 모형과 비교할 수 있는 기본 모형으로서 사용한다.

표 6-10의 자료와 함께 LPM을 설명한다. 회귀분석 결과는 다음과 같다.

$$\begin{aligned} \hat{Y}_i &= -0.9456 + 0.0255X_i \\ t &= (-7.6984)(12.5153) \quad r^2 = 0.8047 \end{aligned} \tag{6.26}$$

결과를 해석하면 다음과 같다: 소득이 1달러 증가하면 장기주택담보대출 승인 확률이 0.03

12 로짓과 프로빗에 대한 논의는 Damodar Gujarati, *Econometrics by Example*, 2nd ed., Palgrave-Macmillan, London, 2015의 제8장을 참조하라.

증가한다. 절편의 추정치는 타당한 의미가 없다. 높은 r^2값이 보고되었지만 이에 많은 의미를 둘 필요는 없다. 때로는 이러한 선형모형에서 Y가 0 또는 1 주위에 뭉쳐 있으면 높은 r^2값을 얻는다.

표 6-10은 실제 Y와 선형확률모형 (6.25)의 추정치 $\hat{Y}$을 제공하고 있다. 40개의 관측치 중 6개가 음이며 6개는 1보다 큰 수이다. 또한 소득 증가에 따라 장기주택담보대출 승인 확률이 0.03의 일정한 비율로 소득에 따라 선형적으로 증가한다는 사실도 상당히 비현실적으로 보인다.

LPM에 대한 논의를 마무리하기 위해 다음의 구체적인 적용 사례를 보자.

사례 6.9 장기주택담보대출시장에서의 차별

장기주택담보대출시장에서 차별이 존재하는지 확인하기 위해 Maddala와 Trost는 사우스캐롤라이나주 콜롬비아시의 750건의 장기주택담보대출 신청서 자료를 조사했다.[13] 500건의 신청은 승인되었고 250건은 기각되었다. 승인 요인을 확인하기 위해 관련 LPM을 개발하고 추정하여 표 6-11의 결과를 얻었다. Y는 이진 종속변수이며, 승인된 경우 1, 기각된 경우 0의

표 6-11 ● 장기주택담보대출시장의 선형확률모형

설명변수	계수	t-통계량
Intercept	0.501	Not given
AI	1.489	4.69*
XMD	−1.509	−5.74*
DF	0.140	0.78**
DR	−0.266	−1.84*
DS	−0.238	−1.75*
DA	−1.426	−3.52*
NNWP	−1.762	0.74**
NMFI	0.150	0.23**
NA	−0.393	−0.134

주: AI = 신청자 및 공동신청자의 소득(단위: 천 달러), XMD = 부채 − 장기주택담보대출 상환액(단위: 1,000달러), DF = 1(여성), 0(남성), DR = 1(유색인), 0(백인), DS = 1(미혼), 0(기혼), DA = 주택 연수(단위: 100년), NNWP = 유색인 이웃 비율(×1000), NMFI = 이웃 가족 평균 소득(단위: 10만 달러), NA = 이웃 주택 연수(단위: 100년).

* p값이 5% 이하임. ** p값이 5% 이상임. 단측검정임.

13 G. S. Maddala and R. P. Trost, "On Measuring Discrimination in Loan Markets," *Housing Finance Review*, vol. 1, 1982, pp. 245-268.

값을 갖는다. 이 연구의 목적 중 하나는 성별, 인종 및 다른 질적 요인으로 인하여 장기주택담보대출시장에서 차별이 존재하는지를 확인하는 것이다.

Maddala와 Trost 모형은 일부 설명변수가 더미변수인 점이 특징적이다. 더미변수 DR의 추정계수 −0.266에 대한 해석은 다음과 같다. 다른 변수들이 동일할 때 유색인의 장기주택담보대출 신청이 받아질 확률은 기준 범주인 기혼 백인 남성에 비해 26.6%p 낮다. 마찬가지로 다른 변수들이 동일할 때, 미혼의 장기주택담보대출 승인율은 기준 범주에 비해 23.8%p 낮다(DS 계수의 추정치는 −0.238이다).

장기주택담보대출을 받는 데에는 여러 가지 요소가 관련되어 있기 때문에 이 사례로부터 장기주택담보대출시장에서 인종차별이나 독신자에 대한 차별이 있다고 성급히 결론짓는 것은 조심해야 한다.

6.8 로짓모형

이미 논의한 이유로 인해 선형확률모형(LPM)은 이분형 종속변수 회귀모형을 다루는 데 적합하지 않을 수 있다. 관련 문헌에서 로짓모형(logt model)과 프로빗모형(probit model)이라는 두 가지 대안이 많이 논의된다. 두 모형은 일반적으로 유사한 결과를 제공하기에, 여기에서는 수학적으로 더 단순한 로짓모형만을 설명하기로 한다.

우리는 로짓모형의 기초 개념을 설명하기 위해 장기주택담보대출 승인 사례를 주택 소유 사례로 변형하여 사용할 것이다. 앞의 예에서는 장기주택담보대출 승인에 관한 것이었지만 대출이 승인되면 주택을 소유하고 있다고 간주하고 대출이 거부되면 무주택이라고 간주한다.

주택 소유 여부 Y를 소득 X와 관련하여 설명하는 LPM은 식 (6.26)이라는 점을 상기하자. 그러나 이제 주택 소유 모형을 다음과 같이 표현한다.

$$P_i = E(Y=1 \mid X_i) = \frac{1}{1+e^{-(B_1+B_2X_i)}} \tag{6.27}$$

여기서 P_i는 주택 소유 확률이다.

간략히 표기하기 위해 이를 다음과 같이 바꿔 표현한다.

$$P_i = \frac{1}{1+e^{-Z_i}} = \frac{e^{Z_i}}{1+e^{Z_i}} \tag{6.28}$$

여기서 $Z_i = B_1 + B_2X_i$이다.

식 (6.28)은 통계학에서 (누적) 로지스틱 분포함수(logistic distribution function)로 알려진 것을 이용하여 나타낸 것이다. 이는 인구, GDP, 통화공급과 같은 성장 현상을 분석하는 데 광범위하게 사용된다.

Z_i의 범위는 $-\infty$에서 $+\infty$까지이고, P_i의 범위는 0과 1 사이이다. P_i는 Z_i와 비선형관계를 갖는다. 이에 따라 선형확률모형이 직면하고 있는 가장 큰 문제를 극복할 수 있다.

선형확률모형의 결함을 해결하려 하기 위해 식 (6.27)로 모형화했지만 이 식에서 명확하게 보이는 것처럼 P_i는 X뿐만 아니라 모수 B에서도 비선형이기 때문에 추정 문제가 발생할 수밖에 없다. 이는 식 (6.27)의 모수를 추정하기 위해서 OLS를 사용할 수 없음을 의미한다. 그러나 식 (6.27)이 다음과 같이 선형화될 수 있기 때문에 이 문제는 실제보다 더 명확하게 해결가능하다.

유주택 확률 P_i를 식 (6.28)로 나타내면, 무주택 확률 $(1-P_i)$는 다음과 같다.

$$1-P_i=\frac{1}{1+e^{Z_i}} \tag{6.29}$$

따라서 다음과 같이 바꿔 쓸 수 있다.

$$\frac{P_i}{1-P_i}=\frac{1+e^{Z_i}}{1+e^{-Z_i}}=e^{Z_i} \tag{6.30}$$

이제 $P_i/(1-P_i)$는 주택 소유 또는 유주택에 관한 승산비(odds ratio)이다. 이는 유주택 확률 대 무주택 확률의 비율, 즉 무주택 확률 대비 유주택 확률의 비율이다. 따라서 $P_i=0.8$이면 유주택 승산비는 4 대 1, 즉 4이다. 유주택 가능성이 무주택 가능성에 대비해 4배 높다는 뜻이다. 참고로 승산(odds)이라는 용어는 도박에서 승률 또는 배당률로부터 온 것이다. 또한 여기서 승산비와 승산은 같은 것으로 간주한다.

(6.30)에 자연로그를 취하면 매우 흥미로운 결과를 얻는다.

$$L_i=\ln\left(\frac{P_i}{1-P_i}\right)=Z_i=B_1+B_2X_i \tag{6.31}$$

L은 로그 승산비이고, L_i는 X뿐만 아니라 모수에 대해서도 선형이다. 모수에 대하여 선형이라는 것은 추정 관점에서 볼 때이다. L은 로짓이라고도 부르며, 따라서 (6.31)과 같은 모형을 로짓모형(logit model)이라고 호칭한다.

로짓모형의 몇 가지 흥미로운 특징은 다음과 같다.

1. P가 0에서 1로 갈 때(즉, Z가 $-\infty$에서 $+\infty$로 갈 때), 로짓 L은 $-\infty$에서 $+\infty$로 산다.

즉, 확률은 필수불가결하게 0과 1 사이에 있어야 하지만 로짓은 값의 범위가 제한되지 않는다.

2. L은 X에 대해 선형이지만 확률 그 자체는 그렇지 않다. 이 속성은 확률이 X에 따라 선형으로 증가하는 LPM과 대조된다.

3. 비록 식 (6.31)은 1개의 설명변수만 포함하지만, 모형을 뒷받침하는 경제학 이론에 따라 설명변수를 얼마든지 추가할 수 있다. 설명변수 중 일부는 더미변수여도 된다.

4. 로짓 L이 양수이면 설명변숫값이 증가할 때 Y가 1이 될(즉, 관심 있는 사건이 발생할) 승산이 커진다. 로짓 L이 음수이면 X가 증가할 때 Y가 1일 승산은 감소한다. 다르게 말하면, 승산비가 1에서 0으로 감소함에 따라 로짓은 음수가 되고 음의 무한대로 간다. 승산비가 1에서 무한대로 증가함에 따라 로짓은 양수가 되고 점점 커져 양의 무한대로 간다.

5. 보다 공식적으로, 로짓모형 (6.31)의 해석은 다음과 같다. 기울기계수 B_2는 X의 한 단위 변화에 대한 L의 변화를 측정한다. 즉, 소득이 한 단위 변화할 때 주택 소유에 대한 로그 승산비가 어떻게 변화할지 알려준다. 절편 B_1은 소득이 0일 때 주택 소유에 대한 로그 승산비의 값이다. 대부분의 절편 해석과 마찬가지로 해석이 무의미하다.

6. 선형확률모형은 P_i가 X_i와 선형관계에 있다고 가정하는 반면, 로짓모형은 로그 승산비가 X_i와 선형관계에 있다고 가정한다.

7. 특정 소득 수준, X^*가 주어졌을 때, 승산비가 아니라 실제 주택 소유 확률을 추정하고 싶다면, B_1과 B_2를 추정하여 식 (6.28)을 이용하여 직접 계산할 수 있다. 하지만 이러한 모수를 어떻게 추정하는가? 이에 대한 대답은 아래에서 보여준다.

로짓모형의 추정

추정 방법을 소개하기 위해 식 (6.31)을 다음과 같이 바꾼다.

$$L_i = \ln\left(\frac{P_i}{1-P_i}\right) = B_1 + B_2 X_i + u_i \tag{6.32}$$

먼저 오차항 u_i의 속성에 대해 살펴보자.

식 (6.32)을 추정하려면 X_i 외에도 로짓 값 L_i가 필요하다. 이는 분석에 사용되는 자료 유형에 따라 다르다. 자료를 (1) 개인 또는 미시적 수준의 자료와 (2) 그룹화 혹은 반복화(replicated) 자료로 2개의 유형으로 구분할 수 있다.

개인 수준의 자료 표 6-12와 같이 개별 가족에 대한 데이터가 있는 경우 식 (6.32)의 OLS 추정은 불가능하다. 그 이유는 다음과 같다. 표 6-12의 자료를 보면, 집을 소유하고 있으면 $P_i = 1$, 집을 소유하지 않으면 $P_i = 0$이다. 그러나 이 값을 로짓 L_i에 직접 넣으면 다음을 얻는다.

$$\text{유주택: } L_i = \ln\left(\frac{1}{0}\right)$$

$$\text{무주택: } L_i = \ln\left(\frac{0}{1}\right)$$

이러한 표현식은 분명히 무의미하다. 따라서 개인 수준의 자료가 있는 경우 표준 OLS를 사용하여 식 (6.32)를 추정할 수 없다. 이런 상황에서는 **최대우도추정법(또는 최대가능도추정법, 최우추정법)**(method of maximum likelihood, ML)을 사용해야 할 수도 있다. 이 방법은 다소 복잡하며 이 책 수준보다 높아 참고문헌만 소개한다.[14] EViews, MINITAB, LIMDEP, SHAZAM, STATA 및 MICROFIT과 같은 통계 패키지에는 개별 수준의 자료를 이용하여 로짓모형을 추정하는 메뉴 또는 명령어가 있다.

그룹화 또는 반복화 자료 가령 표 6-12와 같은 가상 자료가 있다. 이 표는 소득 수준 X에 따라 **그룹화되거나 반복화된**(주어진 X값에서 관측치를 반복 추출된) 여러 가구에 대한 자료를 제

표 6-12 ● 소득 X_i, 가구 수 N_i 및 유주택 가구 수 n_i에 관한 가상 자료

X(단위: 1,000달러) (1)	N_i (2)	n_i (3)	$\hat{P}_i = \frac{n_i}{N_i}$ (4)
26	40	8	0.20
28	50	12	0.24
30	60	18	0.30
33	80	28	0.35
35	100	45	0.45
40	70	36	0.51
45	65	39	0.60
50	50	33	0.66
55	40	30	0.75
60	25	20	0.80
	580	269	

14 자세한 내용과 적용 방법은 Damodar N. Gujarati and Dawn C. Porter, *Basic Econometrics*, 5th ed., McGraw-Hill, New York, 2009에 있다. 특히 제15장을 참조하라.

공한다. 또한 이 표는 소득 수준별로 주택을 소유한 가구 수를 제공한다. 각 소득 수준에 해당하는 X_i, 이에 상응하는 가구수 N_i와 유주택 가구수 $n_i(n_i \le N_i)$가 있다. 이로부터 다음을 계산할 수 있다.

$$\hat{P}_i = \frac{n_i}{N_i} \tag{6.33}$$

이는 **상대도수**이다. 이를 각 X_i에 대응하는 P_i의 추정치로 사용할 수 있다. 확률이론에 관한 부록 A에서 볼 수 있듯이 N_i가 상당히 크면 상대도수는 P_i의 합리적인 추정치가 될 것이다. 추정된 P_i는 표 6-12에 있다. 추정된 P_i를 사용하여 다음과 같이 추정된 로짓을 계산할 수 있다(표 6-12 참조).

$$\hat{L} = \ln\left(\frac{\hat{P}_i}{1-\hat{P}_i}\right) \tag{6.34}$$

그리고 $\hat{L}_i$을 종속변수로 사용하여 다음과 같은 선형회귀모형을 만들고 이를 회귀분석한다.

$$\hat{L}_i = B_i + B_2 X_i + u_i \tag{6.35}$$

표 6-12의 자료를 사용해서 모형 (6.35)를 추정하고 다음과 같은 결과를 얻었다.

$$\begin{aligned} \hat{\hat{L}}_i = \ln\widehat{\frac{\hat{P}_i}{1-\hat{P}_i}} &= -3.2438 + 0.0792X_i \\ \text{se} &= (0.1708) \quad (0.0041) \\ t &= (-18.992) \, (19.317) \qquad R^2 = 0.9791 \end{aligned} \tag{6.36}$$

만약 소득이 한 단위(1,000달러)만큼 증가하면 주택 소유에 관한 로그 승산은 약 0.08 증가한다. 각 소득 수준에서 주택을 소유할 확률도 계산할 수 있다. 예를 들어, $X = 26$이라면 다음과 같은 결과를 얻는다.

$$\ln\left(\widehat{\frac{\hat{P}_i}{1-\hat{P}_i}}\right) = -1.1846 \tag{6.37}$$

따라서 식 (6.28)에 따라 다음과 같이 $X = 26$일 때 이미 추정된 주택 소유 확률을 한 번 더 추정한다.

$$\hat{\hat{P}}_i = 0.2342 \tag{6.38}$$

참고로 표 6-12에서 $X = 26$일 때 실제 주택 소유 확률 $\hat{P}_i$은 0.20이다. 각 소득에 따른 주택 소유 확률도 비슷하게 계산할 수 있다.

(그룹화된) 로짓모형에 대한 논의를 마무리하기 전에 모형 (6.35)의 오차항 u_i의 특성은 기술적인 측면에서 주목할 필요가 있다. 오차항 u_i의 분산은 $\left(\frac{1}{N_i P_i (1-P_i)}\right)$이므로 이분산적이다. 따라서 제9장에서 논의할 가중최소제곱(weighted least squares)을 이용하여 이분산 문제를 교정해야 한다.[15] 현재 사례에서는 이분산이 교정된 회귀분석 결과는 추정식 (6.36)과 크게 다르지 않다.

로짓모형으로 종속변수가 더미 또는 이진인 모형을 쉽게 다룰 수 있다. 실제로, 종속변수와 모든 설명변수가 더미인 회귀모형을 실행할 수도 있다. 뿐만 아니라 종속변수가 이분형 외에도 삼분형인 회귀모형도 고려할 수 있다. 심지어 종속변수가 3개를 넘어서는 범주를 갖는 회귀모형도 고려할 수 있다. 이러한 모형을 **다항회귀모형**(multinomial regression models)이라고 부르지만 이 책의 범위를 벗어난다.[16]

이제 로짓모형의 구체적인 응용을 보기로 하자.

사례 6.10 은행 부도 예측

1982년 12월~1984년 12월까지 6,869건의 업무 보고서(call report)(즉, 은행 감사)를 바탕으로 Robert Avery와 Terrence Belton은 로짓모형을 이용하여 은행 부도 가능성을 예측하는 **위험 지수**를 추정했다. 은행 감사 후 1년 이내에 요청의무 명령을 실행하는 데 실패하면 은행은 부도에 빠진 것으로 간주했다. 그 결과는 표 6-13에 제시되어 있다.

결과에서 알 수 있듯이, 총자산 대비 기본자본 비율, KTA가 1%p 증가하면 파산의 로그 승수가 0.501만큼 감소하는데 이는 합리적인 결과라고 볼 수 있다. 마찬가지로, 총자산 대비 미수대출 비율 LNNACCA가 1%p 증가하면 파산의 로그 승수는 4.310만큼 증가한다. 다른 계수도 비슷하게 해석할 수 있다. RENEGA와 NCOFSA는 통계적으로 유의하지 않다. NCOFSA는 예상과 다른 부호를 가지고 있다. (왜?)

Avery와 Belton은 다음과 같이 결론을 내린다.

> 모형의 전체 적합도는 은행 부도를 예측하는 것이 어렵다는 것을 시사하지만, 표본에 있는 파산 은행에 관한 평균 부도 예측률은 0.24인데 이는 표본에 있는 망하지 않은 은행에 대한 평균 부도 예측률보다 69배 크다. 따라서 모형은 고위험 은행과 저위험 은행을

15 자세한 내용은 Damodar N. Gujarati and Dawn C. Porter, *Basic Econometrics*, 5th ed., McGraw-Hill, New York, 2009, pp. 557-558을 참조하라.

16 로지스틱모형에 대한 일반적인 설명은 David W. Hosmer and Stanley Lemesshow, *Applied Logistic Regression*, Wiley, New York, 1988을 참조하라. 또한 Damodar Gujarati, *Econometrics by Example*, 2nd ed., Palgrave-Macmillan, London, 2015의 제8장, 제9장, 제10장, 제11장을 참조하라.

표 6-13 ● 로짓모형: 은행 부도 예측

설명변수	계수	t-통계량
Constant	−2.420	3.07
KTA	−0.501	−4.89
PD090MA	0.428	5.16
LNNACCA	4.310	4.31
RENEGA	0.269	1.07
NCOFSA	0.223	1.60
NETINCA	0.331	2.68

출처: Robert B. Avery and Terrence M. Belton, "Comparison of Risk-Based Capital and Risk-Based Deposit Insurance," *Economic Review*, Federal Reserve Bank of Cleveland, 1987, 4분기, pp. 20–30.

주: KTA = 총자산 대비 기본자본 비율(%); PD090MA = 총자산 대비 90일 이상 경과 대출 비율(%); LNNACCA = 총자산 대비 미수대출 비율(%); RENEGA = 총자산 대비 채무조정대출 비율; NCOFSA = 총자산 대비 순대출 연간 상각 비율(%); NETINCA = 총자산 대비 연간 순이익 비율(%).

구별하는 능력을 분명히 보유하고 있다.

방금 논의한 은행 파산 모형과 같은 로짓모형은 실제로 광범위하게 사용된다. 은행에서는 이를 이용해 주택담보대출 연체를 예측하고, 신용카드 회사에서는 체납을 예측하고, 여러 교육기관에서는 대학합격을 예측하는 데 사용한다. 미국 국세청(IRS)이 이러한 모형을 사용하여 어떤 납세자가 세무조사를 받아야 하는지 결정한다는 소문도 있다.

사례 6.11 담배를 피우거나 피우지 않거나

표 6-14에 있는 1,196명의 표본 자료를 이용하여 개인의 흡연 여부를 분석하는 로짓모형을 고려하기로 한다.[17] 종속변수는 이진적이며 흡연자는 1, 비흡연자는 0을 갖는다. 설명변수는 1979년도 기준 나이, 교육 연수, 가계소득, 담배가격이다.

개인 수준 자료이므로 모형의 모수를 추정하려면 최대우도(ML)추정법을 사용해야 한다. EViews를 사용하여 표 6-15에 제시된 결과를 얻었다.

나이, 교육 연수, 담배가격은 흡연에 부정적인 영향을 미칠 것이라고 예측되고 소득은 긍정적인 영향을 미친다고 예상된다. 소득 계수는 통계적으로 유의하지 않지만 전반적으로 추정 결과는 사전적인 기대와 일치한다. 담배가격의 계수는 약 7% 유의수준에서 유의한 것으로 나타났다. 1,196개의 관측치로 구성된 표본은 상당히 크다. 따라서 t검정 대신 표준정규분포를 따

17 이 데이터는 Michael P. Murray, *Econometrics: A Modern Approach*, Addison Wesley, Boston, 2006에서 가져온 것이며 www.aw-bc.com/murray에서 받을 수 있다.

표 6-15 ● 흡연 결정 로짓모형

종속변수: SMOKER
추정법: 이진 로짓 최대우도추정법
표본: 1~1196
관측 개수: 1196
수렴 반복 횟수: 3
2차 도함수를 사용하여 공분산행렬을 계산

	계수	표준오차	z-통계량	p값
c	2.745077	0.829196	3.310529	0.0009
AGE	−0.020853	0.003739	−5.577290	0.0000
EDUC	−0.090973	0.020666	−4.402100	0.0000
INCOME	4.72E-06	7.17E-06	0.658284	0.5104
PCIG79	−0.022319	0.012472	−1.789469	0.0735
McFadden R-squared	0.029748	Mean dependent var		0.380435
S.D. dependent var	0.485697	S.E. of regression		0.477407
Akaike info criterion	1.297393	Sum squared resid		271.4495
Schwarz criterion	1.318658	Log likelihood		−770.8409
Hannan-Quinn criter.	1.305405	Restr. log likelihood		−794.4748
LR statistic	47.26785	Avg. log likelihood		−0.644516
Prob (LR statistic)	0.000000			
Obs with Dep = 0	741	Total obs	1196	
Obs with Dep = 1	455			

르는 Z검정을 실시한다. 기울기계수가 모두 동시에 0이라는 가설을 검정하려면 자유도 4를 갖는 카이제곱분포를 갖는 우도비(likelihood ratio, LR) 검정을 사용해야 한다. 이 가설이 사실이라면 LR 통계량이 약 47이라는 값을 얻을 확률은 사실상 0에 가깝다. 따라서 이 가설을 기각해야 한다. 적어도 1개의 설명변수가 통계적으로 유의하다.

종속변수가 1 또는 0의 두 값만 취하는 경우 기존 회귀분석의 R^2에 해당하는 값을 계산하기 어렵다. 표 6-15에 나타난 맥파든(McFadden) R^2은 R^2의 일종이지만 그 실질적인 중요성은 과장되어서는 안 된다.

표 6-15에 제시된 기울기계수는 선형확률모형처럼 회귀값의 단위 변화에 대한 확률의 변화율로 해석할 수 없다. 계수는 설명변숫값의 한 단위 변화에 대응하는 로짓의 변화라고 할 수 있다. 따라서 추정된 교육 계수 −0.09는 학교 교육이 1년 증가하면 로짓이 약 −0.09 감소한 것을 의미한다.

로짓의 언어는 대부분의 사람에게 생소할 수 있다. 흡연과 비흡연에 대한 승산비 측면에서 이야기하면 좀 더 쉽게 이해할 수 있다. 교육, 소득, 담배가격을 일정하게 유지하고 나이를 한 단위, 즉 1년 증가시키면, 아래의 상대 승산(relative odds)에 $e^{-0.020853} = 0.9793$을 곱한다.

$$\frac{\text{흡연 확률}}{\text{비흡연 확률}}$$

이에 따라 흡연 확률은 (1 − 0.9793) = 0.0207, 즉 2.07%p 감소한다. 즉, 나이를 한 살 더 먹으면 흡연 확률이 약 2%p 감소한다는 뜻이다. 비슷한 방식으로, 모든 설명변수에 대하여 한 단위 변화에 대응하여 상대 승산의 변화를 계산할 수 있다. 교육, 소득, 담배가격 단위 변화에 대한 상대 승산은 각각 −8.7%p, 0%p, −2.21%p 변한다는 것을 확인할 수 있다.

승산 대신에 흡연 확률을 계산하려면 추정된 회귀계숫값과 회귀변숫값을 식 (6.28)에 입력하여 이를 얻을 수 있다. 물론 1,196개의 관측치에 대해 손으로 이 작업을 수행하면 이는 매우 지루한 작업이다. 그러나 STATA와 EViews가 있다면 이 작업을 기계적으로 단순하게 수행할 수 있다.

이 사례를 마무리하기 위해 LPM의 추정 결과는 표 6-16에서 보는 바와 같다. LPM의 결과와 로짓모형의 결과를 비교하는 것은 독자의 몫이다.

표 6-16에 제시된 R^2은 종속변수가 1과 0의 두 값만 취하기 때문에 진지하게 여길 필요가 없

표 6-16 ● 흡연 결정의 LPM 모델

종속변수: SMOKER
추정법: 최소제곱법
표본: 1~1196
관측 개수: 1196

	계수	표준오차	*z*-통계량	*p*값
c	1.123089	0.188356	5.962575	0.0000
AGE	−0.004726	0.000829	−5.700952	0.0000
EDUC	−0.020613	0.004616	−4.465272	0.0000
INCOME	1.03E-06	1.63E-06	0.628522	0.5298
PCIG79	−0.005132	0.002852	−1.799076	0.0723
R-squared	0.038770	F-statistic	12.00927	
Adjusted *R*-squared	0.035541	Prob(F-statistic)	0.000000	
S.E. of regression	0.476988			
Sum squared resid	270.9729			

다. 표에 제공된 F-통계량은 모든 기울기계수가 동시에 0이라는 가설을 검정할 수 있다. 추정된 F-통계량에 관한 p값이 실제로 0이기 때문에 이 가설은 완전히 기각될 수 있다. 몇몇 계수는 개별적으로는 유의하지 않겠지만, 전체적으로는 흡연자와 비흡연자를 구분할 때 중요한 설명력을 갖는다.

요약

이 장에서는 질적 변수를 양적 변수와 함께 회귀모형에 도입할 수 있는 방법을 소개했다. 질적 변수는 범주를 반영하여 1과 0의 값을 갖는 더미변수로 변환할 수 있다. 더미변수는 본질적으로 자료 분류 장치이다. 이 장의 다양한 사례에서 볼 수 있듯이, 표본을 특성이나 속성(성별, 결혼 상태, 인종, 종교 등)을 기반으로 다양한 하위 그룹으로 나누고, *암묵적으로* 각 그룹에 대하여 개별적으로 회귀분석을 실시하기 때문이다. 다양한 하위 그룹에서 양적 설명변수의 변화에 대한 종속변수의 반응에 차이가 있는 경우, 다양한 하위 그룹의 절편이나 기울기계수 아니면 두 모수 모두가 차이를 반영한다.

유용한 도구임에도 불구하고 더미변수 기법은 주의 깊게 다뤄야 한다. 첫째, 회귀모형에 상수항이 포함된 경우, 1개의 질적 변수에 대응하는 더미변수의 개수는 *질적 변수의 범주 개수보다 1개가 적어야 한다.* 둘째, 더미변수계수는 *항상 통제군 또는 기본 그룹, 즉 0의 값을 얻는 그룹과 관련하여 해석되어야 한다.* 마지막으로 모형에 다양한 범주를 갖는 질적 변수가 많은 경우 더미변수를 도입하면 자유도를 많이 잃을 수 있다. 따라서 *모형에 도입할 더미변수의 수와 표본 수를 비교해야 한다.*

이 장에서 설정 오류, 즉 잘못된 모형을 자료에 적용할 가능성에 대해서도 논의했다. 절편과 기울기가 그룹마다 상이할 것으로 예상되는 경우 *차이*절편과 *차이*기울기 더미를 모두 통합하는 모형을 구축해야 한다. 이 경우 차이절편만 도입하는 모형은 설정 오류로 이어질 가능성이 높다. 물론, 어느 것이 실제 모형인지 선험적으로 알아내는 것이 항상 쉬운 것은 아니다. 따라서 구체적인 연구, 특히 이론이 많은 지침을 제공하지 않는 상황에서는 어느 정도의 실험이 필요하다. 설정 오류에 대한 주제는 제7장에서 자세히 설명한다.

마지막으로 종속변수 자체가 이항변수인 선형확률모형(LPM)에 대해서 간략하게 설명했다. LPM은 OLS로 추정할 수 있지만 OLS를 일상적으로 적용하는 데에는 몇 가지 문제가 있다. 일부 문제는 쉽게 해결될 수 있지만 비선형성 문제는 해결되지 않는다. 따라서 대안적인 추정 절차가 필요하다. 우리는 두 가지 대안인 로짓모형과 프로빗모형을 언급했다. 비교적 단순하기 때문에 로짓모형에 대해 논의하고 구체적인 예를 들어 설명했다. 프로빗모형과 로짓모형의 결과는 일반적으로 유사하다. 로짓모형은 로지스틱 분포를 바탕으로 하고, 프로빗모형은 정규분포를 바탕으로 한다.

주요 용어 및 개념

질적/정성적 대 양적/정량적 변수(qualitative vs. quantitative variables)

더미변수(dummy variables)

분산분석(analysis of variance, ANOVA)모형

차이절편계수(differential intercept coefficients)

기본, 참조, 기준, 대조 범주(base, reference, benchmark, comparison category)

공분산분석(analysis of covariance, ANCOVA)모형

공변량(covariates); 통제변수(control variables)

자료행렬(data matrix)

더미변수 함정(dummy variable trap); 완전공선성(perfect collinearity), 다중공선성(multicollinearity)

상호작용적(interactive); 승적/곱적(multiplicative), 가산적/합(additive)

상호작용/교차 더미(interaction dummy)

회귀모형 비교(comparing two regressions)

차이기울기계수(differential slope coefficient)

일치회귀모형(coincident regressions)

병렬회귀모형(parallel regressions)

공존회귀모형(concurrent regressions)

상이회귀모형(dissimilar regressions)

한계저축성향(marginal propensity to save, MPS)

계절적 패턴(seasonal patterns)

선형확률모형(linear probability model, LPM)

이항확률분포(binomial probability distribution)

로짓(logit)

프로빗(probit)

로지스틱 분포함수(logistic distribution function)

승산비(odds ratio)

로짓모형(logit model)

최대우도추정법(또는 최대가능도추정법, 최우추정법)(method of maximum likelihood, ML)

질문

6.1 다음을 간단히 설명하라.

a. 범주형 변수

b. 질적 변수

c. ANOVA 모형

d. ANCOVA 모형

e. 더미변수 함정

f. 차이절편 더미

g. 차이기울기 더미

6.2 다음 변수들은 양적 변수인가 질적 변수인가?

a. 미국 국제수지

b. 정당 당원

c. 미국의 대중국 수출

d. UN 연합국

e. 소비자물가지수

f. 교육

g. EU 회원국

h. WTO 회원국

i. 미국 하원 의원

j. 사회보장 수혜자

6.3 월별 자료를 이용해 다음 가설을 검정할 때 도입해야 하는 더미변수의 수는?

a. 매월 계절적 패턴이 존재하는 경우

b. 2월, 4월, 6월, 8월, 10월, 12월에 계절적 패턴이 존재하는 경우

6.4 다음의 모형을 추정하는 데 발생하는 문제점은?

a. $Y_i = B_0 + B_1D_{1t} + B_2D_{2t} + B_3D_{3t} + B_4D_{4t} + u_t$

여기서 각 $i = 1, 2, 3, 4$에 대하여

$D_{it} = 1$
$\quad = 0$(그 외)

b. $\text{GDP}_t = B_1 + B_2M_t + B_3M_{t-1} + B_4(M_t - M_{t-1}) + u_t$

여기서

$\text{GDP}_t = t$ 시점의 GNP
$M_t = t$ 시점의 통화공급량
$M_{t-1} = (t-1)$ 시점의 통화공급량

6.5 다음 문장이 맞으면 T, 틀리면 F로 표시하라.

a. $Y_i = B_1 + B_2D_i + u_i$의 모형에서 더미변수 D_i가 (0,1)의 값 대신 (0,2)를 갖는 경우, B_2와 t-통계량은 더미변수가 (0,1)의 값을 갖는 경우의 절반이다.

b. 더미변수가 존재하는 경우 OLS에 의한 추정량은 대표본에서만 불편추정량이다.

6.6 다음의 모형을 고려하자.

$$Y_i = B_0 + B_1X_i + B_2D_{2i} + B_3D_{3i} + u_i$$

여기서

Y = MBA 졸업생 연봉

X = 근속 연수

D_2 = 1(하버드 MBA), 0(그 외)

D_3 = 1(와튼 MBA), 0(그 외)

a. 계수의 기대되는 부호는 무엇인가?

b. B_2와 B_3를 해석하라.

c. $B_2 > B_3$인 경우 내릴 수 있는 결론은 무엇인가?

6.7 다음의 모형을 고려하자(변수들은 6.6과 동일하다).

$$Y_i = B_0 + B_1X_i + B_2D_{2i} + B_3D_{3i} + B_4(D_{2i}X_i) + B_5(D_{3i}X_i) + u_i$$

a. 질문 6.6의 모형과 위 모형의 차이는 무엇인가?

b. B_4, B_5에 대하여 해석하라.

c. B_4, B_5가 모두 통계적으로 유의한 경우 질문 6.6의 모형 대신 위의 모형을 선택할 것인가? 선택하지 않는 경우 발생하는 편의 혹은 오류의 종류는 무엇인가?

d. $B_4 = B_5 = 0$의 가설을 어떻게 검정하는가?

연습문제

6.8 H. C. Huang, J. J. Siegfried와 F. Zardoshty는 1961년 1분기에서 1977년 2분기까지 미국의 분기별 자료를 이용해 다음과 같은 커피 수요함수를 추정하였다.[18] 괄호 안의 값은 t-통계량이다.

$$\begin{aligned} \ln Q_t &= 1.2789 - 0.1647 \ln P_t + 0.5115 \ln I_t + 0.1483 \ln P_t' \\ t &= \qquad\quad (-2.14) \qquad\quad (1.23) \qquad\quad (0.55) \\ &\quad -0.0089T - 0.0961 D_{1t} - 0.1570D_{2t} - 0.0097D_{3t} \qquad R^2 = 0.80 \\ t &= (-3.36) \qquad (-3.74) \qquad (-6.03) \qquad (-0.37) \end{aligned}$$

Q = 1인당 커피 소비량(단위: 파운드)

P = 파운드당 커피 상대가격(1967년 기준)

I = 개인가처분소득(단위: 1,000달러, 1967년 기준)

P' = 파운드당 차 상대가격(1967년 기준)

18 H. C. Huang, J. J. Siegfried and F. Zardoshty, "The Demand for Coffee in the United States, 1963-1977," *Quarterly Review of Economics and Business*, Summer 1980, pp. 36-50.

T = 시간 추세, 1961년 1분기 = 1, 1977년 2분기 = 66

D_1 = 1(1분기)

D_2 = 1(2분기)

D_3 = 1(3분기)

a. P, I, P' 계수를 해석하라.

b. 커피 수요는 가격탄력적인가?

c. 커피와 차는 대체재인가, 보완재인가?

d. 시간 추세 T의 계수를 해석하라.

e. 미국 커피 수요는 증가하는 추세인가, 감소하는 추세인가? 커피 수요가 감소한다면 이유는 무엇일까?

f. 커피 수요의 소득탄력성을 구하라.

g. 커피 수요의 소득탄력성이 1과 다르지 않다는 가설을 어떻게 검정하는가?

h. 더미변수가 무엇을 나타내는가?

i. 모형에서 더미변수를 어떻게 해석할 것인가?

j. 통계적으로 유의한 더미변수는 무엇인가?

k. 커피 수요에 계절적 패턴이 존재하는가? 있다면 그 이유는 무엇인가?

l. 기준 분기는 어느 분기인가? 기준 분기를 바꾸면 추정결과가 변하는가?

m. 이 모형은 차이절편 더미만을 도입했다. 여기서 어떤 암묵적 가정이 있는가?

n. 이 모형은 다양한 변수들의 기울기가 분기 간에 일정하다고 가정하기 때문에 잘못 설정되었다. 차이기울기 더미를 고려하기 위해 모형을 어떻게 다시 작성할 것인가?

o. 데이터가 있다면 커피 수요함수를 어떻게 개편할 것인가?

6.9 Paul W. Bauer와 Thomas J. Zlatoper는 클리블랜드까지 편도 일등석, 일반석 및 할인석 항공요금의 결정요인을 분석하였다. 종속변수는 편도 요금(단위: 달러)이고 설명변수는 다음과 같다.

Carriers = 운항 편수

Pass = 승객 수

Miles = 출발지에서 클리블랜드까지 거리

Pop = 출발지 인구

Inc = 출발지 1인당 소득

Corp = 출발지 교통량 대리변수

Slot = 1(슬롯-제약 공항), 0(그 외)

Stop = 중간 기착지 수

Meal = 1(식사 제공), 0(그 외)

Hub = 1(출발지 공항에 허브 항공사가 있는 경우), 0(그 외)

EA = 1(Eastern Airlines), 0(그 외)

CO = 1(Continental Airlines), 0(그 외)

회귀분석 결과는 표 6-17에 있다.

a. Carriers와 Carriers의 제곱을 모두 설명변수로 사용한 이유는 무엇인가? Carriers 계수가 음이고 이의 제곱계수가 양이 의미하는 것은 무엇인가?

표 6-17 ● 클리블랜드행 편도 비행요금 결정요인

설명변수	일등석	일반석	할인석
Carriers	−19.50	−23.00	−17.50
	(−0.878)	(−1.99)	(−3.67)
Carriers^2	2.79	4.00	2.19
	(0.632)	(1.83)	(2.42)
Miles	0.233	0.277	0.0791
	(5.13)	(12.00)	(8.24)
Miles^2	−0.0000097	−0.000052	−0.000014
	(−0.495)	(−4.98)	(−3.23)
Pop	−0.00598	−0.00114	−0.000868
	(−1.67)	(−4.98)	(−1.05)
Inc	−0.00195	−0.00178	−0.00411
	(−0.686)	(−1.06)	(−6.05)
Corp	3.62	1.22	−1.06
	(3.45)	(2.51)	(−5.22)
Pass	−0.000818	−0.000275	0.853
	(−0.771)	(−0.527)	(3.93)
Stop	12.50	7.64	−3.85
	(1.36)	(2.13)	(−2.60)
Slot	7.13	−0.746	17.70
	(0.299)	(−0.067)	(3.82)
Hub	11.30	4.18	−3.50
	(0.90)	(0.81)	(−1.62)
Meal	11.20	0.945	1.80
	(1.07)	(0.177)	(0.813)
EA	−18.30	5.80	−10.60
	(−1.60)	(0.775)	(−3.49)
CO	−66.40	−56.50	−4.17
	(−5.72)	(−7.61)	(−1.35)
Constant term	212.00	126.00	113.00
	(5.21)	(5.75)	(12.40)
R^2	0.863	0.871	0.799
Number of observations	163	323	323

출처: Paul W. Bauer and Thomas J. Zlatoper, *Economic Review*, Federal Reserve Bank of Cleveland, vol. 25, no. 1, 1989, Tables 2, 3, and 4, pp. 6-7.

주: 괄호 안의 숫자는 t-통계량이다.

b. Miles와 Miles의 제곱을 설명변수로 도입한 이유는 무엇인가? 이들 변수 추정계수의 부호가 경제학 이론적으로 상식적인가?

c. Pop 변수가 음인데, 그 의미는 무엇인가?

d. Inc가 모든 회귀식에서 음인 이유는 무엇인가?

e. Stop 변수가 일등석과 일반석의 요금에 대해서는 양의 부호를 갖는 데 비해 할인석 요금에 대해서는 음의 부호를 갖는 이유는 무엇인가? 무엇이 이 결과를 경제학적으로 의미가 있게 만드는가?

f. Continental Airlines 더미변수가 음의 부호를 갖는 이유는 무엇인가?

g. 추정계수들의 통계적 유의성을 판단하라. 5% 유의수준에서 검정을 실시하고 양측검정 혹은 단측검정을 사용한 이유를 설명하라.

(참고: 표본이 크기 때문에 t분포를 사용하지 않고 표준정규분포를 사용하여 Z검정을 할 수 있다.)

h. Slot 더미가 할인석에서만 유의한 이유는 무엇인가?

i. 일반석 및 할인석의 관측치 수가 각각 323개로 동일하므로 646개의 관측치를 모두 가져와 표 6-17과 유사한 회귀분석 결과를 얻을 수 있는가? 이렇게 하려면 일반석과 할인석을 어떻게 구별할 수 있을까? (힌트: 더미변수)

j. 위 회귀분석 결과를 총평하라.

6.10 남학생 36명, 여학생 15명의 신장(인치)과 체중(파운드)에 관한 자료를 이용한 회귀분석 결과는 다음과 같다.[19]

1. $$\text{Weight}_i = -232.06551 + 5.5662\text{height}_i$$
$$t = (-5.2066) \quad (8.6246)$$

2. $$\text{Weight}_i = -122.9621 + 23.8238\text{dumsex}_i + 3.7402\text{height}_i$$
$$t = (-2.5884) \quad (4.0149) \quad (5.1613)$$

3. $$\text{Weight}_i = -107.9508 + 3.5105\text{height}_i + 2.0073\text{dumsex}_i + 0.3263\text{dumht}_i$$
$$t = (-1.2266) \quad (2.6087) \quad (0.0187) \quad (0.2035)$$

dumsex = 1(남성), 0(여성)
dumht = 상호작용 효과 혹은 차이기울기 더미

a. 모형 1과 모형 2 중 어떤 모형을 선택하겠는가? 그 이유는 무엇인가?

b. 모형 2를 선택한 경우, 무슨 종류의 오류가 발생하는가?

c. 모형 2에서 dumsex 계수가 의미하는 것은 무엇인가?

d. 모형 2에서 차이기울기계수는 통계적으로 유의하나 모형 3에서는 유의하지 않다. 그 이유는 무엇인가?

e. 모형 2와 모형 3 중 어떤 모형을 선택하겠는가? 그 이유는 무엇인가?

f. 모형 2와 3에서 체중 변수의 계수는 유사하나, 성별 더미변수의 계수는 큰 차이가 난다. 그 이유는 무엇인가?

참고로 (d), (e), (f)를 답하는 데 다음의 상관계수 행렬을 이용할 수 있다.

19 Albert Zucker가 자료를 수집하였고, 다양한 회귀모형을 추정하였다.

	Height	Dumsex	Dumht
Height	1	0.6276	0.6752
Dumsex	0.6276	1	0.9971
Dumht	0.6752	0.9971	1

height와 dumsex의 상관계수는 0.6276이며, dumsex와 dumht의 상관계수는 0.9971을 의미한다.

6.11 표 6-18은 1986년 1분기에서 1992년 4분기까지 계절조정되지 않은 의류 소매 판매량(단위: 100만 달러)에 관한 자료이다. 다음의 모형을 고려하자.

$$\text{Sales}_t = B_1 + B_2 D_{2t} + B_3 D_{3t} + B_4 D_{4t} + u_t$$

$D_2 = 1$(2분기), 0(그 외)
$D_3 = 1$(3분기), 0(그 외)
$D_4 = 1$(4분기), 0(그 외)

a. 회귀식을 추정하라.

b. 추정계수들을 해석하라.

c. 위 결과에 대한 논리적 이유를 설명하라.

***d.** 자료를 계절조정하기 위해 위의 회귀 결과를 어떻게 사용할 수 있는가?

* 표시는 선택사항이다.

6.12 문제 6.11 자료를 이용해 아래의 수정된 모형을 추정하려 한다.

$$\text{Sales}_t = B_1 D_{1t} + B_2 D_{2t} + B_3 D_{3t} + B_4 D_{4t} + u_t$$

위 모형은 모든 분기를 더미변수로 표시하였다.

a. 문제 6.11의 모형과 다른 점을 설명하라.

b. 이 모형을 추정하려면 절편 항을 생략하는 회귀모형을 사용해야 하는가? 즉, 원점을 통과하는 회귀모형을 사용해야 하는가?

c. 위 모형의 추정 결과와 문제 6.11의 모형의 추정 결과를 비교하고, 어떤 모형을 선택할 것인가? 그 이유는 무엇인가?

6.13 본문 모형 (6.11)을 수업료 계수가 지역별로 다르다고 가정한 모형으로 어떻게 수정할 수 있는가? 수정된 모형과 추정 결과를 제시하라.

6.14 본문 식 (6.13)에서 X의 기울기계수가 인종뿐만 아니라 성별에 따라 변하는 것을 어떻게 확인할 수 있는가?

6.15 본문 식 (6.24)에 분기별 더미변수를 도입하여 모형을 만들고 추정한 뒤 그 결과와 식 (6.24)의 결과를 비교하라. 이 모형을 추정할 때, 어떤 사전 대책을 마련해야 하는가?

6.16 다음의 모형을 고려하자.

$$Y_i = B_1 + B_2 D_{2i} + B_3 D_{3i} + B_4 (D_{2i} D_{3i}) + B_5 X_i + u_i$$

Y = 대학 교수 연봉
X = 근속 연수
$D_2 = 1$(남성), 0(여성)

$D_3 = 1$(백인), 0(그 외)

a. $(D_{2i}D_{3i})$는 상호작용 또는 교차 효과를 나타낸다. 더미변수의 곱의 의미는 무엇인가?

b. B_4의 의미는 무엇인가?

c. $E(Y_i \mid D_{2i} = 1, D_{3i} = 1, X_i)$를 구하고 해석하라.

6.17 표 6-19는 1947년 1분기에서 2007년 4분기까지 기업의 세후 이윤과 배당금에 관한 자료이다. (단위: 10억 달러)

a. 배당금(Y)을 세후 이윤(X)에 회귀하고 둘 사이의 관계를 찾고 해석하라.

b. 배당금에 계절패턴이 존재하는지를 확인하기 위해 더미변수를 도입하여 모형을 발전시키고 이를 추정하라. 분기별로 절편과 기울기계수 모두 다르다는 점을 어떻게 고려할 것인가?

c. 계절효과를 무시하고 Y를 X에 회귀할 수 있는 경우는 어느 경우인가?

d. 결과를 토대로 민간기업의 배당금 지급 정책에 계절패턴이 있다면 이에 대하여 무엇이라고 말할 수 있는가? 이는 경제이론의 선험적 예상과 일치하는가?

6.18 *제품 차별화가 자기자본이익률에 미치는 영향.* J.A. Dalton과 S. L. Levin은 48개 기업을 대상으로 제품 차별화가 기업의 자기자본이익률(ROE)에 미치는 효과를 분석했고 분석 결과는 다음과 같다.[20]

$$\hat{Y}_i = 1.399 + 1.490D_i + 0.246X_{2i} - 9.507X_{3i}, \quad R^2 = 0.26$$

se:	(1.380)	(0.056)	(4.244)	(0.017)
t:	(1.079)	(4.285)	(−2.240)	(−0.941)
p값:	(0.1433)	(0.000)	(0.0151)	(0.1759)

Y = 자기자본이익률(ROE)

$D = 1$(제품 차별화 정도가 높거나 보통 이상인 기업)

X_2 = 시장점유율

X_3 = 기업 규모

X_4 = 산업 성장률

a. 제품 차별화를 하는 기업이 높은 이익률을 얻는가? 이를 어떻게 알 수 있는가?

b. 제품 차별화를 하는 기업과 그렇지 않은 기업 사이에 자기자본이익률의 차이가 존재하는가? 그 차이에 관한 계산을 하라.

c. 차이기울기 더미를 도입한 모형을 이용하면 (b)에 대한 대답이 변할 것인가?

d. 차이절편과 차이기울기계수를 모두 도입한 모형을 구하라.

6.19 *필립스 곡선에 무슨 일이 발생했는가?* 사례 5.6을 참조하자. 표본을 1977년까지 늘려서 다음의 모형을 추정하였다.

$$Y_t = B_1 + B_2 D_t + B_3\left(\frac{1}{X_t}\right) + B_4 D_t\left(\frac{1}{X_t}\right) + u_t$$

Y = 시간당 소득 지수의 연도별 백분율 변화

X = 실업률

---

20 J. A. Dalton and S. L. Levin, "Market Power: Concentration and Market Share," *Industrial Organization Review*, vol. 5, 1977, pp. 27-36.

D = 1(시기가 1969년까지), 0(시기가 1970~1977년까지)

회귀분석 결과는 다음과 같다.

$$\hat{Y}_t = 10.078 - 10.337D_t - 17.549\left(\frac{1}{X_t}\right) + 38.137D_t\left(\frac{1}{X_t}\right), \quad R^2 = 0.8787$$

se:	(1.4024)	(1.6859)	(8.3373)	(9.3999)
t:	(7.1860)	(−6.1314)	(−2.1049)	(4.0572)
p값:	(0.000)	(0.000)	(0.026)	(0.000)

이 회귀분석 결과를 사례 5.6의 결과와 비교하자.

a. 차이절편과 차이더미계수가 통계적으로 유의한가? 유의하다면 이는 무엇을 암시하는가? 두 기간의 필립스 곡선을 각각 보여라.

b. 위 결과에 의하면 필립스 곡선은 사망했다고 말할 수 있는가?

6.20 *Count* R^2. 선형확률모형에서 일반적인 R^2은 유용하지 않기 때문에 다음과 같은 *Count* R^2을 이용할 수 있다.

$$\text{Count } R^2 = \frac{\text{맞춘 예측치 수}}{\text{전체 관측치}}$$

선형확률모형에서 종속변수는 1과 0의 값만 갖는다. 예측 확률이 0.5보다 크면 1, 예측 확률이 0.5 이하이면 0의 값을 부여한다. 예측 확률과 실제 종속변숫값이 맞은 예측치 수와 위의 공식을 이용해 *Count* R^2을 구할 수 있다.

모형 (6.32)에서 *Count* R^2을 계산하고, 모형에서 주어진 일반적인 R^2을 비교하라.

6.21 표 6-20은 2000년 1분기에서 2008년 3분기까지 실질 개인 지출(PCE), 실질 내구재 지출(EXPDUR), 실질 비내구재 지출(EXPNONDUR) 및 실질 서비스재 지출(EXPSER)에 관한 미국 자료이다. 변수 단위는 모두 2000년 기준 10억 달러이며 자료는 계절조정된 것이다.

a. X축에 PCE를 두고 Y축에 EXPDUR, EXPNONDUR 및 EXPSER을 둔 다음에 각 분기 자료를 표시하라.

b. 각 범주의 지출을 PCE와 표 6-20의 3개의 더미변수에 회귀한다고 하자. 더미변수계수들이 통계적으로 유의할 것으로 생각하는가? 그 이유는 무엇인가? 계산을 보여라.

c. 더미변수가 통계적으로 유의하지 않을 것이라 생각하지만 모형에 이를 포함시켰을 때 발생하는 문제점은 무엇인가?

6.22 표 6-21은 46명의 근로자 봉급과 관련된 자료이다. 설명변수는 다음과 같다.

Experience = 현 직업 경력 연수

Management = 1(매니저), 0(그 외)

Education = 1(고졸), 2(대졸), 3(대학원졸)

a. 표에 있는 Education 자료를 그대로 사용하는 것이 상식적인가? 이를 있는 그대로 사용할 때 발생하는 문제점은 무엇인가?

b. (a)에서 제기된 문제점을 해결하기 위하여 어떻게 해야 하는지 설명하고 Experience, Management, 변형한 Education 자료를 이용해 회귀분석을 하라. 이때 새로운 모형은 무엇인가? 모든 변수들이 통계적으로 유의한가?

c. 매니저와 비매니저 근로자의 연봉이 경력 연수에 따라 다르게 증가한다는 모형을 설정하고 이를 추정

하라.

*d. 교육 수준이 다른 직원들 간에 연봉이 경력 연수에 따라 다르게 증가한다는 모형을 설정하고 이를 추정하라.

* 표시는 선택사항이다.

6.23 1995년 3월 인구조사(CPS) 자료에 기초하여, Paul Rudd는 18세에서 65세까지 1,289명의 근로자 표본을 구했다.[21] 표본에는 다음과 같은 정보가 있다.

Wage = 시간당 임금(달러)

Age = 나이

Female = 1(여성 근로자)

Nonwhite = 1(유색인)

Union = 1(노조원)

Education = 교육 연수

Experience = 노동시장 경험 연수

표 6-22에 이와 관련한 모든 자료가 수록되어 있다.

a. 자료를 이용해 다음의 회귀모형을 추정하라.

$$\ln \text{Wage}_i = B_1 + B_2 \text{Age}_i + B_3 \text{Female} + B_4 \text{Nonwhite}_i + B_5 \text{Union}_i + B_6 \text{Educatio}_i + B_7 \text{Experience}_i + u_i$$

b. 각 회귀계수를 해석하라.

c. 각 계수의 t-통계량과 p값을 구하라. 5%의 유의수준에서 통계적으로 유의한 계수를 찾아라.

d. 노조원이 평균적으로 높은 임금을 받는가?

e. 여성 근로자가 남성 근로자에 비하여 평균적으로 낮은 임금을 받는가?

f. 유색인 여성 근로자가 백인 여성 근로자보다 낮은 임금을 받는가? (힌트: 상호작용 더미)

g. 여성 노조원이 여성 비노조원보다 높은 임금을 받는가?

h. 더미변수들 사이의 상호작용 효과와 더미변수와 양적 변수 간 교차효과를 고려한 모형을 설정하라.

6.24 표 6-23은 32명의 중급 미시경제학 수강생 자료이다. 종속변수는 최종 시험성적(Y)인데 이는 다음과 같이 다듬어졌다. 실제 받은 학점이 A이면 1의 값을 갖고 B 이하이면 0의 값을 갖는다. 설명변수는 다음과 같다. GPA는 평균 학점이고, TUCE는 미시경제학 시작할 때 실시한 경제원론1 능력측정 시험의 성적이다. PSI는 질적 변수이며 학생 개개인에 대한 맞춤 교습방법이 사용되었으면 1, 그렇지 않으면 0의 값을 갖는다.[22]

이와 관련한 로짓모형을 세우고 주어진 자료와 통계 패키지를 사용하여 만든 모형을 추정하라. 그리고 결과를 해석하라.

6.25 청량음료 6팩 가격 할인의 효과를 연구하기 위해 5,500명의 소비자를 11개 할인 범주에 무작위로 할당했다.

---

21 Paul R. Rudd, *An Introduction to Classical Econometric Theory*, Oxford University Press, New York, 2000, pp. 17-18. 이 자료는 미국 센서스의 데이터 추출 시스템(the Data Extraction System: DES)에서 추출한 것이다: http://www.census.gov/DES/www/welcome.html

22 L. Spector and M. Mazzeo, "Probit Analysis and Economic Education," *Journal of Economic Education*, vol. 11, 1980, pp. 37-44.

이는 ⬇표 6-24에 수록되었다.[23]

a. 쿠폰 적용률(redemption rate)을 종속변수로, 가격 할인 또는 그 범주를 설명변수로 사용하여 로짓모형을 추정하라. 쿠폰 적용률은 사용된 쿠폰 수를 각 가격 할인 범주의 관찰 수로 나눈 값이다.

b. 자료를 사용하여 선형확률모형(LPM)을 추정하라.

c. 두 모형의 추정 결과를 비교하라.

참고: LPM과 로짓모형의 계수는 다음과 같이 관련된다.

LPM의 기울기계수 = 0.25 × 로짓의 기울기계수
LPM의 절편 = 0.25 × 로짓의 기울기계수 + 0.5

6.26 ⬇표 6-25는 1986년 1분기부터 1992년 4분기까지의 분기별 패션 소매 매출에 대한 자료이다. 소매 매출은 소매 공간의 천 평방피트당 실질매출로 정의된다.[24]

다음 모형을 고려하자:

$$\text{Sales}_t = B_1 + B_2 D_{2t} + B_3 D_{3t} + B_4 D_{4t} + u_t$$

D_{2t}, D_{3t}, D_{4t}는 각각 2분기, 3분기, 4분기에 대한 더미이며, 1분기를 기준 범주로 한다.

a. 자료를 사용하여 이 모형을 추정하고 결과를 해석하라.

b. 패션 매출에 뚜렷한 분기별 차이가 있는가? 그 결과가 경제적으로 의미가 있는가?

c. 계절조정된 패션 매출 수치를 구하고 원래의 계절조정이 안 된 패션 매출 수치를 같이 나타내라.

6.27 ⬇표 6-26은 50세 이상 56명의 수축(systolic)기 및 이완기(diastolic) 혈압(단위: mmHg), 성별 및 흡연 상태에 대한 자료를 제공한다. 후자의 두 변수는 질적 변수로, 남성의 경우 0(여성의 경우 1), 흡연자의 경우 1(비흡연자의 경우 0)의 값을 취한다.[25]

a. 수축기 혈압을 이완기 혈압으로 회귀하여 일반적인 추정 결과를 얻자. 회귀분석 결과가 의미가 있는가?

b. 수축기 혈압을 이완기 혈압과 성별로 회귀하자. (a)와 (b)의 회귀분석 결과에 차이가 있는가? 회귀분석 결과가 상식에 부합하는가? 남성과 여성의 평균 수축기 혈압은 얼마인가? 그것을 어떻게 계산하는가?

c. 수축기 혈압을 수압(hydraulic) 혈압과 성별, 흡연 상태에 대해 회귀하자. 회귀분석 결과가 상식적인가?

d. 위의 다양한 회귀분석 결과 중 어떤 것이 상식적으로 합리적인가?

e. 이완기 혈압을 종속변수로, 다른 변수들을 설명변수로 다룬다고 가정하자. (a), (b), (c), (d)의 분석 작업을 되풀이 하라. 이 회귀분석 결과 중 어떤 것이 상식적으로 합리적인가? [역회귀(reverse regression)를 기억하라.]

---

23 Douglas Montgomery and Elizabeth Peck, *Introduction to Linear Regression Analysis*, John Wiley and Sons, New York, 1982, p. 243. 자료는 John Wiley and Sons가 사용을 허가했다.

24 자료는 미국 통계학회(american statistical association, ASA)의 데이터 아카이브에서 얻었다. 자세한 내용은 G. M. Allen, L. Jen, and R. P. Leon, "Economic Trends and Being Trendy: The Influence of Consumer Confidence on Retail Fashion Sales," *Journal of Business and Economic Statistics*, vol. 14, 1996, pp. 103-111을 참조하라.

25 D. J. Hand, F. Daly, K. McConway, D. Lunn, and E. Ostrowski, *A Handbook of Small Data Sets*, Chapman and Hall/CRC, London, 1994.

PART 2

회귀분석의 실제

제2부는 제7장에서 제10장까지의 내용을 포함하는데, 선형회귀모형에서 고려해야 할 여러 가지 실제적 측면을 논의하고자 한다. 제1부에서는 비록 고전적 선형회귀모형(CLRM)의 다양한 측면을 다루었지만, 실제로는 성립할 수 없는 몇 가지 단순화한 가정에 기반하고 있다. 제2부에서는 CLRM을 위한 가정들을 완화해야 하는 경우나 실제 특정 상황에서 완전히 충족할 수 없게 되는 경우 어떻게 처리해야 하는지 학습하고자 한다.

제7장에서는 모형 선택(model selection)의 주제를 다루며, 연구분석을 위해 선택한 모형이 왜 CLRM 가정하에서 올바른 모형인지 논의하고자 한다. 제7장에서는 회귀모형의 다양한 설정 오류의 결과를 논의하고 적절한 조치 방법을 제시하고자 한다.

제8장에서는 다중공선성(multicollinearity)의 주제를 다루며, 둘 또는 그 이상의 설명변수가 상관관계를 가질 때 어떠한 결과가 발생하는지 논의하고자 한다. CLRM의 가정 중 하나가 설명변수들이 서로 완벽한 선형관계를 갖지 않아야 한다는 점을 기억하도록 하자. 제8장에서는 설명변수들이 완전히 선형관계를 갖지 않는 한 최소제곱법(OLS)에 의한 추정량이 여전히 '최소분산'으로 가장 우수하고 '선형'이며 '비편향적'인 추정량으로서 최량선형불편추정량(最良線形不偏推定量, BLUE)임을 보여주고자 한다.

제9장에서는 이분산(heteroscedasticity)의 주제를 다루며, 오차항의 분산은 일정하다는 CLRM의 가정을 위배하게 될 때 어떤 결과를 초래하게 되는지 논의하고자 한다. 더 구체적으로는 동분산(homoscedasticity) 가정을 위배하게 되면 왜 OLS 추정량이 비록 불편적(unbiased)이더라도 효율적(efficient)이지 않게 되어 BLUE의 속성을 잃게 되는지 보여주고자 한다. 하지만 여기서는 간단한 모형 변환을 통해 어떻게 이분산 문제를 해소할 수 있는지 보여주고자 한다.

제10장에서는 자기상관(autocorrelation)의 주제를 다루며, 오차항에서 상관관계로 인한 결과가 CLRM의 가정을 어떻게 위배하게 되는지 고찰하고자 한다. 이분산에 대한 경우에서처럼 자기상관이 존재할 때에도 OLS 추정량이 비록 불편추정량(unbiased estimator)이더라도 효율적이지 않게 되어 BLUE의 속성을 잃게 된다. 하지만 제10장에서는 적절한 자료 변환을 통해 어떻게 자기상관 문제를 최소화할 수 있는지 보여주고자 한다.

7 Chapter

모형 선택

기준 및 검정

제1부에서는 여러 장을 통해 여러 가지 단일 방정식 선형회귀모형을 고찰하였다. 그 예로 SAT 수학 점수에 대한 함수, 필립스 곡선, 콥-더글라스 생산함수 등을 실습하였다. 이러한 모형들을 제시하면서, 우리는 명시적이지는 않더라도 선택한 모형이 "진실, 전체를 잘 포괄하는 진실, 그리고 유일한 진실", 즉 연구대상의 현상을 올바르게 모형화하고 있다고 암묵적으로 가정하였다. 전문용어를 사용하여 좀 더 기술적으로 표현하면, 우리는 선택한 모형에서 설정 편의(specification bias)나 설정 오류(specification error)가 존재하지 않음을 가정하였다. 설정 오류는 이렇게 올바른(correct) 모형을 추정해야 하는데, 고의적이지 않더라도 다른 모형을 추정하게 될 때 발생한다. 하지만 실제로 올바른 모형을 찾는 것은 예수 그리스도가 최후의 만찬에서 사용한 성배(聖杯)를 찾는 것처럼 어렵다고 할 수 있다. 우리는 올바른 모형이 무엇인지 결코 알 수 없겠지만, 현실에 대해 합리적으로 정확히 표현하는 모형을 찾아가고자 한다.

이러한 실제적인 중요성 때문에, 이 장에서는 계량모형을 어떻게 설정해야 하는지 더욱 심층적으로 고찰해 보고자 한다. 구체적으로 다음의 질문들에 대해 강구(講究)하도록 하자.

1. "좋은" 또는 "올바른" 모형의 속성들은 무엇인가?
2. 어떤 전지전능한 계량경제학자가 특정한 문제를 분석하기 위해 "올바른 모형"을 개발하고 있다고 가정하자. 하지만, 데이터 가용성, 비용적 부담, 실수, 또는 (모르는 게 약(藥)이라는 속담과 다르게 항상 약이 되지만은 않는) 순전한 무지 등으로 인해 연구자는 다른 모형을 사용하게 되고, "올바른" 모형과 관련하여 설정 오류를 범하게 된다. 실제로 우리는 주로 어떠한 유형의 설정오류를 범하게 되는가?
3. 다양한 설정 오류로 인해 어떠한 문제들이 발생하는가?

4. 설정 오류를 어떻게 발견할 수 있을까?

5. 설정 오류가 발생하였을 때 올바른 모형으로 돌이키기 위해 조치할 수 있는 방법은 무엇인가?

7.1 좋은 모형에 대한 여러 속성

실증분석을 위해 선택하게 된 모형이 좋거나, 적절하거나, "바람직한(right)" 모형인지 판단하기 위해서는 특정 참고 기준이나 지침을 숙지할 필요가 있다. A. C. Harvey[1]는 모형을 판단할 수 있는 기준을 다음과 같이 목록으로 제시하였다.

간결성(parsimony) 모형은 현실의 모든 양상을 담아낼 수 없다. 모형 구축 시 일정 정도의 축약과 단순화는 불가피할 수밖에 없다. 오컴의 면도날(Ockham's razor), 즉 **간결성의 원리**(principle of parsimony)는 계량모형에 대해 가능한 단순하게 설정하여야 함을 시사한다.

식별성(identifiability) 식별성(또는 식별 가능성)이 의미하는 바는 주어진 일련의 데이터에서 추정하게 된 모숫값들이 반드시 각각 유일한 값, 즉 똑같은 사안에 대해 어떠한 값들이 취해질 수 있지만 모수에 대해 단 1개의 추정치가 도출되어야 한다는 것이다.

적합성(goodness of fit) 회귀분석에서의 기본 취지가 설정한 모형에서 설명변수들에 의한 종속변수의 변동을 최대한 설명하는 것이므로, 가능한 조정된 $R^2(=\bar{R}^2)$이 높게 측정되면 모형이 좋다고 판단할 수 있다.[2]

이론적 일치성(theoretical consistency) 적합성이 아무리 높게 측정되더라도 이론과 달리 추정된 계숫값의 부호가 잘못되었다면 그 모형을 좋다고 판단할 수 없다. 따라서 상품의 수요함수에서 가격에 대한 계수가 양의 부호(양의 방향으로 기울어진 수요 곡선)로 추정되거나, (상품이 열등재이더라도) 소득계수가 음의 부호로 추정된다면, 모형의 R^2이 0.92와 같이 아무리 높게 도출되어도 추정된 결과를 신뢰해서는 안 된다. 요약을 하면, 모형을 구축할 때 이론적인 근거가 뒷받침되어야 한다; "이론적 근거가 없는 추정"은 아주 실망스러운 결과를 초래하기 마련이다.

---

1 A. C. Harvey, *The Economic Analysis of Time Series*, Wiley, New York, 1981, pp. 5-7. 그리고 모형 설정에 관한 이후의 논의에 대해서는 많은 부분 다음의 자료에서 도움을 받았는데, 해당 자료는 D. F. Hendry and J. F. Richard, "On the Formulation of Empirical Models in Dynamic Econometrics," *Journal of Econometrics*, vol. 20, October 1982, pp. 3-33을 참조하라.

2 R^2 이외에도 적합성을 판단할 수 있는 여러 기준이 있다. 적합성 판단을 위한 다른 기준에 대한 논의는 G. S. Maddala, *Introduction to Econometrics*, Macmillan, New York, 1988, pp. 425-429를 참조하라.

예측력(predictive power) 노벨 경제학상 수상자인 밀턴 프리드먼에 의하면, "가정(또는 모형)에 대한 타당성을 검정하기 위한 가장 적합한 방법은 경험과 관련된 예측과 비교하는 것[3]"이라 하였다. 따라서 통화론자와 케인지언 경제 모형을 선택할 때, 이러한 기준에 의해 이론적 예측이 실제 경험을 통해 뒷받침되는 모형을 선택하게 된다.

비록 좋은 모형을 찾기 위한 유일한 방법은 없더라도, 계량경제모형을 구축할 때 이러한 여러 기준을 반드시 기억해야 한다.

7.2 설정 오류에 대한 여러 유형

앞서 강조한 것처럼, 이론에서 제시하는 **핵심변수**(key variable 또는 core variables)는 모형에 포함해야 하고 사소한 영향, 즉 **주변변수**(peripheral variables)에 대해서는 오차항 u로 재배치해야 한다는 점에서 모형은 간결해야 한다. 이 절에서는 모형에 결함이 존재하게 되는 여러 측면, 즉 **설정 오류**(specification errors)의 여러 양태에 대해 논의하고자 한다.

설정 오류의 주제는 광범위하다. 이 장에서는 연구자가 실제 추정 시 겪게 되는 주요한 설정 오류들에 대해 가능한 간결하게 논의하고자 한다. 특히, 다음과 같은 설정 오류들에 대해 논의하기로 한다.

1. 누락변수에 의한 오류
2. 불필요한 변수의 추가로 인한 오류
3. 잘못된 함수 형태를 적용하게 되면서 발생하는 오류
4. 측정 오류

논의를 단순하게 유지하기 위해 행렬 연산은 피하고, 2변수 또는 3변수 모형을 고려하여 모형 설정 오류에 대한 핵심적인 본질을 파악하고자 한다. 모형 설정 오류에 대한 여러 주제들에 대해 앞으로 각각의 절로 구분하여 논의하기로 하자.

본격적인 논의에 앞서 우리가 지금까지 고려하였던 고전적 선형회귀모형(CLRM)에서 제기되었던 여러 단순화하는 가정들에 주목할 필요가 있다. CLRM에서의 가정 중 하나 혹은 그 이상을 위반하는 것 자체로 설정 오류가 발생하게 된다. 가령, 오차항 u_i에 상관관계가 없는

---

3 Milton Friedman, "The Methodology of Positive Economics," *Essays in Positive Economics,* University of Chicago Press, 1953, p. 7.

가정(즉, 자기상관이 없다는 가정)이나 오차분산이 일정하다는 가정(즉, 동분산 가정)은 실제로는 유지되기 어려울 수 있다. 이러한 실제적인 중요성 때문에 두 주제에 대해서는 제9장과 제10장에서 논의하기로 한다.

7.3 관련 변수의 누락으로 인한 오류: 모형의 "과소적합"

이 장의 서론에서 강조하였던 것처럼 여러 가지 이유로 연구자는 모형에 반드시 포함시켜야 했을 설명변수들을 누락하게 되는 경우가 있다. 이러한 누락변수로 인해 최소제곱법(OLS)에 의한 추정 시 어떠한 결과를 초래하게 될 것인가?

이를 구체적으로 논의하기 위해, 연습문제 4.14의 자료를 활용하고 다음의 모형을 고찰하기로 하자.

$$Y_i = B_1 + B_2X_{2i} + B_3X_{3i} + u_i \tag{7.1}$$

이때, Y = 영유아 사망률, X_2 = 1인당 GNP, X_3 = 여성의 문해력을 의미한다. 이 모든 변수는 연습문제 4.14에 정의되어 있다.

하지만 식 (7.1)의 회귀모형을 추정하는 대신, 다음의 함수를 추정해 보기로 하자.

$$Y_t = A_1 + A_2X_{2t} + v_t \tag{7.2}$$

식 (7.2)는 "관련된" 변수 X_3를 제거한 것을 제외하고 식 (7.1)과 같다. 이때 v는 u와 같은 확률적 오차항임을 기억하자. 또한, B들은 "진정한" 회귀모형 계수들을 나타내고 A들은 "부정확하게 설정된" 회귀모형 계수들을 나타낸다: 식 (7.1)과 대비하여 식 (7.2)는 잘못 설정된 모형이다. **누락변수편의**(omitted variable bias)로 지칭되는 이러한 설정 오류로 인해 과연 어떠한 결과를 초래하게 될 것인가?

우선 모형에서 변수 X_3를 누락하면 나타나는 결과에 대한 일반적인 설명 이후에, 영유아 사망률 자료를 보면서 구체적으로 살펴보자.

모형에서 X_3를 누락하게 될 때 발생하는 결과들은 다음과 같다.

1. 만약 누락된 변수 X_3가 변수 X_2와 상관관계를 가지게 되면, a_1과 a_2는 편의가 발생한다. 따라서 a_1과 a_2의 평균(또는 기대)값이 참값과 일치하지 않게 된다.[4] 수학적 기호

4 기술적인 고려 요소: "다중공선성 존재 안 함"이라는 가정에 의해 과연 X_2와 X_3에 상관관계가 없겠는가? 제4장에서 X변수

로 표현하면,

$$E(a_1) \neq B_1 \text{이고} \quad E(a_2) \neq B_2$$

이때, E는 평균(또는 기대)을 나타내는 연산자이다. 앞의 결과를 풀어서 나타내면 다음과 같다.[5]

$$E(a_2) = B_2 + B_3 b_{32} \tag{7.3}$$

$$E(a_1) = B_1 + B_3(\bar{X}_3 - b_{32}\bar{X}_2) \tag{7.4}$$

이때, b_{32}는 변수 X_3가 누락된 회귀모형에서 모형에 포함된 X_2에 대한 기울기계수를 의미한다. 분명한 점은 식 (7.3)의 마지막 항이 0이 안 되면 a_2는 마지막 항에 주어진 편향의 정도로서 편의추정량이 될 것이라는 점이다. 만약 B_3와 b_{32}가 모두 양이라면, a_2는 **상향편의**(上向偏倚, upward bias: 평균적으로 B_2의 참값보다 과대추정되는 것을 의미)하게 될 것이다. 하지만 이러한 결과는 X_2의 Y에 대한 **직접 효과**일 뿐 아니라 X_2의 (X_3를 통한) Y에 대한 **간접 효과**이기 때문에 결코 놀랄만한 일이 아니다. 요약하면, 그림 7-1과 같이 X_2는 X_3에 의해 적절하게 통제되는 상황에서의 영향력에 대해 타당성을 인정받을 수 있다.

한편 B_3가 양수이고 b_{32}가 음수이면(또는 그 반대의 경우이면), a_2는 **하향편의**(下向偏倚, downward bias: 평균적으로 B_2의 참값보다 과소추정되는 것을 의미)하게 될 것이다. 이와 같은 논리로 a_1은 모형 (7.4)의 마지막 항이 양수이면 상향편의하게 될 것이고, 음수이면 하향편의하게 될 것이다.

2. 또한 a_1과 a_2 역시 **불일치**하게 된다. 즉, 표본 크기가 아무리 크게 되더라도 편의로 인한 문제는 사라지지 않게 된다.

3. X_2와 X_3에 상관관계가 없다면 b_{32}는 0이 될 것이다. 이때 식 (7.3)처럼 a_2는 불편추정량이자 일치추정량이 도출된다(부록 D에서 기술하였듯이 소표본에서 추정량이 불편추정량이면 대표본에서 일치추정량이다). 하지만 그 역으로서 대표본에서 일치추정량이더라도 소표본에서 반드시 불편추정량이 도출되는 것은 아니다. 하지만 식 (7.4)에서 $\bar{X}_3$가 0이 아닐지라도 a_1은 여전히 편의추정량이 도출된다. 심지어 이 경우에서 이후 (4)~(6)에서 논의된 결과들은 유효하다.

4. 식 (7.2)에서 추정된 오차분산은 참값인 오차분산 σ^2에 대한 편의추정량이다. 즉, 참

들 사이에서 완전 공선성이 없다는 가정의 의미는 단지 모집단에 대한 회귀식(PRF)에 해당한다. 따라서 주어진 표본에서는 X변수들 간에 상관관계가 없다는 것을 보장하지는 않는다.

5 해당 증명에 대해서는 Damodar N. Gujarati and Dawn C. Porter, *Basic Econometrics*, 5th ed., McGraw-Hill, New York, 2009, pp. 519-520을 참조하라.

그림 7-1 ● X_2가 Y에 미치는 순효과 및 총효과

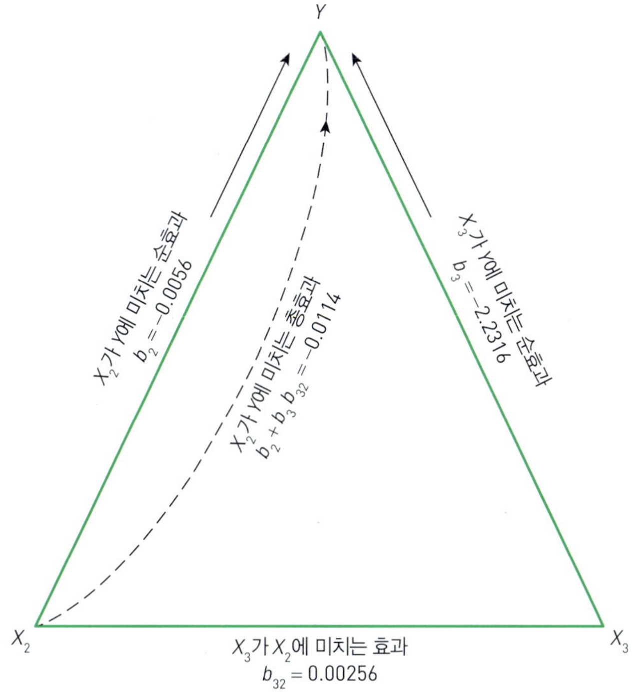

모형 (7.1)에서 추정된 오차분산과 잘못 설정된 모형 (7.2)에서 추정된 오차분산은 같지 않을 것이다. 전자는 참값 a^2에 대한 불편추정량이지만 후자는 그렇지 않다.

5. 또한 통상적으로 $a_2(=\hat{\sigma}^2/\Sigma x_2^2)$의 추정된 분산은 참값인 추정량 b_2의 분산의 편의추정량이다. 심지어 X_2와 X_3가 서로 상관관계가 없는 상황인 b_{32}가 0인 경우에도 해당하는 분산은 식 (7.5)와 같이 편의를 가지게 된다.[6]

$$E[\text{Var}(a_2)] = \text{Var}(b_2) + \frac{B_3^2 \Sigma x_{3i}^2}{(n-2)\Sigma x_{2i}^2} \tag{7.5}$$

즉, a_2의 분산에 대한 기댓값은 b_2의 분산과 같지 않다. 식 (7.5)의 두 번째 항은 항상 양(+)의 값을 취하게 되는데(왜 그러한가?), $\text{Var}(a_2)$는 평균적으로 b_2의 참값인 분산을 과대추정하게 된다. 이는 양(+)의 편의가 도출될 것임을 의미한다.

6. 그 결과 통상적인 신뢰구간과 가설검정 절차는 신뢰할 수 없게 된다. 식 (7.5)의 경우 신뢰구간은 더 넓어지게 될 것이고, 실제 상황에서 요구하는 것보다 계수의 참값(또는

6 이에 대한 증명은 Jan Kmenta, *Elements of Econometrics*, 2nd ed., Macmillan, New York, 1986, pp. 444-445를 참조하라. 이는 단지 $b_{32} = 0$일 때 참인데, 식 (7.8)에서 이 책의 사례와는 상이하다.

귀무가설)이 0이라는 가설을 채택할 가능성이 커진다.

비록 이 책에서는 앞서 제시된 명제들에 대한 추가적인 증명을 제시하지 않지만, 이러한 결과들을 영유아 사망률의 사례를 통해 고찰하고자 한다.

사례 7.1 영유아 사망률에 대한 결정 요인

이 책의 표 4-7에 주어진 자료를 사용하여, 식 (7.1)에 대응하는 회귀모형 추정 결과는 다음과 같다.

$$\begin{aligned}\widehat{CM}_i &= 263.6416 - 0.0056 PGNP_i - 2.2316 FLR_i \\ \text{se} &= (11.5932) \quad (0.0019) \qquad\quad (0.2099) \quad R^2 = 0.7077\end{aligned} \tag{7.6}$$

한편, 식 (7.2)에 해당하는 잘못 설정된 모형의 추정 결과는 다음과 같다.

$$\begin{aligned}\widehat{CM}_i &= 157.4244 - 0.0114 PGNP_i \\ \text{se} &= (9.8455) \qquad (0.0032) \qquad R^2 = 0.1662\end{aligned} \tag{7.7}$$

두 회귀모형 추정 결과에서의 차이는 다음과 같다.

1. 식 (7.7)의 잘못 설정된 모형의 추정 결과에서는 1인당 GNP(*PGNP*)가 1달러 증가할 때, 평균적으로 영유아 사망률(*CM*)은 약 0.01 감소한다. 이에 반해 참 모형에서는 *PGNP*가 1달러 증가할수록 평균 영유아 사망률은 단지 0.006 감소한다. 현 사례에서는 절댓값 기준(즉, 부호를 간주하지 않을 때)으로 모형 설정이 잘못된 추정식은 *PGNP*의 *CM*에 대한 참된 효과를 과대평가하게 되어 상향편의를 발생하게 된다. 이러한 편의의 특성은 모형에 포함된 *PGNP*에 대한 (누락변수인) 여성의 문해력(*FLR*)을 회귀분석하면 쉽게 알 수 있는데, 추정 결과는 다음과 같다.

$$\begin{aligned}\widehat{FLR}_i &= 47.5971 + 0.00256 PGNP \\ \text{se} &= (3.5553) \quad (0.0011) \qquad R^2 = 0.0721\end{aligned} \tag{7.8}$$

이때 기울기계수는 $b_{32} = 0.00256$이고, 식 (7.6)에서 $B_2 = -0.0056$이고 $B_3 = -2.2316$으로 추정 결과를 확인할 수 있다. 따라서 식 (7.3)에서 다음의 관계를 알 수 있는데, 식 (7.7)에서 잘못 설정된 모형에서의 결과와 거의 일치한다.

$$\hat{B}_2 + \hat{B}_3 b_{32} = -0.0056 + (-2.2316)(0.00256) \approx -0.0114$$

이 결과에서 (누락변수의 참값인) B_3와 (포함된 변수에 대한 누락변수 추정 시 기울기계수인) b_{32}의 곱이 편의의 특성(상향 또는 하향)을 결정하게 됨을 유의하라. 따라서 식 (7.2)나 실증적 추정 결과로서 식 (7.7)에서처럼 모형에서 *FLR* 변수를 잘못 누락하게 되면, *FLR*의

$CM(B_3)$에 대한 효과뿐 아니라 *FLR*의 $PGNP(b_{32})$에 대한 효과 역시 간과하게 된다. 잘못 설정된 식 (7.7)에 포함된 "유일한" 변수인 *PGNP*는 모형에서 변수를 누락시킬 때 그 영향을 모두 "감당"하게 되는데, 그 결과 *CM*에 대한 실제 효과(불편추정량: −0.0056 vs. 편의추정량: −0.0114)를 보여주지 못하게 된다. 이 모든 상황은 그림 7-1에 상세하게 기술되어 있다.

2. 절편항 결과에서도 편의가 발생하였는데, 참값으로서 절편항 추정량을 과소추정하고 있다.

3. R^2 및 표준오차에 대한 두 추정 결과에서 상당한 차이가 존재한다.

이 모든 결과는 앞서 논의된 설정 오류의 이론적 결과와 일치함을 알 수 있다. 설정 오류가 존재하는 식 (7.7) 추정 결과는 가설검정 시 신빙성 없는 결과를 초래하게 됨을 확인할 수 있다. 특히 모형에서 관련 변수들을 누락할 경우 심각한 결과를 초래하기 마련이다. 따라서 경제 현상과 관련된 이론을 연구하고 이론에서 제시한 모든 관련 변수들을 모형에 포함시키는 등 모형 구축 시 최대한 주의를 기울여야 한다. 만약 관련 변수들이 모형에서 제외될 경우 모형을 "과소적합(underfitting)" 또는 "과소설정(underspecifying)"하게 되는데, 중요한 변수들을 누락시키는 결과를 초래하게 된다.

7.4 부적합한 변수의 추가로 인한 오류: 모형의 "과대적합"

연구자들은 종종 이론에 근거하지 않고 온갖 변수들을 모형에 추가시키는 "이른바 주방 싱크대(kitchen sink: 영어 관용구로 '가능한 거의 모든 것'을 의미)" 접근법을 채택한다. (불필요한 변수들을 모형에 포함시키는) **과대적합** 또는 **과대설정모형**(overfitting the model) 이면의 아이디어는 이론적으로 관련 있는 변수들을 포함할 경우 1개 이상의 불필요한(즉, 이론상 관련 없는 변수들을 모형에 반드시 포함되어야 한다는 구체적 이론은 없다는 관점에서 불필요한) 변수를 모형에 추가해도 결과에 큰 지장이 없을 것이라는 신념에 기반한다. 이러한 관련 없는 변수들을 모형에 무심코 추가하는 이유는 연구자들이 모형에서 해당 변수들의 역할을 정확히 인지하지 못하기 때문이거나 특정 현상의 기초가 되는 이론이 아직 체계화되지 못하였기 때문이다. 이러한 경우 관련 없는 변수의 추가로 인해 R^2(그리고 추가 변수에 대한 추정계수에 해당하는 *t*값의 절댓값이 1보다 클 경우 조정된 R^2: $\bar{R}^2$)을 분명히 커지게 하여 모형의 예측력을 높일 수 있을 것이다.

모형에서 불필요한 변수들을 추가하게 될 경우, 즉 **부적합 변수로 인한 편의**(irrelevant

variable bias)로 인해 발생하는 결과는 무엇인가? 다시 한번 요점을 강조하기 위해 간단한 2변수 또는 3변수 모형을 고려하기로 하자. 이제 식 (7.9)에 제시된 모형을 올바르게 설정된 모형으로 가정하자.

$$Y_i = B_1 + B_2X_{2i} + u_i \tag{7.9}$$

하지만 연구자가 불필요한 변수 X_3를 추가하여 다음과 같은 모형을 추정하게 되었다.

$$Y_i = A_1 + A_2X_{2i} + A_3X_{3i} + v_i \tag{7.10}$$

이 경우의 설정 오류는 모형을 과대적합하는 것, 즉 선험적으로 Y에 영향을 미치지 않는다는 점에서 불필요한 변수 X_3를 추가하는 것을 의미한다. 참 모형인 (7.9) 대신에 식 (7.10)을 추정하게 될 때 결과는 다음과 같다.

1. 잘못된 모형 (7.10)의 OLS 추정량은 (일치적일 뿐만 아니라) **불편적**이다. 즉, $E(a_1) = B_1$, $E(a_2) = B_2$, $E(a_3) = 0$이다. 이를 증명하는 것은 어렵지 않다. 만약 X_3가 모형에 포함되지 않는다면 B_3는 0이 될 것임을 기대할 수 있다. 따라서 식 (7.3)과 (7.4)에서 B_3 항은 제외될 것이다.

2. 식 (7.10)에서 얻게 된 σ^2 추정량은 올바르게 추정된다.

3. t검정 및 F검정에 의한 표준 신뢰구간 및 가설검정 절차는 여전히 유효하다.

4. 하지만 식 (7.10)에서 추정된 a값들은 **비효율적**이다. 즉, 추정량의 분산이 참 모형인 (7.9)에서 추정된 b값들의 분산보다 크게 될 것이다. 따라서 잘못된 모형을 가설검정 시 채택하게 되더라도 a값들의 표준오차에 기반한 신뢰구간이 참 모형인 b값의 표준오차에 기반한 신뢰구간보다 크게 될 것이다. 그 결과 실제 계수가 올바른 모형인 (7.9)를 사용한 것처럼 정확하게 추정되지 않게 된다. 즉, OLS 추정량은 BLUE가 아니라 LUE(선형불편추정량)이 도출된다.

우리가 지금까지 논의하였던 두 가지 유형의 설정 오류의 차이에 유의해야 한다. 만약 관련 변수를 모형에서 제외하는 경우(과소적합의 경우), 변수의 계숫값들이 불일치할 뿐 아니라 편의가 존재하게 되고, 오차항의 분산이 부정확하게 추정되고 추정량의 표준오차에 편의가 발생하게 되면서 통상적인 가설검정 절차가 타당하지 않게 된다. 반면, 모형에 부적합 변수를 추가하는 경우(과대적합의 경우), 참 모형에서의 계숫값 결과와 같이 불편 및 일치 추정량을 도출하고 오차분산 역시 올바르게 추정되어 표준 가설검정 절차가 타당하게 된다. 하지만 계숫값에 대한 추정 분산이 커지게 되고 신뢰구간이 넓어지게 되어 모숫값이 0이라는 가설을 채택하게 될 수 있다. 결국 종속변수와 독립변수 사이에 유의한 관계를 밝혀가는 과정이 실패할 수 있다.

앞서의 논의를 정리하면 항상 보장할 수는 없지만 부적합한 변수를 추가하는 것이 적절한 변수를 누락시키는 것보다 더 나을 수 있다. 하지만 이러한 신념을 권장하지는 않는데, 불필요한 변수를 추가하게 되면 추정량의 효율성 손실(즉, 표준오차 상승)과 다중공선성 문제를 초래할 수 있으며(왜 그럴까?), 당연히 자유도 역시 상실하게 되기 때문이다.

일반적으로 가장 좋은 방식은 이론적 근거에 따라 종속변수에 직접적인 영향을 미치면서 다른 변수에 의해 설명되지 않는 설명변수들로만 구성하여 모형에 추가하는 것이다.

사례 7.2 소득 및 성별에 따른 식료품비 지출

모형 설정과 관련한 앞서 논의의 중요성을 설명하기 위해, 표 7-1에 주어진 자료를 활용하기로 하자. 이 자료에는 6개의 연령 그룹별 남성 및 여성에 대한 평균 식료품비 지출 및 평균 세후 소득 내용을 포함하고 있다.

여성을 기본 범주로 하였을 때, 표 7-2와 같이 회귀모형 추정 결과를 얻게 되었다. 추정 결과 식료품에 대한 지출과 세후 소득 사이에는 통계적으로 유의한 양(+)의 관계임을 확인할 수 있다. 여성 더미변수에서는 통계적으로 유의한 음(−)의 관계임을 확인할 수 있는데, 여성의 평균 식료품 지출 수준은 남성의 평균 식료품 지출 수준보다 낮다는 것을 의미한다.

표 7-2 ● 식료품 지출 모형에 대한 추정 결과

종속변수: FOODEXP
추정법: 최소제곱법
표본: 1~12
관측 개수: 12

변수	계수	표준오차	t-통계량	p값
C	1506.244	188.0096	8.011529	0.0000
INCOME	0.058982	0.006117	9.641745	0.0000
FEMALE	−228.9868	107.0582	−2.138899	0.0611
R-squared	0.928418	Mean dependent var		2925.250
Adjusted R-squared	0.912511	S.D. dependent var		604.3869
S.E. of regression	178.7693	Akaike info criterion		13.42239
Sum squared resid	287626.1	Schwarz criterion		13.54361
Log likelihood	−77.53432	Hannan-Quinn criter.		13.37750
F-statistic	58.36471	Durbin-Watson stat		1.925985
Prob(F-statistic)	0.000007			

표 7-3 ● 상호작용 효과가 포함된 식료품 지출 모형에 대한 추정 결과

종속변수: FOODEXP
추정법: 최소제곱법
표본: 1~12
관측 개수: 12

변수	계수	표준오차	t-통계량	p값
C	1432.577	248.4782	5.765404	0.0004
INCOME	0.061583	0.008349	7.376091	0.0001
FEMALE	−67.89322	350.7645	−0.193558	0.8513
FEMALE*INCOME	−0.006294	0.012988	−0.484595	0.6410
R-squared	0.930459	Mean dependent var		2925.250
Adjusted R-squared	0.904381	S.D. dependent var		604.3869
S.E. of regression	186.8903	Akaike info criterion		13.56012
Sum squared resid	279423.9	Schwarz criterion		13.72176
Log likelihood	−77.36073	Hannan-Quinn criter.		13.50028
F-statistic	35.68003	Durbin-Watson stat		1.856815
Prob(F-statistic)	0.000056			

성별과 식료품 지출에 대한 소득 사이의 상호작용 항에 대해서는 표 7-3에 추정 결과가 제시되어 있다. 추정 결과 미분 절편과 미분 기울기(소득과 성별의 상호작용 효과)계수가 모두 개별적으로 통계적으로 유의하지 않은 것으로 나타나 소득과 관련하여 여성과 남성의 지출 변화율이 통계적으로 유의미한 차이가 없을 것임을 시사한다. 즉, 남녀의 평균적인 식료품 지출 수준은 다르지만, 세후 소득과 관련하여 식료품 지출의 변화율은 남녀 모두 동일한 것으로 보인다. 따라서 이 경우에, 상호작용 더미변수는 불필요한 것으로 간주할 수 있다.

7.5 잘못된 함수 형태

이번 절에서는 설정 오류의 다른 유형으로 모형에 **잘못된 함수 형태가 포함될 때의 오류**(incorrect functional form bias)를 논의하고자 한다. 올바른 모형이 되려면 이론적으로 변수 Y, X_2, X_3가 포함되어야 한다고 가정하고, 이때 다음과 같이 2개로 설정된 모형을 고려하자.

$$Y_t = B_1 + B_2 X_{2t} + B_3 X_{3t} + u_t \tag{7.11}$$

$$\ln Y_t = A_1 + A_2 \ln X_{2t} + A_3 \ln X_{3t} + v_t \tag{7.12}$$

식 (7.11)의 모형에 포함된 변수가 식 (7.12)에도 포함되어 있지만 변수들 사이에서 함수적

관계는 다르다. 회귀식 (7.12)에는 Y의 자연로그가 X_2와 X_3의 자연로그에 대한 선형함수이다. 즉, 더블-로그모형이다. 식 (7.12)에서 A_2는 X_2에 대한 편탄력성(partial elasticity) Y를 측정하고 있지만, 식 (7.11)에서 B_2는 단지 X_2에 대한 Y의 변화율(즉, 기울기)을 측정하고 있다. 마찬가지로 식 (7.12)에서 A_3는 X_3에 대한 Y의 편탄력성을 측정하지만, 식 (7.11)에서 B_3는 X_3에 대한 Y의 변화율을 측정하고 있다. 이 모든 사항은 제5장에서 다루었던 매우 친숙한 내용이다. 아울러 식 (7.12)의 모든 설명변수에서 로그함수의 형태일 필요가 없다는 점에 유의하라. 식 (7.14)와 같이 일부 변수는 로그함수 형태이지만 나머지 변수는 선형함수 형태일 수 있다.

이제 모형 (7.11)과 (7.12) 중에서 선택할 때 딜레마는 일반적으로 종속변수와 설명변수가 어떠한 함수의 형태로 관련되어 있는지 강한 근거를 제시하는 경제학 이론이 없다는 점이다. 따라서 식 (7.12)가 실제로 참 모형인데 연구자가 데이터를 식 (7.11)에 적용하게 된다면, 두 모형에는 모두 관련 경제 변수들이 포함되어 있지만 결국 설정 오류를 범하게 될 가능성이 커진다. 이론적으로 세부적인 고찰 없이 잘못된 모형을 선택하게 되면 추정되는 계숫값은 실제 계숫값의 편의추정량이 될 수 있다.

사례 7.3 수입재에 대한 미국의 지출

잘못된 함수에 관한 설정 오류에 대한 통찰력을 제시하기 위해, 표 3-16에 주어진 자료를 활용하기로 하자. 이 자료는 수입재에 대한 미국의 지출(Y)과 개인가처분소득(X)으로 구성되어 있고, 조사기간은 1959~2006년이며 단위는 10억 달러이다.

해당 자료를 활용하여 다음의 회귀분석 결과를 얻게 되었다.

$$\begin{aligned} \hat{Y}_t &= 36295.3168 + 0.2975X_t - 18.5253Year \\ t &= (6.3790)^* \quad (20.5203)^* \quad (-6.4030)^* \\ R^2 &= 0.9839; \bar{R}^2 = 0.9832; F = 1376.7802 \end{aligned} \tag{7.13}$$

이때 *는 p값이 1%보다 작아 추정계수가 유의함을 의미한다.

모형에서 *Year*는 추세변수를 의미한다.

$$\begin{aligned} \ln \hat{Y}_t &= 10.9327 + 1.4857 \ln X_t - 0.0085Year \\ t &= (0.7014) \quad (13.6501)^* \quad (-1.0215) \\ R^2 &= 0.9959; \bar{R}^2 = 0.9957; F = 5421.7932 \end{aligned} \tag{7.14}$$

이때 *는 p값이 1%보다 작아 추정계수가 유의함을 의미한다.

두 모형 중 하나를 선택하기 전에, 추정 결과를 간략히 살펴보기로 하자. 식 (7.13)에서 모든 회귀계수는 전체적으로나 (*F*값 참조) 개별적으로나 통계적으로 유의하다. 기울기계수 0.2975는 다른 변수들을 고정시켰을 때 개인가처분소득(PDI) 1달러 증가 시 수입재에 대한 평균 지출이 약 30센트 증가함을 의미한다. 유사하게 기울기계수 −18.53은 다른 변수들을 고정시켰을 때 (이 경우는 *PDI*) 표본 기간 동안 평균적으로 수입재에 대한 지출이 매년 약 185억 달러 감소하였음을 의미하여, 하향 추세임을 알 수 있다. 아울러 R^2은 매우 높다.

식 (7.14)에서는 다른 조건이 일정할 때 *PDI*에 대한 수입 지출의 탄력성이 약 1.49임을 확인할 수 있다. 계숫값 −0.0085는 다른 변수들을 고정시켰을 때 평균적으로 수입에 대한 지출이 약 0.85%의 비율로 감소하고 있음을 의미한다(제5장의 로그 및 세미로그모형에 대한 논의 참조). 이 모형에서 역시 R^2이 상당히 높다.

식 (7.13)과 (7.14) 중 어떤 모형을 선택할 것인가? 두 모형의 R^2값은 직접적인 비교 기준이 될 수 없지만(왜 그러한가?), 두 값은 모두 높게 도출되었다. 아울러 두 모형은 (*F*검정에 의해) 전체적으로 유의하다. 선형모형의 경우 이 두 변수의 평균값을 사용하여 *PDI*에 대한 수입 지출의 탄력성을 계산할 수 있다. 이 값에 대한 계산 결과는 1.7807이 도출된다.[7] 로그모형에서는 이 탄력성이 1.4857로 도출되었다. 전자의 탄력성은 일종의 평균 개념에 의한 탄력성 결과이고, 후자의 탄력성은 어떠한 *X*값을 취하더라도 같은 결과인 불변탄력성을 의미한다. 따라서 두 결과를 직접적으로 비교할 수는 없다.

그렇다면 어떤 결과의 모형을 선택해야 하는가? 두 모형을 선택하기 위한 검정 방법을 고안할 수 있을까? 이에 대해서는 7.7절에서 소개하고 있는데, 이 질문에 대해서는 그때 다시 논의하기로 하자.

7.6 측정 오차

지금까지는 암묵적으로 종속변수 *Y*와 설명변수 *X*(들)는 어떠한 오차가 없이 측정된다고 가정하였다. 따라서 소득과 가정의 재산에 대한 지출 소비에 대한 회귀분석에서, 각각의 변수에 대한 데이터가 정확할 것이라고 가정하고 있다; 이들은 추정치, 외삽, 보간, 또는 1/100 자리에서 반올림과 같은 체계적인 조치로 인한 결과가 아니다. 하지만 무응답 오류, 보고 오류, 계산 오류 등 다양한 이유로 인해 실제로 데이터는 정확하지 않게 된다.

---

7 탄력성 $= \dfrac{\partial Y}{\partial X} \cdot \dfrac{\bar{Y}}{\bar{X}} = 0.2975 \cdot \dfrac{3306.688}{522.447} = 1.7807.$

이러한 측정 오차(errors of measurement)의 결과는 해당 오차가 종속변수나 설명변수(들) 중 어디에 있는가에 의해 결정된다.

종속변수에서의 측정 오차

만약 종속변수에서만 측정 오차가 존재하게 되면 다음과 같은 결과들이 도출되는데, 구체적인 증명[8] 없이 내용을 상술하고자 한다.

1. OLS 추정 결과 불편추정량이 도출된다.

2. OLS 추정량에 대한 분산 역시 불편성을 가진다.

3. 하지만 추정량의 분산 추정치는 측정 오차가 없을 때 더 크게 도출된다. 추정량의 분산 추정치가 필요 이상으로 커지는 이유는 종속변수에서 발생한 측정 오차가 오차항 u_i에 추가되기 때문이다.

결국, 측정 오차가 종속변수에서 발생하는 경우 실제로 큰 문제를 일으키지는 않는다.

설명변수(들)에서의 측정 오차

설명변수에 측정 오차가 존재하는 경우 다음과 같은 문제가 발생한다.

1. OLS 추정량에 편의가 발생한다.

2. OLS 추정량은 불일치성을 갖는다. 즉, 표본 크기를 무한대로 증가하여도 편의가 사라지지 않는다.

따라서 설명변수(들)에서의 측정 오차는 분명히 심각한 문제를 유발하게 된다. 당연히 측정 오차가 종속변수와 독립변수 모두에 존재할 경우의 추정 결과 역시 상당히 심각한 문제를 발생하게 된다.

이와 같이 측정 오차로 인한 양상을 설명할 수 있지만, 실제로 측정 오차를 발견하는 것이 쉽지 않기 때문에 적절한 해결책을 찾는 과정 역시 쉽지 않다. 예를 들면, 부(wealth)와 관련된 변수에 대한 자료를 확보하는 것은 매우 어려운 일이다. 마찬가지로 마약이나 도박과 같은 불법행위로 인한 소득 관련 자료를 확보하는 것 역시 극히 어려운 일이다. 이러한 상황들에 처하게 되면 연구 수행 시 빠른 진전을 기대하기는 어렵다.

---

8 이에 대한 좀 더 상세한 내용에 대해서는 Damodar N. Gujarati and Dawn C. Porter, *Basic Econometrics*, 5th ed., McGraw-Hill, New York, 2009, pp. 482-486을 참조하라.

만약 설명변수에 측정 오차가 존재한다면, **도구변수**(instrumental variables) 또는 **대리변수**(proxy variables)를 활용하여 문제를 해결할 수 있다. 도구변수는 원래의 *X*변수(들)와는 상관관계가 높지만, 측정 오차 및 일반적인 오차항인 u_i와는 상관관계가 존재하지 않는 특징을 갖는다. 하지만 적절한 도구변수를 발견하는 것은 어떤 특정 상황에서는 가능할 수 있어도, 일반적인 상황에서 도구변수를 찾는 것은 쉽지 않다.

측정 오차 문제에 해줄 수 있는 가장 실용적인 조언은 모형에 포함된 *X*변수들에 대한 원자료가 가능한 정확하게 측정되었는지 확인하는 것이다. 잘못된 자료 입력, 반올림, 누락 등으로 인해 발생하는 오류를 피해야 한다. 아울러 시간에 따라 변수의 정의가 달라지는 경우 비교 가능한 자료를 사용해야 한다.

7.7 모형 설정 오류의 탐지: 설정 오류 검정

모형 설정 오류로 인한 결과를 아는 것은 중요하지만, 회귀분석 시 이러한 설정 오류를 찾아내는 것은 매우 중요하다. 연구자들은 (다행스럽게도) 고의적으로 이러한 오류를 범하려고 하지는 않기 때문이다. 이러한 설정 오류는 우연찮게 자주 발생하게 되는데, 이는 이론적 기반이 약하여 모형을 가능한 정확하게 설정하지 못하였거나, 이론적으로 모형은 올바르지만 검정할 수 있는 정확한 자료를 확보하지 못하였거나, 종속변수와 설명변수가 어떠한 함수적 형태로 관련하는지 이론적으로 적절하게 제시하지 못하기 때문이다. 하지만 현실적으로 다루어야 할 주제는 이러한 오류가 발생한다는 것이 아니라 어떻게 이러한 오류를 감지할 것인가이다. 일단 설정 오류가 발생한 것으로 확인되면, 그에 대한 조치 방법들은 저절로 제시되는 경우가 많다. 예를 들어, 모형에서 특정 변수가 부적절하게 누락되었을 것으로 판단될 경우, 명확한 조치 방법으로는 당연히 해당 변수에 대한 데이터를 가용할 수 있다고 가정하여 해당 변수를 분석에 포함시키는 것이다. 그렇다면 이제 설정 오류를 검정할 수 있는 몇 가지 방법들을 고찰해 보기로 하자.

불필요한 변수의 존재에 대한 탐지

다음의 4변수모형을 고려하자.

$$Y_i = B_1 + B_2X_{2i} + B_3X_{3i} + B_4X_{4i} + u_i \tag{7.15}$$

만약 이론적으로 해당되는 3개의 *X*변수가 *Y*를 결정하게 된다고 하면, 실증분석 결과 *X*변수 중 통계적으로 유의하지 않은 계숫값이 도출되어도 해당 변수를 모형에 포함시켜야 한다. 따라서 관련 없는 변수의 추가에 대한 문제는 이 상황에서는 발생하지 않는다. 하지만 때로는 누락변수에 의한 편의를 방지하기 위해 모형에 **통제변수**(control variable)들을 추가하는 경우가 있다. 만약 이러한 통제변수들이 통계적으로 유의하지 않아서 통제변수들을 제거하여도 점 추정치나 가설검정 결과를 크게 변화시키지 않는다면, 이때 통제변수들을 제외시키는 것이 모형을 명확하게 할 것이다. 그렇다면 통제변수들을 모형에서 제외시킬 수 있게 되는데, 이때 연구자들은 해당 변수들을 모형에 추가하였지만 없었을 때와 비교할 때 큰 변화가 없었다는 부가설명을 하게 된다.[9]

모형 (7.15)에서 X_4를 모형에 실제로 포함시키는 것이 바람직한지 확신할 수 없는 상황에서의 통제변수라 가정하자. 이를 알기 위한 한 가지 간단한 방법은 회귀식 (7.15)를 추정하고 B_4의 추정량인 b_4의 통계적 유의성을 검정하는 것이다. $B_4 = 0$이라는 귀무가설하에서 $t = b_4/\text{se}(b_4)$가 자유도가 $(n - 4)$인 t분포를 따르게 된다. (왜 그럴까?) 따라서 계산하게 된 t값이 선택한 유의수준에서의 t값을 초과하지 못한다면, 변수 X_4는 아마도 불필요한 변수일 것이라는 귀무가설을 기각하지 못하게 된다.[10] 따라서 귀무가설을 기각하게 되면 해당 변수는 모형에 포함시켜야 할 것이다.

하지만 X_3와 X_4가 서로 관련 변수임을 확신할 수 없다고 가정하자. 이러할 경우에는 $B_3 = B_4 = 0$이라는 귀무가설을 검정할 수 있다. 이는 제4장에서 논의한 F검정에 의해 쉽게 수행할 수 있다(자세한 내용은 제약이 있는 최소제곱법을 논의한 4.12절을 참조하라).

사례 7.4 85개국에서의 기대수명

소득 및 의료 접근성이 기대수명에 미치는 영향을 평가하기 위해 85개국 표본에서 데이터를 수집하였고 표 7-4의 결과를 확보하게 되었다. 각각의 경우에서 종속변수는 매년 측정한 기대수명이다(원자료는 제9장의 표 9-22에 있다).

선험적으로 우리는 소득과 기대수명 간의 관계와 의료 접근성과 기대수명 간의 관계에는 양의 관계가 있을 것으로 예상한다. 이러한 우리의 기대는 모형 1의 추정 결과에 반영되어 있다. 모형 2에서 소득의 제곱변수가 추가된 이유는 기대수명은 소득과 관련하여 증가하는 비율로 증가하거나(이 경우 소득계수의 제곱값은 양이 될 것임), 감소하는 비율로 증가할 것이기 때문이다(이 경우 소득계수의 제곱값은 음이 될 것임).[11] 추정 결과는 후자의 상황이다. 모형 3은 의료 접근성의 제곱변수를 추가하여 의료 접근성과 관련하여 기대수명이 증가하거나 감소

---

9 이러한 경우 연구자는 제외시켰던 변수들을 모형에 추가할 때 결과들을 독자가 요청할 경우 제공할 수 있음을 알려야 한다.

10 여기에서 "아마도"라는 또 다른 판단의 여지를 주는 이유는 X변수들 사이에 공선성이 존재할 경우 제8장에서 보여주듯이 추정 계숫값들의 표준오차가 실제보다 커지게 되어 추정된 t값을 감소하게 되는 경우를 고려할 필요가 있기 때문이다.

11 만약 일반적인 2차함수 형태인 $Y = a + bX + cX^2$을 취하게 되면, X값이 변화함에 따라 Y값이 증가 또는 감소하는 비율로 증가하는지 여부는 일반적으로 a, b, c와 X값에 따라 달라진다. 자세한 사항은 Alpha C. Chiang, *Fundamental Methods of Mathematical Economics*, 3rd ed., McGraw-Hill, New York, 1984, chap. 9를 참조하라.

표 7-4 ● 기대수명 모형에 대한 추정 결과

설명변수	모형 1	모형 2	모형 3
Intercept	39.4380 (20.2392)	40.5082 (20.8204)	43.1662 (10.0172)
Income	0.0054 (4.4417)	0.0016 (3.4848)	0.0014 (2.6836)
Access	0.2833 (9.9599)	0.2499 (8.0803)	0.1491 (1.0010)
Income squared	—	−6.28E−08 (−2.4060)	−5.54E−08 (−1.9612)
Access squared	—	—	0.0008 (0.6918)
R^2	0.7741	0.7892	0.7904
F value	140.5332	101.0906	75.4496

주: 소득 = 1인당 소득(달러). 의료 접근성 = 보건 의료 접근성 지수. 괄호 안의 숫자는 추정된 *t*값으로, −6.28E−08은 −0.0000000628을 의미한다. 제시된 모형들의 차이점은 모형 3에는 모든 변수가 추가되어 있지만, 다른 두 모형에서는 일부 변수들이 누락되어 있다는 점이다.

하는 비율로 증가하는지 알기 위함이다. 추정 결과 계숫값이 증가하는 비율로 증가하고 있음을 나타내고 있지만 통계적으로 유의하지 않다. 뿐만 아니라 이 변수를 추가하면 의료 접근성 자체의 계숫값 역시 통계적으로 유의미하지 않게 된다. 이 결과 의료 접근성과 의료 접근성 제곱변수 모두 불필요함을 의미하는가?

이 질문에 대한 결과를 확인하기 위해 식 (4.55)에 주어진 *F*검정을 활용할 수 있고 다음과 같은 결과를 얻게 되었다.

$$F = \frac{(R_{ur}^2 - R_r^2)/m}{(1-R_{ur}^2)/(n-k)} \sim F_{2,80}$$
$$= \frac{(0.7904-0.7741)/2}{(1-0.7904)/(85-5)} = 3.1106$$

이때 $m = 2$, $R_{ur}^2 = 0.7904$, $R_r^2 = 0.7741$이고 $k = 5$임을 유의하라. 분자에서의 자유도는 2이고 분모에서의 자유도는 80일 때, 약 3.11 이상의 *F*값을 얻을 확률은 약 5%이다. 따라서 의료 접근성과 의료 접근성 제곱은 불필요한 변수가 아닐 확률이 크다. 의료 접근성 제곱변수가 불필요할 가능성은 얼마나 될까? 이 변수를 제외시켰을 때 기대수명에 영향을 미치는 의료 접근성에 대한 추정치가 통계적으로 유의미하다는 결과를 표 7-4의 모형 2를 통해 확인할 수 있는데, 이는 우리가 예상치 못한 결과는 아니다.

이 사례에서 보여주듯이, 관련 없는 변수(들)의 존재를 탐지하는 것은 어려운 일이 아니다. 하지만 이러한 모형 식별 검정을 수행할 때, 연구자는 참 모형으로 간주할 수 있는 구체적인 모형을 염두에 두고 있어야 함을 기억하는 것이 매우 중요하다. 참 모형이 제시되면, 통상적인 *t*검정이나 *F*검정을 통해 1개 이상의 *X*변수(들)가 실제로 타당한지 여부를 확인할 수 있다. 하지만 반복적으로 모형을 만들기 위해 t검정이나 F검정을 사용해서는 안 된다. 즉, b_2가 유의하기 때문에 Y가 X_2와 관련이 있다거나 X_3를 모형에 추가하여 추정 시 b_3가 통계적으로 유의하기에 X_3를 모형에 추가하기로 결정하는 것은 적절치 않다. 이러한 절차를 **단계적 회귀분석**(stepwise regression)이라 한다.

이러한 전략을 **데이터 마이닝**(data mining)이라 칭하기도 하는데, 일반적으로 추천하는 방법은 아니다. 선험적으로 X_3가 애초부터 모형에 추가되어야 했다면 X_3는 반드시 모형에서 제시되었어야 한다. 초기 모형에서 X_3를 제외하게 되면 우리가 앞서 논의한 것처럼 관련된 변수의 누락으로 인한 편의가 발생하여 잠정적으로 심각한 결과를 초래하게 될 수 있다. 이 점은 아무리 강조해도 지나치지 않다: **이론이 모형 구축의 지침이 되어야 한다. 이론 없는 측정은 막다른 골목으로 치닫게 할 수 있다.**

기대수명과 관련한 사례에서, 소득과 의료 접근성은 분명히 기대수명을 결정하기 위한 중요한 변수들이지만, 변수들이 모형에 어떻게 적용되는 것이 적절할지에 대해서는 완전히 확신할 수 없다. 따라서 어느 정도의 선에서 (데이터 마이닝과 같은) 일련의 실험 과정이 종속변수와 설명변수들의 관계를 표현할 수 있는 적합한 함수 형태를 결정하기 위해 필요할 것이다. 특히 모형에 여러 개의 설명변수가 있는데, 이들 변수와 종속변수의 관계를 그래프 형식으로 시각적으로 판단하기 어려울 때 실험 과정이 필요할 수 있다.

누락변수와 부정확한 함수 형태에 대한 검정

이론이 모든 모형의 기초가 되어야 한다는 전제는 다음과 같은 질문을 제시하게 한다: 이론적으로 올바른 모형은 무엇인가? 앞서 논의하였던 필립스 곡선에서 임금(Y)의 변화율과 실업률(X)은 음의 관계임을 예상할 수 있는데, 다음의 함수 형태를 취할 수 있다.

$$Y_t = B_1 + B_2 X_t + u_t \quad B_2 < 0 \tag{7.16}$$

$$\ln Y_t = B_1 + B_2 \ln X_t + u_t \quad B_2 < 0 \tag{7.17}$$

$$Y_t = B_1 + B_2 \frac{1}{X_t} + u_t \quad B_2 > 0 \tag{7.18}$$

또는 두 변수는 또 다른 함수 관계로 관련되어 있을 것인가?

이 장의 서론에서 설명한 것처럼, 이러한 질문에 대해서는 분명한 답을 제시할 수 없는 경우가 많다. 실제로는 다음의 절차를 따르게 된다. 이론 또는 성찰과 선행 실증 연구 결과를 바탕으로 연구의 핵심 주제를 잘 포착할 것으로 예상되는 모형을 고안한다. 그다음 모형에 대한 실증적 검정 절차를 수행한다. 결과를 얻게 되면 앞서 논의하였던 좋은 모형의 기준을 토대로 사후 검정을 실시한다. 이 단계에서는 선택한 모형이 적합한지 판단할 수 있나. 모형 적합성을 결정하기 위해 다음과 같은 사항들을 고려하여 결과를 총괄적으로 검토한다.

1. R^2과 조정된 $R^2(\bar{R}^2)$

2. 추정된 t-통계량

3. 선험적 기대와 관련한 추정계수의 부호

만약 이러한 진단 시 타당성 있게 좋은 결과가 도출되면 선택한 모형을 현실에 부합하는 좋은 결과로 받아들일 수 있다.

마찬가지로 적합성 검정 결과에서 R^2이 매우 낮거나 대다수의 계숫값들이 통계적으로 유의하지 않고 부호가 선험적 기대에 부합하지 않는다면, 연구자는 모형 적합성에 대해 고민하고 적절한 조치 방법을 찾아야 한다. 모형 적합성에 문제가 생긴 이유로는 모형에 중요한 변수를 누락시켰거나, 잘못된 함수 형태의 모형을 사용하였기 때문일 수 있다. 모형 적합성에서 하나 혹은 그 이상의 문제에 기인하는지 판단을 돕기 위해 현재 논의하고 있는 조치 방법들을 사용할 수 있다.

잔차 검정 항상 추정된 모형에서 잔차 e_i(또는 시계열자료일 경우 e_t)를 산점도 그래프로 그려보는 것은 좋은 시도이다. 왜냐하면 산점도를 통해 중요한 변수의 누락이나 잘못된 함수 형태와 같은 설정 오류를 발견할 수 있기 때문이다. 제9장과 제10장에서 다루겠지만, 잔차에 대한 산점도는 이분산이나 자기상관을 진단하기 위한 중요한 도구 역할을 한다.

잔차에 대한 산점도를 확인하기 위해, PDI에 대한 수입품 지출과 연도 자료를 회귀분석하였던 모형 (7.13)으로 돌아가기로 하자. 이때 연도나 추세변수를 실수로 누락시키고 다음의 회귀모형을 추정하게 되었다고 가정하자.

$$Y_t = B_1 + B_2X_t + v_t \tag{7.19}$$

추정 결과는 다음과 같다.

$$\begin{aligned} \hat{Y}_t &= -136.1649 + 0.2082X_t \\ t &= (-5.7782) \qquad (38.0911); \qquad R^2 = 0.9693 \end{aligned} \tag{7.20}$$

회귀모형 (7.13)은 추세변수인 X_3가 포함되었다는 점에서 참 모형이라 한다면, (7.19) 모형에서의 오차항은 다음과 같이 암묵적으로 표현할 수 있다.

$$v_t = B_3X_{3t} + u_t \tag{7.21}$$

모형 (7.19)의 오차항은 진정으로 확률적이고 무작위항인 u와 변수 X_3를 반영하고 있기 때문이다. 이 경우에는 당연히 모형 (7.19)를 통해 추정된 잔차들에서는 변수 X_3가 제외되었기 때

그림 7-2 ● 회귀모형 (7.13) 및 (7.20)에서의 잔차

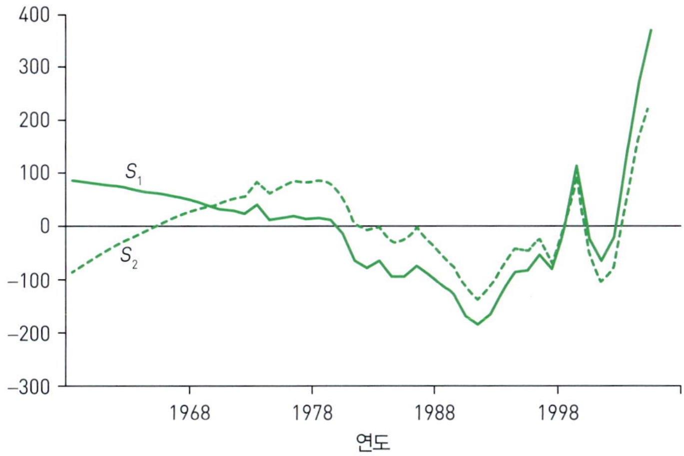

Y를 X에 의해 추정한 잔차 및 Y를 X와 연도에 의해 추정한 잔차

주: S_1은 모형 (7.20)에서 도출한 잔차이고 S_2는 모형 (7.13)에서 도출한 잔차이다.

문에 체계적인 패턴을 보여주게 될 것이다. 이는 부적절하게 추정된 회귀모형 (7.19)에서의 잔차(S_1)와 "올바른" 모형 (7.13)에서의 잔차(S_2)를 나타낸 산점도를 그림 7-2에서 확인할 수 있다.

산점도에서 두 잔차의 시계열상 차이는 분명하다. 잔차(S_2)에서는 수입 지출에 추세변수가 포함되어 있더라도 잔차들이 완전히 확률분포하지 않을 수 있음을 시사한다. 이 경우 모형 (7.13) 자체가 올바르게 설정되지 않을 수 있다. 아마 국내 가격과 관련된 수입가격지수가 누락되었거나 추세변수에 2차항이 누락되었을 수 있다.

어떠한 상황에서든, 추정된 모형의 잔차를 진단하는 것은 모형 구축을 위해 매우 유용하다.

잔차를 진단하는 방법 이외에 (1) **MWD**(MacKinnon-White-Davidson) **검정**, (2) **Ramsey의 RESET**(regression error specification) **검정**, (3) Wald 검정, (4) 라그랑주 승수 검정, (5) 하우스만 검정, (6) Box-Cox 변환(회귀모형의 함수형태를 결정하는 데 활용됨) 등 모형 설정을 위한 공식적인 검정 방법을 활용할 수 있다. 이들 검정 방법에 대한 논의는 이 책의 범주를 넘어선다.[12] 하지만 MWD 및 RESET과 같은 주요한 검정 방법의 활용에 대해 다음 절에서 논의하고자 한다.

---

12 해당 검정 방법들에 대한 기본적인 논의는 Damodar N. Gujarati and Dawn C. Porter, *Basic Econometrics*, 5th ed., McGraw-Hill, New York, 2009, chap. 13을 참조하라.

선형 및 로그-선형회귀 모형의 선택: MWD 검정

모형 (7.13)과 (7.14)에서 수입지출함수에 대해 선형 방식 및 로그-선형 방식으로 설정한 모형을 다시 참조하자. 앞서 살펴본 것처럼 모형 (7.14)에서 연도변수가 통계적으로 유의하지 않지만 전체적으로 두 모형은 타당한 것처럼 보인다. 두 모형 중 어떠한 설정 방식이 바람직한지 MWD 검정을 실시하고자 한다.[13]

앞서의 수입 지출의 예를 통해 다음과 같이 MWD 검정을 수행할 수 있다.

H_0: 선형모형: Y는 X값에 대해 선형함수이다.

H_1: 로그-선형모형: $\ln Y$는 X값 혹은 로그 X값에 대해 선형함수이다.

이때, H_0와 H_1은 통상적인 귀무가설 및 대립가설을 의미한다.

MWD 검정은 다음의 절차를 따르게 된다.

1. 선형모형을 추정하여 추정된 Y값인 $\hat{Y}_i$을 구한다.
2. 로그-선형모형을 추정하여 추정된 로그 Y값인 $\widehat{\ln \hat{Y}_i}$을 구한다.
3. $Z_{1i} = \ln \hat{Y}_i - \widehat{\ln \hat{Y}_i}$을 도출한다.
4. Y를 X변수들과 Z_{1i}에 대해 회귀분석한다.

이때 t검정을 통해 Z_{1i}의 계숫값이 통계적으로 유의하면 H_0를 기각한다.

5. $Z_{2i} = \text{antilog}\ \widehat{\ln \hat{Y}_i} - \hat{Y}_i$을 도출한다.
6. $\ln Y$를 X변수들과 Z_{2i}에 대해 회귀분석한다.

이때 t검정을 통해 Z_{2i}의 계숫값이 통계적으로 유의하면 H_1을 기각한다.

MWD 검정 이면의 아이디어는 단순하다. 만약 선형모형이 사실 올바른 모형이라면, 구축된 Z_{1i} 변수는 유의하지 않아야 한다. 이 경우 선형모형에서 추정된 Y값과 로그-선형모형에서 추정된 값[비교의 목적으로 로그의 역함수(antilog)를 취한 값]은 다르지 않아야 하기 때문이다. 이와 같은 논의가 대립가설인 H_1에도 적용된다.

수입지출의 예로 돌아가서 실제 수입지출함수가 선형임을 가정하자. 이러한 가설에 대해 MWD 검정을 수행하여 표 7-5와 같은 결과를 도출하게 되었다. 표 7-5의 결과에 의하면 귀

13 J. MacKinnon, H. White, and R. Davison, "Tests for Model Specification in the Presence of Alternative Hypothesis: Some Further Results," *Journal of Econometrics*, vol. 21, 1983, pp. 53-70.

표 7-5 ● MWD 검정: 선형모형 설정 시

변수	계수	표준오차	t-통계량	p값
Intercept	49707.4561	5867.9548	8.4710	0.0000
X	0.3314	0.0149	22.2137	0.0000
Year	−25.3498	2.9844	−8.4940	0.0000
Z_1	−81.7933	19.8201	−4.1268	0.0002
R-squared	0.9884	F-statistic	1250.4978	

주: 종속변수는 Y임.

표 7-6 ● MWD 검정: 로그-선형모형 설정 시

변수	계수	표준오차	t-통계량	p값
Intercept	3.9653	14.0229	0.2828	0.7787
$\ln X$	1.4434	0.0977	14.7748	0.0000
Year	−0.0048	0.0074	−0.6417	0.5244
Z_2	0.0013	0.0004	3.5630	0.0009
R-squared	0.9968	F-statistic	4558.1058	

주: 종속변수는 $\ln(Y)$임.

무가설 H_0는 기각하게 된다.

이제 H_1이 채택 가능한지 살펴보자. 앞서 제시한 검정 절차를 따라서 표 7-3과 같이 회귀분석 결과를 도출하게 되었다. 표 7-6의 결과에 의하면 Z_2의 계숫값은 통계적으로 유의미하므로 H_1을 기각하게 된다.

이 결과를 통해 비록 추세변수와 연도변수가 로그-선형모형에서 통계적으로 유의하지 않더라도 두 모형은 적합해 보인다.

RESET(Regression Error Specification Test)

누락변수를 감지하거나 부적합한 함수 형태를 발견하기 위해 Ramsey는 모형 설정 오류에 대한 일반적인 검정 방법을 고안하였다.[14] Ramsey의 아이디어를 정리하기 위해 수입지출함수의 사례를 응용하기로 하는데, 이제는 수입에 대한 지출(Y)을 단지 개인가처분소득(X)만을 이용해 회귀분석을 실시하자. 추정 결과는 다음과 같다.

---

14 J. B. Ramsey, "Tests of Specification Errors in Classical Linear Least Squares Regression Analysis," *Journal of the Royal Statistical Society*, Series B, vol. 31, 1969, pp. 350-371.

그림 7-3 ● X에 의해 회귀된 Y의 잔차 및 추정된 Y

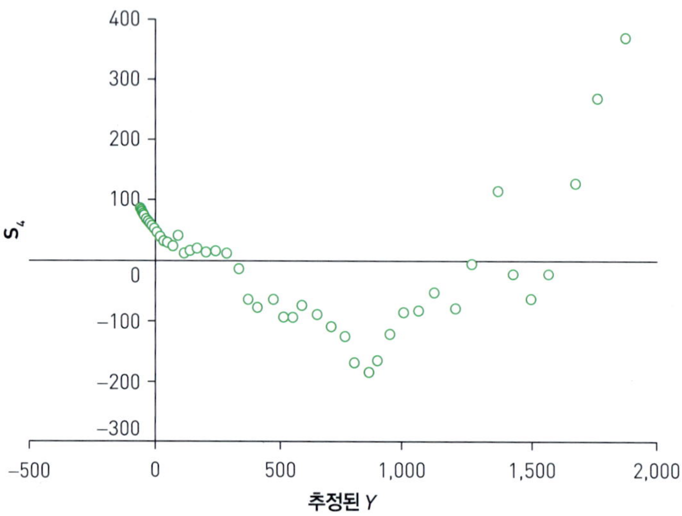

주: S_4 = 잔차; 추정된 $Y = \hat{Y}$.

$$\hat{Y}_t = -136.1649 + 0.2082X, \qquad (7.20) = (7.22)$$
$$t = (-5.7782) \quad (38.0911); \quad R^2 = 0.9693$$

$\hat{Y}_t$에 대한 추정 모형의 잔차를 산점도로 그리면 그림 7-3의 결과를 얻을 수 있다.

제2장에서 논의하였던 OLS 추정량의 속성에 의해 $\sum e_i$ 및 $\sum e_i \hat{Y}_i$은 0이어야 하지만 산점도에서의 잔차는 특정한 패턴(아마도 곡선)을 보여주고 있는데 추정된 Y값에 의해 어떤 특징을 갖고 변화하고 있음을 의미한다. 이로 인해 회귀모형 (7.22)의 $\hat{Y}_i$에 추가적인 설명변수의 형태로 도입하게 되면 R^2이 증가할 수 있음을 시사한다. 만약 그러한 R^2의 증가가 (제4장에서 논의한 F검정에 기반하여) 통계적으로 유의하다면, 초기의 모형은 잘못 설정되었음을 시사하게 된다. 이것이 RESET에 대한 핵심적인 아이디어이다. RESET을 실증분석에 적용하기 위한 절차는 다음과 같다.

1. 선택한 모형[예를 들어, 모형 (7.22)]을 추정하여 $\hat{Y}_i$을 구한다.

2. 선택한 모형에 $\hat{Y}_i^2$이나 $\hat{Y}_i^3$과 같은 $\hat{Y}_i$의 거듭제곱형 변수를 추가하여 다시 추정하면서 잔차와 추정된 Y_i 사이에 체계적인 관계가 존재하는지 확인한다. 그림 7-3에서는 잔차와 추정된 Y값 사이에 곡선의 관계를 보여주고 있기 때문에 다음과 같은 모형을 고려하기로 하자:

$$Y_t = B_1 + B_2 X_t + B_3 \hat{Y}_t^2 + B_4 \hat{Y}_t^3 + v_t \qquad (7.23)$$

표 7-7 ● Ramsey의 RESET 검정 결과

변수	계수	표준오차	t-통계량	p값
Intercept	−39.7720	15.1193	−2.6306	0.0117
X	0.1471	0.0133	11.0550	0.0000
$\hat{Y}^2$	0.0000	0.0001	−0.1458	0.8848
$\hat{Y}^3$	0.0000	0.0000	3.3763	0.0015
R-squared	0.9959			

주: 종속변수는 Y임.

이때 v는 모형에서 오차항을 의미한다.

3. 회귀모형 (7.23)에서 얻게 된 R^2을 R^2_{new}으로 놓고, 회귀모형 (7.22)에서 얻게 된 R^2을 R^2_{old}으로 놓고 식 (4.55)를 응용하여 F검정을 실시할 수 있다.

$$F = \frac{(R^2_{new} - R^2_{old}) / \text{새로운 설명변수의 수}}{(1 - R^2_{new}) / (n - \text{새로운 모형에서 모수의 수})} \tag{7.24}$$

이때 회귀모형 (7.23)을 사용하여 R^2이 증가하였을 때 통계적으로 유의한지 알 수 있다.

4. 계산된 F값이 통계적으로 유의하면, [회귀모형 (7.22)와 같이] 처음에 설정한 모형에 설정 오류가 존재한다고 판단할 수 있다.

이 사례에서 회귀모형 (7.23)에 대응하는 결과가 표 7-7과 같이 도출되었다.

이제 식 (7.24)에 주어진 F검정 공식을 활용하여 다음과 같은 결과를 얻을 수 있다.

$$F = \frac{(0.9959 - 0.9693)/2}{(1 - 0.9959)/(48 - 4)} = 142.7317 \tag{7.25}$$

분자의 자유도가 2이고 분모의 자유도가 44일 때, F값의 1%에 해당하는 임곗값은 5.12263이다. 이때 계산된 F값은 임곗값보다 훨씬 커서 142.7317과 같거나 큰 F값에서의 확률은 분명히 매우 작게 될 것이다. 통계 패키지나 전자계산기를 활용하면 계산된 F값의 실제 확률은 0.0000에 해당함을 알 수 있다.

사례에서 도출할 수 있는 결론은 모형 (7.22)에는 설정 오류가 존재한다는 점이다. 이 결과가 놀랍지 않은 이유는 원래 모형에 추세변수가 포함되었기 때문이다. 추세변수뿐 아니라 추세에 대한 제곱변수 역시 모형에 포함시킬 수 있는데, 과연 그러할지는 연습문제 7.18을 참조하라.

RESET 검정의 장점은 대체 모형을 설정할 필요 없이 쉽게 적용할 수 있다는 점이다. 하지만 모형 설정 오류를 파악하게 되더라도 대체할 수 있는 모형이 무엇인지 제시하지 않기 때문에, 이는 RESET 검정의 단점이기도 하다. 따라서 RESET 검정은 진단을 위한 도구로 간주할 수 있다.[15]

7.8 이상점, 레버리지, 영향점 데이터[16]

OLS를 사용하여 회귀모수를 추정하려면 표본의 모든 관측치에 동일한 가중치를 부여해야 한다. 하지만 일부 관측치가 표본의 "전형적인" 양상을 갖지 않게 되는 경우 문제가 발생하게 된다. 이러한 관측치, 또는 자료점에 대해서는 **이상점**(outliers), **레버리지**(leverage), 또는 **영향점**(influence points)으로 알려져 있는데, 지표로 쉽게 파악하려면 평균에서 2.5 표준편차 이상의 값을 의미한다. 이러한 이상점, 레버리지, 영향점이 무엇이고, 추정 결과에 어떠한 영향을 미치며, 어떻게 감지할 수 있는지 아는 것은 중요하다.

이상점 회귀분석의 맥락에서 이상점은 다른 관측치의 잔차와 비교해서 잔차(e_i)가 큰 관측치를 의미한다. 2변수 회귀모형에서는 곧 논의할 예에서와 같이 추정 회귀선에서 수직 거리가 크기 때문에 큰 잔차를 쉽게 탐지할 수 있다. 연구자는 자료에 1개 이상의 이상점이 존재할 수 있음을 염두에 두어야 하고, 잔차가 양수이거나 음수일 수 있으므로 부호의 문제를 피하기 위해 e_i의 제곱값을 고려할 수 있다.

레버리지 관측치 중에 표본의 관측치의 중심과 동떨어져서 멀리 떨어져 있으면 (높은) 레버리지를 발휘한다고 한다. 이 경우 레버리지 관측치가 회귀선(또는 평면)을 자기 쪽으로 끌어당기게 되어 회귀선(또는 곡선)의 기울기에 왜곡이 발생하게 될 수 있다.

영향점 레버리지 관측치가 실제로 회귀선을 자기 쪽으로 끌어당기게 될 때, 이를 영향점이라 한다. 이러한 영향점을 표본에서 제거하면 추정 회귀선의 기울기가 크게 변경될 수 있다.

이러한 특이한 관측치들을 이해하기 위해 표 7-8에서는 11개국의 1930년 담배 소비량과 1950년 폐암 사망률(100만명당 사망자 수) 자료를 제시하고 있다.[17] 두 변수의 날짜가 상이한데, 아마 폐암 증상이 발현되기에 앞서 형성 기간이 있기 때문일 것이다.

---

15 이 기술적인 사항에 유의해야 한다. $\hat{Y}_i$은 확률변수이므로 식 (7.23)에서 설명변수로 사용되기 위해서는 해당 표본이 상당히 클 경우에만 t검정과 F검정 결과가 타당함을 의미한다.

16 이 주제에 대한 상세한 논의를 위해 Thomas P. Ryan, *Modern Regression Methods*, 2nd ed., John Wiley, New York, 2009, pp. 108-110을 참조하라.

17 Exercise Set D, page 141, in D. Freedman, R. Pisani, R. Purves, and A. Adhikari, *Statistics*, 2nd ed., W. W. Norton Company, New York, 1991.

표 7-8 ● 담배 소비량과 폐암 사망률 자료

국가	1인당 담배 소비량	폐암 사망률
호주	480	180
캐나다	500	150
덴마크	380	170
핀란드	1,100	350
영국	1,100	460
아이슬란드	230	60
네덜란드	490	240
노르웨이	250	90
스웨덴	300	110
스위스	510	250
미국	1,300	200

표 7-9 ● 담배 소비량에 대한 폐암 사망률 추정 결과(모든 국가)

종속변수: DEATHRATE
추정법: 최소제곱법
표본: 1~11
관측 개수: 11

변수	계수	표준오차	t-통계량	p값
C	67.56087	49.06048	1.377093	0.2018
CIGCONS	0.228438	0.069761	3.274585	0.0096
R-squared	0.543678			
Mean dependent var	205.4545			
Adjusted R-squared	0.492975			
S.D. dependent var	117.2488			
S.E. of regression	83.48777			
Akaike info criterion	11.85024			
Sum squared resid	62731.86			
Schwarz criterion	11.92259			
Log likelihood	−63.17634			
Hannan-Quinn criter.	11.80464			
F-statistic	10.72290			
Durbin-Watson stat	2.256437			
Prob(F-statistic)	0.009612			

그림 7-4 ● 담배 소비량과 폐암 사망률의 회귀분석 추정 시 잔차

미국에서의 자료가 이상점으로 보이는데, 표본에서 가장 높은 담배 소비가 있음에도 불구하고 사망률은 비교적 낮다. 사실 미국에서의 자료가 이상점인지 확인하기 위해, 미국의 자료를 포함하거나 제외한 상태에서 1인당 담배 소비량에 대한 폐암 사망률에 관한 회귀분석을 실시하였다. 추정 결과는 표 7-9와 표 7-10에서 제시한다.

인과관계에 대한 논의 없이, 표 7-8의 결과에서 두 변수에는 강한 양의 관계가 있는데 통계적으로 유의함을 보여주고 있다.

그림 7-4에서 알 수 있듯이 이상점은 영국과 미국, 두 곳에서 관측되고 있는데, 미국이 영국보다 상대적으로 큰 이상점이라 할 수 있다.

미국에 대한 관측치가 이상점일 것이라는 예상하에, 미국 자료를 제외하고 모형을 다시 추정하였다. 그 결과는 표 7-10에서 제시한다.

표 7-10의 결과는 표 7-9의 결과와 매우 상이하다: 추정값과 표준오차, R^2 결과가 매우 다른데, 1개의 (미국) 관측치로 인해 결과에서 차이가 발생하고 있다. 따라서 분명히 미국의 경우는 단지 이상점일 뿐 아니라 영향점으로 간주하는 것이 바람직해 보인다.

레버리지와 이상점을 감지할 수 있는 다양한 방법이 있지만 행렬을 통한 연산이 요구된다. 하지만 Stata에서는 표본에서의 모든 관측치에 대한 레버리지 측정을 계산하는 작업이 가능하

표 7-10 ● 담배 소비량에 대한 폐암 사망률 추정 결과(미국 제외)

종속변수: DEATHRATE
추정법: 최소제곱법
표본: 1~10
관측 개수: 10

변수	계수	표준오차	t-통계량	p값
C	9.139335	28.23314	0.323709	0.7545
CIGCONS	0.368653	0.046102	7.996450	0.0000
R-squared	0.888801			
Mean dependent var	206.0000			
Adjusted R-squared	0.874901			
S.D. dependent var	123.5763			
S.E. of regression	43.70807			
Akaike info criterion	10.56980			
Sum squared resid	15283.16			
Schwarz criterion	10.63032			
Log likelihood	−50.84900			
Hannan-Quinn criter.	10.50341			
F-statistic	63.94321			
Durbin-Watson stat	3.009266			
Prob(F-statistic)	0.000044			

다. 특이한 관측치에 대해서는 통상적으로 제외하는 방식으로 분석할 수 있지만, 측정 오차나 자료 기록에서의 문제 소지가 있다면 해당 자료를 제외하는 것이 바람직한 방법은 아니다. 특이한 관측치들은 파업, 전쟁, 국제분쟁 등 특정 환경에 대해서만 관련이 있기 때문이다. 이러한 상황에 대해서는 주의 깊게 분석해야 한다.

7.9 오차항에 대한 확률분포

CLRM의 확장인 고전적 정규 선형회귀모형(CNLRM)에서는 회귀모형에서의 오차항 u_i가 정규분포하는 것을 가정한다.[18] t와 F 같은 통상적인 유의성 검정 시 정규성 가정에 기반하기

18 정규성 가정은 사실 모집단회귀모형에 포함된 오차항 u_i와 관련이 있고 표본회귀모형에 포함된 잔차항 e_i와는 관련이 없다. 하지만 모집단에서의 정규성을 판단하기 위해 표본을 통해 정규성을 검정할 수밖에 없다. 현실적으로 연구자는 u_i를 절대로 관측할 수 없기 때문이다.

때문에 표본 크기가 상대적으로 작다면 이러한 가정은 중요한 의미를 갖게 된다.

따라서 오차항이 정규분포하는지 점검하는 것은 중요한 작업이다. 정규성과 관련해서는 여러 검정 방법이 있지만, 가장 많이 사용하는 검정 방법은 정규성에 대한 JB(Jarque-Bera) 검정이다. 이 검정에 대해 설명하기 전에, *JB* 검정은 표본이 큰 경우일 때 적합하고 표본이 작을 경우에는 적합하지 않을 수 있다는 점을 기억해야 한다. *JB* 검정에 대한 공식은 다음과 같다.

$$JB = n\left[\frac{S^2}{6} + \frac{(K-3)^2}{24}\right] \sim \chi_2^2 \qquad (7.26)$$

이때 n은 표본 크기를 의미하고, S = 왜도계수, K = 첨도계수를 의미한다.[19] 정규분포하는 변수의 경우, $S = 0$이고 $K = 3$이다. $S = 0$이고 $K = 3$일 때, *JB* 통계치는 분명히 0을 제시한다. 따라서 *JB*값이 0에 근접할수록 정규성 가정에 부합하게 된다. *JB* 통계량의 통계적 유의성(즉, p값)을 정확하게 파악하기 위해 카이제곱 분포를 당연히 활용할 수 있다.

실제로 연구자는 모집단에서의 오차항을 관측할 수 없기 때문에 대리적 수단으로서 잔차항 e_i를 활용한다. 귀무가설은 결합가설로서 $S = 0$이고 $K = 3$으로 둘 수 있다. Jarque와 Bera는 식(7.26)의 통계량이 자유도가 2인 카이제곱 분포를 따른다고 하였다. 여기서 자유도가 2인 이유는 2개의 제약, 즉 왜도가 0이고 첨도가 3일 것이라는 조건을 동시에 포함하고 있기 때문이다.

따라서 실제로 계산된 *JB* 통계량(즉, 카이제곱 통계량)이 통상 5% 수준의 카이제곱 유의값을 초과하게 되면, 오차항이 정규분포일 것이라는 가설을 기각하게 된다.

담배 소비량과 폐암과의 관계를 보여주는 사례에서는 *JB* 검정을 수행하기에 표본 수가 매우 적다. 하지만 EViews를 활용하여 *JB* 통계량을 도출해 보면 임계치가 0.2019이고 이보다 큰 확률은 약 0.903이다. 이 결과 회귀모형에서의 오차항은 정규분포한다는 것을 시사할 수 있다. 하지만 표본의 크기가 매우 작기 때문에 결과를 곧이곧대로 믿어서는 곤란하다.

EViews를 활용한 사례는 다른 여러 장에서도 제시되어 있는데, Durbin-Watson 통계량에 대한 결과를 대표적인 사례라 할 수 있다. 이 내용은 제10장 자기상관에 대한 주제에서 더욱 자세히 논의하기로 하자.

19 확률변수의 분산이 분포에 대한 이해를 위해 변수의 평균값 다음으로 두 번째로 중요한 사안인 것처럼 왜도는 세 번째로 중요하고 첨도는 네 번째로 중요한 사안인데, 이 모두는 평균값 기준에서 측정된다. 왜도를 통해 분포의 대칭성을 측정할 수 있고 첨도를 통해 확률분포의 높이나 두터움 정도를 측정할 수 있다.

7.10 모형 평가 기준

추정된 모형의 적합도(goodness of fit)를 측정하기 위해 일반적으로 네 가지 기준이 사용된다. 이 책의 여러 사례에서 사용된 EViews 결과를 살펴보면 적합도에 대한 기준이 다음과 같이 제시되어 있다.

1. R^2값 측정

R^2은 독립변수들에 의해 설명되는 종속변수의 변동 비율로 측정한다. 결괏값은 0과 1 사이에 나타나는데, 0은 자료가 모형에 완전히 적합하지 않을 경우를 의미한다: 0에 가까울수록 적합도가 나쁘고 1에 가까울수록 적합도가 좋다. R^2의 단점은 모형에서 설명변수의 수에 대해 증가함수로 측정한다는 점이다.

2. 조정된 $R^2(\bar{R}^2)$

$\bar{R}^2$은 앞서 논의한대로 종속변수는 같지만 독립변수의 수가 다를 때, 둘 또는 그 이상의 회귀모형을 비교할 때 사용한다. 보통 조정된 R^2은 일반적인 R^2보다 작은 값이 도출되는데, 모형에 독립변수의 수가 증가할 경우 페널티를 부여하기 때문이다.

3. AIC(Akaike information criterion)

조정된 R^2과 같이 AIC 기준의 경우 모형에 변수가 추가되면 다소 많은 페널티를 부여하게 된다. 로그 형식으로 AIC는 다음과 같이 정의된다.

$$\ln AIC = \frac{2k}{n} + \ln\left(\frac{RSS}{n}\right) \tag{7.27}$$

이때 ln은 자연로그를 의미하며, n은 관측치 수, RSS는 잔차 제곱합, k는 독립변수의 수, $2k/n$는 페널티 요인을 의미한다.

AIC 기준은 둘 이상의 모형을 비교할 때 유용하며, 일반적으로 가장 낮은 AIC를 가진 모형을 선택하게 된다. 만약 EViews를 통해 AIC를 측정하게 된다면, R^2과 $\bar{R}^2$의 결과에 대해서도 제시해 준다.

4. SIC(Schwarz informations criterion)

SIC는 AIC와 병행하여 사용할 수 있는데 다음과 같이 정의한다.

$$\ln SIC = \frac{k}{n}\ln n + \ln\left(\frac{RSS}{n}\right) \tag{7.28}$$

여기서 페널티 요인은 $\left[\left[\frac{k}{n}\ln n\right]\right]$인데, AIC 기준보다 엄격하게 적용된다. AIC와 마찬가지로

SIC 역시 둘 이상의 모형을 평가할 때 사용된다. AIC와 SIC는 대개 같은 모형을 선택하게 되지만 항상 그렇지는 않다.[20]

일반적으로 통계 패키지에서는 이러한 다양한 모형 평가 기준 공식들을 프로그램 안에 내장하고 있기 때문에, 연구자가 별도로 계산할 필요가 없다.

7.11 오차항의 비정규분포

고전적 정규 선형회귀모형(CNLRM)에서는 회귀모형의 오차항 u_i가 평균이 0이고 분산이 일정한 정규분포를 이룬다는 가정에 기반하고 있음을 기억하자. 앞서 이 가정으로 인해 OLS 계숫값 역시 정규분포하게 됨을 보여주었다. 통상적으로 사용하는 t나 F, 카이제곱 검정을 통한 유의성 검정에서도 정규분포 가정에 기반한다. 하지만 u_i가 정규분포하지 않게 되면 어떤 상황이 발생하게 될까?

기술적으로 상세하게 논의하지 않더라도 (CNLRM 가정이 아닌) CLRM 가정하에서는 앞서 논의한 것처럼 표본이 커지면 OLS 추정량이 일치성을 갖게 될 뿐만 아니라(즉, 표본의 크기가 무한대로 커질수록 추정량은 참값으로 수렴해 간다) 분포에 있어서도 특정 평균값과 분산값에 의해 점근적으로 정규분포하는 특징을 갖고 있다. 흥미로운 점은 지금까지 광범위하게 사용하였던 t검정이나 F검정에 있어서 큰 표본에서 유효하게 되는데, 표본의 크기가 무한대로 커지게 되면 매우 좋은 근삿값이 도출된다.[21]

7.12 고정 및 임의(또는 확률적) 설명변수

고전적 선형회귀모형(CLRM)에서 중요한 가정은 설명변수들이 확률적이지 않다는 것이다. 즉, 반복적인 표본추출에서 설명변수들은 고정된 값임을 가정하고 있다. 이러한 전략에는 마땅한 이유가 있다. 물리학자와 달리 회귀분석에 기반한 경험 연구자들은 확보한 데이터를 갖고 통제할 수 있는 방법이 없다. 경험 연구자들은 주로 정부나 개인 기관과 같이 다른 사람들이 취합한 2차 자료에 의존하게 된다. 설명변수들이 본질적으로 확률적이거나 무작위적이더

---

20 다양한 모형 선택의 기준들에서 상대적 장점에 대한 논의에 대해서는 F. X. Diebold, *Elements of Forecasting*, 3rd ed., Thomson/Southwestern Publishers, Mason, OH, 2004, pp. 87-90을 참조하라. EViews에서는 Hannan-Quin(HQ) 기준에 대해서도 제시하지만, AIC나 SIC만큼 자주 사용하지는 않는다.

21 Henri Theil, *Introduction to Econometrics*, Prentice-Hall, Englewood Cliffs, NJ, 1976, p. 240을 참조하라. 더욱 기술적인 논의를 알고 싶다면 Damodar N. Gujarati, *Linear Regression: A Mathematical Introduction*, SAGE, Los Angeles, CA, 2018, pp. 162-164를 참조하라.

라도 당면한 문제에 대한 설명변숫값이 주어졌다고 가정하는 실용적인 전략을 따를 수 있다. 따라서 회귀분석의 결과는 주어진 설명변숫값에 의해 달라지게 된다.

하지만 특정 상황에서는 설명변수(X)가 정말 비확률적이거나 고정적일 것이라 가정하는 것이 현실적이지 않을 수 있다. 즉, 설명변수가 무작위적이거나 확률적인 경우로 상황은 훨씬 복잡해진다. 이때 오차항 u_i는 확률적일 것이라 가정하게 된다. 만약 설명변수가 지극히 확률적일 때, 연구자는 설명변수와 u_i가 어떠한 분포를 취하는지 설정해야 한다. 만약 설명변수가 비록 무작위적이더라도 독립적이거나 적어도 오차항(u_i)과 상관관계가 없다고 가정하게 된다면, 연구자는 실용적인 목적으로 설명변수를 비확률적인 것처럼 처리할 수 있게 된다. Kmenta는 다음과 같이 조언하고 있다.

> [따라서] X가 비확률적이라는 가정을 완화하여 X가 확률적이지만 [u]에 대해 독립적이라는 가정으로 대체한다면 최소제곱 추정 시 바람직한 속성과 타당성을 변경하지 않아도 무방하게 된다.[22]

기술적 지침: 연구자는 설명변수(X)와 u_i가 독립적이라는 강한 가정 대신에 X변수들의 값들과 u_i가 동시적으로(즉, 같은 시점에서) 상관관계가 없다는 약한 가정을 취할 수 있다. 이러한 경우, OLS 추정 결과 편의가 발생하지만 일치추정량을 얻을 수 있는데, 표본의 크기를 무한대로 증가시키면 OLS 추정량은 참값으로 수렴하게 될 것이다. 하지만 X와 u_i가 동시적으로 상관관계가 존재한다면, OLS 추정량은 불일치할 뿐 아니라 편의가 발생할 것이다.

이러한 경우, 연구자는 일치추정량을 얻기 위해 도구변수 방법을 활용할 수 있다. 도구변수(또는 대리변수)는 (본래의) 확률적인 X변수들과 높은 상관관계를 갖지만 동시에 오차항 u_i와는 상관관계가 존재하지 않는 특성이 있다. 이러한 도구변수를 찾는 것이 결코 쉽지는 않지만, 도구변수를 활용한 연구 결과들을 찾아볼 수 있다. 도구변수에 대한 논의는 이 책의 범위를 넘어서는데, 원론 수준이지만 각주에서 소개하는 책을 통해 해당 논의를 참조할 수 있다.[23]

22 Jan Kmenta, *Elements of Econometrics*, 2nd ed., Macmillan, New York, 1986, p. 338.

23 Damodar Gujarati, *Econometrics by Example*, 2nd ed., Palgrave, London, 2015, chap. 19를 참조하라.

요약

1. 고전적 선형회귀모형 체계에서는 회귀분석을 위해 사용된 모형이 "올바르게 설정(correctly specified)"되어 있다고 가정한다.

2. 모형에서 *올바른* 설정은 다음과 같이 몇 가지 의미를 갖는다.

   a. 이론에 근거할 때 관련 있는 변수들이 모형에서 누락되어 있지 않다.

   b. 불필요하거나 관련 없는 변수가 모형에 포함되어 있지 않다.

   c. 모형의 함수적 형태가 올바르다.

   d. 측정 오차가 존재하지 않는다.

3. 만약 이론적으로 관련 있는 변수(들)가 모형에서 누락될 경우, 모형에 포함된 변수의 추정계숫값은 불일치할 뿐 아니라 편의를 발생하게 하고, 오차분산과 추정계수의 표준오차에서도 역시 편의가 발생한다. 그 결과 통상적인 t검정과 F검정 결과를 신뢰할 수 없게 된다.

4. 추정 시 잘못된 함수 형태를 취할 경우에도 유사한 결과가 나타난다.

5. 모형에 관련 없는 변수(들)가 포함된 결과는 추정 시 계수가 여전히 불편성과 일치성을 유지하고, 오차분산과 추정계수의 표준오차가 올바르게 추정되어, 통상적인 검정 절차를 통해 유효한 결과를 제시한다. 하지만, 추정 시 표준오차가 과대추정되고 신뢰구간이 넓어져 모형의 모수를 정확하게 추정하지 못할 수 있다.

6. 식별 오류로 인한 잠재적인 심각성을 고려하여, 구체적인 상황에서 식별 오류가 존재하는지 발견할 수 있도록 도움을 주는 몇 가지 진단 도구를 이 장에서 소개하였다. 이러한 도구에는 잔차에 대한 그래프 검정과 MWD와 RESET과 같은 공식을 통한 검정 방법이 있다.

7. 추정량은 몇몇 특이한 관측치로 인해 치우쳐져 신뢰할 수 없게 될 수 있다. 이러한 특이한 관측치는 특히 영향점 또는 높은 레버리지값이라 불리는 이상점으로 지칭할 수 있다. 하지만 적절한 조사 없이 이상점을 삭제하는 것에는 반드시 주의를 기울여야 한다.

8. 선택한 모형의 적합도를 판단하기 위해 몇 가지 모형 평가 기준을 논의하였다.

마지막으로 바람직한 모형 구축을 위한 Granger의 조언을 기억하자. "궁극적인 차원에서 분석을 위한 모형 구축은 예술이자 과학일 것이라 생각합니다. 이론 계량경제학에 대해 정통한 지식과 효율적인 컴퓨터 프로그램의 활용 능력만으로는 성공을 보장하기 위해 충분치 않습니다."[24]

24 C. W. J. Granger (ed.), *Modeling Economic Time Series: Readings in Econometric Methodology*, Clarendon, Oxford, UK, 1990, p. 2.

주요 용어 및 개념

좋은 모형의 속성(attributes of a good model)
  (a) 간결성(간결성 원리)[parsimony(principle of parsimony)]
  (b) 식별성(identifiability)
  (c) 적합성(goodness of fit)

(d) 이론적 일치성(theoretical consistency)

(e) 예측력(predictive power)

표기 오류 및 모형 설정 오류(specification errors and model misspecification errors)

(a) 핵심변수(core variables)

(b) 주변변수(peripheral variables)

(c) 모형의 과소적합(누락변수편의)[(underfitting a model(omitted variable bias)]

(d) 모형의 과대적합(부적합 변수로 인한 편의)[overfitting a model(inclusion of irrelevant variable bias)]

(e) 부정확한(또는 잘못된) 함수 형태로 인한 편의[incorrect (wrong) functional form bias]

(f) 도구변수(또는 대리변수)(instrumental or proxy variables)

표기 오류에 대한 검정(specification error tests)

(a) 불필요한 변수(단계적 회귀분석; 데이터 마이닝)[unnecessary variables(stepwise regression; data mining)]

(b) 누락변수 및 부정확한 함수 형태에 대한 검정(tests for omitted variables and incorrect functional forms)

(c) MWD(MacKinnon-White-Davidson) 검정

(d) Ramsey의 RESET(Ramsey's regression error specification) 검정

질문

7.1 설정 오류는 무엇을 의미하는가?

7.2 설정 오류가 발생하는 이유는 무엇인가?

7.3 "좋은" 계량모형의 속성은 무엇인가?

7.4 설정 오류의 종류는 무엇이고, 이들은 동시에 발생할 수 있는가?

7.5 모형에서 관련 있는 변수를 누락하였을 때 발생하는 결과는 무엇인가?

7.6 연구자가 특정 변수가 "관련 있다" 또는 "관련 없다"라고 할 때 의미하는 바가 무엇인가?

7.7 모형에 관련 없는 변수를 추가할 때 발생하는 결과는 무엇인가?

7.8 모형에서 관련 있는 변수를 누락할 경우와 관련 없는 변수를 추가할 경우 중 어느 경우가 더 심각한 문제를 일으키는가? 이유는?

7.9 간단한 케인즈 승수 효과를 발견하기 위해, 어떤 연구자가 투자에 대한 GDP의 영향을 회귀분석한 결과 약간의 관련성을 발견하게 되었다. 이때 연구자는 큰 문제를 일으키지 않을 것이라 생각하여 "관련 없는" 변수인 "지방세" 변수를 모형에 추가하게 되었는데, 그 결과 투자 변수에 대한 유의성이 감소하게 되었다. 모형에 관련 없는 변수를 추가할 때의 효과를 기술하라.

7.10 모든 통계적인 기준에 부합하지만 경제 이론에는 부합하지 않는 모형과 경제 이론에는 적합하지만 많은 통계적 기준에 부합하지 않는 모형 중 어느 것을 선택하겠는가?

연습문제

7.11 표 7-11에는 1958~1972년까지 대만 제조업 부문의 실질 총생산, 노동 투입 및 실질 자본 투입에 대한 자료를 제시하고 있다. 모형 설정 시 다음의 콥-더글라스 함수에 기반할 때 이론적으로 타당할 것이라 가정하자:

$$\ln Y_t = B_1 + B_2 \ln X_{2t} + B_3 \ln X_{3t} + u_t$$

이때 ln = 자연로그이다.

a. 표 7-11의 자료를 이용하여 대만의 콥-더글라스 함수를 추정하고 결과를 해석하라.

b. 연구 초기에 자본에 관한 자료가 존재하지 않아 다음과 같이 생산함수를 추정하였다.

$$\ln Y_t = C_1 + C_2 \ln X_{2t} + v_t$$

이때 v = 오차항을 의미한다. 이때 발생할 수 있는 설정 오류의 유형은 무엇이고 이로 인한 결과는 무엇인가? 표 7-11의 자료로 분석한 결과를 토대로 기술하라.

c. 연구 초기에 노동 투입에 관한 자료를 활용할 수 없어 다음의 모형을 추정하게 되었다.

$$\ln Y_t = C_1 + C_2 \ln X_{3t} + w_t$$

이때 w = 오차항을 의미한다. 이때 발생할 수 있는 설정 오류의 유형은 무엇이고 이로 인한 결과는 무엇인가? 표 7-11의 자료로 분석한 결과를 토대로 기술하라.

7.12 다음 모형들을 고려하자.

모형 I : $\text{Consumption}_i = B_1 + B_2\text{income}_i + u_i$

모형 II: $\text{Consumption}_i = A_1 + A_2\text{wealth}_i + v_i$

a. 두 모형 중 어떤 모형이 올바른 모형인가?

b. 소득(income)과 재산(wealth) 두 변수를 이용해 소비(Consumption)에 대해 회귀분석을 실시하였다. 이 모형은 위의 두 모형 중 하나를 선택하는 데 어떤 정보를 제공하는가?

7.13 제5장의 원점을 지나는 회귀모형에 관한 주제에서 회귀식 (5.27)을 참조하라. 실제로는 모형에 절편이 존재하지만 원점을 지나는 회귀모형을 추정할 때 어떠한 설정 오류를 범하게 되는가? 제2장의 표 2-17을 활용하여 이 상황에 해당하는 설정 오류에 대해 기술하라.

7.14 표 7-12에는 1954~1981년간 미국의 주식에 대한 실질수익률(Y), 성장률(X_2), 인플레이션(X_3) 자료가 수록되어 있다.

a. Y를 X_3에 대해 회귀분석을 실시하라.

b. Y를 X_2와 X_3에 대해 회귀분석을 실시하라.

c. 위의 두 회귀분석 결과에 대한 Eugene Fama의 다음의 의견에 대해 논평하라. "실제 주가수익률과 인플레이션 사이에 음(−)의 상관관계는 잘못되었다. 주식수익률과 기대성장률 사이의 양(+)의 관계와 기대성장률과 인플레이션 사이의 음(−)의 관계로 인한 2개의 구조적인 관계에서 비롯되었기 때문이다."

d. 비정상 주식 수익 행위가 발생하였던 1954~1955년 기간을 제외한 1956~1976년 기간에 대해 (b)를 실시하고 추정 결과를 비교하라.

e. 1956~1981년 기간에 대해 회귀분석을 실시하되, 1956~1976년 기간과 1977~1981년 기간을 구분하고자 한다. 이때 회귀분석을 어떻게 수행할 것인가? (힌트: 더미변수 방식을 착안하라.)

7.15 ⤓표 7-13에는 1960~1982년간(기준연도 1973 = 100) OECD 국가(미국, 캐나다, 독일, 프랑스, 영국, 이탈리아, 일본)들의 총에너지수요(Y), 실질국내총생산(X_2), 실질에너지가격(X_3) 자료가 제시되어 있다.

a. 아래의 모형들을 추정하라.

모형 A: $\ln Y_t = B_1 + B_2 \ln X_{2t} + B_3 \ln X_{3t} + u_{1t}$

모형 B: $\ln Y_t = A_1 + A_2 \ln X_{2t} + A_3 \ln X_{2(t-1)} + A_4 \ln X_{3t} + u_{2t}$

모형 C: $\ln Y_t = C_1 + C_2 \ln X_{2t} + C_3 \ln X_{3t} + C_4 \ln X_{3(t-1)} + u_{3t}$

모형 D: $\ln Y_t = D_1 + D_2 \ln X_{2t} + D_3 \ln X_{3t} + D_4 \ln Y_{(t-1)} + u_{4t}$

이때 각 모형의 u는 오차항을 의미한다.

참고: 모형 B와 모형 C는 시간에 따른 변수의 변화를 고려한 동태모형이라 한다. 모형 B와 모형 C는 설명변수가 종속변수의 시간의 흐름에 따라(여기서는 두 기간에 걸쳐) 영향을 주기 때문에 시차분포모형이라 한다. 모형 D는 설명변수 중에 종속변수의 시차변수가 포함되어 있기 때문에 자기회귀모형이라 한다.

b. 참 모형이 B, C, D일 때 모형 A를 추정하게 되면 어떠한 설정 오류가 발생하는가?

c. 모든 모형은 더블-로그 형태이므로 기울기계수는 탄력성을 의미한다. 모형 A에서 소득탄력성과 가격탄력성은 얼마인가? 나머지 세 모형에서 소득탄력성과 가격탄력성을 어떻게 추정할 것인가?

d. 모형 D를 OLS 추정하게 될 경우 시차종속변수 Y가 설명변수 중 하나로 포함되는데 어떤 문제가 발생할 것인가? (힌트: CLRM 가정을 착안하라.)

7.16 문제 7.11을 참조하라. 기술에 대한 대리변수로 추세변수 X_4를 포함하여 콥-더글라스 생산함수 모형을 확장한다면, X_4의 계수가 통계적으로 유의하다면 어떤 유형의 설정 오류가 발생하게 된 것인가? 한편, X_4의 계수가 통계적으로 유의하지 않다면 어떤 유형의 설정 오류가 발생하게 된 것인가? 필요한 계산 과정을 통해 도출하라.

7.17 ⤓표 7-14에는 미국의 닭고기 수요에 영향을 주는 변수들의 자료를 제시하고 있다. 종속변수는 1인당 닭고기 소비량이고, 설명변수는 1인당 실질가처분소득과 닭고기 가격, 닭고기의 대체재(돼지고기 및 소고기) 가격이다.

a. 더블-로그모형을 추정하라.

b. 선형모형을 추정하라.

c. 어떠한 모형을 선택할 것인가? 이에 대한 적합한 검정 방법은 무엇인가? 적절한 계산 과정을 통해 제시하라.

7.18 모형 (7.13)을 수정하여 다음과 같은 모형을 설정하게 되었다.

$$Y_t = B_1 + B_2 X_t + B_3 Year + B_4 Year^2 + u_t$$

a. 이 모형을 추정하라.

b. $Year^2$의 계수가 통계적으로 유의하다면, 모형 (7.13)에 대해 어떻게 평가할 것인가?

c. 설정 오류가 존재하는가? 설정 오류가 발생하였다면, 어떠한 유형의 오류이며 추정 결과 어떠한 문제가 발생하겠는가?

7.19 *보다 많은 재원이 학교에 유익한가?* 이 질문에 답을 제시하기 위해 Rubén Hernández-Murillo와 Deborah Roisman은 ⤓표 7-15[25]에 1999~2000년 세인트루이스 지역 학군의 투입 및 산출 관련 자료를 제시하고 있다.

a. 미주리주 평가 프로그램(MAP)의 시험 점수를 종속변수로 하였을 때, MAP를 잘 설명할 수 있도록 적합한 모형을 설정하라.

b. MAP를 결정하는 주요 경제적 또는 사회적 변수는 무엇인가?

c. 더미변수를 모형에 포함시키는 것이 적절한가?

d. 학생 1인당 지출이나 학생/교사 비율은 시험 점수에 중요한 결정요인이 아니라는 결론은 과연 타당한가?

7.20 [Bazemore v. Friday, 478 U.S. 385(1986): North Carolina Extension Service에서의 임금 차별과 관련한 법적 소송 사건] 흑인으로 구성된 원고 측은 평균적으로 흑인이 백인보다 낮은 급여를 받는다는 다중회귀모형 분석 결과를 법원에 제출하였다. 항소심에서 법원은 회귀모형에 급여에 영향을 미치는 모든 변수가 포함되지 않았다는 이유로 원고 측 소송을 기각하였다. 하지만 대법원에서는 항소심에서의 결정을 번복하였다. 대법원에서는 항소심에서 법원은 원고 측의 회귀모형에서는 급여 수준에 영향을 미칠 수 있는 모든 측정가능한 변수를 포함하지 않았기 때문에 "차별의 증거로 받아들일 수 없다"는 결정에 오류가 있다고 밝혔다.[26] 항소심에서 회귀분석의 증거 가치에 대한 법원의 결정에는 분명히 문제가 있다. 회귀분석에서 변수를 누락하게 되면 입증성이 떨어질 수는 있지만, 다른 취약점이 없다면 주요 요인을 설명하는 분석이 "차별의 증거로 받아들일 수 없는 것으로 간주되어야 한다"고 판단하기는 어렵다. 일반적으로 누락변수로 인한 분석 결과는 증거의 관련성(probativeness)에 영향을 줄 수는 있지만, 증거의 허용성(admissibility)에 영향을 미치는 것은 아니다.

대법원의 결정은 과연 올바른가? 설정 오류에서 이론적 결과와 실증분석에서의 현실을 염두에 두고 본인의 견해를 충분히 기술하라.

7.21 표 7-16에는 미국 50개 주 및 워싱턴 D.C.에서의 제조업 관련 자료가 제시되어 있다. 종속변수는 부가가치로 측정된 생산량(단위: 1,000달러)이고 독립변수는 근로시간과 자본적 지출(capital expenditures, capex)이다.

a. 표준선형모형을 이용하여 부가가치를 추정하라. 함수 형태는 어떻게 되는가?

b. 더블-로그모형을 설정하여 추정하라. 함수 형태는 어떻게 되는가?

c. MWD 검정을 활용하여 어떤 모형이 적절한지 판단하라.

7.22 표 7-1을 참조하여 다음의 두 모형을 고려하라.

모형 A: $Y_i = B_1 + B_2 X_i + u_i$

모형 B: $\dfrac{100}{100 - Y_i} = B_1 + B_2 (\dfrac{1}{X_i}) + u_i$

a. 모형 B는 선형모형인가 비선형모형인가?

b. 표 7-1을 활용하여 두 모형을 추정하고 결과를 제시하라.

c. 어떤 모형이 적절한가? 이유를 밝혀라.

---

25 "Tough Lesson: More Money Doesn't Help Schools; Accountability Does," *The Regional Economist*, Federal Reserve Bank of St. Louis, April 2004, pp. 12-13을 참조하라.

26 Michael O. Finkelstein and Bruce Levin, *Statistics for Lawyers*, Springer-Verlag, New York, 1989, p. 374를 재인용했다.

8
Chapter

다중공선성

설명변수 사이에 상관관계가 발생하면 어떤 상황이 발생하는가?

제4장의 고전적 선형회귀모형(CLRM)에서 **완전다중공선성**(perfect multicollinearity)이 존재하지 않음을 가정하였다. 즉, 다중회귀모형에 포함된 설명변수들 사이에서 완전한 선형관계가 없다는 것이다. 제4장에서는 완전다중공선성의 의미를 직관적으로 살펴보았고 모집단회귀함수(PRF)에서 다중공선성이 존재하면 안 되는 이유를 설명하였다. 제8장에서는 다중공선성에 대한 주제를 더욱 깊이 논의하고자 한다. 실제로 회귀분석 시 완전다중공선성이 발생할 경우는 거의 없지만, **높은 다중공선성**(near or very high multicollinearity)에 직면하는 경우는 자주 일어난다. 이렇게 상관관계가 존재하는 변수들이 다중회귀모형 추정을 위해 포함될 때 어떠한 문제가 발생하는지 아는 것은 중요하다. 이 장에서는 다음의 질문들에 대한 적절한 답들이 무엇인지 알아보고자 한다.

1. 다중공선성의 본질은 무엇인가?
2. 다중공선성이 정말로 문제를 일으키는가?
3. 다중공선성으로 발생할 이론적인 결과는 무엇인가?
4. 실제 회귀분석에서 직면할 다중공선성의 실질적 결과는 무엇인가?
5. 실제로 다중공선성은 어떻게 진단할 것인가?
6. 다중공선성으로 인한 문제를 제거하는 것이 바람직하다면, 어떠한 처치 방법을 활용할 수 있는가?

8.1 다중공선성의 특징: 완전다중공선성의 경우

다중공선성에 대한 다양한 질문에 답하기 위해, 우선 수치적으로 간단한 사례를 살펴보자. 이 사례는 다중공선성의 핵심 요소를 강조하기 위해 특별히 구성하였다. 표 8-1을 살펴보자.

표 8-1에는 단위 가격(X_2)과 관련한 기계 부품인 위젯(widgets)의 수요(Y)에 대한 자료를 제시하고 있는데, 어떤 연구자에 의해 추정된 주간 소비자 소득(X_3)과 다른 연구자에 의해 추정된 주간 소비자 소득(X_4) 자료도 포함하고 있다. 2개의 소득변수를 구분하기 위해 X_3는 소득, X_4는 수익으로 간주하도록 하자.

가격 이외에 소비자의 소득 역시 대부분 재화에 대한 수요에 중요한 결정요인으로 작용하기 때문에, 수요에 대한 확장모형을 다음과 같이 설정하게 되었다.

$$Y_i = A_1 + A_2 X_{2i} + A_3 X_{3i} + u_i \quad (8.1)$$

$$Y_i = B_1 + B_2 X_{2i} + B_3 X_{4i} + u_i \quad (8.2)$$

이러한 수요함수는 추정을 위해 사용되는 소득의 척도에 따라 달라진다. 선험적 또는 이론에 의하면, A_2와 B_2는 음의 관계일 것으로 예상되지만(왜 그럴까?), A_3와 B_3는 양의 관계일 것으로 예상된다(왜 그럴까?).[1]

표 8-1의 자료를 회귀모형 (8.1)에 적용하여 추정을 시도한 결과, 컴퓨터에서 해당 회귀모형 추정을 "거부"하였다.[2] 무엇이 잘못된 것일까? 없다. 가격(X_2)과 소득(X_3) 변수를 산점도로 표시하여도 그림 8-1과 같은 그래프를 제시하고 있다.

그래서 X_3를 X_2에 대해 회귀분석을 실시하였더니 다음과 같은 결과를 얻게 되었다.

$$X_{3i} = 300 - 2X_{2i} \quad R^2 (= r^2) = 1.00 \quad (8.3)$$

즉, 소득변수 X_3와 가격변수 X_2는 완전선형관계(perfectly linearly related), 또는 완전공선성(perfect collinearity) 또는 다중공선성(multicollinearity)을 가진다는 것을 의미한다.[3]

식 (8.3)에서의 상관관계로 인해 회귀모형 (8.1)을 추정할 수 없게 되어, 회귀모형 (8.3)을 회

1 경제학 이론에 따르면, 소득계수는 대부분의 일반적 재화에 대해 양의 관계일 것으로 예상할 수 있다. 하지만 "열등재"의 경우에는 음의 관계일 것으로 예상된다.

2 대부분 이러한 에러 메시지는 X(또는 데이터)의 행렬이 양정(positive definite) 행렬일 경우에 발생한다. 즉, 이 경우 역행렬로 변환이 안 되기 때문이다. 선형대수학에서는 이러한 행렬을 특이행렬(singular matrix)로 구분한다. 쉽게 이야기하면 컴퓨터가 계산할 수 없다는 의미이다.

3 공선성이라는 용어는 변수들 사이에 하나의 완전선형관계를 의미하고 다중공선성이라는 용어는 그러한 관계가 둘 이상일 경우를 의미한다. 앞으로는 두 경우를 포함하는 취지에서 일반적 의미로 다중공선성이라는 용어를 사용할 것이다. 모형에서 선형관계가 하나만 존재하는지 아니면 그 이상인지에 대해서는 문맥에 의해 명확하게 구분하고자 한다.

표 8-1 ● 위젯에 대한 수요

Y (수량)	X_2 (가격, 달러)	X_3 (주당 소득, 달러)	X_4 (주당 수익, 달러)
49	1	298	297.5
45	2	296	294.9
44	3	294	293.5
39	4	292	292.8
38	5	290	290.2
37	6	288	289.7
34	7	286	285.8
33	8	284	284.6
30	9	282	281.1
29	10	280	278.8

그림 8-1 ● 소득(X_3)과 가격(X_2)에 대한 산점도

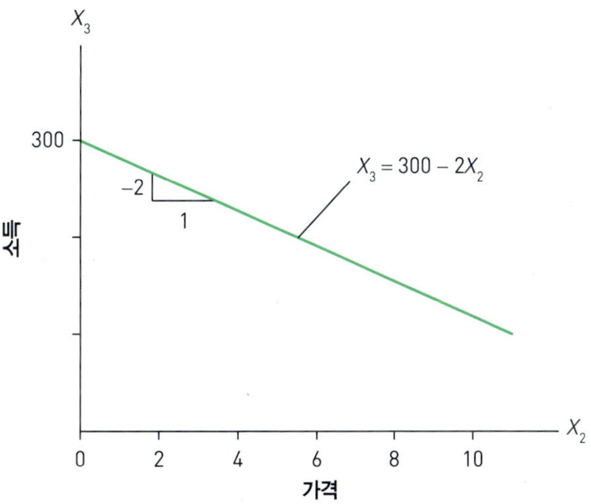

귀모형 (8.1)에 적용하였더니 다음의 관계를 도출할 수 있게 되었다.

$$
\begin{aligned}
Y_i &= A_i + A_2X_2 + A_3(300 - 2X_{2i}) + u_i \\
&= (A_1 + 300A_3) + (A_2 - 2A_3)X_{2i} + u_i \\
&= C_1 + C_2X_{2i} + u_i
\end{aligned}
\tag{8.4}
$$

이때,

$$C_1 = A_1 + 300A_3 \tag{8.5}$$

$$C_2 = A_2 - 2A_3 \tag{8.6}$$

회귀모형 (8.1)을 추정할 수 없었던 상황은 놀랄 만한 결과가 아니다. 식 (8.4)에서 알 수 있듯이 추정을 위해 사용하였던 모형은 다중회귀모형이 아닌 Y와 X_2의 두 변수로 구성된 단순회귀모형이었기 때문이다. 이제 식 (8.4)를 추정하여 C_1과 C_2의 추정치를 구할 수 있지만, 이 두 값으로부터 원래의 모수인 A_1, A_2, A_3에 대한 추정치를 구할 수는 없다. 식 (8.5)와 식 (8.6)에는 단지 2개의 방정식이 있지만 추정해야 할 미지수가 3개이기 때문이다. 대수(algebra)에 관한 일반 수학 교육과정을 상기하면, 3개의 미지수를 구하기 위해서는 일반적으로 3개의 (독립적인) 방정식이 필요하다는 것을 우리 모두 알고 있다.

식 (8.4)에 대한 추정 결과는 다음과 같다.

$$\begin{aligned} \hat{Y} &= 49.667 - 2.1576X_{2i} \\ se &= (0.746)(0.1203) \\ t &= (66.538)(-17.935) \quad R^2 = 0.9757 \end{aligned} \tag{8.7}$$

식 (8.7)의 결과에서 $C_1 = 49.667$이고 $C_2 = -2.1576$임을 알 수 있다. 이 두 추정치를 갖고 다시 회귀분석을 실시하여 3개의 미지수인 A_1, A_2, A_3를 추정하는 것은 불가능한 일이다.[4]

앞서 논의에 대한 결론은 설명변수들 사이에 완전한 선형관계나 완전한 다중공선성이 존재할 경우 모든 모수에서 고유한 추정치를 얻을 수 없다는 것이다. 아울러 모수들에 대한 고유한 추정치를 구할 수 없기 때문에, 주어진 표본에서 모수들에 대한 통계적 추론(즉, 가설검정)을 도출할 수 없게 된다.

단도직입적으로 말하면, 완전다중공선성의 경우 다중회귀분석에서 개별 회귀계수에 대한 추정 및 가설검정은 불가능하다. 완전다중공선성이 존재할 경우라면 더 이상 논의할 여지가 없다. 물론 식 (8.5)와 식 (8.6)에서 알 수 있듯이 원래의 계수에 대한 선형결합을 통해(즉, 합이나 차를 이용하여) 추정치를 얻을 수 있지만 각 계수에 대한 개별 추정치를 구할 수는 없다.

이에 대한 논의를 심화하기 전에, 더미변수 사용 시 주의를 기울이지 않으면 완전다중공선성이 발생한다는 점에 유의할 필요가 있다. 제6장에서 언급했듯이 모형이 공동의 절편을 갖고 있고 질적 설명변수가 m개의 범주로 주어진다면, 분석에 포함해야 하는 더미변수의 수는 반드시 $(m-1)$이어야 한다. 예를 들면, 추정을 위해 남성과 여성의 성별이라는 변수가 주어진다면, 모형에는 단지 1개의 더미변수를 적용하여 둘 사이를 구분해야 한다; 남성과 여성 변수를 모두 모형에 적용하게 되면 절편항을 누락시키지 않고서는 완전다중공선성을 초래하게 된

4 물론 A_1, A_2, A_3 중에 어느 한 값이 임의로 고정되어 있다면 나머지 두 A의 값들은 C에 대한 추정치를 통해 구할 수 있다. 하지만, 이 A값들은 임의의 값으로 유일하지 않다. 반복하여 설명하면, 2개의 알려진 값(2개의 C값)을 통해 3개의 미지수(3개의 A값)에 대한 고윳값을 구하는 방법은 없다.

다. 하지만 앞서 설명하였듯이 회귀분석 시 절편항을 누락시키는 것은 좋은 방법은 아니다.

8.2 높은 다중공선성이 존재할 경우

완전다중공선성의 경우는 매우 극단적인 경우이다. 실제로 경제 변수를 적용하여 추정할 때, 둘 또는 그 이상의 설명변수에서 완전히 선형은 아니지만 대략적으로 선형적 관계일 수 있다. 즉, 실제로 공선성이 높은 상황이지만 완전한 공선성은 아닌 상황에 처하게 되기도 한다. 이러한 경우 **높은 다중공선성**(near, imperfect or high multicollinearity)이 존재한다고 기술한다. 앞으로 다중공선성에 대해 논의할 때는 높은 다중공선성에 대해 다루고자 한다. 8.1절에서 논의하였지만 완전다중공선성일 경우에는 더 이상 대처할 수 있는 방법은 없다.

높은 다중공선성의 경우에 대해 논의하기 위해 표 8-1 자료를 다시 참조하여 수익 변수를 가진 회귀모형 (8.2)를 추정하기로 한다. 추정 결과는 다음과 같다.

$$
\begin{aligned}
\hat{Y}_i &= 145.37 - 2.7975X_{2i} - 0.3191X_{4i} \\
\text{se} &= (120.06)\ (0.8122) \qquad (0.4003) \\
t &= (1.12107)\ (-3.4444) \quad (-0.7971) \quad R^2 = 0.9778
\end{aligned}
\tag{8.8}
$$

이 추정 결과는 여러 가지 점에서 흥미롭다.

1. 식 (8.1)은 추정할 수 없었지만, 식 (8.2)는 추정이 가능하다. 표 8-1에서 오른쪽의 두 열을 비교하면, 비록 두 소득에 대한 변수의 관측치에서 차이가 매우 작지만 분명히 존재한다.[5]

2. 예상한 것처럼 가격계수는 식 (8.7)과 식 (8.8)에서 음의 관계이고, 두 추정계수 간의 차이가 크지는 않다. 각각의 가격계수는 통계적으로 유의하여 0과는 다른 결과를 보여주고 있다. (왜 그럴까?) 하지만 식 (8.7)의 추정계수에 대한 $|t|$값은 식 (8.8)의 $|t|$값보다 훨씬 크게 도출되었다. 즉, 식 (8.7)에서 추정한 가격계수에 대한 표준오차(se)가 식 (8.8)의 표준오차보다 훨씬 작게 도출되었다.

3. 1개의 설명변수를 포함하고 있는 식 (8.7)의 R^2은 0.9757이지만, 2개의 설명변수를 포함하고 있는 식 (8.8)의 R^2은 0.9778이다. R^2의 증가분은 단지 0.0021에 불과하여 변수 추가 시 모형 설명력이 많이 증가하지는 않아 보인다. R^2에서 이러한 증가는 통

---

5 이제 비밀을 알려줄 상황인데, 표 8-1에서 마지막 열에 제시된 수익에 대한 관측치는 다음 수식의 관계에서 추출하였다: $X_{4i} = X_{3i} + u_i$. 이때 u_i는 난수표에서 생성하게 된 확률변수이다. u에 대한 값 10개는 다음과 같다: −0.5, −1.1, −0.5, 0.8, 0.2, 1.7, −0.2, 0.6, −0.9, −1.2.

계적으로 유의하지 않음을 보여주기도 한다.[6]

4. 소득(수익)에 대한 계수는 통계적으로 유의하지 않지만, 더 중요한 점은 부호가 잘못 제시되어 있다는 점이다. 열등재일 경우를 제외하고 재화 대부분에 대해, 소득은 수요량에 대해 양의 효과를 가지게 된다.

5. 소득변수에서 통계적으로 유의하지 않음에도 불구하고 $B_2 = B_3 = 0$(즉, $R^2 = 0$이라는 가설)인 가설을 검정하게 되면, 수식 (4.49)를 적용한 F검정을 수행하여 쉽게 기각될 수도 있을 것이다. 즉, 가격과 수익 모두가 모형에 설정되어 있으면 수요량에 대해 유의미한 효과를 가지게 된다.

이러한 "이상한" 결과는 어떻게 설명할 수 있는가? 이에 대한 단서로, X_4에 대한 X_2, 즉 수익(그림 8-2 참조)에 대한 가격의 산점도를 그려보자. 그림 8-1과 다르게 가격과 수익이 완전히 선형관계는 아니지만, 두 변수는 높은 관련성을 갖고 있음을 확인할 수 있다.

이는 다음의 추정 결과에서 더욱 명확하게 확인할 수 있다.

$$\begin{aligned} X_{4i} &= 299.92 - 2.0055X_{2i} + e_i \\ se &= (0.6748) \quad (0.1088) \\ t &= (444.44) \quad (-18.44) \quad R^2 = 0.9770 \end{aligned} \tag{8.9}$$

이 추정 결과에서 가격과 수익은 음의 상관관계가 매우 높음을 확인할 수 있다. 상관계수

그림 8-2 ● 수익(X_4)과 가격(X_2)에 대한 산점도

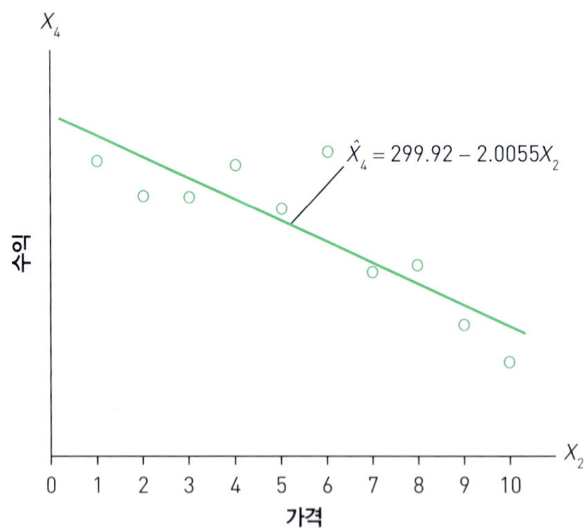

6 F검정에 대해서는 제4장을 참조하라.

는 −0.9884로 R^2의 음의 제곱근 값으로 구할 수 있다. 이러한 경우가 **높은 선형관계**(near-perfect linear relationship), 즉 거의 완전한 다중공선성 관계를 보여준다. 만약 식 (8.3)처럼 상관계수가 −1이라면, 완전다중공선성 관계를 의미할 것이다. 유의할 점은 식 (8.3)은 X_{2i}와 X_{3i} 사이에는 완전선형관계가 존재하여 e_i를 추가하지 않았지만, 식 (8.9)는 X_{4i}와 X_{2i}에서는 높지만 완전상관관계가 아니므로 e_i를 추가하였다는 점이다.

추가하여 설명하면, 모형에 2개의 설명변수만이 포함되어 있다면, 상관계수 r은 공선성의 정도를 측정하는 데 사용할 수 있다. 하지만 셋 이상의 설명변수가 모형에 포함되어 있다면, 상관계수는 공선성을 측정하는 데 적절하지 않을 수 있다.

8.3 이론적으로 예상할 수 있는 다중공선성 결과

지금까지 완전 또는 높은 다중공선성의 속성에 대해 다소 경험적인 차원에서 논의하였다면, 이 절에서는 다중공선성으로 인한 결과에 대해 다소 이론적으로 논의하고자 한다. 하지만 앞으로 완전다중공선성이 아니라 불완전다중공선성에 한해 논의한다는 점을 염두에 두자. 완전다중공선성 문제는 해결방법이 없다.

우리가 아는 바와 같이 CLRM 가정하에서, OLS 추정량이 최량선형불편추정량(BLUE)이다. 모든 선형이면서 편의가 없는 추정량 중에 OLS 추정량이 최소분산을 갖게 된다. 완전공선성이 아닌 한 다중회귀분석에서 1개 이상의 편회귀계수가 개별적으로 통계적으로 유의하지 않더라도 OLS 추정량은 여전히 BLUE를 충족시킨다는 점은 흥미로운 사안이다. 식 (8.8)에서 가격계수가 통계적으로 유의하지만 소득계수는 통계적으로 유의하지 않았다. 하지만, 식 (8.8)에서 제시된 OLS 추정치는 여전히 BLUE의 속성을 유지하고 있다.[7] 그렇다면 다중공선성을 우려하는 이유는 무엇인가? 이는 다음과 같이 몇 가지 이유가 있다.

1. 높은 공선성이 존재할 때, OLS 추정량은 불편추정량이다. 하지만 불편성은 반복 추출의 속성이다. 이는 *X*변수들의 값을 고정한 상태에서 여러 표본을 추출하고, 추출한 표본으로 OLS 추정치를 구하게 되면 추정치의 평균값은 실제 모집단값으로 수렴하는 경향이 있다는 것이다. 하지만 이는 어떠한 표본에서 얻을 수 있는 추정치의 속성에 대해서는 어떠한 시사점도 제시하지 못한다. 실제로 반복 추출을 시행하는 것은 현실적으로 어려움이 많다.

2. 높은 공선성이 OLS 추정량의 최소분산 속성을 침해할 수 없다는 것은 사실이다. 선

7 불완전다중공선성 자체는 제4장에 나열된 가정들을 위배하지 않기 때문에, OLS 추정량은 BLUE 속성을 유지하게 된다.

형불편추정량의 경우, OLS 추정량이 최소분산을 도출하게 된다. 하지만 이는 OLS 추정량의 분산이 모든 표본에서 (추정량의 값과 관련하여) 작게 될 것임을 의미하지 않는다. 이는 식 (8.8)이 아주 분명히 보여준다. 소득계수의 추정량이 BLUE인 것은 사실이지만, 현재의 표본에서는 추정치에 비해 분산이 너무 커서 t값이 (실제 소득계수는 0이라는 귀무가설하에서) 단지 −0.7971로 도출되었다. 이는 소득이 위젯의 수요량에 어떠한 영향도 없다는 가설을 기각할 수 없게 한다. 요약하면, **최소분산의 의미는 분산값 자체의 크기가 작다는 것이 아니라는 것이다.**

3. 다중공선성은 X변수들이 모집단(즉, PRF)에서는 선형적으로 관련이 없어도 표 8-1과 같이 특정한 표본에서는 연관될 수 있다는 점에서 본질적으로 **표본에서의 (회귀) 현상**이라 할 수 있다. PRF를 상정할 때, 모형에 포함된 X변수들은 종속변수 Y에 개별적이고 독립적인 효과를 가진다고 알고 있다. 하지만 PRF를 추정하기 위해 사용하는 특정 표본에서 일부 또는 모든 X변수들이 공선성을 갖게 되면, Y에 대한 개별적인 영향을 구분할 수 없는 경우가 발생할 수 있다. 이론에서는 모든 X변수가 중요하다고 하지만 실제 표본이 좋지 않을 때가 많다. 이는 대부분의 경제 자료들이 통제된 실험실에서 얻어진 자료들이 아니기 때문이다. 국내총생산(GDP), 가격, 실업, 이윤, 배당 등은 실험을 통해 얻게 된 자료가 아니라 경제 현상에서 관측된 자료이다. 만약 이러한 경제 변수들을 실험으로 얻을 수 있었다면, 애초부터 공선성이 자료에 존재하지 않았을 것이다. 자료들을 비실험적인 방법으로 확보하기 때문에, 만약 둘 이상의 설명변수에 높은 공선성이 존재한다면 "통계학적으로 비현실적인 전제하에 무리하게 일을 진행하려는 처지(the statistical position of not being able to make bricks without straw[8])"에 놓이게 된다.

이러한 모든 이유로 인해 (불완전)다중공선성에도 불구하고 OLS 추정량이 BLUE라는 사실은 실제로 거의 위안이 되지는 않는다. 따라서 연구자는 모든 주어진 표본에서 어떠한 상황들이 발생할지 고심해야 한다. 주지하는 바와 같이 공선성은 일반적으로 표본에 특화하여 나타나는 현상이다.

8.4 실증분석에서 발생하는 다중공선성 결과

높은 다중공선성이 존재하는 식 (8.8)의 위젯에 대한 수요 추정 결과에서 다음과 같은 몇 가지 문제가 발생하게 되었다.

---

8 J. Johnston, *Econometric Methods*, 2nd ed., McGraw-Hill, New Yor, 1972, p. 164.

1. **OLS 추정량에서 큰 분산과 표준오차.** 이러한 양상은 식 (8.7)과 식 (8.8)의 위젯 추정 결과에서 분명히 알 수 있다. 앞서 논의한 바와 같이, 가격(X_2)과 수익(X_4) 사이의 높은 공선성으로 인해 식 (8.8)에 두 변수가 모두 모형에 포함되었을 때 가격변수의 계수에 대한 표준오차가 식 (8.7)에 비해 급격히 증가하게 되었다. 추정량의 표준오차가 증가하면, 추정량의 참값을 추정하는 데 더욱 어려워지게 된다. 즉, OLS 추정량에 대한 정밀도가 떨어지게 된다.

2. **신뢰구간의 넓어짐.** 표준오차가 커지면, 관련된 모수에 대한 신뢰구간 역시 넓어지는 경향이 있다.

3. **유의하지 않게 되는 t값.** 식 (8.8)에서 $B_3 = 0$에 대한 가설검정을 위해 t값인 $b_3/\text{se}(b_3)$를 사용하여 추정된 t값과 t분포표에서 임계치 t값을 비교하게 된다. 하지만 앞서 확인한 바와 같이, 높은 공선성이 존재할 경우 추정된 표준오차는 급격히 증가하게 되어 t값을 작게 도출하게 한다. 따라서 이러한 경우, 관련된 모집단의 참 계숫값이 0이라는 귀무가설을 채택할 소지가 커지게 된다. 위젯의 사례를 다루었던 식 (8.8)에서 t값은 단지 -0.7971이어서 소득은 수요량에 효과가 없다고 성급하게 실수로 결론 내릴 수 있었다.

4. **R^2값은 높아지지만 유효한 t값은 거의 없음.** 식 (8.8)에서 이 결과는 분명하게 나타난다. 이 식의 추정 결과에서 R^2은 약 0.98로 무척 높지만, 단지 가격변수에 상응하는 t값만 통계적으로 유의하였다. 그렇지만 F검정에 기반하게 되면 가격과 수익 변수 동시에 위젯의 수요량에 영향을 미치지 않는다는 가설을 기각할 수 있다.

5. **OLS 추정량과 표준오차가 자료의 작은 변화에도 민감하게 반응하여 통계치들이 적절치 않게 됨.** 표 8-1에서 수익에 대한 변수 X_4에 약간의 변화를 가해 보자. 첫 번째, 다섯 번째, 열 번째 관측치를 295, 287, 274로 교체하고 다른 모든 값에 대해서는 초기 상태를 유지하도록 하자. 이때 회귀분석 결과는 다음과 같다.

$$
\begin{aligned}
\hat{Y}_i &= 100.56 - 2.5164X_{2i} - 0.16995X_{4i} \\
\text{se} &= (48.030)\quad (0.35906)\quad (0.1604) \qquad (8.10) \\
t &= (2.0936)\quad (-7.0083)\quad (-1.0597)\quad R^2 = 0.9791
\end{aligned}
$$

식 (8.8)을 식 (8.10)과 비교하면, 자료에서 조그만 변화로 인해 추정 결과에서 상당한 변화를 초래하였음을 알 수 있다. 식 (8.10)에서의 표준오차는 작아지게 되었고, 절댓값에서의 t값이 상승하게 되어 소득변수가 이전보다 음의 효과가 작아지게 되었다.

이러한 변화는 왜 일어나게 된 것일까? 식 (8.8)에서 X_2와 X_4의 상관계수는 -0.9884였지만,

식 (8.10)에서의 상관계수는 −0.9431이었다. 즉, 식 (8.8)에서 식 (8.10)으로 가게 될 때, X_2와 X_4의 공선성 정도가 감소하게 되었다. 비록 상관계수에서의 감소가 크지 않더라도, 추정 결과에서의 변화는 현저히 달라진 것이다. 이러한 결과 양상은 거의 완전공선성에 가까운 경우에 발생하게 된다.

6. **회귀계수에 대한 잘못된 부호.** 식 (8.8)과 식 (8.10)에서 보여주듯이, 수익에 대한 변수에는 "잘못된" 부호를 나타내고 있다. 경제학 이론에서는 재화 대부분에 대해 소득효과는 양의 효과를 보여주기 때문이다. 물론 열등재의 경우라면 이 경우에서 잘못된 부호가 아니게 된다. 따라서 추정 결과 잘못된 부호가 도출될 때 다중공선성의 문제로 한정하는 데에는 주의해야 하지만, 이를 배제해서는 안 된다.

7. **개별 설명변수가 모형 설명력(ESS 또는 R^2)에 얼마나 기여하는지 평가하기 어려움.** 이 문제는 위젯에 관한 사례를 통해 핵심을 설명할 수 있다. 식 (8.7)에서는 수량(Y)를 가격(X_2)에 대해서만 회귀분석하여 R^2값 0.9778을 도출하였다. 이제 Y를 X_4에 대해서만 회귀분석하여 다음과 같은 결과를 얻게 되었다.

$$\begin{aligned} \hat{Y}_i &= -263.74 + 1.0438X_{4i} \\ se &= (26.929) \quad (0.0932) \\ t &= (-9.794) \quad (11.200) \quad R^2 = 0.9400 \end{aligned} \tag{8.11}$$

놀랍게도, 수익(X_4)은 유일하게 수요량 변동의 94%를 설명하고 있다. 또한 수익계수는 통계적으로 유의할 뿐 아니라 양의 부호를 보여서, 경제학 이론에서의 기대에도 상응하는 결과이다!

앞서 식 (8.8)의 다중회귀모형 추정 결과에서 R^2값은 0.9778이었다. 각각의 X_2와 X_4로 인한 요인은 얼마나 되는가? 정확하게 두 변수 각각의 효과를 구분하기는 어려운데, 두 변수는 높은 공선성을 나타내고 있어서 어느 한 변수가 변화할 때 다른 변수도 거의 자동으로 변화하게 되는 양상을 식 (8.9)가 명백하게 보여주고 있다. 따라서 높은 공선성의 경우, 개별적인 설명변수들이 각각 모형 전체의 R^2에 얼마나 영향을 주는지 평가하는 것은 무의미하게 된다.

질문: 지금까지 다중공선성으로 인한 문제들에 대한 논의를 통해 과연 분명한 체계를 세울 수 있겠는가? 대답은 정말 그러하다! 하지만 이와 관련한 증명에 대해서는 다른 참조자료들을 통해 확인할 수 있으니 여기서는 생략하기로 한다.[9]

9 관련 증명에 대해서는 Damodar N. Gujarati and Dawn C. Porter, *Basic Econometrics*, 5th ed., McGraw-Hill, New York, 2009, chap. 10을 참조하라.

8.5 다중공선성의 탐지

앞 절에서 논의한 바와 같이, 실제 회귀분석 상황에서 다중공선성으로 인한 결과는 BLUE의 속성에도 불구하고 다루어야 할 범위가 넓을 수 있다. 그러면 다중공선성 문제를 어떻게 해결할 수 있을까? 문제를 해결하기 전에, 우선 공선성에 대한 문제를 먼저 발견해야 한다. 즉, 다중공선성의 존재와 심각성 정도를 어떻게 감지할 수 있는가? 우선 앞서 논의하였지만, 다중공선성은 표본에 특화한 문제라는 것이다. 즉, 표본에 대한 현상이라는 점이다. 따라서 다음의 주의사항[10]을 기억하면 유용할 것이다.

1. 다중공선성은 종류의 문제가 아니라 정도의 문제이다. 다중공선성의 존재 유무가 아니라 다중공선성의 정도를 구분하는 데 의미가 있다.

2. 다중공선성은 비확률적이라고 가정되는 설명변수의 상태를 나타내기 때문에, 모집단이 아닌 표본의 문제를 다루게 된다.

따라서 "다중공선성에 대한 검정"을 실시하는 것이 아니라, 어느 특정 표본에서 다중공선성의 정도를 측정할 수 있다.

비실험적인 방법으로 수집한 자료에 대해 다중공선성을 측정할 수 있는 유일한 방법은 존재하지 않을 뿐 아니라 공선성에 대한 특성과 정도에 대해서도 확신할 수 없다. 이 책에서는 다중공선성의 존재에 대한 단서를 실제 응용할 수 있도록 과거의 경험에 근거한 방법이자 몇 가지 지표를 제공하고자 한다. 몇 가지 지표는 다음과 같다.

1. **R^2값은 높아지지만 유효한 t값은 거의 없음.** 앞서 논의한 것처럼 이는 다중공선성에 대한 "고전적인" 증상이다. 만약 R^2이 0.8 이상으로 높다면, 대부분 F검정에서는 부분(편)기울기계수들이 모두 **동시에** 0이라는 귀무가설을 기각할 것이다. 하지만 개별 t검정에서 거의 모든 기울기계숫값들에서 통계적으로 0과 다르지 않다는 결과를 보인다. 식 (8.8)의 위젯에 관한 사례는 이러한 결과를 충분히 보여주고 있다.

2. **설명변수 사이에서 높은 쌍별 상관계수**(high pairwise correlations among explanatory variables). 어떤 다중회귀모형에서 6개의 설명변수를 포함하고 있다면, 부록 B의 식 (B.46)을 활용하여 변수 간의 쌍별로 상관계수를 추정할 수 있다. 만약 이러한 상관계숫값이 0.8을 초과하게 된다면 심각한 공선성이 존재할 확률이 존재한다. 하지만 불행하게도 이 기준은 신뢰할 수 없는 경우가 많다. 쌍별 상관계수가 낮게 되더라도(이

10 Jan Kmenta, *Elements of Econometrics*, 2nd ed., Macmillan, New York, 1986, p. 431.

는 심각한 공선성이 존재하지 않음을 시사하지만), 통계적으로 유의미한 t값이 거의 없을 때는 공선성을 의심할 수밖에 없다.[11]

3. **편상관계수 검사.** 모형에 3개의 설명변수 X_2, X_3, X_4가 포함되어 있다고 가정하자. r_{23}, r_{24}, r_{34}는 각각 X_2와 X_3 사이의 쌍별 상관계수, X_2와 X_4 사이의 쌍별 상관계수, X_3와 X_4 사이의 쌍별 상관계수를 의미한다. 따라서 $r_{23} = 0.90$일 경우 X_2와 X_3 사이에 높은 공선성을 의미할 수 있다. 이제 **편상관계수**(partial correlation coefficient)로서 $r_{23,4}$를 고려하도록 하자. 이때 X_4의 영향을 고정한 상태에서 X_2와 X_3에 대한 상관계수를 도출하게 되는데, 이러한 개념은 제4장에서 논의한 부분회귀계수와 유사하다. $r_{23,4} = 0.43$이라고 가정하자. 즉, X_4의 영향을 고정한 상황에서 X_2와 X_3의 계수는 단지 0.43이지만, X_4의 영향이 0.90이라는 점을 고려하지 않았다. 이때 편상관계수에 의하면, X_2와 X_3 사이에 공선성이 그리 높다고 할 수는 없다.

몇 개의 설명변수에 대해 단순히 쌍별 상관계수를 다중공선성에 대한 지표로서 신뢰하게 되면 잘못된 결과를 초래할 수 있다. 불행히도 단순 쌍별 상관계수를 편상관계수로 대체하여도 다중공선성의 존재를 파악해 주는 분명한 지표로서 역할을 다하지는 못한다. 편상관계수는 다중공선성의 특성을 파악하기 위한 또 다른 장치로서 의미가 있을 뿐이다.[12]

4. **보조회귀분석.** 다중공선성은 1개 이상의 설명변수가 정확하게 또는 거의 정확하게 다른 설명변수들과 선형결합이 있을 경우를 의미한다. 어떤 X변수가 다른 X변수와 높은 공선성 관계를 갖고 있다면, 각각의 X변수들을 갖고 회귀분석을 실시하여 도출된 R^2을 기준으로 판단할 수 있다. 이러한 각각의 회귀분석을 **보조회귀분석**(subsidiary or auxiliary regression)이라 하는데, 이는 모든 X변수에 대해 Y를 추정하는 주된 회귀분석에 대한 보조적 역할을 하기 때문이다.

예를 들어, X_2, X_3, X_4, X_5, X_6, X_7 등 6개의 설명변수에 대한 Y를 회귀분석하게 되었다. 만약 추정 결과 이 모형에서 다중공선성의 증상을 확인하게 되었는데, R^2은 높지만 대부분의 X에 대한 계숫값들에서 통계적으로 유의미하지 않은 결과를 보인다. 이에 완전하거나 거의 완전한 선형결합 관계를 보이는 변수들을 찾고자 한다면, 다음의 절차를 따를 수 있다.

(a) X_2를 나머지 X변수들에 대한 회귀분석을 실시하고 결정계수 R^2을 도출

(b) X_3를 나머지 X변수들에 대한 회귀분석을 실시하고 결정계수 R^2을 도출

---

11 자세한 설명은 Damodar N. Gujarati and Dawn C. Porter, *Basic Econometrics*, 5th ed., McGraw-Hill, New York, 2009, chap. 10을 참조하라.

12 자세한 설명은 Damodar N. Gujarati and Dawn C. Porter, *Basic Econometrics*, 5th ed., McGraw-Hill, New York, 2009, chap. 10을 참조하라.

이러한 절차를 나머지 모형의 X변수들에 대해서도 실시하라. 지금의 사례에서는 6개의 보조회귀분석을 실시하게 되는데, 1개의 변수를 대상으로 다른 설명변수들에 대해 추정할 수 있다.

X변수들 중 공선성을 어떻게 판별할 것인가? 추정된 R_i^2은 범위가 0과 1 사이이다. (왜 그럴까?) 만약 어떤 X변수가 다른 X변수들과 선형결합 관계가 아닐 경우 도출된 R^2은 0과 통계적으로 유의미하게 달라서는 안 된다. 제4장의 식 (4.49)에서 특정한 결정계수가 통계적으로 0과 같다는 가정을 어떻게 검정하는지 확인할 수 있다.

계속해서 6개의 설명변수를 포함하는 가설검정의 예에서, $R^2 = 0$이라는 가설을 검정하기로 하자. 즉, X_2가 나머지 5개의 X변수들과 공선성 관계가 없다는 것을 의미한다. 이제 식 (4.49)의 F검정을 위한 공식을 활용하도록 하자.

$$F = \frac{R^2 / (k-1)}{(1-R^2)/(n-k)} \tag{4.49}$$

이때 n은 관측치의 수이고 k는 절편을 포함한 설명변수의 수이다.

6개의 설명변수를 포함하고 있는 가상의 예에서, 50개의 관측치를 포함한 표본에서 특정 X변수를 각각 종속변수로 취하고 나머지 변수들 전체를 설명변수로 취하여 회귀분석을 실시하자. 다양한 보조회귀분석을 실시하여 얻게 된 R^2값들이 다음과 같이 제시되었다.

$R_2^2 = 0.90$ (X_2를 나머지 X변수들에 대해 추정 시)

$R_3^2 = 0.18$ (X_3를 나머지 X변수들에 대해 추정 시)

$R_4^2 = 0.36$ (X_4를 나머지 X변수들에 대해 추정 시)

$R_5^2 = 0.86$ (X_5를 나머지 X변수들에 대해 추정 시)

$R_6^2 = 0.09$ (X_6를 나머지 X변수들에 대해 추정 시)

$R_7^2 = 0.24$ (X_7을 나머지 X변수들에 대해 추정 시)

식 (4.49)에 주어진 공식을 활용하여 F-검정을 실시한 결과가 표 8-2에 제시되어 있다.

표 8-2에서 비록 R^2에 의해 측정된 공선성의 정도에는 상당히 차이가 있어 보여도 X_2, X_4, X_5, X_7 등의 변수들이 다른 X변수들과 공선성이 존재할 것으로 예상된다. 사례에서는 R^2이 0.36처럼 작아 보여도 0과는 통계적으로 유의하게 달라질 수 있다는 중요한 사실을 보여주고 있다. 보조회귀분석을 구체적인 경제학적인 사례에 어떻게 적용하는지는 8.7절에 소개되어 있다.

보조회귀분석을 실시하고자 할 때 기술적 한계는 계산에 대한 부담이 있다는 점이다. 만약 회

표 8-2 ● R^2의 유의성 검정, 식 (4.49) 참조

R^2값	F값	F값이 유의한가?
0.90	79.20	Yes[a]
0.18	1.93	No
0.36	4.95	Yes[a]
0.86	54.06	Yes[a]
0.09	0.87	No
0.24	2.78	Yes[b]

주: 사례에서 $n = 50$이고 $k = 6$.
[a] 1% 수준에서 유의.
[b] 5% 수준에서 유의.

귀모형에 여러 개의 설명변수가 포함되어 있을 경우, 여러 번의 보조회귀분석을 실시해야 하고, 이러한 공선성 검출 방식은 실용성에서 그 가치가 제한적일 수 있다. 하지만 통계 패키지를 활용한다면 보조회귀분석을 실시할 때 계산에 대한 부담 없이 결과를 확인할 수 있다는 점에 유념하자.

5. **분산팽창요인(VIF).** 모형에 여러 설명변수가 포함되어 있지 않더라도 보조회귀분석을 실시하여 얻게 된 R^2값들이 공선성을 판단하는 데 신뢰할 수 있는 지표가 아닐 수 있다. 이에 대해서는 제4장의 3변수회귀모형 내용에서 더욱 자세하게 논의하였다. b_2와 b_3 등 두 계수에 대한 분산을 식 (4.25)와 식 (4.27)의 공식을 활용하여 계산하였다. 간단한 대수적 조치를 통해 앞에서 살펴본 분산 공식들은 다음과 같이 변환할 수 있다.

$$\begin{aligned}\mathrm{Var}(b_2) &= \frac{\sigma^2}{\sum x_{2i}^2(1-R_2^2)} \\ &= \frac{\sigma^2}{\sum x_{2i}^2} VIF\end{aligned} \tag{8.12}$$

$$\begin{aligned}\mathrm{Var}(b_3) &= \frac{\sigma^2}{\sum x_{3i}^2(1-R_2^2)} \\ &= \frac{\sigma^2}{\sum x_{3i}^2} VIF\end{aligned} \tag{8.13}$$

(이들 공식에 대한 증명은 연습문제 8.21 참조) 이들 공식에서 R_2^2이 X_3에 대한 X_2의 (보조) 회귀분석에서의 결정계수를 의미한다(참고: X_2와 X_3 사이의 R^2값은 X_3와 X_2 사이의 R^2값과 같다).

앞 공식에서,

$$VIF = \frac{1}{(1 - R_2^2)} \tag{8.14}$$

식 (8.14)의 우측항은 **분산팽창요인**(variance inflation factor, VIF)이라 하는데, R^2이 증가함에 따라 b_2와 b_3 모두의 분산, 즉 표준오차가 증가하거나 확대되기 때문이다. (여기서 분산 확대의 양상이 보이는가?) 극단적으로는 이러한 결정계수가 1일 경우(즉, 완전다중공선성일 경우), 이러한 분산과 표준오차는 정의되지 않게 된다. (왜 그럴까?) 물론 R^2이 0이라면(즉, 공선성이 존재하지 않는다면) VIF는 1이 될 것이고(왜 그럴까?), 공선성 상황들을 촉발하는 큰 분산과 표준오차에 대한 걱정을 할 필요가 없게 된다. 예를 들어, Stata는 모형에 포함된 각각의 독립변수에 대한 VIF를 계산해 준다. 한편, VIF의 역수는 공차한계(tolerance, TOL)라 한다: $TOL = 1/VIF$. EViews나 Stata와 같은 통계 패키지는 각각의 추정된 계수에 대한 VIF 요인을 계산해 주고, 계숫값들에 과연 높은 공선성을 포함하는지 연구자가 판단할 수 있도록 도와준다.

이제 중요한 질문: 보조회귀분석에서 R^2은 매우 높아서 (하지만 1보다는 작다), 앞서 항목 4에서 논의한 기준에 의해 공선성이 높은 수준이라 가정하자. 하지만, 식 (8.12), (8.13), (8.14)에서처럼, b_2의 분산은 VIF뿐 아니라 u_i의 분산인 σ^2에 의해 영향을 받고, X_2에 대한 변동인 $\sum x_{2i}^2$에도 영향을 받는다. 따라서, R^2은 0.91로 매우 높지만 σ^2이 작거나 $\sum x_{2i}^2$은 클 수 있고, 아니면 둘 모두일 수 있어서 b_2의 분산은 작아지고 t값은 커질 수 있다. 즉, 높은 R^2값은 낮은 σ^2이거나 높은 $\sum x_{2i}^2$, 혹은 둘 모두에 의해 조절되어 간다. 물론 '높다'와 '낮다'의 용어는 상대적인 개념으로 사용된다.

이 모두는 보조회귀분석에서 추정된 높은 R^2이 단지 다중공선성을 판단하는 참고적인 지표라는 점을 시사한다. 이전의 논의에서 알 수 있듯이, 추정량의 표준오차를 증가시키지 않을 수 있다. 좀 더 공식적 표현으로 설명하면, "높은 R^2은 높은 표준오차를 얻기 위해 필요적이거나 충분적이지 않기 때문에 다중공선성 자체가 표준오차를 높게 하지는 않는다."[13]

앞서 논의한 다양한 다중공선성 진단 방법을 통해 얻을 수 있는 일반적인 결론은 무엇인가? 그것은 다중공선성을 진단하기 위해 다양한 방법이 있고, 어느 한 진단 방법이 공선성 문제에 대한 완전한 해답을 주지는 않는다는 것이다. 다중공선성은 정도의 문제이고 표본 특화 현상이라는 것을 기억해야 한다. 어떠한 경우 진단하기는 쉬울 수 있어도 문제의 심각성을 판단하기 위해서는 다양한 방법들이 수반되어야 할 것이다. 다중공선성 문제를 해결하기 위해 쉬운 해결책은 없다.

---

13 G. S. Maddala, *Introduction to Econometrics*, Macmillan, New York, 1988, p. 226. 하지만, Maddala는 "만약 R_i^2이 작다면 더 좋을 것이다."라고 언급하였다.

다중공선성 진단 연구는 계속 진행 중이다. 새로운 기술들이 고안되고 있는데, 가령 **조건지수**(condition index) 방법이 개발되었다. 이러한 새로운 방법들은 이 책의 범주를 넘어서기에 별도로 참고문헌을 소개하고자 한다.[14]

8.6 다중공선성은 반드시 나쁜 것인가?

다중공선성 문제에 대한 해결 방법을 고려하기 전에 중요한 질문을 제기할 필요가 있다: 다중공선성은 "필요악"인가? 이에 대한 대답은 연구의 목적에 따라 달라진다. 만약 연구의 목적이 종속변수의 미래 평균값을 예측하기 위해 모형을 사용하는 것이라면, 공선성 자체는 그다지 문제가 아닐 수 있다.

식 (8.8)의 위젯 수요함수를 다시 참조하자. 비록 수익 변수가 개별적으로는 통계적으로 유의하지 않더라도, 전체적인 R^2은 0.9778로 수익 변수를 제거하였던 식 (8.7)보다 조금 더 높다. 따라서, 예측을 위한 목적에서 식 (8.8)은 식 (8.7)보다 조금 더 나을 수 있다. 종종 예측 연구자들은 R^2에 의한 설명력을 기준으로 모형을 선택하기도 한다. 이는 과연 좋은 전략일까? 만약 표 8-1에서 주어진 가격과 수익 자료에서 관측된 공선성이 미래에도 지속된다면 좋다고 할 수 있다. 식 (8.9)에서 수익(X_4)과 가격(X_2)이 상관관계가 존재한다는 것을 알고 있다. **만약 동일한 관계가 미래에도 지속될 것이라 기대한다면**, 식 (8.8)은 예측을 위해 사용될 수 있다. 하지만 그럴 가능성은 거의 없다. 또 다른 표본에서 두 변수 간의 공선성에 대한 정도는 분명히 그리 크지 않을 수 있지만, 식 (8.8)에 기반한 예측은 가치가 거의 없을 수 있다.

한편, 연구 목적이 예측일 뿐 아니라 선택한 모형의 개별 모수에 대한 신뢰있는 추정을 하는 것이라면, 높은 공선성은 나쁠 수 있다. 추정량의 표준오차가 높아지기 때문이다. 하지만 앞서 논의한 것처럼 연구 목적이 계수들의 그룹(가령, 두 계수의 합이나 차)을 정확하게 추정하고자 한다면, 다중공선성이 존재하더라도 추정이 가능하다. 따라서 식 (8.7)에서 기울기계수 −2.1576은 $(A_2 - 2A_3)$의 추정치인데[식 (8.6) 참조], 비록 A_2와 A_3를 개별적으로 추정하지 않아도 통상적인 OLS 방식으로 정확하게 추정이 가능하다.

높은 공선성에도 불구하고 종종 "행복한" 상황들이 있다. 이때 추정된 R^2과 대부분 개별 회귀계수들이 통상적인 유의수준인 5%를 기준으로 t검정 시 통계적으로 유의하게 추정된다. Johnston은 다음과 같이 언급하였다. "이러한 현상은 만약 개별 추정계수들이 참값 이상으로 좋은 값이 도출되어 과잉된 표준오차에도 불구하고 효과성이 있다고 나타나거나, 참값 자체

14 조건지수에 대한 간단한 논의로는 Damodar N. Gujarati and Dawn C. Porter, *Basic Econometrics*, 5th ed., McGraw-Hill, New York, 2009, pp. 339-340을 참조하라.

가 너무 커서 추정치가 그리 크지 않음에도 불구하고 여전히 통계적으로 유의하게 나타날 수 있다."[15]

논의를 계속 진행하기 전에, 이 장에서 지금까지 논의된 몇 가지 사항을 설명하는 구체적인 경제적 사례를 고려해 보고자 한다.

8.7 사례 연구: 미국의 닭고기 수요

연습문제 7.17의 표 7-14에는 미국에서의 1960~1982년 동안 닭고기에 대한 1인당 소비량(DCHK), 1인당 실질(즉, 인플레이션에 대해 조정된) 가처분소득(DISINC), 닭고기의 실질소매가격(CHKPRICE), 돼지고기의 실질소매가격(PORKPRICE), 소고기 실질소매가격(BEEFPRICE) 자료들이 주어져 있다.

이론에 의하면, 재화의 수요는 일반적으로 소비자의 실질소득, 해당 재화의 실제 가격, 대체재 및 보완재의 실제 가격 등에 대한 함수임을 고려하여, 표 8-3과 같이 로그-선형모형으로 추정하였다. 종속변수(Y)는 1인당 닭고기 소비량(파운드)이다. EViews를 사용하여 표 8-3의 추정 결과를 도출하게 되었다.

모형이 로그-선형 수요함수에 적용되었기 때문에, 모든 기울기계수는 관련 X변수에 대한 Y의 편탄력성을 의미한다. 따라서, 수요에 대한 소득탄력성은 약 0.34, 수요에 대한 가격탄력성은 약 −0.50, 수요에 대한 교차탄력성(돼지고기)은 약 0.15, 수요에 대한 교차탄력성(소고기)은 약 0.09로 추정되었다.

추정 결과에서 확인할 수 있듯이, 수요에 대한 개별적인 소득과 가격탄력성은 통계적으로 유의하다. 하지만 2개의 교차-가격탄력성은 통계적으로 유의하지 않은데, 부호에서는 닭고기와 대체관계로서 적합한 결과가 도출되었다. 즉, 돼지고기나 소고기의 가격이 상승하면 닭고기의 수요는 상승하게 되는데, 이는 소비자들이 더 높은 가격의 재화에서 덜 비싼 재화로 소비 패턴을 바꾸기 때문이다. 아울러, 닭고기는 소득탄력성이 1보다 작기 때문에 사치재는 아님에 주목하라. 가격에 대한 닭고기의 수요는 비탄력적이다. 탄력성계수의 절댓값이 1보다 작기 때문이다.

두 교차-가격탄력성은 양수여서 다른 두 고기류가 닭고기에 대해 대체관계에 있음을 시사하지만 통계적으로는 유의하지 않다. 따라서 닭고기의 수요는 돼지고기나 소고기의 가격 변화

---

15 J. Johnston, *Econometric Methods*, 3rd ed., McGraw-Hill, New York, 1984, p. 249.

표 8-3 ● 미국의 닭고기에 대한 수요함수

종속변수: LOG(DCHK)
추정법: 최소제곱법
표본: 1960~1982
관측 개수: 23

변수	계수	표준오차	t-통계량	p값
C	2.189792	0.155715	14.06283	0.0000
LOG(DISINC)	0.342555	0.083266	4.113970	0.0007
LOG(CHKPRICE)	−0.504592	0.110894	−4.550212	0.0002
LOG(PORKPRICE)	0.148545	0.099673	1.490334	0.1535
LOG(BEEFPRICE)	0.091105	0.100716	0.904568	0.3776
R-squared	0.982313	Mean dependent var		3.663887
Adjusted R-squared	0.978383	S.D. dependent var		0.187659
S.E. of regression	0.027591	Akaike info criterion		−4.152987
Sum squared resid	0.013703	Schwarz criterion		−3.906140
Log likelihood	52.75935	Hannan-Quinn criter.		−4.090906
F-statistic	249.9282	Durbin-Watson stat		1.826069
Prob(F-statistic)	0.000000			

에 영향을 받지 않고 있다. 하지만 이는 성급한 결론일 수 있는데, 모형에 다중공선성의 가능성이 있기 때문이다. 이에 8.5절에서 논의한 몇 가지 다중공선성 진단을 고려해 보고자 한다.

닭고기 수요함수에 대한 공선성 진단

상관계수 행렬 표 8-4에서는 4개의 (로그를 취한) 설명변수에 대해 쌍별 상관계수를 보여주고 있다. 표에 의하면 설명변수 간의 쌍별 상관계수는 동일하게 높게 나왔다: 로그 실질소득과 로그 돼지고기 가격은 0.98, 로그 돼지고기와 로그 소고기 가격은 0.95, 로그 실질소득과 로그 닭고기 가격은 0.91 등. 하지만 이러한 높은 쌍별 상관계수의 결과가 수요함수에 공선성 문제가 없다는 것을 보장하는 것은 아니다.

보조회귀분석 각각의 설명변수를 나머지 설명변수들에 의해 회귀분석을 실시한 결과는 표 8-5에 제시되어 있다. 표에서는 모든 추정 결과의 R^2은 0.94를 초과하고 있다. 식 (4.49)에서의 F검정은 모든 R^2값이 통계적으로 유의함을 보여주는데(연습문제 8.24 참조), 표 8-5에서 각각의 설명변수는 다른 설명변수들에 대해 높은 공선성을 보여주고 있다.

따라서 표 8-3의 추정 결과에서 돼지고기와 소고기의 가격변수에 대한 계수들에서 통계적으

표 8-4 ● 표 8-3의 설명변수 간의 쌍별 상관계수

	$\ln X_2$	$\ln X_3$	$\ln X_4$	$\ln X_5$
$\ln X_2$	1	0.9072	0.9725	0.9790
$\ln X_3$	0.9072	1	0.9468	0.9331
$\ln X_4$	0.9725	0.9468	1	0.9543
$\ln X_5$	0.9790	0.9331	0.9543	1

주: 상관계수 행렬은 대칭적이다. 따라서 X_4와 X_3의 상관계수 결과는 X_3와 X_4의 상관계수 결과와 같다.

로 유의미한 결과가 도출되지 않았을 가능성이 크다. 하지만 이는 앞서 논의한 높은 다중공선성에 대한 이론적 결과와 일치한다. 높은 다중공선성에도 불구하고, 실질소득과 가격변수 간의 계수가 통계적으로 유의미한 것은 흥미로운 결과이다. 이는 각주 15에서 Johnston이 언급했던 사안과 잘 부합해 보인다.

참고사항으로 1980년 노벨 경제학상 수상자인 로렌스 클라인은 일명 클라인의 경험 법칙(Klein's rule of thumb)으로 알려진 규칙을 제안하였는데, 다중공선성은 단지 보조회귀식에서 얻게 된 R^2이 전체 모형인 모든 설명변수에 대한 종속변수를 추정한 결과에서 얻게 된 R^2보다 클 때 문제가 발생한다고 주장하였다.

이 사례에서 알 수 있듯이, 공선성이 높은 경우 개별 설명변수의 통계적 유의성을 판단할 때 주의를 기울여야 한다. 이 사례는 다중공선성에 대한 조치 방법을 고려할 때 다시 살펴보자.

표 8-5 ● 보조회귀식

$\ln X_2 =$	0.9460	−	$0.8324 \ln X_3$	+	$0.9483 \ln X_4$	+	$1.0176 \ln X_5$	
$t =$	(2.5564)		(−3.4903)		(5.6590)		(6.7847)	
								$R^2 = 0.9846$
$\ln X_3 =$	1.2332	−	$0.4692 \ln X_2$	+	$0.6694 \ln X_4$	+	$0.5955 \ln X_5$	
$t =$	(8.0053)		(−3.4903)		(4.8652)		(3.7848)	
								$R^2 = 0.9428$
$\ln X_4 =$	−1.0127	+	$0.6618 \ln X_2$	+	$0.8286 \ln X_3$	−	$0.4695 \ln X_5$	
$t =$	(−3.7107)		(5.6590)		(4.8652)		(−2.2879)	
								$R^2 = 0.9759$
$\ln X_5 =$	−0.7057	+	$0.6956 \ln X_2$	+	$0.7219 \ln X_3$	−	$0.4598 \ln X_4$	
$t =$	(−2.2362)		(6.7847)		(3.7848)		(−2.2870)	
								$R^2 = 0.9764$

분산팽창요인(VIF) VIF는 다중회귀모형에서 j번째 설명변수와 다른 설명변수들 간 다중공선성 정도에 대한 지표이다. 대개 j번째 설명변수에 대한 VIF가 10보다 크면, 모형에서 j번째 설명변수는 다른 변수들에 대해 높은 공선성을 가진다고 간주할 수 있다. 다중회귀모형에서 j번째 변수의 계수에 대한 분산 공식은 다음과 같다.

$$\begin{aligned}\mathrm{Var}(b_j) &= \frac{\sigma^2}{\Sigma x_j^2}\left(\frac{1}{1-R_j^2}\right) \\ &= \frac{\sigma^2}{\Sigma x_j^2} VIF_j\end{aligned} \qquad (8.15)$$

이때 b_j는 설명변수 X_j의 (편 또는 부분)회귀계수, R_j^2 = 모형에서(즉, 보조회귀식) 나머지 설명변수들에 대한 회귀변수 X_j의 R^2, σ^2은 오차항의 분산을 의미한다. 식 (8.15)에서 첫 번째 항을 고정하면 분산 b_j는 VIF에 비례하게 되는데, j번째 설명변수의 VIF가 커질수록 해당 설명변수의 오차분산 역시 커진다는 것을 의미한다. 이는 당연히 R_j^2이 1을 향해 커질수록 b_j의 분산은 커진다는 것이다. 극단적으로 $R_j^2 = 1$이면 b_j의 분산은 무한대이다.

Eviews를 사용하여, 앞 사례의 결과로 표 8-6에는 VIF 결과들이 제시되어 있다. 실제로는 (상수항을 포함하는) 중심화된 VIF들을 주로 사용하게 된다.

표 8-6에서 확인할 수 있듯이 중심화된 VIF에서 꽤 높게 측정되었는데, 이는 회귀모형에 다중공선성 문제가 내재함을 보여준다.

표 8-6 ● 여러 회귀계수에 대한 분산팽창요인

분산팽창요인
표본: 1960~1982
관측 개수: 23

	계수	중심화되지 않은	중심화된
변수	분산	VIF	VIF
C	0.024247	732.5715	NA
LOG(DISINC)	0.006933	9704.075	65.11460
LOG(CHKPRICE)	0.012298	5515.718	17.48577
LOG(PORKPRICE)	0.009935	5942.824	41.43312
LOG(BEEFPRICE)	0.010144	6959.436	42.30710

8.8 다중공선성 처치 방법[16]

8.5절에서 여러 진단 검정들을 기준으로 하여 다중공선성으로 인해 발생하는 문제들을 논의하였다. 모형에 다중공선성이 존재하지만 없앨 수 없다면, 다중공선성으로 인한 문제의 심각성을 어떻게 하면 줄일 수 있을까? 불행하게도 공선성 진단의 측면에서 확실하게 조치할 수 있는 방법은 없다. 단지 몇 가지 경험에 의한 대안만 있을 뿐이다. 이는 다중공선성이 특정 표본에서의 특성은 반영하지만 모집단의 특성은 반영하지 않는 이유이다. 아울러 높은 공선성에도 불구하고 OLS 추정량은 여전히 BLUE 속성을 유지한다. 여러 회귀계수에서 통계적으로 유의미하지 않거나 잘못된 부호를 제시하는 경우가 있는 것은 사실이다. 연구자가 공선성으로 인한 문제의 심각성을 줄여가고자 한다면, 특정 표본이 "상태가 좋지 않을 경우" 대응 방법은 거의 없다는 점을 염두에 두고 다음 중 몇 가지 방법을 시도할 수 있다.

모형에서 변수 제거

심각한 다중공선성이 존재하는 경우, 가장 간단한 방법은 공선성이 존재하는 변수들을 제거하는 것이다. 따라서 닭고기의 수요함수를 나타낸 표 8-3의 추정 결과에서 3개의 가격변수에서 상관관계가 존재하기 때문에 돼지고기와 소고기의 가격변수를 모형에서 제거하면 어떤 결과가 발생하게 되는가?

하지만 이러한 처치는 다중공선성 자체로 인한 문제보다 상황을 더 악화시킬 수 있다. 표 8-3의 회귀모형과 같은 경제적 모형은 이론적인 고찰을 통해 설정하였다. 이 사례에서는 경제학 이론에 따라 3개의 육류 제품들은 서로 경쟁 품목들이기 때문에 닭고기 수요에 어느 정도 영향을 미칠 것으로 기대한다. 따라서 경제학적인 측면에서 표 8-3에서의 추정 결과는 적절한 수요함수이다. 불행히도, 표 7-14에 주어진 특정 표본 자료에 근거한 회귀결과에서 닭고기 수요량에 대한 돼지고기 및 소고기 가격의 개별적인 영향을 추정할 수는 없다. 하지만 모형에서 이러한 변수들을 제거하면 제7장에서 논의한 **모형 설정 오류**(model specification error)에 처하게 된다. 단지 공선성 문제를 제거하기 위해 모형에서 해당 변수를 제거하고 추정하게 되면 축약된 모형에서의 추정치에는 편의가 발생하게 된다. 이러한 편의에 대한 이해를 위해, 돼지고기와 소고기 변수 없이 닭고기에 대한 수요함수 결과를 다음과 같이 제시할 수 있다.

$$\begin{aligned} \widehat{\ln Y} &= 2.038 + 0.4515 \ln X_2 - 0.3722 \ln X_3 \\ t &= (17.497)\ (18.284) \qquad (-5.8647) \\ R^2 &= 0.9801;\ \bar{R}^2 = 0.9781 \end{aligned} \tag{8.16}$$

---

16 더 자세한 내용은 D. A. Belsley, *Conditioning, Diagnostics, Collinearity, and Weak Data in Regression*, John Wiley, New York, 1991, 1.3, 1.4, 2.3, 5.2절을 참조하라.

이 결과에서 보여주듯이, 표 8-3과 비교하여 소득탄력성은 증가하였지만 가격탄력성의 절댓값은 감소하였다. 즉, 축약된 모형에서의 추정계수에는 편의가 존재할 가능성이 크다.

이러한 논의에서 알 수 있듯이 일종의 상충관계(trade-off)가 존재할 것으로 이해할 수 있다. 공선성 문제가 심각하여 조치한 결과 모형에서 추정량에 편의가 발생하게 되었다. **가장 실질적인 조언은 공선성의 문제가 심각하다고 해서 경제적으로 유용한 모형에서 해당 변수를 누락시키지 않는 것이다.** 당연히 선택한 모형이 경제학적으로 올바른지가 중요한 문제이며, 제7장에서는 좋은 모형의 속성들을 제시하였다. 표 8-3의 추정 결과에서는 돼지고기 가격계수의 t값은 1을 초과하였다. 따라서 제4장에서의 논의를 참조하면, 이 변수를 모형에서 제거하게 되면 이 경우에서처럼 조정된 R^2값은 감소하게 될 것이다.

자료의 추가나 새로운 표본의 확보

다중공선성이 표본의 특징이기 때문에, 같은 변수들을 포함하는 다른 표본에서는 공선성이 이전의 경우처럼 심각하지 않을 수 있다. 실제로 중요한 질문은 데이터를 추출하는 비용이 상당할 것인데, 어떻게 또 다른 표본을 확보할 것인가이다.

단지 추가적인 자료를 확보하는 것(즉, 표본의 크기를 증가시키는 것)은 공선성 문제의 심각성을 완화할 수 있다. 식 (8.12)와 식 (8.13)에서 양상을 쉽게 확인할 수 있다. 예를 들어, 다음 식을 살펴보자.

$$\text{Var}(b_3) = \frac{\sigma^2}{\sum x_{3i}^2 (1 - R_2^2)} \tag{8.17}$$

σ^2과 R^2이 주어진 상태에서, X_3의 표본 크기가 증가하면 $\sum x_{3i}^2$은 점차 증가하게 되는데(왜 그럴까?), 그 결과로 b_3의 분산은 감소하게 되고 b_3의 표준오차 역시 작아지게 된다.

구체적인 설명을 위해, 소비지출(Y)을 소득(X_2)과 재산(X_3) 10개의 관측치에 기반하여 추정한 결과가 다음과 같다.[17]

$$\begin{aligned} \hat{Y}_i &= 24.337 + 0.87164 X_{2_i} - 0.0349 X_{3i} \\ \text{se} &= (6.2801)\ (0.31438)\quad (0.0301) \\ t &= (3.875)\quad (2.7726)\quad (-1.1595)\quad R^2 = 0.9682 \end{aligned} \tag{8.18}$$

이 추정 결과에서는 재산에 대한 추정계수가 5% 유의수준에서 통계적으로 유의하지 않음을 보여주고 있다.

17 식 (8.17)과 (8.18)에 제시된 결과는 Albert Zucker 덕분이다.

하지만 표본의 크기를 40개로 증가하면, 추정 결과가 다음과 같이 달라지게 된다.

$$\hat{Y}_i = 2.0907 + 0.7299X_{2i} + 0.0605X_{3i}$$
$$t = (0.8713)\ (6.0014)\ \ (2.0641)\quad R^2 = 0.9672 \tag{8.19}$$

이제 재산에 대한 계수는 5% 유의수준에서 통계적으로 유의하고 부호에서도 양(+)의 값을 취하게 되어 경제적 상식에 부합하게 된다.

물론 새로운 표본을 구하는 경우와 마찬가지로 이미 변수에 해당하는 추가적인 변수를 확보하는 것 역시 비용 및 기타 제약 때문에 실현 가능성은 낮다. 하지만 이러한 제약 상황이 엄격하지만 않다면, 이러한 조치를 통해 확실히 문제를 해결할 수 있다.

모형에 대한 재구성

때로는 실증분석을 위해 선택한 모형이 면밀한 고찰을 통해 도출되지 않았을 수 있다. 아마도 어떤 중요한 변수가 누락되었거나, 모형의 함수 형태가 부정확할 수 있다. 따라서 닭고기에 대한 수요함수의 사례에서, 돼지고기 및 소고기 가격을 포함하는 대신에 둘 중 하나의 가격만 모형에 추가할 수 있다; 표 8-4의 상관계수 행렬이나 표 8-5의 보조회귀분석 결과에서 두 가격은 높은 상관관계가 존재하고 있다. 이에 더 좋은 방안을 모색하고자 두 대체재의 가중평균

표 8-7 ● 닭고기 수요에 대한 다른 추정 결과

종속변수: LDCHK
추정법: 최소제곱법
표본: 1960~1982
관측 개수: 23

변수	계수	표준오차	*t*-통계량	*p*값
C	2.029865	0.118682	17.10338	0.0000
LDISINC	0.481286	0.068188	7.058251	0.0000
LCHKPRICE	−0.350628	0.079394	−4.416310	0.0003
LCOMPRICE	−0.061035	0.129960	−0.469645	0.6440
R-squared	0.980303	Mean dependent var		3.663887
Adjusted R-squared	0.977193	S.D. dependent var		0.187659
S.E. of regression	0.028340	Akaike info criterion		−4.132296
Sum squared resid	0.015260	Schwarz criterion		−3.934819
Log likelihood	51.52141	Hannan-Quinn criter.		−4.082631
F-statistic	315.2063	Durbin-Watson stat		1.910653
Prob(F-statistic)	0.000000			

가격을 구할 수 있다면, 두 대체재 대신에 이를 변수로 사용할 수 있다. 표 8-7에서는 두 대체재에 대한 종합 가격을 제시하고 있다. 즉, 닭고기에 대한 수요를 가처분소득, 닭고기 가격, 그리고 종합 가격에 대해 모든 변수에 로그를 취한 형태로 추정한 결과가 표 8-7에 제시되어 있다.

이 추정 결과에서는 소득탄력성과 가격탄력성(즉, 닭고기 가격) 모두 통계적으로 유의하지만, 종합 가격탄력성에서는 잘못된 부호를 제시하면서 통계적으로도 유의하지 않다.

이 사례에서는 이론에 기반하여 변수들을 모형에 추가하여도, 설명변수 간의 다중공선성으로 인해 1개 혹은 그 이상의 변수들에서 통계적으로 유의하지 않은 결과가 제시된다는 점을 알 수 있다. 이는 이 장의 앞서 논의한 다중공선성의 결과와 모두 부합하고 있다.

모수에 대한 선험적 정보

수요함수와 같은 특정 현상은 자주 분석 대상이 된다. 기존의 선험적 연구에 의해 몇몇 모수에 대한 지식이 축적된다. 이러한 지식은 추후 연구에서 사용될 표본에 유용하게 사용될 수 있다. 보다 구체적으로 과거에 추정하였던 위젯의 수요함수를 참조하면 소득계수가 0.9였고 통계적으로 유의하였다고 가정하자. 하지만 표 8-1의 자료를 통해서는 수요량(Quantity)에 대한 수익(earnings, 소득에 대한 한 측정치)의 개별적 효과를 평가할 수 없었다. 과거의 소득에 대한 계숫값이 0.9라는 결과에는 변함이 없을 것이라는 확신이 있다면, 식 (8.8)은 다음과 같이 다시 추정할 수 있다.

$$\begin{aligned} \text{Quantity} &= B_1 + B_2\,\text{price} + B_3\,\text{earnings} + u_i \\ &= B_1 + B_2\,\text{price} + 0.9\,\text{earnings} + u_i \\ \text{Quantity} - 0.9\,\text{earnings} &= B_1 + B_2\,\text{price} + u_i \end{aligned} \tag{8.20}$$

이때 선험적 정보를 통해 $B_3 = 0.9$로 적용할 수 있다.

선험적 정보가 올바르다고 가정한다면, 공선성에 관한 문제를 완화할 수 있다. 식 (8.20)의 우측 항에는 단지 1개의 설명변수만 추가되어 있어서 공선성이 발생할 이유가 없기 때문이다. 식 (8.20)은 수량 관측치에서 해당 수익 관측치에 0.9배한 값을 차감한 결과를 종속변수로 설정하고 이를 가격에 대한 회귀모형으로 다시 설정하였음을 의미한다.[18]

이 방법은 언뜻 보기에 매력적으로 보이지만, 모든 경우에 적용할 수 없고 연구 당시의 현실과는 관련이 없는 선험적 정보를 얻게 된다는 점에 유의할 필요가 있다. 하지만 더욱 중요한

---

18 공선성은 경기변동의 영향을 많이 받는 시계열자료에서 많이 발생한다. 이 사례와 같이 횡단면 연구에서 확보한 기존 정보는 시계열분석에서 여러 모수를 추정하는 데 사용될 수 있다.

점은 이러한 사전 정보를 얻을 수 있다 하더라도 연구 과정 중에 표본 역시 계속 유지되리라 가정하는 것 역시 무리한 가정일 수 있다는 점이다. 물론 소득효과가 표본에 따라 크게 변하지 않을 것이라는 기대가 있는 상황에서 소득계수에 대한 사전 정보가 있다면 이러한 처치 수단은 간헐적으로 실증분석연구에 적용할 수 있다.

변수에 대한 변환

모형에 포함된 변수를 변환하게 되면 공선성 문제를 어느 정도 해소할 수 있다. 예를 들어, 총소득과 총재산(또는 부)의 함수로서 미국의 총소비지출 연구에서 1인당 소비지출을 1인당 소비와 1인당 재산의 함수로 표기할 수 있다. 이때 총소비함수는 심각한 공선성 문제를 내재하지만 1인당 소비함수는 공선성 문제가 심각하지 않을 수 있다. 물론 이러한 변수 변환이 항상 도움을 주는 것은 아니지만, 총소비함수와 개별 소비함수 중 어떤 것이 초기 모형 설정 시 적합한지 좀 더 신중하게 고려할 수 있다.

심각한 공선성 문제를 줄이기 위한 변수 변환의 사례로 1965~1980년 기간의 미국 자료를 기반하여 다음과 같은 추정 결과를 얻게 되었다.[19]

$$\begin{aligned}\hat{Y}_t &= -108.20 + 0.045X_{2t} + 0.931X_{3t} \\ t &= \text{N.A.} \quad (1.232) \quad (1.844) \quad R^2 = 0.9894\end{aligned} \tag{8.21}$$

이때, N.A = 유용하지 않음, Y = 수입액(10억 달러), X_2 = 국민총생산(GNP; 10억 달러), X_3 = 소비자가격지수(CPI)를 의미한다.

이론에 의하면, 수입액은 GNP(소득에 대한 측정치)와 국내 가격에 양(+)의 관계를 보인다.

회귀모형 추정 결과에서는 소득과 가격 계수 모두 양측검정 결과 각각 5%의 수준에서 통계적으로 유의하지 않다.[20] 하지만 F검정에 기반하여 이 두 기울기계수가 모두 0일 것이라는 귀무가설을 기각할 수 있는데, 이는 모형에 공선성 문제가 존재함을 의미한다. 이러한 공선성 문제를 완화하기 위해, Salvatore는 다음과 같은 회귀식을 도출하였다.

$$\begin{aligned}\frac{\hat{Y}_t}{X_{3t}} &= -1.39 + 0.202\frac{X_{2t}}{X_{3t}} \\ t &= \text{N.A.} \quad (12.22) \quad R^2 = 0.9142\end{aligned} \tag{8.22}$$

이때 N.A = 유용하지 않음. 이 추정 결과는 실질수입액은 실질소득에 대해 t값이 매우 유의하게 추정되어 통계적으로 유의하다. 따라서 명목변수를 실질변수로 변환하는 "기교"를 통해 공

---

19 Dominick Salvatore, *Managerial Economics*, McGraw-Hill, New York, 1989, pp. 156-157을 참조하라.

20 단측 t검정에서는 가격계수가 5% 수준에서 유의미하다는 것에 유의하라.

선성의 문제를 분명히 제거할 수 있다.[21]

기타 처치 방법

앞에서 다중공선성 해결을 위해 제시한 처치 방법들은 단지 제안일 뿐이다. 이외에도 문헌에는 여러 처치 방법이 제시되어 있다. 가령, 시계열과 횡단면 자료를 결합하는 방법, 요인 또는 주성분 분석(factor or principal component analysis), 능형회귀분석(ridge regression) 등이 있다. 하지만 이러한 주제는 이 책의 범주를 벗어나 지엽적일 수 있고 과도한 통계학 지식이 요구되므로 필요한 경우 각주의 문헌을 참고하길 바란다.[22]

21 한편 어떤 학자들은 이러한 방식의 변수 변환을 관행적으로 실시하는 것에 대해 경고하고 있다. 자세한 내용은 다음의 두 교재를 참조하라: E. Kuh and J. R. Meyer, "Correlation and Regression Estimates When the Data Are Ratios," *Econometrica*, pp. 400-416, October 1955. 및 G. S. Maddala, *Introduction to Econometrics*, Macmillan, New York, 1988, pp. 172-174.

22 다중공선성 처치 방법에 대한 심화 주제는 D. N. Gujarati, *Econometrics by Example*, 2nd ed., Palgrave, London, 2015, pp. 89-92. 및 D. N. Gujarati, *Linear Regression: A Mathematical Introduction*, SAGE, Los Angeles, CA, Appendix 7A, pp. 168-170을 참조하라.

요약

고전적 선형회귀모형에서 중요한 가정 중 하나는 설명변수 사이에 분명한 선형관계, 즉 다중공선성이 존재하지 않는다는 것이다. 실제로 완전다중공선성이 발생할 경우는 거의 없지만 높은 다중공선성은 자주 발생한다. 실제로 *다중공선성*이란 용어는 둘 이상의 변수가 높은 선형관계일 때 사용한다.

다중공선성의 결과는 다음과 같다. 완전다중공선성의 경우, 개별적인 회귀 추정계수나 표준오차를 추정할 수 없다. 높은 다중공선성의 경우, 개별 회귀계수는 추정이 가능하고 BLUE 속성을 유지하고 있다. 하지만 표준오차는 추정계숫값에 비해 커지는 경향이 있어서 t값이 감소하게 된다. 그 결과 t값이 작아진 상황에서의 추정계수는 통계적으로 0과 다르지 않게 된다. 즉, t값이 작아지게 된 변수의 *한계적 또는 개별적인* 기여도를 평가할 수 없다. 다중회귀모형에서 X변수에 대한 기울기계수는 *편회귀계수*라 하는데, 이를 통해 다른 X변수들을 고정으로 유지한 상태에서 종속변수에 대한 (한계적 또는 개별적) 효과를 측정한다. 하지만 연구의 목적이 어떤 계수들의 그룹을 정확하게 평가하는 것이라면 모형에 공선성 문제가 심각하지 않을 경우에는 가능하다.

이 장에서는 여러 가지 다중공선성을 진단하는 방법과 각각의 장단점을 논의하였다. 아울러 다중공선성 문제를 해결할 수 있는 다양한 처치 방법과 각각의 장단점을 논의하였다.

다중공선성은 주어진 표본의 특성을 반영하기 때문에, 다중공선성을 진단하고 처치하는 다양한 방법 중 어떤 방법이 실제로 주어진 상황에 적합할지는 예단할 수 없다.

주요 용어 및 개념

완전 또는 불완전 공선성(perfect and imperfect collinearity)
(a) 높은 다중공선성(near or very high multicollinearity)
(b) 완전선형관계(perfectly linearly related)
(c) 완전공선성 또는 다중공선성(perfect collinearity or multicollinearity)
(d) 높은 선형관계(near-perfect linear relationship)

편상관계수(partial correlation coefficient)

보조회귀분석(subsidiary or auxiliary regression)

분산팽창요인(variance inflation factor, VIF)

다중공선성 처치 방법(remedial measures for multicollinearity)
(a) 변수 제거; 모형 설정 오류(dropping variables; model specification error)
(b) 기타: 요인분석; 능형회귀분석(factor or principal component analysis; ridge regression)

질문

8.1 공선성과 다중공선성의 의미를 설명하라.

8.2 완전다중공선성과 불완전다중공선성의 차이를 설명하라.

8.3 키가 무게에 얼마나 영향을 미치는지 회귀분석을 실시하는데, 동일한 사람의 키를 인치와 피트로 계산한 값들을 한 모형에 포함하였다. 이러한 회귀모형을 추정할 수 없는 이유를 직관적으로 설명하라.

8.4 다음 모형을 고려하자.

$$Y_i = B_1 + B_2X_i + B_3X_i^2 + B_4X_i^3 + u_i$$

이때 Y = 총생산비용, X = 생산량이다. X^2과 X^3은 X에 대한 함수이므로 완전공선성이 존재한다. 이에 동의하는가? 이유를 설명하라.

8.5 식 (4.21), (4.22), (4.25), (4.27)을 참조하자. $X_{3i} = 2X_{2i}$일 때, 이 네 가지 식의 추정이 불가능한 이유를 보여라.

8.6 불완전다중공선성이 발생하였을 때 이론적으로 예상되는 결과는 무엇인가?

8.7 불완전다중공선성이 발생하였을 때 실제로 예상되는 결과는 무엇인가?

8.8 분산팽창요인(VIF)의 의미가 무엇인가? 식 (8.14)로부터 VIF의 최솟값과 최댓값은 얼마인가?

8.9 다음 문장에서 괄호를 채워라.

a. 높은 다중공선성의 경우, 회귀계수의 표준오차는 (   ) 되려는 경향이 있고 t값은 (   ) 되려는 경향이 있다.

b. 완전다중공선성의 경우, OLS 추정량은 (   )이고 분산은 (   ) 된다.

c. 다른 조건이 일정할 때, VIF가 높아질수록 OLS 추정량의 (   ) 역시 높아진다.

8.10 다음의 진술이 참인지 거짓인지 이유를 진술하라.

a. 완전다중공선성에도 불구하고, OLS 추정량은 최량선형불편추정량(BLUE)이다.

b. 높은 다중공선성의 경우, 편회귀계수에 대한 개별적인 유의성을 평가하는 것은 불가능하다.

c. 보조회귀식 추정 결과 특정 R_j^2에서 높게 도출되었다면, 높은 공선성이 존재할 근거는 분명하다.

d. 높은 쌍별 상관계수를 통해 높은 다중공선성이 있음을 굳이 제시할 필요는 없다.

e. 다중공선성은 연구 목적이 단지 예측을 위함이라면 유해하지 않다.

8.11 실업률, 통화공급, 이자율, 소비지출 등 시계열 변수들을 포함하는 자료에서는 대개 다중공선성이 의심된다. 왜 그럴까?

8.12 다음의 모형을 고려하자.

$$Y_t = B_1 + B_2X_t + B_3X_{t-1} + B_4X_{t-2} + B_5X_{t-3} + u_t$$

이때 Y = 소비, X = 소득, t = 시간.

이 모형은 해당 기수인 t시기뿐 아니라 이전 3개 기수의 소득에 대한 해당 기수 t시기의 소비지출의 선형함수이다. 이러한 모형을 *시차분포모형*이라 하는데 *동태모형*(즉, 시간의 변화를 포함하는 모형)을 대표한다.

a. 이 모형에는 다중공선성이 존재할 것이라 예상하는가? 이유는 무엇인가?

b. 다중공선성이 의심된다면, 어떻게 해결할 수 있겠는가?

연습문제

8.13 X_2와 X_3에 대한 Y의 다중회귀식을 추정하게 되었다.

a. 이 모형의 계수를 추정할 수 있겠는가? 이유는?

b. 추정이 불가하다면, 계수들의 선형결합이 이루어질 경우 추정할 수 있겠는가?

표 8-8 ● 가상 자료

Y	−10	−8	−6	−4	−2	0	2	4	6	8	10
X_2	1	2	3	4	5	6	7	8	9	10	11
X_3	1	3	5	7	9	11	13	15	17	19	21

8.14 표 8-9는 1971~1986년 기간의 미국 자료를 제시한다. 승용차에 대한 총수요함수는 다음과 같다.

$$\ln Y_i = B_1 + B_2 \ln X_{2t} + B_3 \ln X_{3t} + B_4 \ln X_{4t} + B_5 \ln X_{5t} + B_6 \ln X_{6t} + u_t$$

이때 ln = 자연로그, X_2 = 소비자가격지수(신차, 1967 = 100, 계절조정); X_3 = 소비자가격지수(전 품목, 전체 도시 소비자, 1967 = 100, 계절조정); X_4 = 개인가처분소득(PDI, 10억 달러, 계절조정 안 함); X_5 = 이자율(%), 금융사에서 직접 발행한 문서; X_6 = 고용된 민간노동력(1,000명, 계절조정 안 함)

a. 가격지수 X_2와 X_3를 모형에 도입하게 된 합리적인 이유는 무엇인가?

b. 수요함수에 고용된 민간노동력(X_6)을 추가하게 된 합리적인 이유는 무엇인가?

c. 추정 이후 각각의 편기울기계수들은 어떻게 해석할 것인가?

d. 앞 모형에서 OLS 추정치를 구하라.

8.15 문제 8.14에서 모형에 다중공선성 문제가 존재하는가?

8.16 문제 8.14에서 만약 공선성이 존재한다면 보조회귀식을 추정하고 어떤 변수에서 높은 공선성이 존재하는지 찾아내라.

a. 미국의 자동차 수요함수를 추정하기 위한 선형 또는 더블-로그모형을 구축해 보라.

b. 표에 제시된 모든 설명변수를 모형에 포함한다면 다중공선성 문제가 발생할 것이라 기대하는가? 왜 그렇게 생각하는가?

c. 다중공선성 문제를 예상한다면, 이 문제를 어떻게 완화할 수 있겠는가? 타당한 가설을 제시하고 계산을 통해 증명하라.

8.17 앞의 문제를 지속하여, 모형에 심각한 공선성이 존재한다면 어떠한 변수를 제거할 것이며 그 이유는 무엇인가? 1개 이상의 X변수들을 제거하게 되면 어떤 유형의 오류를 범하게 되는가?

8.18 1개 이상의 X변수들을 제거하였을 때 승용차에 대한 최종 수요함수는 무엇인가? 모든 X변수를 추가했던 처음 모형과 비교하여 최종 모형은 어떠한 점에서 우수한가?

8.19 미국의 자동차 수요를 더 잘 설명하기 위해 어떤 변수들을 추가로 모형에 도입할 수 있겠는가?

8.20 1961~1981년 기간에 영국의 벽돌, 도자기, 유리, 시멘트 산업의 생산함수 연구에서 R. Leighton Thomas는 다음과 같이 실증분석 결과를 제시하였다.[23]

1. $\log Q = -5.04 + 0.887\log K + 0.893\log H$

$\text{se} = (1.40)\,(0.087)\quad (0.137)\quad R^2 = 0.878$

2. $\log Q = -8.57 + 0.0272t + 0.460\log K + 1.285\log H$

$\text{se} = (2.99)\quad (0.0204)\quad (0.333)\quad (0.324)$

$R^2 = 0.889$

이때 Q = 요소비용은 고정인 상태에서 생산량 지수, K = 1975년 교체비용에서 총자본량, H = 노동시간, t = 기술에 대한 대체변수로서 시간 추세.

괄호는 추정 표준오차

a. 두 회귀모형의 추정 결과를 해석하라.

b. 모형 1에서, 각각의 편기울기계수는 5% 유의수준에서 통계적으로 유의함을 보여라.

c. 모형 2에서, t와 log K의 계수는 5% 유의수준에서 통계적으로 유의함을 보여라.

d. 모형 2에서 log K 변수가 유의하지 않은 이유를 설명하라.

e. t와 log K의 상관계수가 0.980이라면 어떠한 결론을 도출할 수 있겠는가?

f. 모형 2에서 t와 log K가 각각 유의하지 않다면, 모형 2에서 두 편기울기계수가 동시에 0과 같다는 가설을 채택할 것인가 기각할 것인가? 어떠한 검정을 사용할 수 있겠는가?

g. 모형 1에서 규모에 대한 수익들은 얼마인가?

8.21 식 (8.12)와 (8.13)을 도출하라. (힌트: X_2와 X_3 사이의 상관계수 r_{23}^2을 구하라.)

---

23 R. Leighton Thomas, *Introductory Econometrics: Theory and Applications*, Longman, London, 1985, pp. 244-246.

8.22 표 8-10에서는 주당 소비지출(Y), 주당 소득(X_2), 재산(X_3) 등에 대한 가상의 자료를 달러 기준으로 제시하고 있다.

a. Y를 X_2와 X_3에 대해 OLS 추정하라.

b. 이 모형에는 공선성이 존재하는가?

c. X_2를 Y에 대해, X_3를 Y에 대해 모형을 각각 추정하라. 추정 결과 어떠한 상황을 밝혀낼 수 있는가?

d. X_3를 X_2에 대해 회귀분석을 실시하라. 어떠한 상황을 밝혀낼 수 있는가?

e. 심각한 공선성이 존재한다면, X변수 중 1개를 제거하겠는가? 그 이유는 무엇인가?

표 8-10 ● 소비지출(Y), 주당 소득(X_2), 재산(X_3)에 대한 가상 자료

Y	X_2	X_3
70	80	810
65	100	1,009
90	120	1,273
95	140	1,425
110	160	1,633
115	180	1,876
120	200	2,252
140	220	2,201
155	240	2,435
150	260	2,686

8.23 표 8-5에서 모든 R^2값이 통계적으로 유의한지 검정하라.

8.24 문제 2.16을 참조하라. ASP를 GPA과 GMAT, 입학허가율(%), 등록금, 입학사정관 평가 등에 대해 회귀분석을 실시하고자 한다. 선험적으로 이 모형에는 다중공선성 문제가 내재되어 있겠는가? 만약 그러하다면, 다중공선성 문제를 어떻게 해결할 것인가? 가능한 모든 회귀분석 결과를 제시하라.

8.25 1990년 1분기에서 1998년 2분기까지 영국의 분기별 자료를 활용하여 Asteriou와 Hall이 분석한 결과를 표 8-11과 같이 요약하였다.[24]

a. 각각의 회귀모형을 추정하라.

b. 모형 1에서 Log(CPI)는 양(+)으로 5% 유의수준에서 유의한 결과가 추정되었다. 이 결과는 경제학적으로 타당한가?

c. 모형 3에서 Log(PPI)의 계수는 양(+)이지만 통계적으로 유의하지 않다. 이 결과는 경제학적으로 타당한가?

d. 모형 2에서는 모든 가격변수에 로그를 취하고 있고, 각각의 추정 계수는 통계적으로 유의하다. 하지만

24 Dimitrios Asteriou and Stephen Hall, *Applied Econometrics: A Modern Approach*, Palgrave/Macmillan, New York, 2007, chap. 6을 참조하라. 제시된 추정 결과는 해당하는 교재의 장에서 다양한 표들을 요약한 내용이다.

Log(CPI) 계수는 양의 부호이고, Log(PPI) 계수는 음의 부호이다. 이와 같은 추정 결과가 도출된 이유는 무엇인가?

e. 다중공선성이 이러한 문제들을 일으킨 원인이라 생각하는가? 문제의 원인을 규명하라.

f. PPI와 CPI의 상관계수가 0.9819이다. 이 결과에서 다중공선성 문제를 제시하고 있는가?

g. 제시된 3개의 모형 중에서 어떤 모형을 선택하겠는가? 그 이유는 무엇인가?

표 8-11 ● 영국의 수입에 대한 수요(1990년 1분기~1998년 2분기)

설명변수	모형 1	모형 2	모형 3
Intercept	0.6318	0.2139	0.6857
	(1.8348)	(0.5967)	(1.8500)
Log(GDP)	1.9269	1.9697	2.0938
	(11.4117)	(12.5619)	(12.1322)
Log(CPI)	0.2742	1.0254	—
	(1.9961)	(3.1706)	0.1195
Log(PPI)	—	−0.7706	0.1195
		(−2.5248)	(0.8787)
Adjusted-R^2	0.9638	0.9692	0.9602

주: GDP: 국내총생산; CPI: 소비자물가지수; PPI: 생산자물가지수

8.26 표 8-12에는 미국의 1975~2005년 기간의 수입(Imports), GDP, 소비자물가지수(CPI)가 제시되어 있고, 다음과 같이 모형을 설정하였다.

$$\ln 수입_t = \beta_1 + \beta_2 \ln GDP_t + \beta_3 \ln CPI_t + u_t$$

a. 표에 제시된 자료를 사용하여 이 모형의 계수들을 추정하라.

b. 자료에 다중공선성이 존재할 것이라 예상하는가?

c. 다음의 모형들에 대해 회귀분석을 실시하라.

(1) $\ln 수입_t = A_1 + A_2 \ln GDP_t$

(2) $\ln 수입_t = B_1 + B_2 \ln CPI_t$

(3) $\ln GDP_t = C_1 + C_2 \ln CPI_t$

추정 결과 자료에서 다중공선성은 어떠한 특성을 가진다고 할 수 있겠는가?

d. 자료에는 다중공선성이 존재하지만 $\hat{\beta}_2$과 $\hat{\beta}_3$이 각각 5%에서 유의하고 전체 F검정에서 역시 유의한 결과가 도출되었다고 가정하자. 이 경우에 공선성 문제를 우려해야 하는가?

8.27 치즈가 숙성됨에 따라서, 여러 화학적 작용이 일어나 최종 제품에 대한 풍미를 결정하게 된다. 표 8-13에는 숙성된 체다치즈에 대한 30개 표본에 있는 다양한 화학물질의 농도에 관한 자료와 각 표본의 주관적인 맛에 대한 측정치가 포함되어 있다. 변수 *Acetic*와 *H2S*는 각각 아세트산과 황화수소의 농도로 자연로그를 취하였다. 변수 *lactic*(젖산)에는 로그를 취하지 않았다.

a. 4개 변수에 대한 산점도를 그려라.

b. 아세트산과 H2S에 대한 맛에 대해 2변수 회귀분석을 실시하고 결과를 해석하라.

c. 젖산과 H2S에 대한 맛에 대해 2변수 회귀분석을 실시하고 결과를 해석하라.

d. 아세트산, H2S, 젖산에 대한 맛에 대해 다중회귀분석을 실시하고 결과를 해석하라.

e. 다중공선성에 대한 지식을 기반으로 이 추정 회귀 결과들을 어떻게 판단할 수 있겠는가?

f. 이 분석에서 어떠한 종합적 결과를 도출할 수 있겠는가?

8.28 표 8-14에는 네덜란드의 84개 대기업 최고경영자의 평균 급여(1,000길더), 이윤(100만 길더), 매출액(100만 길더)에 대한 자료가 제시되어 있다. Y = 급여, X_2 = 이윤, X_3 = 매출액이라 하자.

a. 다음의 회귀모형을 추정하라:

$$\ln Y_i = B_1 + B_2 \ln X_2 + B_3 \ln X_3 + u_i$$

이때, ln = 자연로그.

b. 모든 기울기계수가 5% 수준에서 각각 통계적으로 유의한가?

c. 기울기계수 모두에 대해 5% 수준에서 통계적으로 유의한가? 어떤 분석을 실시해야 하고 그 이유는 무엇인가?

d. (b)번 문제에서 유의하고 (c)번 문제에서 유의하지 않다면 그 이유는 무엇인가?

e. 다중공선성을 의심한다면, 이를 어떻게 찾아낼 수 있는가? 사용할 수 있는 검정 방법은 무엇인가?

주: 모든 계산과정을 보여라.

8.29 표 8-15의 자료는 다음과 같다.

표 8-15 ● 시멘트 1그램당 열량 결정 요인

Y	X_2	X_3	X_4	X_5
78.5	7	26	6	60
74.3	1	29	15	52
104.3	11	56	8	20
87.6	11	31	8	47
95.9	7	52	6	33
109.2	11	55	9	22
102.7	3	71	17	6
72.5	1	31	22	44
93.1	2	54	18	22
115.9	21	47	4	26
83.8	1	40	23	34
113.3	11	66	9	12
109.9	10	68	8	12

출처: H. H. Bingham and John M. Fry, *Regression: Linear Models in Statistics*, Springer, London, 2010, p. 175.

이때, Y = 시멘트 1그램 제조 시 필요한 열량, X_2 = 알루민산 삼칼슘의 양, X_3 = 삼칼슘 실리케이트의 양, X_4 = 철알민산 사석회의 양, X_5 = 디칼슘 실리케이트의 양

설명변수에는 클링커(시멘트의 원료가 되는 3~25mm 크기의 다공질 덩어리)를 구성하는 요소들의 무게에 대한 비중(%)으로 측정되었다.

a. 표 8-15를 사용하여 다음의 회귀모형을 추정하라:

$$Y_i = B_1 + B_2X_{2i} + B_3X_{3i} + B_4X_{4i} + u_i$$

b. 일부분 회귀계수가 5% 수준에서 통계적으로 유의하지 않다면 다중공선성을 의심할 수 있겠는가? 이유를 밝혀라.

c. 설명변수들에 대한 상관행렬을 구하라. 이 결과에서 다중공선성의 가능성에 대한 단서를 제시하고 있는가?

d. 보조회귀식 추정 결과를 제시하라. 추정 결과에서 어떠한 결론을 도출할 수 있겠는가?

e. Y와 X변수들 간의 모형 중에서 어떤 모형이 가장 적절한가?

f. 자료에 더블-로그를 취하면 결과가 어떻게 달라지는지 분석하라.

8.30 표 8-16은 25개사 담배의 내용물에 대한 자료이다.

CO: 일산화탄소(밀리그램)
타르(밀리그램)
니코틴(밀리그램)
무게(그램)

a. CO와 위의 리스트의 다른 변수들과 상관관계가 존재한다는 것을 확인하기 위해 적절한 다중회귀모형을 구축하라.

b. 자료에 이상점이 존재한다면, 해당 이상점이 회귀추정 결과에 영향을 줄 수 있는지 점검하라. 이상점 문제를 어떻게 처리할 것인가?

c. 구축한 다중회귀모형에 다중공선성이 의심되는가? 만약 그러하다면 어떻게 해결할 수 있는가?

8.31 식 (8.14)의 VIF를 참조하라.

a. R^2 = 0, 0.50, 0.70, 0.80, 0.90, 0.95, 0.99, 0.995, 1 등의 결과와 관련하여, VIF와 관련 있는 값들을 찾고 VIF에 대한 그래프를 도출하라. 무엇을 관측할 수 있는가?

b. (a)에 주어진 같은 R^2값들에 대해 Var(b_2)와 Var(b_3)는 얼마인가? [힌트: σ^2과 $\sum x_{2i}^2$, $\sum x_{3i}^2$은 알려져 있다는 가정하에 식 (8.12)와 (8.13)을 참조하라.]

9
Chapter

이분산

오차분산이 일정하지 않으면 어떻게 되는가?

고전적 선형회귀모형(CLRM)의 중요한 가정 중 하나는 모집단회귀함수(PRF)에서의 교란항 u_i가 **동분산**, 즉 모두 동일한 분산 σ^2을 갖는다는 것이다. 만약 u_i의 분산이 σ_i^2으로서 관측치마다 변한다면(σ_i^2의 하첨자에 주목), 우리는 **이분산** 또는 **분산이 일정하지 않은** 상황에 처한 것이다.

동분산 가정은 고전적 선형회귀모형에서만 유효한 가정이다. 현실에서는 이 가정이 항상 충족된다는 보장이 없다. 이 장의 주요 목적은 이 가정이 충족되지 않을 때 어떻게 되는지를 고찰하는 것이다. 구체적으로 우리는 다음 질문에 대한 답을 구하려고 한다.

1. 이분산의 본질은 무엇인가?
2. 이분산으로 인해 어떤 결과가 초래되는가?
3. 어떻게 이분산을 탐지할 것인가?
4. 이분산의 교정 방법에는 어떠한 것이 있는가?
5. 이분산 사례

9.1 이분산의 본질

동분산과 이분산의 차이를 설명하기 위해, 2변수 선형회귀모형에서 종속변수 Y가 개인저축, 설명변수 X는 개인가처분소득, 즉 세후소득(personal disposable, or after-tax, income,

PDI)인 경우를 고려한다. 그림 9-1의 그림들을 살펴보자(그림 3-2a와 그림 3-2b를 참조함).

그림 9-1a와 그림 9-1b는 모두 소득이 증가함에 따라 저축도 평균적으로 증가하고 있는 모습을 보여주고 있다. 그러나 그림 9-1a에서는 소득 수준에 관계없이 저축의 분산이 일정하지만 그림 9-1b에서는 소득이 증가함에 따라 저축의 분산이 증가하고 있다. 그림 9-1a는 **동분산**(homoscedasticity 또는 equal variance)의 사례를 나타내며 그림 9-1b는 **이분산**(heteroscedasticity 또는 unequal variance) 사례를 보여준다. 달리 표현하면, 그림 9-1b에 따르면 고소득 가구가 저소득 가구보다 평균적으로 더 많이 저축하지만 그들의 저축에는 변동성의 정도 또한 더욱 크다. 이러한 현상은 저축과 소득의 통계자료에서도 확인되는데, 저소득층 사람들에게는 저축을 위해 남겨진 여유 소득이 별로 없는 반면에 고소득층 사람들에게는 여유 소득이 많으므로 저축행태에 대한 선택 폭이 많아지기 때문이다. 따라서 소득에 대한 저축의 회귀에서 교란항 분산(즉, u_i의 분산)은 소득이 증가함에 따라 증가할 것으로 기대된다.

기호로 표시하면 이분산은 식 (9.1)로 표현된다.

$$E\left(u_i^2\right) = \sigma_i^2 \tag{9.1}$$

다시 σ_i^2의 하첨자에 주목해야 하며, 이것은 u_i의 분산이 더 이상 일정하지 않고 관측치마다 변한다는 것을 말해준다.

그림 9-1 ● 동분산과 이분산

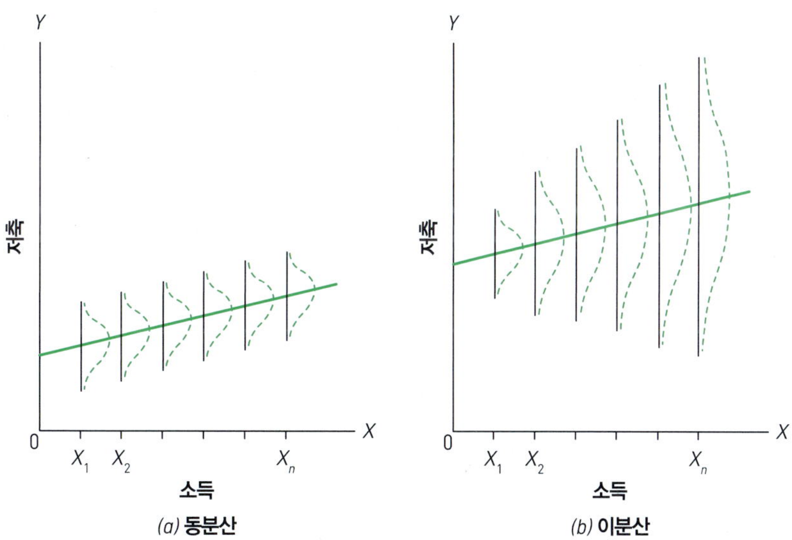

이분산의 발생 원인

규모효과 이분산은 보통 **횡단면자료**(cross-sectional data)에서 발견되고 시계열자료에서는 발견되지 않는다.[1] 횡단면자료는 주로 어떤 주어진 시점에서 개별 소비자나 개별 가구, 기업, 산업 등의 개체나 주, 국가, 시 등과 같은 지리적 단위 등과 같은 모집단 구성 요소에 대한 값들이다. 이 구성 요소들은 중소기업, 대기업 또는 저소득, 중간소득, 고소득 등과 같이 크기의 정도가 크게 다를 수 있어서 **규모효과**(scale effect)가 존재할 수 있다. 한편 시계열자료에서는 변수들이 비슷한 크기를 갖는 경향이 있는데 그 이유는 시간에 걸쳐 동일한 개체에 대한 자료를 수집하기 때문이다. 예를 들면, 1960~2019년 기간에 걸친 GDP, 저축, 실업률 등을 들 수 있다.

시행착오모형 사람들은 시행착오를 겪으면서 학습이 이루어지고 실수가 줄어든다. 따라서 다양한 근로 경험을 가진 사람들의 자료를 분석하는 경우에서는 사람마다 실수의 크기가 크게 차이가 날 수 있기 때문에 이분산 문제가 발생할 가능성이 있다.

여유 소득의 차이 소득 수준이 증가하면 사람들은 더 많은 여유 소득을 갖게 되고 소비 행태에 대한 선택 폭이 넓어진다. 따라서 σ^2은 소득에 비례할 가능성이 있다. Valvanis는 이것을 다음과 같이 표현하였다: "소득이 증가하면 사람들은 이전에 1원도 조심히 사용했다면 이제는 1,000원도 신경 쓰지 않고 사용한다."[2] 기업의 경우에서도 더 많은 이윤을 가지면 이윤이 적을 때보다 배당 정책이 더 다양해지며, 성장하고 있는 기업들은 기반이 잡힌 기업들보다 더 다양한 배당 성향을 가질 가능성이 있다.

기술 효과 데이터 수집 기술이 개선되면 σ_i^2이 줄어들 수 있다. 예컨대 최첨단 데이터 수집 장비를 가진 은행은 재무제표 작성오류가 줄어들 수 있다.

극단값 효과 제7장에서 언급되었듯이 극단값은 표본 내 다른 관측값들에 비해 아주 작거나 아주 큰 관측값을 말한다. 그것은 표본의 나머지 관측값들과는 다른 모집단에 속한 값일 수도 있다. 이러한 관측값이 있으면 특히 표본 크기가 작은 상황에서는 회귀분석의 결과에 큰 영향을 미칠 수 있다.

사람의 실수 실측 자료를 입력할 때 관측자료 몇 개를 실수로 누락하는 경우

모형 설정 오류 고전적 선형회귀모형은 경험적 분석에서 모형을 올바르게 설정한다고 가정한다. 그러나 실제 분석에서는 선형모형, 로그선형모형, 그 밖의 다양한 함수 형태 중에서 선택

---

1 엄격히 말하자면, 항상 그런 것은 아니다. 자기회귀 조건부 이분산(autoregressive conditional heteroscedasticity, ARCH)모형에 따르면, 이분산은 시계열자료에서도 발견될 수 있다. ARCH 모형은 난이도가 높은 주제여서 이 책에서는 다루지 않는다. 대신 Gujarati and Porter, *Basic Econometrics*, McGraw-Hill, 5th ed., 2009, pp. 791-796을 참조하라.

2 Stefan Valvanis, *Econometrics*, McGraw-Hill, New York, 1959, p. 58을 참조하라.

해야 하며 잘못된 모형이 선택될 수 있다.

회귀분석에 사용된 설명변수 분포의 왜도 몇몇 소수의 최상위층이 소득이나 부의 대부분을 소유하면 이들 변수의 자료는 대칭이 아니라 한쪽으로 치우친다.

이분산의 사례를 보기에 앞서 이분산의 결과가 무엇인지를 살펴보자.

9.2 이분산의 결과

동분산을 포함한 CLRM 모형의 가정들이 만족되면 우리는 OLS 추정량이 최량선형불편추정량(best linear unbiased estimators, BLUE)인 것을 알고 있다. 즉, 선형불편추정량들 중에서 OLS 추정량은 최소분산을 가지며 따라서 효율적이다. 이제 동분산 가정 대신에 이분산 가정, 즉 교란항 분산이 관측치마다 다르다고 가정하자. 그러면 OLS 추정량에 대해 다음 결과들이 성립하며, 증명은 생략한다.[3]

1. OLS 추정량은 여전히 선형추정량이다.
2. 여전히 불편추정량이다.
3. 그러나 더 이상 최소분산을 갖지 않으며, 따라서 효율적이지 않다. 이것은 대표본에서도 마찬가지이다. 정리하면, OLS 추정량은 대표본과 소표본 모두에서 BLUE가 아니다.
4. OLS 추정량의 분산에 대해 통상적인 공식을 사용하면 편의가 유발되며, 사전적으로는 그 편의가 양(상향편의)인지 혹은 음(하향편의)인지 알 수 없다. 양의 편의는 추정량 분산이 과대추정될 때이고, 음의 편의는 추정량 분산이 과소추정될 때를 말한다.
5. 위에서 언급된 편의는 σ^2의 관례적인 추정량인 $\hat{\sigma}^2$, 즉 $\sum e_i^2/df$가 더 이상 불편추정량이 아니라는 사실 때문에 발생한다(참고: df는 설명변수가 2개인 경우에는 $n-2$이고 3개인 경우에는 $n-3$이며, ⋯ 등등임). $\hat{\sigma}^2$이 OLS 추정량의 분산을 계산할 때 사용되었음을 상기하라.
6. 4와 5의 문제 때문에 t와 F분포에 기초한 신뢰구간이나 가설검정을 이용하면 잘못된 결론을 도출할 가능성이 있다.

3 몇몇 증명과 그 밖의 증명에 대한 문헌 출처는 Gujarati and Porter, *Basic Econometrics*, McGraw-Hill, 5th ed, New York, 2009, chap. 11에서 발견할 수 있다. 수학적으로 더 상세한 논의가 필요하면 Gujarati, *Linear Regression: A Mathematical Introduction*, SAGE, Los Angeles, CA, 2018을 참조하라.

7. 이분산 문제가 있는 모형을 이용해서 예측하면 잘못된 결과를 얻을 수 있다.

요약하면, 이분산이 존재하면 통상적인 검정 과정은 신뢰할 수 없게 되며 잘못된 결론을 도출할 가능성이 있다. 따라서 이분산 문제가 존재하면 OLS 추정과 가설검정의 표준적인 과정 전체가 무너질 수 있으므로 신중하게 고려해야 한다.

이분산 검정 절차로 넘어가기 전에, OLS 추정량이 이분산하에서 효율적이지 못한 이유를 직관적인 수준에서라도 이해할 필요가 있다.

설명변수가 2개인 간단한 회귀모형을 살펴보자. OLS는 잔차 제곱합(residual sum of squares, RSS)을 극소화한다는 것을 제2장에서 다룬 바 있다.

$$\sum e_i^2 = \sum (Y_i - b_1 - b_2 X_i)^2 \qquad (9.2) = (2.13)$$

이제 그림 9-2를 살펴보자.

이 그림은 X변수의 값에 대응하는 Y의 모집단을 보여주고 있다. 그림에서 보면, 주어진 X값에 대응하는 각 Y의 (소)모집단의 분산은 동일하지 않으며, 따라서 이분산이 존재함을 보여준다. X의 각 값에 대해 임의로 Y의 한 값을 선택한다고 하자. 선택된 Y값들은 큰 파란색 점으로 표시된다. 식 (2.13)이 보여주듯이, OLS에서 각 e_i^2은 큰 분산을 갖는 모집단이나 작은 분산을 갖는 모집단이나 관계없이 동일한 가중치를 부여받는다(Y_n과 Y_1을 비교해 보자). 그러나 이것은 타당한 방법이 아니다. 타당한 방법이라면, 분산이 작은 모집단의 관측치에 대해서는 큰 가중치를 그리고 분산이 큰 모집단의 관측치에 대해서는 더 작은 가중치를 주어야 할 것이다. 이것은 전자가 후자보다 평균값 주위에 더 밀집해 있어서 모집단회귀함수(PRF)를

그림 9-2 ● 이분산이 있는 모집단과 표본회귀함수의 가상 사례

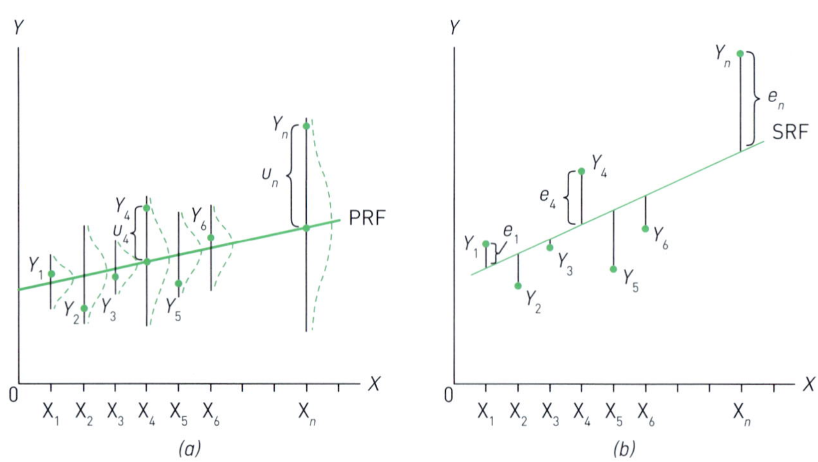

더 정확하게 추정할 수 있도록 하기 때문이다. 이러한 방식을 가중최소제곱법(weighted least squares, WLS)이라고 하며, 뒤에서 설명한다.

사례 9.1 근로자 523명에 대한 임금과 관련 자료

순수한 횡단면자료에서 생길 수 있는 이분산의 한 예로 표 9-1 자료를 보자.[4]

523명에 대한 여러 변수의 값이 수집되었으나 여기에서는 임금(Wage, 시간당, 단위: 달러), 교육(Educ, 단위: 년)과 근로경력(Exper, 단위: 년) 간의 관계만을 고려한다. 다른 변수들의 값은 고정시키고 교육과 근로경력만 변할 때 임금이 어떻게 움직이는지 보기 위해 다음 모형을 고려하며, 이러한 모형을 임금 회귀식이라고 부른다.

$$Wage_i = B_1 + B_2 Educ_i + B_3 Exper + u_i \tag{9.3}$$

사전적으로 임금과 두 설명변수 간에는 양의 관계가 있을 것으로 기대된다. 자료를 이용한 회귀분석 결과는 표 9-2에 있다.

이제 다시 임금 회귀식 (9.3)으로 돌아가서 이분산이 존재한다고 판단될 경우에는(이분산의 공식적인 검정은 9.3절에서 다룬다) 분석 결과를 매우 조심해서 해석해야 한다. 회귀식 (9.3)에서 교육의 계수는 t값이 약 11이고 근로경력은 t값이 약 5로서 두 계수 모두 높은 통계적 유의성을 갖고 있다. 그러나 이 t값들은 고전적 회귀모형 가정을 전제로 계산된 것이다. 만약 이분산이 존재한다면 어떻게 되는가? 이미 봤듯이, 그러한 경우에는 통상적인 가설검정 과정은 신뢰할 수 없게 되고 잘못된 결론을 도출할 가능성을 갖게 된다.

실용적인 이유에서 회귀분석을 할 때는 통상적으로 일단 고전적 선형회귀모형(CLRM)의 모든 가정이 충족된다고 가정한다. 그리고 회귀분석을 수행하고 분석 결과를 본 이후에, CLRM의 몇몇 가정이 위반되었을 가능성을 고려하기 시작한다. 이러한 접근이 나쁘지 않은 이유는, 우리가 가진 자료에 대해 흠부터 잡고 시작할 필요가 없기 때문이다.

그런데 이 사례의 자료는 다양한 배경을 가진 근로자 523명에게서 수집되었기 때문에 동분산 가정이 충족되지 않을 가능성이 있다. 만약 실제로 동분산 가정이 위반되었다면 표준오차의 추정값이나 t값은 신뢰할 수 없게 된다. 이러한 가능성의 존재 여부를 확인하기 위해서 다음 절에서 다양한 진단 검사 방법들을 먼저 일반적인 상황에서 배우고 다음으로 표 9-2의 임금 회귀분석 사례에 적용한다.

---

4 이 자료는 http://lib.stat.edu/datasets/CPS_85_wages에서 입수한 자료에 http://www.economicswebinstitute.org의 자료를 보완한 것이나. 원래 자료의 크기는 534개였으나, 11개 자료의 경우 근로경력 자료의 누락으로 제거하였다.

표 9-2 ● 임금 회귀분석(9.3) 결과

종속변수: WAGE
추정법: 최소제곱법
표본: 1~523
관측 개수: 523

변수	계수	표준오차	t-통계량	p값
C	−4.524472	1.239348	−3.650687	0.0003
EDUC	0.913018	0.082190	11.10868	0.0000
EXPER	0.096810	0.017719	5.463513	0.0000
R-squared	0.194953	Mean dependent var		9.118623
Adjusted R-squared	0.191856	S.D. dependent var		5.143200
S.E. of regression	4.623573	F-statistic		62.96235
Sum squared resid	11116.26	Prob (F-statistic)		0.000000
Durbin-Watson stat	1.867684			

주: Durbin-Watson 통계량은 회귀분석의 표준적인 출력물 중 하나이며, 제10장에서 상세히 다룬다. Eviews는 회귀분석에 대한 표준적인 결과물로서 Durbin-Watson 통계량 값을 계산해 준다. 분석 결과는 우리의 사전적인 추측을 확인해 준다. 즉, 임금은 근로경력뿐만 아니라 교육과 강한 양의 관계를 가지며, 고전적 회귀모형의 가정들이 충족된다는 전제하에서 두 설명변수의 계수 추정값의 통계적 유의성 또한 높은 것으로 나타난다.

9.3 이분산의 탐지: 이분산 문제 여부를 어떻게 알 수 있는가?

이분산 결과를 열거하는 것은 이론적으로는 쉽지만 구체적인 상황에서 이분산의 존재를 탐지하기란 그렇게 쉽지 않다. σ_i^2을 알기 위해서는 선택된 X에 상응하는 Y의 모집단을 알아야만 하는데, 모집단의 전체 자료를 갖는 것은 극히 예외적이기 때문이다. 현실에서의 더 일반적인 상황은 특정 X값에 상응하여 단 하나의 Y값만을 관측하는 것이며, 이러한 경우에 단지 하나의 Y값에서 σ_i^2을 알아내는 것은 불가능하다.[5]

이것은 딜레마로서, 만약 이분산이 존재하는데도 무시한다면 일반적인 OLS 과정은 잘못된 결론을 도출할 가능성이 있다. 실제 σ_i^2을 알 수만 있다면 이분산 문제 해결이 가능하지만(9.4절에서 다룬다), 각각의 관측치마다 잔차 분산의 실젯값을 알 수 있는 방법은 없다.

다중공선성에서와 마찬가지로, 이분산을 확실하게 탐지하는 방법은 없다. 다만 이분산의 탐

5 주어진 X값에 상응하는 모집단에서 u의 분산과 Y의 분산은 서로 같다. 달리 표현하면, (주어진 X값의 조건에 맞는) u의 조건부 분산과 Y의 조건부 분산은 같다. 이것은 제3장의 각주 3에서 언급된 바 있다.

지를 도와주는 몇몇 보조적인 진단 방법이 존재하며, 이제 이러한 방법을 알아보기로 한다.

1. 문제 특성

고려하는 문제의 특성 자체가 이분산의 존재 가능성을 암시해 줄 때가 자주 있다. 예를 들어, Prais와 Houthakker는 가구 생활비를 다룬 선구적 연구에서 소득이 설명변수이고 소비가 종속변수인 회귀분석의 잔차 분산이 소득과 함께 증가함을 밝힌 바 있으며, 그 이후 유사한 연구들에서는 잔차항에 이분산이 존재한다고 가정하는 것이 일반화되었다.[6] 사실상 상이한 개체를 포함하는 횡단면자료에서 이분산은 예외라기보다 일상적인 현상일 수 있다. 따라서 투자지출을 매출액과 이자율 등과 관련하여 횡단면 분석을 수행하는 경우, 만약 소규모, 중규모, 대규모 기업들이 함께 같은 표본에 포함된다면 일반적으로 이분산이 예상된다. 비슷하게, 생산량과 관련하여 생산의 평균 비용에 관한 횡단면 연구에서도 만약 소규모, 중규모, 대규모 기업들이 같이 표본에 포함되면 이분산이 발견될 가능성이 있게 된다(9.6절의 예제 참조).

2. 그림에 의한 잔차항 조사

응용 회귀분석에서는 회귀함수를 추정한 이후에 항상 잔차를 조사하는 것이 권장된다. 잔차는 추정된 모형의 적합도에 관한 유용한 단서를 제공하기 때문이다. 특히 이분산의 상황에서는 **잔차 제곱의 그림**(residual plot)을 그려보는 것이 도움이 될 때가 있다. 잔차 제곱은 (그림 9-3에서와 같이) 그 자체만을 그려볼 수 있고, 또는 (그림 9-4a와 9-4b에서와 같이) 하나 또는 다른 설명변수들에 대응시켜서 그려볼 수 있다.

그림 9-4a와 9-4b와 같이 자료에 상당한 변동성이 있는 경우에는 회귀분석에 이분산이 있을 가능성이 있다.

주의사항: 잔차항 e_i는 교란항 u_i의 추정값이어서 서로 값이 완전히 일치하지 않으므로 e_i제곱이 변한다고 해서 u_i의 분산이 상수가 아니라고 바로 결론지을 수 없다.[7] 그러나 실제에서는 u_i를 관측할 수 없으므로 현실적으로 e_i를 다룰 수밖에 없으며, 따라서 e_i^2의 패턴을 보고 u_i^2의 패턴을 유추해야 한다. 또한 u_i의 분산(= σ_u^2)의 추정량으로서 $\frac{\sum e_i^2}{n-k'}$을 사용하는 점을 잊지 말아야 하며, 이때 n은 표본 크기이고 k는 추정되는 모수들의 개수이다. 그리고 고전적 선형회귀모형(CLRM) 가정하에서 이 추정량이 σ_u^2의 불편추정량이다.

그림 9-3과 그림 9-4에 기초해서 이제 임금 회귀함수에 대해 이분산 문제의 가능성을 의심

6 S. J. Prais and H. S. Houthakker, *The Analysis of Family Budgets*, Cambridge University Press, New York, 1955.

7 e_i와 u_i의 관계는 다음 책을 참조하라: E. Malinvaud, *Statistical Methods of Econometrics*, North-Holland, Amsterdam, 1970, pp. 88-89.

그림 9-3 ● 회귀분석 (9.3)에서의 잔차 제곱(SS1)

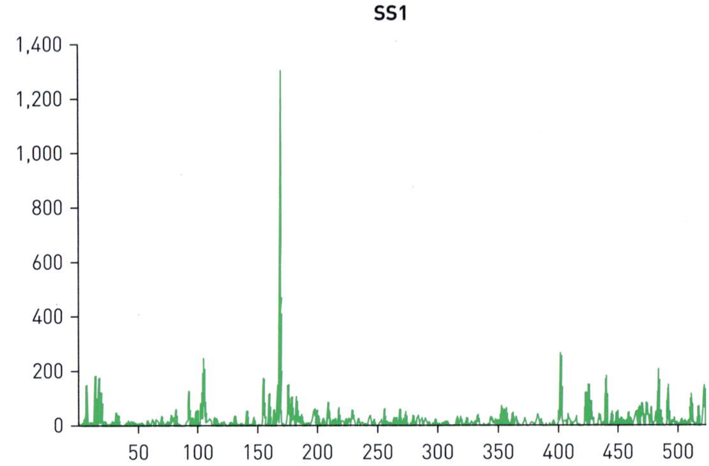

주: SS1은 잔차 제곱임.

그림 9-4 ● (a) 잔차 제곱(SS1) 대 교육(EDUC); (b) 잔차 제곱(SS1) 대 근로경력(EXPER)

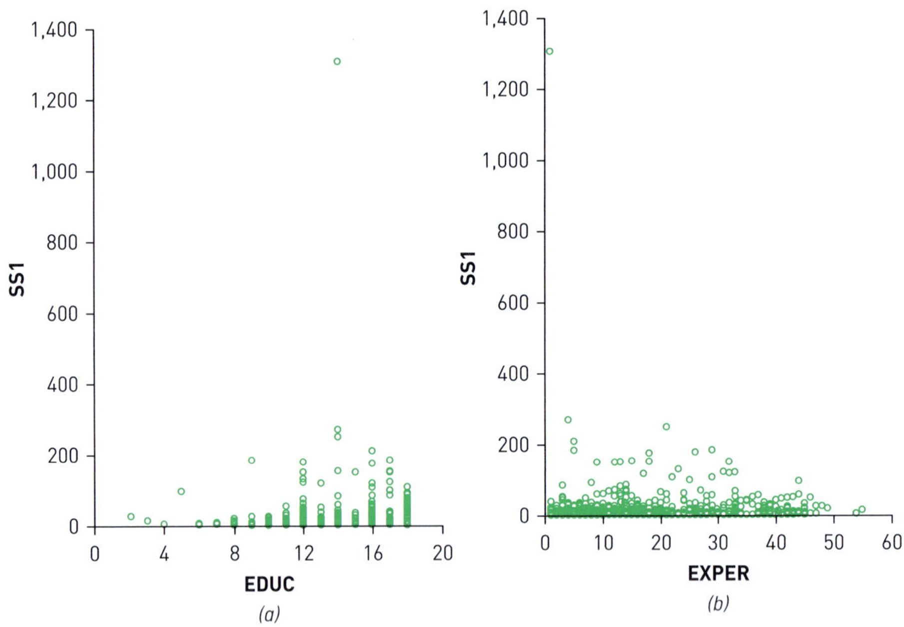

하게 되었다고 하자. 그다음에는 어떻게 해야 하는가? 동분산 가정에 기초하고 있는 회귀분석 결과를 쓸모없다고 봐야 하는가? 이 질문에 답하기 위해서는, 이분산 문제를 해결할 수 있는 적절한 교정 수단들을 알아야 하며, 이것이 다음 절의 주제이다.

그림 9-5 ● e^2의 가상 패턴

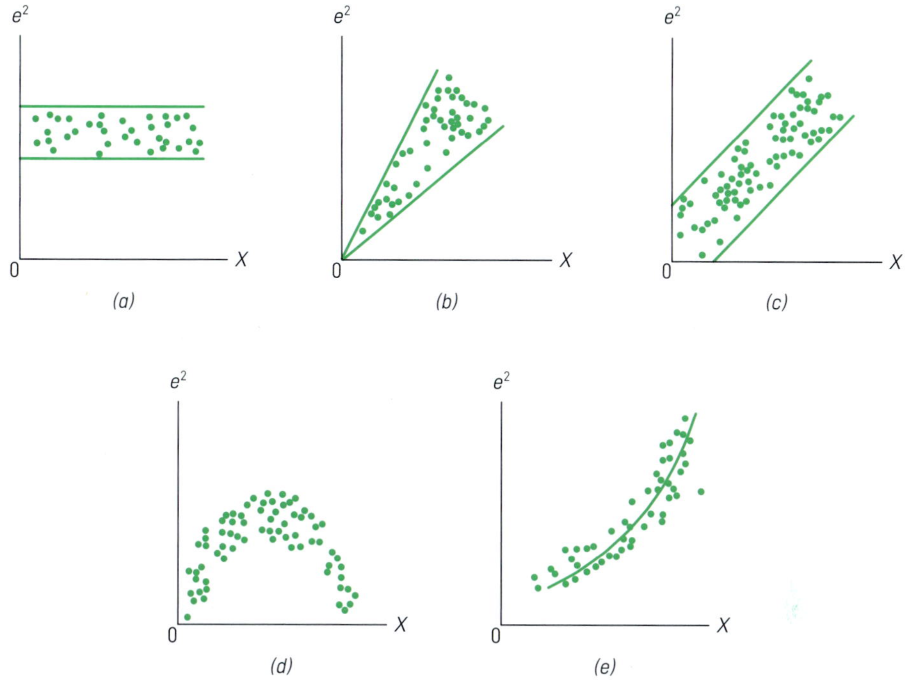

그림 9-3과 9-4는 임금 회귀분석에서 이분산이 존재할 강한 가능성이 있음을 나타내고 있다.

그림 9-5는 응용연구에서 만날 수 있는 잔차 제곱의 다양한 패턴을 보여준다. 그림 9-5a에서 e^2과 X 간에 어떤 체계적인 패턴도 파악할 수 없으므로 자료에 이분산이 없는 것으로 추측할 수 있다. 반면에 그림 9-5b에서 9-5e까지는 잔차 제곱과 설명변수 X 간에 체계적인 패턴을 드러내고 있다. 예를 들어, 그림 9-5c는 선형적 관계를 암시하며 그림 9-5d와 9-5e는 2차 다항식 함수의 관계를 암시하고 있다. 만약 실제 응용에서 잔차 제곱이 그림 9-5b에서 9-5e까지의 패턴 중 하나의 패턴을 보인다면, 자료에 이분산이 존재할 가능성이 있다.

앞의 그림들은 단순히 진단적인 도구에 불과하다는 점을 명심해야 한다. 그림에서 일단 이분산의 가능성이 제기되면, 이러한 가능성을 확인하기 위해서는 공식적인 검정 과정을 이용하여 더 세밀하게 진행할 필요가 있다.

실제 응용에서 그림에 의한 잔차항 조사를 할 때 몇 가지 질문이 제기될 수 있다. 만약 설명변수 X가 4개라면 어떻게 해야 하는가? 가장 간단한 방법은 e_i^2을 각 X변수에 대응해서 그려보는 것이다. 그러면 그림 9-5의 패턴들이 어느 한 설명변수 X에 대해서만 나타날 수 있다. 때때로 더 지름길을 택할 수도 있는데, e_i^2을 각 X변수에 대응해서 그리는 대신에 Y의 추정값인 $\hat{Y}_i$에

그림 9-6 ● e_i^2 대 추정된 임금, 임금 회귀식 (9.3)

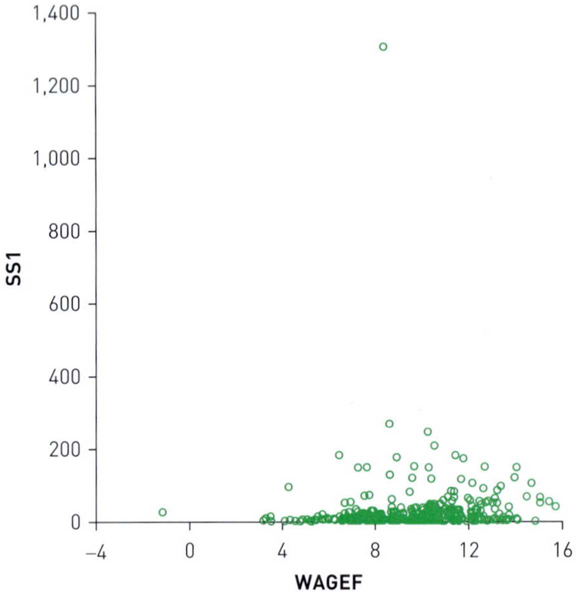

대응시켜서 그리는 것이다. $\hat{Y}_i$은 X들의 선형결합이므로(그 이유는?), 잔차 제곱을 $\hat{Y}_i$에 대응시켜서 그리면 그림 9-5b에서 9-5e까지의 패턴 중 하나가 나타날 수 있으며 이 경우는 이분산 존재를 암시한다. 이 방법은 개별 X변수들에 대응하여 잔차 제곱을 그리는 수고를 절약하며 특히 설명변수의 수가 많을 때 유용하다.

e_i^2을 X변수들이나 $\hat{Y}_i$에 대응하여 그린 그림이 이분산 존재를 보여준다고 하자. 이러한 정보를 어떻게 이용할 수 있는가? 9.4절에서는 이러한 정보로 자료를 변환하여 이분산을 제거하는 방법을 배우게 될 것이다.

이제 임금 회귀식 (9.3)으로 다시 돌아가자. 그림 9-6은 회귀식 (9.3)에서 얻은 잔차의 제곱을 임금의 회귀함수 추정값(Wagef)에 대응하여 그린 것이다.[8]

이 그림은 그림 9-5b와 닮아 보인다. 따라서 잔차 제곱이 임금의 추정값(그 자체가 교육과 경험의 선형결합임)과 체계적인 관계를 갖는 것을 보여주며, 회귀식 (9.3)에 이분산 문제가 있다는 우리의 초기 의심을 확인해준다.

또한 1개 또는 그 이상의 극단값 관측치가 있을 가능성을 주목하라. 523개의 대표본에서 극

---

8 e_i가 아니라 e_i^2을 X_i 혹은 $\hat{Y}_i$에 대응하여 그리는 점을 주목하라. 이것은 제2장과 제3장에서 지적된 바와 같이 e_i는 X_i와 $\hat{Y}_i$과 0의 상관관계를 갖기 때문이다.

단값 1개 정도는 회귀분석 결과에 큰 영향을 미치지 않지만 소표본에서는 영향을 미칠 수 있다. 따라서 특히 소표본에서는 극단값들이 이분산의 요인이 될 수 있음을 염두에 두어야 한다.

3. Park 검정법[9]

지금까지 그림을 통해서 직관적이고 시각에 의존하는 검정 방법을 설명하였는데, 이제 공식적인 검정통계량을 이용하는 검정 방법을 설명한다. 이분산이 존재하면, 이분산 σ_i^2은 설명변수 중 1개 이상의 변수와 체계적인 관계를 가질 수 있다. 이러한 가능성은, σ_i^2을 한두 개의 설명변수에 대해 회귀분석을 함으로써 확인할 수 있다. 2변수 모형의 예를 들면, 다음과 같은 회귀모형을 추정할 수 있다.

$$\ln \sigma_i^2 = B_1 + B_2 \ln X_i + \upsilon_i \tag{9.4}$$

여기서 v_i는 잔차항인데, 이 방식이 바로 Park가 제안한 방법이다. 식 (9.4)에서 특정한 함수 형태는 단지 편리를 위해서 Park가 선택한 것이다.

불행히도 우리는 이분산 σ_i^2을 모르기 때문에 실제에서는 회귀식 (9.4)를 이용할 수 없다. 그러나 만약 우리가 그 구조를 안다면 이분산 문제는 쉽게 해결할 수 있을 것이며, 이것이 9.4절에서 설명할 주제이다. Park는 오차항 e_i를 u_i에 대한 대리변수로 제안하고 다음 회귀분석을 수행하였다.

$$\ln e_i^2 = B_1 + B_2 \ln X_i + \upsilon_i \tag{9.5}$$

X의 일부 값이 음수인 경우에는, 잔차 제곱의 로그값을 X변수들의 로그값에 대해 회귀하는 대신에 잔차 제곱을 X변수에 대해 회귀할 수도 있다. e_i^2는 회귀식 (9.3)과 같이 원래의 회귀함수를 추정하여 얻게 된다.

Park 검정법(Park test)의 실행 과정을 단계별로 설명하면 다음과 같다.

1. 원래 회귀함수를 추정한다.

2. 추정된 회귀함수에서 잔차항 e_i를 구하고 제곱해서 로그를 취한다(대부분의 통계 패키지는 이러한 작업을 옵션으로 처리할 수 있다).

3. 원래 회귀함수의 설명변수를 이용하여 보조회귀식 (9.5)를 추정한다; 만약 설명변수가 1개 이상 있는 경우에는 개별 설명변수 각각에 대해 보조회귀식 (9.5)를 추정한다. 대안으로 추정된 Y값인 $\hat{Y}_i$에 대해 식 (9.5)를 추정할 수 있다.[10]

---

9 R. E. Park, "Estimation with Heteroscedastic Error Terms," *Econometrica*, vol. 34, no. 4, October 1966, p. 888.

10 회귀함수 (9.5)를 추정할 때 적절한 함수 형태를 고려해야 한다. 어떤 경우에는 e_i^2이 적절한 종속변수가 되지만, 또 다른 경

4. $B_2 = 0$, 즉 이분산이 없다는 귀무가설을 검정한다. 만약 $\ln e_i^2$과 $\ln X_i$ 간에 통계적으로 유의한 관계가 존재하면, 이분산 없음의 귀무가설은 기각되며 그 경우에는 해결 방법을 강구해야 한다. 해결 방법은 9.4절에서 논의한다.

5. 만약 귀무가설이 기각되지 않으면, 회귀식 (9.5)의 B_1을 동분산 σ^2으로 해석할 수 있다.

사례 9.2 임금 회귀함수와 Park 검정법

앞서 다루었던 임금 사례로 Park 검정법의 사용을 설명하고자 한다. 교육과 근로경력이라는 두 가지 설명변수가 있으므로 임금의 회귀분석에서 설명변수에 대한 세 가지 대안이 있다. 즉, 교육만 설명변수인 경우, 근로경력만 설명변수인 경우 그리고 마지막으로 회귀식 (9.3)과 같이 두 변수 모두가 설명변수인 경우이다. 이 중에서 한 대안을 선택해서 회귀식을 추정하고 잔차 제곱을 구한다. 그리고 잔차 제곱을 다시 교육에 대해서만, 혹은 근로경력에 대해서만, 혹은 두 변수 모두에 대해서 회귀분석을 수행한다. 여기서는 세 번째 대안을 고려하고 나머지 두 가지 대안은 장의 말미에 있는 연습문제로 남겨둔다.

회귀분석에서 얻은 임금의 추정값(Wagef)에 대해 식 (9.3)에서 얻은 잔차 제곱의 회귀분석을 수행하면, 우리는 표 9-3과 같은 Park 검정법 결과를 얻게 된다.[11]

임금 추정값(Wagef)의 계수가 통계적으로 유의하기 때문에, Park 검정 결과는 이분산 존재의

표 9-3 ● Park 검정법 예시

종속변수: SS1
추정법: 최소제곱법
관측 개수: 523

변수	계수	표준오차	t-통계량	p값
C	−10.35965	11.79490	−0.878316	0.3802
WAGEF	3.467020	1.255228	2.762063	0.0059
R-squared	0.014432	Mean dependent var		21.25480
Adjusted R-squared	0.012540	S.D. dependent var		65.53846
S.E. of regression	65.12624	F-statistic		7.628992
Sum squared resid	2209783.	Prob (F-statistic)		0.005947
Durbin-Watson stat	2.026039			

주: SS1은 회귀식 (9.3)에서 도출되는 잔차 제곱이며 Wagef는 회귀식 (9.3)에서 도출한 임금의 추정값이다.

우에는 $\ln e_i^2$이 더 적절할 수 있다.

11 식 (9.3)에서 계산되는 임금의 추정값 중 1개가 음수이기 때문에 로그변환을 이용할 수 없다. 따라서 잔차 제곱을 종속변수로 이용한다.

증거를 제시하는 것으로 보인다. 그러나 이러한 검정 결과를 받아들이기 전에 Park 검정법의 한 가지 문제를 주목할 필요가 있는데, 그것은 회귀식 (9.5)에서의 잔차인 v_i가 그 자체가 이분산을 가질 수 있다는 점이다.[12] v_i가 이분산을 갖는 경우에는, 우리는 원점으로 되돌아간 셈이다. 따라서 임금 회귀식 (9.3)에 이분산 문제가 없다고 결론 내리기 전에 추가적인 가설검정이 요구될 수 있다.

4. Glejser 검정법[13]

Glejser 검정법(Glejser test)은 Park 검정법과 본질적으로 유사하다. Glejser는 원래의 회귀식에서 잔차 e_i를 구한 다음에 e_i의 절댓값 $|e_i|$를 이분산 σ_i^2과 밀접한 관계를 갖는 것으로 생각되는 설명변수 X에 대해 회귀분석을 할 것을 제안한다. 그가 회귀분석을 위해 제안했던 함수 형태는 다음과 같다.

$$|e_i| = B_1 + B_2 X_i + \upsilon_i \tag{9.6}$$

$$|e_i| = B_1 + B_2 \sqrt{X_i} + \upsilon_i \tag{9.7}$$

$$|e_i| = B_1 + B_2 \left(\frac{1}{X_i} \right) + \upsilon_i \tag{9.8}$$

각 경우에 이분산이 없는 귀무가설은 $B_2 = 0$으로 표현된다. 만약 귀무가설이 기각되면, 이분산 존재의 증거가 될 수 있다.

사례 9.3 임금 회귀함수와 Glejser 검정법

회귀식 (9.3)에서 도출되는 잔차를 이용해서 회귀식 (9.6), (9.7), (9.8)을 추정한 결과는 다음과 같다.

$$\begin{aligned} |e_i| &= -0.3208 + 0.2829 Educ_i \\ t &= (-0.4739)(5.5483) \quad r^2 = 0.0557 \end{aligned} \tag{9.9}$$

$$\begin{aligned} |e_i| &= -3.1905 + 1.8263 \sqrt{Educ_i} \\ t &= (-2.5068)(5.1764) \quad r^2 = 0.0489 \end{aligned} \tag{9.10}$$

$$\begin{aligned} |e_i| &= -4.3879 - 12.6224 \frac{1}{Educ_i} \\ t &= (10.6923)(-2.6561) \quad r^2 = 0.133 \end{aligned} \tag{9.11}$$

---

12 우리는 이분산을 위해서 식 (9.5)의 잔차를 검정해 보았다. Breusch-Pagan 검정(연습문제 9.23)과 White 검정(다음에서 설명함)을 적용했을 때는 이분산의 증거를 찾을 수 없었으나 Glejser 검정(다음에서 설명함)에서는 이분산이 존재하는 것으로 나타났다.

13 H. Glejser, "A New Test for Heteroscedasticity," *Journal of the American Statistical Association*(JASA), vol. 64, pp. 316-323.

앞의 보조 회귀분석들에서 교육(Educ)을 설명변수로 사용하고 있음을 주목하라. 연습문제 9.21에서는 근로경력(Exper)과 임금 추정값(Wagef)을 설명변수로 사용해서 분석하고 결과를 식 (9.9)~(9.11)과 비교하는 문제를 풀게 될 것이다. 다양한 유형의 보조 회귀분석에서 Glejser 검정 결과는 임금 회귀식 (9.3)에 대한 이분산 문제의 가능성을 제시한다.

Glejser 검정법에 대한 주의사항: Park 검정법과 같이 Glejser가 제시한 보조 회귀식의 오차항 v_i도 자기상관 문제와 더불어 이분산 문제를 가질 수 있다(자기상관 문제는 제10장 참조). 그러나 Glejser에 따르면 표본 크기가 클 때 앞서 논의된 보조 회귀식 모형들은 이분산을 잘 탐지하기 때문에, Glejser 검정법은 대표본에서 진단 도구로서 사용될 수 있다. 다만 잔차의 절댓값보다는 잔차 제곱이 분산과 더 합당하기 때문에, (Park, White, Breusch-Pagan 검정법과 같이) 잔차 제곱에 기초한 검정법이 Glejser 검정법보다 더 선호될 수 있다. 이번 장에서 논의될 여러 사례도 이러한 점을 보여주고 있다.

5. White의 일반화 이분산 검정법[14]

White의 일반화 이분산 검정법(White's general test of heteroscedasticity)은 사용하기 매우 쉽다. 적용 과정을 보기 위해서 다음 모형을 살펴보자.

$$Y_i = B_1 + B_2X_{2i} + B_3X_{3i} + u_i \tag{9.12}$$

White 일반화 이분산 검정법은 다음과 같이 진행된다.

1. 먼저 회귀식 (9.12)를 OLS로 추정하고 잔차 e_i를 구한다.

2. 다음의 보조 회귀식을 추정한다.

$$e_i^2 = A_1 + A_2X_{2i} + A_3X_{3i} + A_4X_{2i}^2 + A_5X_{3i}^2 + A_6X_{2i}X_{3i} + \nu_i \tag{9.13}$$

식 (9.12)에서 종속변수는 원래의 회귀함수에서 얻어지는 잔차의 제곱이고 원래의 설명변수들의 2차 다항식으로 회귀식이 설정된다. 2차 다항식 대신에 고차 다항식을 설정해도 된다. v_i는 보조 회귀식에서의 잔차항이다.

3. 보조 회귀식 (9.13)에서 R^2값을 구한다. 이분산이 없는 귀무가설[식 (9.13)의 모든 기울기계수가 모두 0임]하에서, White는 R^2에 관측 개수 n을 곱한 nR^2이 χ^2분포를 따르는 것을 보였으며, 이때 자유도는 식 (9.13)에서 상수항을 제외한 설명변수들의 개수와 같다.

14 H. White, "A Heteroscedasticity Consistent Covariance Matrix Estimator and a Direct Test of Heteroscedasticity," *Econometrica*, vol. 48, no. 4, 1980, pp. 817-818.

$$n.R^2 \sim \chi^2_{k-1} \tag{9.14}$$

단, k-1은 자유도이며, 회귀식 (9.13)의 경우에는 5가 된다.

4. 식 (9.14)의 검정통계량 값이 선택된 유의수준에서의 임곗값보다 크거나 혹은 p값이 유의수준보다 작으면, 우리는 이분산이 없는 귀무가설을 기각할 수 있다. 반면에 검정통계량 값의 p값이 유의수준보다 크면, 귀무가설을 기각하지 못한다.

사례 9.4 임금 회귀함수와 White 일반화 검정법

White의 일반화 이분산 검정법의 사용 사례를 보기 위해, 임금 회귀식 (9.3)을 계속 이용한다. 이 경우 식 (9.14)에 해당하는 추정 결과는 다음과 같다.

표 9-4 ● 임금 회귀식에 적용된 White 일반화 이분산 검정법 결과

이분산 검정: White				
F-statistic	2.269163	Prob. F(5,517)		0.0465
Obs*R-squared	11.23102	Prob. Chi-Square(5)		0.0470
Scaled explained SS	52.67924	Prob. Chi-Square(5)		0.0000
검정 보조 회귀식 종속변수: RESID^2 추정법: 최소제곱법 관측 개수: 523				
변수	**계수**	**표준오차**	***t*-통계량**	***p*값**
C	14.38296	71.34726	0.201591	0.8403
EDUC	−1.183296	9.137968	−0.129492	0.8970
EDUC^2	0.168639	0.300676	0.560865	0.5751
EDUC*EXPER	0.022239	0.104117	0.213591	0.8309
EXPER	−1.401130	1.912126	−0.732760	0.4640
EXPER^2	0.027113	0.020969	1.293039	0.1966
R-squared	0.021474	Mean dependent var		21.25480
Adjusted R-squared	0.012011	S.D. dependent var		65.53846
S.E. of regression	65.14369	F-statistic		2.269163
Sum squared resid	2193993.	Prob (F-statistic)		0.046542
Durbin-Watson stat	2.016101			

주: 종속변수인 잔차 제곱(RESID^2)은 식 (9.3)에서 도출되는 잔차를 제곱한 것이다.

검정통계량은 식 (9.14)의 통계량이며, 현재 사례에서는 11.2310으로 계산된다. 이 값은 5% 유의수준에서 통계적으로 유의하며, 임금 회귀식이 이분산 문제를 갖고 있음을 제시한다.

만약 White 검정에서 교차곱 항을 포함하지 않으면 검정통계량 nR^2은 자유도가 3이고 값은 약 9.69이다. 이 경우 p값이 0.0078이어서 이분산의 존재를 강하게 제시한다.

여러 이분산 검정법을 적용한 결과들은 전반적으로 임금 회귀식에 이분산 문제가 존재함을 나타내고 있다. 이러한 결과는 놀라운 것은 아니다. 표본에서 이질적인 개체들에 대한 대용량의 횡단면자료에서는 동분산을 유지하기가 어렵기 때문이다.

참고: 다양한 검정법을 소개했지만, Stata와 EViews와 같은 통계 패키지를 이용하면 작업은 많지 않다. 예를 들어, EViews에서는 회귀함수를 추정하고 View(보기) 단추를 누르면 잔차 검정의 옵션을 선택할 수 있다. 일단 옵션을 선택하면 여러 이분산 검정법 중 하나를 선택할 수 있고 검정 결과는 즉시 도출된다.

6. BP 검정법[15]

자주 사용되는 또 다른 이분산 검정법은 BP(Breusch-Pagan) 검정법이다. Godfrey가 개발한 검정 방법과 비슷해서 이들을 묶어서 BPG(Breusch-Pagan-Godfrey) 검정법으로도 부른다. 다음 다중회귀식을 통해 BP 검정법을 살펴보자:

$$Y_i = B_1 + B_2X_{2i} + B_3X_{3i} + \dots + B_{ki} + u_i \quad (9.15)$$

BP 검정법은 다음과 같이 진행된다.

1. 회귀식 (9.15)를 추정하고 잔차 e_i를 구한다.

2. 잔차를 제곱해서 e_i^2을 계산한다.

3. 다음 회귀식을 추정한다.

$$e_i^2 = A_1 + A_2X_{2i} + A_3X_{3i} + \dots + A_kX_{ki} + v_i \quad (9.16)$$

식 (9.16)을 보조 회귀식이라고 하는데 주요 회귀식인 (9.15)를 보조하기 때문이다. 이 회귀식에서 R^2을 구하고 R^2_{aux}으로 표기하자. 우리는 u_i^2 대신에 e_i^2을 사용하는데 표본이 충분히 크다면 문제가 없다.

15 T. Breusch and A. Pagan, "A Simple Test for Heteroscedasticity and Random Coefficient Variation," *Econometrica*, vol. 47, 1979, pp. 1287-1294. Godfrey가 개발한 유사한 검정법의 출처는 다음과 같다. L. Godfrey, "Testing for Multiplicative Heteroscedasticity," *Journal of Econometrics*, vol. 8, 1978, pp. 227-236. 전자와 후자가 거의 유사하므로 이 두 가지 검정법은 이분산에 대한 BPG(Breusch-Pagan-Godfrey) 검정법으로 알려져 있다.

여기서 기본 아이디어는 잔차 제곱(실제 오차항 제곱인 u_i^2의 대리변수)이 1개 이상의 X변수에 의해 설명되는지를 보는 것이다. 오차분산과 관련될 수 있는 다른 설명변수들을 추가할 수 있다.

귀무가설은 오차분산이 동분산, 즉 식 (9.16)의 모든 기울기계수가 0이다. 만약 그러한 경우라면 상수항 A_1이 동분산인 오차분산을 추정한다.

이 가설은 두 가지 방식으로 검정할 수 있다. 하나는 F검정이고 다른 하나는 χ^2검정이다. F검정은 분자 자유도가 $k-1$이고 분모 자유도는 $n-k$이다. 한편 오차분산이 동분산이라는 귀무가설하에서 보조 회귀식 (9.16)의 R_{aux}^2에 관측 개수 n을 곱한 nR_{aux}^2 통계량은 자유도가 $k-1$인 χ^2분포를 따른다. 검정통계량 값이 선택된 유의수준의 임곗값보다 크거나 혹은 p값이 유의수준보다 작으면, 우리는 이분산이 없는 귀무가설을 기각할 수 있다. 반대인 경우에는 귀무가설을 기각하지 못한다.

사례 9.5 임금 회귀함수와 BP 검정법

임금 회귀식 (9.3)에 BP 검정을 적용한 결과는 표 9-5와 같다.

표 9-5의 상단에 주어진 F검정이나 χ^2검정 모두에서 임금 회귀식의 오차분산이 동분산이라는 귀무가설을 강하게 기각할 수 있다. 그 이유는 두 검정 모두 p값이 크게 낮기 때문이다. 더 강하게는 오차분산이 이분산이라고 말할 수 있다. 이것은 표본의 여러 관측치의 다양성을 고려하면 놀라운 발견은 아니다.

참고로, F-통계량 값과 χ^2 통계량 값은 서로 밀접한 관계를 가진다: m을 F의 분자 자유도 그리고 n을 분모 자유도로 표기할 때 n이 매우 클 때 다음 관계가 성립한다.

$$n\text{이 증가할수록, } mF_{m,n} \sim \chi_m^2$$

즉, 분자 자유도 m을 F-통계량에 곱한 통계량의 분포는 분모 자유도 n이 클수록 자유도가 m인 χ^2분포에 가깝게 수렴한다.

기타 이분산 검정법

이 절에서 논의한 이분산 검정 외에도 다른 여러 검정법이 있으나, 모든 검정법을 자세하게 소개하기에는 이 책의 범위를 벗어나기 때문에 검정의 이름만 언급한다.

1. Spearman의 순위상관검정(연습문제 9.13 참조)
2. Goldfeld-Quandt 검정
3. Bartlett의 분산-동질성 검정

표 9-5 ● 임금 회귀함수에 대한 BP 이분산 검정 결과

이분산 검정: Breusch-Pagan 귀무가설: 동분산			
F-statistic	4.411985	Prob. F(2,520)	0.0126
Obs*R-squared	8.726791	Prob. Chi-Square(2)	0.0127
Scaled explained SS	40.93313	Prob. Chi-Square(2)	0.0000

검정 보조 회귀식
종속변수: RESID^2
추정법: 최소제곱법
관측 개수: 523

변수	계수	표준오차	t-통계량	p값
C	−24.04287	17.45386	−1.377510	0.1689
EDUC	3.344307	1.157485	2.889289	0.0040
EXPER	0.097649	0.249543	0.391313	0.6957
R-squared	0.016686	Mean dependent var		21.25480
Adjusted R-squared	0.012904	S.D. dependent var		65.53846
S.E. of regression	65.11423	Akaike info criterion		11.19588
Sum squared resid	2204729.	Schwarz criterion		11.22032
Log likelihood	−2924.723	Hannan-Quinn criter.		11.20545
F-statistic	4.411985	Durbin-Watson stat		2.014412

4. Peak 검정

5. CUSUMSQ 검정

이러한 검정법의 자세한 내용은 참고문헌을 참고하기 바란다.[16]

9.4 이분산이 존재한다면 어떻게 해야 하는가?: 교정 수단

앞서 보았듯이 이분산이 존재하면 OLS 추정량은 여전히 불편성을 갖지만 효율성을 상실하며 대표본에서도 효율적이지 않다. 이러한 효율성 결여 때문에 통상적인 OLS 검정 절차는 결

16 Spearman, Goldfeld-Quandt, Breusch-Pagan 등의 검정법들은 Gujarati와 Porter의 다음 책에 소개되어 있다: *Basic Econometrics*, 5th ed., McGraw-Hill, NewYork, 2009, chap. 11. 이 책은 앞서 언급된 다른 검정법들에 대한 참고문헌들도 담고 있다. 그리고 연습문제 9.13도 참조하라.

과가 의심스러울 수 있다. 따라서 이분산이 의심되거나 진단되면 교정 수단을 찾는 것이 필요하다.

임금-교육 사례에서는 그림 9-6에서 식 (9.3)의 임금 회귀식이 이분산 문제를 갖는다는 징후가 있었다. 그리고 이러한 징후는 Park, Glejser, White 등의 검정으로 확인되었다. 만약 이분산이 있다면 어떻게 문제를 해결할 수 있는가? 동분산을 회복하도록 모형 (9.3)을 변환하는 방법이 있는가? 있다면 어떤 종류의 변환을 사용해야 하는가? 이러한 질문에 대한 답은 우리가 실제 오차분산 σ_i^2을 알고 있을 때와 모를 때에 각각 다르다.

σ_i^2을 알고 있을 때: 가중최소제곱법(WLS)

아이디어를 쉽게 이해하기 위해 다음의 2변수 모집단회귀함수를 고려한다.

$$Y_i = B_1 + B_2 X_i + u_i \tag{9.17}$$

여기서 Y는 시간당 임금이고 X는 교육 연수이다. 당분간 실제 오차분산 σ_i^2을 알고 있다고 가정한다. 이제 식 (9.17)을 다음과 같이 변환시켜 보자.

$$\frac{Y_i}{\sigma_i} = B_1\left(\frac{1}{\sigma_i}\right) + B_2\left(\frac{x_i}{\sigma_i}\right) + \frac{u_i}{\sigma_i} \tag{9.18}$$

여기서 우리는 회귀함수의 양변을 "그 값을 알고 있는" σ_i로 나누었다.

이제 변환된 오차항 v_i를 다음과 같이 정의한다.

$$v_i = \frac{u_i}{\sigma_i} \tag{9.19}$$

만약 v_i가 동분산이라면, "변환된" 회귀식 (9.18)은 이분산 문제에서 벗어나게 된다. 그리고 CLRM의 다른 모든 가정이 충족되면, 회귀식 (9.18)의 모수들에 대한 OLS 추정량은 BLUE가 되며 우리는 보통의 방식으로 가설검정을 수행할 수 있다.

오차항 v_i가 동분산인 것은 쉽게 증명할 수 있다. 식 (9.19)에서 다음 결과를 도출할 수 있다.

$$\begin{aligned} \upsilon_i^2 &= \frac{\upsilon_i^2}{\sigma_i^2} \\ E\left(\upsilon_i^2\right) &= E\left(\frac{u_i^2}{\sigma_i^2}\right) \\ &= \frac{1}{\sigma_i^2} E\left(u_i^2\right), \ \sigma_i^2\text{의 값을 알기 때문임.} \end{aligned} \tag{9.20}$$

$$= \left(\frac{1}{\sigma_i^2}\right)(\sigma_i^2),\ \text{식 (9.1) 때문임.} \qquad (9.21)$$
$$= 1$$

식 (9.21)의 마지막 등식의 우변 값, 1은 명백히 상수이므로 변환된 오차항 v_i는 동분산이다. 따라서 변환된 회귀식 (9.18)은 이분산 문제에서 벗어나며 OLS 방법으로 추정할 수 있다.

회귀식 (9.18)을 실제로 추정하기 위해서는, 값을 알고 있는 σ_i로 각 Y와 X의 자료들을 나눈 다음에 변환된 자료를 이용해서 OLS 회귀분석을 수행하면 된다(대부분의 통계 패키지들은 이러한 과정을 쉽게 처리할 수 있다). B_1과 B_2의 OLS 추정량을 **가중최소제곱 추정량** [weighted least squares(WLS) estimators]이라고 부르는데,[17] 그 이유는 각 Y와 X값이 표준편차 σ_i의 가중치를 부여받기 때문이다(연습문제 9.14 참조).

σ_i^2을 모를 때

방법상으로는 간단하지만 회귀식 (9.18)의 WLS 추정법은 중요한 문제를 안고 있다. 실제 오차분산 σ_i^2의 값을 어떻게 알 수 있느냐 하는 것이다. 앞서 지적한 바와 같이 현실에서는 오차분산을 알기 힘들다. 따라서 WLS 추정법을 사용하려면, σ_i^2에 대해 나름 타당하다고 생각되는 가정을 하고 원래 회귀함수를 변환할 수밖에 없으며, 이때 그 변환된 모형은 동분산성 가정을 충족해야 한다. 그리고 변환된 모형에 OLS를 적용하면 되는데, 앞서 봤듯이 WLS는 단지 변환된 자료에 OLS를 적용하는 방법이기 때문이다.[18]

σ_i^2의 실젯값을 모를 때 우리는 σ_i^2에 대해 어떤 가정을 해야 하며 WLS 방법을 어떻게 적용할 수 있는가? 이제 간단한 2변수 회귀모형을 갖고 다양한 가능성을 고려하기로 한다. 다중회귀모형으로의 확장은 쉽게 진행될 수 있다.

경우 1: 오차분산이 X_i에 비례할 때 제곱근 변환

OLS 회귀분석의 잔차항을 설명변수 X에 대응하여 그렸을 때, 만약 그림 9-5c와 유사한 패턴

17 회귀함수 (9.18)을 추정할 때 주의할 점은, "원점을 통과하는 회귀" 방법을 사용해야 한다는 것이다. 이것은 회귀함수 (9.18)에 절편이 없기 때문이다. 첫 번째 항이 $B_1(1/\sigma_i)$으로서 절편이 아닌 점을 주목하라. "원점을 통과하는 회귀"는 제5장을 참조하라.

18 OLS에서는 다음 목적함수를 최소화하지만

$$\sum e_i^2 = \sum = (Y_i - b_1 - b_2X_i)^2$$

σ_i가 알려졌을 경우 WLS에서는 다음 목적함수를 최소화하는 점을 주목하라:

$$\sum\left(\frac{e_i}{\sigma_i}\right)^2 = \sum\left[\frac{Y_i - b_1 - b_2X_i}{\sigma_i}\right]^2$$

WLS에서는 분산이 클수록 더 큰 σ_i로 나누기 때문에 분산이 큰 관측자료일수록 가중치는 더 작다는 것을 알 수 있다.

이 관측된다면 이것은 오차분산이 X와 선형적인 혹은 비례한다는 징후이다. 즉,

$$E\left(u_i^2\right) = \sigma^2 X_i \tag{9.22}$$

위 식에서 오차분산은 X_i에 비례 혹은 선형적인 관계를 가지며 상수인 σ^2은 그 비례 인자이다. 식 (9.22)의 가정이 주어졌을 때 회귀식 (9.17)을 다음과 같이 변화시켜 보자:

$$\begin{aligned}\frac{Y_i}{\sqrt{X_i}} &= B_1 \frac{1}{\sqrt{X_i}} + B_2 \frac{X_i}{\sqrt{X_i}} + \frac{u_i}{\sqrt{X_i}} \\ &= B_1 \frac{1}{\sqrt{X_i}} + B_2 \sqrt{X_i} + \upsilon_i\end{aligned} \tag{9.23}$$

여기서 $v_i = u_i / \sqrt{X_i}$이다. 식 (9.23)은 회귀식 (9.17)의 양변을 X_i의 제곱근으로 나눈 것이며, **제곱근 변환**(square root transformation)이라고 부른다.

식 (9.18)과 식 (9.19)에서의 전개 과정을 사용하면, 변환된 회귀모형의 오차 v_i가 동분산임을 쉽게 보일 수 있으며 따라서 식 (9.23)은 보통의 OLS 방법으로 추정할 수 있다. 이러한 전체 과정은 결국 WLS 추정법을 적용한 것이다(그 이유는?).[19] 식 (9.23)을 추정할 때 주의할 점은 원점을 통과하는 회귀의 추정과정을 이용해야 하는 것인데, 대부분의 통계 패키지에서는 절편이 0인 옵션을 선택하면 쉽게 처리할 수 있다.

오차분산이 설명변수인 교육에 비례한다고 가정하자. 그러면 식 (9.23)과 같이 임금 회귀식을 변환할 수 있고 결과는 표 9-6과 같다.

회귀식 (9.23)을 추정한 후에 추정된 회귀식의 양변에 $\sqrt{Educ_i}$를 곱해 주면 변환되기 이전의 원래 임금 회귀함수로 돌아갈 수 있으며, 그 결과는 다음과 같다.

$$Wage_i = -2.6456 + 0.7813\, Educ_i + 0.0876\, Exper_i \tag{9.24}$$

앞에서 추정된 회귀식과 원래 회귀분석 추정 결과인 표 9-2를 비교해 보면 추정된 계숫값들이 서로 같지 않다. 그 이유는 회귀식 (9.24)는 $\sqrt{Educ}$으로 나눈 자료를 이용해서 추정되었기 때문이다.

한편, 표 9-6에서 계산되는 잔차의 제곱에 대해 이분산 검정을 적용했을 때, Breusch-Pagan과 White 검정에서는 이분산이 없는 것으로 검정된 반면에 Glejser 검정에서는 이분산이 있

---

19 $\upsilon_i = u_i / \sqrt{X_i}$이기 때문에 $\upsilon_i^2 = u_i^2 / X_i$가 된다. 따라서

$$E\left(\upsilon_i^2\right) = \frac{E\left(u_i^2\right)}{X_i} = \sigma^2 \left(\frac{X_i}{X_i}\right) = \sigma^2$$

가 되어 농분산이 성립한다. X변수는 비확률적임을 주목하라.

표 9-6 ● 변환된 임금 회귀함수의 추정 결과

종속변수: WAGE/@SQRT(EDUC) 추정법: 최소제곱법 관측 개수: 523				
변수	계수	표준오차	t-통계량	p값
1/@SQRT(EDUC)	−2.645605	1.076890	−2.456708	0.0143
@SQRT(EDUC)	0.781380	0.071763	10.88840	0.0000
EXPER/(@SQRT(EDUC))	0.087698	0.016368	5.357896	0.0000
R-squared	0.084405	Mean dependent var		2.517214
Adjusted R-squared	0.080884	S.D. dependent var		1.316767
S.E. of regression	1.262392	Durbin-Watson stat		1.819673
Sum squared resid	828.6893			

주: 이 회귀함수를 추정할 때 상수항을 제외함.

는 것으로 검정 결과가 나왔다.

질문: 회귀모형에 설명변수가 1개 이상 있는 경우는 어떻게 처리해야 하는가? 이 경우에는 그림을 그려보아서 적절한 후보로 보이는 설명변수 1개를 선택하여 회귀식 (9.23)과 같이 모형을 변환시킬 수 있다(연습문제 9.7 참조). 그리고 만약 후보 설명변수가 1개 이상인 경우에는 1개를 사용하는 대신에 종속변수의 추정값인 $\hat{Y}_i$를 변환 변수로 이용할 수 있다. 그 이유는 $\hat{Y}_i$이 X들의 선형결합이기 때문이다.

경우 2: 오차분산이 X_i^2에 비례할 때

만약 추정된 잔차가 그림 9-7과 유사한 패턴을 보이면, 오차분산이 X에 선형관계를 갖지 않고 X 제곱에 비례하여 증가하는 징후이다. 수식으로 표현하면 다음과 같다.

$$E\left(u_i^2\right) = \sigma^2 X_i^2$$

이 경우에 적절한 변환은, 이전에 고려된 2변수 모형에서는 다음과 같이 모형의 양변을 X_i의 제곱근 대신에 X_i로 나누는 것이다.

$$\begin{aligned}\frac{Y_i}{X_i} &= B_1\left(\frac{1}{X_i}\right) + B_2 + \left(\frac{u_i}{X_i}\right) \\ &= B_1\left(\frac{1}{X_i}\right) + B_2 + v_i\end{aligned} \tag{9.25}$$

여기서 v_i는 u_i/X_i이다.

그림 9-7 ● X에 비례하는 오차분산

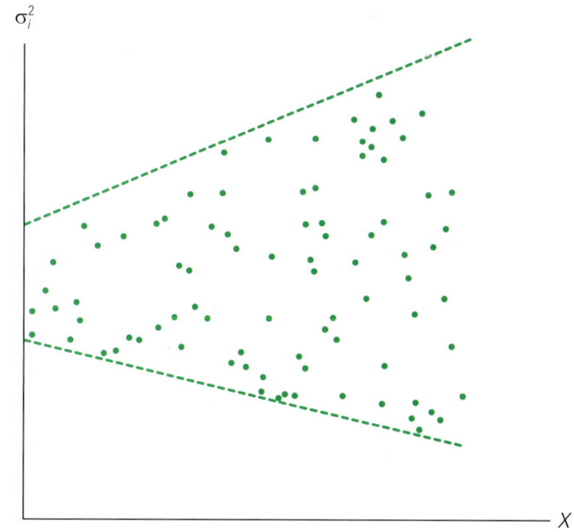

앞서 나타낸 전개과정을 이용하면, 식 (9.25)의 오차항 v_i가 동분산임을 쉽게 증명할 수 있다. 그러므로 식 (9.25)의 OLS 추정은 BLUE가 되며, 이러한 전체 과정이 WLS이다(CLRM의 다른 모든 가정이 여전히 충족되고 있다고 가정하고 있음을 주목하라).

식 (9.25)에서 흥미로운 점은, 원래 기울기계수였던 것이 이제는 절편이 되었고 원래 절편이 이제는 기울기계수가 되었다는 것이다. 이러한 변화는 단지 추정 과정에서만 발생하는 것이고 일단 식 (9.25)를 추정한 다음에 양변을 X_i로 곱하면 원래의 모형으로 돌아간다.

식 (9.25)를 임금-교육 회귀모형에 적용한 결과는 표 9-7과 같으며, 추정된 회귀함수의 양변에 교육 변수를 곱하면, 다음 결과를 얻는다.

$$Wage_i = 0.0902 + 0.5854\ Educ_i + 0.0709\ Exper_i$$

이 회귀함수에 대해 Breusch-Pagan과 White 이분산 검정을 적용한 결과, 모두 이분산이 없는 것으로 나타났다.

위 회귀분석 결과와 표 9-2를 비교하면, 두 회귀분석의 추정된 계숫값이 같지 않음을 볼 수 있다. 이것은 앞에서는 변수 변환 과정에서 $Educ_i$로 나누었기 때문이다. 이 예에서 보듯이 적절한 변환 형태를 찾는 것은 쉽지 않으며, 약간의 시행착오가 불가피하다.

연습문제 9.24에서는 교육 대신에 표 9-2의 추정 결과에서 얻어진 임금의 추정값으로 변환할 경우 앞의 결과들이 어떻게 변하는가를 조사할 것이다. 추정된 임금은 교육과 근로경력 변

표 9-7 ● 식 (9.25)의 변환된 임금 회귀함수의 추정 결과

종속변수: WAGE/EDUC
추정법: 최소제곱법
관측 개수: 523

변수	계수	표준오차	*t*-통계량	*p*값
C	0.585431	0.051284	11.41551	0.0000
1/EDUC	0.090268	0.762246	0.118424	0.9058
EXPER/EDUC	0.070930	0.013836	5.126660	0.0000
R-squared	0.095542	Mean dependent var		0.705677
Adjusted R-squared	0.092063	S.D. dependent var		0.371773
S.E. of regression	0.354247	F-statistic		27.46492
Sum squared resid	65.25527	Prob (F-statistic)		0.000000
Durbin-Watson stat	1.755325			

수들을 모두 포함하기 때문에 이러한 변환 방식이 더 선호될 수 있다.

특정한 변환 형태를 선택해서 변환된 회귀함수를 추정하면 이분산 검정법을 적용해서 이분산 문제가 여전히 남아 있는지 그 여부를 확인하는 것이 필요하다.

모형의 재설정

σ_i^2의 형태를 추측하는 대신에 때로는 모집단 회귀식을 다른 함수 형태로 재설정하는 것이 이분산을 줄일 수 있다(함수 형태에 대해서는 제5장 참조). 예를 들어, 변수에 대해 선형(LIV)인 회귀모형 대신에 다음과 같이 로그 변환된 모형을 추정하면 이분산의 정도를 줄일 수 있다.

$$\ln Y_i = B_1 + B_2 \ln X_i + u_i \tag{9.26}$$

이러한 변환에서 이분산 정도가 감소하는 이유는, 로그 변환을 하면 변수의 측정 크기가 축소되기 때문이다. 예를 들면, 두 값 간의 10배 정도의 차이는 로그 변환 후 2배 정도의 차이로 줄어들어서, 90은 9의 10배이지만 ln 90(= 4.4998)은 ln 9(= 2.1972)의 약 2배가 된다.

제5장에서 봤듯이, 로그-선형(log-linear)이나 더블-로그(double-log) 모형을 사용하는 부수적인 한 가지 장점은 기울기계수 B_2가 Y의 X에 대한 탄력성을 측정해 준다는 것이다. 여기서 탄력성은 X의 1% 변화에 대해 Y가 몇 % 변하는지를 측정한다.

선형모형과 로그-선형모형 중 어느 것을 선택할 것인가는, 제7장에서 다루었던 것처럼 이론과 기타 여러 요인을 고려해서 결정해야 한다. 그러나 만약 어떤 모형을 선택해도 된다면 그

표 9-8 ● 임금의 더블-로그모형

종속변수: LOG(WAGE)
추정법: 최소제곱법
관측 개수: 523

변수	계수	표준오차	t-통계량	p값
C	−0.794552	0.259204	−3.065354	0.0023
LOG(EDUC)	0.957322	0.091702	10.43948	0.0000
LOG(EXPER)	0.166189	0.024690	6.731001	0.0000
R-squared	0.193841	Mean dependent var		2.072301
Adjusted R-squared	0.190740	S.D. dependent var		0.522545
S.E. of regression	0.470076	F-statistic		62.51699
Sum squared resid	114.9050	Prob (F-statistic)		0.000000
Durbin-Watson stat	1.772461			

리고 만약 이분산 문제가 선형모형(LIV)에서 심각하다면, 우리는 더블-로그모형을 시도해 볼 수 있다.

표 9-8은 임금에 대한 더블-로그모형을 추정한 결과이다.

이것은 더블-로그모형이므로 로그(교육)와 로그(근로경력)의 계수들은 각각 임금의 교육탄력성과 임금의 근로경력탄력성을 나타낸다. p값을 봤을 때 두 탄력성 모두 통계적 유의성이 매우 높다.

이러한 분석 결과를 받아들이기 전에 표 9-8의 회귀분석 결과에 이분산 문제는 없는지를 점검할 필요가 있다. BP 검정과 Glejser 검정 그리고 White 검정(상수항이 없는 버전)을 적용한 결과 모두 이분산의 증거를 찾지 못했다.

선형모형 (9.3)은 이분산을 나타낸 반면에 더블-로그모형은 반대 결과를 보였다. 이것은 적절한 모형의 선택이 이분산 문제 해결에서 핵심임을 보여준다.

지금까지 이분산을 제거하기 위해 거론했던 모든 변환은 문헌에서는 **분산 안정화 변환**(variance stabilizing transformations)으로 알려져 있으며, 이것은 동분산 획득 방법에 대한 다른 이름일 뿐이다.

이분산의 교정 수단에 대해 결론을 내리자면, 지금까지 논의했던 모든 변수 변환은 어느 정도 임시방편적이며 σ_i^2의 참값을 모르는 실제 상황에서는 본질적으로 그 값을 추측할 수밖에 없다는 점을 다시 강조한다. 고려했던 변수 변환 중에서 어느 것이 옳은 것인가는 그때그때의 상황과 이분산의 정도에 따라 다르다. 가끔 오차분산이 회귀모형에 포함된 모든 설명변수와 함수 관계를 갖지 않고 대신에 처음 설명변수 후보로는 고려되었지만 누락된 다른 변수와 함수 관계를 가질 수 있다. 이런 경우에는 그 해당 변수를 이용해서 모형을 변환할 수 있다. 물론 그 변수가 설명변수로서 모형에 포함되는 것이 옳다면, 제7장에서 봤듯이 모형 설정 오류를 피하기 위해서 처음부터 회귀모형에 그 변수를 포함했어야 한다.

9.5 White의 이분산-수정 표준오차와 *t*-통계량

앞서 보았듯이, 이분산이 존재하면 OLS 추정량은 불편성을 갖지만 비효율적이다. 따라서 통상적으로 계산되는 표준오차와 *t*-통계량은 신뢰를 잃게 된다. White는 표본이 클 때 이분산이 교정된 표준오차를 구하는 과정을 제시하였다. 문헌에서 이 방법은 White-Huber 표준오차 혹은 줄여서 로버스트 표준오차로 알려져 있다. White는 이분산을 감안한 추정된 회귀계수의 표준오차를 계산하는 추정 과정을 개발하였다. 이 추정 과정을 이용하면, 대표본에서 계속해서 *t*-통계량과 *F*-통계량을 사용할 수 있게 된다. 주의할 점은, White 방법을 사용하더라도 회귀계수의 값은 변하지 않고 다만 표준오차만 변한다는 점이다.[20]

이분산이 존재할 때 통상적으로 계산되는 표준오차와 *t*-통계량이 잘못된 결론으로 이끌 수 있는 사례를 보기 위해, 임금의 회귀함수식인 (9.3)을 다시 살펴보자. 표 9-9는 식 (9.3)을 OLS로 추정하되 표준오차는 White 방법으로 추정한 결과이다.

표 9-9와 표 9-2의 추정 결과를 비교하면 임금 회귀함수의 계수들에 대한 추정값은 서로 같다. 그러나 계수의 표준오차는 서로 다르며, 따라서 추정된 *t*-통계량도 다르다. White 방법에 따른 기울기계수의 표준오차가 더 높아서, 표 9-2는 실제 표준오차를 과소추정한 것으로 보인다. 한편 White 방법으로 계산된 *t*값은, 실질적으로 0에 가까운 *p*값을 봤을 때 모든 설명변수가 여전히 통계적으로 매우 유의한 것으로 나타났다.

이 예에서 우리는 이분산이 발견되어 표준오차를 수정하는 경우 반드시 회귀계수의 통계적 유의성이 상실되는 것이 아니라는 것을 알 수 있다.

20 White의 이분산-수정 표준오차를 도출하는 과정은 이 책의 범위를 벗어난다. 관심 있는 독자들은 다음 책을 참조하라: Jack Johnston and John DiNardo, *Econometrics Methods*, 4th ed., McGraw-Hill, New York, 1997, chapter 6.

표 9-9 ● 로버스트 표준오차와 임금 회귀함수 추정 결과

종속변수: WAGE
추정법: 최소제곱법
관측 개수: 523
표준오차 추정법: White의 이분산 일치 표준오차와 공분산

변수	계수	표준오차	t-통계량	p값
C	−4.857541	1.259182	−3.857695	0.0001
EDUC	0.923849	0.088110	10.48517	0.0000
EXPER	0.104346	0.018083	5.770424	0.0000
R-squared	0.200778	Mean dependent var		9.034709
Adjusted R-squared	0.197762	S.D. dependent var		5.138028
S.E. of regression	4.602016	F-statistic		66.57232
Sum squared resid	11224.63	Prob (F-statistic)		0.000000
Durbin-Watson stat	1.839859			

9.6 이분산의 사례

응용분석에서 이분산의 중요성을 보여주는 세 가지 사례를 제시한다.

사례 9.6 고속도로와 경제 성장

David A. Aschauer는 고속도로와 같이 우수한 육로 수송체계를 갖출수록 생산성 및 인구 1인당 소득증가가 높다고 주장했으며, 이러한 주장을 뒷받침하기 위해 표 9-10에 제시된 결과를 도출하였다.[21] 이 연구는 미국의 48개 주에 걸친 횡단면자료를 이용하였기 때문에, Aschauer는 "오차가 동분산을 따르지 않을지도 모른다"고 가정하였다(p.18).[22]

현재 사례에서는 여러 방식으로 이분산을 교정해도 OLS 추정 결과와 크게 다르지 않기 때문에 이분산은 단지 가정에 그쳤다. 이 사례는 이분산이 추측되면 단지 가정으로만 처리하지 말고 실제로 조사해 봐야 한다는 교훈을 말해 준다.

21 이 사례와 표 9-10의 결과는 다음 문헌에서 얻었다: David A. Aschauer, "Highway Capacity and Economic Growth," *Economic Perspectives*, Federal Reserve Bank of Chicago, Septermber/October 1990, pp. 14-23.

22 역사적 주석: *heteroscedasticity*와 *heteroskedasticity* 중에서 어느 것이 이분산의 맞는 영문 표현인가? 답은 후자이다. 그러나 전자의 표현이 문헌에서 너무 자주 사용되다 보니 이제는 오히려 *k*로 쓰인 단어가 가끔씩만 사용되고 있다.

표 9-10 ● 인구 1인당 소득 증가와 고속도로 용량

설명변수	OLS	WLS[1]	WLS[2]	WLS[3]
상수항(C)	−7.69	−7.94	−8.19	−7.62
	표준오차 = (1.08)	(1.08)	(1.09)	(1.08)
ln X_2(1960년 기준)	−1.59	−1.64	−1.69	−1.58
	표준오차 = (0.18)	(0.19)	(0.19)	(0.18)
ln X_3	0.30	0.30	0.31	0.30
	표준오차 = (0.06)	(0.06)	(0.06)	(0.06)
X_4	−0.009	−0.100	−0.011	−0.008
	표준오차 = (0.003)	(0.003)	(0.003)	(0.003)
D(더미변수)	−31.00	−32.00	−33.00	−31.00
	표준오차 = (0.08)	(0.08)	(0.08)	(0.08)
	R^2 = 0.67	0.49	0.46	0.73

주: 종속변수 Y = 1960~1980년 기간 1인당 소득의 연평균 증가율
X_2 = 1960년 불변가격의 1인당 소득
X_3 = 1960~1985년 기간의 연평균 총도로거리
X_4 = 1982년의 훼손된 고속도로의 거리 비율
D = 중서부인 경우에는 1 그리고 기타 지역은 0의 값을 갖는 더미변수
WLS[1] = X_2의 제곱근을 사용하는 가중최소제곱법(식 9.23 참조)
WLS[2] = X_2를 사용한 가중최소제곱법(식 9.25 참조)
WLS[3] = ln X_2를 사용한 가중최소제곱법

출처: David A. Aschauer, "Highway Capacity and Economic Growth," *Economic Perspectives*, Federal Reserve Bank of Chicago, October 1990, Table 1, p. 18.

사례 9.7 임금의 확장모형

이해를 돕기 위해, 이 장에서 지금까지는 임금의 단순한 모형을 다루었다. 이제 표 9-1의 자료를 이용해서 표 9-11은 더 확장된 모형을 추정한 결과를 제시한다.

임금모형의 문헌을 보면 임금 변수에 대해 자주 로그를 적용하기 때문에, 표 9-11의 회귀분석에서는 종속변수인 임금에 로그를 취하고 설명변수들은 모두 선형 형태인 세미로그(semi-log)모형을 택하였다. 따라서 교육과 근로경력 변수들의 계수는 준-탄력성을 의미한다. 예를 들어, 약 0.091인 교육의 계숫값은 다른 변수들을 불변으로 고정시키고 교육변수만 1년 증가시키면 임금은 평균 약 9.1% 상승한다는 것을 의미한다. 더미변수의 해석은 연습문제 9.25를 참조하라.

앞에서 추정된 회귀함수에 대해 이분산을 조사하였다. BP 방법과 (교차곱을 갖는) White 검정법을 적용한 결과, 이분산이 없는 것으로 나타났다. 표 9-11의 회귀모형에 대해 White의 이분산-수정 표준오차를 적용했을 때도 동일한 결과가 나왔는데, 사실상 수정 표준오차와

표 9-11 ● 확장된 임금모형의 추정 결과

종속변수: LOG(WAGE)
추정법: 최소제곱법
관측 개수: 523

변수	계수	표준오차	t-통계량	p값
C	0.773947	0.123314	6.276238	0.0000
EDUC	0.091251	0.007923	11.51748	0.0000
EXPER	0.009712	0.001757	5.528884	0.0000
SEX	−0.244064	0.039288	−6.212101	0.0000
MARSTAT	0.069315	0.042214	1.641993	0.1012
REGION	−0.115626	0.042945	−2.692413	0.0073
UNION	0.183644	0.050956	3.603982	0.0003
R-squared	0.301086	Mean dependent var	2.072301	
Adjusted R-squared	0.292959	S.D. dependent var	0.522545	
S.E. of regression	0.439386	F-statistic	37.04803	
Sum squared resid	99.61894	Prob (F-statistic)	0.000000	
Durbin-Watson stat	1.861383			

주: 성 = 여성이면 1인 더미변수; 혼인 = 결혼하였으면 1인 더미변수; 지역 = 남부지역이면 1인 더미변수; 노동조합 = 조합원이면 1인 더미변수

OLS의 표준오차는 차이가 없었다.

사례 9.8 미국의 낙태율

표 9-12는 미국 50개 주의 낙태율과 다음 변수에 대한 자료를 제공한다.

State: 주 명칭(미국 50개 주)

ABR(낙태율): 낙태율. 1992년 기준 15~44세의 1,000명 여성당 낙태 수

Religion(종교): 각 주의 인구 중 종교를 가진 사람들의 비율(%)

Price(가격): 1993년 동안 병원이 아닌 시설에서 10주 동안 국부마취 낙태의 평균 의료비용(1992년 낙태 수의 가중치 적용)

Laws(법률): 미성년자 낙태 금지법이 적용되는 주이면 1, 그렇지 않으면 0의 값을 갖는 더미변수

Funds(기금): 낙태비용보조기금이 운영되는 주이면 1, 그렇지 않으면 0의 값을 갖는 더

미변수

Educ(교육): 1990년 기준 25세 이상 인구 중 고등학교 학력을 가진 비율(%)

Income(소득): 1992년 기준 1인당 가처분소득

Picket(피켓시위): 설문조사에서 낙태 반대 피켓시위를 경험하였다고 보고한 응답자 비율

낙태율을 종속변수로 그리고 앞에서 나온 여러 변수를 설명변수로 하는 회귀함수를 추정한 표 9-13은 횡단면자료를 사용하였고 또한 미국 주들이 서로 큰 차이를 갖기 때문에 오차분산에서 이분산이 의심된다.

설명변수 중에서 법률, 교육, 피켓시위 등의 계수는 음(−)의 부호를, 그리고 높은 낙태 비용 때문에 소득의 계수는 양(+)의 부호를 가질 것으로 기대된다. 추정 결과, 소득과 피켓시위 변

표 9-13 ● 낙태율 회귀함수의 추정 결과

종속변수: ABORTION
추정법: 최소제곱법
표본: 1~50
관측 개수: 50

변수	계수	표준오차	t-통계량	p값
C	14.28396	15.07763	0.947361	0.3489
RELIGION	0.020071	0.086381	0.232355	0.8174
PRICE	−0.042363	0.022223	−1.906255	0.0635
LAWS	−0.873102	2.376566	−0.367380	0.7152
FUNDS	2.820003	2.783475	1.013123	0.3168
EDUC	−0.287255	0.199555	−1.439483	0.1574
INCOME	0.002401	0.000455	5.274041	0.0000
PICKET	−0.116871	0.042180	−2.770782	0.0083
R-squared	0.577426	Mean dependent var		20.57800
Adjusted R-squared	0.506997	S.D. dependent var		10.05863
S.E. of regression	7.062581	Akaike info criterion		6.893145
Sum squared resid	2094.962	Schwarz criterion		7.199069
Log likelihood	−164.3286	Hannan-Quinn criter.		7.009642
F-statistic	8.198706	Durbin-Watson stat		2.159124
Prob(F-statistic)	0.000003			

수만이 높은 통계적 유의성을 갖는 것으로 나타났으며 가격은 6% 수준에서 유의성을 가진다.

Breusch와 Glejser의 이분산 검정을 적용한 결과, 이분산성이 제시되었다. 그러나 White 검정에서는 이분산 가설이 기각되었다. 이것은 White 검정법이 모든 설명변수의 제곱 항과 교차곱 항이 포함되는 여부에 민감하기 때문으로 보이며, 또한 대표본 검정인 White 검정법이 적용되기에 50개 자료 크기가 충분히 크지 않았기 때문일 수 있다.

그래서 White 검정법의 간편 방식을 적용하였다. 이 방식은 원래의 회귀함수를 추정한 결과에서 계산된 잔차의 제곱을 종속변수로 두고 종속변수 추정값의 2차 다항식으로 설정된 보조 회귀함수를 이용한다. 이러한 보조 회귀함수는 추정할 계수가 상수항을 포함해서 3개로 크게 줄어드는 반면에 종속변수의 추정값이 설명변수들의 선형함수이기 때문에 종속변수 추정값의 2차 다항식은 모든 설명변수의 제곱 항과 교차곱 항의 정보를 반영할 수 있는 장점을 갖는다. 현재의 경우에는 표 9-13의 회귀분석에서 계산된 낙태율 추정값과 그것의 제곱 항이 White 간편 방식에서 보조 회귀함수의 설명변수가 된다. White 검정법의 간편 방식을 적용한 결과, 강한 이분산의 존재가 제시되었다.

이러한 모든 검정 결과를 고려하여 표 9-13의 낙태율 회귀분석에서 표준오차를 White-Huber의 이분산-수정 표준오차 혹은 로버스트 표준오차로 다시 추정하였으며 결과는 표 9-14에 제시되어 있다. 표 9-13과 표 9-14를 비교하면 계수들의 추정값은 동일하지만 표준오차는 다른 것을 알 수 있다. 이전에도 언급하였듯이 로버스트 표준오차는 회귀함수 계수의 추정값에는 영향을 미치지 않고 표준오차만 수정한다.

표 9-14 ● 로버스트 표준오차와 낙태율 회귀함수의 추정 결과

종속변수: ABORTION
추정법: 최소제곱법
표본: 1~50
관측 개수: 50

변수	계수	로버스트 표준오차	t-통계량	p값
C	14.28396	14.90146	0.958561	0.343
RELIGION	0.020071	0.083861	0.239335	0.812
PRICE	−0.042363	0.025944	−1.632867	0.110
LAWS	−0.873102	1.795849	−0.486178	0.629
FUNDS	2.820003	3.088579	0.913042	0.366
EDUC	−0.287255	0.176628	−1.626329	0.111
INCOME	0.002401	0.000511	4.705410	0.000
PICKET	−0.116871	0.040420	−2.891413	0.006

사례 9.9 96개국 휴대폰과 인터넷 이용 분석

⊻표 9-15는 전 세계 96개국의 100명당 휴대폰 이용, 100명당 인터넷 이용, 1인당 GDP, 초등학교 졸업률(%) 등의 자료를 제공한다.

본문에서는 1인당 GDP와 초등학교 졸업률을 설명변수로 하는 휴대폰 이용의 회귀분석을 다루고 인터넷 이용은 독자들에게 실습으로 남긴다(연습문제 9.30 참조). 휴대폰 이용(CELLUSE)의 회귀분석 결과는 표 9-16과 같다.

예상한 대로, 휴대폰 이용은 2개의 설명변수와 양(+)의 관계를 가지며 통계적으로 강한 유의성을 갖는다. 표 9-16의 대부분 통계치는 이제 독자들에게 친숙할 것이기 때문에 더 이상 논의하지 않고 이분산 이슈만 논의한다. 자료가 횡단면자료이고 국가들의 다양성이 크기 때문에 오차분산에서 이분산이 의심된다(표 9-15에서 여러 국가의 다양성을 확인하라).

이분산의 BPG(Breusch-Pagan-Godfrey) 검정법을 적용한 결과, F-통계량의 값이 15.25로서 자유도가 2와 93인 F분포에서 p값이 거의 영(0)이기 때문에 오차분산이 동분산이라는 귀무가설은 기각되었다. 추가적으로 White의 이분산 검정법을 적용하였으며 검정 결과는 표 9-17과 같다.

White 검정에서는 두 설명변수 각각의 1차 항과 제곱 항 그리고 교차곱 항들이 보조 회귀식

표 9-16 ● 휴대폰 이용 회귀함수의 추정 결과

종속변수: CELLUSE
추정법: 최소제곱법
표본: 1~96
관측 개수: 96

변수	계수	표준오차	t-통계량	p값
C	6.444622	8.086003	0.797010	0.4275
GDP	0.001699	0.000139	12.20659	0.0000
PRIMARYSCHOOL	0.198921	0.091767	2.167682	0.0327
R-squared	0.645514	Mean dependent var		44.81807
Adjusted R-squared	0.637890	S.D. dependent var		35.76285
S.E. of regression	21.52050	Akaike info criterion		9.006640
Sum squared resid	43071.26	Schwarz criterion		9.086776
Log likelihood	−429.3187	Hannan-Quinn criter.		9.039032
F-statistic	84.67566	Durbin-Watson stat		2.063503
Prob(F-statistic)	0.000000			

표 9-17 ● White의 이분산 검정 결과

이분산 검정법: White 귀무가설: 동분산			
F-statistic	9.051579	Prob. F(5,90)	0.0000
Obs*R-squared	32.12203	Prob. Chi-Square(5)	0.0000
Scaled explained SS	53.77861	Prob. Chi-Square(5)	0.0000

검정을 위한 보조 회귀식
종속변수: RESID^2
추정법: 최소제곱법
표본: 1~96
관측 개수: 96

변수	계수	표준오차	t-통계량	p값
C	−15.25402	128.2778	−0.118914	0.9056
GDP^2	1.76E-07	6.84E-08	2.569505	0.0118
GDP*PRIMARYSCHOOL	−0.000133	6.96E-05	−1.915645	0.0586
GDP	0.010272	0.007633	1.345760	0.1818
PRIMARYSCHOOL^2	0.022722	0.023045	0.985979	0.3268
PRIMARYSCHOOL	−1.064396	3.367325	−0.316095	0.7527
R-squared	0.334604	Mean dependent var		123.2402
Adjusted R-squared	0.297638	S.D. dependent var		234.0091
S.E. of regression	196.1161	Akaike info criterion		13.45575
Sum squared resid	3461538.	Schwarz criterion		13.61602
Log likelihood	−639.8761	Hannan-Quinn criter.		13.52054
F-statistic	9.051579	Durbin-Watson stat		1.953314
Prob(F-statistic)	0.000001			

에서 사용되었다. 검정 결과, 검정통계량인 F-통계량 값이 9.05로서 자유도가 5와 90인 F분포에서 p값이 거의 영(0)이기 때문에 오차분산이 동분산이라는 귀무가설은 기각된다.

만약 설명변수들의 교차곱 항이 제외되면 검정결과가 어떻게 될지는 독자들에게 연습문제로 남긴다. 또한 표 9-16에서 표준오차를 White-Huber의 이분산-수정 표준오차 혹은 로버스트 표준오차로 다시 추정하는 것도 독자의 몫으로 남긴다.

요약

- 고전적 선형회귀모형의 중요한 가정 중 하나는 교란항 u_i가 모두 같은 분산을 갖는다는 동분산 가정이다. 이러한 가정이 충족되지 않을 때 우리는 이분산 문제를 갖게 된다. 대체로 횡단면자료를 이용하는 회귀분석은 이분산 문제를 가질 가능성이 높다.
- 이분산이 있더라도 고전적 선형회귀모형의 다른 가정들이 모두 충족되면 OLS 추정량은 여전히 불편성을 갖는다. 다만 더 이상 효율적이지 않게 되며 따라서 BLUE가 아니다.
- 이분산 문제에도 불구하고 만약 우리가 여전히 OLS 추정법을 사용해서 모수를 추정하고 신뢰구간과 가설검정을 수행한다면, 잘못된 결론을 도출할 수 있다. 그 이유는 추정된 표준오차가 편의(baised)가 될 가능성이 존재하고 따라서 t값도 역시 편의가 될 가능성이 있기 때문이다. 결과적으로 신뢰구간이나 예측오차도 편의될 가능성을 갖는다. 그러므로 이분산 존재 여부를 조사하는 것은 중요하다.
- 이분산의 존재를 탐지하는 검정 방법에는 여러 가지가 있다. 실제 회귀 오차의 값을 관측할 수 없으므로 대부분 검정 방법은 추정된 오차의 값을 이용하는데 두 오차의 값은 서로 같지 않지만 표본 크기가 크면 추정된 오차값은 실제 오차값에 대한 좋은 대리변수이기 때문에 문제가 없다.
- 이분산을 탐지하는 비공식적인 방법은 추정된 오차의 제곱값을 종축(세로축)에 표시하여 그림을 그리는 것이다. 이때 이분산의 원인으로 의심되는 1개 설명변수에 대해서만 횡축(가로축)에 표시하여 그릴 수 있고 모든 설명변수에 대해 각각을 횡축으로 표시하는 다수의 그림을 그릴 수 있다. 보다 간편한 방식은 추정된 오차 제곱값을 종축에 그리고 종속변수의 추정값을 횡축에 표시하는 것이다. 이처럼 그림을 이용하는 비공식적인 방식의 목적은 이분산의 패턴을 파악하려는 것이다.
- 검정통계량을 이용하는 공식적인 방식으로 가장 많이 이용되는 대표본 검정 방법은 White 일반화 이분산 검정법과 BP(Breusch-Pagan) 검정법이다.
- 만약 검정법들 중 하나가 이분산의 징후를 제시하면, 문제를 제거하는 교정 조치가 필요하다. 교정 조치의 기본 아이디어는 변형된 회귀식의 오차가 동분산이 되도록 원래의 회귀식을 변형하는 것이다. 실제 오차분산 σ_i^2을 알고 있으면, 우리는 가중최소제곱법(WLS)을 사용하여 이분산 문제를 해결하고 BLUE 추정량을 얻을 수 있다. 그러나 현실에서는 대부분 오차분산의 실젯값을 알 수 없다. 이 경우에는 본문에서 언급했듯이 이분산의 성질에 대해 어느 정도 타당성 있는 가정을 하고 이러한 가정에 기초하여 자료를 변환하는 수밖에 없다. 변환된 회귀모형은 OLS에 의해 추정될 수 있으며, 이러한 전 과정이 바로 WLS가 된다.
- 어떤 변환 방법이든지 간에 변환된 회귀모형은 오차항에 이분산 문제가 해결되었는지를 확인하기 위해 다시 이분산 검정을 거쳐야 한다.
- 표본 크기가 충분히 크면 White의 이분산-수정 표준오차와 이에 기반한 t-통계량을 사용할 수 있다. 이 방법은 회귀계수의 추정값은 영향을 미치지 않고 단지 계수의 표준오차만을 수정한다.
- 어떤 경우에는 문제가 이분산이 아니라 모형 설정 오류일 수 있다. 예를 들면, 올바른 모형은 로그-선형모형 혹은 세미로그모형이지만 설정된 모형은 선형모형인 경우가 그렇다. 그러나 올바른 모형이 과연 무엇인가는 쉽게 대답할 수 있는 문제가 아니고 경험적인 실험이 필요하다.
- 이 장에서는 이분산 문제를 설명하기 위해 여러 가지 사례를 살펴봤다.

주요 용어 및 개념

동분산(homoscedasticity 또는 equal variance)

이분산(heteroscedasticity 또는 unequal variance)

(a) 횡단면자료(cross-sectional data)

(b) 규모효과(scale effect)

이분산의 탐지(detection of heteroscedasticity)

(a) 잔차 제곱의 그림(residual plot)

(b) Park 검정법(Park test)

(c) Glejser 검정법(Glejser test)

(d) White 일반화 이분산 검정법(White's general test of heteroscedasticity)

(e) BP(Breusch-Pagan) 검정법

가중최소제곱(WLS) 추정법(추정량)[weighted least squares(WLS) estimators]

제곱근 변환(square root transformation)

분산 안정화 변환(variance stabilizing transformations)

질문

9.1 이분산은 무엇을 의미하는가? 다음 항목에 대해 미치는 영향은?

a. OLS 추정량과 OLS 추정량의 분산

b. 신뢰구간

c. t검정과 F검정

9.2 다음 서술들의 참/거짓 여부를 밝혀라.

a. 이분산이 존재할 때 OLS 추정량은 편의적이며 동시에 비효율적이다.

b. 이분산이 존재하면 통상적인 t검정과 F검정은 타당성을 갖지 못한다.

c. 이분산이 존재할 때 OLS 추정법은 항상 추정량의 표준오차를 과대추정한다.

d. OLS 회귀에서 추정된 잔차들이 체계적인 패턴을 나타내면, 이분산이 자료에 존재한다는 것을 의미한다.

e. 설명변수 중 어느 변수가 오차항과 상관관계를 갖는지를 가정할 필요가 없는 이분산에 대한 일반적인 검정법은 없다.

f. 만약 어떤 모형이 이분산 문제를 제외한 다른 문제는 없고 좋은 모형이라면 이분산이 존재한다고 해서 포기할 필요는 없다.

9.3 다음과 같은 회귀분석에 대해 이분산을 의심해야 하는가?

종속변수	설명변수	표본
(a) 기업이윤	자기자본	포춘 500대 기업
(b) Log(기업이윤)	Log(자기자본)	포춘 500대 기업
(c) 종합주가지수	시간	1960~1990년(연평균지수)
(d) 유아 사망률	인구 1인당 소득	100개 개발도상국
(e) 물가상승률	통화공급증가율	미국, 캐나다, 15개 남미국가들

9.4 이분산이 존재할 때 가중최소제곱(WLS)법이 OLS 추정법보다 더 우수한 이유를 직관적으로 설명하라.

9.5 다음의 방법이 이분산을 탐지할 수 있는 근거를 간략히 설명하라.

a. 그래프 방법

b. Park 검정

c. Glejser 검정

연습문제

9.6 2변수 모집단회귀함수에서 오차분산이 다음과 같다고 하자:

$$E\left(u_i^2\right) = \sigma^2 X_i^4$$

동분산을 회복하기 위해서, 모형을 어떻게 변환시킬 것인가? 또 변환된 모형을 어떤 기법을 이용해서 추정할 것인가? 단계별로 구분하여 답하라.

9.7 다음은 1946~1975년 기간의 자료를 이용한 2변수 회귀함수 추정 결과이다(괄호 안의 수치는 표준오차임).[23]

$$C_t = 26.19 + 0.6248GNP_t - 0.4398D_t$$
$$\text{se} = (2.73)(0.0060) \qquad (0.0736) \quad R^2 = 0.999$$

$$\left(\frac{C}{GNP}\right)_t = 25.92\frac{1}{GNP_t} + 0.6246 - 0.4315\frac{D}{GNP_t}$$
$$\text{se} = (2.22)(0.0068) \qquad (0.0597) \quad R^2 = 0.875$$

단, C = 민간총소비

GNP = 국민총생산

D = 국방비지출

t = 연도

Hanushek와 Jackson의 연구 목적은 국방비가 경제의 다른 지출에 미치는 영향을 분석하는 것이었다.

a. 첫 번째 회귀함수를 두 번째 회귀함수로 변환시킨 이유가 무엇이라고 생각하는가?

23 Eric A. Hanushek and John E. Jackson, *Statistical Methods for Social Scientists*, Academic Press, New York, 1977, p. 160.

b. 만약 변환의 목적이 이분산의 제거나 감소라면, 오차분산에 대해 어떤 가정을 해야 하는가?

c. 이분산이 존재한다면, 연구자들은 이분산 제거에 성공했을까? 여러분은 어떻게 생각하는가?

d. 변환된 회귀함수는 원점을 통과해야 하는가? 해야 한다면 그 이유는? 만약 아니라면 그 이유는?

e. 2개 회귀식의 R^2값을 서로 비교할 수 있는가? 할 수 있다면 그 이유는? 할 수 없다면 그 이유는?

9.8 도심으로부터의 거리 함수로 설정한 인구밀도의 연구에서 Maddala는 1970년 미국 볼티모어 지역에서의 39개 인구센서스 구역의 자료를 이용하여 다음 회귀분석 결과를 얻었다.[24]

$$\ln Y_i = 10.093 - 0.239X_i$$
$$t = (54.7)(-12.28) \quad R^2 = 0.803$$

$$\frac{\ln Y_i}{\sqrt{X_i}} = 9.932\frac{1}{\sqrt{X_i}} - 0.2258\sqrt{X_i}$$
$$t = (47.87) \quad (-15.10)$$

단, Y = 센서스 구역별 인구밀도

X = 도심으로부터의 거리

a. 분석자료의 이분산에 대해 연구자는 어떤 가정을 하고 있는가?

b. 변환된 WLS 회귀분석에서 이분산이 제거 내지 감소했다는 것을 어떻게 파악할 수 있는가?

c. 회귀분석 결과를 해석하라. 분석 결과가 경제학적으로 타당한가?

9.9 표 9-1의 임금자료에 관한 문제이다. 표 9-8은 로그(교육)에 대한 로그(임금)의 회귀분석 결과이다.

a. 표 9-1의 자료를 이용하여 표 9-8의 결과를 도출하라.

b. 회귀분석 결과에서 잔차의 절댓값과 제곱값을 구하여 각각을 교육에 대응하여 그림을 그려라. 이분산의 징후가 보이는가?

c. 잔차에 대해 Park 검정법과 Glejser 검정법을 수행하라. 이분산 존재 여부에 대한 어떤 결론을 내릴 수 있는가?

d. 만약 이분산이 더블-로그모형에서 발견된다면, 이분산을 제거하기 위해 어떤 WLS 변환이 적절한가?

e. 표 9-2의 선형회귀분석에서는 이분산의 징후가 있었다. 만약 더블-로그모형에서는 이분산의 증거가 없다면, 어떤 모형을 선택해야 하는가? 그 선택의 이유는?

f. 두 회귀모형의 R^2값들이 서로 비교될 수 있는가? 비교될 수 없는 이유는?

9.10 계속해서 표 9-1의 임금 자료에 관한 문제이다. 다음 회귀함수를 살펴보자.

$$\text{wage}_i = A_1 + A_2\ \text{experience}_i + u_i$$

$$\ln \text{wage}_i = B_1 + B_2 \ln \text{experience}_i + u_i$$

a. 두 회귀함수를 추정하라.

b. 각 회귀분석에서 잔차의 절댓값과 제곱값을 구해서 설명변수에 대응한 그림을 그려라. 그림에서 이분산의 징후가 보이는가?

c. Glejser 검정법과 Park 검정법을 이용해서 문항(b)에 대한 대답의 타당성을 확인하라.

d. 이분산의 징후가 있다면, 이분산의 정도를 줄이기 위해 자료를 어떻게 변환시켜야 하는가? 필요한 계산도

---

24 G.S. Maddala, *Introduction to Econometrics*, Macmillan, New York, 1998, pp. 175-177.

함께 제시하라.

9.11 그림 9-8에서는 1974~1985년 기간에 여러 국가에 대한 투자/GDP 비율(%)에 대응한 국내총생산(GDP) 성장률(%)의 그림을 보여준다.[25] 고려되는 국가들을 다음과 같은 3개 그룹으로 구분하자: (인플레이션에 조정한) 실질이자율이 양(+)인 그룹, 약하게 음(−)인 그룹, 강하게 음(−)인 그룹.

a. GDP 성장률과 투자율(투자/GDP)의 관계를 설명하는 적절한 회귀함수모형을 제시하라.

b. 그림 9-8에서 어떤 이분산 징후가 보이는가? 공식적으로는 이분산의 존재를 어떻게 검정할 수 있는가?

c. 만약 이분산이 의심된다면, 이분산 제거를 위해 회귀함수를 어떻게 변환시켜야 하는가?

d. 더미변수를 이용하여 3개 국가 그룹 간의 차이를 고려하는 회귀모형으로 확장한다고 하자. 확장된 회귀 모형식을 서술하라. 만약 확장된 모형을 추정한다면, 그 확장모형에서 이분산이 있을 것으로 추측되는가?

그림 9-8 ● 1974~1985년 33개 개발도상국의 실질이자율, 투자, 생산성, 성장률

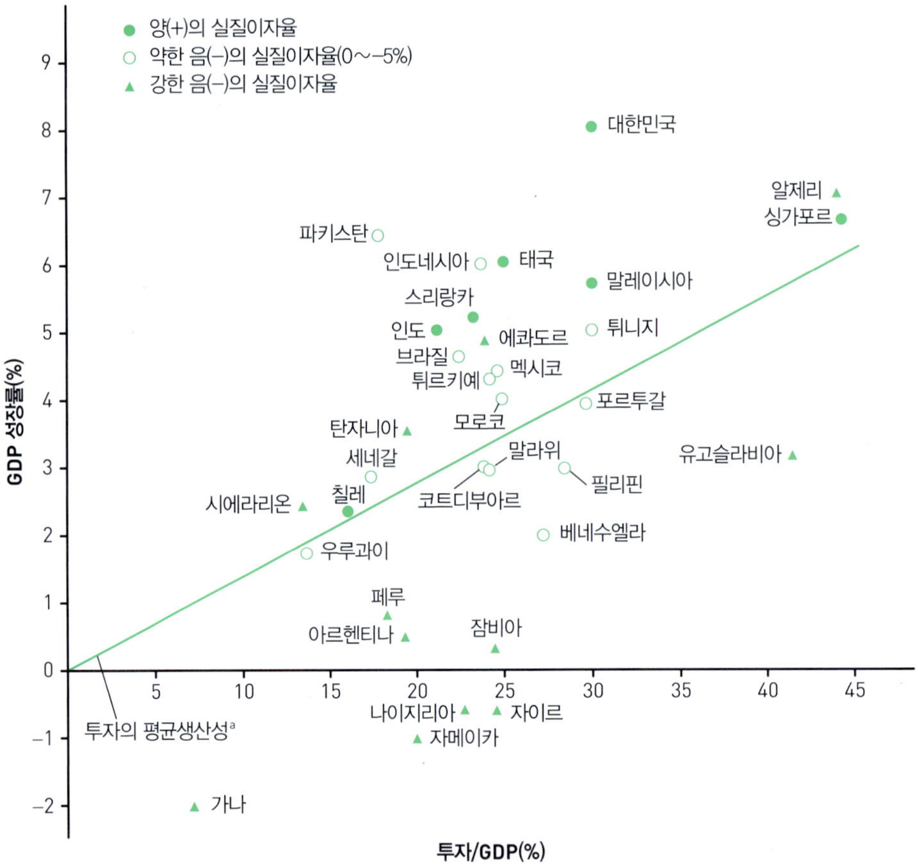

ª 직선은 표본평균을 나타냄

출처: World Development Report, 1989. Copyright by the International Bank for Reconstruction and Development/The World Bank. 옥스퍼드대학교출판사에서 재인용 허락을 득함, p. 33.

25 *World Development Report*, the World Bank, Oxford University Press, New York, 1989, p. 33을 참조하라.

그 대답에 대한 근거는?

9.12 1964년 경제학자 9,966명을 대상으로 하는 설문조사에서 다음 자료를 얻었다.

표 9-18 ● 경제학자 봉급의 구조

연령(세)	봉급 중앙값(달러)	연령(세)	봉급 중앙값(달러)
20~24	7,800	50~54	15,000
25~29	8,400	55~59	15,000
30~34	9,700	60~64	15,000
35~39	11,500	65~69	14,500
40~44	13,000	70+	12,000
45~49	14,800		

출처: "The Structure of Economists' Employment and Salaries," Committee on the National Science Foundation Report on the Economics Profession, *American Economics Review*, vol. 55, no. 4, December 1965, p. 36.

a. 봉급 중앙값을 연령으로 설명하는 적절한 회귀함수모형을 제시하라. 단, 봉급 중앙값은 연령 구간의 중앙점에서의 봉급이라고 가정하자.

b. 오차분산이 연령에 비례한다고 가정하고, 자료를 변환시키고 WLS 회귀함수를 추정하라.

c. 이번에는 오차분산이 연령 제곱에 비례한다고 하자. 이 가정에 따라 WLS 회귀분석을 수행하라.

d. 어떤 가정이 더 적절한 것으로 보이는가?

9.13 *이분산에 대한 Spearman의 순위상관검정법.* 이 검정법을 설명하기 위해 표 9-2에 주어진 임금 회귀분석에 대해 단계별로 과정을 수행하자.

a. 회귀분석에서 잔차 e_i를 구하라.

b. 잔차의 절댓값 $|e_i|$를 구하라.

c. 교육(X_i)과 오차 절댓값($|e_i|$)을 내림차순이든 올림차순이든 하나를 선택해서 순서를 구하라.

d. 각 관측치별로 두 순서 간의 차이를 구해서 d_i로 정의하라.

e. 다음과 같이 정의되는 Spearman의 순위상관계수 r_s를 계산하라.

$$r_s = 1 - 6\left[\frac{\sum d_i^2}{n\left(n^2 - 1\right)}\right]$$

단, n = 표본의 관측자료 수

만약 e_i와 X_i 간에 체계적인 관계가 있다면, 둘 간의 순위상관계수가 통계적으로 유의하게 되며 이 경우에는 이분산을 의심할 수 있다.

n이 8보다 크다면 실제 순위상관계수가 0이라는 귀무가설하에서 다음의 관계가 성립하게 된다.

$$\frac{r_s\sqrt{(n-2)}}{\sqrt{1-r_s^2}} \sim t_{n-2}$$

즉, 사유도 $(n-2)$의 t분포를 따르게 된다.

따라서 만약 순위상관계수가 t검정에서 유의하다고 판정되면, 이분산이 있다는 가설을 기각하지 못한다. 이러한 과정을 책에서 주어지는 임금 자료에 적용해보고 이분산의 징후 여부를 조사하라.

9.14 *가중최소제곱 추정법.* 표 9-19의 자료를 살펴보자.

표 9-19 ● 고용 규모별 미국 제조업의 생산성 관련 평균 보상액

고용 규모 (평균 고용인력) (1)	평균 보상액 Y (\$) (2)	평균 생산성 X (\$) (3)	보상액의 표준오차 σ_i (\$) (4)
1–4	3,396	9,355	744
5–9	3,787	8,584	851
10–19	4,013	7,962	728
20–49	4,104	8,275	805
50–99	4,146	8,389	930
100–249	4,241	9,418	1,081
250–499	4,387	9,795	1,243
500–999	4,538	10,281	1,308
1,000–2,499	4,843	11,754	1,112

출처: Data from *The Census of Manufacturing*, U.S. Department of Commerce, 1958(표의 숫자는 저자가 계산한 결과다).

a. 다음의 OLS 회귀분석을 수행하라.

$$Y_i = B_1 + B_2 X_i + u_i$$

b. 다음의 WLS 회귀분석을 수행하라.

$$\frac{Y_i}{\sigma_i} = B_1 \frac{1}{\sigma_i} + B_2 \frac{X_i}{\sigma_i} + \frac{u_i}{\sigma_i}$$

(WLS 추정에서 원점을 통과한다는 점을 주의하라.) 두 회귀분석 결과를 비교하라. 어느 회귀분석 결과가 더 좋다고 생각하는가? 그 근거는?

9.15 식 (9.25)에서 잔차항 v_i가 동분산임을 보여라.

9.16 30개 기업의 임의표본 자료를 이용하여 추정한 고용인원(N)에 대한 평균 임금(W)의 회귀함수가 다음과 같다.[26]

$$\hat{W} = 7.5 + 0.009N \qquad (1)$$
$$t = N.A.(16.10) \qquad R^2 = 0.90$$

$$\frac{\hat{W}}{N} = 0.008 + 7.8\frac{1}{N} \qquad (2)$$
$$t = (14.43)(76.58) \qquad R^2 = 0.99$$

26 Dominick Salvatore, *Managerial Economics*, McGraw-Hill, New York, 1989, p. 157.

a. 두 회귀결과를 해석하라.

b. 식 (1)에서 식 (2)로 갈 때 어떤 가정이 필요한가? 이분산 문제가 고려되었는가?

c. 두 모형의 기울기와 절편들은 어떤 관계를 갖는가?

d. 두 회귀함수의 R^2을 서로 비교할 수 있는가 혹은 없는가? 그 이유는?

9.17 표 9-20에는 20개 국가에 대한 다섯 가지 사회경제학적 지표 자료가 있다. 이 국가들은 1인당 소득에 따라 4개 그룹으로 구분되며 각 그룹의 국가 수는 5개이다: 저소득 그룹(연 500달러 이하), 저중소득 그룹(연 500~2,200달러), 상중소득 그룹(연 2,300~5,500달러), 고소득 그룹(연 5,500달러 이상). 표에서 첫 5개 국가는 첫 번째 그룹에 속하며, 다음 5개 국가는 두 번째 그룹에 속하며, … 등등이다.

a. 5개 설명변수를 모두 이용하는 회귀함수를 설정하라. 종속변수인 유아 사망률(Y)에 대해 인구성장률(X_4)과 일별 칼로리 섭취량(X_5)의 설명변수가 미치는 영향력의 방향을 미리 추측하라.

b. 설정한 회귀함수를 추정하고 여러분들의 추측이 맞았는지를 확인하라.

c. 만약 설정한 회귀함수에 다중공선성이 있다면, 어떻게 해야 하는가? 어떤 교정 조치이든 필요하다고 생각되면 적용하라.

9.18 표 9-21에는 181개 기업에 대해 1990년과 1991년에 취득한 특허 건수, 1990년과 1991년의 연구개발비(R&D)의 로그값, 6개 산업 중 어느 산업에 속하는지를 구분해 주는 5개 산업 더미변수, 해당 기업이 미국 기업이면 1 그리고 일본 기업이면 0의 값을 갖는 국가 더미변수 자료가 있다.

a. 1990년 자료를 이용하여 특허 건수를 종속변수로 하고 연구개발비 로그값과 6개 더미변수를 설명변수로 하는 회귀함수를 추정하라.

b. (a)의 추정된 회귀식에서 잔차항을 구하라. 극단값(outlier)이 있는가? 있다면 해당 관측치를 찾아라.

c. (a)의 회귀식에 대해 White의 이분산-수정 표준오차 혹은 로버스트 표준오차를 계산하고 OLS의 표준오차와 비교하라. 이러한 비교를 통해 어떤 결론을 내릴 수 있는가?

d. 1991년 자료에 대해서 (a)~(c) 과정을 반복하라.

9.19 표 9-20에 20개 국가의 일별 칼로리 섭취량과 관련된 자료가 있다.

a. 20개 국가의 일별 칼로리 섭취량을 설명하는 회귀함수를 추정하라.

b. 추정된 회귀함수가 이분산 문제를 가지는가? 필요한 검정을 수행하라.

c. 만약 이분산이 있다면, White의 이분산-수정 표준오차와 t-통계량을 통계 소프트웨어의 출력 결과에서 구하라. 문항 (a)에서 얻은 결과와 비교하고 비교 결과를 설명하라.

9.20 제7장 기대수명 사례(사례 7.4)를 다시 살펴보자. 표 7-4에서 다루었던 모형에 대해 이분산 문제 여부를 판정하라. 자료는 표 9-22에 주어져 있다. 이용하려는 검정 방법을 서술하라. 이분산 문제를 어떻게 해결할 수 있는가? 해결에 필요한 계산 작업을 수행하라. 또한 White의 이분산-수정 표준오차의 계산 결과도 제시하라. 이 연습문제에서 도출할 수 있는 일반적인 결론은 무엇인가?

9.21 근로경력(Exper)과 임금 추정값(Wagef)을 각각 이용하여 식 (9.9)~(9.11)에 상응하는 식들을 추정하라.

9.22 BP(Breusch-Pagan) 검정법을 설명하라.

9.23 표 9-11에 있는 회귀분석에서 더미변수의 계숫값을 해석하라.

9.24 표 9-21은 매출액과 이윤과 관련하여 R&D 지출액의 자료를 제공한다(모든 수치의 단위는 100만 달러임).

a. 통상적인 LIV(변수에 선형인) 회귀함수를 추정하고 결과를 서술하라.

b. 추정에 사용한 통계 패키지에서 White의 이분산-수정 표준오차와 t-통계량을 구하라.

c. 문항 (a)와 문항 (b)의 결과 사이에 큰 차이가 있는가?

9.25 표 9-23은 포춘 500대 기업의 447명의 사장들의 연봉과 관련 자료를 보여준다. 자료에서 각 변수의 정의는 다음과 같다: salary = 1999년 보너스 포함 연봉; totcomp = 1999년 사장의 총보수; tenure = 사장으로서의 재직연수(6개월 미만이면 0); age = 사장의 연령; sales = 기업의 1998년 총매출수입; profits = 기업의 1998년 이윤; assets = 1998년 기업의 총자산.

a. 이 자료를 이용하여 다음 회귀함수를 추정하고 이분산에 대한 Breusch-Pagan 검정통계량 값을 구하라.

$$Salary_i = B_1 + B_2tenure_i + B_3age_i + B_4sales_i + B_5profits_i + B_6assets_i + u_i$$

b. 이제 ln(salary)를 종속변수로 하는 두 번째 회귀모형을 추정하라. 이분산 문제의 어떤 개선이 있는 것으로 보이는가?

c. 각 독립변수에 대응한 연봉의 산점도 그림을 그려라. 어떤 설명변수가 이분산 문제와 관련 있는지 구별할 수 있는가? 여러분이라면 이분산 문제와 관련해서 어떤 제안을 하겠는가? 여러분의 최종 모형은 무엇인가?

d. 최종모형에 대해 White의 이분산-수정 표준오차를 구하라. 눈에 띄는 차이가 있는가?

9.26 표 9-24에는 81개 차량의 MPG(평균 마일리지), HP(엔진 마력), VOL(승차 공간 크기), SP(최고속도), WT(무게) 자료가 있다.

a. 다음 회귀함수를 추정하고 결과를 해석하라. 경제학적으로 의미 있는 결과를 얻었는가?

$$MPG_i = B_1 + B_2SP_i + B_3HP_i + B_4WT_i + u_i$$

b. 오차분산에 이분산 문제가 있을 것으로 예상하였는가? 그 이유는?

c. White 검정법을 이용하여 오차분산에 이분산이 있는지 그 여부를 점검하라.

d. White의 이분산-수정 표준오차와 t-통계량을 구하고, OLS에서의 표준오차 및 t-통계량 값과 비교하라.

e. 만약 이분산이 발견되었다면, 동분산을 회복하도록 어떻게 자료를 변환시켜야 하는가? 필요한 계산과정을 보여라.

9.27 표 9-13에 있는 낙태율 회귀분석을 살펴보자.

a. 해당 회귀분석에서 잔차항을 구하고 그림을 그려라.

b. (a)에서 구한 잔차항에 대해 Park 검정법을 적용하라. 이분산 징후가 있는가?

c. Glejser 검정법을 잔차항에 대해 적용하라. 이분산 징후가 있는가?

d. (b)와 (c)에서 이분산 징후가 있다면 이분산 문제 해결을 위해 어떻게 자료를 변환해야 하는가?

9.28 표 9-15에서의 인터넷 사용 자료를 살펴보자.

a. 휴대폰 사용에 대한 표 9-15의 회귀분석과 유사한 회귀식을 추정하라.

b. (a)의 회귀식이 이분산 문제를 갖는지 그 여부를 알려면 어떻게 해야 하는가? 어떤 검정법을 이용할 것인가? 상세한 과정을 설명하라.

c. (a)에서 추정된 회귀식에 대한 White의 이분산-수정 표준오차를 구하고 (a)에서 구한 표준오차와 비교하라. 이분산과 관련해서 어떻게 말할 수 있는가?

9.29 표 9-15의 휴대폰과 인터넷 사용 자료를 살펴보자. 현대 사회에서 휴대폰과 인터넷은 일상생활의 한 부분

이 되었기 때문에 그 둘이 어떻게 연결되는지를 보는 것은 흥미로운 분석이 될 것이다.

a. 휴대폰과 인터넷의 사용 자료를 한 그래프에 그려라. 어떤 패턴이 보이는가?

b. 인터넷 사용을 종속변수로 하고 휴대폰 사용을 설명변수로 하는 회귀식을 추정하고 표준적인 통계량들을 구하라.

c. 이번에는 반대로 휴대폰 사용을 종속변수로 하고 인터넷 사용을 설명변수로 하는 회귀식을 추정하고 역시 표준적인 통계량들을 구하라.

d. (b)와 (c)를 통해 어떤 것을 알 수 있는가?

10 Chapter

자기상관

만약 오차항이 상관되어 있으면 어떻게 되는가?

제9장에서 고전적 선형회귀모형(CLRM)의 가정 중 하나인 동분산 가정이 위반되었을 때 발생하는 결과를 알아보았다. 제10장에서는 CLRM의 또 다른 가정인 **자기상관**(autocorrelation) 또는 **계열상관**(serial correlation)이 없다는 가정이 위반되는 경우를 고려한다. 특히 우리는 다음 질문에 대한 답을 구하려고 한다.

1. 자기상관의 본질은 무엇인가?
2. 자기상관으로 인해 어떤 결과가 초래되는가?
3. 자기상관이 존재하는지를 어떻게 탐지하는가?
4. 자기상관의 교정 방법에는 어떠한 것이 있는가?

이 장의 내용은 이전의 이분산에 대한 내용과 많은 점에서 유사하다. 이분산과 마찬가지로 자기상관 문제가 존재하면, 통상적인 OLS 추정량은 선형 및 불편이지만 모든 선형불편추정량 중에서 더 이상 최소분산을 갖지 않는다. 즉, 효율적은 아니며 따라서 최량선형불편추정량(BLUE)이 아니다. 그리고 통상적인 공식에 따른 t-통계량이나 F-통계량이 타당하지 않을 수 있다.

이하의 내용에서는 자기상관 문제를 제외한 나머지 다른 고전적 선형회귀모형(CLRM) 가정은 충족된다고 가정하고 자기상관 문제에 초점을 맞춘다.

10.1 자기상관의 본질

자기상관이라는 용어는 "시간(시계열자료에서)이나 공간(횡단면자료에서)에 따라 배열된 일련의 관측치 간의 상관관계"라고 정의할 수 있다.[1]

이분산이 일반적으로 횡단면자료와 관련되는 반면에 자기상관은 보통 시계열자료(시간에 걸쳐 배열된 자료)와 관련된다. 다만, 앞서 정의가 제시하듯이 자기상관은 횡단면자료에서도 발생할 수 있는데 그 경우를 **공간 자기상관**(spatial correlation)이라고 부르며, 이는 시간에 걸친 것이 아니라 공간에서의 상관을 뜻한다.

회귀 측면에서 고전적 선형회귀모형(CLRM)은 교란항 u_i에 그와 같은 자기상관이 존재하지 않는다고 가정하고 있다. 수식으로 이를 표현하면,

$$E(u_i u_j) = 0 \quad i \neq j \tag{10.1}$$

즉, 2개의 다른 오차항 u_i와 u_j의 곱은 0의 기댓값을 갖는다.[2] 이것은 특정한 관측치와 관련된 교란항은 다른 관측치와 관련된 교란항에 의해 영향받지 않는다는 것을 말한다. 예를 들어, 분기별 시계열자료를 갖고 노동과 자본 투입물에 대한 산출물의 회귀(즉, 생산함수)를 분석할 때, 어느 한 분기에 노동 파업이 발생하여 산출물에 영향을 준다고 해서 다음 분기에도 그 영향이 이어진다고 예상할 이유가 없다는 것이다. 즉, 이번 분기에 산출물이 갑작스럽게 줄어든다고 해서 다음 분기에도 줄어들 이유는 없다는 것이다. 이것은 마치 가구소득에 대한 가구소비의 회귀분석에서 한 가정의 소득 증가가 그 가구의 소비지출에 미치는 영향이 다른 가구의 소비지출에도 영향을 미친다고 기대되지는 않는다는 점과 유사하다.

그러나 만약에 그러한 상호의존관계가 존재한다면, 자기상관이 존재하는 것이다. 수식으로 표현하면 다음과 같다.

$$E(u_i u_j) \neq 0 \; i \neq j \tag{10.2}$$

이러한 상황에서는 이번 분기의 파업으로 인한 산출량 감소는 다음 분기의 산출량에 영향을 미칠 수 있으며(예컨대 미처리된 주문 적체를 해소하기 위해 다음 분기의 산출량이 증가할 수 있음), 어느 한 가구의 소비지출 증가는 다른 가구의 경쟁 심리를 자극해서 그 가구의 소비지출을 증가시킬 수 있을 것이다(이것이 공간 자기상관의 경우이다).

그림 10-1은 자기상관과 비자기상관의 패턴을 시각화하여 제공하고 있다. 그림에서 수직축

---

1 Maurice G. Kendall and William R. Buckland, *A Dictionary of Statistical Terms*, Hafner, New York, 1971, p. 8.

2 만약 i와 j가 같으면 식 (10.1)은 $E(u_i^2)$, 즉 u_i의 분산이 되고, 동분산 가정에 의해 σ^2의 값을 갖는다.

그림 10-1 ● 자기상관의 패턴

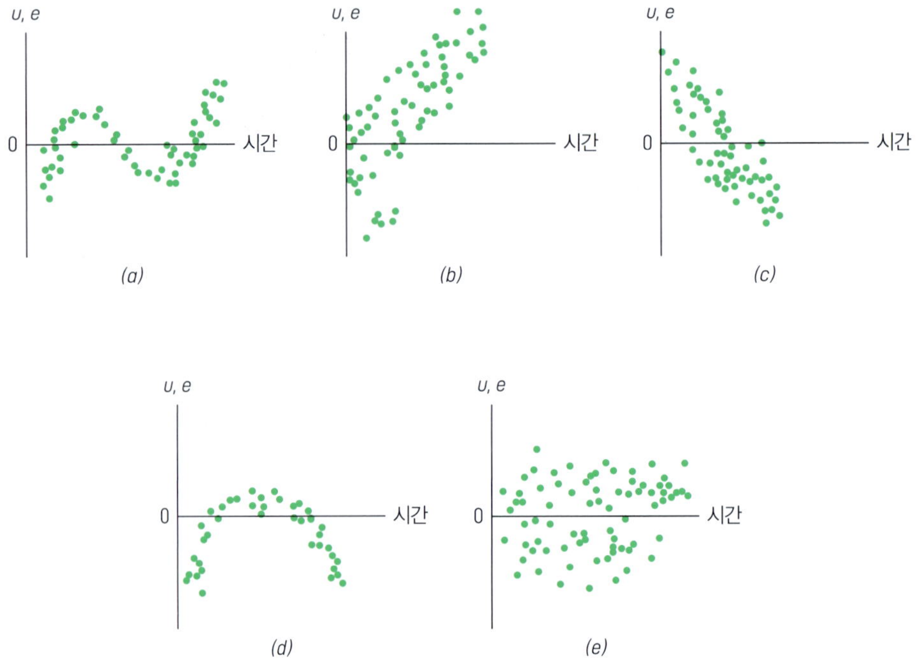

은 모집단의 교란항 u_i와 표본에서의 잔차항 e_i를 모두 나타내고 있다.

그림 10-1a에서 d까지는 교란항 u에서 패턴들이 뚜렷하게 보이는 데 비해 그림 10-1e에서는 어떤 체계적인 패턴도 볼 수 없다. 식 (10.1)에서 표현된 비자기상관의 가정이 충족되는 것은 마지막 그림 e의 경우이다.

이러한 자기상관은 왜 발생하는가? 자기상관의 원인(reasons for autocorrelation)을 몇 가지 살펴보면 다음과 같다.

관성

대부분의 경제 시계열이 갖는 두드러진 특징은 관성(inertia 또는 sluggishness)이다. 잘 알려진 바와 같이 GDP, 생산, 고용, 화폐공급, 물가지수와 같은 시계열은 **경기순환**(경제활동의 반복적이고 자동적으로 계속되는 등락)을 갖는다. 경제회복이 시작되면 이러한 대부분의 시계열은 침체기의 바닥 국면에서 시작하여 상승하기 시작한다. 이러한 상승기에는 한 시점에서의 변숫값은 이전 시점에서의 값보다 더 크기 마련이다. 이 시계열에서 이러한 모멘텀이 형성되면 이러한 상승기는 어떤 여건 변화(예를 들면, 이자율이나 조세의 증가) 발생을 계기로 감속할 때까지 계속해서 지속된다. 따라서 시계열자료를 이용하는 임금 회귀함수분석에서 연속적인 관측치는 서로 상호의존적이거나 상관관계를 갖기 쉽다.

모형 설정 오류

그림 10-1a에서 d까지의 자기상관 패턴은 간혹 연속된 관측치가 상관관계를 갖기 때문이 아니라 회귀모형이 잘못 설정되었기 때문에 발생할 수도 있다. 제7장에서 봤듯이, 잘못 설정된 모형이란 모형에 꼭 포함되어야 할 중요한 설명변수가 누락되거나(이것이 **과소모형설정**의 경우이다) 혹은 회귀모형에 대해 잘못된 함수형태를 가정하는 경우를 의미한다. 만약 이러한 모형 설정 오류(model specification errors)가 발생하면, 잔차항이 체계적인 패턴을 나타낼 것이다. 이것을 간단히 검정하는 방법은, 제외시켰던 다른 변수를 설명변수에 포함해서 추정한 다음에 잔차항이 여전히 뚜렷한 패턴을 보이는지를 검토하는 것이다. 만약 그러한 패턴이 사라지면, 이전의 회귀모형이 보였던 자기상관은 모형 설정 오류 때문인 것이다.

거미집 현상

대다수 농산물의 공급은 소위 거미집 현상(cobweb phenomenon)을 보이는데, 이것은 공급이 가격에 1기 시차만큼 **지연**하여 반응하는 현상을 말하는 것으로서 공급에 대한 의사결정을 이행하는 데 시간(성장기간)이 걸리기 때문이다. 예를 들면, 올해 초에 농작물을 파종할 때 농부들은 지난해의 가격에 영향을 받으므로 공급함수는 다음과 같이 된다.

$$\text{공급량}_t = B_1 + B_2\ \text{가격}_{t-1} + u_t \qquad (10.3)$$

가령 t년도에 과잉생산으로 가격 P_t가 P_{t-1}보다 떨어진다고 하자. 이제 농부들은 $t+1$기에는 t기보다 덜 생산하고자 할 것이다. 이러한 경우에 교란항 u_t는 확률적이라고 기대할 수 없다. 농부들이 t년도에 과잉생산한다면 $t+1$년도에는 생산을 줄일 가능성이 높으므로 거미집 현상과 같은 확정적 패턴이 존재하기 때문이다.

자료의 가공

실증분석에서는 종종 자료 가공(data manipulation)이 발생한다. 예를 들어, 분기 자료를 다루는 시계열 회귀분석에서 분기 자료는 통상적으로 3개월간 월별 자료를 합산한 다음에 3으로 나누어 구한다. 이와 같은 평균화 과정을 거치면 월별 자료의 변동 정도보다 완화되는 자료의 "평활화"가 나타난다. 그러므로 그림으로 나타내면 분기별 자료가 월별 자료보다 훨씬 부드러운 형태로 나타난다. 이러한 평활화는 그 자체가 교란항의 체계적인 패턴을 초래하게 되어 자기상관을 생기게 할 수 있다.[3]

---

3 주간이나 월간 자료는 측정 오차에 상당히 취약하기 때문에 평균화나 다른 자료 편집 과정이 이용된다. 그러나 평균화 과정을 거치면 자료는 더 정확해질 수 있는 반면에 자기상관이라는 부산물을 초래할 수 있는 것이다.

그림 10-2 ● 양(+)의 자기상관과 음(−)의 자기상관

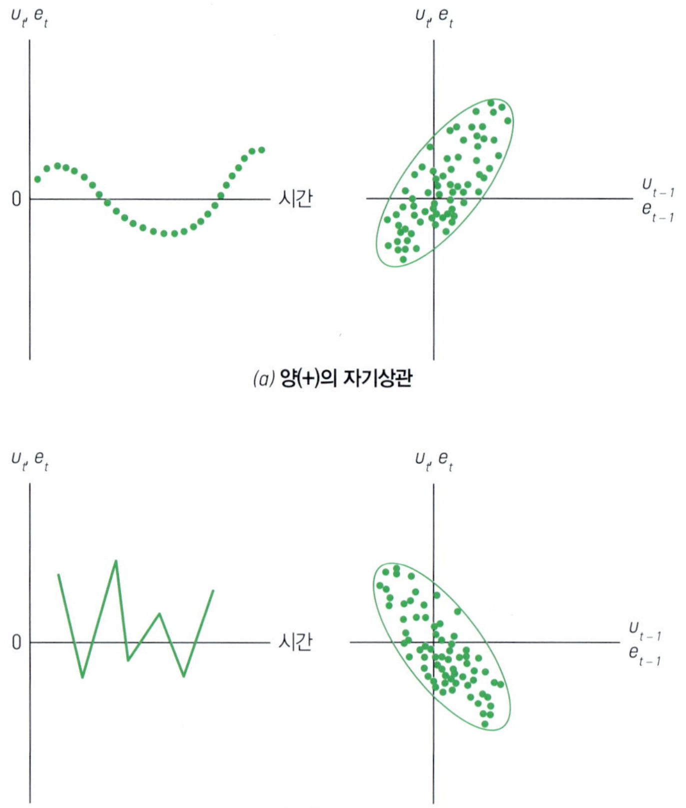

(a) **양(+)의 자기상관**

(b) **음(−)의 자기상관**

자기상관은 양(+)일 수도 있고 음(−)일 수도 있음을 주목하자. 다만 경제적 시계열은 대체로 긴 시간에 걸쳐(아마도 경기순환 때문에) 증가하는 추세를 갖거나 감소하는 추세를 갖기 때문에 일반적으로 양의 자기상관을 나타낸다. 반면에 음의 자기상관은 그림 10-2(b)처럼 오르면 내리고 내리면 오르는 모습을 가질 때 나타난다.

10.2 자기상관의 결과

오차항이 그림 10-1a부터 d까지 혹은 그림 10-2 가운데 한 패턴을 보인다고 하자. 그러면 OLS에 대한 가정 중 식 (10.1)에 있는 $E(u_i u_j) = 0$, $i \neq j$의 가정이 충족되지 않으며 자기상관 문제가 존재한다는 것을 의미한다. 그러면 OLS 추정량에 대해 다음 결과가 성립한다.[4]

4 증명은 다음 문헌에서 찾아볼 수 있다: Gujarati and Porter, *Basic Econometrics*, 5th, McGraw-Hill, New York, 2009, chap. 12.

1. 최소제곱추정량은 여전히 선형추정량이며, 불편추정량이다.

2. 그러나 더 이상 최소분산을 갖지 않으며, 따라서 효율적이지 않다. 정리하면, OLS 추정량은 BLUE(best linear unbiased estimator)가 아니다.

3. OLS 추정량의 분산에 대한 통상적인 추정량 공식은 편의(bias)를 낳는다. 때때로 이 편의가 심하게 큰 음의 값(하향편의)을 가질 수 있는데, 이럴 경우에는 OLS 추정량의 분산이 실제보다 과소추정되며 t-통계량은 지나치게 큰 값을 갖게 된다. 따라서 특정 설명변수가 실제로는 설명력이 없는데도 불구하고 계수가 통계적으로 유의하게 0이 아니라는 검정 결과가 나올 수 있다.

4. 결과적으로 통상적인 t검정과 F검정은 신뢰할 수 없게 된다.

5. 오차분산에 대한 통상적인 추정량 공식, 즉 RSS(잔차 제곱합)/자유도도 편의를 가지며 특히 과소추정할 가능성이 있다.

6. 5항의 결과로서, 관례적으로 계산하는 R^2도 실젯값보다 과대추정된다.

7. 예측 분산에 대한 통상적인 추정량도 역시 비효율적일 수 있다.

이러한 결과는 이분산의 경우와 유사하며 실제 상황에서의 중요성도 비슷하다. 따라서 이분산에서와 마찬가지로 분석하고자 하는 자료에 자기상관 문제가 존재하는지 여부를 탐지하는 것이 필요하다.

10.3 자기상관의 탐지

이분산의 경우처럼 **자기상관 탐지**(detecting autocorrelation)를 할 때도 동일한 딜레마에 직면한다. 즉, 우리는 실제 모집단 교란항 u_i를 관측할 수 없고 단지 추정된 회귀함수로부터의 잔차항 e_t만 관측할 수 있기 때문에 설사 모집단에서 자기상관이 존재한다고 하더라도 이 사실을 알 수 없다. 따라서 이분산에서와 마찬가지로 통상적인 OLS 추정 절차를 밟았을 때 구해지는 잔차항 e_t를 이용해서 자기상관의 존재 여부를 추측할 수밖에 없다. 이제 우리는 이러한 사실을 염두에 두고 자기상관의 탐지를 도와주는 몇몇 진단 방법을 사례와 함께 알아보기로 한다.

사례 10.1 미국 기업부문에서 실질임금과 생산성 간 관계

거시경제학에 따르면 실질임금과 (노동)생산성 간에는 양의 상관관계가 존재한다. 즉, 다

표 10-2 ● 임금 회귀함수 추정 결과

종속변수: REALCOMP
추정법: 최소제곱법
표본: 1969~2016
관측 개수: 48

변수	계수	표준편차	t-통계량	p값
C	39.82986	0.891738	44.66544	0.0000
REALPROD	0.604872	0.011898	50.83885	0.0000
R-squared	0.982513	Mean dependent var		83.51042
Adjusted R-squared	0.982133	S.D. dependent var		12.37231
S.E. of regression	1.653763	Akaike info criterion		3.884758
Sum squared resid	125.8069	Schwarz criterion		3.962724
Log likelihood	−91.23419	Hannan-Quinn criter.		3.914222
F-statistic	2584.589	Durbin-Watson stat		0.340660
Prob(F-statistic)	0.000000			

주: Durbin-Watson 통계량은 이후에 소개되는 Durbin-Watson d 통계량을 말한다.

른 사항들이 불변일 때 노동생산성이 높을수록 실질임금도 높다. 이 관계를 조사하기 위해 1969~2016년 동안 미국 기업부문의 실질임금(시간당 실질임금, REALCOMP) 지수와 노동생산성(시간당 생산, REALPROD) 지수에 대한 표 10-1의 자료를 분석한다. 두 지수의 기준연도는 2001년으로서 2001년에 100의 값을 갖는다.

실질임금(real wage)을 생산성(productivity)에 대해 회귀함수를 추정하여 표 10-2의 결과를 얻었다. 우리는 이 회귀함수를 임금-생산성 혹은 줄여서 임금 회귀함수로 부르기로 한다.

통상적인 기준에 비추어 위의 결과는 좋아 보인다. 기대된 바대로 실질임금과 생산성 간에는 양의 상관관계가 존재하고 있고 추정된 t-통계량도 매우 높으며 R^2값도 꽤 높다. 겉으로 보이는 이러한 결과를 받아들이기 전에 자기상관의 가능성을 조사해야 한다. 자기상관이 존재하면 이러한 통계량의 값은 신뢰할 수 없기 때문이다.

자기상관을 검정하기 위해 두 가지 방법을 고려한다: (1) 그림에 의한 방법, (2) Durbin-Watson d 통계량.

그림에 의한 방법

이분산에서처럼 OLS 잔차인 e_t를 조사함으로써 실제 오차항 u의 자기상관 존재 가능성에 관한 단서를 얻을 수 있다. 잔차를 조사하는 방법에는 여러 가지가 있다. 그림 10-3과 같이 단

그림 10-3 ● 임금 회귀분석(표 10-2)의 잔차항(RES1)

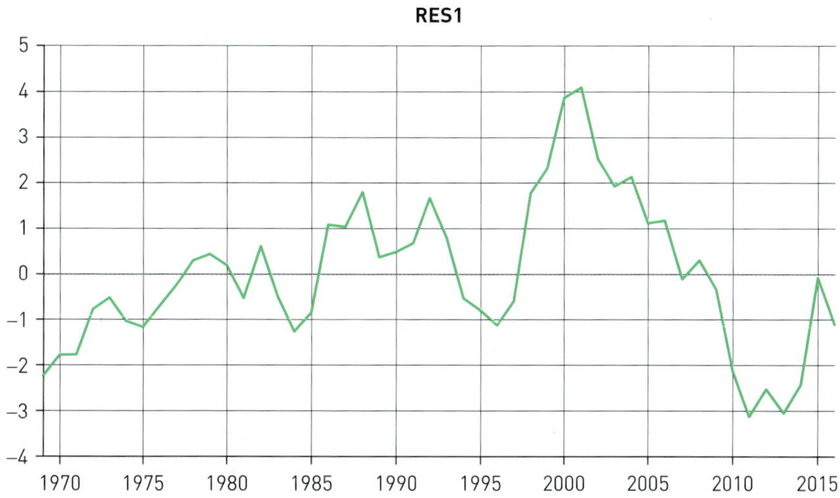

순히 시간에 대해 그림을 그릴 수 있는데 이것은 표 10-2의 회귀분석으로부터 구한 잔차를 그린 것이며 시간연속그림(time-sequence plot)이라고 한다.

그림 10-3을 보면 잔차항 e_t는 그림 10-1e와 같은 양상을 보여서 확률적이 아니라는 것을 시사한다. 특히 눈에 띄는 것은, 처음에는 음의 값이었다가 다음에는 연속적으로 양의 값을 갖는 패턴을 반복하고 있다. 이러한 양상은 t기의 잔차 e_t(현재 잔차)를 $t-1$기의 잔차 e_{t-1}(1기 과거 잔차)에 대해 그려보면 더욱 뚜렷해진다. 부록의 표 10A-1에 e_t와 e_{t-1}의 값이 주어져 있다. 이러한 그림을 그려보면 대부분의 잔차가 제1상한(북동)과 제3상한(남서)에 몰려 있어서 양의 상관관계 존재가 시사된다.

Durbin-Watson *d* 검정[5]

자기상관을 탐지하는 방법 가운데 가장 유명한 것은 통계학자인 Durbin과 Watson에 의해 개발되어서 **Durbin-Watson *d* 통계량**(Durbin-Watson *d* statistic)이라 불리는 것으로 다음과 같이 정의된다.

$$d = \frac{\sum_{t=2}^{n}\left(e_t - e_{t-1}\right)^2}{\sum_{t=2}^{n} e_t^2} \tag{10.4}$$

5 J. Durbin and G. S. Watson, "Testing for Serial Correlation in Least-Squares Regression," *Biometrika*, vol. 38, 1951, pp. 159-177.

이것은 RSS를 분모로 그리고 연속적인 잔차항 간 차이를 제곱해서 합한 합계를 분자로 갖는 비율이다. 주목할 것은 d 통계량의 분자에서 연속적인 차이를 구하는 과정에서 첫 관측치는 제외되기 때문에 관측치의 수가 $n-1$개라는 점이다.

d 통계량의 가장 큰 장점은 대부분의 회귀분석 패키지에서 자동적으로 계산되는 잔차항을 이용한다는 점이다. 이러한 이유로 R^2이나 조정된 R^2, t, F값 등의 요약 통계량들과 함께 Durbin-Watson d 통계량을 제시하는 것이 통상적인 관례이다(부록 표 A10-1 참조).

비록 d 통계량이 일상적으로 사용되지만 d 통계량에 내재하는 다음의 가정에 주의해야 한다.

1. 회귀모형은 상수항을 포함한다. 만일 원점을 통과하는 회귀식처럼 상수항이 없다면 상수항을 포함하는 회귀식을 다시 추정하여 RSS를 계산해야 한다.[6]

2. 설명변수는 비확률적이어야 한다. 즉, 표본추출을 반복하더라도 그 값들은 고정되어야 한다.

3. 교란항 u_t는 다음과 같은 1차 자기회귀모형으로부터 생성된다.

$$u_t = \rho u_{t-1} + v_t \qquad -1 \le \rho \le 1 \tag{10.5}$$

위 식에서 t기의 교란항 값은 $t-1$기의 과거값과 순수한 확률항(v_t)에 의존하며 과거값에 대한 의존 정도는 ρ에 의해 측정된다. ρ를 **자기상관계수**(coefficient of autocorrelation)라고 부르며 -1과 1 사이의 값을 갖는다. 식 (10.5)에서와 같은 구조를 **마코프 1차 자기회귀모형**(Markov first-order autoregressive scheme) 혹은 줄여서 1차 자기회귀모형이라고 부르며 보통 **AR(1)**으로 표기한다. 자기회귀라는 표현은 식 (10.5)가 u_t의 자기의 1기 과거값에 대한 회귀식이기 때문에 사용된다. 그리고 1차의 표현은 1기 과거값에만 의존하기 때문이다.[7]

4. 회귀모형의 설명변수에는 종속변수의 과거값이 포함되지 않는다. 따라서 다음과 같은 모형에 대해서는 d 통계량을 적용할 수 없다.

$$Y_t = B_1 + B_2 X_t + B_3 Y_{t-1} + u_t \tag{10.6}$$

여기서 Y_{t-1}은 Y의 1기 과거값이다. 식 (10.6)과 같이 종속변수의 과거값을 설명변수 중 하나로 사용하는 모형을 **자기회귀모형**(autoregressive models)이라고 부른다.

위의 네 가지 가정이 모두 충족된다고 하자. 이때 만약 d 통계량의 값이 약 0.34라면 임금 회

---

6 절편항이 없는 회귀함수의 경우에 d 통계량을 계산하려면, 다음 문헌을 참조하라: R. W. Farebrother, "The Durbin-Watson Test for Serial Correlation When There Is No Intercept in the Regression," *Econometrica*, vol. 48, 1980, pp. 1553-1563.

7 만약 $u_t = \rho_1 u_{t-1} + \rho_2 u_{t-2} + \upsilon_t$라면 AR(2) 혹은 2차 자기회귀모형이 된다. 자기상관에 대해서는 일반적으로 AR(1) 모형 가정이 사용된다.

귀함수의 자기상관 여부에 대해 어떻게 판단할 수 있는가? 이 질문에 답하기 앞서서 표본 크기가 클 때 식 (10.4)의 d 통계량은 다음과 같이 근사적으로 표현된다(연습문제 10.19 참조).

$$d \approx 2\left(1-\hat{\rho}\right) \tag{10.7}$$

여기서 $\approx$는 근사적이라는 의미이며, $\hat{\rho}$은 식 (10.5)에 주어진 AR(1) 모형의 자기상관계수 ρ의 추정값으로서 다음과 같이 정의된다.

$$\hat{\rho} = \frac{\sum_{t=2}^{n} e_t e_{t-1}}{\sum_{t=2}^{n} e_t^2} \tag{10.8}$$

$-1 \le \hat{\rho} \le 1$이므로 식 (10.7)에서 다음 표의 결과를 도출할 수 있다.

	$\hat{\rho}$의 값	d 통계량의 근삿값
1.	$\hat{\rho} = -1$	
	(완전한 음의 상관)	$d = 4$
2.	$\hat{\rho} = 0$	
	(자기상관이 존재하지 않음)	$d = 2$
3.	$\hat{\rho} = +1$	
	(완전한 양의 상관)	$d = 0$

요약하자면,

$$0 \le d \le 4 \tag{10.9}$$

즉, 추정된 d값은 0과 4 사이의 범위 내에 있어야 한다.

추정된 d값이 0에 가까울수록 양의 자기상관 가능성이 커지고, 4에 가까울수록 음의 자기상관 가능성이 커진다. 그리고 2에 가까울수록 자기상관이 존재하지 않을 가능성이 높다. 물론 이것은 대략적인 추측으로서, 자기상관이 존재하는지 그리고 존재한다면 양의 자기상관인지 혹은 음의 자기상관인지 등을 판단하기 위해서는 명확한 가이드라인, 즉 임곗값이 필요하다.

그러나 t와 F 검정과는 다르게 d 통계량에는 임곗값이 존재하지 않는다.[8] 대신에 Durbin과 Watson은 하한 d_L과 상한 d_U를 제시했는데, 이 2개의 경곗값을 이용하여 여러 구간을 구분할 수 있고, 식 (10.4)에서 계산된 d가 이 구간 중 어디에 속하느냐에 따라 양의 혹은 음의 자기상관이 존재하는지 여부를 결정할 수 있게 된다. 이 2개의 경곗값은 관측치의 수(n)와 설

8 d의 정확한 임곗값은 설명변수(들)의 값에 의해 결정되며, 따라서 표본에 따라 값이 다르다.

표 10-3 ● Durbin-Watson *d* 검정: 결정 규칙		
귀무가설	결정	조건
양의 상관관계 없음	기각	$0 < d < d_L$
양의 상관관계 없음	결정할 수 없음	$d_L \leq d \leq d_U$
음의 상관관계 없음	기각	$4 - d_L < d < 4$
음의 상관관계 없음	결정할 수 없음	$4 - d_U \leq d \leq 4 - d_L$
양이나 음의 상관관계 없음	기각되지 않음	$d_U < d < 4 - d_U$

명변수의 수(k)에 따라 결정된다. Durbin과 Watson은 1%와 5% 유의수준 각각에 대해 n이 6~200까지 그리고 k는 20개까지의 경곗값을 도표로 만들었으며 부록 E의 표 E-5에 주어져 있다. Durbin-Watson 검정의 실제 절차는 그림 10-5를 보면 쉽게 이해되는데, 단계별로 설명하면 다음과 같다.

1. OLS 회귀를 수행하여 잔차 e_t를 얻는다.
2. 식 (10.4)로부터 d를 계산한다(오늘날 대부분의 통계 패키지는 이 단계를 자동적으로 계산한다).
3. 표본 수와 설명변수의 수를 참조하여 표로부터 경곗값 d_L과 d_U의 값을 찾는다.
4. 표 10-3의 결정 규칙에 따라 최종적인 검정 결론을 내린다. 그림 10-5는 이 결정 규칙을 그림으로 보여준다.

사례 10.1의 임금 회귀분석에서 $d = 0.34$로 계산된다. Durbin-Watson 표에 따르면 관측치(n)가 50개(사례 10.1의 표본 크기인 48과 가장 가까운)이고 설명변수가 1개일 때 5% 유의수준에서 $d_L = 1.503$, $d_U = 1.585$이다.

d의 추정값 0.34는 d_L의 1.503보다 훨씬 작기 때문에, 표 10-3의 결정 규칙에 따라 임금-생산성 회귀함수의 잔차항에 양의 자기상관이 존재한다고 결론을 내릴 수 있다. 그림 10-3과 10-4에서 그림에 의한 방법을 이용했을 때도 같은 결론에 도달했었다.

비록 d 검정이 많이 이용되긴 하지만 한 가지 단점은 자기상관이 존재하는지 여부를 판단할 수 없는 **미결정 구간**이 있다는 것이다(그림 10-5 참조). 이 문제를 해결하기 위해 여러 학자는 d 검정의 수정된 버전을 제시하였는데, 그 내용이 상당히 복잡해서 이 책의 범위를 벗어난다.[9]

9 예를 들면, Hannan과 Terrell은 d_U가 실제 임계치와 매우 가깝기 때문에 만약 d의 추정값이 d_U보다 작으면 양의 자기상관의 존재를 가정할 수 있다고 주장한다. E. J. Hannan and R. D. Terrell, "Testing for Serial Correlation After Least Squares Regression," *Econometrica*, vol. 36, no. 2, 1968, pp. 133-150을 참조하라.

그림 10-4 ● 임금 회귀의 잔차 e_t(현재 잔차)와 e_{t-1}(1기 과거 잔차)

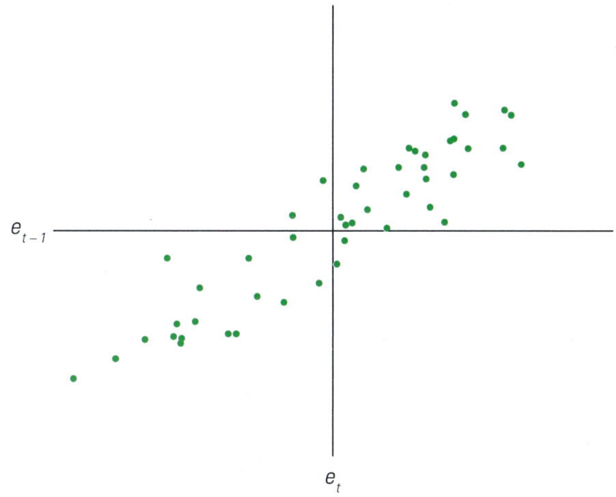

그림 10-5 ● Durbin-Watson d 통계량

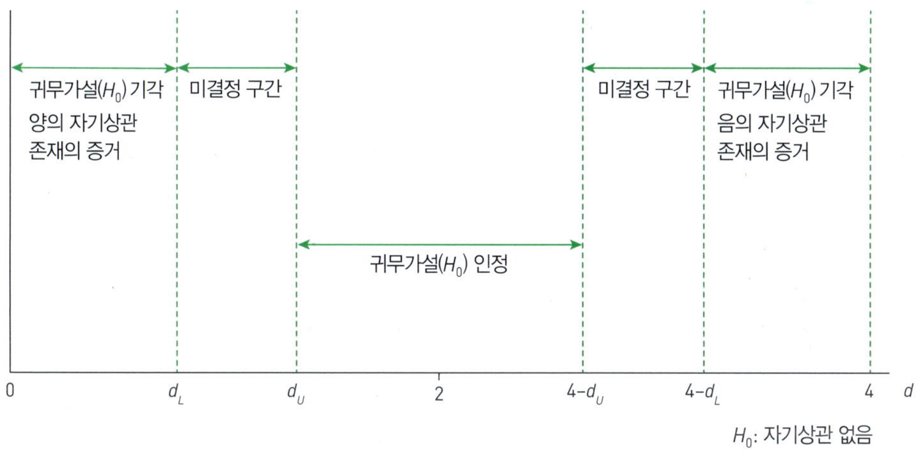

SHAZAM과 같은 계량경제학 패키지를 이용하면 d 검정의 정확한 임곗값을 구할 수 있기 때문에, 만약 d 통계량의 값이 미결정 구간에 속하면 계량경제학 패키지를 이용할 수도 있다. 자기상관이 존재하면 회귀분석 결과에 심각한 영향을 미치기 때문에, 미결정 구간에 속하는 경우에는 자기상관이 있는 것으로 가정하고 교정 방법을 수행하는 것도 나쁜 방법이 아니다.

d 통계량에 내재하는 가정이 위반되면 d검정을 이용해서는 안 된다는 점을 다시 강조한다. 특히 설명변수에 종속변수의 과것값이 포함되는 식 (10.6)과 같은 회귀함수에 대해서는 d검정을 이용하지 말아야 한다. 만약 이용하면, d 통계량이 1차 자기상관이 없을 때의 값인 2와 가

까운 값으로 종종 계산된다. 이것은 식 (10.6)과 같은 모형에서는 자기상관 탐지를 방해하는 방향으로 편의가 존재한다는 것을 의미한다. 한편 Durbin은 식 (10.6)의 모형을 이용할 경우 자기상관 검정을 위해 ***h* 통계량**(*h* statistic)이라는 방법을 개발했으며, 이것은 연습문제 10.16에서 논의될 것이다.

이밖에도 자기상관을 탐지하는 여러 다른 방법이 있다.[10]

10.4 교정 방법

자기상관의 존재는 심각한 결과를 초래할 수 있기 때문에, 앞서 논의된 한두 개의 진단 검정 방법으로 자기상관이 의심될 때는 교정 조치를 취할 필요가 있다. 그러나 구체적인 교정 방법은 오차항 u_t의 상호의존성에 대해 우리가 갖는 지식이나 어떤 가정을 하느냐에 따라 다르다. 논의를 단순화하기 위해 다음 2변수모형을 살펴보자.

$$Y_t = B_1 + B_2X_t + u_t \tag{10.10}$$

이때 오차항은 AR(1) 모형을 따른다고 가정한다.

$$u_t = \rho u_{t-1} + v_t \qquad -1 \le \rho \le 1 \tag{10.5}$$

여기서 v는 통상적인 OLS 가정을 충족하고 자기상관계수 ρ의 값은 알려져 있다고 가정한다.

만약 모형 (10.10)을 변형해서 도출된 모형의 오차항에서 자기상관을 제거할 수 있다면, 그 변형된 모형에 OLS를 적용해서 통상적인 BLUE 추정량을 얻을 수 있다. 물론 CLRM의 다른 가정이 모두 충족된다는 전제에서이다. 이러한 방식은 이분산의 경우에도 적용했었는데, 그때도 변형된 모형의 오차항이 동분산 가정을 충족하도록 원래 모형을 변형하였다.

이제 그 변형 방법을 구체적으로 보기 위해서, 회귀모형 (10.10)을 1기만큼의 과거 시차 버전으로 다시 적어보자.

$$Y_{t-1} = B_1 + B_2X_{t-1} + u_{t-1} \tag{10.11}$$

회귀모형 (10.11)의 양변에 대해 ρ를 곱하면 다음 결과를 얻는다.

$$\rho Y_{t-1} = \rho B_1 + \rho B_2X_{t-1} + \rho u_{t-1} \tag{10.12}$$

이제 식 (10.11)에서 식 (10.12)를 빼고 식 (10.5)를 이용하여 정리하면,

10 더 자세한 설명을 확인하고 싶다면 Gujarati and Porter, *Basic Econometrics*, 5th, McGraw-Hill, New York, 2009, chap. 11을 참조하라.

$$\left(Y_t - \rho Y_{t-1}\right) = B_1\left(1-\rho\right) + B_2\left(X_t - \rho X_{t-1}\right) + \upsilon_t \tag{10.13}$$

이 된다.

여기서 오차항 v_t는 통상적인 OLS 가정을 충족하기 때문에 자기상관 문제가 더 이상 존재하지 않으며 따라서 식 (10.13)이 바로 우리가 찾는 변형된 결과이다. 식 (10.13)을 다음과 같이 다시 표현하고,

$$Y_t^* = B_1^* + B_2 X_t^* + \upsilon_t \tag{10.14}$$

여기서

$$\begin{aligned} Y_t^* &= \left(Y_t - \rho Y_{t-1}\right) \\ X_t^* &= \left(X_t - \rho X_{t-1}\right) \\ B_1^* &= B_1\left(1-\rho\right) \end{aligned}$$

OLS를 변형된 변수인 Y^*와 X^*에 적용하면, 얻어진 추정량은 바람직한 성질인 BLUE를 갖게 된다.[11] 위와 같이 변형된 회귀모형에 OLS를 적용하는 방법을 **일반화 최소제곱**(generalized least squares, GLS) 추정량이라고 부른다. 이분산에 관한 제9장에서도 GLS 방법을 적용하였는데, 그때는 가중최소제곱(weighted least squares, WLS) 추정법이라는 다른 명칭을 붙였었다(WLS는 GLS의 특수한 사례이다).

식 (10.13)과 (10.14)를 **일반화 차분방정식**(generalized difference equations)이라고 부른다. 이 식은 원래의 변수를 차분해서 회귀분석을 한 것인데, 차분은 현재의 변숫값에서 1기 전의 값의 일정 비율(= ρ)을 빼서 구하는 방식을 말한다. 이러한 차분 과정에서 관측치 1개가 상실된다. 그 이유는 첫 번째 관측치의 경우에는 선행하는 관측치가 없으므로 이러한 차분을 적용하지 않기 때문이다. 관측치의 손실을 막기 위해서 첫 관측치에 대해 다음과 같은 변환을 적용하기도 한다.

$$\begin{aligned} Y_1^* &= \sqrt{1-\rho^2}\left(Y_1\right) \\ X_1^* &= \sqrt{1-\rho^2}\left(X_1\right) \end{aligned} \tag{10.15}$$

이러한 변환 방법을 **Prais-Winsten 변환**(Prais-Winsten transformation)이라고 한다. 대표본에서는 첫 관측치 1개가 없어도 결과가 변하지 않기 때문에 이러한 변환을 이용하지 않고 식 (10.14)를 $(n-1)$개 관측치에 대해 적용한다. 그러나 소표본에서는 첫 번째 관측치를 배제할 경우 결과가 민감할 수 있다.

---

11 기술적인 내용을 언급한다면, 엄격하게는 $B_1^* = B_1(1-\rho)$, $B_1 = B_1^*/(1-\rho)$와 같이 추정된 B_1^*와 구하고자 하는 원래 절편인 B_1은 비선형관계를 갖기 때문에, 절편 B_1에 대해서는 불편추정을 얻지 못할 수 있다. 그러나 대부분의 응용에서 절편은 큰 경제적 의미를 갖지 않는다.

일반화 차분방정식 (10.13)에 대해 몇 가지 언급할 필요가 있다. 첫째, 설명변수가 1개인 모형으로 설명했는데 설명변수가 2개 이상인 경우에도 적용될 수 있다(연습문제 10.18 참조). 둘째, AR(1) 모형이 가정되었지만 AR(2)나 AR(3)와 같은 고차 모형에도 일반화될 수 있으며 단지 계산이 조금 더 복잡해진다. Stata와 EViews와 같은 통계 패키지를 이용하면 그러한 계산도 쉽게 해결된다.

일반화 차분방정식 (10.13)이 자기상관 문제에 대한 해법으로 보이지만, 사실은 실제로 적용하기 위해서는 자기상관계수 ρ의 값을 알아야 한다.

10.5 ρ의 추정법

ρ의 추정(estimation of rho) 방법에는 여러 가지가 있으며 그중 몇 가지를 소개하면 다음과 같다.

ρ = 1일 때: 1차 차분

ρ에 대해 −1과 +1 사이의 특정한 값을 가정하고 식 (10.14)의 일반화 차분방정식을 적용할 수 있으며 Hildreth와 Lu가 그러한 방법을 제시하였다.[12] 응용계량경제학에서 자주 채택되는 가정은 ρ = 1(완전한 양의 자기상관)인데 여러 경제 시계열자료에 적용된다. 만약 이 가정이 타당하다면, 일반화 차분방정식 (10.13)은 다음과 같이 **1차 차분방정식**(first difference equation)이 된다.

$$Y_t - Y_{t-1} = B_2\left(X_t - X_{t-1}\right) + \upsilon_t$$

또는

$$\Delta Y_t = B_2 \Delta X_t + \upsilon_t \tag{10.16}$$

여기서 Δ(*delta*)는 1차 차분연산자이다. 식 (10.16)을 추정하기 위해서는 종속변수와 설명변수의 1차 차분을 구하여 회귀분석을 수행하면 된다.

이때 주의할 점은 1차 차분모형 (10.16)에 상수항이 없다는 것이다. 따라서 식 (10.16)을 추정하기 위해서는 컴퓨터 패키지에서 원점을 통과하는 회귀모형을 이용해야 한다. 이럴 경우 상수항을 직접 추정할 수 없지만, $b_1 = \bar{Y} - b_2\bar{X}$의 관계를 이용하여 간접적으로 계산할 수 있다.

12 G. Hildreth and J. Y. Lu, "Demand Relations With Autocorrelated Disturbances," Michigan State University, *Agricultural Experiment Station*, Technical Bulletin 276, November 1960.

Durbin-Watson *d* 통계량에서 ρ를 추정하기

우리는 앞서 *d* 통계량과 ρ 추정값이 다음의 관계를 갖는 것을 보았다.

$$d \approx 2\left(1-\hat{\rho}\right) \tag{10.7}$$

여기로부터 ρ의 추정값을 쉽게 추정할 수 있다.

$$\hat{\rho} \approx 1-\frac{d}{2} \tag{10.17}$$

임금-생산성 사례에서는 $d = 0.34$이므로, ρ는 다음과 같이 추정된다.

$$\hat{\rho} \approx 1-\frac{0.34}{2} = 0.83 \tag{10.18}$$

이 추정된 값을 사용하여 식 (10.13)과 같이 자료를 변환할 수 있다. 이러한 변환 방법은 이용하기 쉽지만, 한 가지 주의할 점은 *d* 통계량과 ρ 간의 관계는 대표본에서 성립하고 소표본에서는 맞지 않을 수 있다는 점이다. 소표본에서는 Theil과 Nagar가 제안한 수정된 형태를 사용할 수 있는데 연습문제 10.20에 나와 있다.

OLS 잔차에서 ρ를 추정하기

1차 자기회귀모형을 다시 살펴보자:

$$u_t = \rho u_{t-1} + \upsilon_t \tag{10.5}$$

교란항 *u*는 직접 관측될 수 없기 때문에 대신에 표본추정치 *e*를 이용해서 다음 회귀를 수행할 수 있다.

$$e_t = \hat{\rho} e_{t-1} + \upsilon_t \tag{10.19}$$

여기서 $\hat{\rho}$은 ρ의 추정량이다. 통계이론에 따르면, 소표본에서 $\hat{\rho}$은 실제 ρ의 편의추정량이지만 표본 크기가 커질수록 그 편의는 사라진다.[13] 따라서 대표본에서는 식 (10.19)에서 얻어진 $\hat{\rho}$을 이용해서 식 (10.13)과 같은 자료 변환을 할 수 있다. 잔차 *e*는 통상적인 OLS 방법을 이용해서 얻기 때문에 식 (10.19)는 쉽게 이용될 수 있으며 추정에 필요한 데이터는 부록의 표 10A-1에 주어져 있다. 추정한 결과는 다음과 같다.

$$\begin{aligned} \hat{e}_t &= 0.8129 e_{t-1} \\ se &= (0.0819) \qquad r^2 = 0.68 \end{aligned} \tag{10.20}$$

---

13 이런 경우를 일치(consistent)추정량이라고 부른다.

표 10-4 ● AR(1) 가정하에서의 임금-생산성 회귀분석

종속변수: REALCOMP
추정법: ARMA 최우추정법(BFGS 반복 계산 알고리듬)
표본: 1969~2016
관측 개수: 48
수렴에 도달된 반복 계산 횟수: 5
계수 추정량의 공분산 계산법: 미분의 외적 곱

변수	계수	표준편차	t-통계량	p값
C	39.32126	2.215261	17.75017	0.0000
REALPROD	0.608042	0.026966	22.54872	0.0000
ρ	0.828711	0.079577	10.41393	0.0000
SIGMASQ	0.832032	0.179822	4.626987	0.0000
R-squared	0.994449	Mean dependent var		83.51042
Adjusted R-squared	0.994070	S.D. dependent var		12.37231
S.E. of regression	0.952718	Akaike info criterion		2.844843
Sum squared resid	39.93753	Schwarz criterion		3.000776
Log likelihood	−64.27622	Hannan-Quinn criter.		2.903770
F-statistic	2627.437	Durbin-Watson stat		1.685316
Prob(F-statistic)	0.000000			

이 회귀식에서 추정된 ρ값은 약 0.81이다. 교육적인 목적에서 위 과정을 상세하게 설명하였지만 통계 소프트웨어를 이용하면 ρ값을 직접 추정할 수 있다. 예를 들어, 식 (10.5)의 AR(1) 모형을 가정하면 표 10-4에서와 같이 임금 회귀함수를 추정할 수 있는데, 표에서 보면 ρ는 0.83으로 직접 추정되고 회귀계수는 표 10-2와 같다는 것을 알 수 있다.

ρ의 기타 추정법 이외에도 ρ를 추정하는 여러 다른 방법이 있다.

1. Cochrane-Orcutt 반복법
2. Cochrane-Orcutt 2단계 기법
3. Durbin 2단계 기법
4. Hildreth-Lu 탐색법
5. 최대우도추정법
6. runs 검정법

7. BG(Breusch-Godfrey) 일반화 자기회귀 검정법

지면을 절약하기 위해 BG 검정법을 제외한 나머지 방법은 참고문헌 소개로 그친다.[14] 참고로 runs 검정법은 모집단에 대한 분포 가정을 하지 않는다는 점에서 비모수 기법에 해당한다.

BG 검정법은 확률적 설명변수, 오차항의 고차 AR 모형이나 MA 모형 등을 허용하기 때문에 더 일반화된 기법에 해당한다. BG 검정법은 10.7절에서 소개된다. CLRM 가정은 설명변수가 비확률적이거나 확률적이더라도 회귀 오차항과 상관관계를 갖지 않는 것으로 가정한 점을 상기하자. 그러나 만약 종속변수의 과거값이 설명변수에 포함되는 경우에는 이러한 가정이 위반될 수 있으며 Durbin의 h 검정법(문제 10.16 참조) 또는 더 일반적인 BG 검정법을 이용할 수 있다.

10.6 OLS 표준오차를 교정하는 대표본 방법: Newey-West(NW) 방법

Newey와 West는 자기상관 문제를 교정하기 위해 변수를 변환하는 대신에 OLS 표준오차를 교정하는 방법을 개발하였다.[15]

Newey와 West 방법에 의해 계산된 표준오차를 **HAC**(heteroscedasticity and auto-correlation-consistent) 표준오차 혹은 간단히 **Newey-West 표준오차**(Newey-West standard errors)라고 부르며 **로버스트 표준오차**(robust standard errors)라고도 부른다. HAC의 이름이 붙은 이유는, 이분산에서 논의된 White의 표준오차는 이분산만 교정하지만 HAC는 자기상관과 이분산 모두에 대해서 교정된 OLS 표준오차를 계산해 주기 때문이다. 이 방법의 도출 과정은 복잡한 수학이 사용되기 때문에 여기서는 다루지 않겠다.[16] 대부분의 통계 패키지는 옵션으로 선택하면 Newey-West 표준오차를 계산해 준다. HAC는 OLS 추정량의 값 자체에는 영향을 미치지 않으며 단지 표준오차만 교정할 뿐이다. Newey와 West 방법은 대표본에서만 유효하고 소표본에서는 적절하지 않을 수도 있다는 점을 유념할 필요가 있다.

사례 10.2 기업배당-기업이윤 관계

HAC에 의해 계산된 OLS 추정량의 표준오차를 이용해서 가설검정하는 사례를 보기 위해,

14 Gujarati and Porter, *Basic Econometrics*, 5th ed., McGraw-Hill, 2009, chap. 12. runs 검정법은 pp. 431-434에 있음.

15 W. K. Newey and K. West, "A Simple Positive Semi-Definite Heteroscedasticity and Autocorrelation Consistent Covariance Matrix," *Econometrica*, vol. 55, 1987, pp. 703-708.

16 더 자세한 내용은 Gujarati and Porter, *Basic Econometrics*, 5th ed., pp. 447-448을 참조하라.

그림 10-6 ● 배당과 이윤의 로그

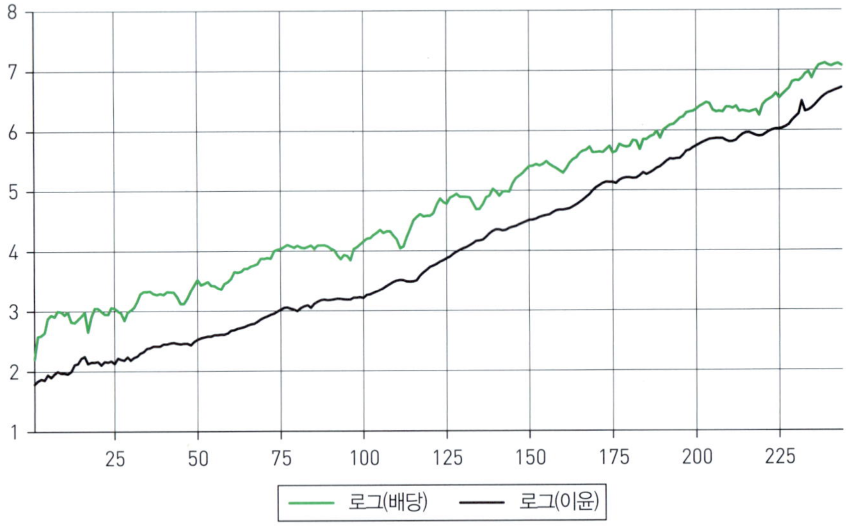

표 10-5에 있는 미국의 1947년 1분기~2007년 4분기 기간의 244개 분기별 거시경제 자료를 이용하려고 한다. 이 중에서 기업배당(dividend)과 기업이윤(CP) 자료를 이용하여 다음의 회귀함수를 추정한다. 여기에서 *ln*은 자연로그를 나타낸다.

$$lnDividend = B_1 + B_2 lCP + u_t \tag{10.21}$$

이후 논의에서는 식 (10.21)을 **기업배당-기업이윤 회귀식**으로 부른다. 그림 10-6은 두 시계열 자료의 그림이다.

자료에 기초하여 다음 결과를 도출할 수 있다. 먼저 기초적인 경제이론에 따르면 기업배당과 기업이윤은 양의 상관관계를 갖는다. 식 (10.21)은 더블-로그모형이기 때문에 기울기계수는 배당금의 이윤탄력성을 나타낸다. OLS 추정 결과가 제시된 표 10-6을 보면 이윤의 기울기계수는 약 1.09로 추정되며 이것은 이윤이 1% 증가하면 배당금이 약 1.09% 증가하는 것을 의미한다. 추정된 탄력성계수는 t값이 매우 높기 때문에 높은 통계적 유의성을 갖는다. 그러나 Durbin-Watson 통계량의 값이 낮아서 오차항에 1차 자기상관이 있음을 보여주고 있다. 따라서 추정된 표준오차와 t-통계량은 신뢰할 수 없다.

표 10-6의 회귀분석 결과는 통계 패키지(EViews)를 사용했을 때 일반적으로 제공되는 형태이다. 얼핏 보면 계수들의 통계적 유의성이 매우 높고 R^2값도 매우 높아서 좋은 분석 결과가 나온 것처럼 보인다. 그러나 낮은 값의 Durbin-Watson d 통계량은 오차항에 양의 자기상관이 존재할 가능성을 강하게 제시하고 있어서 자기상관 문제에 대한 검토 없이는 분석 결과

표 10-6 ● Newey-West 표준오차를 사용한 식 (10.21)의 회귀분석 결과

종속변수: LOG(Dividend)
추정법: 최소제곱법
표본: 1~244
관측 개수: 244
HAC 표준오차 및 공분산(Bartlett 커널, Newey-West, 고정 평활화계수=5.0000)

변수	계수	표준오차	t-통계량	p값
C	−1.194019	0.064348	−18.55559	0.0000
LOG(Profits)	1.093247	0.012215	89.49735	0.0000
R-squared	0.990248	Mean dependent var		3.998988
Adjusted R-squared	0.990208	S.D. dependent var		1.429489
S.E. of regression	0.141454	Akaike info criterion		−1.065515
Sum squared resid	4.842268	Schwarz criterion		−1.036849
Log likelihood	131.9928	Hannan-Quinn criter.		−1.053970
F-statistic	24574.15	Durbin-Watson stat		0.322082
Prob(F-statistic)	0.000000	Wald-statistics		8009.776

를 신뢰할 수 없다. 현재 분석에 사용되는 61년 기간의 244개 분기 자료는 HAC 절차를 진행하는 데 충분한 대표본이라고 할 수 있다. 자기상관 상황에 대해 표준오차를 교정하기 위해 Newey-West 방법을 적용할 수 있으며 표 10-6은 이 방법을 적용한 결과이다.

앞서 언급하였듯이 Newey-West 방법은 회귀계수의 추정값에는 영향을 미치지 않는다. 표 10-7은 Newey-West 방법을 선택하지 않고 추정한 결과이며 표 10-6과 비교하면 회귀계수의 추정값은 변하지 않고 단지 표준오차만 달라진 것을 알 수 있다. Newey-West 방법을 적용한 회귀계수의 로버스트 표준오차가 표준적인 OLS 회귀분석에서보다 75% 더 높아졌다. 한편 배당금과 이윤 간에는 여전히 통계적으로 유의한 양의 관계가 존재하는 결론이 도출된다.

수정된 기업배당-기업이윤 회귀식 그림 10-6에서 볼 수 있듯이 두 시계열은 모두 상향 추세를 갖는다. 따라서 표 10-6과 표 10-7에서의 배당금과 이윤 간의 관계는 두 시계열이 공통적인 추세를 갖기 때문에 잘못 도출된 결과일 수 있다. 이 주제는 제11장의 시계열 계량경제학에서 깊게 논의된다. 두 시계열의 공통된 상향 추세를 반영하기 위해 다음 회귀모형을 추정할 수 있다.

$$lnDividend_t = B_1 + B_2 lCP_t + B_3 Year_t + u_t \tag{10.22}$$

여기서 연도(year) 혹은 시간은 1~244까지의 값을 갖는 변수로 시간(추세)변수이다. 시간변

표 10-7 ● Newey-West 표준오차를 사용하지 않은 식 (10.21)의 회귀분석 결과

종속변수: LOG(Dividend)
추정법: 최소제곱법
표본: 1~244
관측 개수: 244

변수	계수	표준오차	*t*-통계량	*p*값
C	−1.194019	0.034342	−34.76821	0.0000
LOG(PROFITS)	1.093247	0.006974	156.7614	0.0000
R-squared	0.990248	Mean dependent var		3.998988
Adjusted R-squared	0.990208	S.D. dependent var		1.429489
S.E. of regression	0.141454	Akaike info criterion		−1.065515
Sum squared resid	4.842268	Schwarz criterion		−1.036849
Log likelihood	131.9928	Hannan-Quinn criter.		−1.053970
F-statistic	24574.15	Durbin-Watson stat		0.322082
Prob(F-statistic)	0.000000			

수는 시간에 걸친 추세를 반영하는 역할을 한다. 주목할 것은, 식 (10.22)의 회귀식에서 배당금과 이윤은 로그 변환을 하였지만 시간변수는 로그 변환하지 않았다는 점이다. 우리는 이러한 모형을 제5장에서 논의한 바 있다. 추정 결과는 표 10-8과 같다.

표 10-8의 결과는 표 10-7과 크게 다르다. 이윤의 기울기계수로서 추정되는 배당금의 이윤 탄력성은 표 10-7에서는 1.09이었는데 이제는 약 0.67이다. 우리는 시간변수의 계수 추정값에서 표본 기간 동안 배당금이 이윤과는 무관하게 약 3.09%의 속도로 증가했다고 해석할 수 있다(자세한 내용은 제5장 참조). 시간변수가 통계적으로 매우 높은 유의성을 갖기 때문에 시간변수가 제외된 표 10-7의 회귀분석은 관련 변수의 누락 편의를 갖는다. 한편 Durbin-Watson 통계량의 값은 약 0.19로서 매우 적기 때문에 식 (10.22)의 회귀식은 자기상관 문제를 갖고 있는 것으로 보인다. 표본 크기가 충분히 크기 때문에 Newey-West 방법을 적용할 수 있으며 결과는 표 10-9와 같다.

표 10-9에서 표준오차의 값은 표 10-8에서의 표준오차보다 훨씬 더 크다. 표 10-9는 *F*-통계량과 *Wald* 통계량을 모두 제시하고 있는데, 두 통계량은 모든 설명변수의 기울기계수가 모두 영(0)이라는 가설을 검정하는 데 사용될 수 있다. Wald 통계량은 대표본에서 사용되는 검정으로서 자유도가 설명변수의 수와 같은 카이제곱분포를 따르는 반면에 *F*-통계량은 소표본에서 사용되는 검정인데, 보통 실용적인 이유로 *F*검정이 사용된다.

표 10-8 ● 식 (10.22)의 수정된 배당금-이윤 회귀분석 결과

종속변수: LOG(Dividend)
추정법: 최소제곱법
표본: 1~244
관측 개수: 244

변수	계수	표준오차	t-통계량	p값
C	−60.33103	7.867852	−7.668044	0.0000
LOG(PROFITS)	0.676760	0.055767	12.13555	0.0000
YEAR	0.030913	0.004113	7.516343	0.0000
R-squared	0.992100	Mean dependent var		3.998988
Adjusted R-squared	0.992035	S.D. dependent var		1.429489
S.E. of regression	0.127580	Akaike info criterion		−1.267920
Sum squared resid	3.922704	Schwarz criterion		−1.224922
Log likelihood	157.6862	Hannan-Quinn criter.		−1.250602
F-statistic	15132.99	Durbin-Watson stat		0.192226
Prob(F-statistic)	0.000000			

표 10-9 ● Newey-West 표준오차를 사용한 식 (10.22)의 회귀분석 결과

종속변수: LOG(Dividend)
추정법: 최소제곱법
표본: 1~244
관측 개수: 244
HAC 표준오차 및 공분산(Bartlett 커널, Newey-West, 고정 평활화계수=5.0000)

변수	계수	표준오차	t-통계량	p값
C	−60.33103	12.07802	−4.995109	0.0000
LOG(PROFITS)	0.676760	0.084766	7.983857	0.0000
YEAR	0.030913	0.006310	4.898847	0.0000
R-squared	0.992100	Mean dependent var		3.998988
Adjusted R-squared	0.992035	S.D. dependent var		1.429489
S.E. of regression	0.127580	Akaike info criterion		−1.267920
Sum squared resid	3.922704	Schwarz criterion		−1.224922
Log likelihood	157.6862	Hannan-Quinn criter.		−1.250602
F-통계량	15132.99	Durbin-Watson stat		0.192226
Prob(F-statistic)	0.000000	Wald F-statistic		3684.633
Prob(Wald F-statistic)	0.000000			

10.7 자기상관의 일반화 검정법: BG(Breusch-Godfrey) 검정법

지금까지 논의된 검정법보다 더 일반적인 자기상관 검정법이 통계학자 Breusch와 Godfrey가 개발한 방법이다.[17] 이 검정법을 일반적이라고 표현하는 이유는, (1) 종속변수의 과것값을 설명변수에 포함할 수 있고 (2) AR(1)보다 더 고차 구조를 다룰 수 있으며 (3) 오차항에 이동평균 구조를 허용하기 때문이다.

이 검정법을 적용하는 사례로서, 10.6절에서 다뤘던 기업배당금-기업이윤 사례를 다시 살펴보자. 이 사례에서 로그변환된 배당을 종속변수로 그리고 로그변환된 기업이윤과 시간을 설명변수로 하는 회귀함수를 추정하였었다. 그리고 Durbin-Watson 검정법에 기초하여 자기상관 문제가 존재하는 것을 발견하였는데, 이제 BG 검정을 이용해서 동일한 결론에 도달하려고 한다. BG 검정을 수행하는 과정은 다음과 같다.

1. 식 (10.22)의 배당금 회귀함수를 추정하고 잔차항 e_t를 얻는다.

2. 다음 회귀함수를 추정한다.

$$e_t = A_1 + A_2 lnCP_t + A_3 Time + C_1 e_{t-1} + C_2 e_{t-2} + \cdots + C_k e_{t-k} + \upsilon_t$$

이 회귀함수는, t시점의 잔차항을 종속변수로 하고 설명변수에는 원래 설명변수인 절편항, 로그변환된 기업이윤, 시간 이외에 $(t-k)$ 시점까지의 과거 잔차항을 포함하였다. 이때 k의 값은 시행착오를 거치거나 또는 Akaike나 Schwarz 정보기준을 이용하여 결정한다. 이 회귀함수의 R^2값을 구한다. 한편 이러한 회귀함수를 **보조회귀함수**라고 부른다.

3. 검정하는 귀무가설은 $C_1 = C_2 = \ldots = C_K = 0$이다.

4. nR^2을 계산한다. 이때 n은 표본 크기이고 R^2은 보조회귀함수의 R^2이다. 보조회귀함수에서 잔차항의 과거 변수에 대한 계수가 모두 0이라는(즉, k차 자기상관이 존재하지 않는다는) 귀무가설이 참일 때, 다음 결과가 대표본에서 성립한다.

$$(n-k)R^2 \sim \chi^2_k \tag{10.23}$$

즉, 대표본에서 nR^2은 자유도가 k인 카이제곱분포를 따르며, 이때 k는 보조회귀함수에서 잔차항의 과거 변수의 개수이다. 계량경제학에서 BG 검정법은 **라그랑주 승수 검정법**(Lagrange

17 T. S. Breusch, "Testing for Autocorrelation in Dynamic Linear Models," *Australian Economic Papers*, vol. 17, 1978, pp. 334-355; L. G. Godfrey, "Testing Against General Autoregressive and Moving Average Error Models When the Regressand Includes Lagged Dependent Variables," *Econometrica*, vol. 46, 1978, pp. 1293-1302.

표 10-10 ● BG 검정 사례

Breusch-Godfrey 자기상관 LM 검정:				
귀무가설: 1차와 2차 자기상관이 없음				
F-statistic	412.0059	Prob. F(2,239)		0.0000
nR^2	189.1408	Prob. Chi-Square(2)		0.0000
보조회귀함수				
종속변수: RESID				
추정법: 최소제곱법				
일시: 2019년 7월 16일 14시 53분				
표본: 1~244				
추정 계수: 244				
잔차항의 관측되지 않는 초깃값은 모두 0으로 설정함.				
변수	**계수**	**표준편차**	***t*-통계량**	***p*값**
C	−7.010168	3.778152	−1.855449	0.0648
LOG(PROFITS)	−0.049069	0.026773	−1.832795	0.0681
YEAR	0.003664	0.001975	1.855301	0.0648
RESID(-1)	0.857055	0.064516	13.28445	0.0000
RESID(-2)	0.034313	0.065002	0.527876	0.5981
R-squared	0.775167	Mean dependent var		−4.80E-15
Adjusted R-squared	0.771404	S.D. dependent var		0.127054
S.E. of regression	0.060747	Akaike info criterion		−2.743924
Sum squared resid	0.881953	Schwarz criterion		−2.672261
Log likelihood	339.7588	Hannan-Quinn criter.		−2.715062
F-statistic	206.0030	Durbin-Watson stat		1.714197
Prob(F-statistic)	0.000000			

multiplier test)이라고도 알려져 있다. 표본 크기가 충분히 크면 식 (10.23)을 $nR^2 \sim \chi_k^2$으로 나타낼 수 있다.

배당 회귀함수의 예에서는 표 10-10의 결과를 얻었다. 보조회귀함수에 포함시킨 2개의 잔차항 과것값 중에서 첫 번째 과것값만 통계적으로 유의하지만, 예시 목적을 위해 2개 잔차항 과것값의 결과를 모두 보고한다.

검정통계량 nR^2의 값은 약 189이며 자유도가 2인 카이제곱분포에서 이 값보다 크거나 같을 확률, 즉 p값은 거의 영(0)이기 때문에 모든 잔차항 과거 변수의 계수가 모두 영(0)이라는 귀무가설은 기각될 수 있다. 따라서 BG 검정법은 자기상관이 존재한다는 Durbin-Watson 검정법의 검정 결과를 확인해준다. 그러나 Durbin-Watson 검정법은 단지 1차 자기상관만을 가정하여 검정하는 반면에 BG 검정법은 더 일반적인 구조를 허용한다는 점을 유념할 필요가 있다.

요약

1. 자기상관이 존재할 때 OLS 추정량은 여전히 불편성을 갖지만 효율적이지는 않다. 즉, 더 이상 BLUE가 아니다.
2. 일반적으로 가정되는 구조가 마코프 1차 자기회귀모형인 AR(1) 모형인데, 이때는 전통적으로 계산되는 OLS 추정량의 분산과 표준편차는 심하게 편의되었을 가능성이 크다.
3. 요약 2의 결과로서, 표준적인 t검정과 F검정은 잘못된 검정 결과를 낳을 수 있다.
4. 따라서 어떤 경우에도 자기상관의 존재 여부를 확인하는 것이 중요하다. 자기상관을 탐지하는 방법으로서 다음 방법을 살펴봤다.
   a. 잔차항의 그림
   b. Durbin-Watson d검정
   c. Breusch-Godfrey(BG)의 일반화 자기상관 검정
5. 만약 자기상관이 탐지된다면, 모형을 적절히 변환하여 변환된 모형에 더 이상 자기상관이 없도록 함으로써 자기상관 문제를 교정할 수 있다. 실제 변환과정을 여러 사례를 갖고 다루었다.
6. 만약 표본 크기가 충분히 크면, 즉 대표본이면 회귀함수계수는 보통의 OLS 방법으로 추정하되 추정된 계수의 표준오차는 Newey-West 방법으로 추정하는 접근을 고려할 수 있다. Newey-West에 의한 표준오차는 HAC 표준오차로 알려져 있다. 자기상관이 존재하면 일반적으로 HAC 표준오차는 보통의 OLS 표준오차보다 더 큰 값을 갖는 것으로 알려져 있다. 이 점은 표 10-6과 표 10-7에서 볼 수 있었다.
7. White의 로버스트 표준오차는 이분산만 교정하지만 HAC 표준오차는 이분산과 자기상관 모두 교정한다.
8. 이 장의 주된 초점은 자기상관이었지만 다른 문제도 거론하였다. 기업배당금-기업이윤 사례에서 회귀식에 시간(추세)변수를 포함하느냐 여부에 따라 계수 추정값이 달라졌으며 이것은 모형 설정 오류 혹은 설명변수 누락 오류와 관련된 문제였다.

주요 용어 및 개념

계열상관(serial correlation) 혹은 자기상관(autocorrelation)
  (a) 공간 자기상관(spatial correlation)

자기상관의 원인(reasons for autocorrelation)

(a) 관성(inertia 또는 sluggishness)

(b) 모형 설정 오류(model specification errors)

(c) 거미집 현상(cobweb phenomenon)

(d) 자료 가공(data manipulation)

자기상관 탐지(detecting autocorrelation)

(a) 시간연속그림(time-sequence plot)

(b) Durbin-Watson *d*검정(Durbin-Watson *d* test); 자기상관계수(coefficient of autocorrelation); 마코프 1차 자기회귀모형(Markov first-order autoregressive scheme), AR(1); 자기회귀모형(autoregressive models); *h* 통계량(*h* statistic)

(c) BG 일반화 검정법[(BG)Breusch–Godfrey general test]

자기상관의 교정 방법

(a) 일반화 최소제곱(generalized least squares, GLS) [일반화 차분방정식(generalized difference equations)]

(b) Prais-Winsten 변환(Prais-Winsten transformation)

ρ의 추정(estimation of rho)

(a) 1차 차분방정식(first difference equation)

(b) Durbin-Watson *d* 통계량에서 추정

(c) OLS 잔차에서 추정

OLS 표준오차를 교정하는 대표본 방법

(a) Newey-West의 HAC 표준오차[Newey-West(NW) HAC standard error]

질문

10.1 다음 용어의 의미를 간략히 설명하라.

a. 자기상관

b. 1차 자기상관

c. 공간 자기상관

10.2 마코프 1차 자기회귀모형, AR(1)을 가정하는 것은 어떤 중요성을 갖는가?

10.3 AR(1) 모형이 타당할 때, 모집단 잔차항에 자기상관이 없다고 가정하는 CLRM 가정은 어떤 결과를 가져오는가?

10.4 AR(1) 자기상관이 존재할 때, 어떤 추정기법이 BLUE 추정량을 낳는가? 이 기법을 수행하는 과정을 단계별로 간략히 설명하라.

10.5 AR(1) 모형에서 자기상관 모수인 ρ를 추정하는 기법에는 어떤 것이 있는가?

10.6 자기상관의 탐지방법에는 어떤 것이 있는가? 각 기법에 기초하는 가정을 서술하라.

10.7 Durbin-Watson *d* 통계량은 가장 많이 사용되지만 제약도 많다. 이를 서술하라.

10.8 다음 진술의 참, 거짓 여부를 밝히고, 그 이유를 간략하게 설명하라.

a. 자기상관이 있을 때 OLS 추정량은 효율추정량도 아니고 불편추정량도 아니다.

b. 회귀모형 (10.6)과 같이 종속변수의 과것값이 설명변수에 포함되는 경우에 Durbin-Watson d 통계량을 사용할 수 없다.

c. Durbin-Watson d 검정은 오차항 u_t의 분산이 동분산이라고 가정한다.

d. 자기상관을 제거하기 위해 1차 차분 변환을 하는 것은, 자기상관계수 ρ가 −1이라고 가정한다.

e. 1차 차분을 한 회귀모형과 원래 회귀모형의 R^2값은 서로 직접 비교할 수 없다.

10.9 Prais-Winsten 변환은 어떤 중요성을 갖는가?

연습문제

10.10 다음 표의 빈칸을 채워라.

표본 크기	설명변수 개수	Durbin-Watson d	자기상관 존재 여부
25	2	0.83	예
30	5	1.24	—
50	8	1.98	—
60	6	3.72	—
200	20	1.61	—

10.11 대부분 경제 시계열자료가 양(+)의 자기상관을 보이는 이유를 설명하라.

10.12 제5장에 있는 필립스 곡선 회귀함수 (5.22)의 경우를 살펴보자.

a. 표 5-12의 자료를 이용하여 Durbin-Watson d 통계량을 추정하라.

b. 잔차항에 1차 자기상관의 징후가 있는가? 있다면, 양의 자기상관인가 음의 자기상관인가?

c. 자기상관이 있다면, d 통계량의 값에서 자기상관계수를 추정하라.

d. (c)항의 결과를 이용해서 표 5-12의 자료를 변환하고 일반화 차분방정식 (10.13)을 추정하라(즉, 변환된 자료에 OLS를 적용하라).

e. (d)항의 추정된 회귀함수에 자기상관이 있는가? 어떤 검정법을 이용하였는가?

10.13 제조업의 부가가치에서 근로자들의 몫(즉, 노동분배 몫)을 연구하기 위해 1949~1964년 기간의 미국 자료를 이용하여 다음 결과를 얻었다.[18](괄호 안의 수치는 t값임)

모형 A: $\hat{Y}_t = 0.4529 - 0.0041t;\quad r^2 = 0.5284;\quad d = 0.8252$

$t = (-3.9608)$

18 Damodar N. Gujarati, "Labor's Share in Manufacturing Industries," *Industrial and Labor Relations Review*, vol. 23, no. 1, October 1969, pp. 65-75를 참조하라.

모형 B: $Y_t = 0.4786 - 0.00127t + 0.0005t^2$; $R^2 = 0.6629$; $d = 1.82$

$$t = (-3.2724)\,(2.7777)$$

여기에서 Y는 노동분배 몫이고 t는 시간이다.

a. 모형 A에 자기상관이 있는가? 모형 B는 어떤가?

b. 모형 A에는 자기상관이 있고 모형 B에는 없다면, 모형 A의 자기상관에 대해 무엇을 말할 수 있는가?

c. 자기상관 탐지에 대한 d 통계량의 유용성에 관하여 이 사례가 말해주는 것은 무엇인가?

10.14 *ρ 추정에 대한 Durbin의 2단계 기법.* 일반화 차분방정식 (10.13)을 약간 다르게 표현하면 다음과 같다.[19]

$$Y_t = B_1(1-\rho) + B_2X_t - \rho B_2X_{t-1} + \rho Y_{t-1} + \upsilon_t$$

1단계: Y_t를 종속변수로 그리고 X_t, X_{t-1}, Y_{t-1} 등을 설명변수로 하는 회귀함수를 추정함. Y_{t-1}의 계수가 ρ의 추정치가 되며, 이렇게 얻어진 ρ의 추정량은 일치추정량, 즉 대표본에서 좋은 추정량이 된다.

2단계: 1단계에서 추정된 ρ의 추정값을 이용하여 자료를 변환하여 일반화 차분방정식 (10.14)를 추정한다.

표 3-16의 자료를 이용하여 미국의 수입을 종속변수로 하고 개인가처분소득을 설명변수로 하는 회귀함수를 추정하고 자기상관 문제가 있는지 여부를 확인하라. 만약 자기상관이 있다면 Durbin의 2단계 과정을 이용해서 자기상관 문제를 교정하라. 이러한 전체 과정을 상세하게 서술하라.

10.15 다음 회귀함수를 살펴보자.[20]

$$\hat{Y}_t = -49.4664 + 0.88544X_{2t} + 0.09253X_{3t};$$
$$R^2 = 0.9979;\quad d = 0.8755$$
$$t = (-2.2392)\quad (70.2936)\qquad (2.6933)$$

여기서 Y는 개인소비지출, X_2는 개인가처분소득(PDI), X_3는 다우존스 종합주가지수이며, 모든 자료는 1982년 가격 기준의 미국 자료이며 단위는 10억 달러이고, 기간은 1961~1985년이다.

a. 위 회귀함수의 잔차항에 1차 자기상관이 있는가?

b. Durbin의 2단계 기법을 이용하여 ρ의 추정값을 얻은 다음에 위의 회귀함수를 수식 (10.13)과 같이 변환하여 다음 결과를 얻었다.

$$Y_t^* = -17.97 + 0.89X_{2t}^* + 0.09X_{3t}^*;$$
$$R^2 = 0.9816;\ d = 2.28$$
$$t = \qquad (30.72)\qquad (2.66)$$

자기상관의 문제가 해결되었는가? 해결되었는지 여부를 어떻게 알 수 있는가?

c. 원래 회귀함수와 변환된 회귀함수를 비교하면 X_2의 t값이 크게 떨어진 것을 알 수 있다. 이것은 무엇을 의미하는가?

d. 변환된 회귀함수에서 구한 d 통계량을 이용하면 변환된 자료의 자기상관을 탐지할 수 있는가?

10.16 *Durbin의 h 통계량.* 식 (10.6)과 같은 자기회귀함수를 살펴보자:

$$Y_t = B_1 + B_2X_t + B_3Y_{t-1} + \upsilon_t$$

---

19 *Royal Statistical Society*, series B, vol. 22, 1960, pp. 139-153.

20 Dominick Salvatore, *Managerial Economics*, McGraw Hill, New York, 1989, pp. 138, 148을 참조하라.

이러한 경우에는 보통의 d 통계량을 적용할 수 없다. Durbin은 대신에 아래와 같이 정의되는 h 통계량을 이용할 것을 제안하였다.

$$h \approx \hat{\rho}\sqrt{\frac{n}{1-n \cdot \mathrm{var}(b_3)}}$$

여기서 n = 표본 크기, $\hat{\rho}$ = 자기상관계수 ρ의 추정량, $\mathrm{var}(b_3) = Y_{t-1}$의 계수인 B_3의 추정량의 분산이다.

Durbin은 대표본에서 $\rho = 0$이라는 귀무가설이 참일 때 h 통계량의 분포가 다음과 같음을 보였다.

$$h \sim N(0,1)$$

즉, 표준정규분포를 따른다. 만약 계산된 h의 값이 표준정규분포에서 구한 임계치보다 크면 $\rho = 0$, 즉 자기상관이 없다는 귀무가설은 기각된다. 예를 들어, 유의수준이 5%라고 하면 임계치는 −1.96이나 1.96이 된다. 따라서 만약 계산된 h의 절댓값이 1.96보다 크면 자기상관이 없다는 귀무가설을 기각할 수 있으며, 그렇지 않으면 귀무가설은 기각되지 않는다. h 통계량의 정의식에 들어가는 $\hat{\rho}$은 책에서 설명한 어떤 방법을 사용하여도 상관없다.

이제 다음과 같은 1948~1949년과 1964~1964년 기간의 인도 화폐수요를 살펴보자:

$$\begin{aligned}\ln M_t &= 1.6027 - 0.1024 \ln R_t + 0.6869 \ln Y_t + 0.5284 \ln M_{t-1}\\ se &= (1.2404) \quad (0.3678) \quad (0.3427) \quad (0.2007)\\ R^2 &= 0.9227\\ d &= 1.8624\end{aligned}$$

여기서 M = 실질화폐, R = 장기이자율, Y = 실질국민소득이다.

a. h 통계량을 구하고 1차 자기상관의 존재 여부를 검정하라.

b. 회귀분석 결과에서 보면 Durbin-Watson d 통계량은 1.8624이다. 이 경우에 d 통계량을 이용할 수 없는 이유는 무엇인가? 한편 ρ의 계산에서는 이 d값을 이용해도 된다는 점을 유념하라($\hat{\rho} \approx 1 - d/2$).

10.17 표 10-11에 있는 1970~2008년 기간의 개인소비지출(PCE)과 개인가처분소득(PDI)에 대한 분기별 자료를 살펴보자. 표본 크기는 156이다.

a. OLS 회귀를 추정하라.

$$PCE_t = B_1 + B_2 PDI_t + u_t$$

b. d 통계량에 기초하여 1차 자기상관이 존재하는지 여부를 판단하라.

c. 만약 1차 자기상관이 있다면, d값을 이용하여 자기상관계수 ρ를 추정하라.

d. 추정된 ρ값을 이용하여 일반화 차분방정식 (10.13)에 따라 자료를 변환하고, 이 함수를 OLS로 추정하되 첫 번째 관측치를 (1) 제거해서 추정하고 (2) 포함해서 추정하라.

e. 이번에는 식 (10.20)과 같이 잔차항을 이용하여 ρ를 추정한 다음에, 이 ρ의 추정값을 갖고 (d)항의 내용을 반복해 수행하라. 추정된 ρ값을 이용해서 식 (10.13)의 일반화 차분방정식을 추정하라.

f. 1차 차분방정식을 이용하여 모형을 식 (10.16)으로 변환시키고 변환된 모형을 추정하라.

g. (d), (e), (f)항의 결과를 서로 비교하라. 어떤 결론을 내릴 수 있는가? 변환된 회귀모형에 자기상관이 있는가? 자기상관이 있는지 여부를 어떻게 알 수 있는가?

10.18 다음 모형을 살펴보자:

$$Y_t = B_1 + B_2 X_{2t} + B_3 X_{3t} + B_4 X_{4t} + u_t$$

오차항이 식 (10.5)와 같은 AR(1) 모형을 따른다고 하자. 자기상관이 없도록 위 모형을 변환하려고 한다면, 어떻게 변환해야 하는가? [힌트: 식 (10.14)를 전개해 보라.]

10.19 식 (10.7)을 유도하라. [힌트: 식 (10.4)를 전개하고 대표본에서는 $\sum e_{t-1}^2$과 $\sum e_t^2$이 거의 같다는 점을 이용하라.]

10.20 *d 통계량에 기초한 Theil-Nagar의 ρ 추정.* Theil과 Nagar는 소표본에서는 (1 − $d/2$)로서 ρ를 추정하는 대신에 다음과 같은 추정방식을 제안하였다.

$$\hat{\rho} = \frac{n^2(1-n/2)+k^2}{n^2-k^2}$$

여기서 n = 표본 크기, d = Durbin-Watson d, k = 추정해야 할 계수의 개수(절편 포함)이다.

표본이 클 때, 이러한 ρ의 추정값은 (1 − $d/2$)의 계산 결과와 같다는 것을 보여라.

10.21 수입지출(Y)를 개인가처분소득(X)에 연결하는 사례 7.3을 다시 살펴보자. 다음의 여러 모형의 추정 결과를 살펴보자.

	모형 1	모형 2	모형 3
절편항	−136.16	22.69	12.18
X	0.2082	0.2975	0.0382
시간	—	−18.525	−3.045
$Y(-1)$	—	—	0.9659
R^2	0.969	0.984	0.994
d	0.216	0.341	1.611

a. 이 결과는 자기상관의 성질에 관해 어떤 점을 시사하는가?

b. 여러분이라면 모형 3에서 시간과 $Y(-1)$ 항을 어떻게 해석할 것인가?

참고: 모형 3의 X와 시간계수를 제외하고는, 모든 모형에서 계수가 5% 혹은 그 이하의 수준에서 통계적으로 유의하다는 점을 주목하라.

10.22 *몬테카를로 모의실험.* 다음 모형을 살펴보자:

$$Y_t = 1.0 + 0.9X_t + u_t \tag{1}$$

여기서 X는 1,2,3,4,5,6,7,8,9,10의 값을 갖는다. 다음과 같이 가정하자:

$$\begin{aligned} u_t &= \rho u_{t-1} + \upsilon_t \\ &= 0.9u_{t-1} + \upsilon_t \end{aligned} \tag{2}$$

여기서 $v_t \sim N(0,1)$. 그리고 $u_o = 0$으로 가정한다.

a. v_t에 대해 10개 값을 임의로 발생하고 식 (2)를 이용하여 u_t에 대한 10개의 값을 발생시켜라.

b. 10개의 X값과 10개의 u값을 이용하여 Y의 10개 값을 발생시켜라.

c. (b)항에서 발생된 Y값을 10개의 X값에 대해 회귀시키고, 절편 b_1과 기울기 b_2를 구하라.

d. 계산된 b_1과 b_2는 각각 실젯값인 1과 0.9와 비교했을 때 어떤가?

e. 이 실험에서 여러분은 어떤 결론을 내릴 수 있는가?

10.23 문제 10.22를 계속 살펴보자. 이제는 $\rho = 0.1$이라고 가정하고 문제의 내용을 반복하라. 어떤 결과를 얻었는가? 문제 10.22와 문제 10.23으로부터 어떤 결론을 도출할 수 있는가?

10.24 1960~2020년 기간에 대해 다음 변수의 자료를 미국 대통령 경제보고서나 세인트루이스 연방준비은행에서 수집할 수 있다.

Hstart: 신규 건축허가 건수. 계절조정된 월별 자료(단위: 1,000달러)
UN: 계절조정된 민간 실업률(단위: %)
M2: 계절조정된 M2 통화공급(단위: 10억 달러)
Mgrate: 신축 주택에 대한 모기지 수익률(단위: %)
Primerate: 은행 우대금리(단위: %)
RGDP: 실질 GDP. 계절조정된 분기 자료

핵심 경제지표 중 하나인 신규 건축허가 건수를 설명하는 적절한 회귀모형을 구축하고 다음 질문에 답하라.

a. 여러분이 구축한 회귀모형을 서술하고 OLS에 의해 추정하라. 함수 형태는 제5장에서 논의된 다양한 함수 가운데에서 선택할 수 있다.

b. 다양한 설명변수가 건축허가 건수에 미치는 영향에 대해 경제 이론이 시사하는 것은 무엇인가? 회귀분석 결과는 그러한 사전적인 예상과 부합하는가?

c. 자료는 시계열이다. 여러분은 잔차항에 자기상관이 존재할 것으로 예상하는가? 만약 그렇다면 어떻게 그 문제를 처리할 것인가? 자기상관 존재를 탐지하기 위해 여러분이 사용할 검정법을 설명하라.

d. 자기상관 문제가 교정된 회귀분석 결과를 보여라.

e. 자기상관 이외에도 다중공선성이 존재할 것으로 예상하는가? 만약 예상한다면 그 문제를 어떻게 처리할 것인가? 필요한 계산 과정을 설명하라.

부록 10A-1

표 10-2의 임금에서 도출한 잔차항과 잔차항 과것값

연도	e_t	e_{t-1}	연도	e_t	e_{t-1}
1969	−2.223238	NA	1977	−0.227571	−0.683187
1970	−1.767623	−2.223238	1978	0.309506	−0.227571
1971	−1.756392	−1.767623	1979	0.449019	0.309506
1972	−0.763700	−1.756392	1980	0.209506	0.449019
1973	−0.510520	−0.763700	1981	−0.516340	0.209506
1974	−1.026623	−0.510520	1982	0.625608	−0.516340
1975	−1.154905	−1.026623	1983	−0.484135	0.625608
1976	−0.683187	−1.154905	1984	−1.251930	−0.484135

연도	e_t	e_{t-1}
1985	−0.838263	−1.251930
1986	1.093942	−0.838263
1987	1.051993	1.093942
1988	1.807609	1.051993
1989	0.384199	1.807609
1990	0.497865	0.384199
1991	0.692994	0.497865
1992	1.678378	0.692994
1993	0.817891	1.678378
1994	−0.524057	0.817891
1995	−0.786980	−0.524057
1996	−1.115262	−0.786980
1997	−0.583057	−1.115262
1998	1.786225	−0.583057
1999	2.332097	1.786225
2000	3.880405	2.332097
2001	4.110174	3.880405
2002	2.532636	4.110174
2003	1.936559	2.532636
2004	2.142918	1.936559
2005	1.133175	2.142918
2006	1.188790	1.133175
2007	−0.097543	1.188790
2008	0.318560	−0.097543
2009	−0.317030	0.318560
2010	−2.113106	−0.317030
2011	−3.113106	−2.113106
2012	−2.513106	−3.113106
2013	−3.036517	−2.513106
2014	−2.420414	−3.036517
2015	−0.064799	−2.420414
2016	−1.090645	−0.064799

PART 3

계량경제학의 고급 기법

11

Chapter

시계열 계량경제학의 구성 요소

경험적 분석에서 일반적으로 이용되는 세 가지 자료 유형을 제1장에서 언급하였다. 즉, 시계열자료, 횡단면자료, 패널자료가 그것이다. 한편 제10장에서는 시계열자료의 회귀분석에서 자기상관 문제가 종종 발생하며, 만약 자기상관이 존재하면 고전적 선형회귀모형(CLRM)에서의 OLS 추정량은 여전히 불편추정량이지만 효율적이지 않다는 것을 살펴봤다.

시계열자료에는 자기상관 이외에도 주목할 많은 특성이 있다. 이번 제11장에서는 그 특성을 살펴보고 경험적 분석에서 이런 특성이 갖는 중요성을 논의한다. 시계열자료와 관련된 이슈가 방대하기 때문에 제11장에서는 기본적인 내용만 다룬다.[1]

11.1 허구적 회귀 현상: 불안정적 시계열

시계열자료를 사용하는 회귀모형은 가끔 허구적인 결과를 낳을 때가 있다. 여기서 **허구적**이란 결과가 겉으로는 괜찮아 보이지만 자세히 조사하면 의심스러운 것을 의미한다. 허구적 회귀(spurious regression) 현상을 설명하기 위해 구체적인 사례를 보자.

사례 11.1 미국 개인소비지출(PCE)과 개인가처분소득(PDI) 월별 자료

표 11-1은 미국의 개인소비지출(personal consumption expenditure, PCE)과 개인가처분소득(personal disposable income, PDI) 자료를 2002년 1월~2019년 9월(총 213개 자료) 기간에 대해 제공한다.

1 시계열자료 분석의 입문서로는 다음 책을 참조하라. Chris Chatfield, *The Analysis of Time Series: An Introduction*, 6th ed., Chapman and Hall, 2004.

표 11-2 ● 개인소비지출(PCE)과 개인가처분소득(PDI) 회귀분석 결과

$$LPCE_t = B_1 + B_2 LPDI_t + u_t \quad (11.1)$$

종속변수: $LPCE$(로그변환된 개인소비지출)
추정법: 최소제곱법
표본: 2002년 1월~2019년 9월
관측 개수: 213

변수	계수	표준편차	t-통계량	p값
C	0.450558	0.140458	3.207782	0.0015
LPDI	0.942077	0.015197	61.99197	0.0000
TIME	−7.20E−05	2.71E−05	−2.661045	0.0084
TIME^2	3.36E−08	1.29E−08	2.610052	0.0097
R-squared	0.986628	Mean dependent var		9.299578
Adjusted R-squared	0.986436	S.D. dependent var		0.102358
S.E. of regression	0.011921	Akaike info criterion		−6.002434
Sum squared resid	0.029701	Schwarz criterion		−5.939311
Log likelihood	643.2593	Hannan-Quinn criter.		−5.976924
F-statistic	5140.258	Durbin-Watson stat		0.461492
Prob(F-statistic)	0.000000			

그림 11-1은 두 자료를 자연로그 변환한 그림이다. 그림에서 두 시계열자료는 시간에 걸쳐 증가하는 추세를 가지며 그 추세는 비선형적인 것으로 보인다. 이러한 비선형성을 파악하기 위해서 표 11-2에 회귀모형을 추정한 결과가 있다.

표 11-2에서 개인소비의 개인가처분소득 탄력성은 약 0.94로 추정되어서 다른 변수들을 고정하고 개인가처분소득만 1% 증가하면 개인소비지출은 약 0.94% 증가하는 것으로 나타났다. 시간변수에 대한 음(−)의 계숫값은 두 시계열자료의 증가율이 감소하고 있음을 보여주며 시간변수의 제곱 항에 대한 양(+)의 계숫값은 증가율의 감소 속도가 빨라지고 있음을 의미한다. 표 11-2에서 추정되는 회귀식은 시간변수에 대해 제곱 항을 포함한 비선형모형으로 다루고 있다.

회귀분석 결과는 매우 좋아 보인다. R^2은 매우 높고 모든 기울기가 높은 통계적 유의성을 갖고 있다. 한 가지 흠은 Durbin-Watson d가 낮다는 점이다. Granger와 Newbold가 제시했듯이, R^2이 d보다 값이 크다는 것은 추정된 회귀함수가 허구적 회귀 문제를 가질 가능성이 높다는 징조이다. 즉, PCE와 PDI 사이에 사실은 의미 있는 관계가 없을 수 있다는 것이다.[2] 고전적

2 C. W. J. Granger and P. Newbold, "Spurious Regression in Econometrics," *Journal of Econometrics*, vol. 2, no. 2, July

그림 11-1 ● 로그변환된 개인소비지출(LPCE)과 로그변환된 개인가처분소득(LPDI)

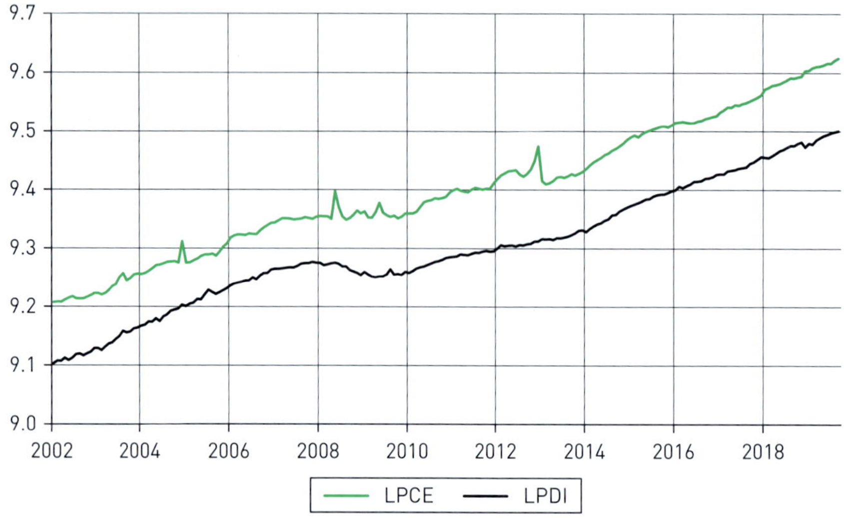

선형회귀모형(CLRM)은 분석에 사용된 모형이 올바르게 설정된다고 가정하는 것을 기억하자. 만약 모형이 올바르게 설정되었다면 이러한 허구적 회귀 문제라는 새로운 개념은 무엇을 의미하는가? 이러한 질문은 시계열의 안정성과 불안정성(stationary and nonstationary time series) 개념과 연관된다.

만약 어떤 확률과정의 평균과 분산이 시간에 걸쳐 불변이고 두 시점 간의 공분산 값이 그 시점들 간의 거리 혹은 시차에만 의존하고 시점에는 의존하지 않으면 그 확률과정을 안정적이라고 말한다.[3] 좀 더 엄밀하게 표현하자면, Y_t가 확률적 시계열이라고 할 때, 다음 조건들을 충족하면 안정적이라고 한다.[4]

$$\text{평균: } E(Y_t) = \mu \tag{11.2}$$

$$\text{분산: } E(Y_t - \mu)^2 = \sigma^2 \tag{11.3}$$

$$\text{공분산: } E\left[(Y_t - \mu)(Y_{t+k} - \mu)\right] = \gamma_t \tag{11.4}$$

여기서 시차 k에서의 공분산(자기공분산)을 나타내는 γ_k는 Y_t와 Y_{t+k} 사이의 공분산이다. k = 0이면 γ_0가 되고 이것은 Y의 분산이다. k = 1에 대한 γ_1은 Y의 연속된 두 시점에서의 값 간의

1974, pp. 111-120.

3 모든 시계열자료는 **확률과정**으로부터 생성된 것으로 생각될 수 있다. 표 11-2에서 나타나는 것과 같은 자료는 그러한 확률과정의 하나의 **실현**(realization)으로 간주될 수 있다.

4 보다 엄밀하게 표현한다면, **약안정적 확률과정**(weakly stationary stochastic process)이라고 부른다. 대부분의 응용연구에서 약안정성만으로도 유용하다는 점이 입증되었다. **강안정성**은 3차 이상의 고차 적률을 고려한 개념이다.

공분산이다.

Y의 원점을 Y_t에서 Y_{t+m}으로 옮긴다고 하자(예를 들면, 2002년 1월에서 2004년 1월로). 만약 Y_t가 안정적이라면, Y_{t+m}의 평균과 분산 그리고 공분산은 Y_t와 같아야 한다. **요약하면, 어떤 시계열이 안정적이라면, 어느 시점에서 측정하든 평균, 분산, 공분산은 변하지 않는다.**

안정적이지 않은 시계열을 **불안정적 시계열**(nonstationary time series)이라고 한다. 우리는 어떻게 주어진 시계열자료가 불안정적인지 아닌지를 알아낼 수 있을까?

11.2 안정성 검정

1. 그림에 의한 분석

그림 11-1과 같은 시계열 그림은 시계열의 성질에 대한 단서를 제공한다. 이 그림에서 LPCE와 LPDI는 증가 추세를 보이는데, 이것은 두 시계열의 평균 혹은 공분산이 변하고 있다는 것을 암시하고 더 나아가 이 시계열이 불안정적인 것을 나타낼 수 있다. 이것은 대부분 경제 시계열에서 보이는 패턴이다.

2. 자기상관함수(ACF)와 상관도표

안정성을 검정하는 간단한 방법은 **자기상관함수**(autocorrelation function, ACF)를 이용하는 것이다. 시차 k의 ACF를 ρ_k로 표기하는데 다음과 같이 정의된다.

$$\begin{aligned}\rho_k &= \frac{\gamma_k}{\gamma_o} \\ &= \frac{\text{시차 } k\text{에서 공분산}}{\text{분산}}\end{aligned} \tag{11.5}$$

$k = 0$이면 $\rho_0 = 1$인 점을 주목하라. (왜 그럴까?)

시계열자료에서 (자기)공분산과 분산의 단위는 서로 같기 때문에 ρ_k는 **단위가 없다**. 그리고 상관계수와 같이 -1과 1 사이의 값을 갖는다. k를 횡축 그리고 ρ_k를 종축으로 해서 그린 그림을 **모집단 상관도표**(polpulation correlogram)이라고 부른다.

실제 분석에서는 확률과정의 실현된 값(즉, 표본)만을 관측할 수 있기 때문에 **표본자기상관함수**(sample autocorrelation function, SAFC)인 $\hat{\rho}_k$만을 계산할 수 있다. 먼저 다음과 같이 정의되는 시차 k의 표본공분산 $\hat{\gamma}_k$와 표본분산 $\hat{\gamma}_0$를 계산하자.

$$\hat{\gamma}_k = \frac{\Sigma(Y_t - \bar{Y})(Y_{t+k} - \bar{Y})}{n} \quad (11.6)$$

$$\hat{\gamma}_0 = \frac{\Sigma(Y_t - \bar{Y})^2}{n} \quad (11.7)$$

여기서 n은 표본 크기이고 $\bar{Y}$는 표본평균이다.

그러면 시차 k에서의 표본자기상관함수는

$$\hat{\rho}_k = \frac{\hat{\gamma}_k}{\hat{\gamma}_0} \quad (11.8)$$

와 같이 시차 k에서의 표본공분산 대 표본분산의 비율로 계산된다. 시차 k에 대해 $\hat{\rho}_k$를 그린 그림을 표본 상관도표라고 부른다.

표본 상관도표를 통해 시계열이 안정적인지를 어떻게 발견할 수 있는가? 그림 11-2는 가장 단순한 안정적 시계열인 순수한 백색잡음 무작위 과정(purely white noise random process)의 표본 상관도표의 그림을 보여준다. 그림은 여러 시차에서의 ACF 값을 보여주며 직선은 영(0)의 값을 나타내며 2개의 점선은 여러 시차에 대한 표본자기상관함수의 95% 신뢰구간을 나타낸다. 시차 영(0)을 제외한 나머지 모든 시차에서 자기상관함수는 모두 95% 신뢰구간 안에 있다. 이것이 순수한 백색잡음 무작위 과정의 특징이다.

이번에는 현재 우리가 분석 중인 시계열의 (표본) 상관도표를 보자. 예로서 그림 11-3과 표 11-3은 LPCE의 경우를 보여준다. 표 11-3에서 24시차까지 PAC는 매우 천천히 감소하는 것을 볼 수 있는데 이것이 불안정적 시계열의 전형적인 패턴이다. PAC는 편자기상관(partial autocorrelation)으로 알려져 있다. 예를 들어, Y_t와 Y_{t+k}의 편자기상관은 중간에 있는 Y들의 영향을 제외한 상관관계이며 편회귀계수의 개념과 비슷하다.

그림 11-2 ● 순수한 무작위 과정의 자기상관함수

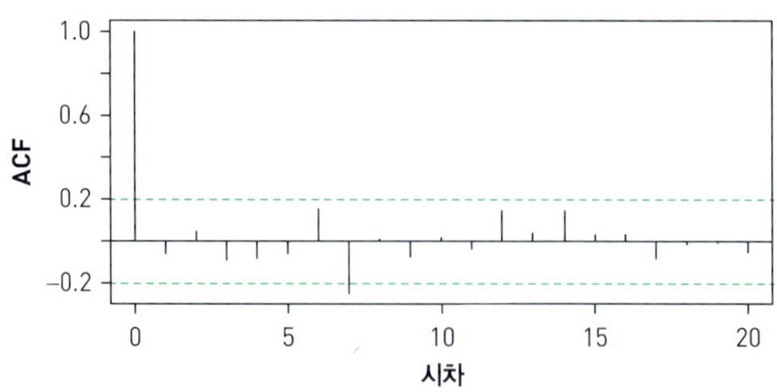

그림 11-3 ● 불안정적 시계열의 ACF

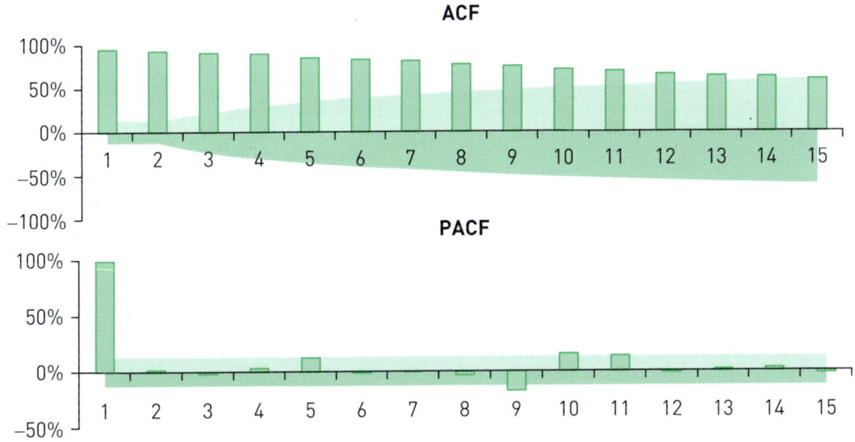

표본이 충분히 크면 표본자기상관 $\hat{\rho}$은 다음과 같은 분포를 따른다.

$$\hat{\rho} \sim N(0, 1/n)$$

즉, 대표본에서 표본자기상관은 평균이 영(0)이고 분산은 1을 표본 크기 n으로 나눈 값인 정규분포를 따른다. 우리의 사례에서 n은 213이어서 분산은 $1/213 \approx 0.0046$이고 표준편차는 $\sqrt{0.0046} = 0.0685$이다. 정규분포의 성질에 따르면 모집단자기상관 ρ_k의 95% 신뢰구간은 다음과 같다.

$$\hat{\rho}_k \pm 1.96(0.0685) = \hat{\rho}_k \pm 0.1342$$

이것은 다음을 의미한다.

$$\text{Prob}(\hat{\rho}_k - 0.1342 < \rho_k < \hat{\rho}_k + 0.1342) = 0.95$$

ρ_k가 영(0)과 같다는 귀무가설은 영(0)의 값이 이 신뢰구간에 포함되면 기각되지 않으며, 만약 이 신뢰구간에 포함되지 않으면 기각된다. 표 11-3에서는 24시차까지 모든 자기상관은 통계적으로 유의하다.

LDPI의 ACF는 위와 동일한 과정을 거쳐 보여줄 수 있으며 생략한다.

위의 결과는 표 11-2의 회귀분석이 허구적일 수 있음을 보여준다.

3. 안정성의 단위근 검정

안정성을 검정하는 몇 가지 방법이 있으나, 여기서는 소위 '단위근 검정'이라고 부르는 방법을

표 11-3 ● 로그변환된 개인소비지출(LPCE)의 자기상관(AC)과 편자기상관(PAC)

표본: 2002년 1월~2019년 9월

추정 개수: 213

	AC	PAC	Q-Stat	Prob
1	0.982	0.982	208.15	0.000
2	0.964	−0.003	409.64	0.000
3	0.945	−0.015	604.44	0.000
4	0.927	−0.002	792.77	0.000
5	0.909	−0.022	974.51	0.000
6	0.890	−0.003	1149.9	0.000
7	0.873	0.004	1319.1	0.000
8	0.855	0.003	1482.5	0.000
9	0.837	−0.031	1639.7	0.000
10	0.819	0.004	1791.2	0.000
11	0.801	−0.041	1936.6	0.000
12	0.782	−0.004	2076.0	0.000
13	0.764	−0.006	2209.5	0.000
14	0.745	−0.029	2337.2	0.000
15	0.726	0.003	2459.2	0.000
16	0.708	−0.000	2575.8	0.000
17	0.690	−0.011	2687.0	0.000
18	0.672	0.004	2793.2	0.000
19	0.655	0.006	2894.6	0.000
20	0.639	0.006	2991.5	0.000
21	0.622	−0.025	3083.8	0.000
22	0.605	−0.017	3171.5	0.000
23	0.588	0.003	3254.8	0.000
24	0.572	−0.001	3334.0	0.000

살펴보려고 한다. Y_t를 분석하고자 하는 확률적 시계열이라고 표기하면, 단위근 검정은 간단히 다음과 같이 서술될 수 있다.[5]

1. 다음 회귀함수를 추정한다.

5 보다 상세한 설명은 Gujarat and Porter, *Basic Econometrics*, 5th ed., McGraw-Hill, New York, 2009, chap. 21을 참조하라.

$$\Delta Y_t = A_1 + A_2 t + A_3 Y_{t-1} + \mu_t \quad (11.9)$$

여기서 Δ는 제10장에서 봤던 1차 차분 연산자이며, t는 1,2, … 등의 값을 갖는 추세 변수이고, Y_{t-1}은 Y_t의 1기 시찻값이다.[6] 수식 (11.9)에 Y_{t-2}, Y_{t-3}, … 등과 같이 Y의 더 많은 시차의 과것값을 포함할 수도 있음을 염두에 두자.

2. 검정에서 귀무가설은 "Y_{t-1}의 계수인 A_3가 0이다"이며, 다른 말로 표현하면 검정 대상 시계열이 불안정하는 것이다. 이 귀무가설을 단위근 가설(unit root hypothesis)이라고 한다.[7] 식 (11.4)의 우변에 Y의 더 많은 시차의 과것값이 포함되더라도 귀무가설은 여전히 Y_{t-1}에 초점을 맞춘다.

3. A_3가 0인지 여부를 검정할 때 일반적인 경우라면 익숙한 t검정을 사용할 것이다. 그러나 여기서는 t검정을 이용할 수 없는데, 그 이유는 t검정은 시계열이 안정적일 경우에만 타당하기 때문이다. 대안으로서 우리는 **tau 검정**(tau test, τ검정)이라고 부르는 검정을 이용하게 된다. 이 검정의 임계치는 이 방법의 제안자들에 의해 몬테카를로 모의실험에 기초하여 표로 만들어져 있다. 문헌에서 tau 검정은 **DF 검정**(Dickey-Fuller test)으로 알려져 있다.[8] 실제 적용에서는, 만약 A_3 추정값에 대한 tau의 절댓값이 Dickey-Fuller tau 임계치보다 크면 단위근 가설은 기각되고 시계열이 안정적이라고 결론 내릴 수 있다. 반대로 계산된 tau의 절댓값이 임계치보다 작으면 단위근 가설은 기각되지 못하며, 시계열은 불안정적이라고 결론 짓게 된다. 증가된 DF(augmented DF, ADF) 검정으로 부르는 DF 검정의 변형된 다른 버전도 있으며 이것은 회귀잔차항 u_t의 자기상관도 고려한다.

LPCE의 시계열자료에 단위근 검정을 적용해 보자. 표 11-4는 결과를 보여준다. 증가된 tau의 값은 −0.8877로서 절댓값이 10% 유의수준에서의 임곗값보다 훨씬 작기 때문에 LPCE 시계열은 단위근을 갖는 것으로 결론 내릴 수 있으며 LPCE는 불안정적이다. 따라서 표 11-2의 회귀분석은 불안정적인 시계열을 종속변수와 설명변수로 하기 때문에 허구적인 것으로 보인다. LPCE에 대한 단위근 검정 결과는 그림과 상관도표에 의한 검정 결과를 재확인해준다.

만약 LPCE의 1차 차분에 대해 단위근 검정을 적용하면 표 11-5의 결과를 얻는다.

tau 값은 −15.98으로서 통계적 유의성이 매우 높으며 LPCE는 단위근을 갖지만(달리 표현

---

6 수식 (11.9)는 절편과 시간변수를 생략하고 추정될 수도 있다.

7 단위근이라는 용어가 사용되는 이유를 간략히 보기 위해 다음과 같이 설정하자: $Y_t = A_1 + A_2 t + CY_{t-1} + u_t$. 이제 양변에서 Y_1를 빼면 $Y_t - Y_{t-1} = A_1 + A_2 t + CY_{t-1} - Y_{t-1}$이 된다. 양변을 정리하면 $\Delta Y_t = A_1 + A_2 t + (C-1)Y_{t-1} = A_1 + A_2 t + A_3 Y_{t-1}$이 되고 여기서 $A_3 = (C-1)$이다. 따라서 만약 C가 1이라면, A_3는 0이 되고 여기서 단위근이라는 이름이 생기게 되었다.

8 A. Dickey and W. A. Fuller, "Distribution of Estimators for Autoregressive Time Series with a Unit Root," *Journal of the American Statistical Association*, vol. 74, June 1979, pp. 427-431.

표 11-4 ● 로그변환된 개인소비지출(LPCE)의 단위근 검정

귀무가설: LPCE는 단위근을 갖는다
외생변수: 상수항, 시간변수
시차 길이: 0(통계 패키지의 최적화 기준에 의해 자동적으로 결정)

			t-통계량	p값*
증가된 DF(ADF) 검정통계량			−0.887774	0.9544
검정 임곗값	1% 유의수준		−4.001931	
	5% 유의수준		−3.431163	
	10% 유의수준		−3.139232	

* MacKinnon(1996)의 단측검정의 p값
증가된 DF(ADF) 검정을 위한 회귀분석
종속변수: LPCE의 1차 차분, 즉 D(LPCE)
추정법: 최소제곱법
표본(조정됨): 2002년 2월~2019년 9월
관측 개수: 212(조정 후)

변수	계수	표준편차	t-통계량	p값
LPCE(−1)	−0.008568	0.009651	−0.887774	0.3757
C	0.080008	0.088081	0.908349	0.3647
@TREND("2002M01")	1.45E−05	1.60E−05	0.903996	0.3670
R-squared	0.003897	Mean dependent var		0.001876
Adjusted R-squared	−0.005635	S.D. dependent var		0.003031
S.E. of regression	0.003040	Akaike info criterion		−8.739889
Sum squared resid	0.001931	Schwarz criterion		−8.692390
Log likelihood	929.4282	Hannan-Quinn criter.		−8.720691
F-statistic	0.408835	Durbin-Watson stat		2.183109
Prob(F-statistic)	0.664954			

주: 이 표에서 t값은 tau-통계량임.

하면 불안정적이지만) 1차 차분인 D(LPCE)는 안정적인 것으로 분석된다. 이러한 결과는 대부분 경제 시계열에 대해서 마찬가지다. 여러분은 D(LPDI)도 역시 안정적임을 직접 확인해 보길 바란다.

표 11-5 ● 로그변환된 개인소비지출의 1차 차분 D(LPCE)에 대한 단위근 검정

귀무가설: D(LPCE)는 단위근을 갖는다
외생변수: 상수항
시차 길이: 0(통계 패키지의 최적화 기준에 의해 자동적으로 결정)

			t-통계량	p값*
증가된 DF(ADF) 검정통계량			−15.98551	0.0000
검정 임곗값	1% 유의수준		−3.461327	
	5% 유의수준		−2.875062	
	10% 유의수준		−2.574054	

* MacKinnon(1996)의 단측검정의 p값
증가된 DF(ADF) 검정을 위한 회귀분석
종속변수: LPCE의 2차 차분, 즉 D(LPCE,2)
추정법: 최소제곱법
일시: 2020년 5월 22일 15시 25분
표본(조정됨): 2002년 3월~2019년 9월
관측 개수: 211(조정 후)

변수	계수	표준편차	t-통계량	p값
D(LPCE(−1))	−1.098430	0.068714	−15.98551	0.0000
C	0.002048	0.000245	8.359991	0.0000
R-squared	0.550089	Mean dependent var		−1.31E−05
Adjusted R-squared	0.547937	S.D. dependent var		0.004500
S.E. of regression	0.003026	Akaike info criterion		−8.753883
Sum squared resid	0.001913	Schwarz criterion		−8.722112
Log likelihood	925.5346	Hannan-Quinn criter.		−8.741040
F-statistic	255.5366	Durbin-Watson stat		1.972973
Prob(F-statistic)	0.000000			

주: D(LPCE)(−1)은 LPCE의 1차 차분인 D(LPCE)의 시차 1의 과것값임.

11.3 공적분된 시계열

표 11-2에서의 회귀분석이 허구적일 수 있다는 결론은 모든 시계열 회귀분석이 허구적일 수 있는 가능성을 암시한다. 만약 정말 그렇다면, 시계열자료를 이용하는 회귀분석을 할 때는 매우 신중할 필요가 있다. 그러나 불안정한 시계열자료를 이용하는 회귀식이면서도 허구적이 아닌 경우가 있다. 즉, LPCE와 LPDI 각각은 불안정적이더라도 두 변수 사이에 (장기적으로) 안정적 내지 균형 관계가 여전히 존재할 수 있는데, 이런 관계를 갖는 시계열은 **공적분된다**

(cointegrated)고 말한다.[9] 그런데 LPCE와 LPDI가 공적분되는지를 어떻게 알 수 있을까?

간단한 방법은 표 11-2의 회귀분석에서 잔차항을 구해서 잔차항에 대해 단위근 검정을 하는 것이다. 만약 단위근 검정에서 잔차항이 안정적으로 판정되면 두 시계열은 공적분된다. 즉, 두 시계열은 개별적으로는 불안정적이지만 이들 간에는 장기적으로 안정적인 관계가 존재한다.

현재의 사례에 대해, 표 11-6의 결과를 얻었으며 표 11-2의 회귀분석 잔차항은 안정적인 것으로 나타났다. 이것은 곧 두 시계열이 공적분되고 이들 간에 안정적 관계가 존재하며 따라서 표 11-2의 회귀분석이 허구적이지 않을 수 있음을 말한다.

요약하면, 시계열자료를 다룰 때는 개별 시계열이 안정적인지 또는 모든 시계열이 공적분되는지 둘 중의 하나가 성립하는 것을 확인해야 한다. 만약 모두 성립하지 않는다면, 열심히 회귀분석을 하였지만 허구적인(혹은 아무런 의미가 없는) 분석을 했다는 비평을 받을 수 있다. 위에서 서술된 분석은 시계열이 2개 이상인 경우에도 적용될 수 있다. 다만 그러한 확장은 본 입문서 수준을 넘어서며 이와 관련해서는 앞서 인용된 참고문헌을 참조하라.

주의사항: 회귀분석에 사용되는 모형은 올바르게 설정되어야 하는 점을 기억하라. 이전에 좋은 모형의 특성을 논의한 바 있다. 현재 사례에 비추어 본다면 우리는 월별 자료를 사용하지만 만약 분기별이나 연간 자료를 사용한다면 분석 결과가 바뀔 수도 있다. 또한 계절조정된 자료나 조정되지 않은 자료를 이용하는 경우도 마찬가지이다. 우리가 사용한 모형은 다소 단순하였다. 그러나 개인소비지출(PCI)은 가처분개인소득(DPI)뿐만 아니라 이자율에도 의존하며 개인 부에 의해서도 영향을 받을 수 있다. 우리의 목적은 두 가지이다. 하나는 시계열의 안정성과 불안정성 개념을 소개하는 것이고, 또 하나는 시계열자료를 회귀분석에 사용할 때는 시계열이 안정적이고 회귀분석 결과가 허구적이지 않다는 것을 모두 확인할 필요성을 보이는 것이다.

공적분되는 시계열 사례는 금융 분야에서 발견될 수 있다. 예를 들면, 현물가격과 선물가격, 주가와 배당금, 상대가격 비율과 환율 등은 개별적으로는 불안정적일 수 있지만 공적분된다.

다음 절에서는 불안정적 시계열의 성질을 더 탐구하기 위해, 금융, 투자, 국제무역 등에서 유용하게 활용되고 있는 소위 무작위보행모형(random walk model)을 살펴본다.

---

9 Gujarati and Porter, *Basic Econometrics*, 5th ed., McGraw-Hill, New York, 2009를 참조하라.

표 11-6 ● 표 11-2 회귀분석에서의 잔차에 대한 단위근 검정

귀무가설: RESID02는 단위근을 갖는다
외생변수: 상수항, 시간변수
시차 길이: 1(통계 패키지 최적화 기준에 의해 자동적으로 결정)

			t-통계량	p값*
증가된 DF(ADF) 검정통계량			−4.312804	0.0036
검정 임곗값	1% 유의수준		−4.002142	
	5% 유의수준		−3.431265	
	10% 유의수준		−3.139292	

*MacKinnon(1996)의 단측검정의 p값
증가된 DF(ADF) 검정을 위한 회귀분석
종속변수: D(RESID02)
추정법: 최소제곱법
표본(조정됨): 2002년 3월~2019년 9월
관측 개수: 211(조정 후)

변수	계수	표준편차	t-통계량	p값*
RESID02(−1)	−0.200394	0.046465	−4.312804	0.0000
D(RESID02(−1))	−0.176171	0.067836	−2.597035	0.0101
C	0.000625	0.001043	0.598764	0.5500
@TREND("2002M01")	−4.84E−06	8.47E−06	−0.570770	0.5688
R-squared	0.151195	Mean dependent var		6.74E−05
Adjusted R-squared	0.138894	S.D. dependent var		0.008074
S.E. of regression	0.007493	Akaike info criterion		-6.930981
Sum squared resid	0.011621	Schwarz criterion		−6.867439
Log likelihood	735.2185	Hannan-Quinn criter.		−6.905296
F-statistic	12.29078	Durbin-Watson stat		2.041382
Prob(F-statistic)	0.000000			

11.4 무작위보행모형

스탠다드앤푸어스(S&P) 500 주가지수, 다우존스(Dow-Jones) 지수, 환율 등과 같은 금융 시계열은 자주 "무작위보행"을 따른다고 하는데, 이것은 이러한 변수의 오늘 값을 알고 있다고 해서 내일 값을 잘 예측할 수 없다는 것을 의미한다. 어떤 주식(예를 들어, Dell이나 IBM)의 오늘 주가를 알고 있다고 해서 내일 주가가 어떻게 될지를 말하기 힘들다. 즉, 주식가격은 본질적으로 무작위적이며, 내일 주식가격은 오늘 주식가격에 확률적 충격을 더한 것과 같

다.[10] 간단히 표현하자면, 무작위보행모형은 주가나 시장가격의 과거 움직임이나 추세는 미래 움직임을 예측할 때 쓸모가 없다는 것을 말한다.

무작위보행모형의 구조를 보기 위해 다음의 단순한 모형을 살펴보자.

$$Y_t = Y_{t-1} + \mu_t \tag{11.10}$$

이때 u_t는 평균이 0이며 σ^2의 고정된 분산을 갖는 무작위 오차항이다. 0의 시점(초기시점)에서 Y_0의 값으로 시작한다고 하자. 그러면 다음 관계가 성립한다.

$$Y_{t-1} = Y_{t-2} + \mu_{t-1} \tag{11.11}$$

식 (11.11)의 축차적 관계를 반복하면 다음의 결과를 얻는다.

$$Y_t = Y_0 + \sum u_t \tag{11.12}$$

여기서 합산은 $t = 1$에서 $t = T$까지 계산되며, T는 총 관측치 개수이다. 이제 다음 식이 성립한다는 것을 쉽게 증명할 수 있는데,

$$E(Y_t) = Y_0 \tag{11.13}$$

그 이유는 u_t의 평균이 0이기 때문이다. 또한 다음 식도 쉽게 증명할 수 있다.

$$\text{var}(Y_t) = \text{var}(u_1 + u_2 + \cdots + u_T) = T\sigma^2 \tag{11.14}$$

여기서는 u_t가 무작위적이어서 시간에 걸쳐 상관관계가 없고 각각은 동일한 분산 σ^2을 갖는 사실이 이용되었다.

식 (11.14)가 보여주듯이 Y_t의 분산은 상수가 아니며 더욱이 관측치 T와 함께 계속해서 증가한다. 따라서 안정성 정의에 따르면 식 (11.10)에서 주어진 (무작위보행) 변수 Y_t는 불안정적 (여기서는 분산에서 불안정적)이다. 식 (11.10)의 무작위보행모형은 한 가지 흥미로운 특징을 갖는다. 식 (11.10)을 다음과 같이 나타내 보자.

$$\Delta Y_t = (Y_t - Y_{t-1}) = u_t \tag{11.15}$$

여기서 Δ는 1차 차분 연산자이다. 우리는 Y의 1차 차분이 안정적임을 알 수 있다. 왜냐하면 $E(\Delta Y_t) = E(u_t) = 0$이며 $\text{var}(\Delta Y_t) = \text{var}(u_t) = \sigma^2$이어서 평균과 분산이 각각 상수이기 때문이다. 따라서 만약 식 (11.10)의 Y가 주가라면, 주가는 불안정적일 수 있지만 1차 차분은 순수한 무작위, 즉 안정적이다.

---

10 무작위보행은 술 취한 사람의 걸음에 종종 비교된다. 술 취한 사람은 술집을 나선 후 시점 t에 있어서 u_t의 거리를 무작위로 움직인다. 그리고 계속해서 불확정적으로 걸으면 술 취한 사람은 더 이리저리 왔다갔다하면서 술집에서 더 멀어지게 되어서 그 위치는 예측 불가능하게 된다.

식 (11.10)의 무작위보행모형을 다음과 같이 변형할 수 있다.

$$Y_t = d + Y_{t-1} + u_t \tag{11.16}$$

여기서 d는 상수이다. 이 모형이 **표류항을 갖는 무작위보행모형**(random walk model with drift)이며, d는 표류항 모수이다.

식 (11.16)에서 다음 결과를 얻을 수 있는데, 중간 과정은 독자의 몫으로 남긴다.

$$E(Y_t) = Y_0 + Td \tag{11.17}$$

$$\text{var}(Y_t) = T\sigma^2 \tag{11.18}$$

그림 11-4 ● 무작위보행모형으로 예측하기

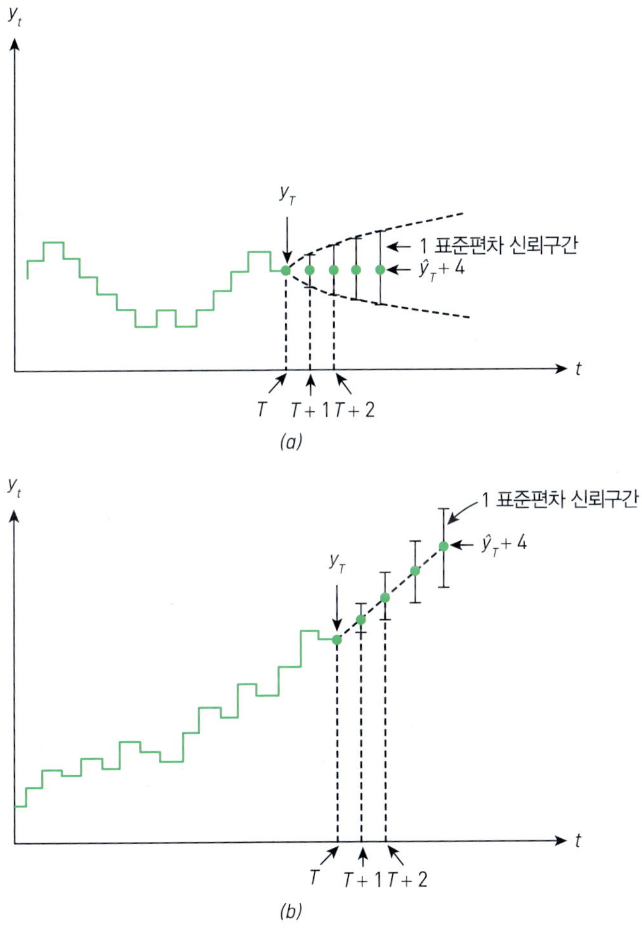

출처: Robert S. Pindyck and Daniel L. Rubinfeld, *Econometric Models and Economic Forecasts*, 4th ed., McGraw-Hill, New York, 1998, pp. 491–492.

즉, 표류항을 갖는 무작위보행모형에서 평균과 분산은 시간과 함께 연속적으로 증가하며, 따라서 평균과 분산에서 불안정적인 확률변수를 갖게 된다. 식 (11.16)에서, 만약 d가 양수이면 Y의 평균이 시간에 걸쳐 연속적으로 증가하며, 만약 d가 음수이면 Y의 평균은 연속적으로 감소하는 것을 알 수 있다. 두 경우 모두 Y의 분산은 시간에 걸쳐 증가한다.

평균과 분산이 시간 종속적인 확률변수를 **확률적 추세**(stochastic trend)를 따른다고 표현한다. 이것은 제5장에서 논의했던 선형추세모형과는 대조되는데, 그 경우에는 확률변수가 **확정적 추세**(deterministic trend)를 따른다.

그림 11-4a는 표류항을 갖지 않은 무작위보행모형을 보여주며 그림 11-4b는 표류항을 갖는 경우를 보여준다. 그림 11-4a에서 평균 예측값은 미래의 전 기간에서 Y_T 수준에 머물고 있다. 그러나 분산이 증가하기 때문에 예측 신뢰구간의 구간 폭은 연속적으로 증가한다. 그림 11-4b에서는 표류항 d가 양수라고 가정하며 미래 예측값이 시간에 걸쳐 증가하고 예측오차도 마찬가지로 증가한다.

11.5 경제학에서의 인과: Granger 인과검정

여러분은 회귀분석이 설명변수와 종속변수 간의 종속관계를 다루더라도 그러한 관계가 꼭 인과관계를 의미하지 않는다는 것을 알고 있다. 달리 표현하면, 변수들 간에 어떤 관계가 존재하더라도 그것이 인과나 영향력의 방향을 말하는 것은 아니다. 그러나 시계열자료를 다루는 회귀분석에서는 상황이 약간 다를 수 있다. 한 연구자가 말했듯이, "시간은 거꾸로 흐르지 않는다. 따라서 원인에 해당하는 사건은 결과에 해당하는 사건보다 앞서 발생한다. 만약 사건 A가 사건 B보다 먼저 발생하면, A가 원인이고 B가 결과인 인과관계가 존재할 수 있으나 B가 원인이고 A가 결과인 인과관계는 불가능하다. 다르게 말하면 과거의 사건은 현재 사건의 원인이 될 수 있지만, 미래의 사건은 현재 사건의 원인이 될 수 없다."[11]

이것이 Granger 인과검정 밑에 깔려 있는 기본 아이디어다.[12] 그러나 인과는 모든 유형의 논쟁이 벌어질 수 있는 깊은 철학적 문제임을 명확히 주목해야 한다. 한쪽 극단에는 "모든 것이 모든 것의 인과관계이다"라고 믿는 사람들이 있는가 하면, 또 다른 극단에는 어떤 형태의 인과관계이든 그 존재를 부정하는 사람들이 있다. 계량경제학자인 Edward Leamer가 '인과'보다는 '**선행**(precedence)'이라는 용어를 선호하는 이유가 여기에 있다.

---

11 Gary Koop, *Analysis of Economic Data*, John Wiley, New York, 2000, p.175를 참조하라.

12 C. W. J. Granger, "Investing Causal Relationship by Econometric Models and Cross-Spectral Methods," *Econometrica*, July 1969, pp. 424-438을 참조하라.

Granger 인과검정

Granger 검정을 설명하기 위해 거시경제학에서 자주 제기되는 다음의 질문을 살펴보자: GDP가 통화공급(M)의 원인이 되는가($GDP \rightarrow M$) 아니면 통화공급이 GDP의 원인이 되는가($M \rightarrow GDP$)? 여기서 화살표 방향은 인과관계의 방향을 말한다. Granger 인과검정의 기본 가정은, 관련된 변수인 GDP와 통화공급의 예측에 도움이 되는 정보가 이 변수들의 시계열자료에만 있다는 것이다. 검정은 다음 두 가지 회귀식을 추정하는 것으로 시작한다.

$$GDP_t = \sum_{i=1}^{n} \alpha_i M_{t-i} + \sum_{j=1}^{n} B_j GDP_{t-j} + u_{1t} \tag{11.19}$$

$$M_t = \sum_{i=1}^{n} \lambda_i M_{t-i} + \sum_{j=1}^{n} \delta_j GDP_{t-j} + u_{2t} \tag{11.20}$$

여기서 잔차항 u_{1t}와 u_{2t}는 상관관계가 없다고 가정된다. 현재 경우에는 변수가 2개이기 때문에 **양방향 인과**(bilateral causality)를 다루고 있음을 주목하라. 그러나 **벡터자기회귀**(vector autoregression, VAR) 방법을 이용하면 다변량 인과로 확장될 수 있다.[13] Granger 검정을 적용받는 시계열은 안정적이어야 함을 주의해야 한다.

식 (11.19)는 현재 시점의 GDP가 자체 변수의 과것값과 통화량의 과것값에 연관되는 것으로 설정하며, 식 (11.20)은 통화공급에 대해서 유사하게 설정하고 있다. 이제 잔차 간에 상관관계가 없다는 가정하에서 GDP와 통화공급 간의 가능한 관계 네 가지를 살펴보자. 변수가 2개이기 때문에 양방향 인과를 다루고 있음을 다시 한번 주의하자. 이 장에서 우리는 VAR 방법을 통해 다변량 인과로 확장할 것이다(표 11-8 참조). 이제 네 가지 가능성을 살펴본다.

1. **통화공급에서 GDP로의 단방향 인과(즉, 통화공급이 원인이고 GDP가 결과)**는 식 (11.19)에서 통화공급의 과것값에 대한 계수 추정값 중 적어도 하나 이상이 통계적으로 유의하고, 식 (11.20)에서는 GDP의 모든 과것값에 대한 계수 추정값이 모두 통계적으로 유의하지 않을 때 존재한다.

2. **역으로, GDP에서 통화공급으로의 단방향 인과**는 식 (11.20)에서 GDP의 과것값에 대한 계수 추정값 중 적어도 하나 이상이 통계적으로 유의하고, 식 (11.19)에서는 통화공급의 모든 과것값에 대한 계수 추정값이 모두 통계적으로 유의하지 않을 때 존재한다.

3. **양방향 인과**는 식 (11.19)에서 통화공급의 과것값에 대한 계수 추정값 중 적어도 하나 이상이 통계적으로 유의하고, 식 (11.20)에서도 GDP의 과것값에 대한 계수 추정값 중 적어도 하나 이상 통계적으로 유의할 때 존재한다.

13 VAR와 시계열 계량경제학의 심화 주제는 Damodar Gujarati, *Econometrics by Example*, 2nd ed., London, 2015, chap. 14, 15를 참조하라.

4. 독립은 식 (11.19)에서 통화공급의 모든 과거값에 대한 계수 추정값이 모두 통계적으로 유의하지 않고, 식 (11.20)에서도 GDP의 모든 과거값에 대한 계수 추정값이 모두 통계적으로 유의하지 않을 때 존재한다.

더 일반적으로 표현하면, 미래는 과거를 예측할 수 없기 때문에 만약 변수 *X*가 변수 *Y*의 (Granger) 원인이 된다면 *X*의 변화는 *Y*의 변화보다 먼저 발생해야 한다. 따라서 *Y*를 종속변수로 하고 자체 과거값과 *X*의 과거값을 설명변수로 하는 회귀분석에서 만약 *X*의 과거값이 *Y*의 예측에 도움이 된다면, 즉 *Y*의 예측을 개선한다면 그때 우리는 *X*가 *Y*의 (Granger) 원인이라고 말할 수 있다. *Y*가 *X*의 (Granger) 원인이 되는 경우는 비슷한 방식으로 정의될 수 있다.

Granger 인과검정을 수행하는 과정은 다음과 같다. 우리는 식 (11.19)와 식 (11.20)의 GDP-통화공급의 사례에 대해 검정 과정을 단계별로 설명한다.

1. 현재 GDP를 종속변수로 하고 GDP의 과거값과 다른 변수(통화공급의 과거값을 제외함)를 설명변수로 하는 회귀식을 추정한다. 제4장에서 살펴보았듯이 이 단계는 제약 회귀분석(restricted regression)에 해당된다. 이 회귀분석에서 제약된 잔차 제곱합 RSS_R을 계산한다.

2. 이제 통화공급의 과거값을 포함하는 회귀식을 추정한다. 제4장의 용어로 이 단계는 비제약 회귀분석(unrestricted regression)에 해당된다. 이 회귀분석에서 비제약 잔차 제곱합, RSS_{UR}을 계산한다.

3. 검정하고자 하는 귀무가설은 통화공급의 과거값이 회귀식에 포함되지 않는다. 즉, 모두 통계적으로 유의하지 않다는 것이다.

4. 이 가설을 검정하기 위해서 다음과 같은 제4장의 *F*검정을 적용한다. 즉,

$$F = \frac{(RSS_R - RSS_{UR})/m}{RSS_{UR}/(n-k)} \tag{11.21}$$

식 (11.21)의 *F*-통계량은 m과 $(n-k)$를 자유도로 갖는 *F*분포를 따른다. 현재 경우에서 m은 통화공급의 과거값의 수이고 k는 비제약 모형에서 추정되는 모수의 수이다.

5. 계산된 *F*값이 선택된 유의수준의 임곗값보다 크면 귀무가설을 기각하며 이 경우에 통화공급의 과거값은 회귀식에 포함된다. 이때 통화공급은 GDP를 인과한다고 말할 수 있다.

6. GDP가 통화공급을 인과하는지를 검정하려면 1~5단계를 식 (11.20)에 대해 적용하면 된다.

방금 다룬 Granger 인과검정 사례에서 몇 가지 주의할 점이 있다.

1. GDP와 통화공급, 두 변수 모두 안정적인 것으로 가정된다. 안정성 개념은 이미 논의된 바 있다. 만약 변수가 원래 형태에서 안정적이 아닌 경우에는 가끔 1차 차분하면 안정적으로 된다.

2. 인과검정에 포함되는 변수 과것값의 차수를 결정하는 것은 실제 적용에서 중요한 문제이다. 시차분포모형과 같이 Akaike나 Schwarz 정보기준이 차수 결정에 이용될 수 있다. 그러나 포함되는 과것값의 차수에 따라 인과 방향이 크게 영향받을 수 있는 점도 주의해야 한다.

3. 인과검정을 위한 회귀식에서 오차항의 상관성이 없다고 가정된다. 만약 상관성이 있다면 제10장에서 논의된 것처럼 적절한 변환이 필요하다.

4. 우리의 관심은 인과검정에 있기 때문에 모형 (11.19)와 모형 (11.20)의 계수 추정값은 제시될 필요가 없고 식 (11.21)의 *F*검정의 결과만 제시되면 충분하다.

사례 11.2 GDP와 통화공급 간 인과

Granger 인과검정의 구조를 설명하기 위해 1960~2019년 2분기 동안 미국 M1 통화공급과 GDP의 총 238개 자료를 살펴본다. 자료는 표 11-7에 제공된다.

인과모형으로는 양방향 인과를 검정할 수 있는 식 (11.19)와 식 (11.20)을 이용한다. 두 시계열이 불안정적이어서(연습문제 11.6 참조) 두 식 모두 두 변수의 1차 차분을 사용한다. 표 11-8은 다양한 시차를 사용한 결과를 보여준다. 설명을 위해 이하에서는 M1과 GDP에 대해 4개의 시차를 적용하였다. 공간 절약을 위해 각 회귀식의 *F*검정 결과만을 제시한다.

M1은 GDP의 원인이 되지 않는다는 귀무가설과 GDP는 M1의 원인이 되지 않는다는 귀무가설이 각각 고려된다. R은 "귀무가설 기각" 그리고 NR은 "귀무가설 기각 못함"을 의미한다.

경제이론에 따르면 만약 인과가 존재한다면 통화공급이 GDP의 원인이 될 것이다. 통화공급이 증가하면 일반적으로 민간과 기업이 보유하려는 통화량이 증가하고 따라서 소비나 투자 등 지출이 증가해서 총수요가 증가하기 때문이다. 통화공급이 감소하면 반대 효과가 발생해서 총수요를 감소시킬 것이다.

표 11-8의 결과는 다소 흥미롭다. 시차 2, 3, 4까지는 통화공급의 변화가 GDP 변화의 Granger-원인이 되는, 즉 M1이 GDP의 원인이 되는 것으로 나타났기 때문이다. 그러나 시차 5, 6, 7에서 인과는 양방향으로 존재하는 것으로 나타났다. 이 사례는 Granger 인과가 모

표 11-8 ● 다양한 시차에서 미국 GDP와 통화공급 간의 Granger 인과

인과의 방향	# 시차	*F*값	*p*값	결정
DM1 → DGDP	2	4.22	0.0158	R
DGDP → DM1	2	0.04	0.9593	NR
DM1 → DGDP	3	4.01	0.0083	R
DGDP → DM1	3	1.32	0.2673	NR
DM1 → DGDP	4	4.04	0.0035	R
DGDP → DM1	4	1.60	0.1732	NR
DM1 → DGDP	5	3.82	0.0024	R
DGDP → DM1	5	2.30	0.0456	R
DM1 → DGDP	6	3.40	0.0031	R
DGDP → DM1	6	3.36	0.0036	R
DM1 → DGDP	7	3.09	0.0040	R
DGDP → DM1	7	2.92	0.0061	R

주: DM1 = M1의 차분; DGDP = GDP의 1차 차분

형에 도입되는 시차의 수에 의해 크게 영향받는 것을 보여준다. 물론 Schwarz와 Akaike 기준을 사용해서 시차 길이를 선택할 수 있다. 이러한 기준은 이미 제7장에서 논의된 바 있다.

우리는 경제학의 사례를 이용해서 Granger 인과검정을 설명했지만 이 검정은 다른 여러 분야에서 사용되고 있다.[14]

14 J. F. Freeman, "Granger Causality and the Time Series Analysis of Political Relationship," *American Journal of Political Science*, vol. 27, 1983, pp. 325-355를 참조하라.

요약

이 장의 주요 목적은 시계열 계량경제학의 개요를 소개하는 것이었다. 시계열을 포함하는 자료를 다룰 때는 항상 그 시계열이 안정적인지를 확인해야 한다. 만약 안정적이지 않다면 허구적 회귀분석의 문제에 직면하는데, 그 문제는 불안정적인 확률변수를 다른 하나 혹은 그 이상의 불안정적 확률변수에 대해 회귀분석을 할 때 발생한다. 만약 평균과 분산 그리고 여러 시차에서의 공분산이 *시간 의존적이지 않다면* (약)안정적이라고 한다.

시계열 변수가 안정적인지를 확인하는 방법은 상관도표와 단위근 검정과 같이 다양하다. 만약 단위근 검정이나 다른 검정에서 분석하려는 시계열이 안정적으로 밝혀지면 그 시계열 변수를 이용한 회귀분석은 허구적이지 않다.

우리는 또한 공적분 개념을 소개하였다. 2개 이상의 시계열 변수에 대해 만약 개별 변수는 불안정적이지만 변수 사

이에 장기적으로 안정적인 관계가 존재하면 공적분된다고 말한다. 이러한 시계열 변수를 이용하는 회귀는 허구적이지 않을 수 있다.

불안정적 시계열의 사례로서 표류항을 갖거나 갖지 않는 무작위보행모형을 살펴보았다. 여러 금융 시계열은 무작위보행을 따르는 것이 밝혀졌다. 즉, 이러한 시계열은 평균이나 분산 혹은 모두에서 불안정적이다. 이러한 특징을 갖는 변수들은 확률적 추세를 따른다고 말한다. 주가가 무작위보행의 전형적인 사례이다. 오늘 주가를 안다고 해서 내일 주가가 얼마가 될 것이라고 말할 수 없다. 내일 주가에 대한 가장 최선의 예측은 오늘의 주가에 무작위 오차항이나 충격을 더하거나 빼는 것이다. 사실 내일의 주가를 꽤 정확하게 예측할 수 있다면 우리 모두 백만장자가 되지 않겠는가!

응용 분석에서 다음과 같은 인과 질문이 종종 제기된다: 두 시계열이 있을 때 한 시계열이 다른 시계열을 '인과'하는가, 반대 방향의 인과가 존재하는가, 혹은 양방향의 인과가 존재하는가? 거시경제학의 경우에는 통화공급의 변화가 GDP 변화의 원인이 되는지 혹은 반대 방향의 인과인지 혹은 양방향의 인과인지의 질문이 종종 제기된다. 원래 인과의 질문은 쉽게 대답할 수 있는 문제가 아니다. 그러나 Granger는 하나의 경제 시계열과 다른 시계열 간의 인과관계를 결정하는 통계 방법을 개발하였다. 사용 방법은 쉽지만 Granger 인과검정은 분석과정에서 결정해야 하는 시차 수에 크게 좌우된다.

주요 용어 및 개념

허구적 회귀(spurious regression)

시계열의 안정성과 불안정성(stationary and nonstationary time series)

안정성 검정(tests of stationarity)
- 그림에 의한 분석(graphical analysis)
- 자기상관함수(autocorrelation function, ACF)
- 편자기상관(partial autocorrelation, PAC)

상관도표(correlogram)
- 모집단 상관도표(polpulation correlogram)
- 표본자기상관함수(sample autocorrelation function, SAFC)

DF 검정(Dickey-Fuller tau test)

공적분(cointegration)

표류항을 갖거나 갖지 않는 무작위보행모형(random walk model with and without drift)

확률적 추세 vs. 확정적 추세(stochastic trend vs. deterministic trend)

Granger 인과검정(Granger causality test)
- 선행(precedence)
- 양방향 인과(bilateral causality)
- 벡터자기회귀(vector autoregression, VAR)

연습문제

11.1 표 11-9에 1981년 1월~2010년 1월 기간 동안 3월과 6월의 미국 단기 국채 이자율 자료가 있다(TB-3, TB-6).

a. TB-3와 TB-6의 그림을 그리고 두 시계열이 안정적인지 시각적으로 검사하라.

b. 두 시계열 각각에 대해 단위근 검정을 적용하고 안정적인지를 결정하라.

c. 만약 두 시계열이 안정적이지 않다면 그리고 TB-6를 TB-3에 대해 회귀분석을 한다면(즉, TB-6를 종속변수로 그리고 TB-3를 설명변수로 하는 회귀식을 추정) 허구적 회귀를 초래하는가? 답에 대한 이유는? 여러분은 어떤 방법으로 결정하는가? 답 도출에 필요한 계산을 보여라.

d. 두 시계열의 1차 차분을 취하고 차분된 시계열이 안정적인지를 결정하라.

11.2 표 11-10에 1950~2010년 동안 독일-미국(독미) 환율의 연간 시계열자료가 있다.

a. 시계열자료의 그림을 그려라. 그림에서 무엇을 알 수 있는가?

b. 독미 환율이 무작위보행을 따르는지를 결정하라. 만약 따른다면 독미 환율의 예측에 대해 어떤 의미를 갖는가?

c. 시계열의 1차 차분을 취하고 차분된 시계열이 무작위보행을 따르는지를 결정하라. 답 도출에 필요한 계산을 보여라.

11.3 표 11-11에 1991년 1월 2일~2012년 1월 3일 기간 동안 미국 주식시장의 다우존스 지수와 스탠다드앤푸어스 500 지수의 일별 시계열자료가 있다. 총 자료 수는 253개이다.

a. 각 시계열이 안정적인지를 결정하라. 여러분은 어떤 검정을 이용하는가? 검정 과정을 상세하게 서술하라.

b. 만약 두 시계열이 안정적이지 않다면 1차 차분된 시계열은 안정적인가? 답 도출에 필요한 계산을 보여라.

c. 두 시계열은 공적분되는가? 만약 그렇다면 그것은 어떤 의미를 갖는지 설명하라.

11.4 표 11-1의 개인가처분소득(DPI)의 자료를 이용해서 답하라.

a. DPI의 시계열이 안정적인지를 결정하라. 답 도출에 필요한 계산을 보여라.

b. DPI의 1차 차분은 안정적인가?

11.5 표 11-12에 2010년 10월~2020년 10월 기간 동안 미국 생산자물가지수(PPI)와 소비자물가지수(CPI)의 월별 시계열자료가 있다. 총 자료 수는 123개이다.

a. 그림 11-1의 방식으로 PPI와 CPI의 그림을 그려라.

b. 시각적으로 두 시계열은 안정적인가?

c. DF(Dickey-Fuller) 검정과 ADF(augmented DF, 증가된 DF) 검정을 PPI와 CPI 각각에 대해 적용하고 안정적인지를 결정하라.

d. 만약 두 시계열이 불안정적이라면 1차 차분된 시계열은 안정적인지를 조사하라. 여러분은 어떤 검정을 사용하는가?

e. CPI를 종속변수로 그리고 PPI를 설명변수로 하는 회귀식에 대해 여러분이 선택한 함수 형태로 추정하라.

f. CPI와 PPI는 공적분되는가? 상세하게 설명하라.

11.6 표 11-7에 있는 GDP와 통화공급 시계열이 각각 안정적인지 결정하라. 만약 안정적이지 않다면 1차 차분된 시계열은 안정적인가? 두 시계열은 공적분되는가? 답 도출에 필요한 계산을 보여라.

12

Chapter

패널자료 회귀모형*

이전 11개 장에서 논의한 회귀모형은 주로 횡단면자료 또는 시계열자료를 사용했다. 이러한 각 유형의 자료에는 고유한 특징이 있다. 이 장에서는 **패널자료 회귀모형**(panel data regression model), 즉 시간이 지남에 따라 동일한 개체 그룹(개인, 회사, 주, 국가 등)을 분석하는 모형에 대해 논의한다.[1]

패널자료의 잘 알려진 몇 가지 예는 다음과 같다.

1. **소득동학 패널 연구**(the panel study of income dynamics, PSID): 이 조사는 1968년에 설립된 미시간대학의 사회연구소에서 실시한다. 매년 다양한 사회경제적, 인구통계학적 변수에 대한 약 500가구의 자료를 수집한다.

2. **소득 및 정책 참여 조사**(survey of income and program participation, SIPP): 이 설문조사는 미국 상무부 인구조사국에서 실시한다. 1년에 네 번, 응답자들은 자신의 경제 상황에 대해 인터뷰를 받는다.

3. **독일 사회-경제 패널**(the german socio-economic panel, GESOEP): 1984~2002년까지 매년 1,761명을 대상으로 연구가 진행됐다. 출생연도, 성별, 삶의 만족도, 결혼 상태, 노동소득 및 연간 노동시간 등에 대한 각 개인의 정보를 수집했다.

4. **국가 청년 종단 조사**(national longitudinal survey of youth, NLSY): 미국 노동부가

* 이 장은 저자가 저작권을 갖고 있는 *Econometrics by Example*, 2nd ed., Palgrave, 2015, 패널자료 회귀모형에 관한 제17장을 각색한 것이다.

1 패널자료 회귀모형에 대한 자세한 내용과 사례는 Damodar N. Gujarati and Dawn C. Porter, *Basic Econometrics*, 5th ed., McGraw-Hill, New York, 2015, chap. 16을 참조하라.

실시하는 NLSY는 여러 그룹의 남성과 여성의 노동시장 활동과 기타 중요한 삶의 사건에 대한 정보를 여러 시점에서 수집하기 위해 고안된 일련의 설문조사이다.

이러한 여러 패널자료 조사는 많은 국가의 정부 및 민간 기관에서 수행되고 있다.

12.1 패널자료의 중요성

Baltagi는 순수 횡단면자료 또는 순수 시계열자료 대비 패널자료의 장점을 다음과 같이 열거한다.[2]

1. 패널자료는 시간의 흐름에 따라 개인, 기업, 지자체, 국가 등을 다루기 때문에 이러한 단위에는 종종 관찰할 수 없는 **이질성**(heterogeneity)이 있을 수 있다. 패널자료 추정 기법은 곧 설명하겠지만 개별주체 특화적인(subject-specific) 변수를 허용함으로써 이러한 이질성을 명시적으로 고려할 수 있다. 우리는 일반적으로 개인, 회사 또는 국가와 같은 미시 단위를 포함하기 위해 **개별주체**(subject)라는 용어를 사용한다.

2. 패널자료는 횡단면 관측치의 시계열을 결합함으로써 "더 많은 정보를 제공하는 데이터, 더 많은 변동성, 변수 간 공선성 감소, 더 많은 자유도 및 더 높은 효율성"을 제공한다.

3. 패널자료는 반복적인 횡단면 관측을 분석하기 때문에 변화의 동학을 연구하는 데 더 적합하다. 실업률, 이직률, 실업 기간, 노동 이동성은 패널자료를 통해 더 잘 연구할 수 있다.

4. 패널자료는 순수 횡단면자료 또는 시계열자료에서 관찰할 수 없는 효과를 더 잘 감지하고 측정할 수 있다. 따라서 국가 및/또는 지방자치단체의 최저임금의 연속적인 인상이 추적 가능하여 최저임금법이 고용과 소득에 미치는 영향을 더 잘 연구할 수 있다.

5. 규모의 경제 및 기술 변화와 같은 현상은 순수 횡단면자료나 순수 시계열자료보다 패널자료를 활용함으로써 더 잘 연구될 수 있다.

2 B. H. Baltagi, *Econometric Analysis of Panel Data*, John Wiley, New York, 1995, pp. 3-6.

12.2 사례: 자선 기부

표 12-1은 1979~1988년까지 47명 개인의 자선 기부에 대한 자료를 제공한다.[3] 자료의 원출처는 1979~1988년까지 개별 세금 환급(individual tax returns) 패널의 소득통계(statistics of income, SOI)이다.

변수는 다음과 같이 정의된다.

Charity(자선 기부): 현금 및 기타 재산 기부의 합계(전년도 이월 제외)

Income(소득): 조정된 총소득

Price(가격): 1에서 한계소득세율을 뺀 값; 한계세율은 기부 전 소득에 부과된다.

Age(나이): 납세자가 64세 이상인 경우 1, 그렇지 않은 경우 0인 더미변수

MS(결혼 상태): 납세자가 기혼인 경우 1, 그렇지 않은 경우 0인 더미변수

DEPS: 세금 신고서에 청구된 부양가족 수

이 연구의 목표 중 하나는 한계세율이 자선 기부에 미치는 영향을 알아보는 것이다.

분석을 진행하기 전에 이 사례의 패널자료를 개인별로 시간별 관측 횟수 T(여기서는 10)가 동일하므로 **균형 패널**(balanced panel)이라 한다. 그렇지 않다면 **불균형 패널**(unbalanced panel)의 예가 될 것이다. 이 패널자료는 **짧은 패널**(short panel)이라고도 한다. 짧은 패널에서, 횡단면 또는 개별 단위의 수 N(여기서는 47)은 기간의 수 T(여기서는 10)보다 크다. 반면에 **긴 패널**(long panel)에서는 T가 N보다 크다.

위에 나열된 변수와 관련하여 자선 기부 모형을 추정하자. 이를 자선함수(charity function)라고 부른다. 어떻게 이에 대한 추정을 진행해야 할까? 다섯 가지 옵션이 있다.

1. **개별 시계열**(individual time series) **OLS 추정**: 각 개인 47명의 10년 동안 시계열자료를 사용하여 최소제곱법(OLS)으로 각 개인의 47개의 자선함수를 추정할 수 있다. 원칙적으로 이러한 함수를 추정할 수 있으나 유의미한 통계 분석을 수행할 수 있는 자유도가 거의 없다. 5개의 설명변수계수 및 1개의 절편, 즉 모두 6개의 모수를 추정해야 하는데 각 개인별 가용자료는 10개이다. 게다가 이러한 추정된 개별 자선함수는

3 E. W. Frees, *Longitudinal and Panel Data Analysis and Applications in the Social Sciences*, Cambridge University Press, New York, 2004에서 자료를 발췌했다.

다른 개인의 자선 기부에 대한 정보를 무시하고 있다. 모든 자선 행위는 각 개인만의 동일하게 통제된 환경에서 발생한다고 가정하기 때문이다.

2. **횡단면**(cross section) **OLS 추정**: OLS로 매년 1개씩 10개 연도의 횡단면 자선함수를 추정할 수 있다. 이 함수를 추정하기 위해 매년 47개의 관측을 이용할 수 있다. 그러나 이는 자선함수의 동적인 측면을 무시한다. 여러 해 동안 행한 자선 기부는 소득 및 결혼 상태와 같은 요인에 따라 달라지기 때문이다.

3. **통합 OLS**(pooled OLS) **추정**: 시계열 및 횡단면 자료의 이중 특성을 무시하고 470개의 관측치(47명 × 10년)를 모두 모아 "거대한" 자선함수를 추정할 수 있다. 통합 OLS로 자선함수를 추정하면 이중 특성을 무시할 뿐만 아니라, 자선함수의 계수가 시간과 횡단면에 따라 일정하게 유지된다고 가정하는 것이다. 통합 OLS 추정은 **상수계수모형**(constant coefficient model)이라고도 하는데, 이는 시간과 횡단면에 따른 계수가 동일하게 유지된다고 가정하기 때문이다.

4. **고정효과 더미변수 최소제곱**(fixed-effects least squares dummy variable, LSDV) **모형**: 옵션 3에서와 같이 470개의 관측치를 모두 통합하지만 각 개인/개별주체가 자신의 개별 절편 더미를 가질 수 있다. 이것의 변형이 곧 설명할 **집단 내 추정량**[within-group(WG) estimator]이다. 또 다른 변형은 **일차차분변환**(first-difference transformation)으로, 2개 이상의 기간이 있는 경우 추정 문제가 있기 때문에 여기서는 논의하지 않는다.[4]

5. **임의효과**(random-effects) **모형**: LSDV에서와 같이 각 개인이 자신의 (고정된) 절편값을 갖도록 허용하는 대신, 47명 개인의 절편값이 훨씬 더 많은 개인 모집단에서 무작위로 추출된 것이라고 가정한다. 사실 SOI 패널은 IRS 개인 세금 모형 파일의 하위 집합이다.

이제 옵션 3, 4, 5에 대해 순차적으로 설명한다.

12.3 자선함수의 통합 OLS 회귀분석

다음과 같은 자선함수를 생각해 보자.

---

4 일차차분변환에 대한 논의는 Damodar N. Gujarati and Dawn C. Porter, *Basic Econometrics*, 5th ed., McGraw-Hill, New York, 2009, pp. 601-602를 참조하라.

$$C_{it} = B_{1i} + B_2 Age_{it} + B_3 Income_{it} + B_4 Price_{it} \\ + B_5 DEPS_{it} + B_6 MS_{it} + u_{it} \\ i = 1, 2, \cdots, 47; t = 1, 2, \cdots, 10 \tag{12.1}$$

여기서 C는 자선 기부이다. 변수에 2개의 첨자를 넣었다. 횡단면 개인단위를 나타내는 i와 시간을 나타내는 t이다. 회귀변수는 비확률적 혹은 확률적이다. 회귀변수가 확률적이면 오차항과 상관관계가 없다고 가정한다. 더불어 오차항이 일반적인 고전적 가정을 충족한다고 가정한다.

선험적으로 연령, 소득, 물가, 결혼 상태가 자선 기부에 긍정적인 영향을 미치고 부양가족 수는 부정적인 영향을 미칠 것으로 예상할 수 있다. 정의된 가격변수가 모형에 포함된 이유는 자선 기부에 따른 기회비용을 나타내기 때문이다. 한계소득세율이 높을수록 기회비용이 낮아진다.

Eviews를 이용하여 표 12-2의 결과를 얻었다. 자료 통합이 유효하다고 가정하면(이는 큰 가정임) 연령, 소득 및 가격이 자선 기부에 유의한 긍정적인 영향을 미치고 MS는 자선 기부에 부정적이지만 통계적으로 유의하지 않은 영향을 미친다는 것을 보여준다. 놀랍게도 DEPS는

표 12-2 ● 자선함수의 OLS 추정 결과

종속변수: CHARITY
추정법: 최소제곱법
표본: 1~470
관측 개수: 470

변수	계수	표준오차	t-통계량	p값
C	−4.674219	1.298134	−3.600722	0.0004
AGE	1.547275	0.216955	7.131788	0.0000
INCOME	1.035779	0.128944	8.032766	0.0000
PRICE	0.483092	0.207703	2.325875	0.0205
DEPS	0.175368	0.042642	4.112556	0.0000
MS	−0.008036	0.184849	−0.043476	0.9653
R-squared	0.224488	Mean dependent var		6.577150
Adjusted R-squared	0.216131	S.D. dependent var		1.313659
S.E. of regression	1.163067	Akaike info criterion		3.152681
Sum squared resid	627.6639	Schwarz criterion		3.205695
Log likelihood	−734.8801	Durbin-Watson stat		0.701077
F-statistic	26.86280	Prob(F-statistic)		0.000000

자선 기부에 긍정적이고 중요한 영향을 미친다. 현재 사례에서 더빈-왓슨 통계량의 낮은 수치는 공간 또는 자기 상관관계를 보여주는 것이 아니라 설정 오류를 나타내는 것일 수 있다.[5]

모형 설정 오류가 발생할 가능성은 서로 다른 시점의 서로 다른 개인을 함께 묶음으로써 47명의 개인의 개성 또는 고유성, 즉 이질성(heterogeneity)을 없는 것처럼 위장(camouflage)한다는 사실에서 비롯된다. 어쩌면 각 개인의 고유성은 구성 오차항 u_{it}에 포함될 수 있다. 결과적으로 오차항이 모형에 포함된 일부 회귀변수와 상관관계가 있을 가능성이 높다. 실제로 그렇다면, 표 12-2의 추정계수는 편향적(biased)일 뿐만 아니라 비일치적(inconsistent)일 수도 있다.

12.4 고정효과 더미변수 최소제곱모형: LSDV

47명의 개인이 가질 수 있는 이질성을 고려할 수 있는 한 가지 방법은 다음 식처럼 각 개인이 자신의 절편을 갖도록 허용하는 것이다.

$$\begin{aligned} C_{it} &= B_{1i} + B_2 Age_{it} + B_3 Income_{it} + B_4 Price_{it} \\ &\quad + B_5 DEPS_{it} + B_6 MS_{it} + u_{it} \\ &\quad i = 1,2,\ldots,47;\ t = 1,2,..10 \end{aligned} \tag{12.2}$$

절편 아래 첨자 i를 추가하는데 이는 47명 개인의 절편이 다를 수 있음을 의미한다. 이 차이는 교육이나 종교와 같은 각 개인의 특성에 기인할 수 있다.

식 (12.2)는 고정효과 회귀모형(fixed-effects regression model, FEM)으로 알려져 있다. **고정효과**라는 용어는 각 납세자의 절편이 다른 납세자의 절편과 다르지만 시간이 지남에 따라 변하지 않는다는 사실, 즉 시간 불변적(time invariant)이라는 사실에서 나왔다. 절편을 B_{1it}로 쓰면 각 납세자의 절편은 시간 가변적(time variant)이 된다. 그러나 식 (12.2)에서는 기울기 계수가 시간 불변이라고만 가정한다.

그러면 식 (12.2)의 추정이 가능하려면 어떻게 해야 할까? 이것은 더미변수에 대한 제6장에서 처음 논의한 차이절편 더미(differential intercept dummy)를 도입하면 쉽게 될 수 있다. 구체적으로 식 (12.1)을 다음과 같이 수정한다.

$$\begin{aligned} C_{it} &= B_1 + B_2 D_{2i} + B_3 D_{3i} + \cdots + B_{47} D_{47i} + B_{48} Age_{it} \\ &\quad + B_{49} Income_{it} + B_{50} Price_{it} + B_{51} DEPS_{it} + B_{52} MS + u_{it} \end{aligned} \tag{12.3}$$

여기서 $i = 2$이면 $D_{2i} = 1$, 그렇지 않으면 0, $i = 3$이면 $D_{3i} = 1$, 그렇지 않으면 0, 이렇게 모

5 Eviews는 회귀분석 뒤 쌓아둔 잔차를 바탕으로 1차 자기상관관계를 계산하고 더빈-왓슨 통계량을 계산한다.

표 12-3 ● 자선함수의 LSDV 추정 결과

표본: 1~10 포함 기간: 10 포함 관측치: 47 총 패널(균형) 관측치: 470				
변수	계수	표준오차	t-통계량	p값
C	−2.089970	1.131118	−1.847704	0.0654
AGE	0.102249	0.208039	0.491490	0.6233
INCOME	0.838810	0.111267	7.538725	0.0000
PRICE	0.366080	0.124294	2.945265	0.0034
DEPS	−0.086352	0.053483	−1.614589	0.1072
MS	0.199833	0.263890	0.757257	0.4493
효과 설정				
Cross-section fixed(더미변수)				

R-squared	0.763177	Mean dependent var	6.577150
Adjusted R-squared	0.734282	S.D. dependent var	1.313659
S.E. of regression	0.677163	Akaike info criterion	2.162215
Sum squared resid	191.6735	Schwarz criterion	2.621666
Log likelihood	−456.1204	Hannan-Quinn criter.	2.342975
F-statistic	26.41239	Durbin-Watson stat	1.234015
Prob(F-statistic)	0.000000		

든 개인 i에 대하여 더미를 만든 것이다.

더미변수 함정(dummy variable trap) 또는 완전공선성(perfect collinearity)을 피하기 위해 47명의 개인을 나타내기 위해 46개의 더미만 사용했다는 점에 유의하는 것이 중요하다. 이 경우 46개의 더미는 차이절편 더미계수(differential intercept dummy coefficient)를 나타낼 것이다. 즉, 더미변수가 할당된 개인의 절편계수가 기준 범주 개인의 절편과 얼마나 다른지를 보여준다. 여기서 첫 번째 개인을 기준(benchmark) 또는 참조 범주(reference category)로 취급하지만 모든 개인 중 한 개인을 기준 범주로 선택가능하다. 모형 (12.3)의 회귀분석 결과는 표 12-3에 나와 있다.

표 12-3의 결과에서 가장 먼저 주목해야 할 점은 모형 추정 시 개별 차이절편계수가 고려되지만 일반적으로 추정 결과에서는 해당 값을 보여주지 않는다는 점이다. 그러나 차이절편계수는 쉽게 얻을 수 있다(연습문제 12.1 참조). 둘째, 통합 OLS 추정 결과를 FEM 추정 결과

와 비교하면 추정치뿐만 아니라 부호에서도 둘 사이에 상당한 차이가 있음을 알 수 있다.

예를 들어, 통합회귀분석에서 DEPS 계수는 선험적 기대와 반대로 양수이다. 게다가 통계적으로 매우 유의하다. 반면에 MS 계수는 통계적으로 유의하지는 않지만 음수이다. 결혼 여부의 계수가 음이어야 하는 이유는 무엇인가?

따라서 이러한 결과는 통합 OLS 추정치에 의문을 제기한다. 개인의 차이절편 더미를 조사하면 그중 몇 개가 통계적으로 매우 유의하다는 것을 알 수 있으며(연습문제 12.1 참조), 이는 통합 OLS 추정치가 47명의 자선 기부자 간 이질성을 숨기고 있음을 시사한다.

고정효과모형이 통합모형보다 좋은지 알아보기 위해 제4장에서 제시된 검정을 할 수 있다. 통합모형은 고정효과모형에서 명시적으로 고려되는 이질성 효과를 무시하기 때문에, 통합모형은 고정효과모형의 제약본이다. 따라서 제4장에서 논의한 제약된 F검정을 사용할 수 있다.

$$F = \frac{(R_{ur}^2 - R_r^2)/m}{(1-R_{ur}^2)/(n-k)} \tag{12.4}$$

여기서 R_{ur}^2은 무제약모형(고정효과모형)의 결정계수, R_u^2은 제약모형(통합모형)의 결정계수, m은 제약모형에서 생략된 모수의 수(여기서는 46개), n은 표본의 관측치 수, k는 무제약모형에서 추정되는 모수의 수(여기서는 52개)이다. R_u^2 및 R_{ur}^2은 각각 표 12-2 및 표 12-3의 R^2이다.

표 12-2 및 표 12-3을 사용하여 다음과 같은 F값을 얻는다.

$$F = \frac{(0.7632 - 0.2245)/46}{(1 - 0.9632)/418} = 20.672$$

분자의 자유도가 46이고 분모의 자유도가 418인 경우 이 F값은 매우 유의하며, 고정효과모형이 통합회귀모형보다 낫다고 제시한다.

진도를 나가기 전에 고정효과모형의 몇 가지 기능에 주목할 필요가 있다. 첫째, 모형 (12.3)은 **단방향 고정효과**(one-way fixed-effects)모형으로 알려져 있다. 이는 절편이 횡단면(47개 개인)마다 다르지만 시간이 지남에 따라 달라지는 것은 허용하지 않기 때문이다. 10년을 나타내는 9개의 시간 더미를 46개의 단면 더미와 함께 도입할 수 있다(역시 더미변수 함정을 피하기 위해). 이 경우의 모형을 **양방향 고정효과**(two-way fixed-effects model)모형이라고 한다.

물론 이러한 시간 더미를 추가하면 모두 46개의 횡단면 더미, 9개의 시간 더미, 공통 절편 및 5개의 회귀변수의 기울기계수(총 61개의 계수)를 추정해야 한다. 관측치가 470개이지만 61개의 자유도를 잃는다.

이제까지 자선함수의 기울기계수가 동일하게 유지된다고 가정했다. 그러나 이러한 기울기계수는 47명 모두에 대해 다를 수 있다. 이러한 가능성을 허용하기 위해 5개의 기울기계수에 46개의 차이절편 더미를 곱하여 **차이기울기계수**(differential slope coefficients)를 도입할 수 있으며, 이 경우 230개의 자유도가 더 소비된다. 또한 이론적으로 10개의 시간 더미와 5개의 설명변수가 상호 작용하는 것을 막을 수 있는 것은 없다. 이 경우 또 다른 50개의 자유도를 소비한다. 이러면 궁극적으로 유의미한 통계 분석을 수행할 수 있는 자유도가 거의 남지 않을 것이다.

12.5 고정효과 LSDV 모형의 한계

모형은 구현하기 쉽지만 다음과 같은 제한 사항이 있다.

1. 더미변수가 추가될 때마다 추가 자유도가 필요하다. 따라서 표본이 그다지 크지 않은 경우 너무 많은 더미를 도입하면 의미 있는 통계 분석을 수행할 수 있는 관측치가 거의 남지 않는다.

2. 덧셈 및 곱셈 더미가 너무 많으면 다중공선성이 발생할 수 있으며, 이로 인해 1개 이상의 모수를 정확하게 추정하기 어려울 수 있다.

3. 바람직한 통계적 특성을 가진 추정치를 얻으려면 오차항 u_{it}에 주의를 기울여야 한다. 표 12-2 및 표 12-3에 제시된 통계적 결과는 오차항이 고전적 가정, 즉 정규분포 $N(0, \sigma^2)$를 따른다는 가정에 기초한다. i는 횡단면 관측을 나타내고 t는 시계열 관측을 나타내기 때문에 u_{it}에 대한 고전적 가정을 수정할 수도 있다. 몇 가지 가능성이 있다.
   (a) 오차분산이 모든 횡단면 단위에 대해 동일하다고 가정하거나 오차분산이 이분산적이라고 가정할 수 있다.[6]
   (b) 각 개별주체에 대해 시간 흐름에 따른 자기상관이 없다고 가정하거나 AR(1) 유형의 자기상관을 가정할 수 있다.
   (c) 주어진 특정 시간에서, 개인 1의 오차항과 개인 2의 오차항 사이에 상관관계를 허용하거나 그러한 상관관계가 없다고 가정할 수 있다.[7]

LSDV와 관련된 문제 중 일부는 다음에서 논의하는 대안을 고려하면 완화될 수 있다.

---

6 Stata는 패널자료 회귀모형에 대해 이분산성 보정 표준오차를 제공한다.

7 이는 소위 SURE(seemingly unrelated regression) 모형을 통해 수행할 수 있다. 이 모형은 A. Zellner에 의해 처음 개발되었다. A. Zellner, "An Efficient Method of Estimating Seemingly Unrelated Regressions and Tests for Aggregation Bias," *Journal of the American Statistical Association*, vol. 57, 1962, pp. 348-368.

12.6 고정효과 집단 내(WG) 추정량

LSDV 모형은 많은 계수를 추정해야 하기에 이의 변형모형을 생각할 수 있다. 모형 (12.2)의 B_{1i}에서 고정효과를 제거하는 한 가지 방법은 식의 회귀종속변수(regressand)와 회귀변수(regressor)를 각각의 집단 평균값으로부터의 편차(deviation)로 변환하여 이 변환변수를 이용하여 회귀분석을 하는 것이다.[8] 이것이 무엇인지 알려면 모형 (12.2)부터 다시 보자.

$$C_{it} = B_{1i} + B_2 Age + B_3 Income_{it} + B_4 Price_{it} + B_5 Deps_{it} + B_6 Ms_{it} + u_{it}$$

식을 좌변과 우변 모두 시간에 따라 합산하고 $T(=10)$로 나누면 식 (12.5)가 된다.

$$\frac{1}{10}\sum_{t=1}^{10} C_{it} = \frac{1}{10}[\sum_{t=1}^{10}(B_{1_i} + B_2 Age_{it} + B_3 Income_{it} + B_4 Price_{it} + B_5 Deps_{it} + B_6 MS_{it} + u_{it})] \tag{12.5}$$

모수는 시간 불변적이므로 다음과 같이 정리할 수 있다.

$$\bar{C}_i = B_{1i} + B_2\overline{Age_i} + B_3\overline{Income_i} + B_4\overline{Price_i} + B_5\overline{Deps_i} + B_6\overline{MS_{it}} + \bar{u}_{it} \tag{12.6}$$

여기서 변수 위 막대(¯ : bar)는 변수의 평균임을 나타낸다. 이 사례에서는 각 변수에 대해 47개의 평균값이 있고, 이 평균값은 10년간의 평균이다.

(12.2)에서 (12.6)을 빼면 다음 식을 얻을 수 있다.

$$\begin{aligned} C_{it} - \bar{C}_i = {} & B_2(Age_{it} - \overline{Age_i}) + B_3(Income_{it} - \overline{Income_i}) \\ & + B_4(Price_{it} - \overline{Price_i}) + B_5(Deps_{it} - \overline{Deps_i}) \\ & + B_6(MS_{it} - \overline{MS}_i) + (u_{it} - \bar{u}_i) \end{aligned} \tag{12.7}$$

고정효과 절편항 또는 개별효과 절편항 B_{1i}가 삭제되었음을 확인할 수 있다.

식 (12.7)은 평균교정(mean-corrected) 회귀종속변수를 평균교정 회귀변수에 회귀하고 있는 것이다. 평균교정 변수의 평균값은 모두 0이므로 식 (12.7)에는 절편항이 있을 수 없다.

식 (12.7)에서 얻은 OLS 추정량은 각 횡단면 단위 또는 집단 내에서 (시간) 변동을 사용하기 때문에 **집단 내 추정량**[within-group(WG) estimator]으로 알려져 있다. 표 12-2에 제시된 통합모형의 추정량과 비교하여, WG 추정량은 기울기계수의 일치추정량을 제공하지만, 효율적이지는 않다.[9] 즉, 분산이 더 크다.

---

8 여기서 집단은 개인 또는 개별주체 i의 시간별 모음이고, 이에 따라 사례에서는 47개의 집단이 있는 것이다. – 역자 주

9 이는 변수를 평균값과의 편차로 표현할 때 평균교정 변숫값의 변동이 변수의 원래 값의 변동보다 훨씬 작기 때문이다. 이 경우 오차항 u_{it}의 변동이 상대적으로 클 수 있으므로 추정된 계수의 표준오차가 높아질 수 있다.

표 12-4 ● 고정효과모형 추정 결과, 로버스트 표준오차

추정법: 최소제곱법
포함 기간: 10
포함 횡단면: 47
총 패널(균형) 관측치: 470
White 기간 표준오차 및 공분산(자유도 교정)

변수	계수	표준오차	t-통계량	p값
C	−2.089970	1.710019	−1.222191	0.2223
AGE	0.102249	0.113897	0.897738	0.3698
INCOME	0.838810	0.145653	5.758977	0.0000
PRICE	0.366080	0.146602	2.497102	0.0129
DEPS	−0.086352	0.069186	−1.248111	0.2127
MS	0.199833	0.712740	0.280373	0.7793

효과 설정

Cross-section fixed(더미변수)

R-squared	0.763177	Mean dependent var	6.577150
Adjusted R-squared	0.734282	S.D. dependent var	1.313659
S.E. of regression	0.677163	Akaike info criterion	2.162215
Sum squared resid	191.6735	Schwarz criterion	2.621666
Log likelihood	−456.1204	Durbin-Watson stat	1.234015
F-statistic	26.41239	Prob(F-statistic)	0.000000

흥미롭게도 LSDV 방법의 추정량과 WG 방법의 추정량은 동일하다. 수학적으로 두 방법의 바탕이 되는 모형이 동일하기 때문이다. 추정량이 동일하다는 점은 표 12-4에서 확인할 수 있다(결과는 Stata 10에서 얻어짐).

LSDV 모형보다 경제적이기는 하지만, WG 추정법의 한 가지 단점은 고정효과 또는 개별효과(즉, B_{1i})를 제거할 때 모형에 존재할 수 있는 시간 불변 회귀변수의 효과도 제거한다는 것이다. 예를 들어, 직장 경력, 연령, 성별, 교육, 인종 등에 대한 임금의 패널자료 회귀분석에서 성별과 인종은 시간이 지나도 변하지 않기 때문에 이 변수의 평균교정 변수는 없어진다. 따라서 이러한 시간 불변 변수가 임금에 미치는 영향을 평가할 수 없다.

진도를 나가기 전에 이전 장에서 논의한 White의 절차를 사용하여 FEM의 로버스트 표준오차를 제시한다(표 12-4). 이 결과를 표 12-3에 제공된 결과와 비교하면 표 12-3에 보고된 표준오차는 상당히 낮게 추정되었음을 알 수 있다.[10]

12.7 임의효과모형(REM) 또는 오차구성모형(ECM)

고정효과모형에서는 개인별 특화 계수 B_{1i}가 개별주체별로 고정되어 있다고 가정한다. 즉, 시간 불변적이다. **임의효과모형**(random effects model, REM)에서는 B_{1i}를 평균 B_1을 갖는 확률변수(평균은 i 첨자가 없음)로 가정하고 임의의 횡단면 단위 i의 절편은 다음과 같이 표현된다.

$$B_{1i} = B_1 + \varepsilon_i \tag{12.8}$$

여기서 ε_i는 평균이 0이고 상수 분산을 갖는 무작위 오차항이다.

예시 사례에서 볼 때, 표본에 포함된 47명의 개인은 훨씬 더 큰 모집단(universe)에서 가져온 것이며 절편에 대한 공통 평균(B_1)을 갖는다는 것을 의미한다. 각 개인의 자선 기부의 절편의 개인 차이는 오차항 ε_i에 반영된다. 따라서 자선함수 (12.1)을 다음과 같이 쓸 수 있다.

$$C_{it} = B_1 + B_2 Age_{it} + B_3 Income_{it} + B_4 Price_{it} + B_5 Deps_{it} + B_6 MS_{it} + w_{it} \tag{12.9}$$

단,

$$w_{it} = \varepsilon_i + u_{it} \tag{12.10}$$

구성 오차항 w_{it}에는 두 가지 구성 요소가 있다. 하나는 횡단면 또는 개인 특화(individual-specific) 오차 구성 요소인 ε_i이고, 다른 하나는 시계열 및 횡단면 오차 구성 요소가 결합된 u_{it}이다.[11]

이제 임의효과모형(REM)이 **오차구성모형**(error components model, ECM)이라 불리는 이유를 알 수 있다. 구성 오차항은 2개(또는 그 이상)의 오차 요소로 구성된다.[12]

ECM의 일반적인 가정은 다음과 같다.

$$\begin{gathered} \varepsilon_i \sim N(0, \sigma_\varepsilon^2) \\ u_{it} \sim N(0, \sigma_u^2) \\ E(\varepsilon_i u_{it}) = 0;\ E(\varepsilon_i \varepsilon_j) = 0 (i \neq j) \\ E(u_{it} u_{is}) = E(u_{it} u_{jt}) = E(u_{it} u_{js}) = 0 (i \neq j; t \neq s) \end{gathered} \tag{12.11}$$

즉, 구성 오차항의 각 오차 성분은 횡단면 단위와 시계열 단위 모두 서로 상관관계가 없으며

10 그 이유는 집단별 평균을 계산할 때 N개의 평균을 추정해야 하기 때문에 일반적인 오차분산 추정치 $\hat{\sigma}^2 = RSS/(NT-2)$를 $\hat{\sigma}^2 = RSS/(NT-N-2)$로 조정해야 하기 때문이다. 표준적인 통계 패키지는 이를 고려한다.

11 u_{it}는 시간뿐만 아니라 횡단면(즉, 개인)을 따라 변화하기 때문에 특이항(idiosyncratic term)이라고도 한다.

12 시계열 더미를 도입하면 시간 특화(time-specific) 오차 구성 요소가 있다(연습문제 12.2 참조).

자기상관도 없다. 또한 w_{it}는 모형에 포함된 설명변수와 상관관계가 없다는 점에 특히 유의해야 한다. ε_i는 w_{it}의 일부이므로 후자가 1개 이상의 회귀변수와 상관관계가 있을 수 있는데, 이 경우 임의효과모형은 회귀계수의 불일치적 추정을 초래한다. 곧 설명할 **하우스만 검정**(Hausman test)은 w_{it}가 회귀변수와 상관관계가 있는지, 즉 임의효과모형이 적절한 모형인지 여부를 보여준다.

가정 (12.11)의 정리된 결과는 다음 식과 같다.

$$E(w_{it}) = 0 \tag{12.12}$$

$$\mathrm{var}(w_{it}) = \sigma_\varepsilon^2 + \sigma_u^2 \tag{12.13}$$

이제 $\sigma_\varepsilon^2 = 0$이면 식 (12.1)과 식 (12.9) 사이에 차이가 없으며, 이 경우 표 12-2와 같이 모든 관측치를 통합하여 통합회귀분석을 실행할 수 있다. 이 상황에서는 개별주체 특화(subjective-specific) 효과가 없거나 모든 것이 설명변수에 의해 설명이 가능하기 때문이다.

비록 식 (12.13)은 구성 오차항이 동분산적(homoscedastic)이라고 보여주지만, w_{it}와 $w_{is}(t \neq s)$ 사이에 연관되어 있는 것도 보여준다. 둘 사이의 상관계수는 다음과 같이 나타낼 수 있다.

$$\rho = \mathrm{corr}(w_{it}, w_{is}) = \frac{\sigma_\varepsilon^2}{\sigma_\varepsilon^2 + \sigma_u^2}; t \neq s \tag{12.14}$$

이 상관관계에 대해 두 가지 점에 유의해야 한다. 첫째, 모든 횡단면 단위에 대해 두 관측 시기가 얼마나 멀리 떨어져 있든 ρ는 동일하다. 둘째, ρ는 모든 횡단면 단위에 대해서도 동일하다.

ρ를 고려하지 않으면 임의효과모형의 OLS 추정량이 비효율적이다. 따라서 효율적인 추정치를 얻기 위해 **일반화 최소제곱법**(generalized least squares, GLS)을 사용해야 한다. Stata와 같은 통계 패키지는 로버스트이거나 패널교정(panel-corrected) 표준오차를 계산할 수 있다.

자선 기부 사례에 대한 임의효과모형 결과를 제시하기 전에, 고정효과모형(더미변수 기법, 집단 내 기법 또는 일차차분 기법)과 달리 임의효과모형에서는 성별, 지리적 위치 또는 종교와 같은 시간 불변 변수를 포함할 수 있다는 점을 지적할 수 있다. 고정효과모형에서처럼 시간 불변 변수가 씻겨 나가지 않는다.

사례로 돌아가서, 임의효과모형의 추정 결과 표 12-5를 보자.

고정효과모형과 마찬가지로 추정된 계수는 예상된 부호를 갖지만 DEPS와 MS는 통계적으로 유의하지 않다. 표의 효과 설정(effects specification) 결과표로부터 $\sigma_u^2 = (0.9309)^2 = 0.8665$ 및 $\sigma_\varepsilon^2 = (0.6771)^2 = 0.4584$를 계산할 수 있다. 그런 다음 식 (12.14)를 이용하여 $\rho = 0.4585/1.3251 = 0.3460$을 구하여 서로 다른 두 시간대에서 횡단면 단위의 상관관계의

표 12-5 ● 자선함수의 임의효과모형 추정 결과, White 표준오차

종속변수: CHARITY
추정법: 패널 EGLS(횡단면 임의효과)
표본: 1~10
포함 기간: 10
포함 횡단면: 47
총 패널(균형) 관측치: 470
구성 오차항의 Swamy-Arora 추정법
White 기간 표준오차 및 공분산(자유도 교정)

변수	계수	표준오차	t-통계량	p값
C	−2.370567	1.386444	−1.709817	0.0880
AGE	0.277063	0.127176	2.178577	0.0299
INCOME	0.852996	0.126574	6.739099	0.0000
PRICE	0.370199	0.140054	2.643253	0.0085
DEPS	−0.036254	0.064181	−0.564874	0.5724
MS	0.199669	0.472666	0.422432	0.6729

효과 설정

	S.D.	Rho
Cross-section random	0.930938	0.6540
Idiosyncratic random	0.677163	0.3460

가중 통계량

R-squared	0.132701	Mean dependent var	1.474396
Adjusted R-squared	0.123355	S.D. dependent var	0.731733
S.E. of regression	0.685116	Sum squared resid	217.7944
F-statistic	14.19881	Durbin-Watson stat	1.094039
Prob(F-statistic)	0.000000		

비가중 통계량

R-squared	0.136789	Mean dependent var	6.577150
Sum squared resid	698.6427	Durbin-Watson stat	0.341055

정도를 제공하며 또한 이 상관관계는 모든 횡단면 단위에서 동일하다. 계산된 ρ값은 표 12-5에 제시된 것과 동일할 것이다.

고정효과 대 임의효과: 하우스만 검정

고정효과 대비 임의효과가 유의한지 알려주는 검정으로 하우스만 검정(Hausman test)이 있

표 12-6 ● 하우스만 검정 결과

상관된 임의효과 - 하우스만 검정 횡단면 임의효과 검정			
Test Summary	Chi-Sq. Statistic	Chi-Sq. d.f.	Prob.
Cross-section random	15.964273	5	0.0069

횡단면 임의효과 검정 비교

변수	고정효과	임의효과	차이 분산	p값
AGE	0.102249	0.277063	0.003539	0.0033
INCOME	0.838810	0.852996	0.000830	0.6224
PRICE	0.366080	0.370199	0.000087	0.6595
DEPS	−0.086352	−0.036254	0.000487	0.0232
MS	0.199833	0.199669	0.016167	0.9990

다. 사례에서 하우스만 검정 결과는 표 12-6에 보고되어 있다. 하우스만 검정은 추정된 카이제곱 통계량의 p값이 매우 낮기 때문에 임의효과모형을 강력하게 기각한다. 결과표의 마지막 부분에서는 각 변수의 고정효과계수와 임의효과계수를 비교한다. 표의 마지막 p값 열에서 볼 수 있듯이 AGE 및 DEPS 계수의 차이는 통계적으로 매우 유의하다. 기본적으로 하우스만 검정은 $(b_{RE} - b_{FE})^2$, 즉 REM과 FEM에서 추정한 회귀계수 간의 차이 제곱에 근거한다.

사례에서는 임의효과모형이 적절하지 않은 것 같으므로 고정효과모형으로 되돌아갈 수 있다. 또 다른 대안은 임의효과모형을 계속 사용하되 모형의 다른 회귀변수와 상관되어 있을 수 있는 개별 효과(individual effect)에 대해 도구변수(instrumental variables, IV)를 사용하는 것이다. 그러나 패널자료와 함께 도구적 변수를 사용하는 것은 복잡한 주제이므로 이 책에서는 다루지 않는다. 다만 **Hausman-Taylor 추정량**(Hausman-Taylor estimator)과 **Arellano-Bond 추정량**(Arellano-Bond estimator)이 도구변수를 사용하여 임의효과모형을 추정한다는 점을 참고할 수 있다. 이러한 추정법에 대한 다소 접근하기 쉬운 논의는 참고문헌을 참조하라.[13]

REM 및 FEM에 대한 몇 가지 지침

다음은 두 모형의 실제 적용에 대한 몇 가지 일반적인 지침이다.[14]

13 G. Koop, *Introduction to Econometrics*, Wiley, Chichester, UK, 2008, pp. 267-268. 보다 심화된 논의는 다음을 참조하라. A. C. Cameron and P. K. Trivedi, *Microeconomics: Methods and Applications*, Cambridge University Press, Cambridge, UK, 2005, pp. 765-766.

14 G. G. Judge, R. C. Hill, W. E. Griffiths, H. Lutkepohl, and T. C. Lee, *Introduction to the Theory and Practice of Econometrics*, 2nd ed., John Wiley, New York, 1985, pp. 489-491.

1. T(시계열 관측치의 수)가 크고 N(횡단면 단위의 수)이 작으면 FEM과 REM으로 추정된 모수값에 거의 차이가 없을 수 있다. 이 경우 계산 편의성에 따라 FEM이 유리할 수 있다.

2. N이 크고 T가 작은 짧은 패널(short panel)에서는 두 모형에서 얻은 추정치가 크게 다를 수 있다. REM에서는 $B_{1i} = B_1 + \varepsilon_i$, 여기서 ε_i는 횡단면 오차 구성 요소이다. 반면에 FEM에서는 B_{1i}가 고정된다. 후자의 경우 통계적 추론은 표본에서 관찰된 횡단면 단위에 조건적(conditional)이다. 이는 표본의 횡단면 단위가 더 큰 모집단의 임의 추출이 아니라고 굳게 믿는 경우에 유효하다. 이 경우 FEM이 적합하다. 그렇지 않은 경우 REM이 통계적 추론이 무조건적(unconditional)이기 때문에 적절하다.

3. N이 크고 T가 작은 짧은 패널에서는 REM의 기초 가정이 성립하면 REM 추정량이 FEM 추정량보다 더 효율적이다.

4. FEM과 달리 REM은 성별 및 인종과 같은 시간 불변 변수의 계수를 추정할 수 있다. FEM은 이러한 시간 불변 변수를 통제는 하지만 LSDV 또는 WG에서 알 수 있듯이 직접 추정할 수는 없다. 반면, FEM은 모든 시간 불변 변수를 통제하는 반면, REM은 모형에 명시적으로 도입된 시간 불변 변수만 추정할 수 있다.

12.8 여러 추정량의 속성[15]

이 장에서는 통합 추정량, 고정효과 추정량(LSDV 및 WG 추정량) 및 임의효과 추정량과 같은 (선형)패널회귀모형을 추정하는 몇 가지 방법에 대해 논의했다. 이것들의 통계적 특성은 무엇인가? 패널자료에는 일반적으로 많은 수의 관측치가 포함되므로 **일치성 특성**(consistency property)에 집중할 것이다.

통합 추정량 기울기계수가 개별주체 사이에서 일정하고 식 (12.1)의 오차항이 회귀변수와 상관관계가 없는 경우 통합 추정량(pooled estimators)은 일치성이 있다. 그러나 시간이 흐르면서 오차항이 주어진 개별주체에 대해 상관관계가 있을 가능성이 매우 높다. 따라서 가설검정을 위해 **패널교정 표준오차**(panel-corrected standard errors)를 사용해야 한다. 그렇지 않으면 일상적으로 계산되는 표준오차는 과소추정될 것이다.

고정효과모형이 적절하지만 통합모형을 사용하는 경우 사례에서 보았듯이 추정된 계수가 일

15 이 절의 논의는 다음 문헌을 참조했다. A. C. Cameron and P. K. Trivedi, *Microeconomics: Methods and Applications*, Cambridge University Press, Cambridge, UK, 2005, chap. 21.

치하지 않을 수 있다.

고정효과 추정량 실제 모형이 통합모형 또는 임의효과모형인 경우에도 고정효과 추정량(fixed-effects estimators)은 항상 일치성이 있다.

임의효과 추정량 임의효과모형은 실제 모형이 통합모형인 경우에도 일치성이 있다. 그러나 실제 모형이 고정효과모형인 경우 **임의효과 추정량**(random-effects estimators)은 일치성이 없다.

12.9 패널자료모형: 몇 가지 결론

이 장의 서두에서 언급했듯이 패널자료모형이라는 주제는 방대하고 복잡하다. 우리는 겨우 겉만 긁었을 뿐이다. 우리가 길게 논의하지 않은 주제 중에는 다음이 언급될 수 있다.

1. 패널자료를 사용한 가설검정
2. 임의효과모형의 이분산성과 자기상관
3. 불균형 패널자료
4. 종속변수의 시차변수가 설명변수로 나타나는 동적 패널자료모형
5. 패널자료를 포함하는 연립방정식모형
6. 정성적 종속변수와 패널자료
7. 패널자료의 단위근(unit root)(단위근에 대해서는 제11장 참조)

이러한 주제 중 하나 이상은 이 장에 인용된 참고문헌에서 찾을 수 있으며, 독자는 이 주제에 대해 더 배우기 위해서 이를 참조할 것을 강력히 권고한다. 이러한 참고문헌에는 또한 패널자료 회귀모형을 사용한 다양한 경영 및 경제 분야의 여러 경험적 연구가 인용되어 있다. 초보자는 이러한 응용사례 중 일부를 읽고 연구원이 이러한 모형을 실제로 어떻게 구현하는지에 대해 대략적으로 감을 잡는 것이 좋다.[16]

---

16 좀 더 상세한 논의와 구체적인 응용사례에 대해서는 다음을 참조하라. P. D. Allison, *Fixed Effects Regression Methods for Longitudinal Data, Using SAS*, SAS Institute, Cary, NC, 2005.

요약 및 결론

패널자료 회귀모형은 패널자료를 기반으로 한다. 패널자료는 동일한 횡단면 또는 개별 단위를 여러 기간에 걸쳐 관측한 자료이다.

패널자료는 순수 횡단면자료 또는 순수 시계열자료에 비해 몇 가지 장점이 있다. (a) 표본 크기 증가, (b) 시간 경과에 따른 횡단면 단위의 동적 변화 연구, (c) 시간 불변 변수를 포함하는 연구와 같은 복잡한 행태의 모형화 등과 같은 장점이 있다.

그러나 패널모형은 이분산성, 자기상관 및 동일한 시점에서 횡단면 단위의 교차상관과 같은 몇 가지 추정 및 추론 문제를 갖고 있다.

이러한 문제 중 하나 이상을 처리하기 위해 널리 사용되는 두 가지 방법은 고정효과모형(FEM)과 임의효과모형(REM)이다. REM은 오차구성모형(ECM)이라고도 한다.

FEM에서 절편은 개별 단위의 고유한 특징을 반영하기 위해 개인마다 다를 수 있다. FEM 추정은 더미변수 함정을 피할 수 있는 경우 더미변수를 사용하여 수행된다. 더미변수를 사용하는 FEM은 더미변수 최소제곱(LSDV)모형으로 알려져 있다. FEM은 개인별 절편이 1개 이상의 회귀변수와 상관관계가 있을 수 있는 경우에 적합하다. LSDV의 단점은 N(횡단면 단위의 수)이 매우 클 때 자유도를 많이 잃는다는 것이다.

LSDV의 대안은 집단 내(WG) 추정량을 사용하는 것이다. 여기서 종속변수와 독립변수를 포함하는 모든 개별 변수에서 각 변수의 (개별주체를 시간별로 모은) 집단의 평균값을 빼고 평균교정 변수를 사용하여 회귀분석을 실행한다. 자유도 측면에서 경제적이기는 하지만 평균교정 변수는 시간 불변 변수(예: 성별 및 인종)의 경우 0이므로 모형에서 제거된다.

FEM의 대안은 REM이다. REM에서는 상수평균을 가진 훨씬 더 큰 모집단에서 개별 절편이 임의추출된 것이라 가정한다. 그런 다음 개별 절편은 상수 평균값으로부터의 편차로 표현되고 이는 임의적이다. REM은 추정된 모수의 수 측면에서 FEM보다 경제적이다. REM은 각 횡단면 단위의 개별(임의) 절편이 회귀변수와 상관관계가 없는 경우에 적합하다. REM의 또 다른 장점은 시간 불변 회귀변수를 도입할 수 있다는 것이다. FEM에서는 시간 불변 변수가 개별주체의 절편과 동일 선상에 있기 때문에 이 작업은 불가능하다.

하우스만 검정은 FEM과 REM 중에서 결정하는 데 사용할 수 있다.

패널자료모형과 관련된 몇 가지 특정 문제를 염두에 두어야 한다. 가장 심각한 문제는 이탈 또는 소모(attrition) 문제이다. 여러 이유로 패널조사의 참가자들이 시간이 지남에 따라 그만두고 이후의 설문조사(즉, 횡단면)에서 패널에 남아 있는 원래의 개별주체가 감소한다. 또한 시간이 지남에 따라 개별주체는 일부 질문에 대답하기를 거부하거나 꺼릴 수 있다.

주요 용어 및 개념

패널자료(panel data); 이질성(heterogeneity)

패널자료 회귀(panel data regression)

짧은 패널(short panel)

긴 패널(long panel)

균형 패널(balanced panel)

불균형 패널(unbalanced panel)

통합회귀(pooled regression)

고정효과(fixed-effects, FE)

고정효과 더미변수 최소제곱법[fixed-effects LSDV(least squares with dummy variables)]

일차차분변환(first-difference transformation)

임의효과모형(random-effects model, REM) 또는 오차구성모형(error components model, ECM)

고정효과 대 임의효과 하우스만 검정(Hausman test of choosing between fixed-effects and random-effects models)

고정효과 집단 내(WG) 추정량[fixed-effects with WG(within-group) estimator]

연습문제

12.1 표 12-7은 자선 기부 사례의 LSDV 추정치를 보여준다. 표 12-1에 제공된 원시 데이터를 조사하면 통계적으로 유의미한 절편 추정치를 가진 개체들에 대하여 어떠한 패턴을 발견할 수 있는가? 예를 들어, 기혼 납세자는 독신 납세자보다 더 많은 기부를 할 가능성이 있는가?

표 12-7 ● 개별주체 더미를 포함한 자선함수의 패널 추정 결과

종속변수: CHARITY
추정법: 최소제곱법
표본: 1~470
관측 개수: 470

변수	계수	표준오차	t-통계량	p값
AGE	0.102249	0.208039	0.491490	0.6233
INCOME	0.838810	0.111267	7.538725	0.0000
PRICE	0.366080	0.124294	2.945265	0.0034
DEPS	−0.086352	0.053483	−1.614589	0.1072
MS	0.199833	0.263890	0.757257	0.4493
SUBJECT=1	−3.117892	1.139684	−2.735752	0.0065
SUBJECT=2	−1.050448	1.148329	−0.914762	0.3608
SUBJECT=3	−1.850682	1.175580	−1.574272	0.1162
SUBJECT=4	−1.236490	1.146758	−1.078248	0.2815
SUBJECT=5	−1.437895	1.157017	−1.242761	0.2147
SUBJECT=6	−2.361517	1.176887	−2.006580	0.0454
SUBJECT=7	−4.285028	1.153985	−3.713244	0.0002

SUBJECT=8	−1.609123	1.120802	−1.435689	0.1518
SUBJECT=9	−0.027387	1.242987	−0.022033	0.9824
SUBJECT=10	−1.635314	1.086465	−1.505170	0.1330
SUBJECT=11	−2.262786	1.159433	−1.951632	0.0516
SUBJECT=12	−1.042393	1.189056	−0.876656	0.3812
SUBJECT=13	−2.382995	1.100684	−2.165013	0.0310
SUBJECT=14	−2.231704	1.201993	−1.856669	0.0641
SUBJECT=15	−0.776181	1.113080	−0.697328	0.4860
SUBJECT=16	−4.015718	1.178395	−3.407788	0.0007
SUBJECT=17	−1.529687	1.172385	−1.304765	0.1927
SUBJECT=18	−1.921740	1.178960	−1.630029	0.1038
SUBJECT=19	−1.643515	1.207427	−1.361170	0.1742
SUBJECT=20	0.304418	1.159808	0.262473	0.7931
SUBJECT=21	−2.990338	1.101186	−2.715562	0.0069
SUBJECT=22	−2.719506	1.161885	−2.340599	0.0197
SUBJECT=23	−2.261796	1.144438	−1.976338	0.0488
SUBJECT=24	−1.843015	1.163838	−1.583568	0.1140
SUBJECT=25	−1.665241	1.166410	−1.427664	0.1541
SUBJECT=26	−3.446773	1.139505	−3.024799	0.0026
SUBJECT=27	−2.252749	1.172809	−1.920816	0.0554
SUBJECT=28	−1.832946	1.227824	−1.492841	0.1362
SUBJECT=29	−2.925355	1.095088	−2.671344	0.0078
SUBJECT=30	−1.428511	1.140020	−1.253058	0.2109
SUBJECT=31	−1.740051	1.133678	−1.534872	0.1256
SUBJECT=32	−0.900668	1.107655	−0.813130	0.4166
SUBJECT=33	−2.058213	1.157546	−1.778083	0.0761
SUBJECT=34	−1.060122	1.114322	−0.951360	0.3420
SUBJECT=35	−2.866338	1.146888	−2.499232	0.0128
SUBJECT=36	−0.986984	1.174292	−0.840493	0.4011
SUBJECT=37	−1.394347	1.188862	−1.172841	0.2415
SUBJECT=38	−5.404498	1.132293	−4.773054	0.0000
SUBJECT=39	−3.190405	1.140833	−2.796558	0.0054
SUBJECT=40	−2.838580	1.179427	−2.406745	0.0165
SUBJECT=41	−2.398767	1.180879	−2.031340	0.0429
SUBJECT=42	−2.068558	1.085109	−1.906314	0.0573

SUBJECT=43	−2.434273	1.152611	−2.111964	0.0353
SUBJECT=44	−2.530733	1.189329	−2.127867	0.0339
SUBJECT=45	−0.481507	1.200597	−0.401056	0.6886
SUBJECT=46	−3.304275	1.132833	−2.916826	0.0037
SUBJECT=47	−3.089969	1.221833	−2.528962	0.0118

R-squared	0.763177	Mean dependent var	6.577150
Adjusted R-squared	0.734282	S.D. dependent var	1.313659
S.E. of regression	0.677163	Akaike info criterion	2.162215
Sum squared resid	191.6735	Schwarz criterion	2.621666
Log likelihood	−456.1204	Durbin-Watson stat	1.430014

주: 표의 더미변수계수는 차이절편 추정치가 아니고, 개인별 실제 절편 추정치를 제공한다. 이는 더미변수 함정을 피하기 위해 공통 절편을 제거했기 때문이다.

12.2 시간 더미를 포함하여 LSDV 모형을 확장하라. 이를 추정하고 결과에 대해 설명하라. 표 12-7은 개별 더미만 포함하고 시간 더미는 포함하지 않고 있다.

12.3 생산성이 감소하는 이유와 생산성 증가에 대한 공공투자의 역할을 알아보기 위해 Alicia Munnell은 1970~1986년까지 17년 동안 미국 48개 주의 생산성 자료를 이용하여 총 816건의 관측치를 추출했다.[17] 종속변수는 *GSP*(주총생산)이고, 설명변수는 *PRIVCAP*(민간자본), *PUBCAP*(공공자본), *WATER*(물 유틸리티 자본), *UNEMP*(실업률)이다. 개별주체는 주이다. 자료는 표 12-8에 있다.

a. GSP를 설명변수와 관련하여 OLS 회귀분석을 하라.

b. 47개의 더미를 사용하여 고정효과 회귀모형을 추정하라.

c. 임의효과 회귀모형을 추정하라.

d. 고정효과와 임의효과 중 어떤 모형을 선호하는가? 설명하라.

e. 고정효과와 임의효과 중 어떤 모델을 선택할 것인가? 결정을 내리기 위해 어떤 검정을 사용할 것인가?

12.4 Maddala 등의 논문은 1970~1990년까지 미국 49개 주의 주거용 전기 및 천연가스 수요를 고려했다. 하와이는 분석에 포함되지 않았다.[18] 그들은 여러 변수에 대한 데이터를 수집했다. 이 자료는 표 12-9에서 확인할 수 있다.

a. 자료 표에 있는 1개 이상의 변수를 사용하여 주거용 전기 수요에 대한 고정효과모형을 개발하라.

b. (a)에서 사용된 설명변수를 사용하여 주거용 전력 수요에 대한 임의효과모형을 개발하라.

c. FEM과 REM 중 하나를 선택하기 위하여 하우스만 검정을 사용하라.

d. (a), (b), (c)를 반복하여 천연가스 수요 모형을 만들라.

---

17 A. Munnell, with L. M. Cook, "How Does Public Infrastructure Affect Regional Performance?" *New England Economic Review*, September/October 1990, pp. 11-32.

18 G. S. Maddala, R. P. Trost, H. Li, and J. Joutz, "Estimation of Short-Run and Long-Run Elasticities of Demand From Panel Data Using Shrinkage Estimators," *Journal of Business and Economic Statistics*, vol. 15, 1997, pp. 90-100.

12.5 ⤓표 12-10은 1985~2000년까지 미국 50개 주와 워싱턴 D.C.의 다음 변수에 대한 데이터를 제공한다.[19]

Beer sales(맥주 판매량) : 해당 주 1인당 맥주 판매량
Income(소득) : 단위는 1달러
Beer tax(맥주세): 맥주에 대한 주정부 세율

주: 각 주는 *fts_state*로 표시되는 연방 숫자 코드가 있다. 단면적/시계열 관측치의 총개수는 816개(= 51 × 16)이다.

a. 맥주 판매량을 소득과 맥주세에 대하여 OLS 회귀분석을 하라.
b. 동일한 변수를 이용하여 고정효과(FE)모형을 추정하라.
c. 동일한 변수를 이용하여 임의효과(RE)모형을 추정하라.
d. 하우스만 검정을 사용하여 FE와 RE 모형 중에서 하나를 선택하라.
e. 세 변수의 로그를 사용하여 이전 단계(a~d)를 반복하라.
f. 맥주세가 맥주 판매량에 미치는 예상 효과는 무엇인가? 추정 결과가 기대를 뒷받침하는가?
g. 소득이 맥주 판매량에 긍정적인 영향을 미칠 것으로 예상하는가 아니면 부정적인 영향을 미칠 것으로 예상하는가? 부정적이라면 이는 무엇을 의미하는가?

12.6 한국에서는 대우경제연구소가 1993년에 한국가구패널조사(KHPS)[20]를 발표하기 시작한 이후 많은 패널이 구축되어 왔다. 1998년 한국노동연구원의 한국노동패널조사(KLIPS)는 2023년까지 약 25년 동안 꾸준히 수행되고 계속 발간되고 있다. 또한 통계청과 많은 국책/민간 연구기관에서도 다른 국가에 비해 많은 패널자료를 구축하고 있다.

a. 한국의 패널조사로는 무엇이 있는지 조사하고 각 자료의 목적과 특성에 대하여 정리하라(제1장 부록 B를 참조할 수 있다).
b. 이 중 마음에 드는 패널자료를 얻고 이 장에서 논의한 다양한 패널 추정 기법을 사용하여 관심 모형을 추정하라.

---

19 원자료는 다음의 책에서 나왔다. P. Cook, *Paying the Tab: The Costs and Benefits of Alcohol Control*, Princeton University Press, Princeton, NJ, 2007.

20 이 역사적이고 의미 있는 패널조사는 대우그룹이 붕괴되면서 20세기 말에 중단되었다.

부록

확률과 통계의 기초

부록 A, B, C, D는 이 책에서 다루는 계량경제학을 이해하는 데 필요한 기초 통계학 이론을 다룬다.

부록 A는 확률, 확률분포, 확률변수의 기본적인 개념을 논의한다.

부록 B는 기댓값, 분산, 공분산, 상관관계, 조건부 기대, 조건부 분산, 왜도, 첨도 등과 같은 확률분포의 특성을 설명한다. 그리고 이러한 특성을 실제로 어떻게 측정하는지를 보여준다.

부록 C는 계량경제학에서 실제로 광범위하게 이용되는 네 가지 확률분포를 논의한다. 이 네 가지 확률분포는 (1) 정규분포 (2) t분포 (3) 카이제곱(χ^2)분포 (4) F분포 등이다. 이 부록에서 이러한 분포가 대부분의 통계 이론과 실제의 기초를 어떻게 이루는지 여러 가지 예를 들어 설명한다.

부록 D는 고전적 통계학의 두 분야인 추정과 검정을 다룬다. 이 두 주제를 잘 소화해야 계량경제학 주요 내용을 더 쉽게 공부할 수 있다.

이 네 가지 부록은 독자들이 기초 통계에 대한 지식을 복습할 수 있도록 굉장히 비격식적이면서도 유익한 문체를 썼다. 통계학 배경지식이 천차만별인 독자들을 위해 이 책의 부록은 해당 주제에 대한 꽤 완결성 있는 기초 지식을 제공한다.

이 부록에 소개된 모든 개념은 실제 사례를 통해 쉽고 자세하게 설명한다.

부록 A

통계학 복습

확률과 확률분포

부록 A~D의 목적은 이 책을 이해하는 데 필요한 기본적인 통계 개념을 복습하는 것이다.

네 가지 부록은 기초 통계학 과정을 이수한 독자에겐 복습 기회를, 통계학 지식이 조금 녹슨 독자에겐 이 책의 핵심 부분에서 언급하는 내용의 논의를 이해하기 위한 통일된 체계를 제공한다. 통계학 지식이 거의 없는 독자라면 네 가지 부록을 좋은 통계학 교재로 삼아 부족한 통계 지식을 보완해야 한다(일부 참고자료는 이 부록의 끝부분에서 제공한다). 부록 A~D는 엄청난 집중력이 필요한 세세한 내용을 다루지는 않으며, 기초 통계학을 결코 대체할 수는 없다. 이 부록은 단순한 개요로서 입문 독자가 계량경제학의 세계로 넘어가게 해주는 다리일 뿐이다.

A.1 몇 가지 기호

이 부록에서는 수학적 내용을 간결한 형태로 표시할 수 있는 수학 기호를 살펴보기로 한다.

합의 기호

그리스 대문자 Σ(sigma)가 합을 나타내기 위해 사용되며, 이를 합산 연산자(summation operator)라고 부르기로 한다.

$$\sum_{i=1}^{i=n} X_i = X_1 + X_2 + \cdots + X_n$$

여기서 i는 합하려는 변수의 지수이고, 좌변은 "X의 첫 번째 값($i = 1$)부터 n번째 값까지 합산한다"라는 표현이다. X_i는 변수 X의 i번째 값을 나타낸다.

$$\sum_{i=1}^{i=n} X_i \left(\text{or} \sum_{i=1}^{n} X_i \right)$$

은 합의 상한값과 하한값이 알려져 있거나 쉽게 확정될 수 있을 때 다음과 같이 간략하게 표기하기도 한다.

$$\sum X_i$$

합산의 정식 표현은

$$\sum_X X$$

로 표기하기도 하며 이는 X의 모든 관련 값을 더했음을 의미한다.

합산 연산자 $\sum$의 성질

합산 연산자 $\sum$의 중요한 성질은 다음과 같다.

1. k가 상수일 때

$$\sum_{i=1}^{n} k = nk$$

즉, 상수 k를 n번 합하면 상수 k에 n을 곱한 값이다. 따라서

$$\sum_{i=1}^{4} 3 = 4 \times 3 = 12$$

이 사례에서 $n = 4$이고 $k = 3$이다.

2. k가 상수일 때

$$\sum kX_i = k \sum X_i$$

즉, 합의 기호 안에 있는 k를 꺼내서 합의 기호 앞에 둘 수 있다.

3. 두 변수 합의 합산은 개별 변수 합산의 합이다.

$$\sum (X_i + Y_i) = \sum X_i + \sum Y_i$$

4. a와 b가 상수일 때

$$\sum (a + bX_i) = na + b \sum X_i$$

이는 성질 1, 2, 3이 적용된 것이다.

이 책의 본문과 부록에서 합의 기호 및 합산 연산자를 광범위하게 사용할 것이다.

A.2 실험, 표본공간, 표본점, 사건

이제 확률 이론의 몇 가지 중요한 개념을 논의한다.

실험

첫 번째로 중요한 개념은 통계적 실험(statistical experiment) 또는 무작위 실험(random experiment)이다. 통계학에서 이 용어는 하나 이상의 가능한 결과가 있고 어떤 결과가 실제로 실현될지 모르는 불확실성이 존재하는 일련의 관찰 또는 측정 과정을 의미한다.

사례 A.1

동전 던지기, 주사위 한 쌍 던지기, 카드 맞추기 등이 모두 실험이다. 완전히 다른 것처럼 보일 수 있지만 우리가 결과를 모르고 있는 다음 분기의 코카콜라 판매도 실험으로 간주할 수 있다. 발생할 수 있는 값이 여러 가지인 과정이나 행위도 실험이라 할 수 있다. 암묵적으로 동전이나 주사위가 공정하다는 조건을 충족하는 것으로 간주하고 동전이나 주사위를 던진다. 동전을 던지는 경우 앞면이나 뒷면이 나올 수 있고 주사위를 던지는 경우 숫자 1, 2, 3, 4, 5, 6 중 하나가 나올 수 있다. 코카콜라의 판매 수치는 무한히 많이 있는 것처럼 보이는 가능성 중 하나일 것이다. 실험을 수행하기 전에는 결과를 알 수 없다. 이러한 실험의 목적은 법칙을 확립하는 것(예: 동전 1,000개를 던지면 얼마나 많은 앞면이 나오는가?) 또는 동전이 한쪽으로 쏠려 있다는 주장을 확인하는 것(예: 동전을 100번 던져서 앞면이 70번 나오면 동전이 한쪽으로 쏠려 있다고 할 수 있는가?)일 수 있다.

표본공간/모집단

어떤 임의의 실험에서 나타날 수 있는 모든 가능한 결과들의 집합을 표본공간(sample space) 또는 모집단(population)이라고 한다. 표본공간의 개념은 1931년 오스트리아의 수학자이자 엔지니어인 폰 미제스(von Mises)에 의해 처음 소개되었다.

사례 A.2

동전 2개를 동시에 던지는 실험에 대해서 살펴보기로 하자. 그리고 동전 앞면을 H, 동전 뒷면을 T라고 표시하자. 그러면 이 실험에서 모든 가능한 결과는 HH, HT, TH, TT이다. 여기서 HH는 첫 번째 동전과 두 번째 동전에서 모두 앞면이 나온 결과를 뜻하며, HT는 첫 번째 동전에서 앞면이 나오고 두 번째 동전에서 뒷면이 나온 결과를 의미한다.

$$\text{표본공간 } S = \{HH, HT, TH, TT\}$$

이 사례에서 결과의 총개수는 4이다. 즉, 표본공간 또는 모집단의 총계는 4이다. 다른 결과는 논리적으로 나올 수 없다. (던진 동전이 세워지는 경우는 걱정할 필요가 없다.)

사례 A.3

뉴욕 메츠가 더블헤더를 치를 예정이다. O_1은 두 게임 모두 이긴 것을 나타내고, O_2는 첫 번째 게임에서 이겼지만 두 번째 게임에서 패한 경우를 나타내고, O_3는 첫 번째 게임에서 졌지만 두 번째 게임에서 이긴 결과를 표현하며, O_4는 두 게임 모두 졌다는 것을 의미한다. 여기서 표본공간은 O_1, O_2, O_3, O_4의 네 가지 결과로 구성된다.

표본점

표본공간이나 모집단의 각 구성원 또는 각 결과를 표본점(sample point)이라 부른다. 사례 A.2에서는 각 결과인 *HH*, *HT*, *TH*, *TT*가 표본점이다. 사례 A.3에서는 각 결과인 O_1, O_2, O_3, O_4가 표본점이다.

사건

사건(event)은 표본공간의 부분집합이다. 즉, 사건은 결과들의 특정한 모음이다.

사례 A.4

동전 2개를 동시에 던지는 실험에서 앞면 한 번과 뒷면 한 번이 나올 사건을 A라고 표시하면 결과 또는 표본점 *HT*, *TH*가 사건 A에 속한다. 사건 $A = \{HT, TH\}$는 표본공간 $\{HH, HT, TH, TT\}$의 부분집합이다. 동전 2개를 동시에 던지는 실험에서 앞면이 2개 나올 사건을 B라고 표시하면 오직 하나의 결과 *HH*만이 사건 B에 속한다. 사건 $B = \{HH\}$도 역시 표본공간의 부분집합이다.

사건 한 가지가 일어나면 또 다른 한 사건이 일어날 수 없게 되는 경우 이 두 사건은 상호 배반적(mutually exclusive)이라고 한다. 사례 A.3에서 O_1, 즉 메츠가 두 게임 모두에서 승리하면 다른 3개의 결과는 하나도 발생할 수 없다. 즉, 사건 $\{O_1\}$과 사건 $\{O_2, O_3, O_4\}$는 상호배반적이다. 한 사건이 또 다른 사건과 동등하게 발생할 가능성이 있다고 확신하는 경우 두 사건을 동등발생적(equally likely)이라 한다. 동전 1개를 던지는 실험에서 앞면 H가 나올 가능성은 뒷면 T가 나올 가능성과 같다. 이때 사건 $\{H\}$와 $\{T\}$는 동등발생적이다.

한 실험에서 여러 사건을 고려할 수 있다. 특정한 사건들이 표본공간의 모든 가능한 결과들을 포괄한다면 이 사건들을 전체포괄적(collectively exhaustive)이라 한다. 다른 말로 한다면 특정 사건들의 합집합이 표본공간과 동일하다면 이 특정 사건들을 전체포괄적이라 한다. 동전 2개를 동시에 던지는 실험에서 모든 가능한 결과는 네 가지가 있고 표본공간은 {*HH*, *HT*, *TH*, *TT*}이다. 유일한 하나의 결과로만 구성된 각 사건 {*HH*}, {*HT*}, {*TH*}, {*TT*}는 전체포괄적이다. 마찬가지로, 뉴욕 메츠의 경우, O_1, O_2, O_3, O_4는 우천 경기 취소나 1989년 샌프란시스코 월드시리즈처럼 지진 발생으로 인한 경기 취소를 제외하고 가능한 유일한 결과이다. 따라서 결과 하나만으로 이루어진 사건은 전체포괄적이라 할 수 있다.

벤 다이어그램

벤 다이어그램(Venn diagrams)이라 불리는 간단한 시각 장치는 1881년 발간된 벤의 저서 『기호 논리(*Symbolic Logic*)』에서 처음 소개되었다. 그림 A-1에서처럼 이는 표본점, 표본공간, 사건, 그리고 관련 개념을 묘사하기 위하여 사용될 수 있다. 이 그림에서 사각형은 표본공간 *S*를 표현하고 2개의 원은 사건 *A*와 사건 *B*를 각각 나타내고 있다. 더 많은 사건이 있다면 더 많은 원을 그려서 그 사건을 표현할 수 있다. 각 4개의 부속 도표는 다양한 상황을 묘사하고 있다.

그림 A-1a는 사건 *A*과 사건 *A*에 속하지 않은 결과물의 집합 또는 사건 *A'*을 보여준다. 사건 *A'*은 사건 *A*의 여사건(complement)이라고 부른다.

그림 A-1b는 사건 *A*와 사건 *B*의 합사건(union)을 나타내고 있다. 합사건의 표본점은 *A* 또는

그림 A-1 ● 벤 다이어그램

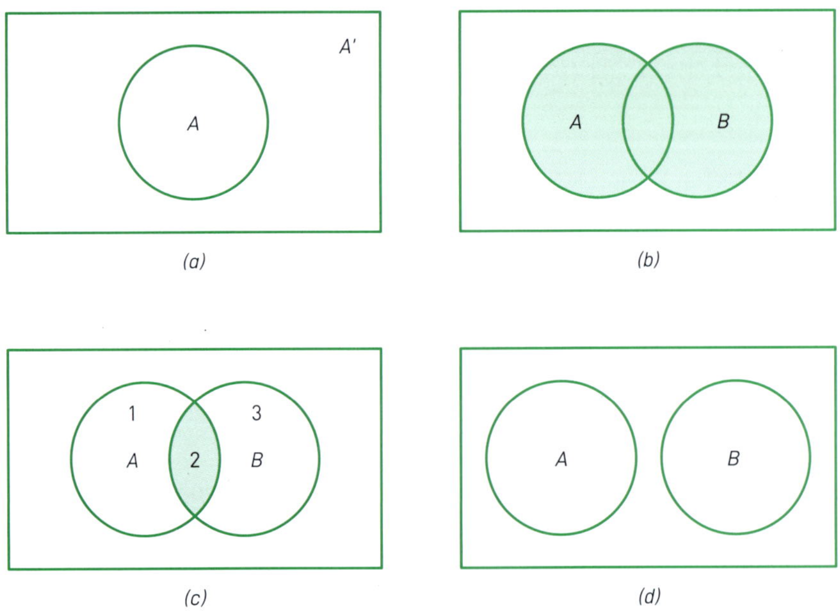

B에 속한다. 집합론 기호를 적용하면 사건 A와 사건 B의 합사건은 $A \cup B$로 표현한다. 이는 $A + B$와 동일하다.

그림 A-1c의 음영영역은 집합 A와 집합 B 모두에 속하는 결과로 구성된 사건을 나타내며 사건 A와 사건 B의 곱사건이다. 이는 $A \cap B$로 표현된다. 이는 AB와 마찬가지이다.

마지막으로, 그림 A-1d는 **상호배반적인** 두 사건을 보여준다. 두 사건의 결과는 공통점이 없다. 집합론 기호로 $A \cap B = 0$(또는 $AB = 0$)으로 표시한다.

A.3 확률변수

임의의 실험 결과들을 앞면 또는 뒷면, 하트의 에이스와 같이 언어적으로 표시할 수도 있지만 모든 실험의 결과를 수치적으로 표시하면 더 간단할 것이다. 통계적인 목적으로 이러한 표현은 매우 유용하다.

사례 A.5

동전 2개를 동시에 던지는 실험인 사례 A.2를 다시 보자. 실험 결과를 HH, HT, TH, TT로 나타낼 수 있으나 동전 2개에서 나오는 앞면(H)이 나오는 횟수를 변수로 취급하면 다음과 같은 표를 작성할 수 있다.

첫 번째 동전	두 번째 동전	앞면이 나오는 횟수
T	T	0
T	H	1
H	T	1
H	H	2

앞면이 나오는 횟수로 나타내는 변수를 **확률변수**(stochastic/random variable)라 부른다. 확률변수를 짧게 r.v.로 쓰기도 한다. **일반적으로 하나의 실험 결과로 수치적 값이 결정되는 변수를 확률변수라고 한다.** 확률변수 앞면이 나오는 횟수는 0, 1, 2 중에 하나의 값을 취한다. 뉴욕 메츠의 경우, 확률변수 승수는 마찬가지로 0, 1, 2 중에 하나의 값을 취한다.

확률변수는 통상 X, Y, Z 등과 같은 대문자로 표시되면 이 변수가 취하는 값은 x, y, z와 같은 소문자로 표시한다. 따라서 만약 X가 확률변수이면, X가 취하는 특정한 값은 x로 표시한다.

확률변수는 이산적이거나 연속적일 수 있다. **이산확률변수**(discrete random variable)는 유한한 수치를 취하거나 무한하지만 셀 수 있는(즉, 이는 정수의 수만큼 많은) 수치를 취한다. 동전 2개를 동시에 던지는 실험에서 앞면이 나오는 횟수는 0, 1, 2이다. 따라서 이는 이산확률변수이다. 반면에 연속확률변수(continuous random variable)는 수치적 어떤 구간 내에서 어떠한 값도 취할 수 있다. 예를 들어, 개인의 키는 연속 변수이다. 1m에서 2m 범위에서는 측정 정밀도에 따라 어떤 값이든 취할 수 있다. 무게, 강수량, 기온과 같은 유사한 요인들도 연속확률변수로 간주될 수 있다.

A.4 확률

실험, 표본공간, 표본점, 사건, 확률변수가 정의되었으므로 이제 확률의 개념에 대해서 생각해 본다. 우선 사건의 확률 개념을 정의한 후 이를 확률변수 개념으로 확장할 것이다.

사건의 확률: 고전적 정의 또는 선험적 정의

하나의 실험에서 **상호배반적**이고 **동등발생적인** n개의 결과가 나올 수 있고 이러한 결과 중 m개가 사건 A라고 할 만하다면, A가 발생할 확률(probability) $P(A)$는 m/n이다.

$$P(A) = \frac{\text{사건 A라고 할 수 있는 결과의 수}}{\text{총 결과 수}} \tag{A.1}$$

이 정의의 두 가지 특징에 주목하라. 결과는 **상호배반적**이어야 하며(즉, 동시에 발생할 수 없음), 각 결과는 **동일한 발생 기회**를 가져야 한다. 예를 들어, 주사위를 던질 때 6개의 숫자 중 모든 숫자가 나타날 기회는 평등하다.

사례 A.6

주사위 하나를 던지면 1, 2, 3, 4, 5, 6의 여섯 가지 결과가 나올 수 있다. 한 번 주사위를 던지면 2개 이상의 숫자가 나올 수 없으므로 이 결과는 상호배반적이다. 이러한 여섯 가지 결과는 동등발생적이다. 따라서 고전적 확률 정의에 의하면 이 6개 숫자 중에서 하나의 숫자가 나올 확률은 동등하게 1/6이다. 여기서 $n = 6$이고 $m = 1$이다.

마찬가지로, 동전 1개 던지기 실험에서 발생할 가능성이 있는 결과는 H, T이고 각 결과는 나타날 가능성이 동등하므로 이 실험에서 앞면이 나올 확률은 1/2이다. 마찬가지로, 52장의 트럼프 카드에서 카드 한 장을 뽑을 확률은 1/52이다. 그러나 스페이드를 뽑을 확률은 13/52이다.

앞의 예는 고전적 정의를 선험적 정의(a priori definition)라고도 부르는 이유를 보여준다. 확률이 순전히 연역적 추론이나 단순히 사건의 구조에 의해 파생되기 때문이다. 앞면이나 뒷면

이 나올 확률이 1/2이라고 말하기 위해 동전을 던질 필요는 없다. 논리적으로 이것이 가능한 유일한 결과이기 때문이다.

그러나 고전적 정의에는 몇 가지 결함이 있다. 실험 결과가 유한하지 않거나 동등발생적이지 않으면 어떻게 될 것인가? 예를 들어, 내년 국내총생산(GDP)이 특정 금액이 될 확률, 아니면 내년에 경기 침체가 발생할 확률은 무엇인가? 고전적 정의는 이러한 질문에 답할 수 없다. 이러한 문제를 해결하기 위해서는 보다 보편적인 확률 개념이 필요하며 이는 바로 확률의 상대도수 정의이다.

확률의 상대도수 또는 경험적 정의

상대도수 확률 개념을 알아보기 위해서 다음의 사례를 생각해 보자.

사례 A.7

표 A-1은 미시경제학 시험을 본 학생 200명이 받은 점수의 분포를 나타낸다. 표는 확률변수인 점수가 어떻게 분포되어 있는지를 보여주는 도수분포(frequency distribution)의 예이다. 표 세 번째 열의 숫자는 특정 사건의 발생 횟수인 절대도수(absolute frequency)이다. 네 번째 열의 숫자는 상대도수(relative frequency), 즉 절대도수를 전체 발생 횟수(현재의 경우 200)로 나눈 값이다. 따라서 70점과 79점 사이의 점수의 절대도수는 45이지만 상대도수는 45를 200으로 나눈 0.225이다.

상대도수를 확률로 볼 수 있을까? 직관적으로 상대도수의 기반이 되는 관측치의 수가 대단히

표 A-1 ● 미시경제학 시험을 본 학생 200명의 성적점수 분포

점수구간 (1)	구간의 중앙값 (2)	절대도수 (3)	상대도수 (4) = (3)/200
0–9	5	0	0
10–19	15	0	0
20–29	25	0	0
30–39	35	10	0.050
40–49	45	20	0.100
50–59	55	35	0.175
60–69	65	50	0.250
70–79	75	45	0.225
80–89	85	30	0.150
90–99	95	10	0.050
		합 200	합 1.000

크면 상대도수를 확률로서 고려하는 것이 합리적으로 보인다. 이것이 **확률의 경험적 또는 상대도수 정의**의 핵심적인 사항이다.

엄밀하게 말한다면, n번의 시행(또는 관찰) 중 사건 A라고 간주할 만한 경우가 m번 있고, **시행 횟수가 충분히 크다면 또는 수리적으로 무한하다면**,[1] 사건 A의 확률인 $P(A)$는 상대도수, 즉 m/n이다. 고전적 확률 정의와 달리 사건의 결과가 상호배반적일 필요도 없고, 동등발생적일 필요도 없다.

요약하면 시행 횟수가 충분히 클 때 상대도수가 실제 확률의 좋은 측정값이라 할 수 있다. 따라서 표 A-1의 네 번째 열에 주어진 상대도수를 확률로 처리할 수 있다.[2]

확률의 성질 앞서 정의한 사건의 확률은 다음과 같은 성질을 지니고 있다.

1. 사건의 확률은 항상 0과 1 사이에 있다. 따라서 A의 확률 $P(A)$는 다음과 같은 조건을 만족한다.

$$0 \le P(A) \le 1 \tag{A.2}$$

$P(A) = 0$은 사건 A가 발생하지 않음을 의미하며, $P(A) = 1$은 사건 A가 반드시 일어난다는 것을 의미한다. 일반적으로 확률은 표 A-1에 표시된 확률의 경우처럼 이 숫자 사이 어딘가에 있다.

2. 만약 A, B, C, ... 등이 **상호배반적** 사건인 경우, 그중 한 사건이 발생할 확률은 개별 사건의 발생 확률의 합과 같다.

$$P(A+B+C+\cdots) = P(A)+P(B)+P(C)+\cdots \tag{A.3}$$

여기서 좌변은 A 또는 B 또는 C 등이 일어날 확률[3]을 의미한다.

3. 만약 A, B, C, ... 등이 **상호배반적**이고 **전체포괄적**인 사건인 경우 개별 사건 발생 확률의 합은 1이다.

$$P(A+B+C+\cdots) = P(A)+P(B)+P(C)+\cdots = 1 \tag{A.4}$$

---

1 숫자가 크다 작다 하는 것은 문제의 맥락에 따라 다르다. 때로는 30이라는 작은 숫자도 합리적으로 큰 것으로 간주할 수 있다. 미국 대통령 선거의 경우 실제 유권자 수는 수백만 명에 달하지만 약 800명을 표본으로 한 선거 여론조사는 최종 결과를 상당히 정확하게 예측한다.

2 **주관적 확률**(subjective probability)이라는 또 다른 확률 정의가 있다. 이 개념은 고전 통계학과 경쟁관계인 **베이지안 통계학**(Bayesian statistics)의 토대이다. 주관적 확률 정의 아래 우리는 다음과 같은 질문을 할 수 있다. 이라크가 민주 정부를 가질 확률은 얼마인가? 시카고 컵스가 내년에 월드 시리즈에서 우승할 확률은 얼마인가? 아니면 2025년에 주식시장이 폭락할 확률은 얼마인가?

3 집합론 표기법을 따르면 $P(A \cup B \cup C, \ldots)$로 쓸 수 있다.

사례 A.8

사례 A.6에서 주사위 1개를 한 번 던졌을 때 숫자 6개 중 어느 하나가 나타날 확률은 1/6임을 확인했다. 각 결과가 동등발생적이며 나올 기회도 같기 때문이다. 1, 2, 3, 4, 5, 6은 전체포괄적이기 때문에 $P(1+2+3+4+5+6) = 1$이다. 여기서 1, 2, 3 등은 숫자 1, 2, 3 등이 나타나는 사건을 의미한다.[4] 주사위를 한 번 던졌을 때 두 숫자가 동시에 나타날 수 없기 때문에 1, 2, ..., 6은 상호배반적인 사건이며 $P(1+2+3+4+5+6) = P(1)+P(2)+P(3)+P(4)+P(5)+P(6) = 1$이다.

나중에 유용하게 사용될 확률에 대한 다음 규칙을 참조하자.

1. 만약 사건 $A, B, C, \ldots$ 등이 동시에 일어날 확률이 각 사건이 일어날 확률의 곱과 같다면 이 사건들은 **확률적으로 독립**(statistically independent)이라 한다.

$$P(ABC\cdots)=P(A)P(B)P(C)\cdots \tag{A.5}$$

여기서 $P(ABC\ldots)$는 사건 $A, B, C, \ldots$가 동시에 또는 결합적으로 발생할 확률[5]을 의미한다. 따라서 이를 **결합확률**(joint probability)이라고 한다. 결합확률 $P(ABC\ldots)$와 관련하여 $P(A)$, $P(B)$ 등은 A.6절에서 명확히 설명하겠지만 **무조건부**(unconditional), **주변**(marginal) 또는 **개별**(individual) **확률**이라 한다.

사례 A.9

동전 2개를 동시에 던지는 실험을 생각해 보자. 이 실험에서 첫 번째 동전이 앞면 H가 나오고 두 번째 동전이 뒷면 T가 나올 확률은 얼마인가? 첫 번째 동전에서 앞면 H가 나오는 사건을 A라고 하고 두 번째 동전에서 뒷면 T가 나올 사건을 B라고 하자. 즉, $P(AB)$를 구할 것이다. 상식적으로 첫 번째 동전이 앞면 H일 확률과 두 번째 동전이 뒷면 T일 확률과 서로 무관하기에 독립적이다. 따라서 앞면 또는 뒷면이 나올 확률은 1/2이므로, $P(AB) = P(A)P(B) = (1/2)(1/2) = 1/4$이다.

2. 사건 $A, B, C, \ldots$ 등이 상호배반적이지 않다면 식 (A.3)은 수정되어야 한다. 따라서 사건 A와 B가 상호배반적이지 않다면,

$$P(A+B)=P(A)+P(B)-P(AB) \tag{A.6}$$

여기서 $P(AB)$는 두 사건이 동시에 일어날 결합확률이다(그림 A-1c 참조).[6] 물론 A와 B가 상호배반적이면 $P(AB) = 0$이 되며 도로 식 (A.3)이 된다. 식 (A.6)은 일반화되어 2개 이상 사건

4 결과가 하나라 할지라도 사건을 명확히 하기 위해서는 {1}, {2}, {3}처럼 사건을 집합으로 구분하는 게 옳다. – 역자 주

5 집합론 표기법을 따르면 $P(A \cap B \cap C, \ldots)$로 쓸 수 있다.

6 그림 A-1c에서 음영 처리된 영역이 두 번 계산되는 것을 방지하려면 이 방정식의 우변에서 $P(AB)$를 빼야 한다.

의 경우에도 적용된다.

3. 모든 사건 A에 대해서 여사건 A'이 존재한다. 둘은 다음과 같은 특성을 갖는다.

a. $P(A + A') = 1$

b. $P(AA') = 0$

이러한 특성은 그림 A-1a에서 쉽게 증명된다.

사례 A.10

카드 한 벌에서 카드 한 장을 뽑을 경우 하트나 퀸이 나올 확률은 얼마인가? 하트나 퀸은 상호 배반적인 사건이 아니다. 퀸 4개 중에서 하나는 하트이기 때문이다. 따라서 하트나 퀸이 뽑힐 확률은 다음과 같다.

$$\begin{aligned} P(\text{하트 또는 퀸}) &= P(\text{하트}) + P(\text{퀸}) - P(\text{하트 및 퀸}) \\ &= 13/52 + 4/52 - 1/52 \\ &= 4/13 \end{aligned}$$

조건부 확률

A와 B를 두 사건이라고 하자. 사건 B가 이미 발생했다는 사실을 알고 사건 A가 발생할 확률을 찾고 싶다고 하자. 이 확률을 사건 B의 발생을 조건으로 하는(conditional on event B occurring) **A의 조건부 확률**(conditional probability of A)이라고 하며 기호 $P(A \mid B)$로 표시한다. 이 확률은 다음 공식으로 계산된다.

$$P(A \mid B) = \frac{P(AB)}{P(B)}; \ P(B) > 0 \qquad \text{(A.7)}$$

즉, 사건 B가 주어질 때 사건 A의 조건부 확률은 사건 A와 B의 결합확률을 사건 B의 주변확률로 나눈 값이다. 동일한 방법으로 사건 A가 주어졌을 때의 사건 B의 조건부 확률은 다음과 같이 정의된다.

$$P(A \mid B) = \frac{P(AB)}{P(A)}; \ P(A) > 0 \qquad \text{(A.8)}$$

식 (A.7)은 그림 A-1c에 나타난 벤 다이어그램에 의해서 시각화될 수도 있다. 영역 2와 영역 3은 B를 나타내고 영역 1과 영역 2는 사건 A를 나타낸다. 영역 2는 사건 A와 사건 B의 결합사건이다. 따라서 영역 2를, 영역 2와 영역 3의 합사건으로 나누면, 사건 B가 주어졌을 때 사건 A의 조건부 확률을 얻는다.

사례 A.11

회계학 입문 수업에 500명의 학생이 수강하고 있다. 그중 300명은 남학생이고 200명은 여학생이다. 500명 중 100명의 남학생과 60명의 여학생이 앞으로 회계학을 전공하려고 한다. 500명 중 임의로 한 학생을 선택했는데 이 학생이 회계학을 전공하려고 한다는 것이 밝혀졌다. 이 학생이 남자일 확률은 얼마인가?

사건 A를 학생이 남학생일 사건이라고 하고 사건 B를 앞으로 회계학을 전공하려는 학생일 사건이라 하자. 여기서 사건 B가 발생했을 때 조건부 사건 A의 조건부 확률 $P(A \mid B)$를 구하려고 하는 것이다. 조건부 확률 공식을 적용하면 이 확률은 다음과 같이 계산된다.

$$\begin{aligned} P(A \mid B) &= \frac{P(AB)}{P(B)} \\ &= \frac{100/500}{160/500} \\ &= 0.625 \end{aligned}$$

사건 A가 발생할 확률 $P(A)$는 0.6이다. 이는 남학생을 뽑는 무조건부 확률이다. 이는 앞의 사건 A의 조건부 확률 $P(A \mid B)$, 0.625와는 다르다는 것을 알 수 있다.

위 사례에서 중요한 사실을 알 수 있다. 조건부 확률과 무조건부 확률이 일반적으로 다르다. 그러나 만약 두 사건이 서로 독립이면 식 (A.7)에서 다음을 알 수 있다.

$$P(A \mid B) = \frac{P(AB)}{P(B)} = \frac{P(A)P(B)}{P(B)} = P(A) \tag{A.9}$$

두 사건이 서로 독립일 때 $P(AB) = P(A)P(B)$이기 때문이다. 이 경우 B가 주어졌을 때 A의 조건부 확률은 A의 무조건부 확률과 동일하다. 이때 B의 발생 여부는 중요하지 않다.

조건부 확률의 흥미로운 적용은 유명한 **베이즈 정리**(Bayes's theorem)에 포함되어 있다. 영국 턴브리지 웰스(Turnbridge Wells)의 비국교도 목사인 토마스 베이즈(Thomas Bayes, 1701~1761)가 베이즈 정리를 제안했다. 그가 사망한 후 출판된 베이즈 정리는 소위 베이지안 통계학파(Bayesian School of Statistics)로 이어졌다. 이 학파는 전 세계 대학 대부분에서 통계 교육을 여전히 주도하고 있는 고전 통계학파의 경쟁자로서 서 있다. 사건 B가 발생했다고 알려지면 사건 A가 발생하는 확률을 수정하거나 갱신하는 데 사용될 수 있다. 이것이 베이즈 정리의 핵심이다.

이 정리를 설명하기 위해 A와 B를 각각 양의 확률을 갖는 2개의 사건이라고 가정하자. 베이즈 정리는 다음과 같다.[7]

$$P(A|B)=\frac{P(B|A)P(A)}{P(B|A)P(A)+P(B|A')P(A')} \quad \text{(A.10)}$$

여기서 A의 여사건인 A'은 사건 A가 발생하지 않음을 의미한다.

즉, 베이즈 정리는 $P(B|A)$ 형식의 조건부 확률이 A의 초기 확률, $P(A)$와 결합되어 최종 확률 $P(A|B)$를 얻는 방법을 보여준다. 조건화 사건 (B)와 결과 사건 (A)의 역할이 어떻게 바뀌었는지 주목하라. 다음 예는 베이즈 정리가 어떻게 적용되는지 보여준다.

사례 A.12 베이즈 정리

한 여자가 핸드백에 동전 2개를 가지고 있다. 1개는 앞면과 뒷면이 나오는 확률이 1/2인 공정한(fair) 동전이고 1개는 양면이 모두 앞면인 양두(two heads) 동전이다. 그녀는 핸드백에서 무작위로 동전을 꺼내 던진다. 이때 앞면이 나타났다. 던진 동전이 양두 동전일 확률은 얼마인가?

동전이 양두인 사건을 A라고 하고 동전이 공정한 사건을 A'이라고 하자. 이 동전 중 1개를 선택할 확률은 $P(A) = P(A') = 1/2$이다. B를 앞면이 나오는 사건이라고 하자. 양두 동전을 던지면 B가 발생할 것이 확실하다. 따라서 $P(B|A) = 1$이다. 그러나 동전이 공정하다면 $P(B|A') = 0.5$이다. 따라서 베이즈 정리를 적용하면 다음과 같은 결과를 얻는다.

$$P(A|B)=\frac{P(B|A)P(A)}{P(B)}=\frac{(1)(0.5)}{0.75}=\frac{2}{3}\approx 0.66$$

이 정리의 특별한 특징이 있다. 동전을 던지기 전에는 양두 동전과 일반 동전을 선택할 확률은 0.5로 동일했다. 하지만 실제로 앞면이 관찰된 것을 알면 선택한 동전이 앞면이 2개일 확률은 약 0.66으로 상향 수정된다.

베이지안 통계학 언어에서 $P(A)$는 **사전확률**(prior probability)이라고 하며 $P(A|B)$는 수정된 확률 또는 **사후확률**(posterior probability)이라고 한다. B가 발생했다는 사실을 알게 되면 A에 할당된 (사전)확률을 재평가하거나 수정하게 된다.

이 결과는 다소 수수께끼로 보일 수 있다. 직관적으로 이 확률은 1/2이어야 한다고 생각할 것이다. 하지만 문제를 이렇게 바라보자. 앞면이 나올 수 있는 방법은 세 가지가 있으며, 이 중 두 가지 경우에는 숨겨진 면도 앞면이 된다.

정리의 또 다른 흥미로운 특징을 주목하는 것이 필요하다. 고전 통계학에서는 동전을 던질 때

7 표본공간이 A와 A'으로 분할되면 모든 사건 B에 대해 $P(B) = P(BA) + P(BA')$이다. 즉, B가 발생할 확률은 A의 각 분할과 B의 결합사건의 확률의 합이다. 이 결과는 A가 여러 조각으로 분할된 경우 일반화될 수 있다. 벤 다이어그램을 보면 쉽게 알 수 있다.

공정하다고 가정한다. 베이지안 통계학에서는 이러한 전제 및 가설에 의문을 제기한다.

확률변수의 확률

표본공간의 표본 결과나 사건에 확률을 할당한 것처럼 확률변수에도 확률을 할당할 수 있다. 앞서 본 것처럼 확률변수는 사례 A.5에서 볼 수 있듯이 표본공간의 결과를 단순히 숫자로 표현한 것이기 때문이다. 교재에서는 주로 GDP, 화폐공급, 물가, 임금 등의 확률변수에 관심을 두고 있으며, 확률변수에 확률을 할당하는 방법을 알아야 한다. 기술적으로 우리는 지금 논의할 주제인 확률변수의 **확률분포**(probability distribution)를 연구해야 한다.

A.5 확률변수와 확률분포

확률변수(random variable)의 확률분포(probability distribution)란 해당 변수가 취할 수 있는 값과 해당 값이 발생할 확률을 의미한다. 이를 명확하게 이해하기 위해 먼저 이산확률변수의 확률분포를 고려한 다음 연속확률변수의 확률분포를 살펴본다. 둘 사이에는 차이가 존재하기 때문이다.

이산확률변수의 확률분포

앞에서 말했듯이, 이산확률변수는 유한한 (또는 무한하지만 셀 수 있는) 숫자를 갖는다. X를 x_1, x_2, ... 등의 명백한 값을 갖는 확률변수라고 하자. 함수 f를 다음과 같이 정의하자.

$$f\left(x_i\right) = P\left(X = x_i\right) \quad i = 1,2,\ldots, \tag{A.11}$$

함수 f는 **확률질량함수**(probability mass function, PMF) 또는 간단히 **확률함수**(probability function, PF)라고 부른다. 여기서 $P(X = x_i)$는 이산확률변수 X가 x_i를 취할 때의 확률을 의미한다.[8] 식 (A.11)에 주어진 PMF의 특성은 다음과 같다.

$$0 \leq f\left(x_i\right) \leq 1 \tag{A.12}$$

$$\sum_x f\left(x_i\right) = 1 \tag{A.13}$$

여기서 합산 기호는 X가 취할 수 있는 모든 값에 대해서 적용된다.

사례 A.13

확률변수 X를 2개의 동전 던지기 실험에서 앞면(H)이 나오는 경우의 횟수라고 하자. 실현되

8 이산확률변수가 취하는 값을 **질량점**(mass points)이라 하고, $f(x_i)$는 질량점 x_i의 함수이고 x_i의 질량을 의미한다.

그림 A-2 ● 두 번의 동전 던지기에서 앞면이 나오는 횟수의 확률질량함수(PMF) (사례 A.13)

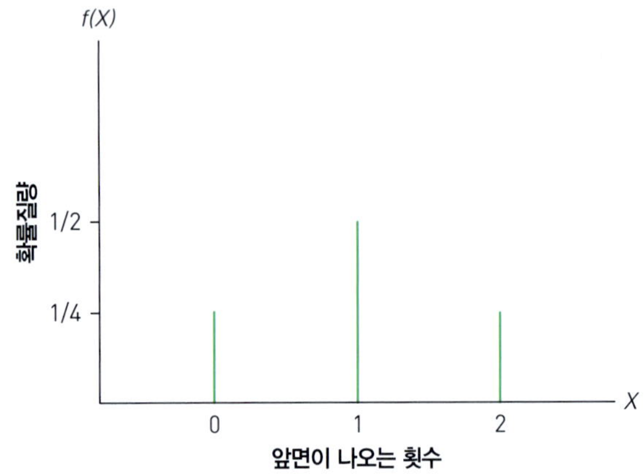

는 값을 x라 하자. 이 실험에서 다음 표를 작성할 수 있다.

앞면이 나오는 횟수	확률질량함수
x	$f(x)$
0	1/4
1	1/2
2	1/4
합	1.00

확률변수 X는 3개의 상이한 값(X = 0, 1, 2)을 취한다. X가 0의 값을 취할(H가 나오지 않을 경우) 확률은 1/4이다. 1의 값을 취할(H가 한 번 나올 경우) 확률은 1/2이고, 2의 값을 가질(H가 두 번 나올 경우) 확률은 1/4이다. 이러한 확률을 할당할 때 확률의 고전적 정의를 사용했음에 주의할 필요가 있다.

위 사례의 PMF는 그림 A-2에 기하학적으로 표현되어 있다.

연속확률변수의 확률분포

연속확률변수의 확률분포는 특정 범위 또는 구간에 대한 확률변수의 확률을 측정한다는 점을 제외하고 개념적으로 이산확률변수의 확률분포와 유사하다. 연속확률변수의 확률분포를 확률질량함수라고 부르는 대신 **확률밀도함수**(probability density function, PDF)라 한다. 예를 들어 보면 둘 사이의 차이가 명확해진다.

그림 A-3 ● 연속확률변수 X의 확률밀도함수(PDF)

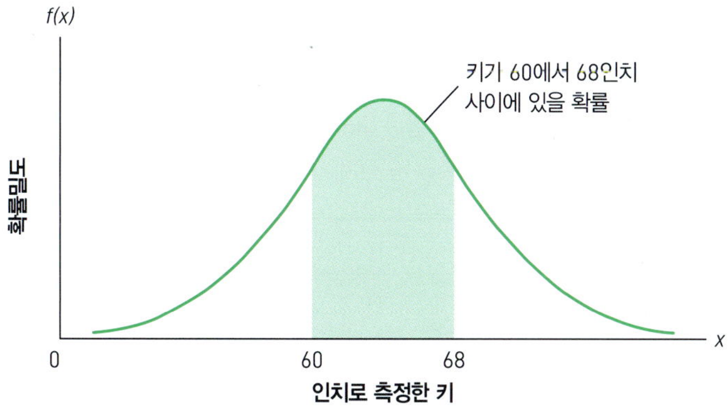

X는 인치(inch)[9]로 측정한 키를 나타낸 연속확률변수이다. 개인의 키가 60인치에서 68인치[10] 사이에 있을 확률을 계산하고자 한다. 또한 키의 확률변수는 그림 A-3과 같은 PDF를 갖는다고 하자.

개인의 키가 60인치에서 68인치 사이 구간에 있을 확률은 그림 A-3에서 곡선에 표시된 60인치에서 68인치 사이에 있는 음영 영역으로 나타나 있다(이 확률을 실제로 구하는 방법은 부록 C에 있음). 연속확률변수는 셀 수 없는 무한한 수를 가지기 때문에 확률변수가 63인치같이 특정 값을 취할 확률은 0이다. **연속확률변수의 확률은 구간(interval)에서만 구할 수 있다.** 예를 들어, 개인의 키가 62.5인치에서 63.5인치 사이에 있을 확률은 구할 수 있다.

엄밀하게 보자면, 연속확률변수 X에 대해서 확률밀도함수 $f(x)$는 모든 $x_1 < x_2$에 대하여 다음과 같이 정의된다.

$$P(x_1 < X < x_2) = \int_{x_1}^{x_2} f(x)dx \tag{A.14}$$

여기서 $\int$는 적분기호이며, 이산확률변수의 확률을 구할 때 각 확률밀도의 합을 구하는 데 사용되는 합의 기호(Σ)와 동일한 역할을 한다. dx는 x값의 작은 간격을 의미한다.

PDF는 다음과 같은 특성을 나타낸다.

1. 식 (A.14)에 주어진 $f(x)$ 곡선 아래의 총면적은 1이다.

2. $P(x_1 < X < x_2)$는 x_1과 x_2 사이의 $f(x)$ 곡선 밑에 있는 면적이다. 여기서 $x_1 < x_2$이다.

9 1인치는 2.54cm – 역자 주

10 152.4cm에서 172.7cm – 역자 수

3. 연속확률변수가 특정 값을 가질 확률은 0이므로 식 (A.14)의 좌변은 다음과 같은 형태로 나타내기도 한다.

$$P(x_1 \le X \le x_2) = P(x_1 < X \le x_2) = P(x_1 \le X < x_2) = P(x_1 < X < x_2)$$

연속 PDF의 중요한 예는 **정규 확률밀도함수**(normal probability density function)이다. 이 함수는 부록 C에서 논의되며 이후 부록 및 본문에서 광범위하게 사용된다.

사례 A.14

연속확률변수 X의 PDF는 다음과 같다.

$$f(x) = \frac{x^2}{9} \quad 0 \le x \le 3$$

구간 $0 < x < 1$에 있을 확률은 얼마인가?

이 확률은 계산하기 위해서 명시된 구간에 대하여 PDF를 적분해야 한다.

$$\int_0^1 \frac{x^2}{9} dx = \frac{1}{9}\int_0^1 x^2 dx = \frac{1}{9}\left[\frac{x^3}{3}\right]_0^1 = \frac{1}{27}$$

x가 0과 1 사이에 놓일 확률은 1/27이다.

또한 전 구간 0에서 3까지 PDF를 적분하면 1을 얻는다. 물론 전체 구간 0에서 3 사이에서 모든 x값에 대해서 $f(x) \ge 0$이다.

누적확률분포함수(CDF)

확률변수 X의 PMF 또는 PDF에 대해서, X의 **누적분포함수**(cumulative distribution function, CDF) $F(x)$는 주어진 x에 대하여 다음과 같이 정의된다.

$$F(x) = P(X \le x) \tag{A.15}$$

여기서 $P(X \le x)$는 확률변수 X가 x와 같거나 이보다 작을 확률을 의미한다. 물론 연속확률변수의 경우 x만을 취할 확률은 0이다. 예를 들어, $P(X \le 2)$는 X가 2 이하가 될 확률이다. CDF는 다음과 같은 특성을 갖는다.

1. $F(\infty)$는 x가 ∞에 접근할 때의 $F(x)$의 극한이고, $F(-\infty)$는 x가 $-\infty$에 접근할 때의 $F(x)$의 극한이다: 이때 $F(-\infty) = 0$, $F(\infty) = 1$.

2. $F(x)$는 비감소함수 또는 증가함수이다: $x_1 \le x_2$에 대해서 $F(x_1) \le F(x_2)$.

3. X가 k보다 크거나 같은 값을 가질 확률은 1에서 X가 k보다 작은 값을 가질 확률을 뺀 값이다: $P(X \geq k) = 1 - F(k)$.

4. $P(x_1 \leq X \leq x_2) = F(x_2) - F(x_1)$

사례 A.15

공정한 4개의 동전 던지기 실험에서 앞면이 나오는 횟수의 PDF와 CDF는 얼마인가? 이 함수는 다음과 같다.

앞면이 나오는 횟수 (X)	PDF		CDF	
	x의 값	PDF $f(x)$	x의 값	CDF $F(x)$
0	$0 \leq X < 1$	1/16	$X \leq 0$	1/16
1	$1 \leq X < 2$	4/16	$X \leq 1$	5/16
2	$2 \leq X < 3$	6/16	$X \leq 2$	11/16
3	$3 \leq X < 4$	4/16	$X \leq 3$	15/16
4	$4 \leq X$	1/16	$X \leq 4$	1

이 사례와 CDF의 정의에서 알 수 있듯이, CDF는 특정한 값 x 이하에 관한 PDF의 합을 의미한다.

$$F(x) = \sum_{x_i \leq x} f(x_i) \tag{A.16}$$

즉 여기서 $\sum_{x_i \leq x} f(x_i)$는 X가 특정한 값 x 이하를 갖는 모든 PDF의 합을 의미한다. 따라서 X가 1 이하를 취할 확률은 5/16이다. 그러나 X가 3 이하를 갖는 확률은 15/16이다. 물론 X가 4 이하를 취할 확률은 1이다.

사례 A.15의 CDF는 그림 A-4와 같다. 사례 A.15에서 이산확률변수를 다루기 때문에, 이 CDF는 불연속 함수로서 **계단함수**(step function)라고 한다. 만약 연속확률변수의 CDF를 다룬다면 그 CDF는 그림 A-5에 나타난 바와 같이 연속적인 곡선이다.[11]

사례 A.16

사례 A.15에서 X가 2와 3 사이의 값을 취할 확률은 얼마인가? 여기서 $F(X = 3) - F(X = 2)$를 구하면 된다. 사례 A.15에 주어진 표에서 $F(X \leq 3) = 15/16$이고 $F(X \leq 2) = 11/16$이기에 X가 2와 3 사이의 값을 취할 확률은 1/4이다.

---

11 만약 $f(x)$가 연속 PDF라면 $F(x) = \int_{-\infty}^{x} f(z)\,dz$이고 $f(x) = F'(x)$이다.

그림 A-4 ● 이산확률변수의 누적분포함수(CDF) (사례 A.15)

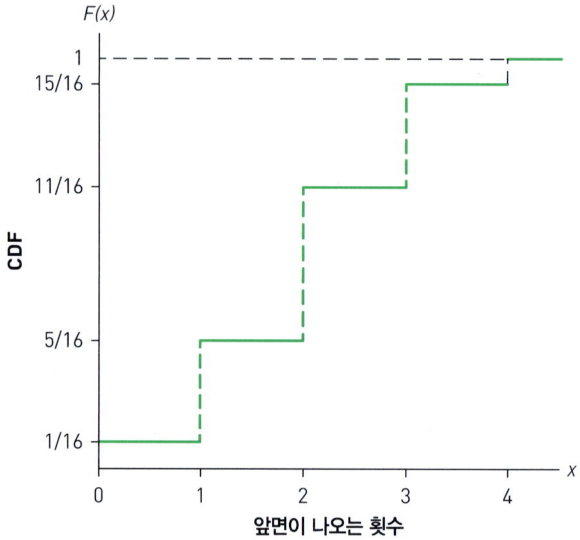

그림 A-5 ● 연속확률변수의 누적분포함수(CDF)

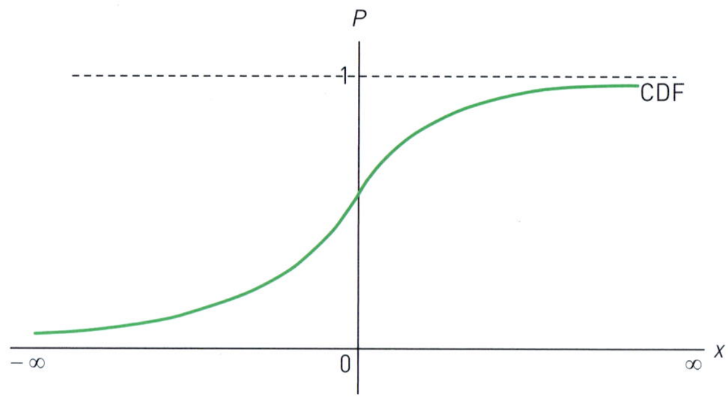

A.6 다변량 확률밀도함수

이제까지 **단변수**(single variable) 또는 **일변량**(univariate) 확률변수의 확률분포함수에 대해서 알아보았다 사례 A.5와 사례 A.13의 확률질량함수는 일변량 PMF이다. 우리는 동전 2개를 던질 때 앞면이 나오는 수나 동전을 4개 던질 때 앞면이 나오는 수와 같은 단변수 확률변수를 고려했기 때문이다. 그러나 실험 결과는 둘 이상의 확률변수로도 설명될 수 있으므로 단변수로 제한할 필요는 없으며, 이러한 경우의 확률분포를 찾고자 한다. 둘 이상의 확률변수의 확률분포를 **다변량 확률분포**(multivariate random distribution)라고 한다. 이 중 가장 단순한 것이 **이변량**(bivariate) 또는 2변수 PMF 또는 PDF이다. 다음 사례를 통해서 간단히 알아보자.[12]

사례 A.17

전자기기 매장에서 개인용 컴퓨터(PC)와 프린터를 판매하고 있다. PC와 프린터 판매 대수는 날마다 다르지만 매장 관리자가 지난 200일 동안에 컴퓨터와 프린터의 판매 기록을 표 A-2의 형태로 입수했다.

이 사례에서 두 확률변수가 있다: *X*(PC 판매 대수), *Y*(프린터 판매 대수). 표를 보면 200일 중에서 PC 4대와 프린터 4대가 판매된 날은 30일이고 PC가 4대 팔렸지만 프린터가 안 팔린 날은 2일이다. 표 A-2는 **결합도수분포**(joint frequency distribution)의 예이다. 이는 두 변수의 값의 조합이 발생한 일수 또는 빈도를 제공한다. 4대의 PC와 4대의 프린터가 함께 판매된 날은 30일이다. 이러한 숫자를 **절대도수**(absolute frequency)라고 하며 따라서 표 A-2에 나타난 숫자는 절대도수라고 한다.

표 A-2 ● 두 확률변수의 도수분포표: *X*는 PC 판매 대수, *Y*는 프린터 판매 대수

		PC 판매 대수(*X*)					
		0	1	2	3	4	합계
프린터 판매 대수(*Y*)							
0		6	6	4	4	2	22
1		4	10	12	4	2	32
2		2	4	20	10	10	46
3		2	2	10	20	20	54
4		2	2	2	10	30	46
	합계	16	24	48	48	64	200

이 표의 절대도수를 전체 판매일 200으로 나누면, 표 A-3에 나타난 바와 같이 상대도수를 구할 수 있다. 표본이 충분히 크면, 우리는 결합상대도수분포를 결합확률을 측정한 것으로 간주할 수 있다. 따라서 3대의 PC와 3대의 프린터가 판매될 확률은 0.10이다.

12 이 사례는 Ron C. Mittelhammer, *Mathematical Statistics for Economics and Business*, Springer, New York, 1995, p.107에서 인용한 것이다.

표 A-3 ● 이변량 확률분포: PC 판매 대수(X)와 프린터 판매 대수(Y)

		PC 판매 대수(X)					
		0	1	2	3	4	합계
프린터 판매 대수(Y)							
0		0.03	0.03	0.02	0.02	0.01	0.11
1		0.02	0.05	0.06	0.02	0.01	0.16
2		0.01	0.02	0.10	0.05	0.05	0.23
3		0.01	0.01	0.05	0.10	0.10	0.27
4		0.01	0.01	0.01	0.05	0.15	0.23
	합계	0.08	0.12	0.24	0.24	0.32	1.00

두 확률변수는 이산형이기 때문에, 표 A-3은 **이변량**(bivariate) 또는 **결합 확률질량함수**(joint probability mass function, joint PMF)로 알려진 분포의 예이다.

엄밀하게, X와 Y를 이산확률변수라고 하면, 결합 PMF $f_{XY}(x, y)$는 다음과 같다. f의 하첨자 XY는 X와 Y의 결합을 의미하고 앞의 일변량 확률함수 $f(x)$와 구분하기 위하여 표기한다. 마찬가지로 X의 확률함수와 Y의 확률함수를 구분하기 위하여 $f_X(x)$와 $f_Y(y)$로 표기할 수 있다. 이때 하첨자는 어떤 확률변수에 관한 확률함수인지 알려준다.

$$f_{XY}(x, y) = P(X = x,\ Y = y) \tag{A.17}$$

이는 동시에 X가 x를 취하고 Y가 y를 취하는 결합확률을 나타내고 있다. 여기서 x와 y는 두 변수가 가질 수 있는 특정한 수치이다. 결합 PMF의 특성은 다음과 같다.

1. 모든 (x, y)에 대하여 $f_{XY}(x, y) \geq 0$. 모든 확률은 음이 아니기 때문이다.

2. $\sum_x \sum_y f_{XY}(x, y) = 1$. 모든 결합 결과에 상응하는 확률을 합하면 1이다.

2변수를 다룰 때는 이중 합의 기호 $\sum\sum$를 사용하는 점에 주목해야 한다. 3변수 결합 PMF를 다루려면 삼중 합의 기호 $\sum\sum\sum$를 사용해야 한다.

2개의 연속확률변수의 결합확률밀도함수(즉, 결합 PDF)는 유사하게 정의될 수 있지만, 수학적 표현은 다소 복잡하고 어렵다. 이에 대한 논의는 수학적으로 더 관심이 있는 독자를 대상으로 연습문제 형태로 제공된다.

결합 PMF 또는 결합 PDF에 대한 논의는 몇 가지 관련 개념에 대한 논의로 이어진다.

주변확률함수

우리는 $f(x)$, $f(y)$와 같은 일변량 확률함수와 이변량 또는 결합 확률함수 $f(x,y)$를 공부하였다. 이 둘 사이에 어떤 관계가 존재할까? 답은 '그렇다.'

결합 PMF 또는 결합 PDF $f_{XY}(x, y)$와 관련해서 볼 때, $f_X(x)$와 $f_Y(y)$는 **일변량**(univariate), **무조건부**(unconditional), **개별**(individual), 또는 **주변**(marginal) PMF 또는 PDF이다. 기술적으로 Y가 취하는 값에 무관하게 X가 주어진 값 x(예를 들어, 2)를 취할 확률은 X의 주변확률이라고 하고, 이들 확률의 분포를 X의 주변 PMF라 부른다. 이들 주변 PMF 또는 PDF를 계산하는 것은 어렵지 않다. 표 A-3에서 Y가 취하는 값 y에 무관하게 X가 2를 취할 확률은 0.24이다. 따라서 X의 주변 PMF는 표 A-4에 나타나 있다. 표 A-4는 Y의 주변 PMF를 보여준다. $f_X(x)$의 합은 1이고 $f_Y(y)$의 합도 1이다.

결합확률에서 $X = x$의 주변확률을 얻으려면, 주어진 x와 Y가 취할 수 있는 모든 값에 대응하는 결합확률을 모두 합산해야 한다는 점을 쉽게 알 수 있다. 즉, 표 A-3에서 해당 열을 밑으로 더해서 구한다. 마찬가지로, $Y = y$의 주변확률을 얻으려면, 주어진 y와 X가 취할 수 있는 모든 값에 해당하는 결합확률을 합산한다. 즉, 표 A-3에서 해당 행을 옆으로 더해서 구한다. 결합 PMF가 있다면 주변 PMF는 쉽게 계산된다. 만약 $f_{XY}(x, y)$가 (X, Y)의 결합 PMF이면 X와 Y의 각각의 주변 PMF는 각각 다음과 같다.

$$f_X(x) = \sum_y f_{XY}(x, y) \text{ for all } x \tag{A.18}$$

$$f_Y(y) = \sum_x f_{XY}(x, y) \text{ for all } y \tag{A.19}$$

만약 두 변수가 연속이면, 합을 적분($\int$)으로 대체한다. 예를 들면, 만약 $f_{XY}(x, y)$가 (X, Y)의 결합 PDF를 나타낸다면 X의 주변 PDF를 구하기 위해서는 결합 PDF를 y에 관해서 적분하고, Y의 주변 PDF를 구하기 위해서는 결합 PDF를 x에 관해서 적분한다(연습문제 A.20 참조).

표 A-4 ● 주변확률분포

X의 값	$f_X(x)$	Y의 값	$f_Y(y)$
0	0.08	0	0.11
1	0.12	1	0.16
2	0.24	2	0.23
3	0.24	3	0.27
4	0.32	4	0.23
합계	1.00	합계	1.00

조건부 확률함수

사례 A.17에서 4대의 PC가 판매되었다는 사실을 알고 4대의 프린터가 판매될 확률을 구하려고 한다. 다시 말해서 $X = 4$라는 조건 아래 $Y = 4$일 확률은 얼마인가? 이것이 **조건부 확률**(conditional probability)이다. 사건의 조건부 확률에 대한 이전 논의를 떠올려 보라. 이 확률은 다음과 같이 정의된 **조건부 확률질량함수**(conditional probability mass function)에서 얻을 수 있다.

$$f_{Y|X}(y \mid x) = P(Y = y \mid X = x) \tag{A.20}$$

여기서 $f(y \mid x)$는 Y의 조건부(conditional) PMF를 나타낸다. X가 x(실제 PC 판매 수)라는 정보하에서 Y가 y(실제 프린터 판매 수)일 확률이다. 조건부 확률함수 역시 조건부의 의미(예를 들어, $Y|X$ 또는 $X|Y$)를 하첨자로 표기한다. 유사하게

$$f_{X|Y}(x \mid y) = P(X = x \mid Y = y) \tag{A.21}$$

이는 X의 조건부 PMF 값이다.

앞의 2개의 조건부 PF는 2개의 이산확률변수의 조건부 PMF이다. 연속확률변수의 조건부 PDF는 비록 수학적 엄밀성이 높게 요구되지만 유사하게 정의된다(연습문제 A.20 참조).

$$\begin{aligned} f_{Y|X}(y \mid x) &= \frac{f_{XY}(x, y)}{f_X(x)} \\ &= \frac{X\text{와 }Y\text{의 결합확률}}{X\text{의 주변확률}} \end{aligned} \tag{A.22}$$

$$\begin{aligned} f_{X|Y}(x \mid y) &= \frac{f_{XY}(x, y)}{f_Y(y)} \\ &= \frac{X\text{와 }Y\text{의 결합확률}}{Y\text{의 주변확률}} \end{aligned} \tag{A.23}$$

즉, 한 확률변수의 조건부 PMF는 다른 확률변수의 값이 주어지면 단순히 두 확률변수의 결합확률을 다른(조건부) 변수의 주변(marginal) 또는 무조건부(unconditional) 확률함수로 나눈 비율이다. 이를 사건 B가 발생한 경우 사건 A의 조건부 확률, 즉 $P(A \mid B)$와 비교해 보라.

앞의 사례로 돌아가서 $f(y \mid x)$의 실젯값을 구하자. $f_{Y|X}(4 \mid 4)$, 즉 $P(Y = 4 \mid X = 4)$는 다음과 같이 표 A-3에서 계산할 수 있다.

$$f_{Y|X}(4\,|\,4) = \frac{f_{XY}(4,\ 4)}{f_X(4)}$$

$$= \frac{0.15}{0.32} \tag{A.24}$$

$$= \approx 0.47$$

표 A-3에서 $Y = 4$일 주변(또는 무조건부)확률은 0.23이다. 그런데 4대의 PC가 판매되었다는 것을 알면 4대의 프린터가 팔릴 확률은 0.47로 증가한다. 다른 사건, 즉 조건부 사건에 대한 정보가 확률이 변하는 사실에 주목하라. 이것이 베이지언 통계학의 기본 정신이다.

제2장에서 공부하겠지만 회귀분석에서는 다른 변수(예: 이자율)에 대한 정보가 있을 때 관심 변수(예: 주가)의 행태를 연구하는 것이 주된 내용이 된다. 또는 여성의 교육 수준을 알고 여성 출산율을 연구하는 데 관심이 있을 수도 있다. 따라서 조건부 PMF 또는 PDF에 대한 지식은 회귀분석 학습에 있어서 매우 중요한 사항이다.

통계적 독립성

회귀분석 연구에 필수적인 또 다른 개념은 **독립 확률변수**(independent random variables)이다. 이는 앞서 논의한 사건의 독립성 개념과 관련이 있다. 이를 예를 통해 설명할 것이다.

사례 A.18

상자 안에 각각 1, 2, 3이라는 숫자가 적힌 공 3개가 들어 있다. 복원추출로 2개의 공을 무작위로 뽑는다. 복원추출이란 공을 뽑을 때 기존에 뽑은 공이 있다면 이를 다시 넣고 뽑는 것을 의미한다. X를 첫 번째 공의 숫자라고 하고 Y를 두 번째 공의 숫자라고 하자. 표 A-5에는 두 변수의 결합 PMF와 주변 PMF가 나와 있다.

표 A-5 ● 두 확률변수의 통계적 독립성

		X			
		1	2	3	$f_Y(y)$
	1	1/9	1/9	1/9	3/9
Y	2	1/9	1/9	1/9	3/9
	3	1/9	1/9	1/9	3/9
$f_X(x)$		3/9	3/9	3/9	1

이제 확률 $f_{XY}(1,\ 1) = P(X = 1,\ Y = 1)$, $f_X(1) = P(X = 1)$, $f_Y(1) = P(Y = 1)$을 고려하자. 표 A-5에서 보는 바와 같이, 이 확률은 각각 1/9, 1/3, 1/3이다. 첫 번째는 결합확률이고, 나머

지 2개는 주변확률이다. 그러나 이 경우에 결합확률은 두 주변확률의 곱과 같다. 이러한 경우 두 확률변수는 **통계적으로 독립**(statistically independent)이라고 한다. 즉, 한 변수가 취한 값은 다른 변수가 취하는 값에 영향을 미치지 못한다. 보다 엄밀히 말한다면, X와 Y의 조합 (X, Y)가 가질 수 있는 모든 값에 대하여 두 확률변수 X와 Y의 결합 PMF 또는 PDF가 각각의 주변 PMF 또는 PDF의 곱이 된다면, 두 확률변수 X와 Y는 통계적으로 독립적이다.

$$f_{XY}(x, y) = f_X(x)\, f_Y(y) \tag{A.25}$$

표 A-5에 주어진 X와 Y의 조합 (X, Y)에 대해서 결합 PMF는 각각의 주변 PMF의 곱이라는 것을 쉽게 확인할 수 있다. 즉, 두 변수는 통계적으로 독립이다. 식 (A.25)는 모든 X와 Y의 조합에 대해서 참이어야 한다는 점을 명심하라.

사례 A.19

사례 A.17에서 PC 판매 대수와 프린터 판매 대수는 서로 독립적인 확률변수인가? 식 (A.25)에 주어진 독립의 정의를 적용하자. $X = 3$(컴퓨터 3대 판매), $Y = 2$(프린터 2대 판매)로 놓자. 표 A-3에서 $f_{XY}(3, 2) = 0.05$, $f_X(3) = 0.24$, $f_Y(2) = 0.23$임을 알 수 있다. 이 경우 $0.05 \neq (0.24)(0.23)$이다. 따라서 이 경우 PC 판매 대수와 프린터 판매 대수는 서로 독립적인 변수가 아니다. 특히 처음으로 컴퓨터를 구입하는 사람들에게는 이는 놀라운 일이 아닐 수도 있다. 때로는 고객이 두 제품을 모두 구매하는 경우 상점에서 특별 할인을 제공할 수도 있다.

요약

계량경제학에서는 수리통계학이 중요한 역할을 한다. 수리통계학은 확률론에 기초하고 있다. 그러므로 확률에 대한 배경지식 없이는 이 책의 주요 장에서 논의하는 여러 계량경제학 기법에 깔린 이론을 이해할 수 없다.

이러한 이유로 이 부록에서 표본공간, 표본점, 사건, 확률변수, 확률분포와 같은 확률론의 몇 가지 기본 개념을 소개하였다. 계량경제학에서는 경제 변수 사이의 관계를 다루기 때문에 변수의 결합확률분포를 고려해야 한다. 이에 따라 결합사건 및 결합변수와 결합확률분포, 조건부 확률분포, 무조건부 확률분포, 통계적 독립성과 같은 개념에 대한 논의가 이루어졌다. 조건부 확률분포의 흥미로운 응용은 베이즈 정리이다. 이 정리는 실험 지식을 이용하여 확률을 수정하는 방법을 보여준다.

이 부록에서 논의된 모든 개념은 몇 가지 예를 통해 설명되었다. 이 책의 본문에 설명된 계량경제학 기법에서 이러한 개념이 필요하다면 이 부록을 참조하면 좋을 것이다.

주요 용어 및 개념

통계적 또는 무작위 실험(statistical or randm experiment)

모집단 또는 표본공간(population or sample space)

(a) 표본점(sample point)

(b) 사건(event)

상호배반적(mutually exclusive), 동등발생적(equally likely), 전체포괄적(collectively exhaustive)

벤 다이어그램(Venn diagram)

확률변수(random/stochastic variable)

(a) 이산(discrete)확률변수

(b) 연속(continuous)확률변수

확률(probability)과 확률의 특성

확률의 선험적 정의(a priori definition) 또는 고전적 정의(classical definition)

도수분포(frequency distribution); 절대도수(absolute frequency); 상대도수(relative frequency)

사건의 조건부 확률(conditional probability)

베이즈 정리(Bayes's theorem)

사전확률(prior probability)

사후확률(posterior probability)

확률질량함수(probability mass function, PMF) 또는 확률함수(probability function, PF) 및 확률밀도함수 (probability density function, PDF)

정규 확률밀도함수(normal probability density function)

이산확률변수의 PMF 및 연속확률변수의 PDF

계단함수(step function)

다변량(multivariate) PDF

(a) 이변량(bivariate) 또는 결합(joint) PMF 및 PDF; 결합도수분포

(b) 주변(marginal), 일변량(univariate), 무조건부(unconditional) 또는 개별(individual) PMF 및 PDF

(c) 조건부 확률(conditional probability); 조건부 PMF

통계적 독립성(statistical independence); 독립 확률변수(independent random variables)

참고자료

이 부록의 서두에서 언급한 바와 같이 부록에서 논의된 내용은 통계학의 기초과정을 대체하기 위한 것이 아니다. 필요에 따라 짧고 직관적으로 설명했을 뿐이다. 그러므로 독자는 많은 통계학 교재 중 한두 권을 항상 곁에 두고 있어야 한다. 다음의 짧은 목록은 참고교재 중 일부일 뿐이다.

1. Paul Newbold, William Carlson, et al., *Statistics for Business and Economics*, Pearson, New York, 2019.

이 책은 많은 사례와 여러 가지 풀이가 있는 통계에 관한 비수학적인 입문서이다.

2. Paul G. Hoel, *Introduction to Mathematical Statistics*, 5th ed., Wiley, New York, 1984.
   이 책은 수리통계학의 다양한 측면에 대해 아주 간단한 소개를 제공한다.

3. Alexander M. Mood, Franklin A. Graybill, and Duane C. Boes, *Introduction to the Theory of Statistics*, McGraw-Hill, New York, 1974.
   이 책은 표준적이지만 고급수학을 요구한다.

4. R. Mosteller, R. Rourke, and G. Thomas, *Probability with Statistical Applications*, Addison-Wesley, Reading, MA, 1970.

5. Morris H. DeGroot, and Mark J. Scherivsh, *Probability and Statistics*, 3rd ed., Pearson, New York, 2012.

6. Ron C. Mittelhammer, *Mathematical Statistics for Economics and Business*, Springer, New York, 1999.

질문

A.1 다음 용어의 의미를 설명하라.

a. 표본공간
b. 표본점
c. 사건
d. 상호배반적 사건
e. PMF와 PDF
f. 결합 PDF
g. 주변 PDF
h. 조건부 PDF
i. 통계적 독립성

A.2 두 사건 A와 B가 있다. 이 두 사건이 동시에 상호배반적이고 독립적일 수 있을까?

A.3 사건 A에 대하여 여사건 A'이 있다. 여사건 A'은 사건 A가 발생하지 않는 사건이다. 다음이 참인지 거짓인지 판단하라.

a. $P(A \cup A') = 1$
b. $P(A \cap A') = 0$

A.4 경제학자가 다음 분기 GDP 성장률을 예측했다. 예측 성장률은 다음과 같이 네 가지 사건으로 분류될 수 있다.

$$E_1 = 2\%\text{ 미만},\ E_2 = 2\%\text{ 이상 }4\%\text{ 미만},\ E_3 = 4\%\text{ 이상 }6\%\text{ 미만},\ E_4 = 6\%\text{ 이상}$$

실제 발생한 경제성장률을 위와 같은 동일한 4개의 체계로 분류했다. 각 사건을 A_i라 하자. 예로 A_2는 실제 경제성장률이 2% 이상 4% 미만인 사건이다.

a. E_1, E_2, E_3, E_4는 상호배반적인가? 또한 이 사건들은 전체포괄적인가?
b. 아래 사건의 의미를 설명하라.

(1) $E_1 \cap A_2$

(2) $E_3 \cup A_3$

(3) 각 $i = 1, 2, 3, 4$에 대하여 $E_i \cup A_i$

(4) $i > j$에 대하여 $E_i \cap A_j$

A.5 PMF와 PDF의 차이는?

A.6 연속확률변수의 CDF와 이산확률변수의 CDF의 차이는?

A.7 조건부 확률공식에 따르면

(1) $P(A \mid B) = \dfrac{P(AB)}{P(B)}$

(2) $P(B \mid A) = \dfrac{P(AB)}{P(A)} \rightarrow P(AB) = P(B \mid A)P(A)$

만약 (2)의 화살표 오른쪽의 P, A, B를 (1)의 우변의 분자에 대입하면 어떤 식을 얻는가? 이 식은 어떤 의미를 갖는가?

연습문제

A.8 다음을 무엇을 나타내는가?

a. $\sum_{i=1}^{4} x^{i-1}$

b. $\sum_{i=2}^{6} ay_i$, 단 a는 상수임.

c. $\sum_{i=1}^{2} (2x_i + 3y_i)$

d. $\sum_{i=1}^{3}\sum_{i=1}^{2} (2x_i + 3y_i)$

e. $\sum_{i=1}^{4} (i+4)$

f. $\sum_{i=1}^{3} 3^i$

g. $\sum_{i=1}^{10} 2$

h. $\sum_{i=1}^{3} (4x^2 - 3)$

A.9 합산 연산자를 이용하여 다음을 축약 표시하라.

a. $x_1 + x_2 + x_3 + x_4 + x_5$

b. $x_1 + 2x_2 + 3x_3 + 4x_4 + 5x_5$

c. $\left(x_1^2 + y_1^2\right) + \left(x_2^2 + y_2^2\right) + \cdots + \left(x_k^2 + y_k^2\right)$

A.10 1부터 n까지의 양수의 합은 다음과 같다.

$$\sum_{k=1}^{n} k = \frac{n(n+1)}{2}$$

위 공식을 이용하여 다음을 계산하라.

a. $\sum_{k=1}^{500} k$ **b.** $\sum_{k=10}^{100} k$ **c.** $\sum_{k=10}^{100} 3k$

A.11 1부터 n까지의 양수의 제곱합은 다음과 같다.

$$\sum_{k=1}^{n} k^2 = \frac{n(n+1)(2n+1)}{6}$$

위 공식을 이용하여 다음을 계산하라.

a. $\sum_{k=1}^{10} k^2$

b. $\sum_{k=10}^{20} k^2$

c. $\sum_{k=11}^{19} k^2$

d. $\sum_{k=1}^{10} 4k^2$

A.12 이산확률변수 X는 다음과 같은 확률분포를 가진다.

표 A-6 ● 이산확률변수 X의 확률분포

X	$f(X)$
0	b
1	$2b$
2	$3b$
3	$4b$
4	$5b$

a. b를 구하라.

b. 다음 세 가지 확률을 계산하라.

$$P(X \le 2),\ P(X \le 3),\ P(2 \le X \le 3)$$

A.13 표 A-7은 두 이산확률변수 X, Y의 결합분포이다.

표 A-7 ● 두 이산확률변수 X, Y의 결합분포

Y	X		
	1	2	3
1	0.03	0.06	0.06
2	0.02	0.04	0.04
3	0.09	0.18	0.18
4	0.06	0.12	0.12

a. 확률변수 X와 Y의 각 주변확률을 구하라.

b. 조건부 PDF인 $f_{X|Y}(x \mid y)$와 $f_{Y|X}(y \mid x)$를 구하라.

A.14 100명 중 민주당이 50명, 공화당이 40명, 무소속이 10명이다. 이들 세 부류 중 월스트리트 저널을 읽는 사람의 비율은 각각 30%, 60%, 40%로 알려져 있다. 이들 중 한 명이 월스트리트 저널을 읽는 것이 관찰된다면 공화당일 확률은 얼마나 될까?

A.15 어떤 사람이 뉴욕시에 사는 사건을 A라 하자. $P(A) = 0.5$라고 하자. 그 사람이 뉴욕시에 살지 않고 도시에서 일하는 사건을 B라 하자. $P(B) = 0.4$라고 하자. 그 사람이 도시에 살거나 도시에 살지 않지만 그곳에서 일할 확률은 얼마인가?

A.16 500명의 기혼 여성을 무작위로 추출한 표본을 바탕으로 한 표 A-8은 가구 내 자녀 유무와 관련하여 근로상태의 결합 PMF를 제공한다.[13]

표 A-8 ● 미국 아동과 여성의 근로상태

	취업	가사	합계
유자녀	0.2	0.3	0.5
무자녀	0.4	0.1	0.5
합계	0.6	0.4	1.0

a. 자녀 유무와 취업 여부는 상호배반적인가?

b. 자녀 유무와 취업 여부는 독립적인가?

A.17 표 A-9는 X와 Y의 결합확률을 보여준다. X는 한 사람의 빈곤 여부를 나타내고, Y는 그 사람의 인종(백인, 흑인, 히스패닉, 아시안 등)을 알려준다.

표 A-9 ● 2007년 미국의 빈곤

Y	X	
	빈곤선 아래	빈곤선 위
백인	0.0546	0.6153
흑인	0.0315	0.0969
히스패닉	0.0337	0.1228
아시안	0.0046	0.0406

출처: 미국 인구조사국의 보고서 *Current Population Reports, Poverty in the United States 2007*, September, 2008.

a. $P(X =$ 빈곤선 아래 $| Y =$ 백인$)$, $P(X =$ 빈곤선 아래 $| Y =$ 흑인$)$, $P(X =$ 빈곤선 아래 $| Y =$ 히스패닉$)$ 및 $P(X =$ 빈곤선 아래 $| Y =$ 아시안$)$을 구하라. 이 확률계산에서 내릴 수 있는 일반적인 결론은 무엇인가?

b. 인종과 빈곤상태는 독립인가? 어떻게 알 수 있는가?

A.18 표 A-10은 휴대폰 사용과 교차로에서의 적절한 정지와 관련된 결합확률을 제공한다.

표 A-10 ● 휴대폰 사용과 교차로에서의 적절한 정지와 관련된 결합확률

	교차로 정지 실패	교차로 정지
휴대전화 사용 중	0.047	0.016
휴대전화 비사용	0.201	0.736

출처: David L. Strayer and Frank A. Drews, "Multitasking in the Automobile," *Psychology of Learning and Motivation*, vol. 54, 2011.

13 이 문제는 다음 책에서 발췌하였다. Barry R. Chiswick and Stephen J. Chiswick, *Statistics and Econometrics: A Problem Solving Approach*, University Park Press, Baltimore, 1975.

a. 운전자가 휴대전화를 사용할 때 교차로에서 정지하지 못할 확률을 계산하라.

b. 운전자가 휴대전화를 사용하지 않을 때 교차로에서 정지하지 못할 확률을 계산하라.

c. 운전자가 휴대전화를 사용할 때 교차로에서 제대로 정지할 확률을 계산하라.

d. 휴대폰 사용과 교차로에서 제대로 정지하지 않는 것은 서로 독립적인가?

*A.19 연속확률변수 X의 PDF는 다음과 같다.

$$f(X) = c(4x - 2x^2) \quad 0 \le x \le 2$$
$$= 0 \quad \text{otherwise}$$

a. 적절한 PDF가 되기 위해서 c는 얼마가 되어야 하는가?

b. $P(1 < X < 2)$를 구하라.

c. $P(X > 2)$를 구하라.

*A.20 다음과 같은 결합확률밀도함수를 고려하라.

$$f(x, y) = \frac{12}{5} x(2 - x - y); \quad 0 < x < 1; \quad 0 < y < 1$$

a. $P(x > 0.5)$와 $P(y < 0.5)$를 구하라

b. $0 < y < 1$일 때, X의 조건부 확률밀도함수 $f_{X|Y}(x \mid y)$를 구하라.

---

* 선택 문제

부록 B

확률분포의 특성

PMF(PDF)는 확률변수가 취할 수 있는 값과 그에 연관된 확률을 나타내지만, 우리는 전체 PMF에는 대체로 관심이 없다. 예를 들어, 사례 A.13의 PMF에서 우리는 동전을 던졌을 때 앞면이 나오는 횟수인 0개, 1개, 또는 2개의 개별 확률에 관심이 없을 수 있다. 오히려 우리는 여러 번 동전을 던졌을 때 평균적으로 얻는 앞면의 수가 얼마인지 알고 싶을 수 있다. 즉, 우리는 확률분포의 요약 특성(summary characteristics)이나, 더 기술적으로는 확률분포의 적률(moments)에 관심이 있을 수 있다. 가장 흔히 사용되는 요약 척도나 적률은 기댓값(확률분포의 1차 적률이라고 함)과 분산(확률분포의 2차 적률이라고 함)이다. 때때로 우리는 확률분포의 고차 적률이 필요할 것이며, 이에 대해서는 진행하면서 논의할 것이다.

B.1 기댓값: 중심 경향의 척도

기호 $E(X)$로 나타내는 이산확률변수 X의 기댓값(expected value)은 다음과 같이 정의된다.

$$E(X) = \sum_X xf(X) \tag{B.1}$$

여기서 $f(X)$는 X의 PMF이고 $\sum_X$는 모든 X값의 합을 나타낸다.[1]

말로 설명하자면, 확률변수의 기댓값은 가능한 값들의 가중평균으로, 이 값들의 확률, 즉 $f(X)$가 가중치로 사용된다. 동등하게 기댓값은 확률변수가 취하는 값들과 그에 상응하는 확률들의 곱의 합으로 표현된다. 확률변수의 기댓값은 또한 평균 또는 평균값으로 알려져 있지만, 곧 논의될 이유로 보다 정확하게 모평균값(population mean value)이라고 한다.

1 연속확률변수의 기댓값은 합(summation) 기호를 적분(integral) 기호로 대체하여 유사하게 정의된다. 즉, $E(X) = \int f(x)\,dx$로, 여기서 적분은 X의 모든 값에 대해 이루어진다.

사례 B.1

1부터 6까지 번호가 매겨진 주사위를 여러 번 굴린다고 가정해 보자. 나타나는 숫자의 기댓값은 얼마인가? 이전에 제시된 바와 같이(사례 A.6 참조), 주사위 실험 상황은 표 B-1에 나타나 있다.

표 B-1 ● 주사위 윗면에 나타난 눈의 개수인 확률변수 X의 기댓값

주사위 눈의 개수 (1) X	확률 (2) $f(X)$	주사위 눈의 개수 × 확률 (3) $Xf(X)$
1	1/6	1/6
2	1/6	2/6
3	1/6	3/6
4	1/6	4/6
5	1/6	5/6
6	1/6	6/6
		$E(X) = 21/6 = 3.5$

식 (B.1)에 주어진 기댓값의 정의를 적용하면, 기댓값이 3.5임을 알 수 있다.

여기서 확률변수는 이산적이고 1부터 6까지의 여섯 가지 값 중 하나만을 취할 수 있는데, 우리가 3.5라는 값을 얻은 것이 이상한가? 이 사례에서의 기댓값 또는 평균값 3.5는 주사위를 여러 번 굴렸을 때, 평균적으로 우리가 3과 4 사이인 숫자 3.5를 얻을 것이라는 의미이다. 만

그림 B-1 ● 이산확률변수의 기댓값 $E(X)$ (사례 B.1)

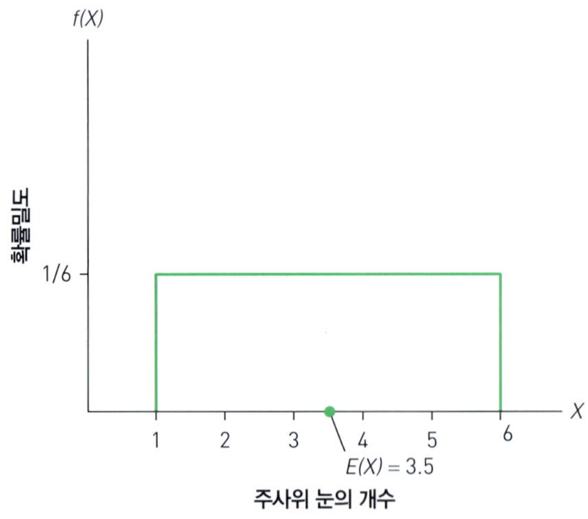

약 어떤 경기에서 누군가가 주사위에 나온 숫자만큼 달러를 준다면, 주사위를 여러 번 굴릴 때, 평균적으로 주사위 한 번 굴릴 때마다 3.50달러를 받게 되기를 기대하게 될 것이다.

앞선 사례의 기댓값은 그림 B-1에 기하학적으로 나타나 있다.

사례 B.2

PC/프린터 판매 예시(사례 A.17)에서 PC 판매 개수의 기댓값은 얼마인가? 이는 표 A-4에서 X값(PC가 팔린 수)과 그에 상응하는 확률(즉, $f[X]$)을 곱하고 그 곱을 합산하여 쉽게 얻을 수 있다. 따라서

$$E(X) = 0(0.08) + 1(0.12) + 2(0.24) + 3(0.24) + 4(0.32) = 2.60$$

즉, 하루 평균 판매되는 PC의 수는 2.60대이다. 이는 평균값임을 기억하자. 어느 주어진 날에 팔린 PC의 수는 0부터 4 사이의 어떤 숫자가 될 것이다.

기댓값 $E(Y)$가 2.35라는 것, 즉 하루 평균 판매되는 프린터의 수가 2.35대라는 것을 쉽게 확인할 수 있다.

기댓값의 특성

다음의 기댓값의 특성들은 본문의 주요 장에서 매우 유용하다.

1. 상수(constant)의 기댓값은 상수 그 자체이다. 따라서 b가 상수이면

$$E(b) = b \tag{B.2}$$

예를 들어, $b = 2$이면 $E(2) = 2$이다.

2. 두 확률변수의 합에 대한 기댓값은 개별 확률변수의 기댓값의 합과 같다. 따라서 확률변수 X, Y에 대해[2]

$$E(X + Y) = E(X) + E(Y) \tag{B.3}$$

3. 그러나

$$E(X / Y) \neq \frac{E(X)}{E(Y)} \tag{B.4}$$

즉, 두 확률변수의 비율에 대한 기댓값은 개별 확률변수 간의 비율과 같지 않다.

4. 또한 일반적으로

2 이 성질은 2변수 이상인 경우로 일반화시킬 수 있다. 즉, $E(X + Y + W + Z) = E(X) + E(Y) + E(W) + E(Z)$이다.

$$E(XY) \neq E(X)E(Y) \tag{B.5}$$

즉, 일반적으로 두 확률변수의 곱에 대한 기댓값은 개별 확률변수의 기댓값의 곱과 같지 않다. 그러나 이 규칙에는 예외가 있다. 만약 X와 Y가 **독립인 확률변수**이면 다음이 성립한다. X, Y가 독립인 확률변수라면 다음 식은 참이다.

$$E(XY) = E(X)E(Y) \tag{B.6}$$

X와 Y가 독립인 것은 모든 X와 Y의 값에 대하여 $f(X, Y) = f(X)f(Y)$인 것과 필요충분조건이다. 즉, 모든 X와 Y의 값에 대하여 결합 PMF(PDF)가 두 확률변수의 개별 PMF(PDF)의 곱과 같을 때 확률변수 X, Y는 독립이다.

5. $E(X^2) \neq [E(X)]^2$ (B.7)

즉, X(또는 어떤 확률변수)의 제곱의 기댓값은 X의 기댓값의 제곱과 같지 않다.

6. a가 상수라면

$$E(aX) = aE(X) \tag{B.8}$$

즉, 상수의 기댓값과 확률변수의 곱은 상수 곱하기 확률변수의 기댓값과 같다.

7. a, b가 상수라면

$$\begin{aligned} E(aX+b) &= aE(X) + E(b) \\ &= aE(X) + b \end{aligned} \tag{B.9}$$

7번 결과를 도출하기 위해 1, 2, 6번 특성을 사용하였다. 따라서

$$E(4X+7) = 4E(X) + E(7) = 4E(X) + 7$$

식 (B.9)로부터 기댓값 E가 선형 연산자(linear operator)임을 알 수 있으며, 이는 또한 식 (B.4)에서도 명백하다.

다변량 확률분포의 기댓값

확률변수의 기댓값이라는 개념은 다변량 PMF 또는 PDF로 쉽게 확장시킬 수 있다. 2변수 PMF에서 다음을 증명할 수 있다.

$$E(XY) = \sum_x \sum_y xyf(X,Y) \tag{B.10}$$

즉, X, Y의 각 쌍의 값을 그들의 결합확률로 곱하고, 모든 X와 Y의 값에 대해 합산한다.

사례 B.3

PC/프린터 판매 사례를 계속 진행하면서 식 (B.10)을 적용하면 다음과 같이 계산할 수 있다.

$$
\begin{aligned}
E(XY) &= (1)(1)(0.05) + (1)(2)(0.06) + (1)(3)(0.02) + (1)(4)(0.01) \cdot \cdot \cdot \\
&\quad + (4)(1)(0.01) + 4(2)(0.01) + 4(3)(0.01) + (4)(3)(0.05) + (4)(4)(0.15) \\
&= 7.06
\end{aligned}
$$

이는 두 확률변수의 곱에 대한 기댓값이다.

두 변수가 독립일 경우, 그들의 곱의 기댓값은 각각의 기댓값의 곱과 같다는 것을 기억하자. 즉, $E(XY) = E(X)E(Y)$이다. 이것이 우리의 사례에도 해당되는가? 사례 B.2에서 본 바와 같이, $E(X) = 2.60$이고 $E(Y) = 2.35$이다. 따라서 $E(X)E(Y) = (2.60)(2.35) = 6.11 \neq E(XY) = 7.06$이고, 이는 두 변수가 독립적이지 않음을 보여준다.

참고로, 식 (B.10)에 주어진 두 확률변수의 곱의 기댓값 공식은 두 이산확률변수에 대한 것이다. 두 연속확률변수의 경우에는, 식 (B.10)에서 이중 합 기호를 이중 적분 기호로 대체할 것이다.

B.2 분산: 분산도의 척도

확률변수의 기댓값은 단순히 그 **무게중심**(center of gravity)을 나타내지만, 개별 값들이 이 평균값 주위에 얼마나 퍼져 있는지, 분산되어 있는지, 또는 분포되어 있는지를 나타내지는 않는다. 이러한 퍼짐의 정도를 나타내는 가장 대중적인 수치적 척도는 **분산**(variance)이라고 하며, 다음과 같이 정의된다.

확률변수 X와 그 기댓값 $E(X)$를 표기의 단순함을 위해 μ_x로 표시할 수 있다(여기서 μ는 그리스 문자 뮤이다). 그러면 X의 분산은 다음과 같이 정의된다.

$$\text{Var}(X) = \sigma_x^2 = E(X - \mu_x)^2 \tag{B.11}$$

여기서 $\mu_x = E(X)$이며, 그리스 문자 σ_x^2(시그마 제곱)은 분산을 위해 흔히 사용되는 기호이다. 식 (B.11)이 보여주듯이, X(또는 어떤 확률변수)의 분산은 단순히 개별 X값과 그 기댓값 또는 평균값 차이의 제곱에 대한 기댓값이다. 이렇게 정의된 분산은 개별 X값들이 기댓값 또는 평균값 주위에 얼마나 퍼져 있는지 또는 분포되어 있는지를 보여준다. 모든 X값들이 정확히 $E(X)$와 같다면 분산은 0이 될 것이고, 만약 그들이 기댓값 주위에 널리 퍼져 있다면 상대적으로 큰 값이 될 것이다. 그림 B-2에서 분산이 음수가 될 수 없다는 점에 주목하자. (왜일까?)

그림 B-2 ● *X*가 이산확률변수일 때의 기댓값과 동일한 기댓값을 갖는 여러 연속확률변수들의 가상 **PDF**들이 있다. 연속확률변수의 경우, 합 기호를 적분 기호로 대체한다.

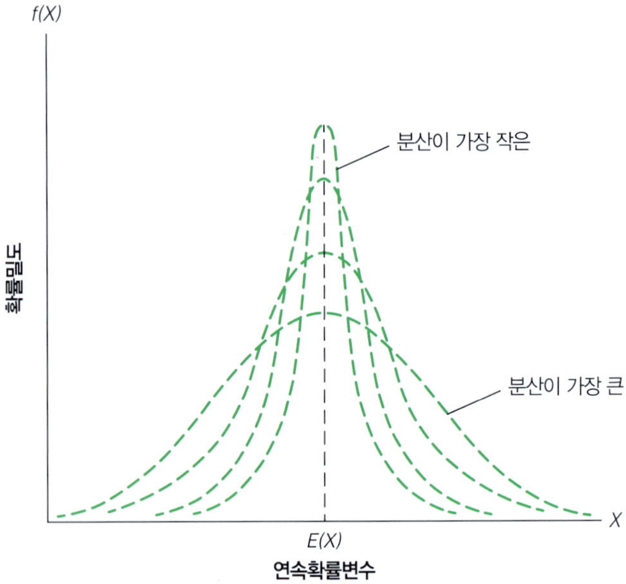

σ_x^2의 양의 제곱근인 σ_x는 표준편차(standard deviation, s.d.)로 알려져 있다. 식 (B.11)은 분산의 정의이다. 분산을 계산하기 위해, 우리는 다음 공식을 사용한다:

$$\text{Var}(X) = \sum_X (X - \mu_x)^2 f(X) \tag{B.12}$$

식 (B.12)가 보여주듯이 이산확률변수의 분산을 계산하기 위해 주어진 변수의 값에서 변수의 기댓값을 빼고, 그 차이를 제곱하며, 그 제곱한 차이에 해당 *X*값과 관련된 확률을 곱한다. 우리는 *X*변수가 취할 수 있는 각각의 값에 대해 이 작업을 수행하고, 이렇게 얻은 곱을 합산한다. 다음 사례를 살펴보자.

사례 B.4

사례 B.1을 계속 살펴보자. 주사위를 반복해서 굴렸을 때 나오는 숫자의 기댓값이 3.5라는 것을 보였다. 그 문제의 분산을 계산하기 위해, 우리는 표 B-2를 구성한다.

표 B-2 ● 주사위 윗면의 눈의 개수인 확률변수 X의 분산		
나타난 숫자의 확률		
X	$f(X)$	$(X - \mu_x)^2 f(X)$
1	1/6	$(1 - 3.5)^2$ (1/6)
2	1/6	$(2 - 3.5)^2$ (1/6)
3	1/6	$(3 - 3.5)^2$ (1/6)
4	1/6	$(4 - 3.5)^2$ (1/6)
5	1/6	$(5 - 3.5)^2$ (1/6)
6	1/6	$(6 - 3.5)^2$ (1/6)
		합 = 2.9167

따라서 이 사례의 분산은 2.9167이다. 이 값의 양의 제곱근을 취하면, 표준편차(s.d.) 1.7078을 얻는다.

분산의 특성

앞서 정의된 분산은 다음과 같은 특성을 가지며, 이는 계량경제학 논의에 유용하게 사용될 것이다.

1. 상수의 분산은 0이다. 정의에 따라 상수는 변동성이 없다.

2. X와 Y가 2개의 독립적인 확률변수라면

$$\mathrm{Var}(X+Y)=\mathrm{Var}(X)+\mathrm{Var}(Y)$$
$$\mathrm{Var}(X-Y)=\mathrm{Var}(X)+\mathrm{Var}(Y) \tag{B.13}$$

즉, 두 독립 확률변수의 합 또는 차의 분산은 그들 각각의 분산의 합과 같다.

3. b가 상수이면

$$\mathrm{Var}(X+b)=\mathrm{Var}(X) \tag{B.14}$$

즉, 확률변수에 상수를 더하는 것은 그 변수의 분산을 변화시키지 않는다. 따라서 $\mathrm{Var}(X+7) = \mathrm{Var}(X)$이다.

4. a가 상수이면

$$\mathrm{Var}(aX)=a^2\mathrm{Var}(X) \tag{B.15}$$

즉, 변수에 상수를 곱한 것의 분산은 그 상수의 제곱에 변수의 분산을 곱한 것과 같다. 따라서

Var(5X) = 25 Var(X)이다.

5. a, b가 상수이면

$$\mathrm{Var}(aX+b)=a^2\mathrm{Var}(X) \tag{B.16}$$

이는 특성 3과 4로부터 유도된다. 따라서

$$\mathrm{Var}(5X+9)=25\,\mathrm{Var}(X)$$

6. X와 Y가 독립인(independent) 확률변수이고 a와 b가 상수이면

$$\mathrm{Var}(aX+bY)=a^2\mathrm{Var}(X)+b^2\mathrm{Var}(Y) \tag{B.17}$$

이 특성은 앞의 특성들로부터 유도된다. 따라서

$$\mathrm{Var}(3X+5Y)=9\mathrm{Var}(X)+25\,\mathrm{Var}(Y)$$

7. 계산의 편의를 위해 분산 공식 (B.11)은 다음과 같이 쓸 수 있다.

$$\mathrm{Var}(X)=E(X^2)-[E(X)]^2 \tag{B.18}$$

이는 X의 분산이 X 제곱의 기댓값에서 X의 기댓값의 제곱을 뺀 값과 같다는 것을 나타낸다. 이산확률변수에 대한 다음 식을 주목하자.[3]

$$E(X^2)=\sum_x x^2 f(X) \tag{B.19}$$

연속확률변수에 대해서는 합 기호를 적분 기호로 대체한다.

위의 여러 표현에 대한 증명은 분산의 기본 정의에서 얻을 수 있다(이 부록의 끝에 제공된 선택형 연습문제를 참조하라).

Chebyshev의 부등식

확률변수의 기댓값과 분산이 확률변수의 PMF나 PDF를 설명하는 데 얼마나 적절한가? 즉, 확률변수 X의 이러한 두 요약 수치만 알고 있다면, X가 특정 범위 안에 있을 확률을 계산할 수 있는가? 러시아의 수학자 Pafnuty Lvovich Chebyshev(1821~1894)가 밝힌 주목할 만한 정리인 Chebyshev의 부등식에서 그것이 실제로 가능하다는 것을 보여주었다.

---

3 증명은 다음과 같다.

$$\begin{aligned}E(X-\mu_x)^2 &= E(X^2-2X\mu_x+\mu_x^2)\\ &= E(X^2)-2\mu_x E(X)+E(\mu_x^2)\\ &= E(X^2)-2\mu_x^2+\mu_x^2 = E(X^2)-\mu_x^2\end{aligned}$$

μ_x는 상수임을 명심하자.

구체적으로 확률변수 X가 평균이 μ_x이고 분산이 σ_x^2이라면 임의의 양수 c에 대해 X가 구간 $[\mu_x - c\sigma_x, \mu_x + c\sigma_x]$ 안에 위치할 확률은 적어도 $1 - \frac{1}{c^2}$이다. 즉

$$P[|X - \mu_x| \leq c\sigma_x] \leq 1 - \frac{1}{c^2} \tag{B.20}$$

여기서 기호 | |는 절댓값을 의미한다.[4]

말로 표현하자면, 이 부등식은 적어도 확률변수 X의 전체 확률의 $(1 - \frac{1}{c^2})$ 부분이 평균 또는 기댓값에서 c 표준편차 이내에 있음을 의미한다. 다르게 표현하면, 확률변수가 평균값에서 c 표준편차 이상 벗어날 확률은 $1/c^2$ 이하 또는 최대 $1/c^2$과 같다.

이 부등식의 특징적인 점은 우리가 확률변수의 실제 PDF나 PMF를 알 필요가 없다는 점이다. 물론, 실제 PDF나 PMF를 알고 있다면, 식 (B.20)과 같은 확률들을 쉽게 계산할 수 있다. 이것은 부록 C에서 특정 확률분포를 고려할 때 보여줄 것이다.

사례 B.5 Chebyshev 부등식의 예시

오전 8시부터 9시 사이에 도넛 가게에서 판매되는 도넛의 평균 개수는 100개이고 분산은 25이다. 어떤 날 오전 8시부터 9시 사이에 판매된 도넛의 수가 90개와 110개 사이일 확률은 얼마인가?

Chebyshev의 부등식에 따르면

$$\begin{aligned} P[|X - \mu_x| \leq c\sigma_x] &= 1 - \frac{1}{c^2} \\ P[|X - 100| \leq 5c] &= 1 - \frac{1}{c^2} \end{aligned} \tag{B.21}$$

$(110 - 100) = (100 - 90) = 10$이므로, $5c = 10$이다. 따라서 $c = 2$이다. 그러므로 $(1 - \frac{1}{2^2}) = \frac{3}{4} = 0.75$이다. 즉, 오전 8시부터 9시 사이에 90개에서 110개 사이의 도넛이 판매될 확률은 적어도 75%이다. 같은 이유로, 오전 8시부터 9시 사이에 판매된 도넛의 수가 110개를 초과하거나 90개 미만일 확률은 25%이다.

변동계수

계속 진행하기 전에, 표준편차(또는 분산)는 측정 단위에 따라 달라지기 때문에, 다른 측정 단위로 표현된 2개 이상의 표준편차를 비교하는 것이 어려울 수 있다는 점에 유의하자. 이러한 어려움을 해결하기 위해, 상대적 변동을 나타내는 **변동계수**(coefficient of variation, V)를 사

4 이 부등식은 $c > 1$일 때 상당히 잘 작동한다.

용하는데, 이는 다음과 같이 정의된다.

$$V = \frac{\sigma_X}{\mu_X} \cdot 100 \tag{B.22}$$

말로 설명하자면, 변동계수 V는 확률변수 X의 표준편차를 그 평균값으로 나눈 비율에 100을 곱한 것이다. 확률변수의 표준편차와 평균값은 같은 측정 단위로 측정되기 때문에, V는 단위가 없다. 즉, 순수한 숫자이다. 따라서 우리는 2개 이상의 확률변수의 V값을 직접 비교할 수 있다.

사례 B.6

한 강사가 각각 15명의 학생이 있는 두 반에서 계량경제학 입문을 가르친다. 중간고사에서 A반은 평균 83점, 표준편차는 10이고, B반은 평균 88점, 표준편차는 16이다. 어느 반의 상대적인 성적이 더 좋은가? 식 (B.22)에 정의된 변동계수 V를 사용하면 다음과 같다.

$$V_A = \frac{10}{83} \cdot 100 = 12.048 \qquad V_B = \frac{16}{88} \cdot 100 = 18.181$$

A반의 상대적 변동성이 낮기 때문에, A반의 성적이 B반에 비해 상대적으로 더 좋다고 말할 수 있다.

B.3 공분산

기댓값과 분산은 일변량 확률질량함수(PMF)나 확률밀도함수(PDF)를 요약하는 데 가장 자주 사용되는 두 가지 척도이다. 기댓값은 분포의 중심을 나타내고, 분산은 그 중심을 기준으로 개별 값들이 어떻게 퍼져 있는지를 알려준다. 하지만 일변량 확률분포를 넘어서 다변량 확률분포(예를 들어, 사례 B.2의 PMF 같은)를 다룰 때는, 각 변수의 평균과 분산뿐만 아니라 공분산(covariance)과 상관계수(correlation) 같은 추가적인 특성들을 고려해야 한다. 이제 우리는 이러한 특성들에 대해 논의할 것이다.

두 확률변수 X와 Y가 각각 평균 $E(X) = \mu_x$ 및 $E(Y) = \mu_y$를 가진다고 하자. 그러면 이 두 변수 사이의 공분산(Cov)은 다음과 같이 정의된다.

$$\begin{aligned} \operatorname{Cov}(X,Y) &= E[(X-\mu_x)(Y-\mu_y)] \\ &= E(XY) - \mu_x \mu_y \end{aligned} \tag{B.23}$$

식 (B.23)에 따르면 공분산은 특별한 형태의 기댓값으로서, 사례 B.7에서와 같이 두 변수가 어떻게 함께 움직이는지, 즉 공변하는지를 나타내는 척도이다. 쉽게 설명하자면, 식 (B.23)은 두 변수 간의 공분산을 구하기 위해 각 변숫값을 해당 평균으로부터의 편차로 나타내고, 이들의 곱의 기댓값을 계산해야 한다고 말한다. 이 과정이 실제로 어떻게 진행되는지는 이어서 설명한다.

두 확률변수 사이의 공분산은 **양수**, **음수** 또는 0일 수 있다. 만약 두 확률변수가 같은 방향으로 움직인다면(즉, 둘 다 증가하는 경우) 공분산은 양(+)의 값을 가질 것이고, 반대로 두 변수가 반대 방향으로 움직인다면(즉, 하나는 증가하고 다른 하나는 감소하는 경우) 공분산은 음(−)의 값을 가질 것이다. 하지만 두 변수 사이의 공분산이 0이라면, 그것은 두 변수 사이에 (선형적인) 관계가 없다는 것을 의미한다.

식 (B.23)에서 정의된 대로 공분산을 계산하기 위해서, X와 Y가 이산확률변수라고 가정할 때 다음과 같은 공식을 사용한다:

$$
\begin{aligned}
\mathrm{Cov}(X,Y) &= \sum_x \sum_y (X-\mu_X)(Y-\mu_y) f(X,Y) \\
&= \sum_x \sum_y XYf(X,Y) - \mu_X \mu_y \\
&= E(XY) - \mu_X \mu_y
\end{aligned}
\tag{B.24}
$$

여기서 $E(XY)$는 식 (B.10)에서 계산된다.

이 표현에서 두 변수의 값 범위에 대한 합을 요구하기 때문에 두 번의 합 기호가 사용된 것에 주목하자. 미적분의 적분 표기법을 사용하여, 두 연속확률변수의 공분산을 계산하기 위한 유사한 공식을 만들 수 있다.

사례 B.7

다시 한번, 우리의 PC/프린터 판매 사례로 돌아가 보자. 컴퓨터 판매(X)와 프린터 판매(Y) 사이의 공분산을 알아보기 위해 식 (B.24)를 사용한다. 이미 식의 오른쪽 첫 번째 항을 사례 B.3에서 계산한 바 있으며, 그 값은 7.06이다. 또한 $\mu_x = 2.60$과 $\mu_y = 2.35$임을 알아냈다. 따라서 이 사례에서의 공분산은

$$\mathrm{Cov}(X,\ Y) = 7.06 - (2.60)(2.35) = 0.95$$

로 계산되며, 이는 PC 판매와 프린터 판매가 양(+)의 관계가 있음을 보여준다.

공분산의 특성

앞서 정의한 공분산은 회귀분석에서 매우 유용하게 사용될 몇 가지 특성을 가지고 있는데, 이는 본문의 주요 장에서 살펴볼 것이다.

1. 만약 X와 Y가 **독립** 확률변수라면, 그들의 공분산은 0이다. 이는 쉽게 확인할 수 있다.

두 확률변수가 독립적일 때,

$$E(XY) = E(X)E(Y) = \mu_x\mu_y$$

라는 것을 기억하자. 이 표현을 식 (B.23)에 대입하면, 두 독립 확률변수의 공분산이 0임을 즉시 알 수 있다.

2. $\text{Cov}(a + bX, c + dY) = bd\,\text{cov}(X, Y)$ (B.25)

여기서 *a*, *b*, *c*, *d*는 상수이다.

3. $\text{Cov}(X, X) = \text{var}(X)$ (B.26)

즉, 변수의 자기 자신과의 공분산은 단순히 그 변수의 분산이다. 이는 이전에 주어진 분산과 공분산의 정의로부터 확인할 수 있다. 당연히, $\text{Cov}(Y, Y) = \text{Var}(Y)$이다.

4. 만약 *X*와 *Y*가 두 확률변수이지만 반드시 독립적일 필요는 없다면, 식 (B.13)에 주어진 분산 공식은 다음과 같이 수정되어야 한다:

$$\text{Var}(X+Y) = \text{Var}(X) + \text{Var}(Y) + 2\text{Cov}(X,Y) \quad \text{(B.27)}$$

$$\text{Var}(X-Y) = \text{Var}(X) + \text{Var}(Y) - 2\text{Cov}(X,Y) \quad \text{(B.28)}$$

물론, 만약 두 변수가 독립적이라면, 식 (B.27)과 (B.28)은 식 (B.13)과 일치하게 된다.

B.4 상관계수

방금 고려했던 PC/프린터 판매 사례에서, PC 판매와 컴퓨터 판매 사이의 공분산이 0.95라는 것을 알아냈다. 이는 두 변수가 양(+)의 관계가 있다는 것을 나타낸다. 하지만 공분산은 유계가 아니기(unbounded) 때문에[즉, $-\infty < \text{Cov}(X, Y) < \infty$] 계산된 0.95라는 숫자는 두 변수가 얼마나 강한 양의 관계인지에 대한 정보를 주지 않는다. 두 변수가 얼마나 강하게 관련되어 있는지는 **(모집단) 상관계수**(population coefficient of correlation)라고 알려진 것을 통해 알 수 있으며, 이는 다음과 같이 정의된다:

$$\rho = \frac{\text{Cov}(X,Y)}{\sigma_x\sigma_y} \quad \text{(B.29)}$$

여기서 ρ는 상관계수를 나타낸다.

식 (B.29)에서 알 수 있듯이 두 확률변수 *X*와 *Y* 사이의 상관관계는 단순히 두 변수 사이의 공분산을 각각의 표준편차로 나눈 비율이다. 이렇게 정의된 상관계수는 두 변수 간의 선형적 연관성을 측정하는 것으로, 즉 두 변수가 얼마나 강하게 **선형적으로** 관련되어 있는지를 나타낸다.

상관계수의 특성

방금 정의된 상관계수는 다음과 같은 특성을 가지고 있다.

1. 공분산과 마찬가지로 상관계수는 양수나 음수가 될 수 있다. 공분산이 양수이면 상관계수도 양수이고, 공분산이 음수이면 상관계수도 음수이다. 간단히 말해, 상관계수는 공분산과 같은 부호를 가진다.

2. 상관계수는 두 변수 간의 선형관계를 측정하는 척도이다.

3. 상관계수는 항상 −1과 +1 사이의 값을 가진다. 기호로는

$$-1 \leq \rho \leq 1 \tag{B.30}$$

상관계수가 +1이라면, 두 변수가 완벽하게 양의 선형관계($Y = B_1 + B_2X$와 같은)를 가지고 있다는 의미이고, 상관계수가 −1이라면 그들이 완벽하게 음의 선형관계를 가지고 있다는 의미이다. 일반적으로, ρ는 이러한 극값(limits) 사이의 값을 가진다.

4. 상관계수는 **순수한 숫자**이다. 즉, 측정 단위가 없다. 반면에 기댓값, 분산, 공분산과 같은 확률분포의 다른 특성들은 원래 변수가 측정된 단위에 따라 달라진다.

5. 두 변수가 (통계적으로) 독립적이면, 그들의 공분산은 0이다. 따라서 상관계수도 0이 될 것이다. 그러나 그 역(converse)은 참이 아니다. 즉, 두 변수 사이의 상관계수가 0이라고 해서 두 변수가 독립적이라는 의미는 아니다. 이는 상관계수가 앞서 언급한 바와 같이 두 변수 사이의 **선형 연관성** 또는 **선형관계**를 측정하기 때문이다. 예를 들어, $Y = X^2$의 경우, 두 변수 사이의 상관관계는 0일 수 있지만, 그 두 변수가 독립적이라는 의미는 아니다. 여기서 Y는 X의 **비선형**함수이다.

6. 상관관계가 반드시 인과관계를 의미하는 것은 아니다. 만약 누군가 폐암과 흡연 사이에 양의 상관관계를 발견했다고 해서, 그것이 반드시 흡연이 폐암을 일으킨다는 의미는 아니다.

그림 B-3은 상관계수의 몇 가지 전형적인 패턴을 보여준다.

그림 B-3 ● 상관계수 ρ의 몇 가지 전형적인 패턴

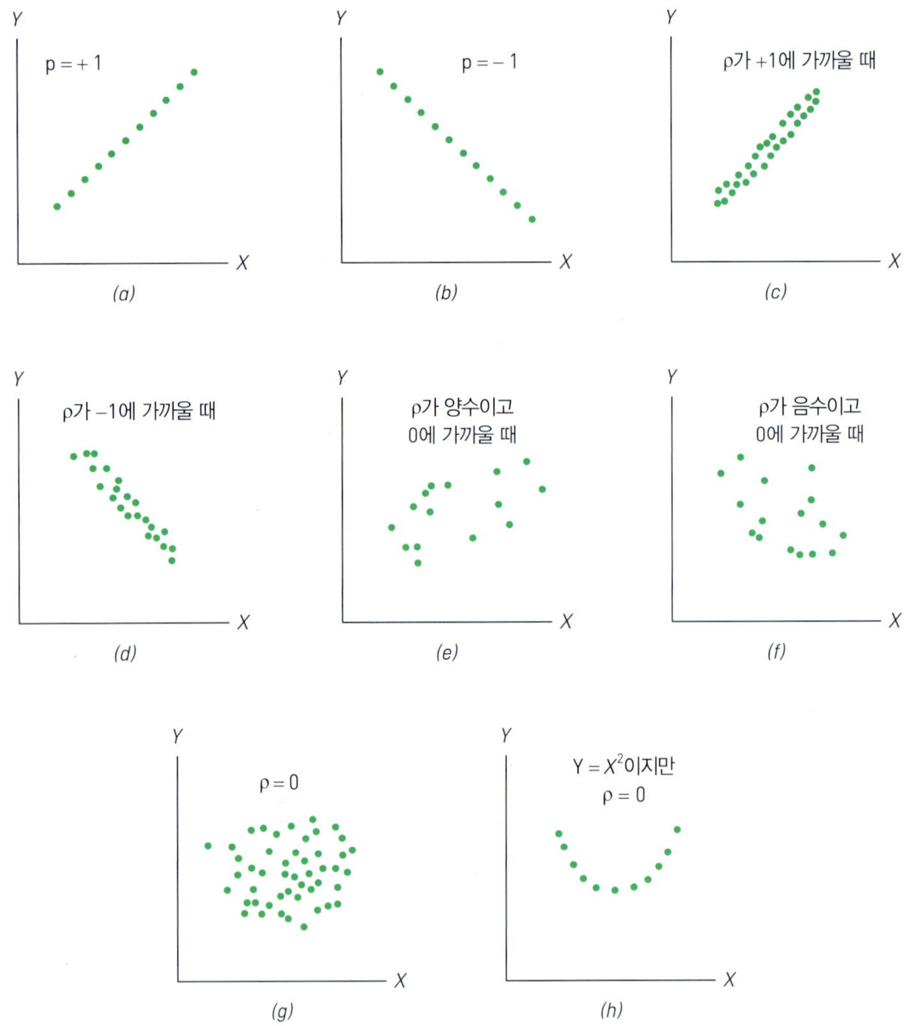

사례 B.8

PC/프린터 판매 사례를 계속 살펴보자. 우리는 이미 두 변수 사이의 공분산이 0.95라는 것을 알고 있다. 표 A-4에 제시된 데이터로부터 우리는 쉽게 $\sigma_x = 1.2649$이고 $\sigma_y = 1.4124$임을 검증할 수 있다. 이제 식 (B.29)를 이용하여 다음을 구할 수 있다.

$$\rho = \frac{0.95}{(1.2649)(1.4124)} = 0.5317$$

그러므로 두 변수는 양(+)의 상관관계를 가지고 있으나, 상관계수의 값은 다소 중간 수준이다. PC를 구입하는 모든 사람이 프린터를 구매하는 것은 아니기 때문에, 이러한 결과가 그리

놀랍지 않을 수 있다.

상관계수를 회귀분석 상황에서 사용하는 방법은 제3장에서 다룬다.

또한 식 (B.29)는 다음과 같이 쓸 수 있다.

$$\mathrm{Cov}(X,Y) = \rho\sigma_x\sigma_y \tag{B.31}$$

즉, 두 변수 사이의 공분산은 두 변수의 표준편차의 곱에 두 변수 사이의 상관계수를 곱한 것과 같다.

상관관계가 있는 변수들의 분산

식 (B.27)과 식 (B.28)에서, 우리는 반드시 독립적일 필요는 없는 변수들의 분산에 대한 공식을 제시했다. 공분산과 상관관계 사이의 관계를 알고 있기 때문에, 우리는 이 공식들을 다음과 같이 다르게 표현할 수 있다:

$$\mathrm{Var}(X+Y) = \mathrm{Var}(X) + \mathrm{Var}(Y) + 2\rho\sigma_x\sigma_y \tag{B.32}$$

$$\mathrm{Var}(X-Y) = \mathrm{Var}(X) + \mathrm{Var}(Y) - 2\rho\sigma_x\sigma_y \tag{B.33}$$

물론, 만약 두 확률변수 사이의 상관관계가 0이라면, $\mathrm{Var}(X+Y)$와 $\mathrm{Var}(X-Y)$는 모두 이전에 보았듯이 $\mathrm{Var}(X) + \mathrm{Var}(Y)$와 같다.

연습 삼아 PC/프린터 사례에서 $(X+Y)$의 분산을 찾아볼 수 있다.

B.5 조건부 기댓값

회귀분석에서 특히 중요한 또 다른 통계 개념은 **조건부 기댓값**(conditional expectation)인데, 이는 이전에 고려된 확률변수의 기댓값과는 다르다. 후자는 **무조건부 기댓값**(unconditional expectation)이라고 할 수 있다. 두 기댓값 개념의 차이는 다음과 같이 설명할 수 있다.

PC/프린터 판매 사례로 돌아가 보자. 이 사례에서 X는 하루에 팔린 PC의 수(0에서 4까지의 범위)를 나타내고 Y는 하루에 팔린 프린터의 수(0에서 4까지의 범위)를 나타낸다. 우리는 $E(X) = 2.6$이고 $E(Y) = 2.35$라는 것을 알게 되었다. 이 값들은 무조건부 기댓값으로, 이 값들을 계산할 때 우리는 어떠한 제한도 두지 않았다.

하지만 이제 다음 질문을 생각해 보자: 만약 특정한 날에 PC가 3대 팔렸다면, 평균적으로 팔

린 프린터의 수(Y)는 몇 대일까? 다르게 표현하면, $X = 3$일 때 Y의 **조건부 기댓값**은 얼마일까? 엄밀하게 말하면 $E(Y|X = 3)$은 얼마일까? 이는 Y의 조건부 기댓값으로 알려져 있다. 마찬가지로, $E(Y|X = 1)$도 얼마인지 물어볼 수 있다.

앞선 논의에서, 확률변수의 무조건부 기댓값을 계산할 때는 다른 확률변수에 대한 정보를 고려하지 않는 반면, 조건부 기댓값을 계산할 때는 그 정보를 고려한다는 점을 꼭 알아야 한다. 이러한 조건부 기댓값을 계산하기 위해서, 우리는 다음과 같은 조건부 기댓값의 정의를 사용한다:

$$E(X \mid Y = y) = \sum_X Xf(X \mid Y = y) \tag{B.34}$$

이것은 X의 조건부 기댓값을 제공하는데, 여기서 X는 이산확률변수이고, $f(X| Y = y)$는 식 (A.20)에 제시된 X의 조건부 확률밀도함수(PDF)이며, $\sum_X$는 X의 모든 값에 대한 합을 의미한다. 식 (B.34)와 관련하여, 이전에 고려된 $E(X)$는 **무조건부 기댓값**으로 불린다. 계산하면 $E(X| Y = y)$는 $E(X)$와 유사하지만, X의 무조건부 PDF를 사용하는 대신에, 그것의 조건부 PDF를 사용한다. 이는 식 (B.34)와 식 (B.1)을 비교해봄으로써 명확히 확인할 수 있다.

비슷하게

$$E(Y \mid X = x) = \sum_Y Yf(Y \mid X = x) \tag{B.35}$$

이는 Y의 조건부 기댓값이다. 사례를 통해 설명해 보자.

사례 B.9

PC/프린터 판매 사례에서 $E(Y|X = 2)$를 계산해 보자. 즉, 하루에 PC 2대가 팔렸다는 것을 알고 있을 때, 팔린 프린터의 조건부 기댓값을 찾고자 한다. 식 (B.34)를 이용하면

$$\begin{aligned} E(Y \mid X = 2) &= \sum_0^4 Yf(Y \mid x = 2) \\ &= f(Y = 1 \mid X = 2) + 2f(Y = 2 \mid X = 2) \\ &\quad + 3f(Y = 3 \mid X = 2) + 4f(Y = 4 \mid X = 2) \\ &= 1.875 \end{aligned}$$

참고: $f(Y = 1 \mid X = 2) = \dfrac{f(Y = 1, X = 2)}{f(X = 2)}$ 등 (표 A-3을 참조하라).

이 계산들로부터, $X = 2$일 때 Y의 조건부 기댓값은 대략 1.88인 것으로 나타나는데, 이는 이전에 보였던 Y의 무조건부 기댓값이 2.35였던 것과는 다르다. 마찬가지로 우리가 이전에 보았듯이, 조건부 확률밀도함수(PDF)와 주변확률밀도함수(PDF)는 일반적으로 서로 다르다. 조건부 기댓값과 무조건부 기댓값도 일반적으로 다르다. 물론, 만약 두 변수가 독립적이라면,

조건부 기댓값과 무조건부 기댓값은 같을 것이다. (왜 그럴까?)

조건부 분산

확률변수의 조건부 기댓값을 계산할 수 있듯이, 우리는 또한 그것의 조건부 분산(conditional variance), $\mathrm{Var}(Y|X)$도 계산할 수 있다. 예를 들어, 사례 B.9에서는 $X = 2$일 때 Y의 분산, 즉 $\mathrm{Var}(Y|X = 2)$를 찾는 데 관심이 있을 수 있다. 우리는 X의 분산에 대한 식 (B.11)을 사용할 수 있지만, 이제 Y의 조건부 기댓값과 조건부 확률밀도함수를 사용해야 한다. 이것이 실제로 어떻게 수행되는지 보려면, 선택형 연습문제 B.23을 참조하라. 부수적으로, 식 (B.11)에 제시된 분산 공식은 X의 무조건부 분산(unconditional variance)이라고 할 수 있다.

확률변수의 조건부 기댓값과 무조건부 기댓값이 일반적으로 다른 것처럼, 조건부 분산과 무조건부 분산도 일반적으로 다르다. 그러나 두 변수가 독립적인 경우에는 같게 된다.

제2장과 그 이후 장에서 볼 수 있듯이, 조건부 기댓값과 조건부 분산의 개념은 계량경제학에서 중요한 역할을 할 것이다. 제1장에서 논의된 민간 노동시장 참가율(CLFPR)과 민간 실업률(CUNR) 사례를 참조하면, CUNR에 대한 정보에 기반한 CLFPR의 조건부 기댓값은 CLFPR의 무조건부 기댓값과 같을까? 만약 같다면, CUNR에 대한 정보는 CLFPR을 예측하는 데 특별히 도움이 되지 않는다. 이러한 상황에서는 회귀분석이 그다지 유용하지 않다. 반면에, 본문의 주요 장에서 살펴본 것처럼 CUNR에 대한 정보가 없을 때보다 CLFPR을 더 잘 예측할 수 있게 해 준다면 회귀분석은 매우 가치 있는 연구 도구가 될 수 있다.

B.6 왜도와 첨도

확률분포의 특성에 대한 논의를 마무리하며, 확률분포의 모양을 알려주는 **왜도**(skewness)와 **첨도**(kurtosis)라는 개념을 논의한다. **왜도(S)**는 비대칭성의 척도이며, **첨도(K)**는 PDF의 높이나 평탄함의 척도로, 그림 B-4에서 볼 수 있다.

왜도와 첨도를 측정하기 위해서는 확률질량함수(PMF) 또는 확률밀도함수(PDF)의 **3차 적률**(third moment)과 **4차 적률**(fourth moment)을 알아야 한다. 이미 확률변수 X의 PMF(PDF)의 1차 적률(first moment)이 $E(X) = \mu_X$, 즉 X의 평균값으로 측정된다는 것을 알고 있으며, 평균 주위의 2차 적률(second moment)(즉, 분산)은 $E(X - \mu_X)^2$으로 측정된다. 이와 같은 방식으로, 평균값 주위의 3차 및 4차 적률도 표현할 수 있다.

$$\text{3차 적률: } E(X - \mu_x)^3 \tag{B.36}$$

그림 B-4 ● (a) 왜도와 (b) 첨도

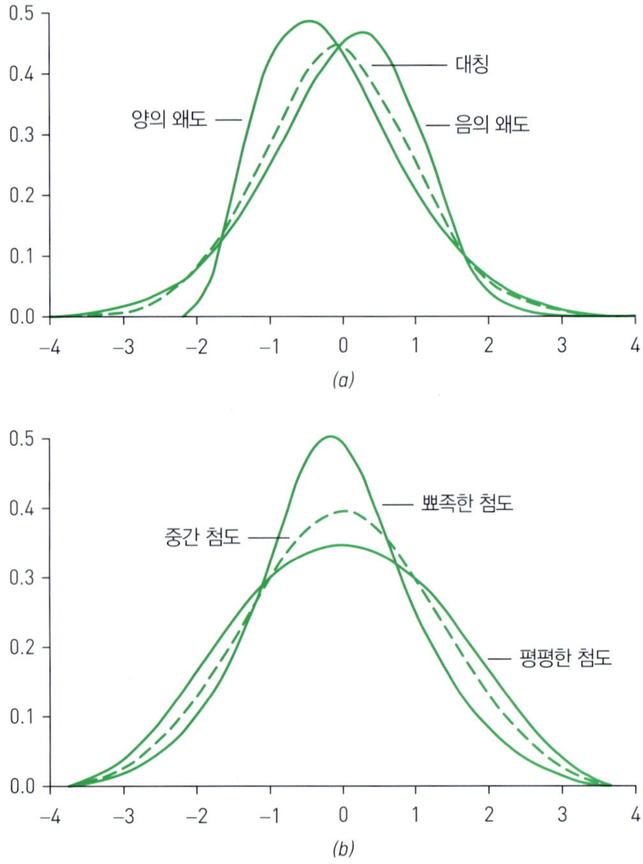

$$4\text{차 적률: } E(X-\mu_x)^4 \tag{B.37}$$

그리고 일반적으로 평균값 주위의 r차 적률은 다음과 같이 표현할 수 있다.

$$r\text{차 적률: } E(X-\mu_x)^r \tag{B.38}$$

이러한 정의가 주어졌을 때 일반적으로 사용되는 왜도와 첨도는 다음과 같다:

$$\begin{aligned} S &= \frac{E(X-\mu_x)^3}{\sigma_x^3} \\ &= \frac{3\text{차 적률}}{\text{표준편차의 세제곱}} \end{aligned} \tag{B.39}$$

대칭적인 확률밀도함수(PDF)의 경우, 3차(그리고 모든 홀수 차수의) 적률이 0이므로, 그러한 PDF의 왜도(S값)는 0이다. 대표적인 예는 정규분포로, 이에 대해서는 부록 C에서 더 자세히 논의할 것이다. 왜도(S값)가 양수인 경우 PDF는 오른쪽 또는 양의 방향으로 치우쳐 있으며,

음수인 경우에는 왼쪽 또는 음의 방향으로 치우쳐 있다(그림 B-4a 참조).

$$\begin{aligned} K &= \frac{E(X-\mu_X)^4}{[E(X-\mu_X)^2]^2} \\ &= \frac{\text{4차 적률}}{\text{2차 적률의 제곱}} \end{aligned} \tag{B.40}$$

첨도(K) 값이 3보다 작은 확률밀도함수(PDF)는 **평평한 첨도**(platykurtic, 뚱뚱하거나 짧은 꼬리를 가진)로 불리며, K값이 3보다 큰 확률밀도함수는 **뾰족한 첨도**(leptokurtic, 날씬하거나 긴 꼬리를 가진)로 불린다. 그림 B-4b에서 보이는 것처럼 정규분포의 경우, 첨도(K) 값은 3이며, 이러한 PDF는 **중간 첨도**(mesokurtic)로 불린다.

주요 본문에서 정규분포를 광범위하게 사용할 것이기 때문에, 정규분포의 왜도(S)와 첨도(K)의 값이 각각 0과 3이라는 지식은 다른 PDF를 정규분포와 비교하는 데 도움이 될 것이다.

PDF의 3차 및 4차 적률을 얻기 위한 계산 공식은 식 (B.11)에 제시된 공식의 직접적인 확장이다.

$$\text{3차 적률: } \sum (X-\mu_x)^3 f(X) \tag{B.41}$$

$$\text{4차 적률: } \sum (X-\mu_x)^4 f(X) \tag{B.42}$$

여기서 X는 이산확률변수이다. 연속확률변수에 대해서는 합 기호를 적분 기호로 대체할 것이다.

사례 B.10

PDF에 대한 표 B-1을 참조하자. 이 PDF에서 우리는 이미 $E(X) = 3.5$이고 $\mathrm{Var}(X) = 2.9167$인 것을 확인했다. 평균으로부터의 3차와 4차 적률의 계산은 다음과 같다.

X	$f(X)$	$(X-\mu_x)^3 f(X)$	$(X-\mu_x)^4 f(X)$
1	1/6	$(1-3.5)^3(1/6)$	$(1-3.5)^4(1/6)$
2	1/6	$(2-3.5)^3(1/6)$	$(2-3.5)^4(1/6)$
3	1/6	$(3-3.5)^3(1/6)$	$(3-3.5)^4(1/6)$
4	1/6	$(4-3.5)^3(1/6)$	$(4-3.5)^4(1/6)$
5	1/6	$(5-3.5)^3(1/6)$	$(5-3.5)^4(1/6)$
6	1/6	$(6-3.5)^3(1/6)$	$(6-3.5)^4(1/6)$
	합	0	14.732

이전에 제시된 왜도와 첨도의 정의를 바탕으로, 현재 사례에서 왜도계수가 0임을 확인하

자. (이것이 놀라운가?) 그리고 첨도값이 1.7317임을 확인한다. 따라서 위에 제시된 확률밀도함수(PDF)가 그 평균값을 중심으로 대칭임에도 불구하고, 그것은 정규분포보다 **평평한**(platykurtic) 혹은 매우 납작한 분포를 나타내며, 이는 그림 B-4b에 나타난 분포의 형태로부터 분명히 알 수 있다.

B.7 모집단에서 표본으로

확률분포의 특성, 예를 들어 기댓값, 분산, 공분산, 상관계수, 조건부 기댓값 등을 계산하기 위해서는 확실히 PMF(확률질량함수) 또는 PDF(확률밀도함수), 즉 전체 표본공간이나 모집단이 필요하다. 그러므로 특정 시점에 뉴욕시에 사는 모든 사람들의 평균 소득을 알아내기 위해서는 분명 전체 도시의 인구에 대한 정보가 필요하다. 개념적으로, 주어진 시간에 뉴욕시에는 유한한 인구가 있지만, 모집단의 각 구성원(즉, 확률의 용어로는 결과)에 대한 정보를 수집하는 것은 실제로는 비현실적이다. 실제로 수행되는 것은 이 모집단에서 "대표적인" 또는 "무작위" 표본을 추출하고 표본으로 추출된 사람들의 평균 소득을 계산하는 것이다.[5]

그러나 표본에서 얻은 평균 소득이 전체 모집단의 실제 평균 소득(즉, 소득의 기댓값)과 같을까? 대부분의 경우 그렇지 않을 것이다. 마찬가지로, 우리가 표본모집단에서 소득의 분산을 계산한다면, 그것이 우리가 전체 모집단을 연구했다면 얻었을 실제 분산과 같을까? 대부분의 경우 그렇지 않을 것이다.

그렇다면 우리는 주어진 모집단에서 오직 1개 또는 2개의 표본만을 가질 때, 기댓값이나 분산 등과 같은 모집단의 특성을 어떻게 파악할 수 있을까? 이 책의 주요 장에서 살펴보게 되겠지만 실제로 우리는 불가피하게 주어진 모집단에서 추출된 1개 혹은 그 이상의 표본에 의존해야만 한다.

이 매우 중요한 질문에 대한 답은 부록 D에서 집중적으로 다룰 예정이다. 그러나 그 전에, 앞서 논의한 다양한 모집단 특성들의 표본 대응인 **표본적률**(sample moments)을 찾아내야 한다.

표본평균

X는 자동차 딜러가 하루에 판매하는 자동차의 수를 나타낸다. 자동차 판매량 X가 어떤 PDF를 따른다고 가정한다. 또한 매월 첫 10일 동안 딜러가 판매한 자동차의 평균 대수, 즉 $E(X)$

5 무작위 표본의 정확한 의미는 부록 C에서 설명한다.

를 구하고자 한다고 가정한다. 자동차 딜러가 10년 동안 사업을 해왔지만 지난 10년 동안 매월 첫 10일 동안의 판매 수치를 조회할 시간이 없다고 가정한다. 그가 1개월 동안의 과거 데이터를 무작위로 선택하기로 결정하고 해당 월의 첫 10일 동안의 판매 수치를 다음과 같이 기록했다고 가정해 보자: 9, 11, 11, 14, 13, 9, 8, 9, 14, 12. 이것은 10개 값으로 이루어진 표본이다. 그가 120개월 동안의 데이터를 가지고 있고, 만약 다른 달을 선택하기로 한다면 그는 아마도 10개의 다른 값을 얻었을 것이다.

딜러가 10개의 판맷값을 모두 더하고 그 합을 10(즉, 표본 크기)으로 나누면, 그가 얻는 수치는 **표본평균**(sample mean)으로 알려져 있다.

확률변수 X의 표본평균은 일반적으로 X 바(X bar)라고 읽고 기호 $\bar{X}$로 표시되며 다음과 같이 정의된다.

$$\bar{X} = \sum_{i=1}^{n} \frac{X_i}{n} \tag{B.43}$$

여기서 $\sum_{i=1}^{n} X_i$는 X_i값($i = 1, \cdots, n$)의 합을 나타내고 n은 표본의 크기이다.

이렇게 정의된 표본평균은 $E(X)$의 **추정량**(estimator)으로 알려져 있으며, 이를 이제 모평균이라고 부를 수 있다. 추정량은 단순히 모집단의 수량, 예를 들어 모평균을 추정하는 방법에 대한 규칙이나 공식이다. 부록 D에서는 $\bar{X}$가 $E(X)$와 어떻게 관련되어 있는지 보여줄 것이다.

주어진 표본에 대한 표본평균은

$$\bar{X} = \frac{9+11+11+\cdots+12}{10} = \frac{110}{10} = 11$$

이를 모평균의 **추정치**(estimate, 또는 추정값)라고 한다. 추정치는 단순히 추정량이 취하는 값을 의미하며, 앞선 예에서는 11이다. 우리 사례에서 한 달의 첫 10일 동안 평균적으로 판매된 자동차 수는 11대이다. 하지만 이 수치가 반드시 $E(X)$와 같을 필요는 없다는 것을 기억해야 한다. 즉, 후자를 계산하기 위해서는 다른 119개월 각각의 첫 10일 동안의 판매 데이터를 고려해야 한다. 간단히 말해, 자동차 판매의 전체 확률밀도함수(PDF)를 고려해야 한다. 하지만 우리가 부록 D에서 볼 수 있듯이, 주어진 표본에서 얻은 11과 같은 추정치는 진정한 $E(X)$의 상당히 좋은 "대리(proxy)"가 될 수 있다.

표본분산

앞서 제시된 10개의 표본값은 모두 표본평균인 11과 같지 않다. 이 10개 값들의 표본평균으로부터의 변동성은 **표본분산**(sample variance)으로 측정될 수 있으며, 이는 S_x^2으로 표기되고 모분산이라고 부를 수 있는 σ_x^2의 추정량이다. 표본분산은 다음과 같이 정의된다.

$$S_x^2 = \sum_{i=1}^{n} \frac{(X_i - \bar{X})^2}{n-1} \tag{B.44}$$

이는 간단히 각 개별 X값과 (표본) 평균값의 차이를 제곱한 것의 합을 관측값의 총개수에서 1을 뺀 값으로 나눈 것이다.[6] 분모에 위치한 $(n-1)$은 **자유도**(degrees of freedom)로 알려져 있으며, 그 정확한 의미는 부록 C에서 설명될 것이다. S_x, 즉 S_x^2의 양의 제곱근은 **표본표준편차**(sample standard deviation, 표본 s.d.)라고 한다.

앞의 사례에서 10개의 X값으로 구성된 표본에 대한 표본분산은 다음과 같다.

$$\begin{aligned} S_x^2 &= \frac{(9-11)^2 + (11-11)^2 + \cdots + (12-11)^2}{9} \\ &= \frac{44}{9} = 4.89 \end{aligned}$$

그리고 표본표준편차는 $S_x = \sqrt{4.89} \approx 2.21$이다. 4.89는 모분산(population variance)의 추정치이고 2.21은 모표준편차(population s.d.)의 추정치임에 주목하자. 다시 말하지만 추정치는 주어진 표본에서 추정량이 갖는 값이다.

표본공분산

사례 B.11

두 변수 Y(주식 가격)와 X(소비자 가격)를 가진 이변량(bivariate) 모집단을 가정해 보자. 이 이변량 모집단에서 우리가 표 B-3의 처음 두 열에 나타난 무작위 표본을 얻는다고 추가로 가정하자. 이 예에서 주식 가격은 다우존스 평균으로, 소비자 가격은 소비자가격지수(CPI)로 측정된다. 이 표의 다른 항목들은 나중에 논의된다.

식 (B.23)에 정의된 모집단 공분산과 유사하게 두 확률변수 X와 Y 사이의 **표본공분산**(sample covariance)은 다음과 같이 정의된다.

$$\text{Sample Cov}(X, Y) = \frac{\sum (X_i - \bar{X})(Y_i - \bar{Y})}{n-1} \tag{B.45}$$

이는 (표본) 평균값과의 편차로 표현된 두 확률변수의 교차 곱의 합을 자유도인 $(n-1)$로 나눈 것이다. (표본 크기가 큰 경우 n으로 나눌 수도 있다.) 따라서 식 (B.45)에 정의된 표본공분산은 모집단 공분산의 추정량이다. 다음 사례에서와 같이 주어진 상황에서의 그 값은 모집단 공분산의 추정치를 제공할 것이다.

---

6 표본의 크기가 충분히 크다면 $(n-1)$ 대신 n으로 나눌 수 있다.

표 B-3 ● 다우존스 평균(Y)과 소비자가격지수(X) 간의 표본공분산과 상관계수

연도	Dow Y (1)	CPI X (2)	$(Y-\bar{Y})(X-\bar{X})$ (3)	
1998	8,625.52	163.00	(8,625.5 − 10,367.8)(163 − 183.6)	
1999	10,464.88	166.60	(10,464.9 − 10,367.8)(166.6 − 183.6)	
2000	10,734.90	172.20	—	—
2001	10,189.13	177.10	—	—
2002	9,226.43	179.90	—	—
2003	8,993.59	184.00	—	—
2004	10,317.39	188.90	—	—
2005	10,547.67	195.30	—	—
2006	11,408.67	201.60	(11,408.7 − 10,367.8)(201.6 − 183.6)	
2007	13,169.98	207.34	(13,170 − 10,367.8)(207.3 − 183.6)	
Sum	103,678.16	1,835.94	≈121,992.73	

$$\bar{Y} = \frac{103,678.16}{10} = 10367.8 \quad \text{Sample Var}(Y) = 1,708,150$$

$$\bar{X} = \frac{1,835.94}{10} = 183.594 \quad \text{Sample Var}(X) = 216.898$$

출처: X, Y에 대한 데이터는 *Economic Report of the President*, 2008, 표 B-95, B-96, B-60에서 인용하였다.

표 B-3에 표본공분산을 계산하기 위해 필요한 수치들을 제공하였고, 사례에서의 표본공분산은

$$\text{Sample Cov}(X, Y) = \frac{121,992.73}{9} = 13,554.75$$

따라서 사례에서 주식 가격과 소비자 가격 사이의 공분산은 양(+)이다. 일부 분석가들은 주식 투자가 인플레이션에 대한 방어책이라고 믿는다. 즉, 인플레이션이 증가함에 따라 주식 가격도 증가한다는 것이다. 분명히 1998~2007년까지의 기간 동안에는 그런 것으로 보이지만, 이 주제에 대한 실증적 증거는 명확하지 않다.

표본상관계수

식 (B.29)에서 두 확률변수 간의 모집단 상관계수를 정의하였다. 모집단 상관계수의 표본 대응 또는 추정량은 통상 r로 표시하며 다음과 같이 정의된다.

$$r = \frac{\sum_{i=1}^{n}(X_i - \bar{X})(Y_i - \bar{Y})/(n-1)}{S_x S_y} = \frac{\text{sample cov}(X, Y)}{\text{s.d.}(X)\text{s.d.}(Y)} \tag{B.46}$$

따라서 **표본상관계수**(sample correlation coefficient)는 모집단 상관계수와 같은 성질을 갖는다. 즉 두 계수 모두 −1과 1 사이에 위치한다.

표 B-3에 주어진 데이터에 대해 Y와 X 간의 표본표준편차를 쉽게 계산할 수 있고, 따라서 모집단 상관계수 ρ의 추정치인 표본상관계수 r을 다음과 같이 구할 수 있다.

$$r = \frac{13{,}554.75}{(14.727)(1306.962)} = 0.7042$$

따라서 이 사례에서 계산된 표본상관계숫값이 1에 가깝기 때문에 주식 가격과 소비자 가격은 상당히 강한 양(+)의 상관관계를 가진다.

표본왜도와 표본첨도

표본왜도(sample skewness)와 **표본첨도**(sample kurtosis)를 계산하기 위해 표본 3차 적률과 4차 적률[식 (B.36)과 식 (B.37)을 비교하라]을 사용한다. 표본 3차 적률(표본분산에 대한 공식과 비교하라)은 다음과 같이 정의되고

$$\frac{\sum(X - \bar{X})^3}{(n-1)} \tag{B.47}$$

표본 4차 적률은 다음과 같이 정의된다.

$$\frac{\sum(X - \bar{X})^4}{(n-1)} \tag{B.48}$$

표 B-3의 데이터를 이용하여 표본 3차 적률과 4차 적률을 계산하고, 각각 표준편차의 세제곱과 네제곱으로 나눈다. 다우존스 평균의 표본왜도와 표본첨도 측정값이 각각 0.6873과 2.9447임을 확인하자. 이는 다우존스 평균 분포가 양(+)의 왜도를 가지며 정규분포보다 평평하다는 것을 시사한다.

요약

확률, 확률변수, 확률분포 등의 여러 기본 개념을 부록 A에서 소개한 후, 이 부록에서는 확률변수의 확률분포적 주요 특성 또는 적률, 예를 들어 기댓값, 분산, 공분산, 상관관계, 왜도, 첨도, 조건부 기댓값, 조건부 분산 등에 대해 논의했다. 또한 유명한 Chebyshev의 부등식에 대해서도 논의했다. 이러한 개념들에 대한 논의는 다소 직관적이있는데, 여기서의 목적은 통계 자체를 가르치는 것이 아니라 이 책의 주요 장에서 논의되는 다양한 주제들을 따라가는 데 필요한 몇 가지 주요 개념을 간단히 검토하는 것이다.

이 부록에서는 또한 몇 가지 중요한 공식을 제시했다. 이러한 공식들은 우리에게 확률변수의 확률을 계산하는 방법과 확률분포의 특성(즉, 적률)을 추정하는 방법을 알려준다. 여기에는 기댓값 또는 평균값, 분산, 공분산, 상관관계, 조건부 기댓값 등이 포함된다. 이러한 공식들을 제시하면서, 우리는 *모집단적률*과 *표본적률*을 주의 깊게 구별하고 적절한 계산 공식을 살펴보았다. 따라서 $E(X)$, 즉 확률변수 X의 기댓값은 모집단적률이다. 즉, X값 전체의 모집단이 알려져 있을 경우 X의 평균값이다. 반면에 $\bar{X}$는 표본적률이다. 즉, X의 표본값을 기반으로 할 때의 X의 평균값이며 전체 모집단을 기반으로 하지 않는다. 통계에서 모집단과 표본 사이의 이분법은 매우 중요하다. 대부분의 응용에서 우리는 관심 있는 어떤 모집단에서 한두 개의 표본만을 가지고 있고, 종종 표본적률을 기반으로 모집단적률에 대한 추론을 하고 싶어 하기 때문이다. 부록 C와 D에서 이것이 어떻게 이루어지는지 설명할 것이다.

주요 용어 및 개념

일변량 PMF의 특성(적률)[characteristics (moments) of univariate PMFs]
- (a) 기댓값(모평균값)[expected value (population mean value)]
- (b) 분산(variance)
- (c) 표준편차(standard deviation, s.d.)
- (d) 변동계수(coefficient of variation, V)

다변량 PDF의 특성(characteristics of multivariate PDFs)
- (a) 공분산(covariance)
- (b) 상관계수(correlation)
- (c) (모집단) 상관계수[(population) coefficient of correlation]
- (d) 조건부 기댓값(conditional expectation)
- (e) 무조건부 기댓값(unconditional expectation)
- (f) 조건부 분산(conditional variance)
- (g) 무조건부 분산(unconditional variance)
- (h) 왜도(skewness, S)
- (i) 첨도(kurtosis, K)

모집단 대 표본(population vs. sample)
- (a) 표본적률(sample moments)
- (b) 표본평균(sample mean)
- (c) 추정량(estimator); 추정치(estimate)
- (d) 표본분산(sample variance)
- (e) 자유도(degrees of freedom)

(f) 표본표준편차(sample standard deviation, 표본 s.d.)
(g) 표본공분산(sample variance)
(h) 표본상관계수(sample correlation coefficient)
(i) 표본왜도(sample skewness)
(j) 표본첨도(sample kurtosis)

질문

B.1 PDF의 적률은 무엇을 의미하는가? 가장 자주 사용되는 적률은 무엇인가?

B.2 다음 용어의 의미를 설명하라.

a. 기댓값

b. 분산

c. 표준편차

d. 공분산

e. 상관계수

f. 조건부 기댓값

B.3 다음의 의미를 설명하라.

a. 표본평균

b. 표본분산

c. 표본표준편차

d. 표본공분산

e. 표본상관계수

B.4 모집단적률과 표본적률을 구분하는 것이 중요한 이유는 무엇인가?

B.5 (a)와 같은 방식으로 빈 곳을 채워라.

a. 기댓값 또는 평균은 중심 경향의 척도이다.

b. 분산은 …의 척도이다.

c. 공분산은 …의 척도이다.

d. 상관계수는 …의 척도이다.

B.6 확률변수 X의 기댓값은 \$50이고 표준편차는 \$5이다. X의 분산은 \$25의 제곱이라고 말하는 것이 올바른가? 그 이유는 무엇인가?

B.7 다음 진술이 참 또는 거짓인지 설명하라. 그 이유도 제시하라.

a. 비록 확률변수의 기댓값은 양수 또는 음수일 수 있더라도 분산은 항상 양(+)이다.

b. 두 확률변수 간의 상관계수는 공분산과 같은 부호를 갖는다.

c. 확률변수의 조건부 기댓값과 무조건부 기댓값은 같은 것이다.

d. 두 확률변수가 독립적이면 그들 간의 상관계수는 항상 0이다.

e. 두 확률변수 간의 상관계수가 0이면 두 변수가 독립적이라는 의미이다.

f. $E\left(\frac{1}{X}\right) = \frac{1}{E(X)}$

g. $E[X - \mu_x]^2 = [E(X - \mu_x)]^2$

연습문제

B.8 문제 A.12를 참조하라.

a. X의 기댓값을 구하라.

b. X의 분산과 표준편차는 얼마인가?

c. X의 변동계수는 얼마인가?

d. X의 왜도와 첨도를 구하라.

B.9 표 B-4는 특정 투자를 통해 얻을 수 있는 1년 예상 수익률과 그 확률을 제공한다.

표 B-4 ● 특정 투자에 대한 1년 예상 수익률

수익률(X) %	$f(X)$
−20	0.10
−10	0.15
10	0.45
25	0.25
30	0.05
	합 1.00

a. 이 투자의 기대수익률은 얼마인가?

b. 수익률의 분산과 표준편차를 구하라.

c. 왜도와 첨도 계수를 구하라.

d. 누적확률분포함수(CDF)를 구하고 수익률이 10% 이하일 확률을 계산하라.

B.10 표 B-5는 확률변수 X와 Y의 결합확률밀도함수(PDF)를 제공한다. 여기서 X는 투자 A에서 기대되는 첫 해 수익률(%)이고, Y는 투자 B에서 기대되는 첫 해 수익률(%)이다.

a. Y와 X의 주변확률분포를 구하라.

b. 투자 B의 기대수익률을 계산하라.

c. $X = 20$일 때 Y의 조건부 분포를 구하라.

d. X와 Y는 독립적인 확률변수인가? 어떻게 알 수 있는가? 힌트: $E(X,Y) = \sum_{i=1}^{4}\sum_{j=1}^{2} X_i Y_j f(X_i Y_j)$

표 B-5 ● 두 종류의 투자에 대한 수익률

	X(%)			
Y(%)	−10	0	20	30
20	0.27	0.08	0.16	0.00
50	0.00	0.04	0.10	0.35

B.11 $E(X) = 8$이고 $\text{Var}(X) = 4$이다. 다음 식의 기댓값과 분산을 구하라.

a. $Y = 3X + 2$

b. $Y = 0.6X - 4$

c. $Y = X / 4$

d. $Y = aX + b$ 여기서 a와 b는 상수이다.

e. $Y = 3X^2 + 2$

이 공식들을 어떻게 말로 표현할 수 있을까?

B.12 식 (B.32)와 (B.33)을 고려하자. X를 한 증권, 예를 들어 IBM의 수익률로, Y를 다른 증권, 예를 들어 General Foods의 수익률로 나타내자. $s_x^2 = 16$, $s_y^2 = 9$, 그리고 $r = -0.8$이다. 이 경우 $(X + Y)$의 분산은 얼마인가? 이것은 $\text{Var}(X) + \text{Var}(Y)$보다 큰가, 아니면 더 작은가? 이 경우에 두 증권에 동일하게 투자하는 것(즉, 분산 투자하는 것)이 어느 한 증권에만 전적으로 투자하는 것보다 더 나은가? 이 문제는 재무학의 포트폴리오 이론의 핵심이다(예를 들어 Richard Brealey, Stewart Myers, et al., *Principles of Corporate Finance*, McGraw-Hill, New York, 2019 참조).

B.13 표 B-6은 1984~1995년까지 미국에서의 새로운 사업체 설립 수(Y)와 사업 실패 수(X)에 대한 데이터를 제공한다.

표 B-6 ● 미국에서의 새로운 사업체 설립 수(Y)와 사업 실패 수(X)

연도	Y	X
1984	634,991	52,078
1985	664,235	57,253
1986	702,738	61,616
1987	685,572	61,111
1988	685,095	57,097
1989	676,565	50,361
1990	647,366	60,747
1991	628,604	88,140
1992	666,800	97,069
1993	706,537	86,133
1994	741,778	71,558
1995	766,988	71,128

a. 새로운 사업체 설립 건수의 평균값은 얼마인가? 분산은 얼마인가?

b. 사업 실패 건수의 평균값은 얼마인가? 분산은 얼마인가?

c. Y와 X 간의 공분산은 얼마인가? 상관계수는 얼마인가?

d. 두 변수는 독립적인가?

e. 두 변수 간에 상관관계가 있다면 한 변수가 다른 변수를 야기한다는 의미인가? 즉, 새로운 사업체의 설립이 사업 실패를 일으키는가? 또는 그 반대인가?

B.14 문제 A.13에 대해 $\text{Var}(X + Y)$를 구하라. 이 분산의 의미를 어떻게 해석할 것인가?

B.15 문제 1.6의 표 1-4를 참조하라.

a. S&P 500 지수와 CPI 간의 공분산, 그리고 3개월 만기 국채 수익률과 CPI 간의 공분산을 계산하라. 이것들은 모집단 공분산인가, 아니면 표본공분산인가?

b. S&P 500 지수와 CPI 간의 상관계수, 그리고 3개월 만기 국채 수익률과 CPI 간의 상관계수를 계산하라. 사전에 이러한 상관계수들이 양수일 것으로 예상하는가, 아니면 음수일 것으로 예상하는가? 그 이유는 무엇인가?

c. CPI와 3개월 만기 국채 수익률 간에 양의 상관관계가 있다면, 이것이 CPI로 측정된 인플레이션이 높은 국채 수익률의 원인이라는 것을 의미하는가?

B.16 문제 1.7의 표 1-5를 참조하라. ER이 영국 파운드/미국 달러 환율(즉, 미국 달러당 영국 파운드 수)을 나타내고 RPR이 미국 CPI/영국 CPI의 비율을 나타낸다. ER과 RPR 간의 상관관계는 양(+)일 것으로 예상되는가 아니면 음(−)일 것으로 예상되는가? 왜 그런지 설명하고 계산을 보여라. ER과 (1/RPR) 간의 상관관계를 발견하면 답변이 달라질까? 그 이유는 무엇인가?

선택형 연습문제

B.17 다음 PDF의 기댓값을 구하라.

$$f(X) = \frac{X^2}{9} \quad 0 \le x \le 3$$

B.18 다음을 증명하라.

a. $E(X^2) \ge [E(X)]^2$. 힌트: 분산의 정의를 기억하라.

b. $\text{cov}(X, Y) = E[(X - \mu_X)(Y - \mu_Y)] = E(XY) - \mu_X \mu_Y$, 여기서 $\mu_X = E(X)$이고 $\mu_Y = E(Y)$.

이 공식들을 어떻게 말로써 표현할 수 있는가?

B.19 식 (B.15)를 도출하라. 힌트: $\text{Var}(aX) = E[aX - E(aX)]^2$이고 단순화하라.

B.20 식 (B.17)을 도출하라. 힌트: $\text{Var}(aX + bY) = E[(aX + bY) - E(aX + bY)]^2$이고 단순화하라.

B.21 Chebyshev의 부등식에 따르면, 어떤 데이터 집합의 몇 퍼센트가 평균값의 양쪽에서 c 표준편차 이내에 있어야 하는가? (a) $c = 2.5$, (b) $c = 8$

B.22 $F(X - k)^2 = \text{var}(X) + [E(X) - k]^2$임을 증명하라. k가 어떤 값일 때 $E(X - k)^2$이 최소가 될 것인가? 그 k값은

얼마인가?

B.23 이 부록에서 논의된 PC/프린터 판매 사례에 대해, X(판매된 PC 수)가 2일 때 Y(판매된 프린터 수)의 조건부 분산을 계산하라. 힌트: 사례 B.9에 주어진 조건부 기댓값을 사용하고 다음 공식을 이용하라.

$$\text{Var}(Y \mid X = 2) = \sum[Y_i - E(Y \mid X = 2)]^2 f(Y_i \mid X = 2)$$

B.24 문제 A.19에 주어진 PDF에 대한 기댓값과 분산을 계산하라.

부록 C

주요 확률분포의 특징

부록 B에서 확률변수(random variable, r.v.)는 기댓값과 분산과 같은 확률함수(PDF 또는 PMF)의 몇 가지 특성, 또는 적률로 설명될 수 있다는 점에 주목하였다. 하지만 이는 우리가 해당 확률변수에 대한 확률밀도함수(PDF)를 잘 알고 있다고 가정하지만, 사실 매우 어려운 일이다. 실제로 어떤 확률변수들은 빈번하게 발생해서 통계학자들은 이 변수들에 대한 확률밀도함수를 결정하고 해당 속성들을 정리하여 왔다. 부록 C에서는 이 책의 취지에 직접적으로 부합하는 확률밀도함수들을 중심으로 고려하고자 한다. 하지만 표준 통계학 교과서에서는 통계학자들이 추가적으로 여러 확률밀도함수를 제시하고 있음을 기억해야 한다. 이 책에서는 다음과 같이 네 가지 확률분포를 논의하고자 한다.

1. 정규분포(the normal distribution)
2. t분포(the t distribution)
3. 카이제곱(χ^2)분포(the chi-square(χ^2) distribution)
4. F분포(the F distribution)

위의 확률분포들은 그 자체로도 중요하지만, 이 책의 취지를 고려한다면 표본평균과 표본분산과 같은 추정량(또는 **통계치**)의 확률분포를 찾는 데 도움을 주기 때문에 더욱 중요하다. 이러한 분포에 대한 지식을 갖추게 되면 참 모숫값을 도출하기 위한 추론이 가능해질 것이다. 예를 들어, 표본평균($\bar{X}$)의 확률분포를 알게 되면, 실제(또는 모집단) 평균 μ_x를 도출하기 위한 추론을 할 수 있을 것이다. 마찬가지로 표본분산 S_x^2을 알게 되면, 실제 모집단의 분산 σ_x^2에 대해 설명할 수 있게 될 것이다. 이는 **통계적 추론**의 핵심으로 당장에 주어진 표본을 기반으로 모집단의 특성(즉, 적률)에 대한 결론을 도출하는 것이다. 추론을 통해 어떻게 결론이 도출되는지에 대해서는 부록 D에서 논의할 것이다. 이 장에서는 네 가지 확률분포의 주요한 특성에 대해 논의하고자 한다.

C.1 정규분포

연속확률변수를 포함한 가장 중요한 확률변수는 **정규분포**(normal distribution)일 것이다. 그림 A-3에서처럼 정규분포는 종 모양인데, 통계학적 기초 지식을 조금이라도 갖고 있는 사람이라면 누구에게나 친숙하고 잘 알려진 분포이다. 경험적으로 볼 때, 정규분포는 여러 수많은 요인에 의해 값이 달라지지만 각 요인이 상대적으로 작은 양(+)이거나 음(−)의 영향을 미치는 연속확률변수에 대해 합리적으로 좋은 모형이다. 따라서 확률변수를 몸무게로 고려해 보자. 유전, 뼈의 구조, 식단, 운동, 신진대사 등 각각의 요소는 몸무게에 어느 정도 영향을 미친다고 예상되지만, 어느 특정한 하나의 요인이 다른 요인을 지배하지 않기 때문에 몸무게는 정규분포를 따르는 경향이 있다. 마찬가지로 키와 평점(GPA)과 같은 변수들 역시 정규분포를 이루는 것으로 관찰된다.

확률변수 X의 정규분포를 다음과 같이 나타낸다.

$$X \sim N\left(\mu_X, \sigma_X^2\right) \tag{C.1}$$ [1]

이때 ~은 어떻게 분포되었음을 의미하고, N은 정규분포, 괄호 안의 숫자들은 분포의 모수(parameters)를 의미하게 되어 μ_X와 σ_X^2는 각각 모평균(또는 기댓값)과 평균에 대한 분산을 나타낸다. X는 연속확률변수를 의미하고 범위는 $-\infty$에서 $+\infty$를 취한다.

정규분포의 속성

1. 정규분포 곡선은 그림 A-3과 같이 평균값 μ_X을 중심으로 대칭적인 모양이다.

2. 정규분포 확률변수의 확률밀도함수는 평균값에서 최댓값을 갖지만 양 옆 가장자리로 갈수록 (즉, 분포의 꼬리로 갈수록) 값이 작아진다. 즉, 평균값에서 멀어진 정규분포 확률변숫값을 취할 확률은 급격히 작아진다는 것을 의미한다. 따라서 키가 230cm을 초과하는 사람의 확률은 매우 낮다.

3. 그림 C-1에서처럼 정규 곡선 아래의 영역에서 대략 68%가 $(\mu_X \pm \sigma_X)$의 값 사이에 놓이게 되고, 영역의 약 95%가 $(\mu_X \pm 2\sigma_X)$, 영역의 약 99.7%가 $(\mu_X \pm 3\sigma_X)$ 사이에 놓

1 정규분포를 따르는 확률변수 X의 확률밀도함수(PDF)에 대한 수식은 다음과 같다.

$$f(X) = \frac{1}{\sigma_X \sqrt{2\pi}} \exp\left\{-\frac{1}{2}\left(\frac{X-\mu_X}{\sigma_X}\right)^2\right\}$$

이때 exp{ }는 내부수식 { }에 대한 e의 거듭제곱을 의미하는데, $e \approx 2.71828$(자연로그의 밑)이고, $\pi \approx 3.14159$이다. 분포의 모수로 알려진 μ_X와 σ_X^2은 각각 분포에서의 평균(또는 기댓값)과 분산을 의미한다.

그림 C-1 ● 정규 곡선하의 영역

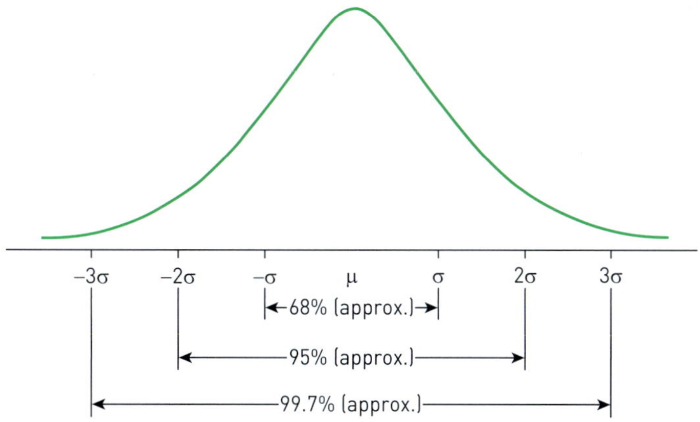

이게 된다. 부록 A에서 논의한 내용을 심화하면, 이 영역은 확률을 측정하기 위해 사용하기도 한다. 확률 곡선의 총면적은 1, 또는 100%이다.

4. 정규분포는 μ_X와 σ_X^2의 두 모수로 완전히 설명될 수 있다. 즉, 두 모수의 값을 알게 되면, 각주 1에 제시된 수식을 통해 X가 특정 구간에 놓일 확률을 구할 수 있다. 다행히 이 복잡한 수식을 통해 확률을 계산할 필요가 없는데, 이는 부록 E(표 E-1)에 준비된 표를 통해 이러한 확률을 쉽게 구할 수 있기 때문이다. 이 표를 사용하는 방법에 대해서는 곧 설명할 것이다.

5. 2개 (혹은 그 이상의) 정규분포 확률변수의 선형결합(함수)은 정규분포를 따른다. 이는 계량경제학에서 정규분포에 대한 매우 중요한 속성이다. 이를 설명하기 위해 정규분포를 이루는 확률변수를 다음과 같이 설정하자.

$$X \sim N\left(\mu_X, \sigma_X^2\right)$$
$$Y \sim N\left(\mu_X, \sigma_Y^2\right)$$

이고 X와 Y는 서로 독립이라 가정하자.[2]

이제 다음과 같이 두 변수의 선형결합을 고려하자: $W = aX + bY$에서 a와 b가 상수(가령, $W = 2X + 4Y$)라면 다음과 같이 정규분포의 모수를 구분할 수 있다.

$$W \sim N[\mu_W, \sigma_W^2] \tag{C.2}$$

2 어떤 결합확률밀도함수(PDF 또는 PMF)가 두 주변확률밀도함수의 곱[즉, 모든 X와 Y의 변수에 대한 $f(X, Y) = f(X)f(Y)$]이면 두 변수는 독립적인 분포를 따른다는 점을 기억하라.

이때,

$$\begin{aligned}\mu_W &= (a\mu_X + b\mu_Y)\\ \sigma_W^2 &= (a^2\sigma_X^2 + b^2\sigma_Y^2)\end{aligned} \tag{C.3}$$

식 (C.3)에서는 기대 연산자인 E와 부록 B(B.2절 참조)에서 논의된 독립 확률변수의 분산에 대한 속성을 사용하였다.[3] 아울러 식 (C.2)는 2개 이상의 확률변수에 대한 선형 결합으로 직접 확장할 수 있다.

6. 정규분포에 대해, 왜도(S)는 0이고 첨도(K)는 3이다.

사례 C.1

X를 맨해튼 중심 시내의 어느 한 꽃집에서 판매되는 장미의 수라 하고, Y를 맨해튼 변두리 시내의 어느 한 꽃집에서 판매되는 장미의 수라 하자. X와 Y는 독립적이고 정규분포 $X \sim N(100, 64)$ 및 $Y \sim N(150, 81)$을 따른다고 가정하자. 두 꽃집에서 이틀 동안 판매한 장미의 평균 가격과 그에 대한 분산은 얼마인가? 이때 $W = 2X + 2Y$이고, 식 (C.3)에 의해 $E(W) = E(2X + 2Y) = 500$이고 $\text{Var}(W) = 4\text{Var}(X) + 4\text{Var}(Y) = 580$과 같이 계산할 수 있다. 따라서 W는 평균값이 500이고 분산이 580인 정규분포를 따르게 된다: $[W \sim N(500, 580)]$.

표준정규분포

비록 정규분포가 두 모수[(모)평균 또는 기댓값과 분산]로 충분히 표기될 수 있더라도, 그림 C-2처럼 모든 정규분포는 다른 정규분포들과 평균, 분산, 또는 둘 모두에서 다를 수 있다.

그림 C-2에서와 같이 다양한 정규분포를 어떻게 비교할 수 있겠는가? 이러한 정규분포들은 평균값, 분산값, 또는 둘 모두에 의해 달라질 수 있기 때문에, 새로운 변수인 Z를 다음과 같이 정의하자.

$$Z = \frac{X - \mu_X}{\sigma_X} \tag{C.4}$$

만약 변수 X가 평균 μ_X와 분산 σ_X^2을 갖는다면, 앞서 정의된 Z변수에서는 평균값이 0이고 분산이 1(또는 단위)을 갖게 된다(이에 대한 증명은 연습문제 C.26을 참조하라). 통계학에서는 이러한 변수를 **단위** 또는 **표준변수**(unit or standardized variable)라 한다.

$X \sim N(\mu_X, \sigma_X^2)$이라 하면, 식 (C.4)에서 정의된 것처럼 Z는 **단위** 또는 **표준정규변수**(unit or standard normal variable)라 하는데, 평균이 0이고 분산이 단위(또는 1)인 정규분포를 따를

3 만약 X와 Y가 정규분포이지만 독립적이지 않다면, W는 식 (C.3)에서 주어진 평균에 대해 정규분포하지만, 다음과 같은 분산을 갖게 된다(식 B.27 참조): $\sigma_W^2 = a^2\sigma_X^2 + b\sigma_Y^2 + 2ab\,\text{Cov}(X, Y)$

그림 C-2 ● (a) 상이한 평균, 동일한 분산, (b) 동일한 평균, 상이한 분산, (c) 상이한 평균, 분산

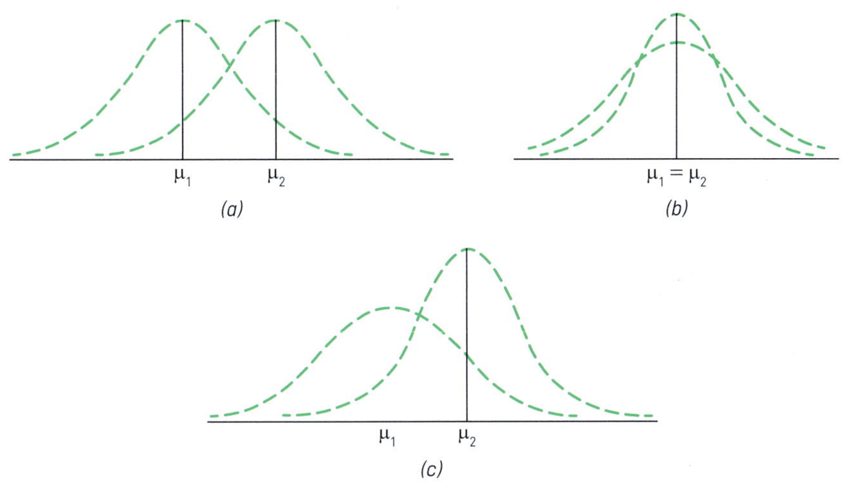

때 표준정규분포라 한다. 이러한 표준정규분포는 다음과 같이 표현할 수 있다.

$$Z \sim N(0,\ 1) \qquad \text{(C.5)}^{4}$$

따라서 어떤 평균과 분산을 가지는 확률변수가 정규분포를 취할 때 표준정규변수로 변환할 수 있는데, 그 결과 확률 계산을 매우 간단하게 수행할 수 있게 된다.

표준정규분포의 PDF와 CDF(cumulative distribution function, 누적분포함수)는 각각 그림 C-3a와 그림 C-3b와 같이 표현할 수 있다(PDF와 CDF의 정의에 대해서는 부록 A.5절, 부록 E의 표 E-1a 및 표 E-1b를 참조하라). 표준정규분포의 CDF는 다른 CDF와 마찬가지로 표준정규변수가 z와 같거나 작은 값을 취할 확률, 즉 $P(Z < z)$을 제공하게 된다. 이때 z는 Z의 특정 수치를 나타낸다.

표준정규분포를 활용한 다양한 확률 계산 방법을 설명하기 위해 다음과 같이 몇 가지 구체적 사례를 제시하고자 한다.

사례 C.2

어느 제과점에서 하루 빵의 판매량(X)은 평균이 70개이고 분산이 9개인 정규분포를 따르고 있다; $X \sim N(70,\ 9)$. 특정 날짜에 빵의 판매량이 75개보다 많을 확률은 얼마인가?

평균과 분산이 주어진 상황에서 X가 정규분포를 따르기 때문에, 다음과 같은 표준정규분포를

4 이 식은 정규분포를 따르는 변수의 선형함수가 그 자체로 정규분포를 따른다는 속성에 의해 아주 쉽게 증명이 가능하다. 만약 μ_X와 σ_X^2이 주어질 때, Z는 X에 대한 선형함수가 됨을 유의하라.

그림 C-3 ● 표준정규변수의 PDF와 표준정규변수의 CDF

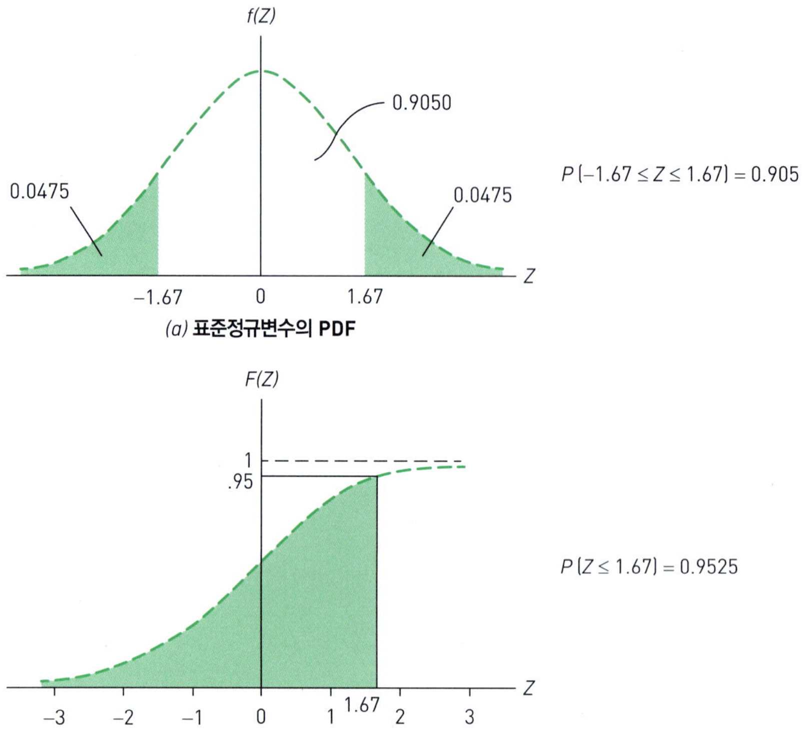

(a) **표준정규변수의 PDF**

(b) **표준정규변수의 CDF**

따르게 된다.

$$Z = \frac{75-70}{3} \approx 1.67$$

따라서 다음과 같이 문제의 확률을 구하는 절차를 따르게 된다.[5]

$$P(Z > 1.67)$$

부록 E의 표 E-1b에서는 $Z = -3.0$과 $Z = 3.0$ 사이의 표준정규분포의 CDF를 제시하고 있다. 예를 들어, 이 표는 Z가 -3.0에서 $Z = 1.67$에 놓일 확률 0.9525를 보여준다. 따라서 매일 빵의 판매량이 75개를 초과할 확률은 0.0475, 즉 약 4.75%(그림 C-3a 참조)이다.

$$P(Z > 1.67) = 1 - 0.9525 = 0.0475$$

5 $P(Z > 1.67)$과 $P(Z \geq 1.67)$ 중 어느 것이 적절할 확률 표기 방법일지 고려하는 것은 중요하지 않다. 부록 A에서 설명한 것처럼 연속확률변수가 특정 값(가령, 1.67)을 취할 확률은 항상 0이기 때문이다.

사례 C.3

사례 C.2에 대한 연장선에서, 이번에는 매일의 빵 판매량이 75개 이하일 확률을 구하라. 정답은 앞서의 사례에서 분명히 알 수 있는데, 이에 대한 확률은 그림 C-3b에서 보이는 것처럼 0.9525로 도출된다.

사례 C.4

사례 C.2에 대한 연장선에서, 하지만 이번에는 매일의 빵 판매량이 65개 이상, 75개 미만일 확률을 구하라. 이 확률을 계산하기 위해서는 우선 다음의 Z값을 구해야 한다.

$$Z_1 = \frac{65-70}{3} \approx -1.67$$

$$Z_2 = \frac{75-70}{3} \approx 1.67$$

이제 표 E-1을 참조하여 확률을 다음과 같이 찾을 수 있다.

$$P(-3.0 \le Z \le -1.67) = 0.475 \text{ 이고}$$

$$P(-3.0 \le Z \le 1.67) = 0.9525 \text{ 이다.}$$

$$\text{따라서 } P(-1.67 \le Z \le 1.67) = 0.9525 - 0.0475 = 0.9050$$

즉, 빵의 판매량이 매일 65개와 75개 사이에 있을 확률은 그림 C-3a에서와 같이 90.5%에 해당한다.

사례 C.5

앞의 사례의 연장선에서, 이제는 빵 판매량이 하루에 75개를 초과하거나 65개 미만일 확률을 찾고자 한다. 만약 독자 여러분들이 앞서의 사례들을 숙지하게 되었다면, 이때 확률은 그림 C-3a를 활용하여 0.0950에 해당함을 쉽게 찾을 수 있을 것이다.

앞 사례들에서 알 수 있듯이 특정 확률변수의 평균과 분산이 주어지고 정규분포를 따른다는 것을 알게 되면, 해당 변수들을 표준정규변수로 변환하고 표준정규분포표 표 E-1을 활용하여 적절한 확률을 계산할 수 있다. 어떠한 평균값 및 분산값이 주어져도 정규분포변수를 처리하는 데 표준정규분포표 하나만으로 충분하다는 점은 정말 놀라운 일이다.

앞서 언급한대로 정규분포는 이론적으로 가장 중요한 확률분포라 할 수 있다. 여러 다양한 (연속적인) 확률변수들은 대개 정규분포를 이루게 되거나 이와 유사한 양상을 보이기 때문이다. 이러한 점에 대해서는 C.2절에서 설명하겠지만, 그 전에 정규분포에서 다룰 수 있는 여러 실질적 문제를 고찰해 보고자 한다.

정규분포 모집단에서의 무작위 추출

정규분포는 이론통계학과 실용통계학에서 광범위하게 사용되기 때문에, 모집단에서 확률표본을 얻는 방법을 아는 것이 중요하다. 가령, 평균이 0이고 분산이 1인[즉, 표준정규분포, $N(0,\ 1)$] 정규확률분포에서 확률표본 25개를 추출하려고 한다. 이러한 표본은 어떻게 추출하는 것이 적절할 것인가?

대부분의 통계 패키지 프로그램에서는 **난수생성기**(random number generators)를 활용하여 자주 사용되는 확률분포에서 무작위로 표본을 추출(random sampling)할 수 있다. 가령, MINITAB 통계 패키지를 활용하여, $N(0,\ 1)$인 정규모집단에서 25개의 확률변수를 추출할 수 있다. 이 결과는 표 C-1의 첫 번째 열에 제시되어 있다. 마찬가지로 평균이 2이고 분산이 4인[즉, $N(2,\ 4)$인] 정규모집단에서 25개의 확률변수를 추출한 결과는 표 C-1의 두 번째 열에 제시되어 있다.[6] 물론 방금 설명한 절차를 통해 원하는 수만큼 표본들을 생성할 수 있다.

표 C-1 ● $N(0,\ 1)$ 또는 $N(2,\ 4)$에서 추출된 25개 난수

$N(0, 1)$	$N(2, 4)$	$N(0, 1)$	$N(2, 4)$
−0.48524	4.25181	0.22968	0.21487
0.46262	0.01395	−0.00719	−0.47726
2.23092	0.09037	−0.71217	1.32007
−0.23644	1.96909	−0.53126	−1.25406
1.10679	1.62206	−1.02664	3.09222
−0.82070	1.17653	−1.29535	1.05375
0.86553	2.78722	−0.61502	0.58124
−0.40199	2.41138	−1.80753	1.55853
1.13667	2.58235	0.20687	1.71083
−2.05585	0.40786	−0.19653	0.90193
2.98962	0.24596	2.49463	−0.14726
0.61674	−3.45379	0.94602	−3.69238
−0.32833	3.29003		

6 MINITAB은 주어진 평균 변수를 가진 정규모집단으로부터 확률변수를 생성해 준다. 실제로 표준정규분포[즉, $N(0,\ 1)$]에서 무작위 표본을 얻게 되면, 이 표본을 다른 평균과 분산을 가진 정규모집단으로 쉽게 변환할 수 있다. $Z \sim N(0,\ 1)$이고 a와 b는 상수라 할 때, $Y = a + bZ$로 정의하자. 이때 Y는 정규분포된 변수의 선형결합이기 때문에, Y 자체로는 $E(Z) = 0$이고 $\mathrm{Var}(a + bZ) = b^2\ \mathrm{Var}(Z) = b^2$인 분포를 도출하게 된다. [$\because\ \mathrm{Var}(Z) = 1$이므로 $E(Y) = E(a + bZ) = a$인 정규분포를 취하는 $Y \sim N(a,\ b^2)$인 결과를 도출하게 된다.] 즉, Z값에 b를 곱하고 여기에 a를 더하면, 평균이 a이고 분산이 b^2인 정규모집단의 표본을 취할 수 있게 된다. 따라서 $a = 2$이고 $b = 2$이면, $Y \sim N(2,\ 4)$인 정규분포를 따르게 된다.

표본평균($\bar{X}$)의 확률분포

부록 B에서 표본평균[식 (B.43) 참조]을 모집단 평균의 추정량으로 소개하였다. 하지만 표본평균은 주어진 표본에 기반하므로, 표본평균값은 추출된 표본에 따라 달라진다. 즉, 표본평균은 각자의 확률밀도함수를 취하는 확률변수로 간주할 수 있다. 그렇다면 표본평균의 확률밀도함수를 구하는 것은 가능할까? 만약 표본이 무작위적으로 추출되었다면, 정답은 "그렇다".

부록 B에서 무작위 추출에 대한 개념에 대해 직관적으로 모집단에 속한 각각의 관측치가 표본에 포함되기 위해 똑같은 기회를 갖는 것으로 설명하였다. 하지만 통계학에서는 **무작위 추출**(random sampling)이란 용어를 상당히 특별한 의미로 간주하곤 한다. X_1, X_2, ⋯ X_n의 모든 X변수가 같은 확률분포에서 독립적으로 추출되었다면(즉, 각각의 X_i가 같은 확률밀도함수를 갖는다면), n의 크기를 가진 확률표본을 구성한다고 정의한다. 이때 추출된 X변수들에 대해 **i.i.d.**(independently and identically distributed: 독립적이면서 동일하게 분포되는) **확률변수들**(random variables)로 알려져 있다. 따라서 앞으로 부록의 뒷부분과 교과서의 주요 장에서 **확률표본**이라는 용어는 i.i.d. 확률변수로 표시하게 될 것이다. 요약하자면, 이 책에서는 **i.i.d. 표본**(즉, i.i.d. sample)이라는 용어를 방금 설명한 확률표본을 의미하기 위해 사용하게 될 것이다.

따라서 각각의 $X_i \sim N(\mu_X, \sigma_X^2)$을 따르고 각각의 X_i값이 독립적으로 추출된다면, X_1, X_2, ⋯, X_n은 정규 확률밀도함수가 이 변수들의 공통 확률분포인 i.i.d. 확률변수들임을 의미하게 될 것이다. 이 정의에는 두 가지 요소가 포함되어 있다: 첫째, 표본에 포함된 각각의 X는 같은 확률밀도함수를 가져야 한다는 점과, 둘째, 표본에 포함된 각각의 X는 다른 변수들과 독립적으로 추출되어야 한다는 점이다.

이제 무작위 추출에 대한 매우 중요한 개념을 알게 되었다면, 앞으로는 통계학에서 또 다른 중요한 개념으로 표본평균($\bar{X}$)과 같은 **추정량에 대한 표집**(sampling), **확률**(probability), **분포**(distribution)에 대한 개념을 논의하고자 한다. 부록 D에서의 통계적 추론을 이해하고 이 책의 여러 장에서 계량경제학적 논의를 위해 이 개념을 분명히 이해하는 것이 반드시 필요하다. 많은 학생이 표집분포(標集分布)에 대한 개념을 어렵게 생각하는 경향이 있기에, 다음과 같이 예를 들어 설명하고자 한다.

사례 C.6

평균이 10이고 분산이 4인, 즉, $N(10, 4)$인 정규분포를 고려하기로 하자. 이 모집단으로부터 각각 20개의 관측치로 구성된 20개의 확률표본을 얻고자 한다. 따라서 각각의 추출된 표본에 대해 표본평균값인 $\bar{X}$를 얻을 수 있다. 이때 총 20개의 표본평균을 얻게 되는데, 그 결과는 표 C-2와 같다.

표 C-2 ● $N(10, 4)$에서 추출한 20개의 표본평균

표본평균 ($\bar{X}_i$)	
9.641	10.134
10.040	10.249
9.174	10.321
10.840	10.399
10.480	9.404
11.386	8.621
9.740	9.739
9.937	10.184
10.250	9.765
10.334	10.410

표 C-3에는 이러한 20개의 평균을 구간별로 구분한 도수분포(frequency distribution)가 제시되어 있다.

표 C-3의 표본평균에 대한 도수분포를 **경험적 표집, 또는 확률, 표본평균 분포**라 부르고,[7] 이러한 경험적 분포(empirical distribution)를 그래프로 나타내면 그림 C-4와 같이 막대그래프로 도출할 수 있다.

만약 그림에서 여러 막대그래프의 최고점을 연결하면, **도수분포 다각형**(frequency polygon)을 그릴 수 있는데, 이 그래프는 정규분포의 모양과 유사하다. 만약에 이러한 표본들을 더 많이 추출하여 도수분포 다각형으로 표현하게 되면 정규분포의 종 모양에 더욱 가까워질 것인가?

표 C-3 ● 20개 표본평균에 대한 도수분포표

표본평균의 범위	절대도수	상대도수
8.5–8.9	1	0.05
9.0–9.4	1	0.05
9.5–9.9	5	0.25
10.0–10.4	8	0.40
10.5–10.9	4	0.20
11.0–11.4	1	0.05
합	20	1.00

7 이 경우에서 추정량의 표집분포는 확률변수가 추정량이거나 통계량이라는 점을 제외하고 모든 확률변수의 확률분포와 같다. 즉, 표집분포는 **확률변수가 표본평균이나 표본분산과 같은 추정량의 확률분포**를 의미한다.

그림 C-4 ● 모집단 $N(10, 4)$에서 추출한 20개 표본평균의 분포

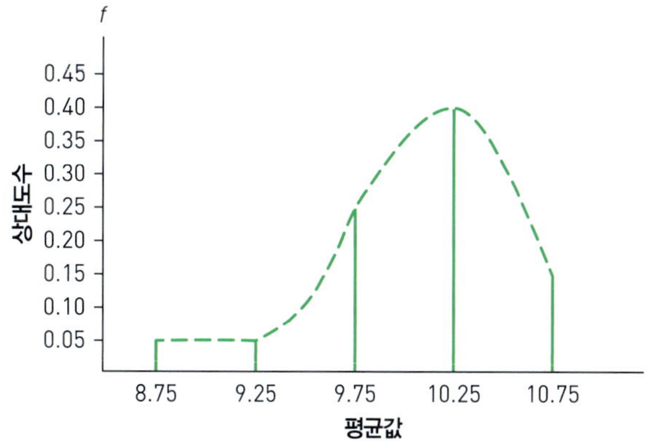

즉, 결국 표본평균의 표집분포가 정규분포를 따르게 될 것인가? 정답은 "실제 결과는 그렇다"이다.

$$20\text{개 표본평균들의 합} = 201.05\text{이므로,}$$

$$\bar{\bar{X}} = \frac{201.05}{20} = 10.052\text{이고}$$

$$\text{Var}(\bar{X}_i) = \frac{\Sigma(\bar{X}_i - \bar{\bar{X}})^2}{19} = 0.339$$

$$\text{참고: } \bar{\bar{X}} = \frac{\Sigma\bar{X}_i}{n}$$

이제 통계학 이론에 근거하여 사고할 필요가 있다: 만약, X_1, X_2, $\cdots$, X_n이 평균이 μ_X이고 분산이 σ_X^2인 정규 모집단의 **확률표본**이라면, 표본평균 $\bar{X}$는 평균은 모집단에서와 같이 μ_X이지만 분산에서는 $\frac{\sigma_X^2}{n}$인 정규분포를 따르게 된다.

$$\bar{X} \sim N\left(\mu_X, \frac{\sigma_X^2}{n}\right) \tag{C.6}$$

즉, 표본평균에 대한 표집 (또는 확률) 분포인 μ_X의 추정량인 X는 각각 X_i의 평균과 같은 값을 갖지만 분산에서는 X_i에 대한 분산(= σ_X^2)을 표본의 크기인 n으로 나눈 값과 같게 된다(증명을 위해 연습문제 C.25 참조). 만약 $n > 1$인 경우 표본평균의 분산은 각각의 X_i의 분산보다 훨씬 작게 될 것이다. 이 결과를 비교하기 위해, https://onlinestatbook.com/stat_sim/을 방문하여 표집분포에 관한 애플릿을 실행하면 그래프로 확인할 수 있다. 이를 통해 표본의 분포가 다양한 모집단분포와 다양한 표본의 크기에 따라 어떻게 변하는지 알 수 있다.

만약 $\bar{X}$에 대한 분산에 제곱근을 취하게 되면, 표준편차의 개념과 유사한 $\bar{X}$에 대한 **표준오차**

(standard error, se), $\frac{\sigma_X}{\sqrt{n}}$ 를 얻게 된다. 일반적으로 확률변수에 대한 분산의 제곱근에 대해서는 표준편차라 부르지만, 추정량의 분산에 대한 제곱근에 대해서는 표준오차라 부른다. 사실 추정량 역시 확률변수이기 때문에 두 용어를 구별할 필요는 없다. 하지만 통계학에서는 두 개념을 구분하여 사용하기 때문에 여기에서도 차이를 두기로 한다.

사례로 돌아와서, $\bar{X}_i$의 기댓값인 $E(\bar{X}_i)$는 10이어야 하고 분산은 4/20 = 0.20이어야 한다. 표 C-2에 주어진 20개 표본평균에 대한 평균값인 **총평균** $\bar{\bar{X}}$는 $E(\bar{X}_i)$와 거의 같아야 하고, 이러한 20개 표본평균의 표본분산은 0.20과 거의 같아야 한다. 표 C-2에서 $\bar{\bar{X}}$ = 10.052는 기댓값 10에 근접하고 Var($\bar{X}_i$) = 0.339로 0.20에 아주 근접하지는 않다. 이러한 차이는 왜 발생하는 것일까?

표 C-2에 주어진 자료에서는 단지 20개의 표본에 근거하고 있다. 앞서 설명하였듯이, (관측치 수가 각각 20개에 기반하는) 표본의 수가 증가하게 되면, 이론적 결과인 평균 10과 분산 0.20에 근접하게 될 것이다. 이렇게 유용한 이론적 결과를 알 수 있다는 것이 다행이라 할 수 있다. 결과적으로 우리는 표 C-2와 같은 시간 소모적인 표본추출 실험을 수행하지 않아도 무방하다. 단지 어떤 표본평균이 정규분포에 기반할 때, 표본평균에 대한 기댓값은 실제 평균값인 μ_X와 같게 된다. 부록 D에서 살펴보겠지만, 특정한 추정치가 측정한 확률분포를 따른다는 것을 아는 지식은 표본량을 모집단과 대응하여 연관시키는 데 도움이 된다. 이어서 식 (C.6)의 표본평균의 분포는 다음과 같이 표준정규분포로 나타낼 수 있다.

$$Z = \frac{(\bar{X} - \mu_X)}{\frac{\sigma_X}{\sqrt{n}}} \sim N(0,1) \tag{C.7}$$

따라서 표준정규분포표에서 어떤 표본평균이 모평균보다 크거나 작을 때의 확률을 쉽게 구할 수 있다. 다음의 사례를 살펴보자.

사례 C.7

*X*를 어떤 자동차 제조사에서 제작한 특정 모델의 1갤런당 마일값에 해당하는 변수라 하자. $X \sim N(20, 4)$라 할 때, 무작위로 추출한 해당 모델의 자동차 25대에서 1갤런당 평균 마일이 다음과 같은 상황일 때의 확률을 구하라.

a. 21마일보다 크다.

b. 18마일보다 작다.

c. 19마일과 21마일 사이에 있다.

X가 평균이 20이고 분산이 4인 정규분포를 따르고 있기 때문에, $\bar{X}$ 역시 평균이 20이고 분산이 4/25인 정규분포를 따르게 됨을 알고 있다. 그 결과 다음의 사실을 알 수 있다.

$$Z = \frac{\bar{X} - 20}{\sqrt{4/25}} = \frac{\bar{X} - 20}{0.4} \sim N(0,1)$$

즉, Z는 표준정규분포를 따르게 되어, 각각 상황에서의 확률을 다음과 같이 구할 수 있다.

$$\begin{aligned}
P(\bar{X} > 21) &= P\left(Z > \frac{21-20}{0.4}\right) \\
&= P(Z > 2.5) \\
&= 0.062 \text{(표 E-1b에서 구함)} \\
P(\bar{X} < 18) & \quad P\left(Z < \frac{18-20}{0.4}\right) \\
&= P(Z < -5) \approx 0 \\
P(19 \le \bar{X} \le 21) &= P(-2.5 \le Z \le 2.5) \\
&= 0.9876
\end{aligned}$$

다음 진도를 나가기 전에, 표 C-2에서 수행한 표본추출 실험 과정에 대해서는 일명 **몬테카를로 실험**(Monte Carlo experiments) 또는 **몬테카를로 모의실험**(Monte Carlo simulations)이라 함을 기억하기 바란다. 이 방법은 실제로 실험을 수행하게 될 때 많은 시간과 비용이 소요되는 경우, 다양한 통계모형의 속성을 파악하고자 할 때 사용할 수 있는 매우 효율적인 방법이다(연습문제 C.21, C.22, C.23 참조).

중심극한정리

이제 정규 모집단에서 추출한 표본에 대한 표본평균 역시 정규분포를 따른다는 사실을 알게 되었다. 하지만 정규분포가 아닌 다른 분포를 가진 모집단에서 표본을 추출하게 되면 어떻게 될까? 이에 대해 프랑스의 수학자 라플라스에 의해 제안된 **중심극한정리**(the central limit theorem, CLT)로 인해 통계학에서 비약적인 발전을 이룰 수 있게 되었다. 중심극한정리는 만약 X_1, X_2, ⋯, X_n은 어떠한 모집단으로부터 (즉, 확률분포) 무작위 추출된 표본으로 평균이 μ_X이고 분산이 σ_X^2이면, **표본평균 $\bar{X}$는 표본의 크기가 무한정으로** (기술적 용어로, 무한대로) **커질 때,**[8] 평균이 μ_X이고 분산은 $\frac{\sigma_X^2}{n}$으로 수렴하게 됨을 보여준다. 당연히 X_i가 정규분포에서 추출되었다면, 표본평균은 표본의 크기에 상관없이 정규분포를 따르게 된다. 이 결과는 그림 C-5에서 제시하고 있다.

8 실제로 어떠한 확률분포를 취하든지 상관없이 표본의 크기가 적어도 30개 이상인 표본평균에 대해서는 대략적으로 정규분포를 이루게 된다.

그림 C-5 ● 중심극한정리

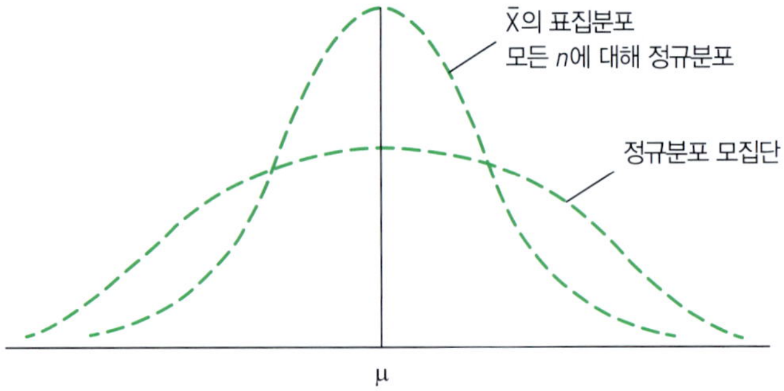

(a) **정규분포에서 추출된 표본**

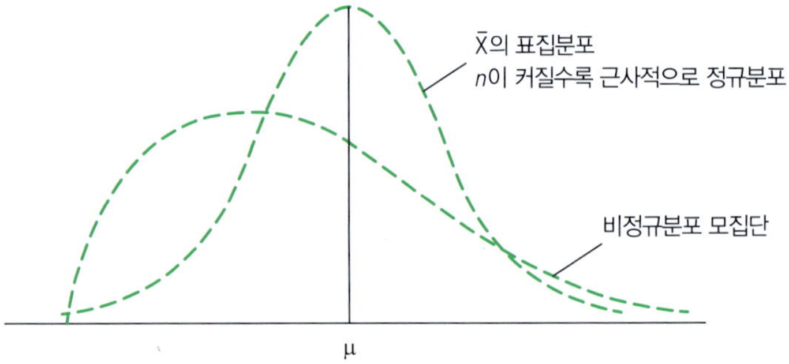

(b) **비정규분포에서 추출된 표본**

C.2 *t*분포

이 책에서 가장 많이 활용하는 확률분포는 **Student의 *t*분포**[9]로 알려진 ***t*분포**(*t* distribution)이다. *t*분포는 정규분포와 밀접하게 관련되어 있다.

*t*분포를 소개하기 위해, $\bar{X} \sim N(\mu_X, \sigma_X^2/n)$으로 정의된 정규분포를 다음과 같이 표준정규분포로 변환하는 과정을 복습 차원에서 숙지하도록 하자.

$$Z = \frac{(\bar{X} - \mu_X)}{\sigma_X / \sqrt{n}} \sim N(0,1)$$

이 식에서는 모집단의 평균과 분산인 μ_X와 σ_X^2이 모두 주어져 있다. 하지만 우리가 모평균 μ_X만 알고 분산에 대해서는 모분산 σ_X^2의 추정량인 표본분산을 식 (B.44)를 활용하여 S_x^2 =

9 Student는 W. S. Gosset가 더블린의 기네스 양조업체에서 통계 전문가로 일하면서 사용하였던 그의 필명이다. 그는 *t*분포를 1908년에 발견하였다.

$\frac{\Sigma(X_i - \bar{X})^2}{n-1}$과 같이 계산하였다고 가정하자. 이때 식 (C.7)에서 모집단 표준편차인 σ_X를 표본의 표준편차인 S_x로 대체할 때, t값에 대한 새로운 변수를 다음과 같이 구할 수 있게 된다.

$$t = \frac{\bar{X} - \mu_X}{S_x / \sqrt{n}} \tag{C.8}$$

통계학 이론에서는 t변수가 자유도가 $(n-1)$인 Student의 t분포를 따르게 된다고 정의되어 있다. 정규분포에서 모평균과 모분산이 모숫값인 것처럼, t분포에서는 자유도(df)만 유일한 모숫값으로 알려져 있다: 이 경우의 자유도는 $(n-1)$. 주: 표본의 분산 S_x^2(따라서 표준편차는 S_x)를 구하기 전에, 먼저 표본평균 $\bar{X}$를 구해야 한다. 하지만 $\bar{X}$를 계산하기 위해 같은 표본을 사용하기 때문에, S^2을 계산하기 위해 독립변수의 관측치 수 n을 사용하는 것이 아니라 1을 제외한 자유도(df)를 사용하게 된다.

요약하면, 모평균이 μ_X이고 모분산이 σ_X^2인 정규 모집단에서 확률표본을 추출하지만 σ_X^2를 추정량인 S^2로 대체하게 될 때, 표본평균 $\bar{X}$는 t분포를 따르게 된다. t분포를 따르는 확률변수는 t_k로 지칭하게 되는데, 이때 k는 (일반적으로) 자유도(df)를 의미한다. 부록 E의 표 E-2에서는 다양한 자유도(df)에 따른 t분포표가 제시되어 있다. t분포표의 사용방법에 대해서는 곧 설명하게 될 것이다.

*t*분포의 속성

1. t분포는 정규분포와 같이 좌우 대칭형이다(그림 C-6 참조).

2. t분포의 평균은 표준정규분포와 같이 0이고 분산은 $k/(k-2)$이다. 따라서 t분포의 분산은 자유도(df)가 2보다 클 경우에 정의된다.

그림 C-6 ● 자유도(df)에 따른 t분포

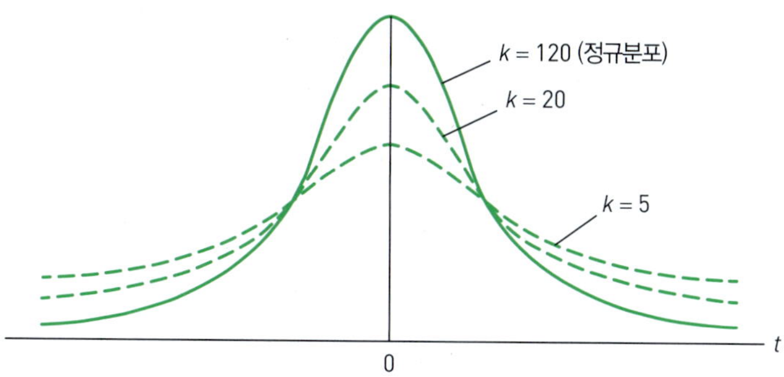

앞서 표준정규분포에서 분산은 항상 1임을 설명하였는데, t분포에서는 그림 C-6처럼 분산이 표준정규분포에서 보다 커지게 된다. 즉, 정규분포와 비교할 때 t분포는 평평한 모양을 지니게 된다. 하지만 k가 증가할수록 t분포의 분산은 표준정규분포의 분산인 1에 근접해 가게 된다. 따라서 자유도(df)가 $k = 10$일 때 t분포의 분산은 10/8 = 1.25이지만, $k = 30$이 되면 분산은 30/28 = 1.07이 되고, $k = 100$이 되면 분산은 100/98 = 1.02가 되어, k가 커질수록 분산은 1에 근접해 감을 알 수 있다. 그 결과 t분포는 df가 커질수록 표준정규분포에 거의 가까워진다. 하지만 유의해야 할 점은 k가 30개인 소수의 관측치를 갖더라도 t변수 및 표준정규변수의 분산에서 큰 차이가 없다는 점이다. 따라서 t분포에서는 정규분포에 근접해가기 위해 관측치 수를 굳이 대량으로 확보할 필요가 없다.

부록 E의 표 E-2에는 t분포표가 제시되어 있다. t분포표를 사용하여 다음의 몇 가지 사례를 살펴보기로 하자.

사례 C.8

사례 C.2를 다시 살펴보기로 하자. 15일 동안 빵 판매량이 (표본에서의) 표준편차가 4개이고 평균 74개라 하자. 실제 평균 판매량이 하루에 70개일 때, 이와 같은 판매량을 가질 확률은 얼마인가?

만약 참값인 σ를 알고 있었다면, 표준정규분포를 활용하여 이 질문에 답할 수 있었을 것이다. 하지만 지금은 식 (C.8)을 활용하여 도출한 추정량인 S를 알고 있기 때문에, 이 질문에 대한 답을 구하기 위해 부록 E의 표 E-2를 사용하여 t값을 계산해야 한다.

$$t = \frac{74 - 70}{4/\sqrt{15}}$$
$$= 3.873$$

이 사례에서 df는 14 (= 15 − 1)임에 유의하라. (왜 그러한가?)

표 E-2에서 확인할 수 있듯이, 자유도 14에서 t값이 2.145 이상일 확률은 0.025(2.5%)이고, t값이 2.624 이상일 확률은 0.01(1%)이며, t값이 3.787 이상일 확률은 0.001(0.1%)이다. 따라서 t값이 3.873 이상일 때 확률은 0.001보다 작게 된다.

사례 C.9

사례 C.8에서의 기본 설정은 그대로 유지하되, 빵의 판매량이 해당 15일 동안 평균 72개라고 가정하자. 이제 이러한 판매고를 얻기 위한 확률은 얼마인가?

정확히 동일한 추론의 과정을 거쳐 계산된 t값이 약 1.936임을 알 수 있다. 이제 표 E-2를 활용하여 df가 14이면 t값이 1.761 이상일 때 약 0.05(즉, 5%)가 되고, 2.145 이상일 때

0.025(즉, 2.5%)가 된다. 따라서 t값이 1.936 이상일 확률은 2.5%와 5% 사이에 놓이게 된다.

사례 C.10

이제 15일 동안 빵의 평균 판매량은 68개인데, 표준편차가 하루 4개이다. 실제의 평균 판매량이 하루 70개라면, 이러한 판매량을 달성할 확률은 얼마인가?

식 (C.8)에 관련 숫자를 대입하면, 이 경우 t값은 −1.936임을 알 수 있다. 하지만, t분포는 좌우 대칭적이므로 −1.936 이하의 t값을 취할 확률은 앞서 t값이 +1.936 이상일 확률과 같게 되어, 2.5%와 5% 사이에 놓이게 된다.

사례 C.11

앞 사례를 계속해서 활용하기로 하자. 15일간의 평균 빵 판매량이 68개 미만이거나 72개를 초과하는 경우의 확률은 얼마인가?

사례 C.9와 사례 C.10에서 빵에 대한 평균 판매량이 72개를 초과하거나 68개 미만일 확률은 t값이 1.936을 초과하거나 −1.936 미만일 확률과 같음을 알 수 있다.[10] 앞서 우리가 살펴보았듯이 이 경우의 확률은 0.025와 0.5 사이에 놓이게 된다. 따라서 전체 확률은 0.05와 0.10 사이(즉, 5%와 10% 사이)에 놓이게 될 것이다. 따라서 결국 이 경우에서는 $|t| > 1.936$일 확률을 구하게 되는데, 이때 $|t|$는 절댓값 t를 나타내어 부호를 무시한 t값을 의미한다(예를 들어, 절댓값 2는 2이고 절댓값 −2 역시 2이다).

앞서 사례들로부터 식 (C.8)에서의 t값을 계산하고 df를 알고 나면 주어진 t값을 얻을 확률을 구하기 위해 단지 t분포표를 활용하면 된다는 것을 알게 되었다. 앞으로 이 책 전반에서 회귀분석에 대한 주제를 논의하게 될 때 t분포표 활용에 대해 더욱 다양하게 참조하게 될 것이다.

사례 C.12

1972~2007년 기간의 학업적성검사(SAT) 점수가 다음과 같다.

구분	남학생	여학생
비판적 읽기(평균)	510.03 (36.54)	503.00 (51.09)
수학(평균)	524.83 (48.31)	486.36 (102.07)

주: 괄호 안의 숫자는 분산을 의미함.

비판적 읽기에 대한 시험에서 10명의 남학생에 대한 SAT 점수를 무작위로 추출하였을 때,

10 여기서 유의할 점은 숫자 −2.0은 −1.936보다 작고, 숫자 −2.3은 −2.0보다 작다.

(표본) 평균값은 510.12점이고, (표본) 분산값은 41.08점이다. 1972~2007년 전체 기간의 (실제) 평균 점수가 510.03점이라는 것을 알고 있을 때, 이러한 점수를 얻게 될 확률은 얼마인가?

t분포에 대한 지식을 바탕으로 이러한 문제에 대해서는 쉽게 대답할 수 있다. 식 (C.8)의 관련된 값들을 대입하여 다음과 같은 결과를 도출할 수 있다.

$$t = \frac{510.12 - 510.03}{\sqrt{\frac{41.08}{10}}} = 0.0444$$

t값은 자유도가 9일 때의 t분포를 가진다. (그러한 이유는 무엇인가?) 표 E-2로부터 t값에 대한 확률이 0.25(또는 25%)보다 크다는 것을 확인할 수 있다.

t분포표 사용 방법에 관한 주석: 사용자 친화적인 통계 패키지 프로그램과 전자계산기의 출현으로, 지금은 표 E-2에서 선택된 몇 개의 자유도에 대한 확률 제시 방식은 그 가치에서 제한이 있다. 이러한 점은 부록 E에서 제시하고 있는 다른 통계표에 대해서도 동일한 한계점이 있다. 따라서 통계 패키지 프로그램들을 활용할 수 있다면 부록 E의 통계표를 활용하는 것보다 정확하게 주어진 자유도에 대한 확률을 계산할 수 있다.

C.3 카이제곱(χ^2)확률분포

지금까지 표본평균 $\bar{X}$(만약 실제의 표준편차가 알려져 있다면 정규분포이고, 표본에 대한 표준편차를 사용할 경우라면 t분포)를 표집한 분포를 도출하였는데, 표본분산 $S^2 = \frac{\Sigma(X_i - \bar{X})^2}{n-1}$의 표본분포를 도출할 수 있을까? 지금까지 실제로 표본평균과 표본분산을 자주 사용하였기 때문이다. 대답은 "그렇다"이다. 이때 사용할 수 있는 확률분포를 **카이제곱(χ^2)확률분포**(chi-square(χ^2) probability distribution)라 하는데, 이 분포는 정규분포와 매우 밀접하게 관련되어 있다. 각각의 표본평균은 표본에 따라 달라지는데, 이와 마찬가지로 표본분산 역시 표본에 따라 달라지는 것에 주목하자. 즉, 표본평균과 같이 표본분산 역시 확률변수이다. 물론 특정한 표본을 가지고 있다면, 이에 대응하는 특정한 표본평균값과 특정한 표본분산값을 가지게 될 것이다.

앞서 확률변수 X가 평균이 μ_X이고 분산이 σ_X^2인 정규분포[$X \sim N(\mu_X, \sigma_X^2)$]를 따르게 되면, 확률변수 $Z = (X - \mu_X)/\sigma_X$는 표준정규분포[$Z \sim N(0, 1)$]를 따르게 된다는 것을 알게 되었다. 통계학 이론에서는 **표준정규변수의 제곱값은 어떤 자유도(df)를 취하는 카이제곱(χ^2)확률분포를 따**

른다는 것을 보여주고 있다. 이를 기호로 나타내면,

$$Z^2 = \chi^2_{(1)} \tag{C.9}$$

이때 χ^2의 하첨자 (1)은 자유도(degrees of freedom, df)를 의미한다; 식 (C.9)는 자유도가 1인 상황이다. t분포의 경우에서처럼, 자유도(df)는 카이제곱분포의 모수에 해당한다. 식 (C.9)에서 하나의 표준정규 확률변수의 제곱을 고려하였으므로 자유도는 단지 1이다.

자유도에 대한 주석: 일반적으로 df의 수는 표본평균이나 표본분산과 같은 통계치를 구하기 위해 사용하는 독립적인 관측치 수를 의미한다. 예를 들면, 확률변수 X의 표본분산은 $S^2 = \sum(X_i - \bar{X})^2/(n-1)$로 정의된다. 이 경우 자유도의 수는 $(n-1)$인데, 그 이유는 표본평균 $\bar{X}$를 계산하는 데 사용하였던 동일한 표본을 표본분산을 측정하기 위해 사용한다면 자유도 1이 손실된다; 즉, $(n-1)$의 독립적인 관측치들을 표본분산 계산에 활용하게 된다. 자유도에 대한 예를 제시하면 개념이 더욱 분명해질 것이다. X값이 1, 2, 3인 3개의 관측치로 구성되어 있다고 가정하자. 우선 표본평균은 2이다. 이때 $\sum(X_i - \bar{X}) = 0$이 항상 성립하기 때문에, $(1-2)$, $(2-2)$, $(3-2)$와 같이 주어지는 3개의 편차에서 단지 2개만 자유롭게 선택할 수 있다. 세 번째의 경우는 $\sum(X_i - \bar{X}) = 0$이라는 조건을 충족시키기 위해 고정된 값을 취할 수밖에 없다.[11] 따라서 이러한 경우 관측치가 3개 존재하더라도 자유도(df)는 2이다.

이제 $Z_1, Z_2, \cdots, Z_k$ 등은 k개의 **독립적인** 정규변수들(즉, 각각의 Z는 평균이 0이고 분산이 1인 정규 확률변수)이다. 이들 각각의 Z에 제곱을 취해주고 모두 합하게 되면, k개의 자유도를 가진 카이제곱분포를 따르게 됨을 알 수 있다.

$$\sum Z_i^2 = Z_1^2 + Z_2^2 + \cdots Z_k^2 \sim \chi^2_{(k)} \tag{C.10}$$

이 경우 자유도는 k임에 주목할 필요가 있는데, 식 (C.10)에서 제곱값의 합인 k의 독립적인 관측치들이 포함되어 있기 때문이다.

기하학적으로 χ^2분포는 그림 C-7과 같은 양상을 보인다.

카이제곱(χ^2)분포의 속성

1. 그림 C-7에서 보여주듯이 카이제곱분포는 정규분포와 달리 (결국, 제곱값들에 대한 분포로써) 단지 양의 값들만을 취하게 되고 범위는 0부터 무한대에 이른다.

2. 그림 C-7에서 보여주듯이 카이제곱분포는 정규분포와 달리 **편향된**(skewed) **분포**인데, 이러한 왜도의 정도는 df에 의해 결정된다. 상대적으로 df가 적을 경우 분포는 오

11 특정한 표본이 주어질 때, $\bar{X} = \Sigma X_i/n$은 $\Sigma\bar{X} = n\bar{X}$이고 $\bar{X}$는 상수이므로 $\Sigma(X_i - \bar{X}) = \Sigma X_i - \Sigma\bar{X} = n\bar{X} - n\bar{X} = 0$이 성립한다.

그림 C-7 ● χ^2 확률변수의 밀도함수

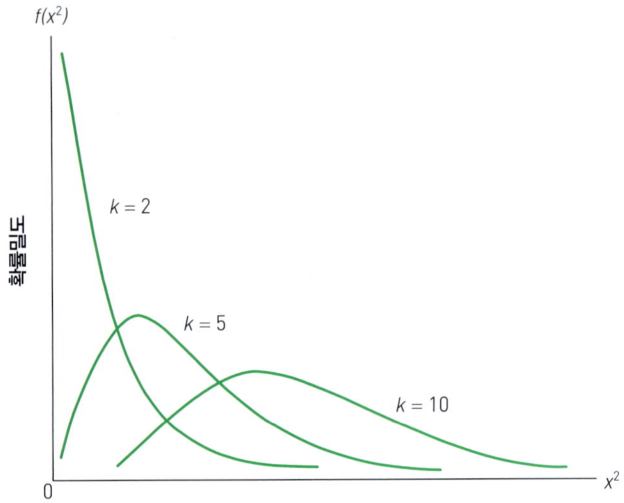

른쪽으로 크게 치우쳐진 양상을 보이지만, *df*가 증가함에 따라 분포는 점점 대칭적인 모양이 되고 결국 정규분포에 근접하게 된다.

3. 카이제곱확률변수의 기댓값 또는 평균은 k이고 분산은 $2k$인데, 이때 k는 자유도를 의미한다. 이것은 카이제곱분포에서 주목할 만한 속성을 보여주는데, 카이제곱분포의 분산은 평균의 두 배임을 알 수 있다.

4. Z_1과 Z_2가 각각 자유도 k_1과 k_2를 취하는 독립적인 카이제곱변수라면, 이들의 합인 $(Z_1 + Z_2)$는 $df = (k_1 + k_2)$인 카이제곱분포를 이룬다.

부록 E의 표 E-4는 카이제곱값의 기초가 되는 *df*가 알려져 있거나 주어질 때 특정 χ^2이 주어진 숫자를 초과할 확률을 도표화한 것이다. 회귀분석에서 카이제곱분포를 적용하는 방식에 대해서는 다음 장에서 다루게 되겠지만, 우선 지금 이 표를 어떻게 활용할 수 있는지 살펴보고자 한다.

사례 C.13

자유도 30에 대해서, 관측된 χ^2 확률변수가 13.78 이상일 확률은 얼마인가? 18.49 이상일 확률은 얼마인가? 50.89 이상일 확률은 얼마인가?

부록 E의 표 E-4로부터 이들 확률은 각각 0.995, 0.95, 0.01임을 확인할 수 있다. 따라서 χ^2값이 약 51일 확률은 단지 1%로 매우 낮지만, 같은 자유도에 대해 χ^2값이 약 14일 확률은 대략 99.5%로 매우 높다.

사례 C.14

만약 S^2이 분산값이 σ^2인 정규 모집단에서 n개의 확률표본에서 얻어진 표본분산일 때, 통계학 이론에서는 다음의 수량이 χ^2분포를 따르게 됨을 보여준다.

$$(n-1)\left(\frac{s^2}{\sigma^2}\right) \sim \chi^2_{(n-1)} \tag{C.11}$$

즉, 모분산에 대한 표본분산의 비율에 자유도 $(n-1)$을 곱한 값은 자유도 $(n-1)$인 카이제곱분포를 따른다. $\sigma^2 = 8$인 정규 모집단에서 20개의 관측치를 무작위 추출할 때 표본분산 $S^2 = 16$이라 가정하자. 이러한 표본분산을 얻게 될 확률은 얼마인가?

앞서의 수식에 적합한 숫자를 대입하여 얻은 19(16/8) = 38은 자유도가 19일 때 카이제곱변수임을 알 수 있다. 부록 E의 표 E-4에서 실제 σ^2이 8이고 자유도가 19일 때 χ^2값이 약 38일 확률은 약 0.005로 확률이 매우 낮음을 확인할 수 있다. 특정 확률표본이 분산이 8인 모집단에서 추출되었는지 의심할 여지가 있다. 이에 대해서는 부록 D에서 논의하고자 한다.

부록 D에서는 표본분산 S^2만 알고 있을 경우 식 (C.11)을 통해 모분산 σ^2에 대한 가설검정을 실시하는 방법을 소개한다.

C.4 *F*분포

계량경제학에서 매우 유용한 또 다른 확률분포로 ***F*분포**(*F* distribution)가 있다. *F*분포의 배경은 다음과 같다. $X_1, X_2, \cdots, X_m$은 평균 μ_X와 분산 σ_X^2을 갖는 정규 모집단으로부터 추출한 크기가 m인 확률표본을 의미하고, $Y_1, Y_2, \cdots, Y_n$은 평균 μ_Y와 분산 σ_Y^2을 갖는 정규 모집단으로부터 추출한 크기가 n인 확률표본을 의미한다고 하자. 이때 두 표본은 독립적이고 각각 정규분포인 모집단들에서 추출하였다고 가정하자. 이때 두 모집단의 분산값들이 $\sigma_X^2 = \sigma_Y^2$으로 과연 같게 되는지 알아보고자 한다. 두 모집단의 분산을 직접적으로 확인할 수 없기 때문에, 추정치들을 다음과 같이 도출할 수 있다고 가정하자.

$$S_X^2 = \sum \frac{(X_i - \bar{X})^2}{m-1} \tag{C.12}$$

$$S_Y^2 = \sum \frac{(Y_i - \bar{Y})^2}{n-1} \tag{C.13}$$

이제 다음과 같은 비율을 구할 수 있다:

$$
\begin{aligned}
F &= \frac{S_X^2}{S_Y^2} \\
&= \frac{\Sigma(X_i - \bar{X})^2 / (m-1)}{\Sigma(Y_i - \bar{Y})^2 / (n-1)}
\end{aligned} \qquad \text{(C.14)[12]}
$$

만약 두 모분산이 사실 같게 된다면, 식 (C.14)에서 제시된 F 비율(ratio)은 반드시 1이어야 하지만, 두 모집단이 다르다면 F 비율은 1과는 달라야 한다; 두 분산의 차이가 커질수록 F값은 더 커질 것이다.

통계학 이론에 의하면 $\sigma_X^2 = \sigma_Y^2$이면(즉, 두 모분산이 같을 때), 식 (C.14)에 제시된 F 비율은 분자에 자유도 $(m-1)$과 분모에 자유도 $(n-1)$인 F**분포**를 따르게 된다.[13] 또한 F분포는 주로 2개의 (대략적으로 정규분포인) 모집단의 분산을 비교하기 위해 사용되기 때문에, **분산비율 분포**(variance ratio distribution)로 알려져 있다. F 비율은 F_{k_1,k_2}로 표기하기도 하는데, 이때 이중 첨자는 분포의 모수로 분자와 분모의 자유도를 의미한다[앞서 사례에서, $k_1 = (m-1)$이고 $k_2 = (n-1)$임[14]].

F분포의 속성

1. 카이제곱분포와 같이 F분포 역시 오른쪽으로 치우쳐져 있고 범위는 0과 무한대이다(그림 C-8 참조).
2. t분포 및 χ^2분포와 같이 자유도 k_1과 k_2가 (기술적 용어로 무한대로) 증가할수록 F분포는 정규분포에 근접하게 된다.
3. 자유도 k를 가진 t분포를 따르는 확률변수의 제곱은 분자와 분모의 자유도가 각각 1과 k인 F분포를 따른다.

$$t_k^2 = F_{1,k} \qquad \text{(C.15)}$$

12 관행에 의해 F값을 계산할 때 수치가 큰 값의 분산을 분자에 대입하는데, 이는 F값이 항상 1이거나 1보다 크기 때문이다. 아울러 만약 변수 W가 분자와 분모의 자유도(numerator and denominator degrees of freedom, df)가 각각 m과 n인 F분포를 따르면, 변수 $(1/W)$ 역시 F분포를 따르지만 분자와 분모의 자유도가 각각 n과 m으로 바뀌게 됨에 유의해야 한다. 더 구체적으로 다음의 식과 같이 표기할 수 있다.

$$F_{(1-\alpha),m,n} = \frac{1}{f_{\alpha,n,m}}$$

이때 α는 유의수준을 의미하는데, 이 내용은 부록 D에서 논의할 것이다.

13 상세하게 기술하면, $\frac{s_x^2/\sigma_X^2}{s_y^2/\sigma_y^2}$은 F분포를 따른다. 하지만, $\sigma_X^2 = \sigma_Y^2$이면 식 (C.14)에 제시된 F 비율을 가진다. 각 경우에 동일한 표본을 사용하여 표본평균을 계산하므로 두 표본분산을 계산할 때 각각 1개의 자유도를 상실하게 됨에 유의하여야 한다.

14 F분포는 2개의 자유도를 갖게 되는데, 통계학 이론에 의하면 F분포는 2개의 독립적인 카이제곱확률변수를 해당 자유도로 나눈 비율에 대한 분포이다.

그림 C-8 ● 다양한 자유도(df)에 대한 F분포

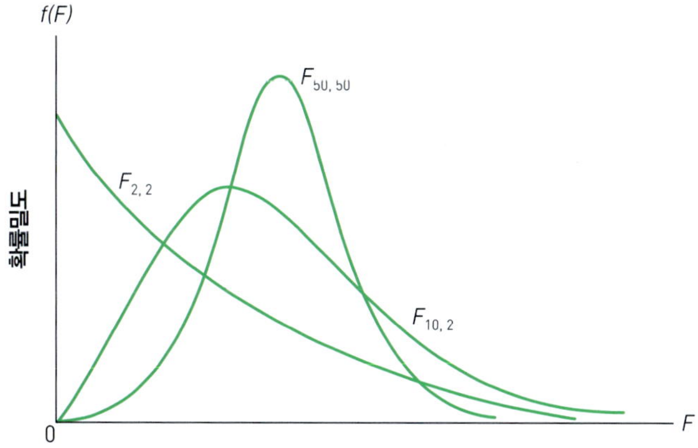

4. F분포와 t분포 사이의 관계와 마찬가지로 F분포와 χ^2분포 역시 서로 관련이 있는데, 다음과 같이 수식으로 표기할 수 있다.

$$n \to \infty \text{일수록 } F_{(m,n)} = \frac{\chi^2}{m} \tag{C.16}$$

자유도 m으로 나눈 카이제곱변수는 분자의 자유도 m과 분모의 자유도가 매우 큰(기술적으로 무한대인) F 변수에 근접한다. 따라서 표본이 아주 클 경우에는 F분포 대신에 χ^2분포를 활용해도 되고 그 반대도 가능하다. 식 (C.16)을 다음과 같이 바꿔 쓸 수 있다.

$$n \to \infty \text{일수록 } m \cdot F_{(m,n)} = \chi^2_m \tag{C.17}$$

즉, 분모의 자유도가 충분히 클 때(기술적으로는 무한대일 때), 분자의 자유도에 $F_{(m,\ n)}$를 곱하면 분자의 자유도를 가진 χ^2값과 같게 된다.

F분포는 부록 E의 표 E-3에 도표화되어 있다. 교재에서는 회귀분석의 맥락에서 구체적인 사용방식을 논의하고 있지만, 잠시 동안 F분포표를 어떻게 사용하는지 학습하고자 한다.

사례 C.15

사례 C.12의 SAT 사례를 다시 참조하자. 남학생과 여학생에 대한 비판적 읽기 영역의 점수가 각각 정규분포를 따르고 있다. 아울러 사례 C.12의 표에 주어진 평균 점수 및 분산은 이보다 훨씬 큰 모집단에서 추출한 표본값들을 나타낸다고 가정하자. 2개의 표본분산을 기준으로, 2개의 모분산은 같다고 할 수 있는가?

남학생 모집단과 여학생 모집단의 비판적 읽기에 대한 성적이 정규분포를 따르는 확률변수라 가정할 때, 식 (C.14)에 의해 F비율을 다음과 같이 계산할 수 있다.

$$F = \frac{51.09}{36.54} = 1.3982$$

이때 F분포는 분자에 35개의 자유도를 갖고 분모에 35개의 자유도를 갖는다(**참고:** F값을 계산하기 위해 두 분산 중에 큰 값을 분자에 대입한다). 부록 E의 표 E-3에서는 자유도가 35일 때 F값이 제시되어 있지 않다. 이에 만약 분자와 분모에 자유도 30을 사용하면, F값 1.40을 얻게 될 확률은 대략 10%에서 25% 사이에 놓이게 된다. 이 확률은 매우 낮기 때문에(추론에 대해서는 부록 D를 참조), 두 모집단변수가 같지 않다고 주장할 수 있는 충분한 근거가 없어 보인다고 할 수 있다. 따라서 SAT 평가의 비판적 읽기 영역에서 남학생과 여학생 성적의 모분산에는 차이가 없다고 판단할 수 있다. 만약 두 모분산이 같다면 F값은 1이 되겠지만, 두 모분산이 같지 않다면 F값은 1보다 점점 더 커질 것이다.

사례 C.16

어떤 교수가 두 반(班, class)에 같은 계량경제학 문제를 제시하였다. 한 반은 100명, 다른 반은 150명의 학생으로 구성되어 있다. 첫 번째 반에서는 25명의 확률표본을 추출하고, 두 번째 반에서는 31명의 확률표본을 추출하여 계산한 결과 학점(GPA)의 표본분산이 각각 100과 132임을 알게 되었다. 한편 두 반에서 확률변수 학점은 정규분포를 따른다고 가정한다. 그렇다면 두 반에서 학점의 분산은 같다고 할 수 있는가?

이 상황은 2개의 정규 모집단에서 추출한 2개의 독립적 확률표본을 다루고 있기 때문에, 식(C.14)에서 제시된 F비율을 구하면 다음과 같이 각각 자유도 30과 24에 해당하는 F분포를 따르게 됨을 알 수 있다.

$$F = \frac{132}{100} = 1.32$$

표 E-3의 F분포표로부터, 분자의 30개 자유도와 분모의 24개 자유도에 대해 F값이 1.31 이상일 확률은 25%이다. 이 확률은 합리적인 기준에서 높다고 판단할 수 있으므로, 두 계량경제학 반에서의 (모집단) 분산은 (통계적으로) 같다고 결론지을 수 있다.

요약

부록 A에서 일반적인 용어로 확률분포에 대해 논의하였다. 부록 C에서는 네 가지 주요한 확률분포인 정규분포, t분포, 카이제곱분포, F분포와 각각의 주요한 특징과 어떠한 상황에 적용될 수 있는지 살펴보았다. 이 책의 주요 장에서 논의하겠지만 계량경제학 이론과 실제에서 이 4개의 확률분포함수는 굉장히 중요한 역할을 한다. 따라서 이 책을 학습하려면 이러한 분포의 본질에 대한 확실한 이해가 필수다. 부록을 통해 이 책의 주요 장에서 다루는 분포의 구체적인 특징을 재차 복습해 볼 수 있다.

주요 용어 및 개념

정규분포(normal distribution)
- (a) 단위 또는 표준변수(unit or standardized variable)
- (b) 단위 또는 표준정규변수(unit or standard normal variable)

난수생성기(random number generators)

무작위 추출(random sampling); i.i.d. 확률변수(i.i.d. random variables)

추정량에 대한 표집, 확률, 분포(sampling or probability, distribution of an estimator) (예: 표본평균)

표준오차(standard error, se)

몬테카를로 실험 또는 모의실험(Monte Carlo experiments or simulations)

중심극한정리(central limit theorem, CLT)

t분포(t distribution)(Student의 t분포)

카이제곱(χ^2)확률분포[Chi-square(χ^2) probability distribution]

자유도(degrees of freedom, df)

F분포(F distribution)
- (a) 분산비율분포(variance ratio distribution)
- (b) 분자와 분모의 자유도(numerator and denominator degrees of freedom, *df*)

질문

C.1 다음 용어의 의미를 설명하라.

a. 자유도

b. 추정량의 표본분포

c. 표준오차

C.2 다음의 확률변수 $X \sim N(8, 16)$을 고려하자. 다음의 명제가 참인지 거짓인지 진술하라.

a. X값이 12보다 클 확률은 0.16이다.

b. X값이 12와 14 사이에 놓일 확률은 0.09이다.

c. X값이 평균으로부터 2.5 표준편차보다 클 확률은 0.0062이다.

C.3 질문 C.2를 연속하여 살펴보자.

a. 모집단의 확률표본에서 얻게 된 표본평균 $\bar{X}$의 확률은 얼마인가?

b. (a)의 답변은 표본의 크기에 의존하는가? 왜 그러한가?

c. 표본의 크기가 25일 때, $\bar{X}$가 6일 확률은 얼마인가?

C.4 t분포와 정규분포의 차이는 무엇인가? t분포는 언제 사용하게 되는가?

C.5 어떤 확률변수가 t분포를 따른다고 가정하자.

a. 자유도(df)가 20일 때, t값이 1.325보다 클 확률은 얼마인가?

b. (a)에서 구한 t값이 -1.325보다 작을 확률은 얼마인가?

c. t값이 1.325보다 크거나 작게 될 확률은 얼마인가?

d. (c)에서의 명제와 다음의 명제의 차이가 있는가? "절댓값 t, 즉 $|t|$가 1.325보다 클 확률은 얼마인가?"

C.6 *참 또는 거짓.* 자유도가 충분하게 클 때, t분포, 카이제곱분포, F분포 모두는 표준정규분포에 근접해 간다.

C.7 자유도가 충분하게 클 때, 카이제곱분포는 다음과 같이 표준정규분포에 근접해 간다.

$$Z = \sqrt{2\chi^2} - \sqrt{2k-1} \sim N(0,1), \text{ 단, } k = 50.$$

a. 카이제곱값이 80을 초과할 확률을 χ^2분포표를 활용하여 구하라.

b. 앞서 정규 근사를 이용하여 이 확률을 구하라.

c. df가 100이라 가정하자. χ^2분포표와 정규분포표를 활용하여 주어진 정규 근사에 대한 확률을 구하라. 정규 근사를 χ^2분포에 사용하면서 얻을 수 있는 결론은 무엇인가?

C.8 통계학에서 중심극한정리가 왜 중요한지 기술하라.

C.9 카이제곱확률분포와 F확률분포가 어디에 사용될 수 있는지 사례를 제시하라.

연습문제

C.10 100개의 기업으로 구성된 어떤 산업에서의 수익(X)이 평균값이 150만 달러이고 표준편차가 12만 달러인 정규분포를 따른다고 한다. 다음 확률을 계산하라.

a. $P(X < 100\text{만 달러})$

b. $P(800{,}000\text{달러} \le X \le 1{,}300{,}000\text{달러})$

C.11 문제 C.10에서 기업들 중 10%가 특정 이윤을 초과한다고 할 때, 해당하는 확률을 구하라.

C.12 계량경제학 시험에서 평균 성적(GPA)이 평균 75점에 정규분포한다고 할 때, 학생 중 10%가 80점 이상을 획득하였다. 계량경제학 성적에서 표준편차는 얼마인가?

C.13 튜브에 담겨 있는 치약의 양이 평균 6.5온스이고 표준편차가 0.8온스로 정규분포를 따른다고 하자. 치약 튜브 1개를 생산하는 데 드는 비용은 50센트이다. 품질관리검사에서 6온스 미만인 튜브를 발견하게 되었다.

함량 미달의 튜브에 치약을 평균값까지 재충전하는 데 20센트 비용이 소요되고, 함량을 초과하여 튜브가 7온스를 초과하게 되면 회사 차원에서 7센트 이윤손실이 발생하게 된다.

1,000튜브의 치약을 검사한다고 할 때

a. 튜브 안에 치약의 양이 6온스 미만인 치약 튜브는 몇 개인가?

b. 이 경우 재충전을 위한 총비용은 얼마인가?

c. 치약이 7온스 이상 채워진 튜브는 몇 개인가? 이 경우 이윤손실은 얼마로 예상하는가?

C.14 $X \sim N(10, 3)$이고 $Y \sim N(15, 8)$이다. 만약 X와 Y가 독립일 때, 다음의 확률분포는 얼마인가?

a. $X+Y$ **b.** $X-Y$ **c.** $3X$ **d.** $4X+5Y$

C.15 문제 C.14를 이어서 살펴보자. 이제는 X와 Y가 상관계수 0.6으로 양의 상관관계가 있다고 가정하자.

C.16 X와 Y를 두 주식에 대한 수익률(%)이라 하자. $X \sim N(15, 25)$이고 $Y \sim N(8, 4)$일 때, 두 주식의 수익률의 상관계수를 −0.4라 하자. 포트폴리오에 2개의 주식을 같은 비중으로 보유하기를 원한다고 가정하자. 해당 포트폴리오에서의 수익에 대한 확률분포는 얼마인가? 이 포트폴리오 구성을 유지하는 것이 좋겠는가? 아니면 두 주식 중 하나만 투자하는 것이 좋겠는가? 그 이유를 제시하라.

C.17 사례 C.12를 다시 참조하자. 10명의 여학생에 대한 SAT 수학 점수의 표본분산이 142점이다. 모분산값이 102.07점으로 알려져 있을 때, 해당 표본값을 얻게 될 확률은 얼마인가? 이 질문에 답하기 위해 사용할 수 있는 확률분포는 무엇인가? 이 분포에 대한 주요 가정들은 무엇인가?

C.18 임의로 선택된 경제학자 10명에게 내년의 실질 국민총생산의 성장률은 어떻게 될지 질문하였다. 이 예측에 대한 확률변수의 확률은 정규분포이다.

a. 예측에 대한 표본분산이 모분산 X%보다 클 확률은 0.10이다. X값은 얼마인가?

b. 표본분산이 모분산의 X%와 Y% 사이에 놓일 확률이 0.95일 때, X와 Y값은 얼마인가?

C.19 어떤 유명 브랜드의 시리얼 제품 중 10박스를 추출하여 무게를 쟀더니, 다음과 같은 표본들이 추출되었다. (단위: 온스)

16.13	16.02	15.90	15.83	16.00
15.79	16.01	16.04	15.96	16.20

a. 표본평균과 표본분산은 얼마인가?

b. 박스당 실제 평균이 16온스라면, 표본평균값을 포함할 확률은 얼마인가? 어떠한 확률분포를 사용하였는가? 왜 그러한가?

C.20 동일한 미시계량경제학 시험을 각기 다른 두 대학 학생들을 대상으로 실시하였다. 결과는 다음과 같다.

$$\bar{X}_1 = 75, \quad S_1^2 = 9.0, \quad n_1 = 50$$
$$\bar{X}_2 = 70, \quad S_2^2 = 7.2, \quad n_2 = 40$$

이때 각각의 $\bar{X}$는 두 표본에서의 평균 성적; 각각의 S^2은 표본분산; 각각의 n은 표본의 크기를 의미한다. 두 대학에서 시험성적의 모분산이 같을 것이라는 가설을 어떻게 검정할 수 있는가? 어떤 확률분포를 사용하게 될 것인가? 이 분포에서 강조하는 가정들은 무엇인가?

C.21 *몬테카를로 모의실험.* 자유도 $k = 10$인 t분포에서 25개의 관측치를 가진 확률표본 25개를 추출하자. 각각의 표본에서 표본평균을 구하라. 이들 표본평균에 대한 표집분포는 어떠한 분포의 양상을 보이는가? 왜 그러한지 그래프를 이용하여 답하라.

C.22 문제 C.21을 다시 수행하는데, 이번에는 자유도가 8인 χ^2분포를 사용하라.

C.23 문제 C.21을 다시 수행하는데, 이번에는 분자와 분모의 자유도가 각각 10과 15인 F분포를 사용하라.

C.24 식 (C.16)을 활용하여, $F_{10,\,10}$, $F_{10,\,20}$, $F_{10,\,60}$인 $\chi^2_{(10)}$값들을 비교하라. 어떠한 결론을 도출할 수 있는가?

C.25 $X \sim N(\mu_X, \sigma_X^2)$이라 할 때, $\bar{X} \sim \mathrm{N}(\mu_X, \sigma_X^2/n)$을 증명하라.

힌트: $\mathrm{Var}(\bar{X}) = \mathrm{Var}\left(\frac{X_1 + X_2 + \cdots + X_n}{n}\right)$

부록 B에서 논의하였던 분산의 속성과 X_i가 i.i.d.라는 사실을 기억하여 힌트에 적용하라.

C.26 $Z = \left(\frac{X - \mu_X}{\sigma_X}\right)$는 평균이 0이고 분산이 1임을 증명하라. 이 분포가 정규분포인지 여부를 밝혀라.

힌트: $E(Z) = E\left(\frac{X - \mu_X}{\sigma_X}\right) = \frac{1}{\sigma_X} E(X - \mu_X)$

부록 D

통계적 추론

추정과 가설검정

확률, 확률변수, 확률분포, 그리고 기댓값, 분산, 공분산, 상관계수, 조건부 기댓값 등의 확률 분포 특성 등을 배웠으므로 이제 부록 D에서는 통계적 추론(statistical inference)이라는 중요한 내용을 다룬다. 개략적으로 말해서 통계적 추론이란, 모집단으로부터 추출된 무작위 표본을 이용하여 모집단 성질에 대한 결론을 도출하는 것이다. 만약 특정한 표본이 정규분포의 모집단으로부터 추출되었다면 그리고 표본평균과 표본분산을 계산하였다면, 그러한 정보를 이용해서 실제 모집단의 평균은 얼마이고 모집단 분산은 얼마인지를 알고 싶을 것이다.

D.1 통계적 추론의 의미[1]

앞서 살펴봤듯이 **모집단**과 **표본**의 개념은 통계학에서 극히 중요하다. 부록 A에서 정의되었듯이 **모집단**은 관심 대상의 현상이 가질 수 있는 모든 값의 집합이다(예를 들면, 뉴욕시 거주 시민). **표본**은 모집단의 부분집합이다(예를 들면, 뉴욕시의 5개 구 중의 하나인 맨해튼의 거주 주민). 느슨하게 표현하면, 통계적 추론은 모집단과 그 모집단으로부터 추출된 표본 간의 관계이다. 이 표현이 어떤 의미를 갖는지를 이해하기 위해서 구체적인 사례를 살펴보자.

표 D-1은 뉴욕증권거래소(NYSE)에 상장된 28개 기업들에 대한 2004년 2월 2일 (약 오후 3시경) **주가수익률**(PER로 알려져 있음)의 자료이다.[2] 이 자료가 약 3,000개가량의 NYSE에 상장된 주식 모집단에서 추출된 무작위 표본이라고 가정하자. 예를 들어, 이 표에서 Alcoa(AA)

1 통계적 추론에는 베이지안과 고전적 접근, 두 가지 접근이 있다. 통계학자 Neyman과 Pearson, 두 사람에 의해 제안된 고전적 접근은 통계학 입문 수업을 듣는 학생들이 만나게 되는 접근이다. 두 접근은 기본적인 철학이 다르지만 그 결과인 추론에는 큰 차이가 없다.

2 주가는 매일 변하기 때문에 비록 수익은 변하지 않더라도 PER 값은 매일 변한다. 이 표에 주어진 주식들은 소위 다우30에 속해 있는 주식들이다. 실제에서 주가는 주식시장이 개장되어 있는 동안은 매우 빈번하게 변하는데, 대부분의 신문에서 보도되는 PER 값은 거래일 종가에 기초한 값이다.

표 D-1 ● 뉴욕증권거래소(NYSE)에서 거래되는 28개 기업 주가의 수익률(PER)

회사	PER	회사	PER
AA	27.96	INTC	36.02
AXP	22.90	IBM	22.94
T	8.30	JPM	12.10
BA	49.78	JNJ	22.43
CAT	24.68	MCD	22.13
C	14.55	MRK	16.48
KO	28.22	MSFT	33.75
DD	28.21	MMM	26.05
EK	34.71	MO	12.21
XOM	12.99	PG	24.49
GE	21.89	SBC	14.87
GM	9.86	UTX	14.87
HD	20.26	WMT	27.84
HON	23.36	DIS	37.10
평균 = 23.25, 분산 = 90.13, 표준편차 = 9.49			

출처: www.stockselector.com

회사의 27.96이라는 주가수익률 값은 그날 주식이 연 수익의 약 28배의 가격으로 팔리고 있다는 것을 의미한다. 주가수익률은 주식시장에서 투자자들이 고려하는 중요한 지표 중의 하나이다.

이제 주가수익률의 하나의 값이 아니라 NYSE에 상장된 전체 주식 모집단의 **평균** 주가수익률을 알고 싶다고 하자. 원칙적으로는 NYSE에 상장된 모든 주식의 주가수익률 자료를 구할 수 있기 때문에 평균 주가수익률을 계산하는 것이 가능하다. 그러나 이것은 상당한 시간과 비용을 필요로 한다. 그렇다면 표 D-1의 자료를 이용해서 28개 기업의 **평균** 주가수익률을 계산하고 이 표본평균을 모집단의 평균에 대한 **추정치**로서 사용하는 것은 어떨까? X를 주식의 주가수익률이라고 하고 $\bar{X}$를 표 D-1에 주어진 28개 주식의 평균 주가수익률라고 할 때 NYSE 모집단 전체의 평균 주가수익률, 즉 $E(X)$ 값에 대해 $\bar{X}$로부터 무엇을 알 수 있는가? **이처럼 표본값을 이용해서 모집단값으로 일반화하는 과정이 통계적 추론의 핵심이다.** 이 주제를 좀 더 상세히 살펴보자.

D.2 추정과 가설검정: 통계적 추론을 떠받치는 2개의 기둥

앞선 논의에서 통계적 추론이 다음과 같은 과정을 거쳐 진행되는 것을 알 수 있다. 먼저 관심 대상의 모집단이 있다. 예컨대 NYSE에 상장된 주식들의 모집단이 그것이다. 다음으로 이 모집단의 어떤 특징, 예를 들면 주가수익률을 조사하려고 한다. 이때 주가수익률의 각 값에 관심이 있는 것이 아니고 주가수익률의 평균에 관심이 있다고 하자. 평균 주가수익률 계산을 위해 NYSE에 상장된 모든 주식의 주가수익률을 조사하면 상당한 비용과 시간이 들기 때문에, 몇몇 주식으로 구성되는 **무작위 표본**을 추출해서 이들 주식들의 주가수익률을 구하고 표본평균 $\bar{X}$를 계산한다. $\bar{X}$는 주가수익률의 모평균 $E(X)$에 대한 **추정량**(estimator)이며 혹은 (표본) **통계량**(statistic)으로 알려져 있다. 그리고 $E(X)$는 **모수**(parameter)라고 부른다. 예를 들어서 평균과 분산은 정규분포의 모수이다. 추정량의 계산된 값을 **추정치**(estimate)라고 한다. **추정은 통계적 추론의 첫 번째 단계이다.** 모수의 추정치를 얻고 나면, 다음으로 이 추정치가 얼마나 좋은가를 확인할 필요가 있다. 추정치는 실제 모숫값과 정확하게 일치하지 않기 때문이다. 만약 28개 주식의 표본을 두 번 이상 추출해서 각 표본 자료의 표본평균을 계산하면, 이들 표본평균값들은 서로 다를 것이다. 표본을 추출할 때마다 추정치가 달라지는 것을 **표집변동성**(sampling variation) 혹은 **표집오차**(sampling error)라고 한다.[3] D.4절에서 추정량의 좋고 나쁨을 평가하는 데 공통적으로 사용되는 기준을 일부 논의한다.

추정은 통계적 추론의 한 단면이고, **가설검정**(hypothesis testing)이 나머지 다른 단면이다. 가설검정에서는 검정하고자 하는 모수에 대해 어떤 특정한 값이 관심 대상이 된다. 예를 들면, 사전적인 지식이나 전문가 견해를 통해 NYSE에 상장된 주식들의 모집단 평균 주가수익률이 20이라고 알려져 있다고 하자. 이 20이 모집단 평균 주가수익률의 실젯값인지 아닌지는 아직 모르며 단지 하나의 **가설적인** 값이다. 이제 28개 주식의 무작위 표본을 추출했을 때 표본평균이 23이라고 하자. 분명히 23은 20이라는 가설적인 값과 다르다. 그러나 여기서 중요한 질문은 23이 20과 **통계적으로 다르냐** 하는 것이다. 우리는 표본오차 때문에 모숫값과 추정값이 서로 정확하게 같지 않다는 것을 알고 있다. 따라서 중요한 점은 모수의 가설적인 값과 추정치가 다르냐 여부가 아니라 얼마만큼 다르냐 하는 것이다. 만약 23이 20과 통계적으로 다르지 않다면, 우리는 실제 모집단의 평균 주가수익률이 20이라는 가설을 기각하지 않고 채택할 수 있다. 이제 남은 문제는 통계적으로 다른지를 결정하는 방법을 찾는 것이며, 이것이 **가설검정**의 핵심이고 D.5절에서 다룰 주제이다.

3 표본을 임의로 추출하는 무작위 표본에서는, 표본을 새롭게 추출할 때마다 표본 관측치가 달라지기 때문에 표집오차가 발생하기 마련이다. 따라서 표본을 이용하는 분석에서는 표집오차는 불가피하다.

D.3 모수의 추정

부록 C에서 몇몇 확률분포를 살펴보았다. 실제 통계분석에서는 어떤 확률변수 X가 특정 확률분포를 따르는 것을 알고 있거나 혹은 가정하게 된다. 그러나 그 분포 모수의 값은 모르기 마련이며, 통계분석의 목적은 바로 모수의 값에 관한 정보를 도출하는 것이다. 예를 들어, X가 정규분포를 따른다면 2개의 모수, 즉 평균 $E(X) = \mu_X$와 분산 σ_X^2이 통계분석의 대상이 된다. 이러한 모수를 추정하기 위한 통상적인 과정은, 우리가 갖고 있는 자료가 특정 확률분포로부터 추출된 크기 n의 **무작위 표본**이라고 가정하고 그 표본 자료를 이용해서 모수를 추정하는 것이다. 그러면 표본평균을 모평균의 추정치로, 그리고 표본분산을 모분산의 추정치로 각각 이용할 수 있게 된다. 이러한 과정을 **추정문제**(problem of estimation)라고 한다. 추정문제는 두 가지 유형으로 구분할 수 있는데, 점 추정과 구간 추정이다.

확률변수 X(예를 들면, 주가수익률)가 값을 모르는 평균과 분산을 갖는 정규분포를 따른다고 가정하자. 그리고 이 정규분포로부터 추출된 표 D-1과 같은 28개 값의 확률표본을 갖고 있다고 하자.

이 표본 자료를 이용해서 모평균 $\mu_X = E(X)$와 모분산 σ_X^2을 어떻게 추정할 수 있을까? 당분간 모평균에만 초점을 맞추기로 한다.[4] 명백히 28개 주가수익률 값의 표본평균 $\bar{X}$가 모평균의 추정치일 것이며, 표 D-1에서는 23.25로 계산된다. 이러한 하나의 수치를 μ_X의 **점 추정치**(point estimate)라고 부른다. 그리고 이 점 추정치를 계산하기 위해 사용한 공식인 $\bar{X} = \sum_{i=1}^{28} X_i/n$를 **점 추정량**(point estimator) 혹은 **통계량**(statistic)이라고 한다. **표본을 새롭게 추출할 때마다 그 값이 변하기 때문에 점 추정량 혹은 통계량은 확률변수인 점**을 주목하자(사례 C.6에서의 표본추출 실험을 기억하자). 그렇다면 자연스러운 질문은, 23.25가 실제 μ_X에 대해 얼마만큼 신뢰할 수 있는 추정치이냐이다. 비록 표본평균이 모평균에 대한 최선의 추정치이지만, [19, 24] 구간이 실제 μ_X를 포함할 가능성이 더 큰 게 아닌가, 즉 더 신뢰할 수 있지 않은가 하는 의문을 가질 수 있다. 이 의문이 바로 **구간 추정**(interval estimation)의 기본 아이디어이다.

구간 추정의 핵심 아이디어는 표본평균 $\bar{X}$와 같은 추정량의 **표본분포**(sampling distribution) 혹은 **확률분포**(probability distribution)의 개념이며, 이것은 부록 C에서 이미 논한 바 있다. 부록 C에서 우리는, 만약 확률변수 X의 분포가 $X \sim N(\mu_X, \sigma_X^2)$이면

$$\bar{X} \sim \left(\mu_X, \frac{\sigma_x^2}{n}\right) \qquad (D.1)$$

4 그러나 이하 논의는 모분산 σ_X^2의 추정에도 쉽게 적용할 수 있다.

혹은

$$Z = \frac{(\bar{X} - \mu_X)}{\sigma_X / \sqrt{n}} \sim N(0,1) \tag{D.2}$$

이 성립하는 것을 본 적이 있다. 즉, 표본평균 $\bar{X}$의 표본분포도 역시 정규분포를 따른다.[5]

부록 C에서 지적되었듯이, 비록 σ_X^2은 일반적으로 값을 모르지만 만약 표본분산 $S_x^2 = \Sigma(X_i - \bar{X})^2 / (n-1)$을 대신 사용하면,

$$t = \frac{(\bar{X} - \mu_X)}{S_x / \sqrt{n}} \tag{D.3}$$

는 자유도 $(n-1)$를 갖는 t분포를 따른다는 것을 알고 있다.

식 (D.3)이 주가수익률 사례에서 μ_X의 구간 추정에 어떻게 이용되는지를 보기 위해서, 표본 관측치가 28개이므로 자유도가 27임을 주목하자. 이제 부록 E에 주어진 표 E-2의 t분포표를 보면 자유도가 27일 때

$$P(-2.052 \le t \le 2.052) = 0.95 \tag{D.4}$$

인 것을 알 수 있으며, 이 점은 그림 D-1에서 확인할 수 있다. 즉, 27의 자유도에 대해 구간 (−2.052, 2.052)가 식 (D.3)에서 계산된 t값을 포함할 확률은 0.95(혹은 95%)이다.[6] 이 구간 경곗값들을 ***t* 임계치**(critical t values)라고 부른다. $t = -2.052$를 하한 임계치(lower critical t value)라고 하고, $t = 2.052$를 상한 임계치(upper critical t value)라고 한다.

그림 D-1 ● 자유도 27의 t분포

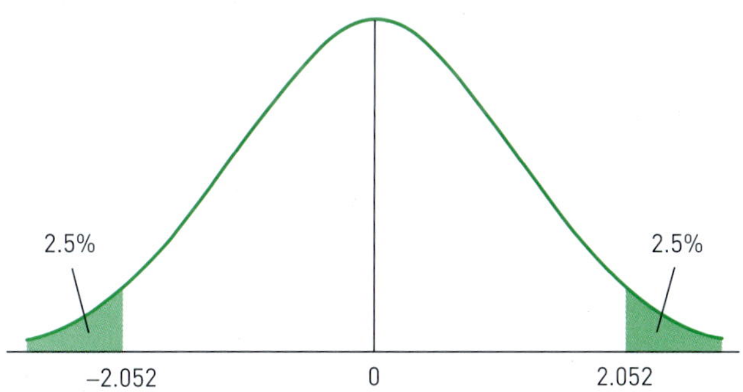

---

5 X가 정규분포를 따르지 않더라도 만약 표본 크기 n이 충분히 크면 중심극한정리에 따라 $\bar{X}$는 정규분포를 따르는 점을 주목하라.

6 구간의 경곗값이 자유도뿐만 아니라 확률 수준에도 의존하는 것은 말할 나위가 없다. 예를 들어서 같은 자유도에 대해 0.99의 확률 수준인 경우에는 구간은 (−2.771, 2.771)이 된다.

식 (D.3)을 식 (D.4)에 대체해 넣으면

$$P\left(-2.052 \le \frac{(\bar{X}-\mu_X)}{S_x / \sqrt{n}} \le 2.052\right) \tag{D.5}$$

의 결과를 얻게 된다. 식 (D.5)를 산술적으로 약간 변형하면 다음과 같이 동일한 내용의 식을 얻게 된다.

$$P\left(\bar{X}-2.052\frac{S_x}{\sqrt{n}} \le \mu_X \le \bar{X}+2.052\frac{S_x}{\sqrt{n}}\right)=0.95 \tag{D.6}$$

식 (D.6)이 바로 μ_X의 **구간 추정량**을 제공한다.

통계학에서는 식 (D.6)을 모평균 μ_X에 대한 95% **신뢰구간**(confidence interval, CI)이라고 부르고 0.95의 값을 **신뢰계수**(confidence coefficient)라고 한다. 식 (D.6)은 **확률구간** ($\bar{X} \pm$ 2.052 $S_x/\sqrt{n}$)이 실제 μ_x를 포함할 확률이 0.95라는 것을 의미한다. ($\bar{X} - 2.052 S_x/\sqrt{n}$)은 신뢰구간의 **하한값**(lower limit)이며 ($\bar{X} + 2.052 S_x/\sqrt{n}$)은 신뢰구간의 **상한값**(upper limit)이다. 그림 D-2를 참조하라.

식 (D.6)의 구간이 **무작위 구간**(random interval)임을 인식하는 것이 중요하다. 구간의 계산

그림 D-2 ● 자유도 27하에서 μ_X에 대한 95% 신뢰구간과 99% 신뢰구간

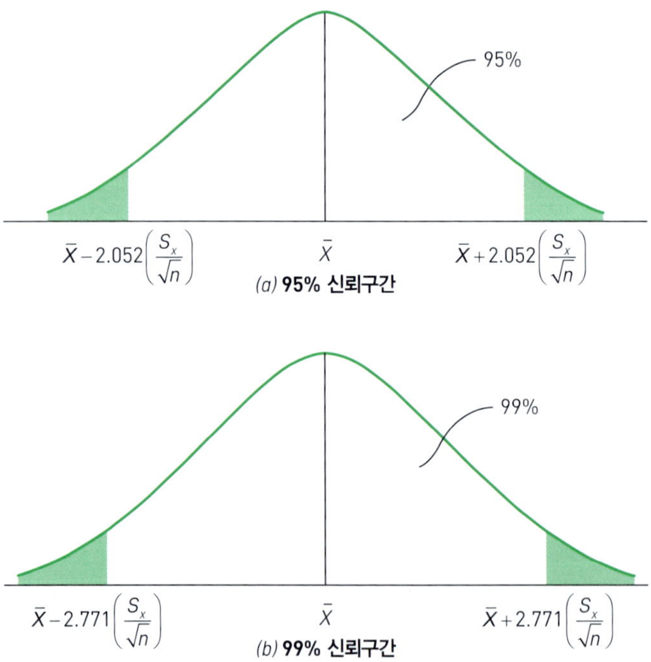

에 이용되는 $\bar{X}$와 $S_x/\sqrt{n}$가 표본을 추출할 때마다 값이 달라지기 때문이다. 한편 모평균 μ_X는 값이 고정되어 있으므로 확률변수는 아니다. 따라서 "μ_X가 이 구간에 있을 확률이 0.950이다."라고 말하면 틀린 표현이고, "무작위 구간, 즉 식 (D.6)이 실제 μ_X를 포함할 확률이 0.950이다."가 올바른 표현이다.

표 D-1의 주가수익률 사례에서는 $n = 28$, $\bar{X} = 23.25$ 그리고 $S_x = 9.49$이다. 이 값들을 식 (D.6)에 입력하면,

$$23.25 - \frac{(2.052)(9.49)}{\sqrt{28}} \le \mu_X \le 23.25 + \frac{(2.052)(9.49)}{\sqrt{28}}$$

을 얻게 되며, 정리하면

$$\mu_X \le 26.93 \text{ (근삿값)} \tag{D.7}$$

이 되고, 이것이 μ_X의 95% 신뢰구간이다.

식 (D.7)의 내용은, 만약 표본을 100번 추출해서 식 (D.7)의 구간을 100번 계산하면 그중 95개 정도는 실제 μ_X를 포함한다는 것이다.[7] 주가수익률 사례에서는 95% 신뢰구간의 하한값은 19.57이고 상한값은 26.93이다.

따라서 점 추정과는 대조적으로 구간 추정은 어느 수준의 신뢰 혹은 확률을 갖고 실젯값을 포함할 값의 범위를 제공한다. 만약 모평균에 대한 하나의 값의 추정치가 필요하다면 점 추정치인 23.25가 가장 최상의 추정치이지만, 만약 하나의 수치가 아니라 범위가 필요하다면 95% 신뢰수준에서 실제 모평균 값을 포함할 가능성이 가장 있는 범위로서 구간 (19.57~26.93)을 제시할 수 있다.

이제 신뢰구간의 내용을 일반화시켜 보자. X가 어떤 확률분포함수를 갖는 확률변수이며, 이 분포의 평균 μ_X를 추정한다고 하자. 이를 위해서 n개의 관측치 $X_1, X_2, \cdots, X_n$의 무작위 표본을 추출하고 다음과 같은 2개의 통계량 L과 U를 계산한다.

$$P(L \le \mu_X \le U) = 1 - \alpha \quad 0 < \alpha < 1 \tag{D.8}$$

즉, (L, U)의 무작위 구간이 실제 μ_X를 포함할 확률은 $(1 - \alpha)$이다. L을 구간의 하한값이라 부르고 U를 상한값이라 부른다. 이 구간을 μ_X에 대한 $(1 - \alpha)$ 신뢰구간이라고 부르며, $(1 - \alpha)$는 신뢰계수라고 부른다. 만약 $\alpha = 0.05$이면 $(1 - \alpha) = 0.95$가 되며, 이것이 의미하는 바는

7 식 (D.7)에 있는 특정한 구간의 의미를 다시 한번 주의하자. 식 (D.7)과 같은 특정한 구간이 μ_X의 참값을 포함할 확률이 0.95라고 말할 수 없다. μ_X의 참값이 그 특정한 구간에 포함될 수 있고 포함되지 않을 수도 있다. 식 (D.7)의 구간은 반복되는 표본 추출의 상황에서 해석되어야 한다. 즉, 만약 표본을 무수히 반복해서 추출하고 그때마다 식 (D.6)의 구간을 계산하면, 계산된 구간들의 95%가 μ_X의 참값을 포함할 것이라고 해석해야 한다. 식 (D.7)의 특정한 구간은 식 (D.6)의 구간 추정량이 갖는 하나의 실현된 값일 뿐이다.

신뢰구간을 반복해서 계산하면 100번 중에서 95번 정도는 실제 μ_X를 포함하는 것을 기대할 수 있다는 것이다. 보통은 $(1-\alpha)$에 100을 곱해서 퍼센트(%) 단위로 표현한다(예: 95%). 통계학에서 α를 **신뢰수준** 또는 **유의수준**(level of significance) 혹은 **유형 1의 오류를 범할 확률**(probability of committing a type I error)이라고 하는데, 이 내용은 D.5절에서 다룬다.

이렇게 도출된 신뢰구간으로 무엇을 할 수 있는가? D.5절에서 보겠지만 신뢰구간을 계산하면 가설검정이 훨씬 쉽게 진행될 수 있다.

D.4 점 추정량의 성질

주가수익률 사례에서 우리는 표본평균 $\bar{X}$를 μ_X의 구간 추정량의 계산에 이용하였고 점 추정량으로도 이용하였다. 그런데 표본평균 이외 표본중앙값이나 표본최빈값도 역시 μ_X의 점 추정량으로 이용될 수 있는데, 왜 $\bar{X}$를 이용하는가?[8]

모집단 평균의 추정량으로서 표본평균이 가장 많이 이용되는 이유는 통계학자들이 좋다고 생각하는 몇 가지 특성을 표본평균이 갖추었기 때문이다. 그 특성은 다음과 같다.

1. 선형성(linearity)
2. 불편향성(unbiasedness)
3. 최소분산(minimum variance)
4. 효율성(efficiency)
5. 최량선형불편추정량(best linear unbiased estimator, BLUE)
6. 일치성(consistency)

선형성

한 추정량이 만약 표본 관측치들의 선형함수이면 **선형추정량**(linear estimator)이라고 한다. 표본평균은 선형추정량인데 그 이유는 다음과 같이 정의되는 표본평균이

8 중앙값은 모집단의 값들에서 1/2은 그 값보다 크고 나머지 1/2은 그 값보다 작은 확률변수의 값이며 전체 확률밀도함수(PDF)를 1/2씩 2개의 구간으로 나눈다. 표본에서 중앙값을 계산하려면 먼저 관측값들을 증가 순으로 나열하고 중앙에 있는 값을 찾으면 된다. 예를 들어, 관측값이 7, 3, 6, 11, 5인 경우에는 증가 순으로 나열하면 3, 5, 6, 7, 11이 되고 중앙에 위치한 값인 6이 중앙값이다. 최빈값은 관측 빈도가 가장 큰 확률변수의 값이다. 예를 들어, 관측값이 3, 5, 7, 5, 8, 5, 9인 경우에 가장 관측 빈도가 큰 5가 최빈값이다.

$$\bar{X} = \sum_{i=1}^{n} \frac{X_i}{n} = \frac{1}{n}(X_1 + X_2 + \cdots + X_n)$$

관측치 X들의 선형함수이기 때문이다. 선형추정량은 비선형추정량보다 훨씬 다루기 쉽다.

불편향성

한 추정량의 기대치가 모수의 실젯값과 같으면 그 추정량을 모수의 **불편추정량**(unbiased estimators)이라고 한다. 표본평균은 모평균의 불편추정량인데,

$$E(\bar{X}) = \mu_X \tag{D.9}$$

이기 때문이며, 그림 D-3에서 이 점을 잘 볼 수 있다. 만약 그렇지 않다면 **편향추정량**(biased estimator)라고 하며, 그림 D-3의 추정량 X^*가 그런 경우이다.

사례 D.1

$X_i \sim N(\mu_X, \sigma_X^2)$라고 하자. 부록 C에서 보았듯이, 이러한 모집단에서 추출된 무작위 표본의 표본평균 $\bar{X}$는 평균이 $E(\bar{X}) = \mu_X$이고 분산은 $\text{var}(\bar{X}) = \sigma_X^2/n$인 정규분포를 따른다. 따라서 표본평균 $\bar{X}$는 모평균 μ_X의 불편추정량이다. 만약 모집단으로부터 크기 n의 표본을 반복해서 추출해서 그때마다 $\bar{X}$를 계산한다면, 평균적으로 $\bar{X}$는 μ_X와 일치할 것이다. 다만 하나의 표본에서 계산된 표본평균은 모집단 평균의 실젯값과 일치하지 않는 점을 주의해야 한다.

사례 D.2

다시 $X_i \sim N(\mu_X, \sigma_X^2)$라고 하고, 이 모집단으로부터 크기 n의 무작위 표본을 추출한다고 하자. X_{med}가 이 표본의 중앙값이라면, $E(X_{\text{med}}) = \mu_X$가 성립함을 보일 수 있다. 즉, 표본중앙값도 모집단 평균의 불편추정량인 것이다.

그림 D-3 ● 모평균 μ_X의 불편추정량($\bar{X}$)과 편향추정량(X^*)

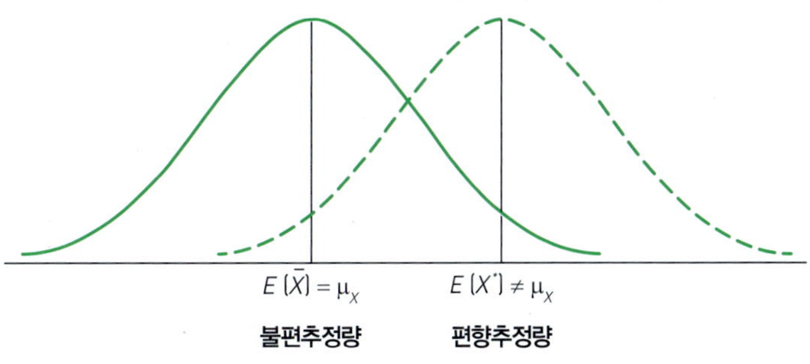

그림 D-4 ● μ_X에 대한 세 가지 추정량의 분포

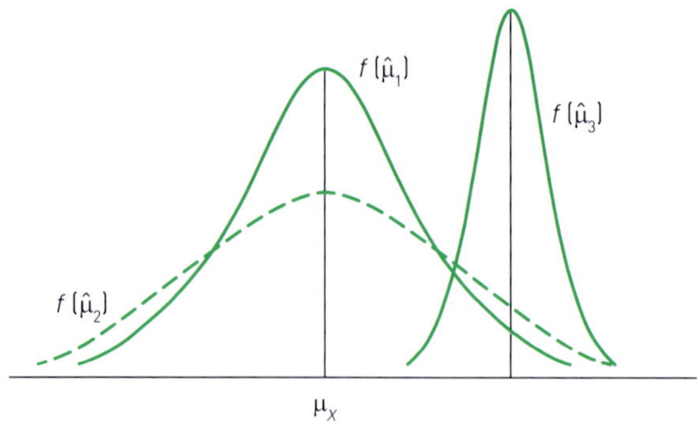

최소분산

그림 D-4는 μ_X에 대한 세 가지 각기 다른 추정량 $\hat{\mu}_1$, $\hat{\mu}_2$, $\hat{\mu}_3$의 표본분포를 보여준다.

만약 μ_X의 추정량의 분산이 임의의 다른 추정량들의 분산보다 더 작으면, 그 추정량을 μ_X의 **최소분산**(minimum variance) **추정량**이라고 부른다. 그림 D-4에서는 $\hat{\mu}_3$의 분산이 세 가지 추정량 중 가장 작으므로 최소분산 추정량이 된다. 그러나 $\hat{\mu}_3$은 편향추정량인 점을 주목하라. (이유는?)

효율성

불편향성은 바람직한 성질이지만 그 자체만으로는 충분하지 않다. 만약 한 모수에 대해 2개 이상의 불편추정량이 있을 때 어느 것을 선택해야 하는가?

$X \sim N(\mu_X, \sigma_X^2)$의 모집단에서 추출된 크기 n의 무작위 표본에 대해 $\bar{X}$와 X_{med}는 각각 표본평균과 표본중앙값이라고 하자. 우리는 이미

$$\bar{X} \sim N(\mu_X, \sigma^2 / n) \tag{D.10}$$

이 성립함을 알고 있다. 만약 표본 크기 n이 충분히 크면,

$$X_{\text{med}} \sim N(\mu_X, (\pi / 2)(\sigma^2 / n)) \tag{D.11}$$

도 성립함을 보일 수 있다. 이때 $\pi \approx 3.142$이다. 즉, 정규 모집단에서 추출된 표본 크기가 큰 무작위 표본의 표본중앙값은 정규분포를 따르며, 이때 평균은 μ_X이고 분산은 $\bar{X}$의 분산보다 $\pi/2$인자(factor)만큼 더 크다. 이것은 그림 D-5에서 볼 수 있다. 두 추정량의 분산 간의 비율을 계산하면

그림 D-5 ● 효율적 추정량의 사례(표본평균)

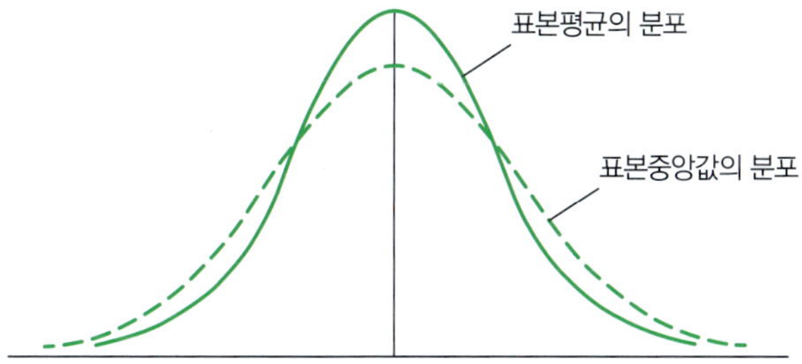

$$\frac{\text{Var}(X_{\text{med}})}{\text{Var}(\bar{X})} = \frac{\pi}{2}\frac{\sigma^2/2}{\sigma^2/2} = \frac{\pi}{2} = 1.571 \quad (\text{근삿값}) \tag{D.12}$$

표본중앙값의 분산은 표본평균의 분산보다 약 57% 더 크다는 것을 알 수 있다.

이제 그림 D-5와 앞의 논의를 고려할 때, 표본평균과 표본중앙값 중 어느 추정량을 선택해야 하는가? 상식적으로도 표본중앙값보다는 표본평균을 선택해야 하는데, 이유는 두 추정량 모두 불편추정량이지만 표본평균이 더 작은 분산을 갖기 때문이다. 즉, 표본평균은 표본중앙값보다 모집단 평균의 더 정확한 추정량이며 통계적 용어로는 **효율적 추정량**(efficient estimator)이다. 효율적 추정량을 구체적으로 정의하면, **불편추정량 중에서 분산이 가장 작은 추정량을 최량(best) 혹은 효율적 추정량이라고 한다.**

최량선형불편추정량(BLUE)

계량경제학에서 가장 자주 접하게 되는 성질이 **최량선형불편추정량**(best linear unbiased estimator) 혹은 줄여서 BLUE이다. **선형성과 불편향성을 동시에 갖는 추정량들 중에서 분산이 가장 작은 추정량을 최량선형불편추정량이라고 부른다.** 이 성질은 선형성, 불편향성, 최소분산의 성질들을 결합한 것이다. 제3장과 제4장에서 이 성질의 중요성을 보게 될 것이다.

일치성

일치성(consistency)을 설명하기 위해 $X \sim N(\mu_X, \sigma_X^2)$의 모집단에서 크기 n의 무작위 표본을 추출한다고 하자. 이제 μ_X에 대한 2개의 추정량을 고려한다.

$$\bar{X} = \sum \frac{X_i}{n} \tag{D.13}$$

$$X^* = \sum \frac{X_i}{n+1} \tag{D.14}$$

첫 번째 추정량은 표본평균이다. 잘 알고 있듯이,

$$E(\bar{X}) = \mu_X$$

가 성립하고, 또한 다음 관계도 성립함을 보일 수 있다.

$$E(X^*) = \left(\frac{n}{n+1}\right)\mu_X \tag{D.15}$$

따라서 X^*는 **편의추정량**임을 알 수 있다(증명은 연습문제 D.21 참조).

그러나 만약 표본 크기를 증가시키면 어떻게 될까? 추정량 2개 $\bar{X}$와 X^*는 단지 전자는 n으로 나누고 후자는 $(n+1)$로 나눈다는 차이만 있다. 그러나 표본 크기가 점점 증가하면, 두 추정량 사이의 차이는 사라지게 된다. 따라서 표본 크기가 증가하면 X^*도 실제 μ_X에 수렴한다. 통계학에서 이러한 추정량을 **일치추정량**(consistent estimator)이라고 부른다. 공식적으로 정의하면, **어떤 추정량이 표본 크기가 점점 커질 때 모수의 실젯값에 수렴해 가면 일치추정량이라고 한다.** 이 책의 주요 장에서 보게 되겠지만, 때때로 불편추정량은 구하기 어렵지만 일치추정량은 쉽게 구할 수 있는 경우가 있다.[9] 그림 D-6은 일치성을 시각적으로 설명한다.

그림 D-6 ● 일치성의 성질. 표본 크기가 증가할 때 모평균 μ_X의 추정량 X^*의 변화

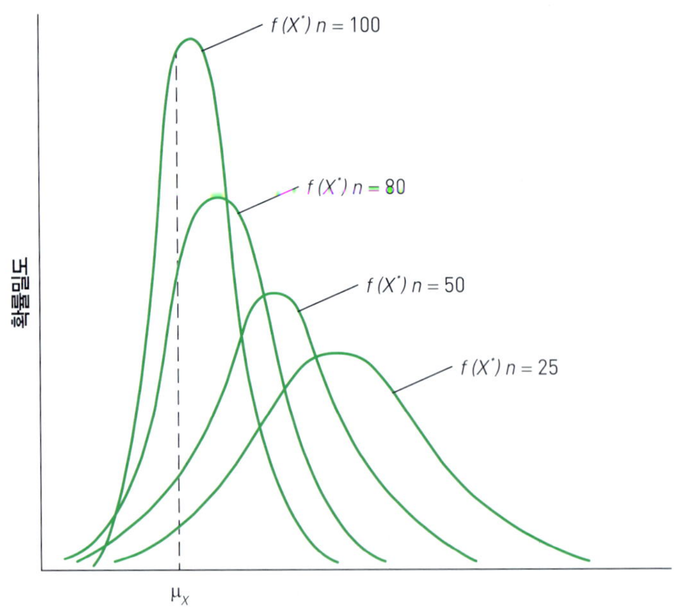

D.5 통계 추론: 가설검정

지금까지는 통계 추론의 한 축인 추정에 대해 살펴봤고, 이제는 또 다른 축인 가설검정을 살펴보자. 이전에도 가설검정의 일반적 성질을 다루었지만 여기서는 더 자세하게 다룬다.

표 D-1의 주가수익률 사례를 다시 살펴보자. D.3절에서 28개 주가수익률 값의 무작위 표본을 이용해서 NYSE에 상장된 주식 모집단의 모평균 주가수익률에 대한 95% 신뢰구간을 설정한 바 있다. 이제 우리는 전략을 반대로 해서, 신뢰구간을 설정하는 대신에 실제 μ_X가 특정한 값(예, $\mu_X = 18.5$)을 갖는다는 가설을 설정하려고 하고 이 가설을 검정하려고 한다.[10] 어떻게 가설을 검정해야 하는가? 수락할 것인가 아니면 기각할 것인가?

가설검정의 용어로, $\mu_X = 18.5$와 같은 가설을 **귀무가설**(null hypothesis)이라고 하고 일반적으로 H_0로 표기한다. 따라서 $H_0 : \mu_X = 18.5$가 된다. 귀무가설에 대립하는 가설은 **대립가설**(alternative hypothesis)이고 H_1으로 표기된다. 대립가설은 다음 세 가지 유형 중에서 선택된다.

$H_1 : \mu_X > 18.5$, **우측단측**(right one-sided 혹은 right one-tailed) 대립가설

$H_1 : \mu_X < 18.5$, **좌측단측**(left one-sided 혹은 left one-tailed) 대립가설

$H_1 : \mu_X \neq 18.5$, **복합**(composite) 또는 **양측**(two-sided 혹은 two-tailed) 대립가설[11]

귀무가설을 대립가설에 대립하여 검정하려면 표본 자료가 귀무가설을 지지하는지를 결정해야 하며 이 결정규칙은 표본 자료와 통계 이론을 이용해서 도출된다. 표본 자료가 귀무가설을 지지하는 경우에는 H_0를 기각할 수 없으며, 반대의 경우에는 H_0를 기각한다.

결정규칙에는 두 가지 접근법이 있다. 하나는 신뢰구간 접근법이고 또 다른 하나는 유의성 검정 접근법이다. 각각의 접근법을 주가수익률 사례에서 다음 가설을 중심으로 살펴보자.

$$H_0 : \mu_X = 18.5$$
$$H_1 : \mu_X \neq 18.5 \text{ (양측 대립가설)}$$

---

9 불편추정량과 일치추정량 간의 핵심적인 차이를 이해할 필요가 있다. 불편향성이 의미하는 바는, 만약 표본 크기를 고정하고 모집단에서 무작위 표본을 반복 추출하여 모수의 불편추정량을 계산하면, 그 추정량은 평균적으로 실제 모숫값을 얻는다는 것이다. 반면에 일치성이 의미하는 바는, 무작위 표본을 반복 추출하여 일치추정량을 계산하면, 표본 크기를 증가할 때 그 추정량은 실제 모숫값에 점차 수렴한다는 것이다.

10 웹스터 사전에서 가설은 탐구나 주장의 목적을 위해서 참이라고 고려되는 주장으로 정의되고, 옥스퍼드 영어 사전에서는 추론이 근거로서 이루어지는 가정 또는 알려진 사실에서 더 탐구하기 위한 출발점으로 정의된다.

11 귀무가설과 대립가설을 표현하는 방법은 여러 가지다. 예를 들어, $H_0 : \mu_X \geq 13$, $H_1 : \mu_X < 13$이라고 해도 된다.

가설검정의 신뢰구간 접근법

표 D-1의 표본 자료를 이용해서 귀무가설을 검정한다고 하자. 이 자료로부터 표본평균은 23.25이다. D.3절에서 표본평균은 μ_X의 평균과 σ_X^2/n의 분산을 갖는 정규분포를 갖는다고 논의된 바 있다. 그러나 실제 분산값을 모르기 때문에 모분산 σ_X^2을 표본분산으로 대체하며, 이 경우에 표본분산은 식 (D.3)에서 보듯이 t분포를 따른다. t분포를 이용해서 다음과 같은 95% 신뢰구간을 얻을 수 있다:

$$19.57 \le \mu_X \le 26.93 \qquad (D.16) = (D.7)$$

신뢰구간은 95%와 같은 높은 신뢰수준으로 실제 μ_X를 포함하는 구간을 제공한다. 그런데 이처럼 높은 신뢰수준을 갖는 구간에 $\mu_X = 18.5$와 같은 귀무가설 값이 포함되지 않는다면, 그 귀무가설은 거짓으로 의심할 수 있으며 이 경우에 95% 신뢰도를 갖고 이 귀무가설을 기각할 수 있다.

지금까지의 논의에서, 우리는 신뢰구간과 가설검정이 밀접하게 연결되는 것을 알 수 있다. 가설검정 용어로, 식 (D.7)에서의 95% 신뢰구간을 **채택역**(acceptance region)이라 하고, 채택역 밖의 구간을 **임계역**(critical region) 또는 **기각역**(region of rejection)이라고 한다. 채택역의 하한값과 상한값은 **임곗값**(critical values)이라고 한다. 따라서 만약 채택역이 귀무가설 H_0의 모숫값을 포함하면 귀무가설은 기각될 수 없다. 만약 귀무가설의 모숫값이 채택역 밖의 구간에 있으면 (즉, 기각역에 있으면) 귀무가설은 기각된다. 현재 사례에서는 $\mu_X = 18.5$의 귀무가설을 기각할 수 있는데 귀무가설의 값(18.5)이 식 (D.7)의 채택역에 포함되지 않기 때문이다. 이제 채택역의 경곗값들을 임곗값이라고 부르는 이유가 명확해지는데, 바로 귀무가설의 채택과 기각을 구분하는 경계선 역할을 하기 때문이다.

제1종 오류와 제2종 오류

표 D-1의 주가수익률 사례에서 $\bar{X} = 23.25$를 이용하여 도출한 신뢰구간과 귀무가설 $H_0 : \mu_X = 18.5$가 서로 양립할 수 없기 때문에 귀무가설을 기각한 바 있다. 그렇다면 표 D-1의 표본자료는 모평균 18.5의 정규분포에서 추출된 것이 아닌가? 이 질문에 대해 우리는 확실한 대답을 할 수 없다. 식 (D.7)에 있는 구간은 95% 신뢰구간이지 100% 신뢰구간은 아니기 때문이다. 따라서 귀무가설 $H_0 : \mu_X = 18.5$를 잘못 기각했을 수도 있는데, 만약 잘못 기각한 것이라면 우리는 **제1종 오류**(type I errors)를 범한 것이다. **제1종 오류는 가설이 참인데도 거짓으로 기각하는 오류이다.** 이번에는 귀무가설이 $H_0 : \mu_X = 21$이라고 하자. 이 경우에 식 (D.7)을 이용하면 귀무가설을 기각할 수 없다. 그러나 마찬가지로 표 D-1의 표본이 모평균 21의 정규분포에서 추출된 것이 아닐 수도 있으며, 이 경우에는 **제2종 오류**(type II errors)를 범한 것이 된다. **제2종 오류는 거짓인 가설을 참이라고 수락하는 오류이다.** 도표로 정리하면 다음과 같다.

	H_0를 기각	H_0를 기각하지 못함
H_0가 참인 경우	제1종 오류	올바른 결정
H_0가 거짓인 경우	올바른 결정	제2종 오류

이상적으로는 이 두 오류를 모두 최소화하고 싶지만, 불행히도 어떤 주어진 표본 크기에서 두 오류를 동시에 최소화하는 것은 불가능하다.[12] 통계학자 Neyman과 Pearson의 연구에 따르면, 이 문제에 대한 고전적 접근은 제1종 오류가 제2종 오류보다 훨씬 더 중대하다고 가정하는 것이다. 이러한 가정하에서 우리가 택할 수 있는 접근방법은, 먼저 제1종 오류를 범할 확률을 아주 낮은 수준, 예를 들면 0.01이나 0.05 정도로 유지한 상태에서 다음으로 제2종 오류를 범할 확률을 가능한 최소화하려고 노력하는 것이다.

통계학 문헌에서 제1종 오류를 범할 확률은 α로 표기되며 **유의수준**(level of significance)이라고 한다. 그리고 제2종 오류를 범할 확률은 β라고 표기된다. 정리하면,

$$\text{제1종 오류} = \alpha = \text{귀무가설이 참일 때 귀무가설을 기각하는 확률}$$

$$\text{제2종 오류} = \beta = \text{귀무가설이 거짓일 때 귀무가설을 수락하는 확률}$$

제2종 오류를 범하지 않는 확률을 **검정력**(power of the test)이라고 하는데, 검정력은 $(1 - \beta)$로 표기하며 귀무가설이 거짓일 때 그것을 기각하는 능력이다.

가설검정에 대한 표준적인 혹은 고전적 접근은 α를 0.01이나 0.05와 같은 아주 낮은 수준에서 고정하고 검정력을 최대화, 즉 β를 최소화하려고 노력하는 것이다. 이러한 접근의 구체적인 내용은 이 책에서는 다루지 않고 참고문헌 소개로 그친다.[13] 고전적 접근은 β에 대해서는 크게 신경 쓰지 않기 때문에 실제 적용에서는 α값만 표기한다. 그리고 실제로 의사결정을 할 때 유의수준과 검정력 중 하나를 줄이려면 다른 하나가 늘어나는 상충(trade-off) 관계가 존재하는 것을 유념해야 한다. 즉, 주어진 표본 크기에서 제1종 오류를 범할 확률을 줄이려고 하면 결과적으로 제2종 오류는 증가하며 검정력이 감소하게 된다. 따라서 $\alpha = 5\%$ 대신에 $\alpha = 1\%$를 사용하면 언제 H_0가 기각될지를 더 확신할 수 있지만 언제 H_0가 기각되지 않을지는 더 확신할 수 없다.

방금 논의한 내용은 중요하기 때문에 사례를 살펴보자. 주가수익률 사례에 대해 식 (D.7)의 95% 신뢰구간을 설정하였다. 귀무가설은 여전히 $H_0 : \mu_X = 18.5$이지만 이제 $\alpha = 1\%$라고 하

12 제1종 오류를 증가시키지 않고 제2종 오류를 줄이는 유일한 방법은 표본 크기를 늘리는 것인데, 현실에서 항상 가능한 것은 아니다.

13 Gujarati and Porter, *Basic Econometrics*, 5th ed., McGraw-Hill, New York, 2009, pp. 833-835. MINITAB과 같은 통계 패키지는 α의 유의수준에서 어떤 검정법이든지 검정력을 계산할 수 있다.

고 99% 신뢰구간을 구한다고 하자. 이 경우에 t-통계량의 임계치는 (−2.771, 2.771)이므로 99% 신뢰구간은

$$18.28 \le \mu_X \le 28.22 \tag{D.17}$$

가 된다.

그림 D-2를 보면 99% 신뢰구간은 95% 신뢰구간보다 더 넓다. 이 구간은 18.5라는 귀무가설의 값을 포함하기 때문에 귀무가설을 기각할 수 없다. 한편 식 (D.7)에서는 95% 신뢰구간에서 이 귀무가설을 기각한 바 있다. 이번에는 왜 기각할 수 없는가? 이유는 제1종 오류를 5%에서 1%로 줄임으로써 제2종 오류를 범할 확률이 증가하였기 때문이다. 즉, 식 (D.17)에 기초해서 귀무가설을 기각할 수 없는 경우에는 μ_X가 18.5라는 가설이 잘못 채택된 것일 수 있다.

앞서 논의했던 신뢰계수(confidence coefficient) $(1-\alpha)$는 1에서 제1종 오류를 범할 확률을 뺀 값이다. 그러므로 95% 신뢰계수는 제1종 오류를 범할 확률을 최대 5%로 설정했음을 의미한다. 즉, 검정에서 참인 가설을 기각하는 오류는 100번 가운데 5번 이하 수준으로 하겠다는 것을 의미한다. 요약하면, 5% 유의수준과 95% 신뢰수준은 같은 의미이다.

가설검정에 대한 신뢰구간 접근에 대한 또 다른 사례를 살펴보자.

사례 D.3

봉지에 담긴 땅콩 무게가 평균과 분산이 알려지지 않은 정규분포를 따른다고 하자. 이때 무게 단위는 g(그램)이다. 무작위로 개봉한 20개 봉지에서 땅콩 무게의 표본평균은 6.5g이고 표본표준편차는 2g이었다. 모집단 평균이 7.5g이라는 귀무가설과 모집단 평균이 7.5g이 아니라는 대립가설을 설정해서 α = 1%에서 검정하라.

답: X를 봉지의 땅콩 무게로 정의하면, $X \sim N(\mu_X, \sigma_X^2)$이 된다. 모집단 분산은 미지수이기 때문에 추정량인 S_x^2로 대체하면,

$$t = \frac{(\bar{X} - \mu_X)}{S_x / \sqrt{n}}$$

즉, 자유도가 19인 t분포를 얻는다.

부록 E의 표 E-2에 주어진 t분포표로부터 자유도 19에 대해

$$P(-2.861 \le t \le 2.861) = 0.99$$

인 것을 알 수 있다. 그러면 식 (D.6)과 같이 표기하면

$$P\left(\bar{X} - 2.861\frac{S_x}{\sqrt{20}} \le \mu_X \le \bar{X} + 2.861\frac{S_x}{\sqrt{20}}\right) = 0.99$$

를 얻게 된다.

$\bar{X} = 6.5$, $S_x = 2$ 그리고 $n = 20$을 위의 부등식에 대체해 넣으면,

$$5.22 \le \mu_X \le 7.78 \text{ (근삿값)} \tag{D.18}$$

을 얻을 수 있고, 이것이 μ_X에 대한 99% 신뢰구간이다. 이 구간은 7.5의 귀무가설 값을 포함하기 때문에 1% 유의수준에서 귀무가설을 기각할 수 없다.

주가수익률 사례에서는 귀무가설이 $\mu_X = 18.5$이고 대립가설은 $\mu_X \ne 18.5$이어서 양측검정이었다. 그런데 만약 대립가설이 $\mu_X < 18.5$나 $\mu_X > 18.5$와 같이 단측검정이라면 어떻게 해야 하는가? 신뢰구간 접근법도 가능하지만 유의성 검정 접근법이 더 쉽게 단측 신뢰구간을 도출할 수 있다.

가설검정에 대한 유의성 검정 접근법

유의성 검정 접근은 가설검정에 대한 더 빠른 지름길이라고 할 수 있다. 이 접근법의 핵심을 파악하기 위해, 주가수익률 사례로 돌아가서 식 (D.3)을 보자. 우리는

$$t = \frac{\bar{X} - \mu_X}{S_x / \sqrt{n}} \tag{D.19}$$

가 자유도 $(n - 1)$인 t분포를 따르는 것을 알고 있다. 표본 자료에서 $\bar{X}$, S_x, n의 값은 알 수 있지만, μ_X의 값은 모른다. 그러나 귀무가설하에서 특정한 값을 μ_X에 대해 가정하면 식 (D.3)의 우측을 계산할 수 있게 되며 따라서 자유도 $(n - 1)$의 t분포표에서 그러한 t값을 얻는 확률을 구할 수 있다.

만약 $\bar{X}$와 μ_X 간의 차이가 작으면, 식 (D.3)에서 알 수 있듯이 $|t|$값도 작게 될 것이며 귀무가설을 기각할 가능성이 낮아진다. 극단적으로 $\bar{X} = \mu_X$인 경우에 t는 0이 되며 이 경우에는 귀무가설을 기각할 수 없다. **따라서 $|t|$값이 0에서 멀어질수록 귀무가설을 기각할 가능성은 커진다.** t분포표에서 볼 수 있듯이 자유도가 주어져 있을 때 $|t|$값이 커질수록 그러한 값을 가질 확률은 점차 작아진다. **따라서 $|t|$값이 커질수록 귀무가설을 점점 더 기각하는 경향이 있게 될 것이다.** 그러나 $|t|$값이 얼마나 커야 귀무가설을 기각할 수 있는가? 그 대답은 자유도와 더불어 제1종 오류를 범할 확률인 α에 의해 결정된다.

이것이 가설검정에 대한 유의성 검정 접근법의 일반적인 아이디어이다. 여기서 핵심은 μ_X에

대한 귀무가설 값에서의 **검정통계량**[test statistics, ***t*-통계량**(t statistics)]과 그 확률분포이다. 통상 t-통계량을 이용하는 검정을 ***t*검정**(t test)이라고 한다(t분포에 대한 자세한 설명은 C.2절 참조).

주가수익률 사례에서 $\bar{X} = 23.25$, $S_x = 9.49$ 그리고 $n = 28$이다. 전과 같이 귀무가설과 대립가설을 각각 $H_0 : \mu_X = 18.5$와 $H_1 : \mu_X \neq 18.5$라고 설정하자. 그러면

$$t = \frac{23.25 - 18.5}{9.49 / \sqrt{28}} = 2.6486 \tag{D.20}$$

이 된다.

계산된 t값으로 귀무가설을 기각할 수 있는가? 이 질문에 대답하기 위해서는 제1종 오류를 범할 확률인 α값을 설정해야 한다. α를 5%라고 가정하자. 대립가설이 양측이므로 제1종 오류를 범할 위험을 t분포의 양측 꼬리(2개의 기각역)에 균등하게 할당해야 하며, 만약 계산된 t값이 양측 어느 기각역에 놓이게 된다면 귀무가설을 기각할 수 있다.

그림 D-1에서 자유도가 27일 때 t-통계량의 5% 임계치는 −2.052와 2.052이다. 2.052보다 작거나 같은 t값을 얻을 확률은 2.5%이며, 2.052보다 크거나 같은 t값을 얻을 확률도 2.5%이어서 제1종 오류 확률은 5%가 된다.

우리가 위에서 계산한 주가수익률 사례의 t값은 약 2.6이며, 이 값은 그림 D-1에서 t분포의 우측 꼬리의 기각역에 있다. 따라서 주가수익률의 모평균값이 18.5라는 귀무가설을 기각할 수 있다. 만약 그 가설이 참이었다면 절댓값이 2.6이라는 큰 t값을 얻지 못했을 것이다. 그러한 t값을 얻을 확률은 5%(제1종 오류를 범할 확률로서 미리 선택된 값임)보다 훨씬 작다. 실제로는 그러한 확률은 2.5%보다 훨씬 작다. (왜 그럴까?)

앞으로 자주 접할, 유의성 검정 접근에서 사용되는 두 용어는 다음과 같다.

1. 검정(통계량)이 **통계적으로 유의하다.**

2. 검정(통계량)이 **통계적으로 유의하지 않다.**

검정이 통계적으로 유의하다는 것은 귀무가설을 기각할 수 있다는 것을 의미한다. 즉, 표본에서의 값과 가설에서의 값 간의 관측된 차이가 단순히 우연 때문일 확률은 작으며, 구체적으로는 α(제1종 오류)보다 작다. 같은 이치로 검정이 통계적으로 유의하지 않다는 것은 귀무가설을 기각하지 못하는 것을 말한다. 이 경우에는 표본에서의 값과 가설에서의 값 간의 관측된 차이는 표본추출 과정에서의 오차나 단순한 우연 때문일 수 있다(즉, 그 차이의 확률은 α보다 훨씬 크다).

그림 D-7 ● 유의성의 t검정

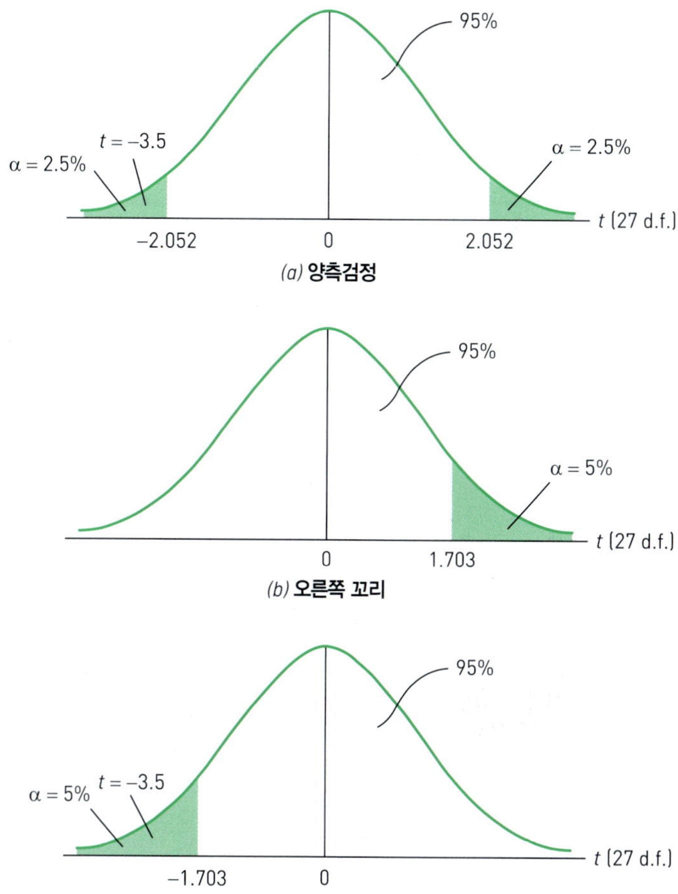

귀무가설을 기각할 때는 그러한 결정이 **통계적으로 유의**하다고 말한다. 반대로 귀무가설을 기각하지 못할 때는 결정이 **통계적으로 유의하지 않**다고 말한다.

단측검정 혹은 양측검정? 지금까지 고려한 모든 사례에서 대립가설은 양측이었다. 따라서 귀무가설을 모평균 주가수익률이 18.5와 같다고 설정하면, 대립가설은 모평균 주가수익률이 18.5보다 크거나 작다는 것이었다. 그림 D-7a에서 볼 수 있듯이 이 경우에 검정통계량은 분포의 어느 한쪽 꼬리부분(기각역)에 있으며 귀무가설은 기각된다.

그러나 귀무가설과 대립가설이 단측검정인 경우가 있다. 예를 들면, 주가수익률 사례에서 귀무가설이 $H_0 : \mu_X \leq 18.5$, $H_1 : \mu_X > 18.5$라면 대립가설은 단측이다. 이런 경우에는 어떻게 검정을 하는가?

표 D-2 ● t 검정 요약

귀무가설 H_0	대립가설 H_1	H_0 기각의 임계 영역
$\mu_X = \mu_0$	$\mu_X > \mu_0$	$t = \dfrac{\bar{X} - \mu_0}{S_x / \sqrt{n}} > t_{\alpha,d.f}$
$\mu_X = \mu_0$	$\mu_X < \mu_0$	$t = \dfrac{\bar{X} - \mu_0}{S_x / \sqrt{n}} < -t_{\alpha,d.f}$
$\mu_X = \mu_0$	$\mu_X \neq \mu_0$	$\lvert t \rvert = \dfrac{\bar{X} - \mu_0}{S_x / \sqrt{n}} > t_{\alpha/2,d.f}$

주: μ_0는 귀무가설하에서 μ_X에 대해 가정되는 값임. 마지막 열의 부등호 우변에 있는 t값은 임곗값이며 하첨자 중 첫 번째는 유의수준을 나타내고 두 번째는 자유도(df)를 나타낸다.

이 검정 과정은 검정통계량의 임곗값을 2개 대신에 1개만 결정한다는 것을 제외하고는 그림 D-7에서 확인할 수 있듯이 양측검정과 완전히 같다. 그림에서 제1종 오류를 범할 확률은 분포의 한쪽 꼬리에만 집중된다. 자유도 = 27, α = 5%일 때, t분포표를 보면 단측 t 임곗값은 그림 D-7에서처럼 1.703(오른쪽 꼬리) 혹은 −1.703(왼쪽 꼬리)이다. 주가수익률의 예에서 계산된 t값은 2.43이다. t값이 그림 D-7(b)의 임계 영역에 포함되므로 통계적으로 유의하다. 따라서 평균 주가수익률이 18.5보다 작거나 같다는 귀무가설은 기각된다. 즉, 귀무가설이 참일 가능성은 제1종 오류 확률로서 선택된 5%보다 훨씬 작다.

양측 가설과 단측 가설의 검정에 대한 유의성 접근법의 t검정을 요약하면 표 D-2와 같다.

실제 사용에 있어서 신뢰구간 접근법과 유의성 검정 접근법 중의 선택은 개인의 취향과 편의의 문제이다.

신뢰구간 접근법은 모숫값에 대한 타당한 범위(즉, 신뢰구간)를 정하고 모수의 가설 값이 신뢰구간에 포함되는지를 검사하는 접근법이다. 가설 값이 신뢰구간에 포함되면 귀무가설은 기각될 수 없는 반면 신뢰구간 밖에 있으면 귀무가설은 기각된다.

유의성 검정 접근법은 값을 모숫값에 대한 타당한 범위를 정하는 대신에 귀무가설에서 제시되는 특정한 값에서 검정통계량(예컨대 t-통계량)을 고려한다. 그리고 그 통계량의 표본분포를 찾고 해당 표본분포에서 귀무가설의 특정한 값을 가질 확률을 구한다. 만약 이 확률이 α = 5% 혹은 α = 1%보다 작으면 귀무가설은 기각되고, 만약 앞서 선택된 α값보다 크면 귀무가설은 기각되지 않는다.

귀무가설의 채택 혹은 기각 이 책에서는 귀무가설을 "기각한다(reject)" 혹은 "채택한다(accept)"는 용어보다 "기각한다(reject)" 혹은 "기각하지 않는다(not reject)"의 용어를 사용하고 있다. 이것은 법원 재판에서 피고가 유죄냐 무죄냐보다는 유죄냐 유죄가 아니냐로 판결하는 것과 맥락을 같이한다. 유죄의 증거가 발견되지 않았다고 해서 무죄를 의미하지 않는다. 마찬가지로 귀무가설이 기각되지 않는다는 것은 귀무가설이 참인 것을 의미하지 않는다. 다른 내용의 귀무가설이 자료에 의해 지지될 수 있기 때문이다. 주가수익률 사례를 보면 식 (D.7)에서 19.57과 26.93 사이에 있는 값이면 모두 "채택될 수 있는" μ_X의 가설 값이 될 수 있다.

유의수준의 선택, α, p값

가설검정에 대한 전통적 접근법의 아킬레스건(약점)은 유의수준 α를 자의적으로 선택한다는 점이다. 일반적으로 α값으로 1%, 5%, 10%가 사용되지만 이는 신성불가침이 아니다. 앞에서 언급했듯이 제1종 오류와 제2종 오류 모두 범할 때의 결과를 검토하지 않고서는 α의 적절한 선택을 할 수 없다. 실제 사용에서는 **정확한 유의수준**(exact significance level)이라고 알려진 검정통계량의 ***p*값**(즉, probability value)을 찾는 것이 더 선호된다. **p값은 귀무가설이 기각될 수 있는 가장 낮은 유의수준을 말한다.**

p값의 설명을 위해 자유도가 20인 상황에서 t값이 3.552라고 하자. 부록 E의 t분포표(표 E-2)를 보면 이러한 t값에 대한 p값(p value)은 0.001(단측)이거나 0.002(양측)이다. 즉, 이 t값은 0.001(단측) 혹은 0.002(양측)의 수준에서 통계적으로 유의하다.

주가수익률의 예에서는 주가수익률이 18.5인 귀무가설하에서 t값은 2.43이다. 대립가설이 주가수익률이 18.5보다 크다고 설정되면 부록 E의 표 E-2에서 $P(t > 2.43)$은 약 0.01이다. 이 값이 t-통계량의 p값이다. 이 t값은 0.01 혹은 1%의 수준에서 통계적으로 유의하다고 말할 수 있다. 다르게 표현하면, 만약 α값이 0.01이라면 이 수준에서 $\mu_X = 18.5$인 귀무가설은 기각될 수 있다. 물론 이 값은 α에 대해 통상적으로 적용되는 값(예를 들면, 5%)보다 매우 작다. 따라서 $\alpha = 0.05$로 설정한 경우보다 더 확실하게 귀무가설이 기각될 수 있다. **대체로 p값이 작으면 작을수록 귀무가설에 불리한 증거는 더 강해진다.**

p값을 사용하는 장점 중 하나는 1%, 5%, 10%의 수준에서 α가 임의적으로 결정되는 것을 피할 수 있는 점이다. 예를 들어, 검정통계량의 p값이 0.135로 주어지고 α = 13.5% 수준을 받아들일 의사가 있다면 0.135라는 p값은 통계적으로 유의하다(즉, 이 유의수준에서 귀무가설은 기각된다). 참인 귀무가설을 기각하는 잘못된 확률을 13.5% 수준으로 원한다면 문제는 없다.

현재 사용되는 몇몇 통계 프로그램은 다양한 검정통계량의 p값을 기본적으로 계산해 주며 분석결과에서 이러한 p값을 표기하는 것이 권장된다.

유의성의 χ^2과 F 검정

앞에서 다룬 유의성의 t검정 이외에도 이 책의 주요 장에서는 부록 C에서 다룬 χ^2과 F 확률분포를 이용하는 유의성 검정을 다룬다. 검정의 기본 내용은 같기 때문에 여기서는 몇 가지 사례를 갖고 실제 구조를 간략히 다루겠다. 더 구체적인 사례는 이 책의 본문에서 다룬다.

χ^2 유의성 검정 부록 C(연습문제 C.14 참조)에서 보았듯이 분산이 σ^2인 정규분포에서 추출된 n개 무작위 표본의 표본분산이 S^2이면 다음이 성립한다.

$$(n-1)\left(\frac{S^2}{\sigma^2}\right) \sim \chi^2_{(n-1)} \tag{D.21}$$

즉, 표본분산과 모집단 분산의 비율에 자유도 $(n-1)$을 곱하면 자유도 $(n-1)$의 χ^2분포를 따른다. 자유도와 S^2을 알고 있지만 σ^2을 모르는 경우 χ^2분포를 이용해서 값을 모르는 σ^2의 $(1-\alpha)\%$ 신뢰구간을 설정할 수 있다. 이것은 t검정에 기초해서 신뢰구간을 설정하는 방식과 유사하다.

귀무가설 H_0에 있는 σ^2의 특정한 값을 이용하면 식 (D.21)의 χ^2값을 계산할 수 있으며 부록 E의 표 E-4의 χ^2 임곗값과 비교하면 유의성을 검정할 수 있다. 다음 사례를 살펴보자.

사례 D.4

정규분포 모집단에서 추출된 31개 관측치의 무작위 표본의 (표본)분산이 $S^2 = 12$라고 하자. 모분산이 9라는 가설을 검정하라. 대립가설은 9가 아니라는 양측으로 설정한다. 유의수준은 $\alpha = 5\%$이다. 즉,

$$H_0 : \sigma^2 = 9 \qquad H_1 : \sigma^2 \neq 9$$

답: 식 (D.21)에 지문의 값을 입력하면 자유도가 30일 때 $\chi^2 = 30(12/9) = 40$이 계산된다. 부록 E의 표 E-4에서 자유도 30일 때 χ^2값이 약 40 이상일 확률은 0.10 또는 10%이며 이는 유의수준 5%보다 더 크다. 따라서 모분산이 9라는 귀무가설은 기각될 수 없다.

표 D-3은 다양한 유형의 귀무가설과 대립가설에 대한 χ^2검정을 요약한 것이다.

F 유의성 검정 부록 C에서 살펴보았듯이, 2개의 정규분포 모집단 X, Y에서 m개와 n개 표본 크기의 무작위 표본을 추출하고 표본분산이 각각 S_X^2과 S_Y^2이면 다음 식 (D.22) 변수는

$$\begin{aligned} F &= \frac{S_X^2}{S_Y^2} \\ &= \frac{\sum(X_i-\bar{X})^2/(m-1)}{\sum(Y_i-\bar{Y})^2/(n-1)} \end{aligned} \tag{D.22}$$

표 D-3 ● χ^2 검정 요약

귀무가설 H_0	대립가설 H_1	H_0 기각의 임계 영역
$\sigma_X^2 = \sigma_0^2$	$\sigma_X^2 > \sigma_0^2$	$\frac{(n-1)S^2}{\sigma_0^2} > \chi^2_{\alpha,(n-1)}$
$\sigma_X^2 = \sigma_0^2$	$\sigma_X^2 < \sigma_0^2$	$\frac{(n-1)S^2}{\sigma_0^2} < \chi^2_{(1-\alpha),(n-1)}$
$\sigma_X^2 = \sigma_0^2$	$\sigma_X^2 \neq \sigma_0^2$	$\frac{(n-1)S^2}{\sigma_0^2} > \chi^2_{\alpha/2,(n-1)}$ or $< \chi^2_{(1-\alpha/2),(n-1)}$

주: σ_0^2은 귀무가설하에서의 σ_X^2의 값이다.

두 정규분포 모집단의 분산이 같다는 가정하에서 자유도가 $(m-1)$과 $(n-1)$인 F분포를 따른다. 검정되는 귀무가설 H_0는 $\sigma_X^2 = \sigma_Y^2$이다. 이 가정의 검정은 식 (D.22)의 ***F*검정**(F test)을 이용한다. 다음 예를 살펴보자.

사례 D.5

사례 C.12와 C.15에서 살펴본 남녀 학생의 SAT 수학 점수를 참조하자. 수학 점수의 표본분산은 남학생은 48.31이고 여학생은 102.07이다. 자료 수는 각각 36이며, 따라서 각각의 자유도는 35이다. 이 분산이 SAT 성적의 모집단에서 무작위로 추출된 표본의 값이라고 가정하고 SAT 수학 점수의 남학생 모분산과 여학생 모분산이 같다는 가설을 검정하라. 유의수준은 $\alpha = 1\%$이다.

답: 여기서 F값은 102.07/48.31 = 2.1128로 계산된다. 이 F값은 분자 자유도 35와 분포 자유도 34인 F분포를 따른다. 부록 E의 표 E-3에서 분자와 분모 자유도가 30일 때(35 자유도는 표에 없음) 1% 유의수준의 F 임곗값은 2.39이다. F의 관측된 값 2.1128은 임곗값 2.39보다 작기 때문에 통계적으로 유의하지 않으며, 따라서 $\alpha = 1\%$에서 두 모집단의 분산이 같다는 귀무가설은 기각될 수 없다.

사례 D.6

앞의 사례에서 2.1128의 F값을 얻을 p값은 얼마인가? 통계 패키지를 이용하면 분자와 분모 자유도 35인 F분포에서 2.1128 이상의 값을 가질 확률은 약 0.01492 또는 약 10.5%이다. 이것이 F가 2.1128 이상의 값을 가질 확률인 p값이다. 다르게 말하면 두 모분산이 같다는 귀무가설을 기각할 수 있는 확률의 최저수준이다. 따라서 이 경우에 만약 두 모분산이 같다는 귀무가설을 기각하면 100번 중에 1.5번은 잘못된 결정을 내렸을 가능성이 있다.

사례 D.5와 D.6에서 한 가지 실용적인 전략을 생각할 수 있다. 유의수준 α를 1%, 5%, 10%

표 D-4 ● F검정 요약

귀무가설 H_0	대립가설 H_1	H_0 기각의 임계 영역
$\sigma_1^2 = \sigma_2^2$	$\sigma_1^2 > \sigma_2^2$	$\frac{S_1^2}{S_2^2} > F_{\alpha, ndf, ddf}$
$\sigma_1^2 = \sigma_2^2$	$\sigma_1^2 \neq \sigma_2^2$	$\frac{S_1^2}{S_2^2} > F_{\alpha/2ndf, ddf}$ or $< F_{(1-\alpha/2), ndf, ddf}$

주: σ_1^2과 σ_2^2은 2개의 모분산이고 S_1^2과 S_2^2은 표본분산이다. ndf와 ddf는 각각 분자와 분모의 자유도를 나타낸다. F값의 계산에서 더 큰 값의 S^2을 분자에 두어서 값이 1보다 크게 한다. 마지막 열에 있는 부등식 우변의 F가 임곗값이다. 하첨자 중 첫 번째는 유의수준이고 두 번째는 분자와 분모 자유도이다. $F_{(1-\alpha/2), ndf, ddf} = \frac{1}{F_{\alpha/2, ddf, ndf}}$이 성립함을 주목하자.

중 하나로 선택하고 동시에 통계량의 p값을 구한다. 만약 계산된 p값이 선택한 유의수준보다 작으면 귀무가설은 기각될 수 있고, 반대의 경우에는 기각될 수 없다.

표 D-4는 F검정을 요약한 것이다.

주가수익률 사례를 중심으로 통계적 가설의 검정 과정을 단계별로 요약하면 다음과 같다.

단계 1: 귀무가설 H_0와 대립가설 H_1의 설정: $H_0: \mu_X = 18.5$, $H_1: \mu_X \neq 18.5$

단계 2: 검정통계량 선택: $t = \frac{\bar{X} - 18.5}{\sqrt{S_X / \sqrt{n}}}$

단계 3: 검정통계량의 확률분포 결정: $t \sim t(27)$

단계 4: 유의수준 α 선택. 즉, 제1종 오류를 범할 확률(단, p값에 대한 논의를 유념하라)

단계 5: 신뢰구간 접근법 혹은 유의성 검정 접근법의 선택

신뢰구간 접근법 검정통계량의 확률분포를 이용해서 $100(1-\alpha)\%$ 신뢰구간을 설정한다. 귀무가설의 값이 이 구간(채택역) 안에 있으면 귀무가설을 기각하지 못한다. 반대의 경우에는 귀무가설은 기각된다.

유의성 검정 접근법 귀무가설이 참이라는 가정하에서 검정통계량의 값을 계산한다. 검정통계량의 확률분포(예컨대 t, F, χ^2 분포)에서 계산된 값에 대한 p값을 구한다. p값이 선택된 α값보다 작으면 귀무가설을 기각하고 반대의 경우에는 귀무가설을 기각하지 못한다.

어느 접근법이든 α퍼센트만큼 틀린 검정 결론을 내릴 가능성이 있는 것을 항상 유념해야 한다.

요약

표본 정보에 기초해서 모집단 모수를 추정하고 가설을 검정하는 것은 통계적 추론의 중요한 2개의 기둥이다. 부록 D에서는 이 두 중요한 내용의 본질적 특성을 살펴봤다.

주요 용어 및 개념

통계적 추론(statistical inference)

모수 추정(parameter estimation)
- (a) 점 추정(point estimation)
- (b) 구간 추정(interval estimation)

표본(확률)분포[sampling(probability) distribution]

t 임곗값(critical *t* values)

신뢰구간(confidence interval, CI)
- (a) 신뢰계수(confidence coefficient)
- (b) 무작위 구간(하한값, 상한값)[random interval(lower limit, upper limit)]

유의수준(level of significance)

제1종 오류를 범할 확률(probability of committing a type I error)

추정량 특성(properties of estimators)
- (a) 선형성(선형추정량)[linearity(linear estimator)]
- (b) 불편향성(불편추정량)[unbiasedness(unbiased estimator)]
- (c) 최소분산(최소분산 추정량)[(minimum variance(minimum-variance estimator)]
- (d) 효율성(효율적 추정량)[efficiency(efficient estimator)]
- (e) 최량선형불편추정량(best linear unbiased estimator, BLUE)
- (f) 일치성(일치추정량)[consistency(consistent estimator)]

가설검정(hypothesis testing)
- (a) 귀무가설(null hypothesis)
- (b) 대립가설(alternative hypothesis)
- (c) 단측검정(one-sided; one-tailed hypothesis)
- (d) 양측검정; 복합가설(two-sided; two-tailed; composite hypothesis)

신뢰구간(가설검정 접근법)[confidence interval (approach to hypothesis testing)]
- (a) 채택역(acceptance region)
- (b) 임계역; 기각역(critical region; region of rejection)
- (c) 임곗값(critical values)

제1종 오류(α)[Type I error (α)]; 유의수준(level of significance); 신뢰계수($1-\alpha$)[confidence coefficient ($1-\alpha$)]

제2종 오류(β)[Type II error (β)]; 검정력($1-\beta$)[power of the test($1-\beta$)]

유의성 검정(가설검정 접근법)[tests of significance (approach to hypothesis testing)]

(a) 검정통계량(test statistic); *t*-통계량(*t* statistic); *t*검정(*t* test)

(b) χ^2검정(χ^2 test)

(c) *F*검정(*F* test)

*p*값(*p* value)

질문

D.1 다음 두 용어 간 차이점을 설명하라.

a. 점 추정과 구간 추정

b. 귀무가설과 대립가설

c. 제1종 오류와 제2종 오류

d. 신뢰계수와 유의수준

e. 제2종 오류와 검정력

D.2 다음 용어의 의미는?

a. 통계적 추론

b. 표본분포

c. 채택역

d. 검정통계량

e. 검정의 임곗값

f. 유의수준

g. *p*값

D.3 다음 용어의 의미를 설명하라.

a. 불편추정량

b. 최소분산 추정량

c. 최량 혹은 효율적 추정량

d. 선형추정량

e. 최량선형불편추정량(BLUE)

D.4 다음 명제의 참, 거짓, 불확실 여부를 판단하라. 대답의 근거는 무엇인가?

a. 모수의 추정량은 확률변수이지만 모수는 확률적이 아니며 값이 변하지 않는다.

b. 모수 μ_X의 불편추정량은 항상 μ_X와 값이 같다.

c. 추정량은 편향이면서도 최소분산 추정량이 될 수 있다.

d. 효율적 추정량이란 최소분산 추정량을 말한다.

e. 표본분포가 정규분포인 추정량만 BLUE가 될 수 있다.

f. 채택역과 신뢰구간은 항상 같은 의미이다.

g. 제1종 오류는 거짓인 귀무가설이 기각되는 경우 발생한다.

h. 제2종 오류는 참인 귀무가설이 기각되는 경우 발생한다.

i. 자유도가 무한히 커지면 t분포는 정규분포로 수렴한다.

j. 중심극한정리는 표본평균이 항상 정규분포를 따르는 것을 말한다.

k. 유의수준과 p값은 같은 의미다.

D.5 가설검정에 대한 신뢰구간 접근법과 유의성 검정 접근법의 차이를 설명하라.

D.6 자유도가 40인 t값이 1.35이라고 하자. p값이 5~10% 유의수준에 있기 때문에(단측검정) 통계적으로 그렇게 유의한 것은 아니라는 명제에 동의하는가? 근거는 무엇인가?

연습문제

D.7 다음의 Z 임곗값을 구하라.

a. $\alpha = 0.05$(양측검정)

b. $\alpha = 0.05$(단측검정)

c. $\alpha = 0.01$(양측검정)

d. $\alpha = 0.02$(단측검정)

D.8 다음의 t 임곗값을 구하라.

a. $n = 4$, $\alpha = 0.05$(양측검정)

b. $n = 4$, $\alpha = 0.05$(단측검정)

c. $n = 14$, $\alpha = 0.01$(양측검정)

d. $n = 14$, $\alpha = 0.01$(단측검정)

e. $n = 60$, $\alpha = 0.05$(양측검정)

f. $n = 200$, $\alpha = 0.05$(양측검정)

D.9 1인당 국민소득이 평균(μ) = \$1,000, 분산(σ^2) = 10,000(\$제곱)인 정규분포를 따른다고 하자.

a. 1인당 국민소득이 \$800~\$1,200 사이에 있을 확률은 얼마인가?

b. 1인당 국민소득이 \$1,200 이상일 확률은 얼마인가?

c. 1인당 국민소득아 \$800 미만일 확률은 얼마인가?

d. 1인당 국민소득이 \$5,000 이상일 확률이 거의 0이라는 명제는 참인가?

D.10 문제 D.9의 경우에 1,000명의 무작위 표본의 표본평균 $\bar{X}$가 \$900이라고 하자.

a. μ = \$1,000인 경우, 이러한 표본평균값을 얻을 확률은 얼마인가?

b. 표본평균값을 이용해서 μ에 대한 95% 신뢰구간을 설정하고 μ = \$1,000이 그 신뢰구간 안에 있는지를 확인하라. 만약 없다면, 어떤 결론을 도출할 수 있는가?

c. 유의성 검정 접근법을 이용해서 μ = \$1,000이라는 가설의 채택 여부를 결정하라. 어떤 검정통계량을 사

용하는가? 그 이유는 무엇인가?

D.11 땅콩 봉지에 들어 있는 땅콩의 수는 평균이 μ, 분산이 σ^2인 정규분포를 따른다. 여러 기간에 걸친 품질관리 검사 결과 5% 봉지에는 땅콩이 6.5온스 미만이, 10% 봉지에는 6.8온스 이상이 들어 있었다.

a. μ와 σ^2을 구하라.

b. 1개 봉지 안에 7온스 이상의 땅콩이 들어 있을 확률을 구하라.

D.12 다음은 평균 μ, 분산이 2인 정규분포 모집단에서 추출한 무작위 표본이다.

8, 9, 6, 13, 11, 8, 12, 5, 4, 14

a. 다음을 검정하라: H_0: $\mu = 5$, H_1: $\mu \neq 5$. 참고: $\alpha = 5\%$를 이용하라.

b. 다음을 검정하라: H_0: $\mu = 5$, H_1: $\mu > 5$. 참고: $\alpha = 5\%$를 이용하라.

c. 문항 (a)의 p값은 얼마인가?

D.13 평균 μ, 표준편차 σ인 정규분포 모집단에서 추출한 10개의 무작위 표본의 표본평균 $\bar{X}$는 8이고 표본표준편차는 4이다. 모집단 평균의 95% 신뢰구간을 추정하라. 어떤 확률분포를 사용하는가? 그 이유는 무엇인가?

D.14 $X \sim N(\mu_X = 8, \sigma_X^2 = 36)$의 모집단에서 추출한 25개 표본 관측 자료의 표본평균이 $\bar{X} = 7.5$라고 하자.

a. $\bar{X}$의 표본분포를 구하라.

b. $\bar{X} \leq 7.5$가 될 확률은 얼마인가?

c. 문항 (b)에 대한 답을 고려할 때, 이 문제의 모집단으로부터 그러한 값을 가질 수 있는가?

D.15 다음에 대해 p값을 구하라.

a. $t \geq 1.72$ (자유도 = 24)

b. $Z \geq 2.9$

c. $F \geq 2.59$ (자유도는 각각 3, 20)

d. $\chi^2 \geq 19$ (자유도 = 30)

참고: 해당 확률표에서 정확한 값을 구할 수 없는 경우에는 Excel이나 MINITAB과 같은 통계 프로그램을 이용하라.

D.16 자유도가 30인 t-통계량의 값이 0.68이라고 하자. 이 t값은 10%의 유의수준에서도 통계적으로 유의하지 않기 때문에 관련 가설을 안정적으로 채택할 수 있다는 주장이 있다. 이 주장에 대해 동의하는가? 이러한 통계량의 값을 얻기 위한 p값은 얼마인가?

D.17 $X \sim N(\mu_X, \sigma_X^2)$인 모집단에서 관측값 3개를 무작위로 추출했다. μ_X에 대한 다음 2개의 추정량을 고려하자.

$$\hat{\mu}_1 = \frac{X_1 + X_2 + X_3}{3} \qquad \hat{\mu}_2 = \frac{X_1}{6} + \frac{X_2}{3} + \frac{X_3}{2}$$

a. $\hat{\mu}_1$과 $\hat{\mu}_2$는 각각 μ_X의 불편추정량인가?

b. 만약 두 추정량이 모두 불편추정량이라면 어떤 것을 선택할 것인가? (*힌트*: 두 추정량의 분산을 비교하라.)

D.18 부록 C의 문제 C.10을 다시 살펴보자. 10개 회사의 무작위 표본의 평균 수익은 \$900,000이고 (표본)표준편차가 \$100,000라고 하자.

a. 해당 산업의 평균 수익에 대한 95% 신뢰구간을 설정하라.

b. 어떤 확률분포를 사용해야 하는가? 그 이유는?

D.19 부록 C의 문제 C.14를 다시 살펴보자.

a. 모분산 σ^2에 대한 95% 신뢰구간을 설정하라.

b. $\sigma^2 = 8.2$라는 귀무가설을 검정하라.

D.20 16대의 자동차가 처음에는 일반 연료로 운전했고 다음에는 페트로콜(메탄올이 첨가된 휘발유)로 운전했다. 다음 표는 일산화질소(NO_X) 배출 검사 결과이다.

연료 종류	평균 NO_X	NO_X의 표준편차
일반 연료	1.075	0.5796
페트로콜	1.159	0.6134

출처: Michael O. Finkelstein and Bruce Levin, *Statistics for Lawyers*, Springer-Verlag, New York, 1990, p. 230.

a. 두 모집단 표준편차가 동일하다는 귀무가설을 어떻게 검정해야 하는가?

b. 어떤 검정법을 사용해야 하는가? 그 검정은 어떤 가정을 하는가?

D.21 식 (D.14)의 추정량이 편향추정량임을 보여라. [*힌트*: 식 (D.14)를 전개하고 각 항에 기댓값을 취하라. 이때 각 X_i의 기댓값은 μ_X이다.]

D.22 *단측 신뢰구간.* 주가수익률 사례로 돌아가서 식 (D.7)에는 모평균 μ_X에 대한 95% 양측 신뢰구간이 제시되었다. 이번에는 상한값 혹은 하한값만을 갖는 단측 신뢰구간을 설정하려고 한다. 어떻게 설정해야 하는가? (*힌트*: 단측 임곗값을 찾아라.)

부록 E

통계표

표 E-1a ● 표준정규분포표의 하위 영역

예

$Pr(0 \le Z \le 1.96) = 0.4750$

$Pr(Z \ge 1.96) = 0.5 - 0.4750 = 0.025$

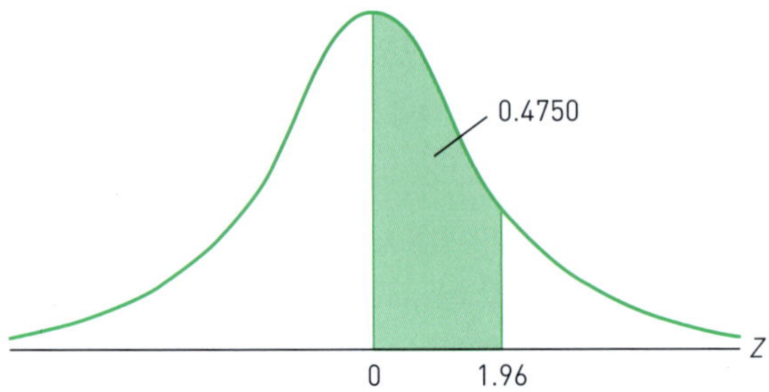

Z	.00	.01	.02	.03	.04	.05	.06	.07	.08	.09
0.0	.0000	.0040	.0080	.0120	.0160	.0199	.0239	.0279	.0319	.0359
0.1	.0398	.0438	.0478	.0517	.0557	.0596	.0636	.0675	.0714	.0753
0.2	.0793	.0832	.0871	.0910	.0948	.0987	.1026	.1064	.1103	.1141
0.3	.1179	.1217	.1255	.1293	.1331	.1368	.1406	.1443	.1480	.1517
0.4	.1554	.1591	.1628	.1664	.1700	.1736	.1772	.1808	.1844	.1879
0.5	.1915	.1950	.1985	.2019	.2054	.2088	.2123	.2157	.2190	.2224
0.6	.2257	.2291	.2324	.2357	.2389	.2422	.2454	.2486	.2517	.2549
0.7	.2580	.2611	.2642	.2673	.2704	.2734	.2764	.2794	.2823	.2852
0.8	.2881	.2910	.2939	.2967	.2995	.3023	.3051	.3078	.3106	.3133
0.9	.3159	.3186	.3212	.3238	.3264	.3289	.3315	.3340	.3365	.3389
1.0	.3413	.3438	.3461	.3485	.3508	.3531	.3554	.3577	.3599	.3621
1.1	.3643	.3665	.3686	.3708	.3729	.3749	.3770	.3790	.3810	.3830
1.2	.3849	.3869	.3888	.3907	.3925	.3944	.3962	.3980	.3997	.4015
1.3	.4032	.4049	.4066	.4082	.4099	.4115	.4131	.4147	.4162	.4177
1.4	.4192	.4207	.4222	.4236	.4251	.4265	.4279	.4292	.4306	.4319

1.5	.4332	.4345	.4357	.4370	.4382	.4394	.4406	.4418	.4429	.4441
1.6	.4452	.4463	.4474	.4484	.4495	.4505	.4515	.4525	.4535	.4545
1.7	.4454	.4564	.4573	.4582	.4591	.4599	.4608	.4616	.4625	.4633
1.8	.4641	.4649	.4656	.4664	.4671	.4678	.4686	.4693	.4699	.4706
1.9	.4713	.4719	.4726	.4732	.4738	.4744	.4750	.4756	.4761	.4767
2.0	.4772	.4778	.4783	.4788	.4793	.4798	.4803	.4808	.4812	.4817
2.1	.4821	.4826	.4830	.4834	.4838	.4842	.4846	.4850	.4854	.4857
2.2	.4861	.4864	.4868	.4871	.4875	.4878	.4881	.4884	.4887	.4890
2.3	.4893	.4896	.4898	.4901	.4904	.4906	.4909	.4911	.4913	.4916
2.4	.4918	.4920	.4922	.4925	.4927	.4929	.4931	.4932	.4934	.4936
2.5	.4938	.4940	.4941	.4943	.4945	.4946	.4948	.4949	.4951	.4952
2.6	.4953	.4955	.4956	.4957	.4959	.4960	.4961	.4962	.4963	.4964
2.7	.4965	.4966	.4967	.4968	.4969	.4970	.4971	.4972	.4973	.4974
2.8	.4974	.4975	.4976	.4977	.4977	.4978	.4979	.4979	.4980	.4981
2.9	.4981	.4982	.4982	.4983	.4984	.4984	.4985	.4985	.4986	.4986
3.0	.4987	.4987	.4987	.4988	.4988	.4989	.4989	.4989	.4990	.4990

주: 이 표는 분포의 우측 꼬리($Z > 0$)의 면적값을 보여준다. 표준정규분포는 0을 중심으로 좌우 대칭이기 때문에, 좌측 꼬리 면적은 상응하는 우측 꼬리 면적과 같다. 예를 들어서, $P(-1.96 \leq Z < 0) = 0.4750$이 된다. 따라서 $P(-1.96 \leq Z \leq 1.96) = 2(0.4750) = 0.950$이다.

표 E-1b ● 표준정규분포의 누적확률

표의 값은 표준정규분포에서 $-\infty$에서 $Z(A)$까지의 누적확률(A)이다.

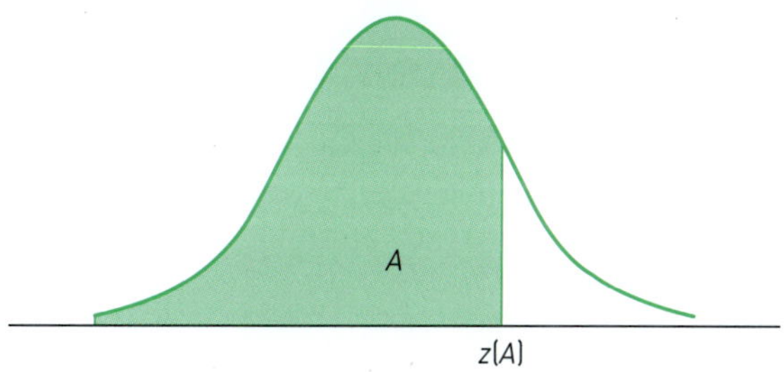

z	.00	.01	.02	.03	.04	.05	.06	.07	.08	.09
.0	.5000	.5040	.5080	.5120	.5160	.5199	.5239	.5279	.5319	.5359
.1	.5398	.5438	.5478	.5517	.5557	.5596	.5636	.5675	.5714	.5753
.2	.5793	.5832	.5871	.5910	.5948	.5987	.6026	.6064	.6103	.6141
.3	.6179	.6217	.6255	.6293	.6331	.6368	.6406	.6443	.6480	.6517
.4	.6554	.6591	.6628	.6664	.6700	.6736	.6772	.6808	.6844	.6879

(계속)

표 E-1b ● (계속)

.5	.6915	.6950	.6985	.7019	.7054	.7088	.7123	.7157	.7190	.7224
.6	.7257	.7291	.7324	.7357	.7389	.7422	.7454	.7486	.7517	.7549
.7	.7580	.7611	.7642	.7673	.7704	.7734	.7764	.7794	.7823	.7852
.8	.7881	.7910	.7939	.7967	.7995	.8023	.8051	.8078	.8106	.8133
.9	.8159	.8186	.8212	.8238	.8264	.8289	.8315	.8340	.8365	.8389
1.0	.8413	.8438	.8461	.8485	.8508	.8531	.8554	.8577	.8599	.8621
1.1	.8643	.8665	.8686	.8708	.8729	.8749	.8770	.8790	.8810	.8830
1.2	.8849	.8869	.8888	.8907	.8925	.8944	.8962	.8980	.8997	.9015
1.3	.9032	.9049	.9066	.9082	.9099	.9115	.9131	.9147	.9162	.9177
1.4	.9192	.9207	.9222	.9236	.9251	.9265	.9279	.9292	.9306	.9319
1.5	.9332	.9345	.9357	.9370	.9382	.9394	.9406	.9418	.9429	.9441
1.6	.9452	.9463	.9474	.9484	.9495	.9505	.9515	.9525	.9535	.9545
1.7	.9554	.9564	.9573	.9582	.9591	.9599	.9608	.9616	.9625	.9633
1.8	.9641	.9649	.9656	.9664	.9671	.9678	.9686	.9693	.9699	.9706
1.9	.9713	.9719	.9726	.9732	.9738	.9744	.9750	.9756	.9761	.9767
2.0	.9772	.9778	.9783	.9788	.9793	.9798	.9803	.9808	.9812	.9817
2.1	.9821	.9826	.9830	.9834	.9838	.9842	.9846	.9850	.9854	.9857
2.2	.9861	.9864	.9868	.9871	.9875	.9878	.9881	.9884	.9887	.9890
2.3	.9893	.9896	.9898	.9901	.9904	.9906	.9909	.9911	.9913	.9916
2.4	.9918	.9920	.9922	.9925	.9927	.9929	.9931	.9932	.9934	.9936
2.5	.9938	.9940	.9941	.9943	.9945	.9946	.9948	.9949	.9951	.9952
2.6	.9953	.9955	.9956	.9957	.9959	.9960	.9961	.9962	.9963	.9964
2.7	.9965	.9966	.9967	.9968	.9969	.9970	.9971	.9972	.9973	.9974
2.8	.9974	.9975	.9976	.9977	.9977	.9978	.9979	.9979	.9980	.9981
2.9	.9981	.9982	.9982	.9983	.9984	.9984	.9985	.9985	.9986	.9986
3.0	.9987	.9987	.9987	.9988	.9988	.9989	.9989	.9989	.9990	.9990
3.1	.9990	.9991	.9991	.9991	.9992	.9992	.9992	.9992	.9993	.9993
3.2	.9993	.9993	.9994	.9994	.9994	.9994	.9994	.9995	.9995	.9995
3.3	.9995	.9995	.9995	.9996	.9996	.9996	.9996	.9996	.9996	.9997
3.4	.9997	.9997	.9997	.9997	.9997	.9997	.9997	.9997	.9997	.9998

주요 백분위수의 값

누적확률 A	.90	.95	.975	.98	.99	.995	.999
$Z(A)$:	1.282	1.645	1.960	2.054	2.326	2.576	3.090

표 E-2 ● t분포에서 우측 꼬리 확률에 상응하는 t값

예

$Pr(t > 2.086) = 0.025$

$Pr(t > 1.725) = 0.05$ 단, 자유도(df) = 20

$Pr(|t| > 1.725) = 0.10$

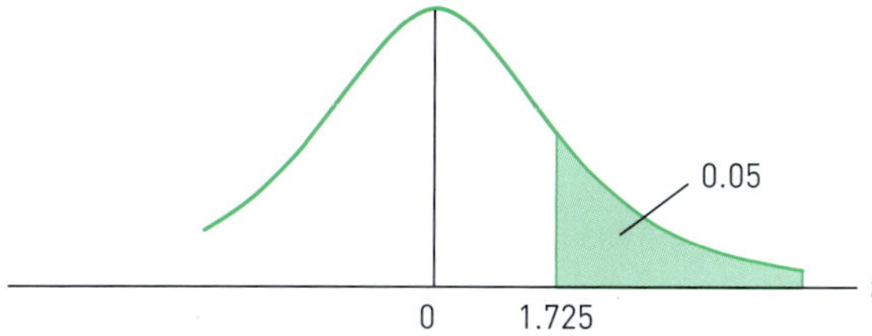

df \ Pr	0.25	0.10	0.05	0.025	0.01	0.005	0.001
	0.50	0.20	0.10	0.05	0.02	0.010	0.002
1	1.000	3.078	6.314	12.706	31.821	63.657	318.31
2	0.816	1.886	2.920	4.303	6.965	9.925	22.327
3	0.765	1.638	2.353	3.182	4.541	5.841	10.214
4	0.741	1.533	2.132	2.776	3.747	4.604	7.173
5	0.727	1.476	2.015	2.571	3.365	4.032	5.893
6	0.718	1.440	1.943	2.447	3.143	3.707	5.208
7	0.711	1.415	1.895	2.365	2.998	3.499	4.785
8	0.706	1.397	1.860	2.306	2.896	3.355	4.501
9	0.703	1.383	1.833	2.262	2.821	3.250	4.297
10	0.700	1.372	1.812	2.228	2.764	3.169	4.144
11	0.697	1.363	1.796	2.201	2.718	3.106	4.025
12	0.695	1.356	1.782	2.179	2.681	3.055	3.930
13	0.694	1.350	1.771	2.160	2.650	3.012	3.852
14	0.692	1.345	1.761	2.145	2.624	2.977	3.787
15	0.691	1.341	1.753	2.131	2.602	2.947	3.733
16	0.690	1.337	1.746	2.120	2.583	2.921	3.686
17	0.689	1.333	1.740	2.110	2.567	2.898	3.646
18	0.688	1.330	1.734	2.101	2.552	2.878	3.610
19	0.688	1.328	1.729	2.093	2.539	2.861	3.579
20	0.687	1.325	1.725	2.086	2.528	2.845	3.552
21	0.686	1.323	1.721	2.080	2.518	2.831	3.527
22	0.686	1.321	1.717	2.074	2.508	2.819	3.505
23	0.685	1.319	1.714	2.069	2.500	2.807	3.485
24	0.685	1.318	1.711	2.064	2.492	2.797	3.467
25	0.684	1.316	1.708	2.060	2.485	2.787	3.450

(계속)

표 E-2 ● (계속)

26	0.684	1.315	1.706	2.056	2.479	2.779	3.435
27	0.684	1.314	1.703	2.052	2.473	2.771	3.421
28	0.683	1.313	1.701	2.048	2.467	2.763	3.408
29	0.683	1.311	1.699	2.045	2.462	2.756	3.396
30	0.683	1.310	1.697	2.042	2.457	2.750	3.385
40	0.681	1.303	1.684	2.021	2.423	2.704	3.307
60	0.679	1.296	1.671	2.000	2.390	2.660	3.232
120	0.677	1.289	1.658	1.980	2.358	2.617	3.160
∞	0.674	1.282	1.645	1.960	2.326	2.576	3.090

주: 첫 행에서 작은 확률값은 단측 꼬리(one tail)의 면적이며, 큰 확률값은 양측 꼬리의 면적이다.

출처: E. S. Pearson and H. O. Hartley, eds., *Biometrika Tables for Statisticians*, vol. 1, 3rd ed., Table 12, Cambridge University Press, New York, 1966. 편집자와 *Biometrika*의 허락하에 재게재함.

표 E-3 ● F분포에서 우측 꼬리 확률에 상응하는 F값

예

$\Pr(F > 1.59) = 0.25$

$\Pr(F > 2.42) = 0.10$ 단, 자유도(df) $N_1 = 10$

$\Pr(F > 3.14) = 0.05$ 그리고 $N_2 = 9$

$\Pr(F > 5.26) = 0.01$

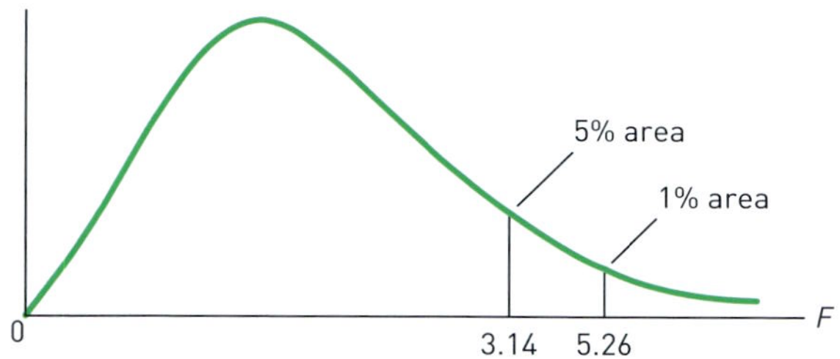

분모 자유도 N_2	분자 자유도 N_1																							
	Pr	1	2	3	4	5	6	7	8	9	10	11	12	15	20	24	30	40	50	60	100	120	200	500	∞
	.25	5.83	7.50	8.20	8.58	8.82	8.98	9.10	9.19	9.26	9.32	9.36	9.41	9.49	9.58	9.63	9.67	9.71	9.74	9.76	9.78	9.80	9.82	9.84	9.85
1	.10	39.90	49.50	53.60	55.80	57.20	58.20	58.90	59.40	59.90	60.20	60.50	60.70	61.20	61.70	62.00	62.30	62.50	62.70	62.80	63.00	63.10	63.20	63.30	63.30
	.05	161.00	200.00	216.00	225.00	230.00	234.00	237.00	239.00	241.00	242.00	243.00	244.00	246.00	248.00	249.00	250.00	251.00	252.00	252.00	253.00	253.00	254.00	254.00	254.00
	.25	2.57	3.00	3.15	3.23	3.28	3.31	3.34	3.35	3.37	3.38	3.39	3.39	3.41	3.43	3.43	3.44	3.45	3.45	3.46	3.47	3.47	3.48	3.48	3.48
2	.10	8.53	9.00	9.16	9.24	9.29	9.33	9.35	9.37	9.38	9.39	9.40	9.41	9.42	9.44	9.45	9.46	9.47	9.47	9.47	9.48	9.48	9.49	9.49	9.49
	.05	18.50	19.00	19.20	19.20	19.30	19.30	19.40	19.40	19.40	19.40	19.40	19.40	19.40	19.40	19.50	19.50	19.50	19.50	19.50	19.50	19.50	19.50	19.50	19.50
	.01	98.50	99.00	99.20	99.20	99.30	99.30	99.40	99.40	99.40	99.40	99.40	99.40	99.40	99.40	99.50	99.50	99.50	99.50	99.50	99.50	99.50	99.50	99.50	99.50
	.25	2.02	2.28	2.36	2.39	2.41	2.42	2.43	2.44	2.44	2.44	2.45	2.45	2.46	2.46	2.46	2.47	2.47	2.47	2.47	2.47	2.47	2.47	2.47	2.47
3	.10	5.54	5.46	5.39	5.34	5.31	5.28	5.27	5.25	5.24	5.23	5.22	5.22	5.20	5.18	5.18	5.17	5.16	5.15	5.15	5.14	5.14	5.14	5.14	5.13
	.05	10.10	9.55	9.28	9.12	9.01	8.94	8.89	8.85	8.81	8.79	8.76	8.74	8.70	8.66	8.64	8.62	8.59	8.58	8.57	8.55	8.55	8.54	8.53	8.53
	.01	34.10	30.80	29.50	28.70	28.20	27.90	27.70	27.50	27.30	27.20	27.10	27.10	26.90	26.70	26.60	26.50	26.40	26.40	26.30	26.20	26.20	26.20	26.10	26.10
	.25	1.81	2.00	2.05	2.06	2.07	2.08	2.08	2.08	2.08	2.08	2.08	2.08	2.08	2.08	2.08	2.08	2.08	2.08	2.08	2.08	2.08	2.08	2.08	2.08
4	.10	4.54	4.32	4.19	4.11	4.05	4.01	3.98	3.95	3.94	3.92	3.91	3.90	3.87	3.84	3.83	3.82	3.80	3.80	3.79	3.78	3.78	3.77	3.76	3.76
	.05	7.71	6.94	6.59	6.39	6.26	6.16	6.09	6.04	6.00	5.96	5.94	5.91	5.86	5.80	5.77	5.75	5.72	5.70	5.69	5.66	5.66	5.65	5.64	5.63
	.01	21.20	18.00	16.70	16.00	15.50	15.20	15.00	14.80	14.70	14.50	14.40	14.40	14.20	14.00	13.90	13.80	13.70	13.70	13.70	13.60	13.60	13.50	13.50	13.50
	.25	1.69	1.85	1.88	1.89	1.89	1.89	1.89	1.89	1.89	1.89	1.89	1.89	1.89	1.88	1.88	1.88	1.88	1.88	1.87	1.87	1.87	1.87	1.87	1.87
5	.10	4.06	3.78	3.62	3.52	3.45	3.40	3.37	3.34	3.32	3.30	3.28	3.27	3.24	3.21	3.19	3.17	3.16	3.15	3.14	3.13	3.12	3.12	3.11	3.10
	.05	6.61	5.79	5.41	5.19	5.05	4.95	4.88	4.82	4.77	4.74	4.71	4.68	4.62	4.56	4.53	4.50	4.46	4.44	4.43	4.41	4.40	4.39	4.37	4.36
	.01	16.30	13.30	12.10	11.40	11.00	10.70	10.50	10.30	10.20	10.10	9.96	9.89	9.72	9.55	9.47	9.38	9.29	9.24	9.20	9.13	9.11	9.08	9.04	9.02

(계속)

표 E-3 ● (계속)

분모 자유도 N_2	분자 자유도 N_1																						
	Pr	1	2	3	4	5	6	7	8	9	10	11	12	15	20	24	30	40	50	60	100	120	200	500	∞
	.25	1.62	1.76	1.78	1.79	1.79	1.78	1.78	1.78	1.77	1.77	1.77	1.77	1.76	1.76	1.75	1.75	1.75	1.75	1.74	1.74	1.74	1.74	1.74	1.74
6	.10	3.78	3.46	3.29	3.18	3.11	3.05	3.01	2.98	2.96	2.94	2.92	2.90	2.87	2.84	2.82	2.80	2.78	2.77	2.76	2.75	2.74	2.73	2.73	2.72
	.05	5.99	5.14	4.76	4.53	4.39	4.28	4.21	4.15	4.10	4.06	4.03	4.00	3.94	3.87	3.84	3.81	3.77	3.75	3.74	3.71	3.70	3.69	3.68	3.67
	.01	13.70	10.90	9.78	9.15	8.75	8.47	8.26	8.10	7.98	7.87	7.79	7.72	7.56	7.40	7.31	7.23	7.14	7.09	7.06	6.99	6.97	6.93	6.90	6.88
	.25	1.57	1.70	1.72	1.72	1.71	1.71	1.70	1.70	1.69	1.69	1.69	1.68	1.68	1.67	1.67	1.66	1.66	1.66	1.65	1.65	1.65	1.65	1.65	1.65
7	.10	3.59	3.26	3.07	2.96	2.88	2.83	2.78	2.75	2.72	2.70	2.68	2.67	2.63	2.59	2.58	2.56	2.54	2.52	2.51	2.50	2.49	2.48	2.48	2.47
	.05	5.59	4.74	4.35	4.12	3.97	3.87	3.79	3.73	3.68	3.64	3.60	3.57	3.51	3.44	3.41	3.38	3.34	3.32	3.30	3.27	3.27	3.25	3.24	3.23
	.01	12.20	9.55	8.45	7.85	7.46	7.19	6.99	6.84	6.72	6.62	6.54	6.47	6.31	6.16	6.07	5.99	5.91	5.86	5.82	5.75	5.74	5.70	5.67	5.65
	.25	1.54	1.66	1.67	1.66	1.66	1.65	1.64	1.64	1.63	1.63	1.63	1.62	1.62	1.61	1.60	1.60	1.59	1.59	1.59	1.58	1.58	1.58	1.58	1.58
8	.10	3.46	3.11	2.92	2.81	2.73	2.67	2.62	2.59	2.56	2.54	2.52	2.50	2.46	2.42	2.40	2.38	2.36	2.35	2.34	2.32	2.32	2.31	2.30	2.29
	.05	5.32	4.46	4.07	3.84	3.69	3.58	3.50	3.44	3.39	3.35	3.31	3.28	3.22	3.15	3.12	3.08	3.04	2.02	3.01	2.97	2.97	2.95	2.94	2.93
	.01	11.30	8.65	7.59	7.01	6.63	6.37	6.18	6.03	5.91	5.81	5.73	5.67	5.52	5.36	5.28	5.20	5.12	5.07	5.03	4.96	4.95	4.91	4.88	4.86
	.25	1.51	1.62	1.63	1.63	1.62	1.61	1.60	1.60	1.59	1.59	1.58	1.58	1.57	1.56	1.56	1.55	1.55	1.54	1.54	1.53	1.53	1.53	1.53	1.53
9	.10	3.36	3.01	2.81	2.69	2.61	2.55	2.51	2.47	2.44	2.42	2.40	2.38	2.34	2.30	2.28	2.25	2.23	2.22	2.21	2.19	2.18	2.17	2.17	2.16
	.05	5.12	4.26	3.86	3.63	3.48	3.37	3.29	3.23	3.18	3.14	3.10	3.07	3.01	2.94	2.90	2.86	2.83	2.80	2.79	2.76	2.75	2.73	2.72	2.71
	.01	10.60	8.02	6.99	6.42	6.06	5.80	5.61	5.47	5.35	5.26	5.18	5.11	4.96	4.81	4.73	4.65	4.57	4.52	4.48	4.42	4.40	4.36	4.33	4.31
	.25	1.49	1.60	1.60	1.59	1.59	1.58	1.57	1.56	1.56	1.55	1.55	1.54	1.53	1.52	1.52	1.51	1.51	1.50	1.50	1.49	1.49	1.49	1.48	1.48
10	.10	3.29	2.92	2.73	2.61	2.52	2.46	2.41	2.38	2.35	2.32	2.30	2.28	2.24	2.20	2.18	2.16	2.13	2.12	2.11	2.09	2.08	2.07	2.06	2.06
	.05	4.96	4.10	3.71	3.48	3.33	3.22	3.14	3.07	3.02	2.98	2.94	2.91	2.85	2.77	2.74	2.70	2.66	2.64	2.62	2.59	2.58	2.56	2.55	2.54
	.01	10.00	7.56	6.55	5.99	5.64	5.39	5.20	5.06	4.94	4.85	4.77	4.71	4.56	4.41	4.33	4.25	4.17	4.12	4.08	4.01	4.00	3.96	3.93	3.91
	.25	1.47	1.58	1.58	1.57	1.56	1.55	1.54	1.53	1.53	1.52	1.52	1.51	1.50	1.49	1.49	1.48	1.47	1.47	1.47	1.46	1.46	1.46	1.45	1.45
11	.10	3.23	2.86	2.66	2.54	2.45	2.39	2.34	2.30	2.27	2.25	2.23	2.21	2.17	2.12	2.10	2.08	2.05	2.04	2.03	2.00	2.00	1.99	1.98	1.97
	.05	4.84	3.98	3.59	3.36	3.20	3.09	3.01	2.95	2.90	2.85	2.82	2.79	2.72	2.65	2.61	2.57	2.53	2.51	2.49	2.46	2.45	2.43	2.42	2.40
	.01	9.65	7.21	6.22	5.67	5.32	5.07	4.89	4.74	4.63	4.54	4.46	4.40	4.25	4.10	4.02	3.94	3.86	3.81	3.78	3.71	3.69	3.66	3.62	3.60
	.25	1.46	1.56	1.56	1.55	1.54	1.53	1.52	1.51	1.51	1.50	1.50	1.49	1.48	1.47	1.46	1.45	1.45	1.44	1.44	1.43	1.43	1.43	1.42	1.42
12	.10	3.18	2.81	2.61	2.48	2.39	2.33	2.28	2.24	2.21	2.19	2.17	2.15	2.10	2.06	2.04	2.01	1.99	1.97	1.96	1.94	1.93	1.92	1.91	1.90
	.05	4.75	3.89	3.49	3.26	3.11	3.00	2.91	2.85	2.80	2.75	2.72	2.69	2.62	2.54	2.51	2.47	2.43	2.40	2.38	2.35	2.34	2.32	2.31	2.30
	.01	9.33	6.93	5.95	5.41	5.06	4.82	4.64	4.50	4.39	4.30	4.22	4.16	4.01	3.86	3.78	3.70	3.62	3.57	3.54	3.47	3.45	3.41	3.38	3.36
	.25	1.45	1.55	1.55	1.53	1.52	1.51	1.50	1.49	1.49	1.48	1.47	1.47	1.46	1.45	1.44	1.43	1.42	1.42	1.42	1.41	1.41	1.40	1.40	1.40
13	.10	3.14	2.76	2.56	2.43	2.35	2.28	2.23	2.20	2.16	2.14	2.12	2.10	2.05	2.01	1.98	1.96	1.93	1.92	1.90	1.88	1.88	1.86	1.85	1.85
	.05	4.67	3.81	3.41	3.18	3.03	2.92	2.83	2.77	2.71	2.67	2.63	2.60	2.53	2.46	2.42	2.38	2.34	2.31	2.30	2.26	2.25	2.23	2.22	2.21

분모 자유도 N_2	분자 자유도 N_1																							
	Pr	1	2	3	4	5	6	7	8	9	10	11	12	15	20	24	30	40	50	60	100	120	200	500	∞
	.01	9.07	6.70	5.74	5.21	4.86	4.62	4.44	4.30	4.19	4.10	4.02	3.96	3.82	3.66	3.59	3.51	3.43	3.38	3.34	3.27	3.25	3.22	3.19	3.17
	.25	1.44	1.53	1.53	1.52	1.51	1.50	1.49	1.48	1.47	1.46	1.46	1.45	1.44	1.43	1.42	1.41	1.41	1.40	1.40	1.39	1.39	1.39	1.38	1.38
14	.10	3.10	2.73	2.52	2.39	2.31	2.24	2.19	2.15	2.12	2.10	2.08	2.05	2.01	1.96	1.94	1.91	1.89	1.87	1.86	1.83	1.83	1.82	1.80	1.80
	.05	4.60	3.74	3.34	3.11	2.96	2.85	2.76	2.70	2.65	2.60	2.57	2.53	2.46	2.39	2.35	2.31	2.27	2.24	2.22	2.19	2.18	2.16	2.14	2.13
	.01	8.86	6.51	5.56	5.04	4.69	4.46	4.28	4.14	4.03	3.94	3.86	3.80	3.66	3.51	3.43	3.35	3.27	3.22	3.18	3.11	3.09	3.06	3.03	3.00
	.25	1.43	1.52	1.52	1.51	1.49	1.48	1.47	1.46	1.46	1.45	1.44	1.44	1.43	1.41	1.41	1.40	1.39	1.39	1.38	1.38	1.37	1.37	1.36	1.36
15	.10	3.07	2.70	2.49	2.36	2.27	2.21	2.16	2.12	2.09	2.06	2.04	2.02	1.97	1.92	1.90	1.87	1.85	1.83	1.82	1.79	1.79	1.77	1.76	1.76
	.05	4.54	3.68	3.29	3.06	2.90	2.79	2.71	2.64	2.59	2.54	2.51	2.48	2.40	2.33	2.29	2.25	2.20	2.18	2.16	2.12	2.11	2.10	2.08	2.07
	.01	8.68	6.36	5.42	4.89	4.56	4.32	4.14	4.00	3.89	3.80	3.73	3.67	3.52	3.37	3.29	3.21	3.13	3.08	3.05	2.98	2.96	2.92	2.89	2.87
	.25	1.42	1.51	1.51	1.50	1.48	1.47	1.46	1.45	1.44	1.44	1.44	1.43	1.41	1.40	1.39	1.38	1.37	1.37	1.36	1.36	1.35	1.35	1.34	1.34
16	.10	3.05	2.67	2.46	2.33	2.24	2.18	2.13	2.09	2.06	2.03	2.01	1.99	1.94	1.89	1.87	1.84	1.81	1.79	1.78	1.76	1.75	1.74	1.73	1.72
	.05	4.49	3.63	3.24	3.01	2.85	2.74	2.66	2.59	2.54	2.49	2.46	2.42	2.35	2.28	2.24	2.19	2.15	2.12	2.11	2.07	2.06	2.04	2.02	2.01
	.01	8.53	6.23	5.29	4.77	4.44	4.20	4.03	3.89	3.78	3.69	3.62	3.55	3.41	3.26	3.18	3.10	3.02	2.97	2.93	2.86	2.84	2.81	2.78	2.75
	.25	1.42	1.51	1.50	1.49	1.47	1.46	1.45	1.44	1.43	1.43	1.42	1.41	1.40	1.39	1.38	1.37	1.36	1.35	1.35	1.34	1.34	1.34	1.33	1.33
17	.10	3.03	2.64	2.44	2.31	2.22	2.15	2.10	2.06	2.03	2.00	1.98	1.96	1.91	1.86	1.84	1.81	1.78	1.76	1.75	1.73	1.72	1.71	1.69	1.69
	.05	4.45	3.59	3.20	2.96	2.81	2.70	2.61	2.55	2.49	2.45	2.41	2.38	2.31	2.23	2.19	2.15	2.10	2.08	2.06	2.02	2.01	1.99	1.97	1.96
	.01	8.40	6.11	5.18	4.67	4.34	4.10	3.93	3.79	3.68	3.59	3.52	3.46	3.31	3.16	3.08	3.00	2.92	2.87	2.83	2.76	2.75	2.71	2.68	2.65
	.25	1.41	1.50	1.49	1.48	1.46	1.45	1.44	1.43	1.42	1.42	1.41	1.40	1.39	1.38	1.37	1.36	1.35	1.34	1.34	1.33	1.33	1.32	1.32	1.32
18	.10	3.01	2.62	2.42	2.29	2.20	2.13	2.08	2.04	2.00	1.98	1.96	1.93	1.89	1.84	1.81	1.78	1.75	1.74	1.72	1.70	1.69	1.68	1.67	1.66
	.05	4.41	3.55	3.16	2.93	2.77	2.66	2.58	2.51	2.46	2.41	2.37	2.34	2.27	2.19	2.15	2.11	2.06	2.04	2.02	1.98	1.97	1.95	1.93	1.92
	.01	8.29	6.01	5.09	4.58	4.25	4.01	3.84	3.71	3.60	3.51	3.43	3.37	3.23	3.08	3.00	2.92	2.84	2.78	2.75	2.68	2.66	2.62	2.59	2.57
	.25	1.41	1.49	1.49	1.47	1.46	1.44	1.43	1.42	1.41	1.41	1.40	1.40	1.38	1.37	1.36	1.35	1.34	1.33	1.33	1.32	1.32	1.31	1.31	1.30
19	.10	2.99	2.61	2.40	2.27	2.18	2.11	2.06	2.02	1.98	1.96	1.94	1.91	1.86	1.81	1.79	1.76	1.73	1.71	1.70	1.67	1.67	1.65	1.64	1.63
	.05	4.38	3.52	3.13	2.90	2.74	2.63	2.54	2.48	2.42	2.38	2.34	2.31	2.23	2.16	2.11	2.07	2.03	2.00	1.98	1.94	1.93	1.91	1.89	1.88
	.01	8.18	5.93	5.01	4.50	4.17	3.94	3.77	3.63	3.52	3.43	3.36	3.30	3.15	3.00	2.92	2.84	2.76	2.71	2.67	2.60	2.58	2.55	2.51	2.49
	.25	1.40	1.49	1.48	1.46	1.45	1.44	1.43	1.42	1.41	1.40	1.39	1.39	1.37	1.36	1.35	1.34	1.33	1.33	1.32	1.31	1.31	1.30	1.30	1.29
20	.10	2.97	2.59	2.38	2.25	2.16	2.09	2.04	2.00	1.96	1.94	1.92	1.89	1.84	1.79	1.77	1.74	1.71	1.69	1.68	1.65	1.64	1.63	1.62	1.61
	.05	4.35	3.49	3.10	2.87	2.71	2.60	2.51	2.45	2.39	2.35	2.31	2.28	2.20	2.12	2.08	2.04	1.99	1.97	1.95	1.91	1.90	1.88	1.86	1.84
	.01	8.10	5.85	4.94	4.43	4.10	3.87	3.70	3.56	3.46	3.37	3.29	3.23	3.09	2.94	2.86	2.78	2.69	2.64	2.61	2.54	2.52	2.48	2.44	2.42
	.25	1.40	1.48	1.47	1.45	1.44	1.42	1.41	1.40	1.39	1.39	1.38	1.37	1.36	1.34	1.33	1.32	1.31	1.31	1.30	1.30	1.30	1.29	1.29	1.28
22	.10	2.95	2.56	2.35	2.22	2.13	2.06	2.01	1.97	1.93	1.90	1.88	1.86	1.81	1.76	1.73	1.70	1.67	1.65	1.64	1.61	1.60	1.59	1.58	1.57
	.05	4.30	3.44	3.05	2.82	2.66	2.55	2.46	2.40	2.34	2.30	2.26	2.23	2.15	2.07	2.03	1.98	1.94	1.91	1.89	1.85	1.84	1.82	1.80	1.78

(계속)

표 E-3 ● (계속)

분모 자유도 N_2	Pr	분자 자유도 N_1 1	2	3	4	5	6	7	8	9	10	11	12	15	20	24	30	40	50	60	100	120	200	500	∞
	.01	7.95	5.72	4.82	4.31	3.99	3.76	3.59	3.45	3.35	3.26	3.18	3.12	2.98	2.83	2.75	2.67	2.58	2.53	2.50	2.42	2.40	2.36	2.33	2.31
	.25	1.39	1.47	1.46	1.44	1.43	1.41	1.40	1.39	1.38	1.38	1.37	1.36	1.35	1.33	1.32	1.31	1.30	1.29	1.29	1.28	1.28	1.27	1.27	1.26
24	.10	2.93	2.54	2.33	2.19	2.10	2.04	1.98	1.94	1.91	1.88	1.85	1.83	1.78	1.73	1.70	1.67	1.64	1.62	1.61	1.58	1.57	1.56	1.54	1.53
	.05	4.26	3.40	3.01	2.78	2.62	2.51	2.42	2.36	2.30	2.25	2.21	2.18	2.11	2.03	1.98	1.94	1.89	1.86	1.84	1.80	1.79	1.77	1.75	1.73
	.01	7.82	5.61	4.72	4.22	3.90	3.67	3.50	3.36	3.26	3.17	3.09	3.03	2.89	2.74	2.66	2.58	2.49	2.44	2.40	2.33	2.31	2.27	2.24	2.21
	.25	1.38	1.46	1.45	1.44	1.42	1.41	1.39	1.38	1.37	1.37	1.36	1.35	1.34	1.32	1.31	1.30	1.29	1.28	1.28	1.26	1.26	1.26	1.25	1.25
26	.10	2.91	2.52	2.31	2.17	2.08	2.01	1.96	1.92	1.88	1.86	1.84	1.81	1.76	1.71	1.68	1.65	1.61	1.59	1.58	1.55	1.54	1.53	1.51	1.50
	.05	4.23	3.37	2.98	2.74	2.59	2.47	2.39	2.32	2.27	2.22	2.18	2.15	2.07	1.99	1.95	1.90	1.85	1.82	1.80	1.76	1.75	1.73	1.71	1.69
	.01	7.72	5.53	4.64	4.14	3.82	3.59	3.42	3.29	3.18	3.09	3.02	2.96	2.81	2.66	2.58	2.50	2.42	2.36	2.33	2.25	2.23	2.19	2.16	2.13
	.25	1.38	1.46	1.45	1.43	1.41	1.40	1.39	1.38	1.37	1.36	1.35	1.34	1.33	1.31	1.30	1.29	1.28	1.27	1.27	1.26	1.25	1.25	1.24	1.24
28	.10	2.89	2.50	2.29	2.16	2.06	2.00	1.94	1.90	1.87	1.84	1.81	1.79	1.74	1.69	1.66	1.63	1.59	1.57	1.56	1.53	1.52	1.50	1.49	1.48
	.05	4.20	3.34	2.95	2.71	2.56	2.45	2.36	2.29	2.24	2.19	2.15	2.12	2.04	1.96	1.91	1.87	1.82	1.79	1.77	1.73	1.71	1.69	1.67	1.65
	.01	7.64	5.45	4.57	4.07	3.75	3.53	3.36	3.23	3.12	3.03	2.96	2.90	2.75	2.60	2.52	2.44	2.35	2.30	2.26	2.19	2.17	2.13	2.09	2.06
	.25	1.38	1.45	1.44	1.42	1.41	1.39	1.38	1.37	1.36	1.35	1.35	1.34	1.32	1.30	1.29	1.28	1.27	1.26	1.26	1.25	1.24	1.24	1.23	1.23
30	.10	2.88	2.49	2.28	2.14	2.05	1.98	1.93	1.88	1.85	1.82	1.79	1.77	1.72	1.67	1.64	1.61	1.57	1.55	1.54	1.51	1.50	1.48	1.47	1.46
	.05	4.17	3.32	2.92	2.69	2.53	2.42	2.33	2.27	2.21	2.16	2.13	2.09	2.01	1.93	1.89	1.84	1.79	1.76	1.74	1.70	1.68	1.66	1.64	1.62
	.01	7.56	5.39	4.51	4.02	3.70	3.47	3.30	3.17	3.07	2.98	2.91	2.84	2.70	2.55	2.47	2.39	2.30	2.25	2.21	2.13	2.11	2.07	2.03	2.01
	.25	1.36	1.44	1.42	1.40	1.39	1.37	1.36	1.35	1.34	1.33	1.32	1.31	1.30	1.28	1.26	1.25	1.24	1.23	1.22	1.21	1.21	1.20	1.19	1.19
40	.10	2.84	2.44	2.23	2.09	2.00	1.93	1.87	1.83	1.79	1.76	1.73	1.71	1.66	1.61	1.57	1.54	1.51	1.48	1.47	1.43	1.42	1.41	1.39	1.38
	.05	4.08	3.23	2.84	2.61	2.45	2.34	2.25	2.18	2.12	2.08	2.04	2.00	1.92	1.84	1.79	1.74	1.69	1.66	1.64	1.59	1.58	1.55	1.53	1.51
	.01	7.31	5.18	4.31	3.83	3.51	3.29	3.12	2.99	2.89	2.80	2.73	2.66	2.52	2.37	2.29	2.20	2.11	2.06	2.02	1.94	1.92	1.87	1.83	1.80
	.25	1.35	1.42	1.41	1.38	1.37	1.35	1.33	1.32	1.31	1.30	1.29	1.29	1.27	1.25	1.24	1.22	1.21	1.20	1.19	1.17	1.17	1.16	1.15	1.15
60	.10	2.79	2.39	2.18	2.04	1.95	1.87	1.82	1.77	1.74	1.71	1.68	1.66	1.60	1.54	1.51	1.48	1.44	1.41	1.40	1.36	1.35	1.33	1.31	1.29
	.05	4.00	3.15	2.76	2.53	2.37	2.25	2.17	2.10	2.04	1.99	1.95	1.92	1.84	1.75	1.70	1.65	1.59	1.56	1.53	1.48	1.47	1.44	1.41	1.39
	.01	7.08	4.98	4.13	3.65	3.34	3.12	2.95	2.82	2.72	2.63	2.56	2.50	2.35	2.20	2.12	2.03	1.94	1.88	1.84	1.75	1.73	1.68	1.63	1.60
	.25	1.34	1.40	1.39	1.37	1.35	1.33	1.31	1.30	1.29	1.28	1.27	1.26	1.24	1.22	1.21	1.19	1.18	1.17	1.16	1.14	1.13	1.12	1.11	1.10
120	.10	2.75	2.35	2.13	1.99	1.90	1.82	1.77	1.72	1.68	1.65	1.62	1.60	1.55	1.48	1.45	1.41	1.37	1.34	1.32	1.27	1.26	1.24	1.21	1.19
	.05	3.92	3.07	2.68	2.45	2.29	2.17	2.09	2.02	1.96	1.91	1.87	1.83	1.75	1.66	1.61	1.55	1.50	1.46	1.43	1.37	1.35	1.32	1.28	1.25
	.01	6.85	4.79	3.95	3.48	3.17	2.96	2.79	2.66	2.56	2.47	2.40	2.34	2.19	2.03	1.95	1.86	1.76	1.70	1.66	1.56	1.53	1.48	1.42	1.38
	.25	1.33	1.39	1.38	1.36	1.34	1.32	1.31	1.29	1.28	1.27	1.26	1.25	1.23	1.21	1.20	1.18	1.16	1.14	1.12	1.11	1.10	1.09	1.08	1.06
200	.10	2.73	2.33	2.11	1.97	1.88	1.80	1.75	1.70	1.66	1.63	1.60	1.57	1.52	1.46	1.42	1.38	1.34	1.31	1.28	1.24	1.22	1.20	1.17	1.14

분모 자유도 N_2	분자 자유도 N_1																							
	Pr	1	2	3	4	5	6	7	8	9	10	11	12	15	20	24	30	40	50	60	100	120	200	500	∞
	.05	3.89	3.04	2.65	2.42	2.26	2.14	2.06	1.98	1.93	1.88	1.84	1.80	1.72	1.62	1.57	1.52	1.46	1.41	1.39	1.32	1.29	1.26	1.22	1.19
	.01	6.76	4.71	3.88	3.41	3.11	2.89	2.73	2.60	2.50	2.41	2.34	2.27	2.13	1.97	1.89	1.79	1.69	1.63	1.58	1.48	1.44	1.39	1.33	1.28
	.25	1.32	1.39	1.37	1.35	1.33	1.31	1.29	1.28	1.27	1.25	1.24	1.24	1.22	1.19	1.18	1.16	1.14	1.13	1.12	1.09	1.08	1.07	1.04	1.00
∞	.10	2.71	2.30	2.08	1.94	1.85	1.77	1.72	1.67	1.63	1.60	1.57	1.55	1.49	1.42	1.38	1.34	1.30	1.26	1.24	1.18	1.17	1.13	1.08	1.00
	.05	3.84	3.00	2.60	2.37	2.21	2.10	2.01	1.94	1.88	1.83	1.79	1.75	1.67	1.57	1.52	1.46	1.39	1.35	1.32	1.24	1.22	1.17	1.11	1.00
	.01	6.63	4.61	3.78	3.32	3.02	2.80	2.64	2.51	2.41	2.32	2.25	2.18	2.04	1.88	1.79	1.70	1.59	1.52	1.47	1.36	1.32	1.25	1.15	1.00

출처: From E. S. Pearson and H. O. Hartley, eds., *Biometrika Tables for Statisticians*, vol. 1, 3rd ed., Table 18, Cambridge University Press, New York, 1966. 편집자와 *Biometrika*의 허락하에 재게재함.

표 E-4 ● χ^2분포에서 우측 꼬리 확률에 상응하는 값

예

$Pr(\chi^2 > 10.85) = 0.95$

$Pr(\chi^2 > 23.83) = 0.25$ 단, 자유도(df) = 20

$Pr(\chi^2 > 31.41) = 0.05$

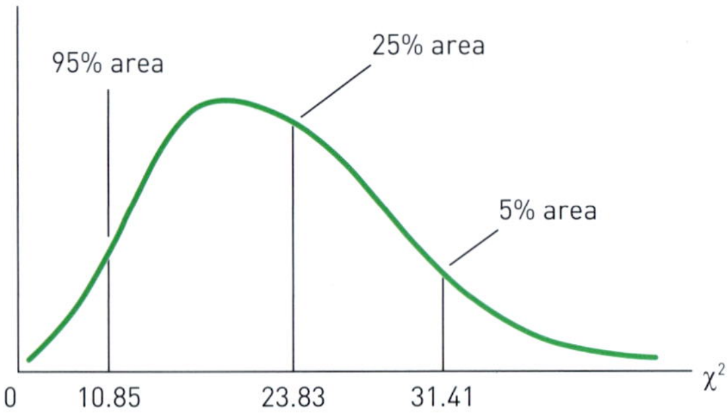

자유도 \ 확률	.995	.990	.975	.950	.900
1	$392,704 \times 10^{-10}$	$157,088 \times 10^{-9}$	$982,069 \times 10^{-9}$	$393,214 \times 10^{-8}$	.0158
2	.0100	.0201	.0506	.1026	.2107
3	.0717	.1148	.2158	.3518	.5844
4	.2070	.2971	.4844	.7107	1.0636
5	.4117	.5543	.8312	1.1455	1.6103
6	.6757	.8721	1.2373	1.6354	2.2041
7	.9893	1.2390	1.6899	2.1674	2.8331
8	1.3444	1.6465	2.1797	2.7326	3.4895
9	1.7349	2.0879	2.7004	3.3251	4.1682
10	2.1559	2.5582	3.2470	3.9403	4.8652
11	2.6032	3.0535	3.8158	4.5748	5.5778
12	3.0738	3.5706	4.4038	5.2260	6.3038
13	3.5650	4.1069	5.0087	5.8919	7.0415
14	4.0747	4.6604	5.6287	6.5706	7.7895
15	4.6009	5.2294	6.2621	7.2609	8.5468
16	5.1422	5.8122	6.9077	7.9616	9.3122
17	5.6972	6.4078	7.5642	8.6718	10.0852
18	6.2648	7.0149	8.2308	9.3905	10.8649
19	6.8440	7.6327	8.9066	10.1170	11.6509
20	7.4339	8.2604	9.5908	10.8508	12.4426
21	8.0337	8.8972	10.2829	11.5913	13.2396
22	8.6427	9.5425	10.9823	12.3380	14.0415
23	9.2604	10.1957	11.6885	13.0905	14.8479
24	9.8862	10.8564	12.4011	13.8484	15.6587

자유도 \ 확률	.995	.990	.975	.950	.900
25	10.5197	11.5240	13.1197	14.6114	16.4734
26	11.1603	12.1981	13.8439	15.3791	17.2919
27	11.8076	12.8786	14.5733	16.1513	18.1138
28	12.4613	13.5648	15.3079	16.9279	18.9392
29	13.1211	14.2565	16.0471	17.7083	19.7677
30	13.7867	14.9535	16.7908	18.4926	20.5992
40	20.7065	22.1643	24.4331	26.5093	29.0505
50	27.9907	29.7067	32.3574	34.7642	37.6886
60	35.5346	37.4848	40.4817	43.1879	46.4589
70	43.2752	45.4418	48.7576	51.7393	55.3290
80	51.1720	53.5400	57.1532	60.3915	64.2778
90	59.1963	61.7541	65.6466	69.1260	73.2912
100*	67.3276	70.0648	74.2219	77.9295	82.3581

주: 자유도가 100 이상일 때 $\sqrt{2x^2} - \sqrt{(2k-1)} = z$ 는 표준정규분포를 따른다. 이때 k는 자유도를 나타낸다.

.750	.500	.250	.100	.050	.025	.010	.005
.1015	.4549	1.3233	2.7055	3.8415	5.0239	6.6349	7.8794
.5754	1.3863	2.7726	4.6052	5.9915	7.3778	9.2103	10.5966
1.2125	2.3660	4.1084	6.2514	7.8147	9.3484	11.3449	12.8381
1.9226	3.3567	5.3853	7.7794	9.4877	11.1433	13.2767	14.8602
2.6746	4.3515	6.6257	9.2364	11.0705	12.8325	15.0863	16.7496
3.4546	5.3481	7.8408	10.6446	12.5916	14.4494	16.8119	18.5476
4.2549	6.3458	9.0372	12.0170	14.0671	16.0128	18.4753	20.2777
5.0706	7.3441	10.2188	13.3616	15.5073	17.5346	20.0902	21.9550
5.8988	8.3428	11.3887	14.6837	16.9190	19.0228	21.6660	23.5893
6.7372	9.3418	12.5489	15.9871	18.3070	20.4831	23.2093	25.1882
7.5841	10.3410	13.7007	17.2750	19.6751	21.9200	24.7250	26.7569
8.4384	11.3403	14.8454	18.5494	21.0261	23.3367	26.2170	28.2995
9.2991	12.3398	15.9839	19.8119	22.3621	24.7356	27.6883	29.8194
10.1653	13.3393	17.1170	21.0642	23.6848	26.1190	29.1413	31.3193
11.0365	14.3389	18.2451	22.3072	24.9958	27.4884	30.5779	32.8013
11.9122	15.3385	19.3688	23.5418	26.2962	28.8454	31.9999	34.2672

(계속)

표 E-4 ● (계속)

12.7919	16.3381	20.4887	24.7690	27.5871	30.1910	33.4087	35.7185
13.6753	17.3379	21.6049	25.9894	28.8693	31.5264	34.8053	37.1564
14.5620	18.3376	22.7178	27.2036	30.1435	32.8523	36.1908	38.5822
15.4518	19.3374	23.8277	28.4120	31.4104	34.1696	37.5662	39.9968
16.3444	20.3372	24.9348	29.6151	32.6705	35.4789	38.9321	41.4010
17.2396	21.3370	26.0393	30.8133	33.9244	36.7807	40.2894	42.7956
18.1373	22.3369	27.1413	32.0069	35.1725	38.0757	41.6384	44.1813
19.0372	23.3367	28.2412	33.1963	36.4151	39.3641	42.9798	45.5585
19.9393	24.3366	29.3389	34.3816	37.6525	40.6465	44.3141	46.9278
20.8434	25.3364	30.4345	35.5631	38.8852	41.9232	45.6417	48.2899
21.7494	26.3363	31.5284	36.7412	40.1133	43.1944	46.9630	49.6449
22.6572	27.3363	32.6205	37.9159	41.3372	44.4607	48.2782	50.9933
23.5666	28.3362	33.7109	39.0875	42.5569	45.7222	49.5879	52.3356
24.4776	29.3360	34.7998	40.2560	43.7729	46.9792	50.8922	53.6720
33.6603	39.3354	45.6160	51.8050	55.7585	59.3417	63.6907	66.7659
42.9421	49.3349	56.3336	63.1671	67.5048	71.4202	76.1539	79.4900
52.2938	59.3347	66.9814	74.3970	79.0819	83.2976	88.3794	91.9517
61.6983	69.3344	77.5766	85.5271	90.5312	95.0231	100.425	104.215
71.1445	79.3343	88.1303	96.5782	101.879	106.629	112.329	116.321
80.6247	89.3342	98.6499	107.565	113.145	118.136	124.116	128.299
90.1332	99.3341	109.141	118.498	124.342	129.561	135.807	140.169

출처: E. S. Pearson and H. O. Hartley, eds., *Biometrika Tables for Statisticians*, vol. 1, 3rd ed., Table 8, Cambridge University Press, New York, 1966. 편집자와 *Biometrika*의 허락하에 재게재함.

표 E-5a ● Durbin-Watson d 통계량: 0.05 유의수준에서 d_L과 d_U 값

n	$k'=1$		$k'=2$		$k'=3$		$k'=4$		$k'=5$		$k'=6$		$k'=7$		$k'=8$		$k'=9$		$k'=10$	
	d_L	d_U	d_L	d_U	d_L	d_U	d_L	d_U	d_L	d_U	d_L	d_U	d_L	d_U	d_L	d_U	d_L	d_U	d_L	d_U
6	0.610	1.400	—	—	—	—	—	—	—	—	—	—	—	—	—	—	—	—	—	—
7	0.700	1.356	0.467	1.896	—	—	—	—	—	—	—	—	—	—	—	—	—	—	—	—
8	0.763	1.332	0.559	1.777	0.368	2.287	—	—	—	—	—	—	—	—	—	—	—	—	—	—
9	0.824	1.320	0.629	1.699	0.455	2.128	0.296	2.588	—	—	—	—	—	—	—	—	—	—	—	—
10	0.879	1.320	0.697	1.641	0.525	2.016	0.376	2.414	0.243	2.822	—	—	—	—	—	—	—	—	—	—
11	0.927	1.324	0.658	1.604	0.595	1.928	0.444	2.283	0.316	2.645	0.203	3.005	—	—	—	—	—	—	—	—
12	0.971	1.331	0.812	1.579	0.658	1.864	0.512	2.177	0.379	2.506	0.268	2.832	0.171	3.149	—	—	—	—	—	—
13	1.010	1.340	0.861	1.562	0.715	1.816	0.574	2.094	0.445	2.390	0.328	2.692	0.230	2.985	0.147	3.266	—	—	—	—
14	1.045	1.350	0.905	1.551	0.767	1.779	0.632	2.030	0.505	2.296	0.389	2.572	0.286	2.848	0.200	3.111	0.127	3.360	—	—
15	1.077	1.361	0.946	1.543	0.814	1.750	0.685	1.977	0.562	2.220	0.447	2.472	0.343	2.727	0.251	2.979	0.175	3.216	0.111	3.438
16	1.106	1.371	0.982	1.539	0.857	1.728	0.734	1.935	0.615	2.157	0.502	2.388	0.398	2.624	0.304	2.860	0.222	3.090	0.155	3.304
17	1.133	1.381	1.015	1.536	0.897	1.710	0.779	1.900	0.664	2.104	0.554	2.318	0.451	2.537	0.356	2.757	0.272	2.975	0.198	3.184
18	1.158	1.391	1.046	1.535	0.933	1.696	0.820	1.872	0.710	2.060	0.603	2.257	0.502	2.461	0.407	2.667	0.321	2.873	0.244	3.073
19	1.180	1.401	1.074	1.536	0.967	1.685	0.859	1.848	0.752	2.023	0.649	2.206	0.549	2.396	0.456	2.589	0.369	2.783	0.290	2.974
20	1.201	1.411	1.100	1.537	0.998	1.676	0.894	1.828	0.792	1.991	0.692	2.162	0.595	2.339	0.502	2.521	0.416	2.704	0.336	2.885
21	1.221	1.420	1.125	1.538	1.026	1.669	0.927	1.812	0.829	1.964	0.732	2.124	0.637	2.290	0.547	2.460	0.461	2.633	0.380	2.806
22	1.239	1.429	1.147	1.541	1.053	1.664	0.958	1.797	0.863	1.940	0.769	2.090	0.677	2.246	0.588	2.407	0.504	2.571	0.424	2.734

(계속)

표 E-5a ● (계속)

n	$k'=1$		$k'=2$		$k'=3$		$k'=4$		$k'=5$		$k'=6$		$k'=7$		$k'=8$		$k'=9$		$k'=10$	
	d_L	d_U	d_L	d_U	d_L	d_U	d_L	d_U	d_L	d_U	d_L	d_U	d_L	d_U	d_L	d_U	d_L	d_U	d_L	d_U
23	1.257	1.437	1.168	1.543	1.078	1.660	0.986	1.785	0.895	1.920	0.804	2.061	0.715	2.208	0.628	2.360	0.545	2.514	0.465	2.670
24	1.273	1.446	1.188	1.546	1.101	1.656	1.013	1.775	0.925	1.902	0.837	2.035	0.751	2.174	0.666	2.318	0.584	2.464	0.506	2.613
25	1.288	1.454	1.206	1.550	1.123	1.654	1.038	1.767	0.953	1.886	0.868	2.012	0.784	2.144	0.702	2.280	0.621	2.419	0.544	2.560
26	1.302	1.461	1.224	1.553	1.143	1.652	1.062	1.759	0.979	1.873	0.897	1.992	0.816	2.117	0.735	2.246	0.657	2.379	0.581	2.513
27	1.316	1.469	1.240	1.556	1.162	1.651	1.084	1.753	1.004	1.861	0.925	1.974	0.845	2.093	0.767	2.216	0.691	2.342	0.616	2.470
28	1.328	1.476	1.255	1.560	1.181	1.650	1.104	1.747	1.028	1.850	0.951	1.958	0.874	2.071	0.798	2.188	0.723	2.309	0.650	2.431
29	1.341	1.483	1.270	1.563	1.198	1.650	1.124	1.743	1.050	1.841	0.975	1.944	0.900	2.052	0.826	2.164	0.753	2.278	0.682	2.396
30	1.352	1.489	1.284	1.567	1.214	1.650	1.143	1.739	1.071	1.833	0.998	1.931	0.926	2.034	0.854	2.141	0.782	2.251	0.712	2.363
31	1.363	1.496	1.297	1.570	1.229	1.650	1.160	1.735	1.090	1.825	1.020	1.920	0.950	2.018	0.879	2.120	0.810	2.226	0.741	2.333
32	1.373	1.502	1.309	1.574	1.244	1.650	1.177	1.732	1.109	1.819	1.041	1.909	0.972	2.004	0.904	2.102	0.836	2.203	0.769	2.306
33	1.383	1.508	1.321	1.577	1.258	1.651	1.193	1.730	1.127	1.813	1.061	1.900	0.994	1.991	0.927	2.085	0.861	2.181	0.795	2.281
34	1.393	1.514	1.333	1.580	1.271	1.652	1.208	1.728	1.144	1.808	1.080	1.891	1.015	1.979	0.950	2.069	0.885	2.162	0.821	2.257
35	1.402	1.519	1.343	1.584	1.283	1.653	1.222	1.726	1.160	1.803	1.097	1.884	1.034	1.967	0.971	2.054	0.908	2.144	0.845	2.236
36	1.411	1.525	1.354	1.587	1.295	1.654	1.236	1.724	1.175	1.799	1.114	1.877	1.053	1.957	0.991	2.041	0.930	2.127	0.868	2.216
37	1.419	1.530	1.364	1.590	1.307	1.655	1.249	1.723	1.190	1.795	1.131	1.870	1.071	1.948	1.011	2.029	0.951	2.112	0.891	2.198
38	1.427	1.535	1.373	1.594	1.318	1.656	1.261	1.722	1.204	1.792	1.146	1.864	1.088	1.939	1.029	2.017	0.970	2.098	0.912	2.180
39	1.435	1.540	1.382	1.597	1.328	1.658	1.273	1.722	1.218	1.789	1.161	1.859	1.104	1.932	1.047	2.007	0.990	2.085	0.932	2.164
40	1.442	1.544	1.391	1.600	1.338	1.659	1.285	1.721	1.230	1.786	1.175	1.854	1.120	1.924	1.064	1.997	1.008	2.072	0.952	2.149

n	K′=1		K′=2		K′=3		K′=4		K′=5		K′=6		K′=7		K′=8		K′=9		K′=10	
	d_L	d_U	d_L	d_U	d_L	d_U	d_L	d_U	d_L	d_U	d_L	d_U	d_L	d_U	d_L	d_U	d_L	d_U	d_L	d_U
45	1.475	1.566	1.430	1.615	1.383	1.666	1.336	1.720	1.287	1.776	1.238	1.835	1.189	1.895	1.139	1.958	1.089	2.022	1.038	2.088
50	1.503	1.585	1.462	1.628	1.421	1.674	1.378	1.721	1.335	1.771	1.291	1.822	1.246	1.875	1.201	1.930	1.156	1.986	1.110	2.044
55	1.528	1.601	1.490	1.641	1.452	1.681	1.414	1.724	1.374	1.768	1.334	1.814	1.294	1.861	1.253	1.909	1.212	1.959	1.170	2.010
60	1.549	1.616	1.514	1.652	1.480	1.689	1.444	1.727	1.408	1.767	1.372	1.808	1.335	1.850	1.298	1.894	1.260	1.939	1.222	1.984
65	1.567	1.629	1.536	1.662	1.503	1.696	1.471	1.731	1.438	1.767	1.404	1.805	1.370	1.843	1.336	1.882	1.301	1.923	1.266	1.964
70	1.583	1.641	1.554	1.672	1.525	1.703	1.494	1.735	1.464	1.768	1.433	1.802	1.401	1.837	1.369	1.873	1.337	1.910	1.305	1.948
75	1.598	1.652	1.571	1.680	1.543	1.709	1.515	1.739	1.487	1.770	1.458	1.801	1.428	1.834	1.399	1.867	1.369	1.901	1.339	1.935
80	1.611	1.662	1.586	1.688	1.560	1.715	1.534	1.743	1.507	1.772	1.480	1.801	1.453	1.831	1.425	1.861	1.397	1.893	1.369	1.925
85	1.624	1.671	1.600	1.696	1.575	1.721	1.550	1.747	1.525	1.774	1.500	1.801	1.474	1.829	1.448	1.857	1.422	1.886	1.396	1.916
90	1.635	1.679	1.612	1.703	1.589	1.726	1.566	1.751	1.542	1.776	1.518	1.801	1.494	1.827	1.469	1.854	1.445	1.881	1.420	1.909
95	1.645	1.687	1.623	1.709	1.602	1.732	1.579	1.755	1.557	1.778	1.535	1.802	1.512	1.827	1.489	1.852	1.465	1.877	1.442	1.903
100	1.654	1.694	1.634	1.715	1.613	1.736	1.592	1.758	1.571	1.780	1.550	1.803	1.528	1.826	1.506	1.850	1.484	1.874	1.462	1.898
150	1.720	1.746	1.706	1.760	1.693	1.774	1.679	1.788	1.665	1.802	1.651	1.817	1.637	1.832	1.622	1.847	1.608	1.862	1.594	1.877
200	1.758	1.778	1.748	1.789	1.738	1.799	1.728	1.810	1.718	1.820	1.707	1.831	1.697	1.841	1.686	1.852	1.675	1.863	1.665	1.874

(계속)

표 E-5a ● (계속)

n	$k'=11$		$k'=12$		$k'=13$		$k'=14$		$k'=15$		$k'=16$		$k'=17$		$k'=18$		$k'=19$		$k'=20$	
	d_L	d_U	d_L	d_U	d_L	d_U	d_L	d_U	d_L	d_U	d_L	d_U	d_L	d_U	d_L	d_U	d_L	d_U	d_L	d_U
16	0.098	3.503	—	—	—	—	—	—	—	—	—	—	—	—	—	—	—	—	—	—
17	0.138	3.378	0.087	3.557	—	—	—	—	—	—	—	—	—	—	—	—	—	—	—	—
18	0.177	3.265	0.123	3.441	0.078	3.603	—	—	—	—	—	—	—	—	—	—	—	—	—	—
19	0.220	3.159	0.160	3.335	0.111	3.496	0.070	3.642	—	—	—	—	—	—	—	—	—	—	—	—
20	0.263	3.063	0.200	3.234	0.145	3.395	0.100	3.542	0.063	3.676	—	—	—	—	—	—	—	—	—	—
21	0.307	2.976	0.240	3.141	0.182	3.300	0.132	3.448	0.091	3.583	0.058	3.705	—	—	—	—	—	—	—	—
22	0.349	2.897	0.281	3.057	0.220	3.211	0.166	3.358	0.120	3.495	0.083	3.619	0.052	3.731	—	—	—	—	—	—
23	0.391	2.826	0.322	2.979	0.259	3.128	0.202	3.272	0.153	3.409	0.110	3.535	0.076	3.650	0.048	3.753	—	—	—	—
24	0.431	2.761	0.362	2.908	0.297	3.053	0.239	3.193	0.186	3.327	0.141	3.454	0.101	3.572	0.070	3.678	0.044	3.773	—	—
25	0.470	2.702	0.400	2.844	0.335	2.983	0.275	3.119	0.221	3.251	0.172	3.376	0.130	3.494	0.094	3.604	0.065	3.702	0.041	3.790
26	0.508	2.649	0.438	2.784	0.373	2.919	0.312	3.051	0.256	3.179	0.205	3.303	0.160	3.420	0.120	3.531	0.087	3.632	0.060	3.724
27	0.544	2.600	0.475	2.730	0.409	2.859	0.348	2.987	0.291	3.112	0.238	3.233	0.191	3.349	0.149	3.460	0.112	3.563	0.081	3.658
28	0.578	2.555	0.510	2.680	0.445	2.805	0.383	2.928	0.325	3.050	0.271	3.168	0.222	3.283	0.178	3.392	0.138	3.495	0.104	3.592
29	0.612	2.515	0.544	2.634	0.479	2.755	0.418	2.874	0.359	2.992	0.305	3.107	0.254	3.219	0.208	3.327	0.166	3.431	0.129	3.528
30	0.643	2.477	0.577	2.592	0.512	2.708	0.451	2.823	0.392	2.937	0.337	3.050	0.286	3.160	0.238	3.266	0.195	3.368	0.156	3.465
31	0.674	2.443	0.608	2.553	0.545	2.665	0.484	2.776	0.425	2.887	0.370	2.996	0.317	3.103	0.269	3.208	0.224	3.309	0.183	3.406
32	0.703	2.411	0.638	2.517	0.576	2.625	0.515	2.733	0.457	2.840	0.401	2.946	0.349	3.050	0.299	3.153	0.253	3.252	0.211	3.348
33	0.731	2.382	0.668	2.484	0.606	2.588	0.546	2.692	0.488	2.796	0.432	2.899	0.379	3.000	0.329	3.100	0.283	3.198	0.239	3.293

n	$k'=11$		$k'=12$		$k'=13$		$k'=14$		$k'=15$		$k'=16$		$k'=17$		$k'=18$		$k'=19$		$k'=20$	
	d_L	d_U	d_L	d_U	d_L	d_U	d_L	d_U	d_L	d_U	d_L	d_U	d_L	d_U	d_L	d_U	d_L	d_U	d_L	d_U
34	0.758	2.355	0.695	2.454	0.634	2.554	0.575	2.654	0.518	2.754	0.462	2.854	0.409	2.954	0.359	3.051	0.312	3.147	0.267	3.240
35	0.783	2.330	0.722	2.425	0.662	2.521	0.604	2.619	0.547	2.716	0.492	2.813	0.439	2.910	0.388	3.005	0.340	3.099	0.295	3.190
36	0.808	2.306	0.748	2.398	0.689	2.492	0.631	2.586	0.575	2.680	0.520	2.774	0.467	2.868	0.417	2.961	0.369	3.053	0.323	3.142
37	0.831	2.285	0.772	2.374	0.714	2.464	0.657	2.555	0.602	2.646	0.548	2.738	0.495	2.829	0.445	2.920	0.397	3.009	0.351	3.097
38	0.854	2.265	0.796	2.351	0.739	2.438	0.683	2.526	0.628	2.614	0.575	2.703	0.522	2.792	0.472	2.880	0.424	2.968	0.378	3.054
39	0.875	2.246	0.819	2.329	0.763	2.413	0.707	2.499	0.653	2.585	0.600	2.671	0.549	2.757	0.499	2.843	0.451	2.929	0.404	3.013
40	0.896	2.228	0.840	2.309	0.785	2.391	0.731	2.473	0.678	2.557	0.626	2.641	0.575	2.724	0.525	2.808	0.477	2.892	0.430	2.974
45	0.988	2.156	0.938	2.225	0.887	2.296	0.838	2.367	0.788	2.439	0.740	2.512	0.692	2.586	0.644	2.659	0.598	2.733	0.553	2.807
50	1.064	2.103	1.019	2.163	0.973	2.225	0.927	2.287	0.882	2.350	0.836	2.414	0.792	2.479	0.747	2.544	0.703	2.610	0.660	2.675
55	1.129	2.062	1.087	2.116	1.045	2.170	1.003	2.225	0.961	2.281	0.919	2.338	0.877	2.396	0.836	2.454	0.795	2.512	0.754	2.571
60	1.184	2.031	1.145	2.079	1.106	2.127	1.068	2.177	1.029	2.227	0.990	2.278	0.951	2.330	0.913	2.382	0.874	2.434	0.836	2.487
65	1.231	2.006	1.195	2.049	1.160	2.093	1.124	2.138	1.088	2.183	1.052	2.229	1.016	2.276	0.980	2.323	0.944	2.371	0.908	2.419
70	1.272	1.986	1.239	2.026	1.206	2.066	1.172	2.106	1.139	2.148	1.105	2.189	1.072	2.232	1.038	2.275	1.005	2.318	0.971	2.362
75	1.308	1.970	1.277	2.006	1.247	2.043	1.215	2.080	1.184	2.118	1.153	2.156	1.121	2.195	1.090	2.235	1.058	2.275	1.027	2.315
80	1.340	1.957	1.311	1.991	1.283	2.024	1.253	2.059	1.224	2.093	1.195	2.129	1.165	2.165	1.136	2.201	1.106	2.238	1.076	2.275
85	1.369	1.946	1.342	1.977	1.315	2.009	1.287	2.040	1.260	2.073	1.232	2.105	1.205	2.139	1.177	2.172	1.149	2.206	1.121	2.241
90	1.395	1.937	1.369	1.966	1.344	1.995	1.318	2.025	1.292	2.055	1.266	2.085	1.240	2.116	1.213	2.148	1.187	2.179	1.160	2.211
95	1.418	1.929	1.394	1.956	1.370	1.984	1.345	2.012	1.321	2.040	1.296	2.068	1.271	2.097	1.247	2.126	1.222	2.156	1.197	2.186

(계속)

표 E-5a ● (계속)

n	$k'=11$		$k'=12$		$k'=13$		$k'=14$		$k'=15$		$k'=16$		$k'=17$		$k'=18$		$k'=19$		$k'=20$	
	d_L	d_U	d_L	d_U	d_L	d_U	d_L	d_U	d_L	d_U	d_L	d_U	d_L	d_U	d_L	d_U	d_L	d_U	d_L	d_U
100	1.439	1.923	1.416	1.948	1.393	1.974	1.371	2.000	1.347	2.026	1.324	2.053	1.301	2.080	1.277	2.108	1.253	2.135	1.229	2.164
150	1.579	1.892	1.564	1.908	1.550	1.924	1.535	1.940	1.519	1.956	1.504	1.972	1.489	1.989	1.474	2.006	1.458	2.023	1.443	2.040
200	1.654	1.885	1.643	1.896	1.632	1.908	1.621	1.919	1.610	1.931	1.599	1.943	1.588	1.955	1.576	1.967	1.565	1.979	1.554	1.991

주: n = 관측치의 개수; k' = 상수항을 제외한 설명변수의 개수

출처: 이 표는 원래의 Durbin-Watson 표를 확장한 것이며, 다음 문헌에서 재게재한 것이다. N. E. Savin and K. J. White, "The Durbin-Watson Test for Serial Correlation With Extreme Small Samples or Many Regressors," *Econometrica*, vol. 45, November 1977, pp. 1989-1996. 그리고 원래의 표는 다음 문헌에서 수정된 바 있다: R. W. Farebrother, *Econometrica*, vol. 48, September 1980, p. 1554. 미국 계량경제학회의 허락하에 재게재함.

사례 E.1

만약 $n = 40$이고 $k' = 4$라면, $d_L = 1.285$와 $d_U = 1.721$이다. 만약 계산된 d값이 1.285보다 작으면 양의 1차 자기상관의 징후가 있는 것이며, 1.721보다 크면 양의 1차 자기상관의 징후가 없는 것이다. 한편 만약 d가 d_L과 d_U 사이에 위치하면 양의 1차 자기상관의 존재 혹은 부재에 관한 결정을 내릴 수가 없다.

표 E-5b ● 더빈-왓슨 d 통계량: 0.01 유의수준에서의 d_L과 d_U 값

n	$k'=1$		$k'=2$		$k'=3$		$k'=4$		$k'=5$		$k'=6$		$k'=7$		$k'=8$		$k'=9$		$k'=10$	
	d_L	d_U	d_L	d_U	d_L	d_U	d_L	d_U	d_L	d_U	d_L	d_U	d_L	d_U	d_L	d_U	d_L	d_U	d_L	d_U
6	0.390	1.142	—	—	—	—	—	—	—	—	—	—	—	—	—	—	—	—	—	—
7	0.435	1.036	0.294	1.676	—	—	—	—	—	—	—	—	—	—	—	—	—	—	—	—
8	0.497	1.003	0.345	1.489	0.229	2.102	—	—	—	—	—	—	—	—	—	—	—	—	—	—
9	0.554	0.998	0.408	1.389	0.279	1.875	0.183	2.433	—	—	—	—	—	—	—	—	—	—	—	—
10	0.604	1.001	0.466	1.333	0.340	1.733	0.230	2.193	0.150	2.690	—	—	—	—	—	—	—	—	—	—
11	0.653	1.010	0.519	1.297	0.396	1.640	0.286	2.030	0.193	2.453	0.124	2.892	—	—	—	—	—	—	—	—
12	0.697	1.023	0.569	1.274	0.449	1.575	0.339	1.913	0.244	2.280	0.164	2.665	0.105	3.053	—	—	—	—	—	—
13	0.738	1.038	0.616	1.261	0.499	1.526	0.391	1.826	0.294	2.150	0.211	2.490	0.140	2.838	0.090	3.182	—	—	—	—
14	0.776	1.054	0.660	1.254	0.547	1.490	0.441	1.757	0.343	2.049	0.257	2.354	0.183	2.667	0.122	2.981	0.078	3.287	—	—
15	0.811	1.070	0.700	1.252	0.591	1.464	0.488	1.704	0.391	1.967	0.303	2.244	0.226	2.530	0.161	2.817	0.107	3.101	0.068	3.374
16	0.844	1.086	0.737	1.252	0.633	1.446	0.532	1.663	0.437	1.900	0.349	2.153	0.269	2.416	0.200	2.681	0.142	2.944	0.094	3.201
17	0.874	1.102	0.772	1.255	0.672	1.432	0.574	1.630	0.480	1.847	0.393	2.078	0.313	2.319	0.241	2.566	0.179	2.811	0.127	3.053
18	0.902	1.118	0.805	1.259	0.708	1.422	0.613	1.604	0.522	1.803	0.435	2.015	0.355	2.238	0.282	2.467	0.216	2.697	0.160	2.925

(계속)

표 E-5b ● (계속)

n	$k'=1$		$k'=2$		$k'=3$		$k'=4$		$k'=5$		$k'=6$		$k'=7$		$k'=8$		$k'=9$		$k'=10$	
	d_L	d_U	d_L	d_U	d_L	d_U	d_L	d_U	d_L	d_U	d_L	d_U	d_L	d_U	d_L	d_U	d_L	d_U	d_L	d_U
19	0.928	1.132	0.835	1.265	0.742	1.415	0.650	1.584	0.561	1.767	0.476	1.963	0.396	2.169	0.322	2.381	0.255	2.597	0.196	2.813
20	0.952	1.147	0.863	1.271	0.773	1.411	0.685	1.567	0.598	1.737	0.515	1.918	0.436	2.110	0.362	2.308	0.294	2.510	0.232	2.714
21	0.975	1.161	0.890	1.277	0.803	1.408	0.718	1.554	0.633	1.712	0.552	1.881	0.474	2.059	0.400	2.244	0.331	2.434	0.268	2.625
22	0.997	1.174	0.914	1.284	0.831	1.407	0.748	1.543	0.667	1.691	0.587	1.849	0.510	2.015	0.437	2.188	0.368	2.367	0.304	2.548
23	1.018	1.187	0.938	1.291	0.858	1.407	0.777	1.534	0.698	1.673	0.620	1.821	0.545	1.977	0.473	2.140	0.404	2.308	0.340	2.479
24	1.037	1.199	0.960	1.298	0.882	1.407	0.805	1.528	0.728	1.658	0.652	1.797	0.578	1.944	0.507	2.097	0.439	2.255	0.375	2.417
25	1.055	1.211	0.981	1.305	0.906	1.409	0.831	1.523	0.756	1.645	0.682	1.776	0.610	1.915	0.540	2.059	0.473	2.209	0.409	2.362
26	1.072	1.222	1.001	1.312	0.928	1.411	0.855	1.518	0.783	1.635	0.711	1.759	0.640	1.889	0.572	2.026	0.505	2.168	0.441	2.313
27	1.089	1.233	1.019	1.319	0.949	1.413	0.878	1.515	0.808	1.626	0.738	1.743	0.669	1.867	0.602	1.997	0.536	2.131	0.473	2.269
28	1.104	1.244	1.037	1.325	0.969	1.415	0.900	1.513	0.832	1.618	0.764	1.729	0.696	1.847	0.630	1.970	0.566	2.098	0.504	2.229
29	1.119	1.254	1.054	1.332	0.988	1.418	0.921	1.512	0.855	1.611	0.788	1.718	0.723	1.830	0.658	1.947	0.595	2.068	0.533	2.193
30	1.133	1.263	1.070	1.339	1.006	1.421	0.941	1.511	0.877	1.606	0.812	1.707	0.748	1.814	0.684	1.925	0.622	2.041	0.562	2.160
31	1.147	1.273	1.085	1.345	1.023	1.425	0.960	1.510	0.897	1.601	0.834	1.698	0.772	1.800	0.710	1.906	0.649	2.017	0.589	2.131
32	1.160	1.282	1.100	1.352	1.040	1.428	0.979	1.510	0.917	1.597	0.856	1.690	0.794	1.788	0.734	1.889	0.674	1.995	0.615	2.104
33	1.172	1.291	1.114	1.358	1.055	1.432	0.996	1.510	0.936	1.594	0.876	1.683	0.816	1.776	0.757	1.874	0.698	1.975	0.641	2.080
34	1.184	1.299	1.128	1.364	1.070	1.435	1.012	1.511	0.954	1.591	0.896	1.677	0.837	1.766	0.779	1.860	0.722	1.957	0.665	2.057
35	1.195	1.307	1.140	1.370	1.085	1.439	1.028	1.512	0.971	1.589	0.914	1.671	0.857	1.757	0.800	1.847	0.744	1.940	0.689	2.037
36	1.206	1.315	1.153	1.376	1.098	1.442	1.043	1.513	0.988	1.588	0.932	1.666	0.877	1.749	0.821	1.836	0.766	1.925	0.711	2.018

n	$k'=1$		$k'=2$		$k'=3$		$k'=4$		$k'=5$		$k'=6$		$k'=7$		$k'=8$		$k'=9$		$k'=10$	
	d_L	d_U	d_L	d_U	d_L	d_U	d_L	d_U	d_L	d_U	d_L	d_U	d_L	d_U	d_L	d_U	d_L	d_U	d_L	d_U
37	1.217	1.323	1.165	1.382	1.112	1.446	1.058	1.514	1.004	1.586	0.950	1.662	0.895	1.742	0.841	1.825	0.787	1.911	0.733	2.001
38	1.227	1.330	1.176	1.388	1.124	1.449	1.072	1.515	1.019	1.585	0.966	1.658	0.913	1.735	0.860	1.816	0.807	1.899	0.754	1.985
39	1.237	1.337	1.187	1.393	1.137	1.453	1.085	1.517	1.034	1.584	0.982	1.655	0.930	1.729	0.878	1.807	0.826	1.887	0.774	1.970
40	1.246	1.344	1.198	1.398	1.148	1.457	1.098	1.518	1.048	1.584	0.997	1.652	0.946	1.724	0.895	1.799	0.844	1.876	0.749	1.956
45	1.288	1.376	1.245	1.423	1.201	1.474	1.156	1.528	1.111	1.584	1.065	1.643	1.019	1.704	0.974	1.768	0.927	1.834	0.881	1.902
50	1.324	1.403	1.285	1.446	1.245	1.491	1.205	1.538	1.164	1.587	1.123	1.639	1.081	1.692	1.039	1.748	0.997	1.805	0.955	1.864
55	1.356	1.427	1.320	1.466	1.284	1.506	1.247	1.548	1.209	1.592	1.172	1.638	1.134	1.685	1.095	1.734	1.057	1.785	1.018	1.837
60	1.383	1.449	1.350	1.484	1.317	1.520	1.283	1.558	1.249	1.598	1.214	1.639	1.179	1.682	1.144	1.726	1.108	1.771	1.072	1.817
65	1.407	1.468	1.377	1.500	1.346	1.534	1.315	1.568	1.283	1.604	1.251	1.642	1.218	1.680	1.186	1.720	1.153	1.761	1.120	1.802
70	1.429	1.485	1.400	1.515	1.372	1.546	1.343	1.578	1.313	1.611	1.283	1.645	1.253	1.680	1.223	1.716	1.192	1.754	1.162	1.792
75	1.448	1.501	1.422	1.529	1.395	1.557	1.368	1.587	1.340	1.617	1.313	1.649	1.284	1.682	1.256	1.714	1.227	1.748	1.199	1.783
80	1.466	1.515	1.441	1.541	1.416	1.568	1.390	1.595	1.364	1.624	1.338	1.653	1.312	1.683	1.285	1.714	1.259	1.745	1.232	1.777
85	1.482	1.528	1.458	1.553	1.435	1.578	1.411	1.603	1.386	1.630	1.362	1.657	1.337	1.685	1.312	1.714	1.287	1.743	1.262	1.773
90	1.496	1.540	1.474	1.563	1.452	1.587	1.429	1.611	1.406	1.636	1.383	1.661	1.360	1.687	1.336	1.714	1.312	1.741	1.288	1.769
95	1.510	1.552	1.489	1.573	1.468	1.596	1.446	1.618	1.425	1.642	1.403	1.666	1.381	1.690	1.358	1.715	1.336	1.741	1.313	1.767
100	1.522	1.562	1.503	1.583	1.482	1.604	1.462	1.625	1.441	1.647	1.421	1.670	1.400	1.693	1.378	1.717	1.357	1.741	1.335	1.765
150	1.611	1.637	1.598	1.651	1.584	1.665	1.571	1.679	1.557	1.693	1.543	1.708	1.530	1.722	1.515	1.737	1.501	1.752	1.486	1.767
200	1.664	1.684	1.653	1.693	1.643	1.704	1.633	1.715	1.623	1.725	1.613	1.735	1.603	1.746	1.592	1.757	1.582	1.768	1.571	1.779

(계속)

표 E-5b ● (계속)

	$k'=11$		$k'=12$		$k'=13$		$k'=14$		$k'=15$		$k'=16$		$k'=17$		$k'=18$		$k'=19$		$k'=20$	
n	d_L	d_U	d_L	d_U	d_L	d_U	d_L	d_U	d_L	d_U	d_L	d_U	d_L	d_U	d_L	d_U	d_L	d_U	d_L	d_U
16	0.060	3.446	—	—	—	—	—	—	—	—	—	—	—	—	—	—	—	—	—	—
17	0.084	3.286	0.053	3.506	—	—	—	—	—	—	—	—	—	—	—	—	—	—	—	—
18	0.113	3.146	0.075	3.358	0.047	3.357	—	—	—	—	—	—	—	—	—	—	—	—	—	—
19	0.145	3.023	0.102	3.227	0.067	3.420	0.043	3.601	—	—	—	—	—	—	—	—	—	—	—	—
20	0.178	2.914	0.131	3.109	0.092	3.297	0.061	3.474	0.038	3.639	—	—	—	—	—	—	—	—	—	—
21	0.212	2.817	0.162	3.004	0.119	3.185	0.084	3.358	0.055	3.521	0.035	3.671	—	—	—	—	—	—	—	—
22	0.246	2.729	0.194	2.909	0.148	3.084	0.109	3.252	0.077	3.412	0.050	3.562	0.032	3.700	—	—	—	—	—	—
23	0.281	2.651	0.227	2.822	0.178	2.991	0.136	3.155	0.100	3.311	0.070	3.459	0.046	3.597	0.029	3.725	—	—	—	—
24	0.315	2.580	0.260	2.744	0.209	2.906	0.165	3.065	0.125	3.218	0.092	3.363	0.065	3.501	0.043	3.629	0.027	3.747	—	—
25	0.348	2.517	0.292	2.674	0.240	2.829	0.194	2.982	0.152	3.131	0.116	3.274	0.085	3.410	0.060	3.538	0.039	3.657	0.025	3.766
26	0.381	2.460	0.324	2.610	0.272	2.758	0.224	2.906	0.180	3.050	0.141	3.191	0.107	3.325	0.079	3.452	0.055	3.572	0.036	3.682
27	0.413	2.409	0.356	2.552	0.303	2.694	0.253	2.836	0.208	2.976	0.167	3.113	0.131	3.245	0.100	3.371	0.073	3.490	0.051	3.602
28	0.444	2.363	0.387	2.499	0.333	2.635	0.283	2.772	0.237	2.907	0.194	3.040	0.156	3.169	0.122	3.294	0.093	3.412	0.068	3.524
29	0.474	2.321	0.417	2.451	0.363	2.582	0.313	2.713	0.266	2.843	0.222	2.972	0.182	3.098	0.146	3.220	0.114	3.338	0.087	3.450
30	0.503	2.283	0.447	2.407	0.393	2.533	0.342	2.659	0.294	2.785	0.249	2.909	0.208	3.032	0.171	3.152	0.137	3.267	0.107	3.379
31	0.531	2.248	0.475	2.367	0.422	2.487	0.371	2.609	0.322	2.730	0.277	2.851	0.234	2.970	0.196	3.087	0.160	3.201	0.128	3.311
32	0.558	2.216	0.503	2.330	0.450	2.446	0.399	2.563	0.350	2.680	0.304	2.797	0.261	2.912	0.221	3.026	0.184	3.137	0.151	3.246
33	0.585	2.187	0.530	2.296	0.477	2.408	0.426	2.520	0.377	2.633	0.331	2.746	0.287	2.858	0.246	2.969	0.209	3.078	0.174	3.184

	$k'=11$		$k'=12$		$k'=13$		$k'=14$		$k'=15$		$k'=16$		$k'=17$		$k'=18$		$k'=19$		$k'=20$	
n	d_L	d_U	d_L	d_U	d_L	d_U	d_L	d_U	d_L	d_U	d_L	d_U	d_L	d_U	d_L	d_U	d_L	d_U	d_L	d_U
34	0.610	2.160	0.556	2.266	0.503	2.373	0.452	2.481	0.404	2.590	0.357	2.699	0.313	2.808	0.272	2.915	0.233	3.022	0.197	3.126
35	0.634	2.136	0.581	2.237	0.529	2.340	0.478	2.444	0.430	2.550	0.383	2.655	0.339	2.761	0.297	2.865	0.257	2.969	0.221	3.071
36	0.658	2.113	0.605	2.210	0.554	2.310	0.504	2.410	0.455	2.512	0.409	2.614	0.364	2.717	0.322	2.818	0.282	2.919	0.244	3.019
37	0.680	2.092	0.628	2.186	0.578	2.282	0.528	2.379	0.480	2.477	0.434	2.576	0.389	2.675	0.347	2.774	0.306	2.872	0.268	2.969
38	0.702	2.073	0.651	2.164	0.601	2.256	0.552	2.350	0.504	2.445	0.458	2.540	0.414	2.637	0.371	2.733	0.330	2.828	0.291	2.923
39	0.723	2.055	0.673	2.143	0.623	2.232	0.575	2.323	0.528	2.414	0.482	2.507	0.438	2.600	0.395	2.694	0.354	2.787	0.315	2.879
40	0.744	2.039	0.694	2.123	0.645	2.210	0.597	2.297	0.551	2.386	0.505	2.476	0.461	2.566	0.418	2.657	0.377	2.748	0.338	2.838
45	0.835	1.972	0.790	2.044	0.744	2.118	0.700	2.193	0.655	2.269	0.612	2.346	0.570	2.424	0.528	2.503	0.488	2.582	0.448	2.661
50	0.913	1.925	0.871	1.987	0.829	2.051	0.787	2.116	0.746	2.182	0.705	2.250	0.665	2.318	0.625	2.387	0.586	2.456	0.548	2.526
55	0.979	1.891	0.940	1.945	0.902	2.002	0.863	2.059	0.825	2.117	0.786	2.176	0.748	2.237	0.711	2.298	0.674	2.359	0.637	2.421
60	1.037	1.865	1.001	1.914	0.965	1.964	0.929	2.015	0.893	2.067	0.857	2.120	0.822	2.173	0.786	2.227	0.751	2.283	0.716	2.338
65	1.087	1.845	1.053	1.889	1.020	1.934	0.986	1.980	0.953	2.027	0.919	2.075	0.886	2.123	0.852	2.172	0.819	2.221	0.786	2.272
70	1.131	1.831	1.099	1.870	1.068	1.911	1.037	1.953	1.005	1.995	0.974	2.038	0.943	2.082	0.911	2.127	0.880	2.172	0.849	2.217
75	1.170	1.819	1.141	1.856	1.111	1.893	1.082	1.931	1.052	1.970	1.023	2.009	0.993	2.049	0.964	2.090	0.934	2.131	0.905	2.172
80	1.205	1.810	1.177	1.844	1.150	1.878	1.122	1.913	1.094	1.949	1.066	1.984	1.039	2.022	1.011	2.059	0.983	2.097	0.955	2.135
85	1.236	1.803	1.210	1.834	1.184	1.866	1.158	1.898	1.132	1.931	1.106	1.965	1.080	1.999	1.053	2.033	1.027	2.068	1.000	2.104
90	1.264	1.798	1.240	1.827	1.215	1.856	1.191	1.886	1.166	1.917	1.141	1.948	1.116	1.979	1.091	2.012	1.066	2.044	1.041	2.077
95	1.290	1.793	1.267	1.821	1.244	1.848	1.221	1.876	1.197	1.905	1.174	1.934	1.150	1.963	1.126	1.993	1.102	2.023	1.079	2.054

(계속)

표 E-5b ● (계속)

	$k'=11$		$k'=12$		$k'=13$		$k'=14$		$k'=15$		$k'=16$		$k'=17$		$k'=18$		$k'=19$		$k'=20$	
n	d_L	d_U	d_L	d_U	d_L	d_U	d_L	d_U	d_L	d_U	d_L	d_U	d_L	d_U	d_L	d_U	d_L	d_U	d_L	d_U
100	1.314	1.790	1.292	1.816	1.270	1.841	1.248	1.868	1.225	1.895	1.203	1.922	1.181	1.949	1.158	1.977	1.136	2.006	1.113	2.034
150	1.473	1.783	1.458	1.799	1.444	1.814	1.429	1.830	1.414	1.847	1.400	1.863	1.385	1.880	1.370	1.897	1.355	1.913	1.340	1.931
200	1.561	1.791	1.550	1.801	1.539	1.813	1.528	1.824	1.518	1.836	1.507	1.847	1.495	1.860	1.484	1.871	1.474	1.883	1.462	1.896

주: n = 관측치의 개수; k' = 상수항을 제외한 설명변수의 개수

출처: Savin and White의 앞의 문헌. 미국 계량경제학회의 허락하에 재게재함.

찾아보기

ㄱ

ㄴ

ㄷ

ㄹ

ㅁ

ㅂ